JN136931

論点体系

判例労働法 1

労働契約の基本問題・成立

第2版

編集　荒木尚志　安西愈　野川忍

第一法規

第 2 版　はしがき

　初版が発刊されてから10年弱が経ち、本書は幸いにも多くの読者に恵まれ、今回改訂を実現することができた。初版のはしがきにも記したように、数ある法分野の中で、労働法の有する際立った特徴の1つは、判例の果たす役割が他の法分野とは比較にならないほど重要となっているという点である。一般に民法も会社法も、裁判例の多くは各実定法の条文の解釈適用であり、司法試験等においても実定法の解釈と裁判例の理解とは対をなしているといってよい。

　労働法の分野において判例が有する特別な機能、すなわち、第1に、実定法の条文の適用そのものが争われる裁判例は極めて少なく、むしろその「趣旨・目的」が理由付けに用いられることが通常であること、第2に、労働法分野の訴訟は、実定法の規定が存在しない領域において生じることが多く、まさに判例法理によって解決が導かれることが一般化していることなどは、その後も全く変わっておらず、むしろいっそう重要になっているといえる。加えて現在は、実定法の解釈適用に関する基本的指標を示すこととは逆に、判例において定着しつつある規範が実定法の制定や政策の方向付けを促すことも珍しくない。労働施策総合推進法30条の2以下の条文や、パート有期法8条などは、それ以前に、パワー・ハラスメントに関する裁判例の蓄積や、非正規労働者と正規労働者との労働条件の相違に関する様々な裁判例の登場を土台として誕生したといえる。

　こうした点を踏まえ、本書が果たすべき機能を改めて検討するなら、初版発刊の折に示した内容の更なる深化・ブラッシュアップということになろう。すなわち本書の特長として挙げられるのは以下の点である。

　第1に、諸判例を整理する体系を実定法の条文よりは事案の類型ごとに行っていることである。これにより判例法の性格が濃い労働法の特性に即した体系が実現されている。

　第2に、論点についても実定法の解釈に加え、判例法理において浮き彫りにされた論点の検討に精力を注いでいることである。これにより実践的な意義を

強めている。

　第3に、学説についても教科書的な整理・解説を避け、具体的論点に応じて再構成する方針をとっていることである。これにより諸学説の実務に即した理解が可能となろう。

　第2版の完成もまた、多くの執筆者の献身的な貢献によっていることはいうまでもない。弁護士の加藤純子氏には執筆だけでなく、目次構成案の作成など本書の成立について並々ならぬご尽力いただいた。ともに、ここに感謝申し上げたい。また、本書の刊行に当たって、第一法規の川原﨑晶子氏、秀嶋紗千子氏、三ッ矢沙織氏、達川俊平氏、鈴木由真氏、小林千紘氏、藤井恒人氏及び編集第一部の皆さんには多大なお世話になった。ここで改めて、心からの感謝の意を表したい。

　令和6年9月

荒木　尚志
安西　愈
野川　忍

初版　はしがき

　数ある法分野の中で、労働法の有している際立った特徴の1つは、判例の果たす役割が他の法分野とは比較にならないほど重要となっているという点である。一般に民法も会社法も、裁判例の多くは各実定法の条文の解釈適用であり、司法試験等においても実定法の解釈と裁判例の理解とは対をなしているといってよい。

　しかし、労働法に関しては全く事情が異なる。第1に、実定法の条文の適用そのものが争われる裁判例は極めて少なく、むしろその「趣旨・目的」が理由付けに用いられることが通常である。例えば、労働基準法の多くの条文は刑罰規定であり、違反に対しては所定の懲役若しくは罰金の刑罰が科される。しかし、これまで労働基準法をめぐる裁判例において、刑事裁判の中で条文の解釈適用が争いとなったという例は、戦後の一時期を除いては、まれであり、労働基準法の条文が問題となった裁判例のほとんどは、民事事件において労働基準法の趣旨に照らした権利義務の確定が争われているのである。一例として、労働基準法3条の均等待遇規定は違反に対して6か月以下の懲役若しくは30万円以下の罰金を科することとしているが、実際には、信条を理由とする差別待遇に対する損害賠償請求において、同条違反が違法性認定の根拠となり得るという前提を踏まえ、同条に反するような差別があったか否かが争われることが通常である。

　第2に、労働法分野の訴訟は、実定法の規定が存在しない領域において生じることが多く、まさに判例法理によって解決が導かれることが一般化している。例えば、就業規則の拘束力やその改定による労働条件の不利益変更は、労働契約法が制定されるまでの間代表的な判例法理として確立されていたし、現在でも、採用内定、配転、休職、降格など人事をめぐる多くの法的争いは、直接これらを対象とする実定法規は存在せず、膨大な裁判例の蓄積によって形成されてきた判例法理が訴訟における解決の指標となっている。また、解雇の有効性については労働契約法16条が制定されたが、解雇のかなりの割合を占める整理

解雇については、いまだに裁判所は「整理解雇の4要件（ないし4要素）」といわれる判断基準を用いて処理しており、同法16条が直接適用される例はほぼみられないといえる状況である。

こうして、労働法における判例法理の重要性は他の法分野とは比較にならず、本書もそのような状況を踏まえて以下のような特徴を有している。

第1に、諸判例を整理する体系を実定法の条文よりは事案の類型ごとに行っていることである。これにより判例法の性格が濃い労働法の特性に即した体系が実現されている。

第2に、論点についても実定法の解釈に加え、判例法理において浮き彫りにされた論点の検討に精力を注いでいることである。これにより実践的な意義を強めている。

第3に、学説についても教科書的な整理・解説を避け、具体的論点に応じて再構成する方針をとっていることである。これにより諸学説の実務に即した理解が可能となろう。

本書の作成が、多くの執筆者の献身的な貢献によっていることはいうまでもない。また、弁護士の加藤純子氏には執筆だけでなく、目次構成案の作成など本書の成立について並々ならぬご尽力をいただいた。ともに、ここに感謝申し上げたい。また、本書の刊行に当たって、第一法規株式会社の草壁岳志氏、三ツ矢沙織氏には多大なお世話になった。ここに熱く感謝の意を表したい。

平成26年10月

菅野　和夫
安西　愈
野川　忍

編集・執筆者一覧

編　集

荒木　尚志（あらき　たかし）　　　東京大学教授
安西　　愈（あんざい　まさる）　　　弁護士（安西法律事務所）
野川　　忍（のがわ　しのぶ）　　　明治大学教授

執筆者（五十音順）

淺野　高宏（あさの　たかひろ）　　　弁護士（ユナイテッド・コモンズ法律事務所）
岩出　　誠（いわで　まこと）　　　弁護士（ロア・ユナイテッド法律事務所）
小畑　史子（おばた　ふみこ）　　　京都大学教授
川田　琢之（かわた　たくゆき）　　　筑波大学教授
桑村裕美子（くわむら　ゆみこ）　　　東北大学教授
土田　道夫（つちだ　みちお）　　　同志社大学教授
富永　晃一（とみなが　こういち）　　　上智大学教授
中窪　裕也（なかくぼ　ひろや）　　　一橋大学名誉教授・獨協大学特任教授
中町　　誠（なかまち　まこと）　　　弁護士（中町誠法律事務所）
仁野　周平（にの　しゅうへい）　　　弁護士（中町誠法律事務所）
野川　　忍（のがわ　しのぶ）　　　明治大学教授

凡　　例

1．判例の書誌事項の表示について
　判例には、原則として判例情報データベース「D1-Law.com判例体系」（https://d11-dh.d1-law.com）の検索項目となる判例IDを〔　〕で記載した。
　　例：最二小判平成17・6・3民集59巻5号938頁〔28101172〕

法令名略語

LGBT理解増進法	性的指向及びジェンダーアイデンティティの多様性に関する国民の理解の増進に関する法律
育児・介護休業法	育児休業、介護休業等育児又は家族介護を行う労働者の福祉に関する法律
一般社団・財団法人法	一般社団法人及び一般財団法人に関する法律
外国人技能実習法	外国人の技能実習の適正な実施及び技能実習生の保護に関する法律
過労死防止法	過労死等防止対策推進法
求職者支援法	職業訓練の実施等による特定求職者の就職の支援に関する法律
行労法	行政執行法人の労働関係に関する法律
建設職人基本法	建設工事従事者の安全及び健康の確保の推進に関する法律
憲法	日本国憲法
高年齢者雇用安定法	高年齢者等の雇用の安定等に関する法律
個人情報保護法	個人情報の保護に関する法律
国行組法	国家行政組織法
国公法	国家公務員法
個別労働紛争解決促進法	個別労働関係紛争の解決の促進に関する法律

雇用機会均等法	雇用の分野における男女の均等な機会及び待遇の確保等に関する法律
最賃法	最低賃金法
障害者差別解消法	障害を理由とする差別の解消の推進に関する法律
障害者雇用促進法	障害者の雇用の促進等に関する法律
職安法	職業安定法
職開法	職業能力開発促進法
職務待遇確保法	労働者の職務に応じた待遇の確保等のための施策の推進に関する法律
女性活躍推進法	女性の職業生活における活躍の推進に関する法律
地方大学振興法	地域における大学の振興及び若者の雇用機会の創出による若者の修学及び就業の促進に関する法律
地公法	地方公務員法
地公災法	地方公務員災害補償法
地公労法	地方公営企業等の労働関係に関する法律
中小事業従事者労災共済事業法	中小事業主が行う事業に従事する者等の労働災害等に係る共済事業に関する法律
賃確法	賃金の支払の確保等に関する法律
通則法	法の適用に関する通則法
特定技能基準省令	特定技能雇用契約及び一号特定技能外国人支援計画の基準等を定める省令
特労法	特定独立行政法人の労働関係に関する法律
入管法	出入国管理及び難民認定法
働き方改革関連法	働き方改革を推進するための関係法律の整備に関する法律
パートタイム労働法	短時間労働者の雇用管理の改善等に関する法律
パート有期法	短時間労働者及び有期雇用労働者の雇用管理の改善等に関する法律
派遣法	労働者派遣事業の適正な運営の確保及び

(8) 凡例

	派遣労働者の保護等に関する法律
フリーランス法	特定受託事業者に係る取引の適正化等に関する法律
民訴法	民事訴訟法
民訴規則	民事訴訟規則
有期雇用特別措置法	専門的知識等を有する有期雇用労働者等に関する特別措置法
労安法	労働安全衛生法
労安則	労働安全衛生規則
労基法	労働基準法
労基則	労働基準法施行規則
労組法	労働組合法
労組令	労働組合法施行令
労協法	労働者協同組合法
労契法	労働契約法
労災保険法	労働者災害補償保険法
労審法	労働審判法
労審則	労働審判規則
労審員則	労働審判員規則
労働施策総合推進法	労働施策の総合的な推進並びに労働者の雇用の安定及び職業生活の充実等に関する法律
労調法	労働関係調整法
労働契約承継法	会社分割に伴う労働契約の承継等に関する法律
労働保険徴収法	労働保険の保険料の徴収等に関する法律
厚労告	厚生労働大臣が発する告示
労告	労働大臣が発する告示
基災収	労働基準局労災補償部長又は労災補償課長が疑義に答えて発する通達
基災発	労働基準局労災補償部長又は労災補償課長通達
基収	労働基準局長が疑義に答えて発する通達

基発	労働基準局長通達
職補	人事院事務総局職員福祉局補償課長通達
地基補	地方公務員災害補償基金補償課長通達
発基	労働基準局関係の事務次官通達

判例等出典略語

〔判例〕

民録	大審院民事判決録
刑録	大審院刑事判決録
民集	大審院民事判例集、最高裁判所民事判例集
刑集	大審院刑事判例集、最高裁判所刑事判例集
判タ	判例タイムズ
判時	判例時報
労経速報	労働経済判例速報
労旬	労働法律旬報
裁判集民	最高裁判所裁判集民事
裁判集刑	最高裁判所裁判集刑事
高裁民集	高等裁判所民事判例集
高裁刑集	高等裁判所刑事判例集
労働民集	労働関係民事事件裁判集
労働民例集	労働関係民事裁判例集
下級民集	下級裁判所民事裁判例集
下級刑集	下級裁判所刑事裁判例集
行裁例集	行政事件裁判例集
新聞	法律新聞
評論	法律学説判例評論全集
判決全集	大審院判決全集
家裁月報	家庭裁判月報
金融法務	旬刊金融法務事情
商事法務	旬刊商事法務
金融商事	金融・商事判例
東高民時報	東京高等裁判所（民事）判決時報
東高刑時報	東京高等裁判所（刑事）判決時報

高刑速報	高等裁判所刑事裁判速報集
交通民集	交通事故民事裁判例集
裁判所HP	裁判所ホームページ
中労委HP	中央労働委員会命令・裁判例データベース

〔命令〕

命令集	不当労働行為事件命令集
別冊中労時重要命令判例	別冊中央労働時報　最新不当労働行為事件・重要／命令・判例
中労委HP	中央労働委員会命令・裁判例データベース

文 献 略 語

荒木・労働法〈第5版〉
　　荒木尚志『労働法〈第5版〉』有斐閣（2022年）

荒木=菅野=山川・詳説労契法〈第2版〉
　　荒木尚志=菅野和夫=山川隆一『詳説　労働契約法〈第2版〉』弘文堂（2014年）

有泉・労基法
　　有泉亨『法律学全集(47)労働基準法』有斐閣（1963年）

安西・実務
　　安西愈『新しい労使関係のための労働時間・休日・休暇の法律実務〈全訂7版〉』中央経済社（2010年）

石井・労働法
　　石井照久『法律学講座双書労働法〈新版第3版〉』弘文堂（1973年）

石井=有泉編・大系1-5
　　石井照久=有泉亨編『労働法大系(1)-(5)』有斐閣（1963年）

石川・労組法
　　石川吉右衛門『法律学全集(46)労働組合法』有斐閣（1978年）

石嵜・実務〈第2版〉
　　石嵜信憲編著『労働時間規制の法律実務〈第2版〉』中央経済社（2022年）

岩出・講義上、下
　　岩出誠『実務労働法講義（上）（下）〈第3版〉』民事法研究会（2010年）

岩出・大系〈第 2 版〉
　　岩出誠『労働法実務大系〈第 2 版〉』民事法研究会（2019年）
井上・時間外労働
　　井上繁規『時間外労働時間の理論と訴訟実務～判例・労災決定・学説にみる類型別判断基準と立証方法～』第一法規（2022年）
現代講座 1 -15
　　日本労働法学会編『現代労働法講座(1)-(15)』総合労働研究所（1980-1985年）
講座 1 - 7 下
　　日本労働法学会編『労働法講座(1)-(7 下)』有斐閣（1956-1959年）
講座21世紀 1 - 8
　　日本労働法学会編『講座21世紀の労働法(1)-(8)』有斐閣（2000年）
コンメ労組法・労調法〈6 訂〉
　　厚生労働省労政担当参事官室編『労働法コンメンタール(1)労働組合法・労働関係調整法〈6 訂新版〉』労務行政（2015年）
コンメ労基法上、下〈平22〉
　　厚生労働省労働基準局編『労働法コンメンタール(3)平成22年版　労働基準法（上）（下）』労務行政（2011年）
コンメ労基法上、下〈令 3 〉
　　厚生労働省労働基準局編『労働法コンメンタール(3)令和 3 年版　労働基準法（上）（下）』労務行政（2022年）
最高裁行政局・概観 1 - 3
　　最高裁判所事務総局行政局監修『労働関係民事裁判例概観(1)-(3)〈改訂版〉』法曹会（1998-2001年）
最高裁事務総局・概観上
　　最高裁判所事務総局編『労働関係民事裁判例概観（上）』法曹会（1987年）
佐々木ほか・実務 1 、 2
　　佐々木宗啓ほか編著『類型別　労働関係訴訟の実務〔改訂版〕Ⅰ、Ⅱ』青林書院（2023年）
司法研・研究
　　司法研修所編『救済命令等の取消訴訟の処理に関する研究〈改訂版〉』法曹会（2009年）

下井・労基法〈第5版〉
　　下井隆史『有斐閣法学叢書(8)労働基準法〈第5版〉』有斐閣（2019年）
下井・労使関係法
　　下井隆史『労使関係法』有斐閣（1995年）
白石・実務〈第2版〉
　　白石哲編著『労働関係訴訟の実務〈第2版〉』商事法務（2018年）
新講座1-8
　　日本労働法学会編『新労働法講座(1)-(8)』有斐閣（1966-1967年）
新コンメ労基法労契法〈第2版〉
　　西谷敏=野田進=和田肇=奥田香子編『新基本法コンメンタール　労働基準法・労働契約法〈第2版〉』日本評論社（2020年）
新コンメ労組法
　　西谷敏=道幸哲也=中窪裕也編『新基本法コンメンタール　労働組合法』日本評論社（2011年）
新実務相談〈新版第3版〉
　　労務行政研究所編『新・労働法実務相談　職場トラブル解決のためのQ&A〈新版第3版〉』労務行政（2020年）
菅野・労働法〈第12版〉
　　菅野和夫『労働法〈第12版〉』弘文堂（2019年）
菅野=山川・労働法〈第13版〉
　　菅野和夫=山川隆一『労働法〈第13版〉』弘文堂（2024年）
菅野=山川=齊藤=定塚=男澤・労働審判
　　菅野和夫=山川隆一=齊藤友嘉=定塚誠=男澤聡子『労働審判制度　基本趣旨と法令解説〈第2版〉』弘文堂（2007年）
鈴木=三ヶ月=木川・新実務民訴講座
　　鈴木忠一=三ヶ月章監修、木川統一郎ほか編『新・実務民事訴訟講座(11)労働訴訟』日本評論社（1982年）
鈴木=三ヶ月・実務民訴講座
　　鈴木忠一=三ヶ月章監修『実務民事訴訟講座(9)行政訴訟・労働訴訟』日本評論社（1970年）
須藤=清水・事実認定50選
　　須藤典明=清水響編『労働事件事実認定重要判決50選』立花書房（2017年）

角田=毛塚=浅倉編・争点
    角田邦重=毛塚勝利=浅倉むつ子編『法律学の争点シリーズ(7)労働法の争点〈第3版〉』有斐閣（2004年）
宗宮=萩尾・裁判法大系21
    宗宮英俊=萩尾保繁編『現代裁判法大系⑳労働基準・労働災害』新日本法規出版（1998年）
注釈労基法上、下
    東京大学労働法研究会編『注釈労働基準法（上）（下）』有斐閣（2003年）
注釈労基法労契法1
    荒木尚志=岩村正彦=村中孝史=山川隆一編『注釈労働基準法・労働契約法　第1巻—総論・労働基準法(1)』有斐閣（2023年）
注釈労基法労契法2
    荒木尚志=岩村正彦=村中孝史=山川隆一編『注釈労働基準法・労働契約法　第2巻—労働基準法(2)・労働契約法』有斐閣（2023年）
注釈労組法上、下
    東京大学労働法研究会編『注釈労働組合法（上）（下）』有斐閣（1980年、1982年）
塚本・労委
    塚本重頼『労働委員会—制度と手続』日本労働協会（1977年）
土田・概説〈第5版〉
    土田道夫『労働法概説〈第5版〉』弘文堂（2024年）
土田=山川編・争点
    土田道夫=山川隆一編『新・法律学の争点シリーズ(7)労働法の争点』有斐閣（2014年）
土田・労働契約法〈第2版〉
    土田道夫『労働契約法〈第2版〉』有斐閣（2016年）
西谷・労組法
    西谷敏『労働組合法〈第3版〉』有斐閣（2012年）
西谷・労働法
    西谷敏『労働法〈第3版〉』日本評論社（2020年）
野川・新訂労働法
    野川忍『新訂　労働法』商事法務（2010年）

林=山川・新大系16
　　　林豊=山川隆一編『新・裁判実務大系⑯労働関係訴訟法Ⅰ』青林書院
　　　（2001年）
林=山川・新大系17
　　　林豊=山川隆一編『新・裁判実務大系⑰労働関係訴訟法Ⅱ』青林書院
　　　（2001年）
外尾・労働団体法
　　　外尾健一『現代法学全集⑩労働団体法』筑摩書房（1975年）
水町・詳解労働法〈第3版〉
　　　水町勇一郎『詳解　労働法〈第3版〉』東京大学出版（2023年）
水町・労働法〈第10版〉
　　　水町勇一郎『労働法　Labor and Employment Law〈第10版〉』有斐閣
　　　（2024年）
村中=荒木編・百選〈第10版〉
　　　村中孝史=荒木尚志編『労働判例百選〈第10版〉』有斐閣（2022年）
盛・総論
　　　盛誠吾『新法学ライブラリ㉑労働法総論・労使関係法』新世社（2000
　　　年）
安枝=西村・労基法
　　　安枝英訷=西村健一郎『現代法律学講座㉛労働基準法〈労働法Ⅱ〉』青林
　　　書院（1996年）
山川・雇用関係法
　　　山川隆一『新法学ライブラリ㉒雇用関係法〈第4版〉』新世社（2008年）
山川・不当労働行為法
　　　山川隆一『不当労働行為法──判例・命令にみる認定基準』第一法規
　　　（2021年）
山川・労働紛争処理法〈第2版〉
　　　山川隆一『労働紛争処理法〈第2版〉』弘文堂（2023年）
山口・労組法
　　　山口浩一郎『有斐閣法学叢書⑴労働組合法〈第2版〉』有斐閣（1996年）
山口=三代川=難波編・審理ノート
　　　山口幸雄=三代川三千代=難波孝一編『労働事件審理ノート〈第3版〉』判
　　　例タイムズ社（2011年）

渡辺=小野寺編・大系 5
 渡辺昭=小野寺規夫編『裁判実務大系(5)労働訴訟法』青林書院（1985年）
渡辺・講義上、下
 渡辺章『労働法講義（上）（下）』信山社（2009年、2011年）
渡辺・労働訴訟 1〈改訂版〉
 渡辺弘『リーガル・プログレッシブ・シリーズ(9)労働関係訴訟Ⅰ〈改訂版〉』青林書院（2023年）
渡辺・労働訴訟 2〈改訂版〉
 渡辺弘『リーガル・プログレッシブ・シリーズ(9)労働関係訴訟Ⅱ〈改訂版〉』青林書院（2023年）

目　　次

はしがき
編集・執筆者一覧
凡例

I　労働法の当事者概念
　1　労働者性………………………………………………（川田琢之）…　1
　　(1)　労働基準法上の労働者……………………………………………　1
　　(2)　労働組合法上の労働者……………………………………………　13
　　(3)　労働契約法上の労働者……………………………………………　19
　　(4)　その他………………………………………………………………　27
　2　使用者性………………………………………………（富永晃一）…　30
　　(1)　労働基準法上の使用者……………………………………………　30
　　(2)　労働組合法上の使用者……………………………………………　33
　　(3)　労働契約法上の使用者……………………………………………　41
　　(4)　その他………………………………………………………………　45
　3　就労形態と当事者性をめぐる問題……………………（淺野高宏）…　47
　　(1)　個人事業主…………………………………………………………　47
　　(2)　下請企業労働者……………………………………………………　70
　　(3)　委任契約（会社役員等）…………………………………………　73
　　(4)　プラットフォーム就業……………………………………………　81
　　(5)　副業・兼業の労働関係……………………………………………　93
II　労働契約の基本的考え方
　1　労働契約の基本原則…………………………………（土田道夫）…　109
　2　労働契約の権利義務 …………………………………（同）…　120
　　(1)　労働者の義務－労働義務…………………………………………　120
　　(2)　労働者の義務－付随義務…………………………………………　129
　　(3)　労働者の権利………………………………………………………　141
　　(4)　使用者の義務………………………………………………………　146
　3　労働者の人権の保護・差別の禁止 …………………（岩出誠）…　152
　　(1)　労働者の人権の保護………………………………………………　152
　　(2)　性差別（女性保護）………………………………………………　206

(3)	障害者	231
(4)	LGBTQ	250
(5)	育児・介護	262
(6)	いじめ・ハラスメント	288

Ⅲ　労働条件の決定・変更
 1　労働条件の規律……………………………………（桑村裕美子）… 353
  (1)　法令…………………………………………………………………… 353
  (2)　労働契約……………………………………………………………… 356
  (3)　就業規則……………………………………………………………… 358
  (4)　労働協約……………………………………………………………… 367
  (5)　労使慣行……………………………………………………………… 371
  (6)　労働条件を決定する規律間の効力関係…………………………… 374
 2　労働条件の変更…………………………………………（小畑史子）… 380
  (1)　就業規則による労働条件変更……………………………………… 380
  (2)　労働協約による労働条件変更……………………………………… 385
  (3)　労働契約の変更……………………………………………………… 389
 3　労働条件不利益変更有効性判断の具体例 …（中町誠・仁野周平）… 392
  (1)　賃金…………………………………………………………………… 392
  (2)　労働時間……………………………………………………………… 432
  (3)　休日・休暇…………………………………………………………… 436
  (4)　福利厚生……………………………………………………………… 439
  (5)　降格規定の新設など労働者の地位に関わる変更………………… 441
  (6)　その他………………………………………………………………… 444

Ⅳ　労働契約の成立・開始
 1　労働契約の締結過程……………………………………（富永晃一）… 455
  (1)　募集に係る規律……………………………………………………… 455
  (2)　採用選考過程に係る規律…………………………………………… 461
 2　採用 ……………………………………………………（野川忍）… 468
  (1)　採用の自由とその限界……………………………………………… 468
  (2)　採用内定……………………………………………………………… 471
  (3)　その他………………………………………………………………… 476
 3　試用期間………………………………………………（中窪裕也）… 481

事項索引………………………………………………………………………… 501

判例索引……………………………………………………………… 509
命令索引……………………………………………………………… 561
法令索引……………………………………………………………… 562

I　労働法の当事者概念

1　労働者性

(1)　労働基準法上の労働者

【概要】

　労働法上の概念としての「労働者」は、労働法規・法理の適用対象を画するという意義を有する。すなわち、ある「人が働く」関係に労働法の法規・法理が適用されるか否かは、そこで働く者が労働法上の概念としての「労働者」に該当するか否かによって決せられる。

　現在の労働法の学説においては、このような「労働者」について労働法全体に共通する統一的な労働者概念が存在するわけではなく、個々の労働法規ごとに、その趣旨、目的を反映した労働者概念が定められるという考え方（労働者概念の相対的な把握）が通説的となっている。

　もっとも、労基法9条に定められた同法上の労働者の概念は、同法の適用範囲を画するだけでなく、個別的労働関係法の領域における労働者の概念を画するうえで重要な役割を果たしている（例えば、最賃法や労災保険法は明文の規定又は解釈で、当該法律における労働者は労基法9条の労働者と一致するとされており、本項では、これらの法律についての労働者性判断事例も取り上げる。労契法上及び、労組法上の労働者と、労基法上の労働者との関係については、それぞれの項目で説明する）。

　具体的に問題となるのは、典型的な労働者（あるいは非労働者）の働き方と共通する面、相違する面がそれぞれ存在するために労基法上の労働者として扱うべきかが微妙な者について、どのような判断基準・判断手法により、どのように労働者性の有無を判断すべきかであり、この点について、労働者か独立事業者かが問題となる請負契約等の形式の下で個人で就業する者（トラック運転手、大工など）、労働者か経営者かが問題となる会社の取締役や執行役員など、教育的要素を含んだ就労であるために労働者かどうかが問題となる研修医などの類型の事案において、裁判所の判断が蓄積されている。

【関係法令】
労基法9条

I　労働法の当事者概念

━━━━━━ 論　点 ━━━━━━
1　労基法9条の労働者と一致する労働者概念を持つ法律
2　労働者性の判断基準・判断手法
3　個人請負・委任型就業者の労働者性判断
4　会社役員等の労働者性判断
5　その他の事案における労働者性判断

論点❶　労基法9条の労働者と一致する労働者概念を持つ法律

　最賃法（2条1号）、労安法（2条2号）、賃確法（2条2項）、公益通報者保護法（2条1項1号）等の法律では、明文の規定をもって、当該法律における労働者を、労基法9条にいう労働者と定めている（同条の労働者性を判断する基準をもって最賃法上の労働者性を判断（肯定）した最高裁判決として、関西医科大学研修医（未払賃金）事件・最二小判平成17・6・3民集59巻5号938頁〔28101172〕）。

　また、労災保険法には、同法上の労働者について定めた規定が存在しないが、判例は、同法上の労働者について、労基法9条の労働者と一致するとの立場をとっている（横浜南労基署長（旭紙業）事件上告審・最一小判平成8・11・28判タ927号85頁〔28020411〕、藤沢労基署長（大工負傷）事件・最一小判平成19・6・28判タ1250号73頁〔28131552〕）。なお、これらの最高裁判決は、特に理由を挙げることなく、労基法上の労働者性の有無を労災保険法上の労働者性の有無に結び付ける判断をしているが、下級審裁判例の中には、労災保険法上の労働者が労基法上の労働者と一致する理由として、労災保険法において業務上災害に対する労災保険給付の要件が労基法上の災害補償の事由が生じた場合とされていること（労災保険法12条の8第2項）や、労災保険法が労基法上の災害補償責任を補塡する制度として創設されたものであること（労基法84条1項参照）といった、労基法と労災保険法の制度的な結び付きを挙げるものがみられる（横浜南労基署長（旭紙業）事件控訴審・東京高判平成6・11・24労働判例714号16頁〔27827651〕、船橋労基署長（マルカキカイ）事件・東京地判平成23・5・19労働判例1034号62頁〔28174079〕、国・川越労基署長（C工務店）事件・大阪地判平成28・11・21労働判例1157号50頁〔28252162〕等）。

論点 ❷ 労働者性の判断基準・判断手法

　労基法9条の定めのうち、同条が定める労働者に該当する者とそうでない者を区別する基準として重要なのは、「使用され」「賃金を支払われる」の部分である。このうち前者は、指揮命令下で労務を提供すること、後者は、提供した労務の対価を労務提供の相手方から受けることをそれぞれ意味する概念であり、これらに該当するかの判断は、裁判実務上、次のような形で行われているといえる。

　まず、上記のような労基法上の労働者に該当するか否かの判断は、契約の名称や形式に左右されることなく、労務供給関係の実態に着目して行うものとされている。これは、同法の個々の規定が当事者の合意に優越する効力を持つ強行規定であることからすれば、同法がそもそも適用されるのか否かの判断（＝労働者性の判断）についても、当事者の合意や、それに基づいて決定される契約の形式・名称などの当事者の主観には左右されない形で行うのでなければ、同法の規定に強行法規としての効力を与えた趣旨が損なわれる、との考え方に基づくものといえる。

　次に、「使用され」「賃金を支払われる」関係が認められるかの判断については、これらの概念（特に前者）を細分化した、以下に掲げるような労働者性の判断要素を総合的に勘案して労働者性を判断する手法が定着している。こうした労働者性の判断要素のあり方には、昭和60年に取りまとめられた「労働基準法研究会報告（労働基準法の『労働者』の判断基準について）」（労働基準法研究会、昭和60年12月。以下、「労基研報告」という）が大きな影響を与えている。

① 仕事の依頼、業務従事の指示等に対する諾否の自由（具体的な仕事の依頼や業務従事の指示を受けた際に、当該業務に従事するか否かを労務提供者が決定できるか）

② 業務遂行上の指揮監督の有無（同種の業務に従事する者であれば労働者性が認められない者についても必要とされる指示という意味における、契約ないし業務の性質上当然の指示とされる内容を超えた指示に従う必要があるといえるか。相手方の指示等により、通常従事する業務以外の業務に従事することがあるか）

③ 時間的、場所的な拘束性の有無（労務提供の時間、場所について、労務提供

の相手方から指定され、その管理を受けているか）

④ 代替性の有無（本人に代わって他の者が労務を提供することが認められているか）

⑤ 報酬の労務対償性（額の決定方法、労務提供時間に応じた増額の有無、同種の業務に従事する典型的な労働者の賃金水準との比較、経費の負担関係等からみて、相手方の指揮監督の下に一定時間労務を提供していることに対する対価の性質を有するといえるか）

⑥ 事業者性の有無（機械・器具の負担関係、報酬の決定方法・水準等からみて、自己の危険と計算に基づき業務を遂行しているといえるか）

⑦ 専属性の程度（他の労務提供先で業務を遂行することが事実上可能か）

⑧ その他（採用時の選考過程の正規従業員との異同、報酬に対する給与所得としての源泉徴収、労働保険・社会保険の適用、服務規律の適用、退職金制度や福利厚生の適用等）

労基研報告では、上記のうち①〜④が、指揮監督の労働に関する判断基準とされ、⑤の報酬の労務対償性と併せて「使用従属性」に関する判断基準とされたうえで、限界的事例においては、⑥以下の補強要素を含めた総合考慮を行うものとされている。

判例・裁判例においては、上記の考慮要素の全部又は一部を用いた判断が行われているといえる。最高裁判決としては、いわゆる傭車運転手の労働者性を否定した横浜南労基署長（旭紙業）事件（最一小判平成8・11・28判タ927号85頁〔28020411〕）、研修医の労働者性を肯定した関西医科大学研修医（未払賃金）事件（最二小判平成17・6・3民集59巻5号938頁〔28101172〕）、いわゆる一人親方の大工の労働者性を否定した藤沢労基署長（大工負傷）事件（最一小判平成19・6・28判タ1250号73頁〔28131552〕）が存在するが、これらはいずれも事例判断であり、上記の考慮要素のうちのいくつかに言及したうえで、それぞれの事案における労働者性の有無を判断している（最高裁判決の判断内容の詳細は、【論点3】及び【論点5】の〔事例〕を参照）。一方、下級審裁判例の中には、上記のような諸要素を総合的に考慮した実態判断を行う旨の一般論を明示するものもみられる（例えば、新宿労基署長（映画撮影技師）事件・東京高判平成14・7・11判時1799号166頁

〔28072539〕、国・千葉労基署長（県民共済生協普及員）事件・東京地判平成20・2・28労働判例962号24頁〔28141911〕、さいたま労働基準監督署長事件・東京地判平成23・1・20労経速報2104号15頁〔28172454〕等）。

　学説においては、労働者性が問題となる事案の多様化等を背景として、労働者性の有無の判断が特に困難であるグレーゾーンが広がり、対処が必要であるとの問題意識の下に各考慮要素の意義を改めて検討する動きがみられるところである（日本労働法学会編『講座労働法の再生　第1巻』日本評論社（2017年）〔皆川宏之〕86頁以下、注釈労基法労契法1　172頁以下、〔島田陽一〕190頁以下等参照）が、上記のような考慮要素を用いて「使用され」、「賃金を支払われる」者に該当するかを判断する考え方はおおむね支持されているといえる（菅野=山川・労働法〈第13版〉204頁以下、荒木・労働法〈第5版〉53頁以下、土田・労働契約法〈第2版〉53頁以下等参照）が、上記の判断要素のうち⑧の中の労働保険・社会保険や税法上の扱いについては、当事者（特に使用者）が容易に操作できる事情であり、客観的実態に即した判断を行うという観点からは考慮要素に含めるべきではないとの主張もなされている（水町・詳解労働法〈第3版〉40頁）。また、学説上の見解の中には、当事者の意思を考慮に入れた労働者性判断を行う余地を肯定するもの（柳屋孝安『現代労働法と労働者概念』信山社（2005年）366頁以下）、「自ら他人の有償で労務を供給し、労務の供給を受ける者との関係で独立自営業者または独立労働者でない者」を労働法の対象とすべきとするもの（川口美貴『労働法〈第8版〉』信山社（2024年）4頁以下、69頁以下）などもみられる。

論点 ❸　個人請負・委任型就業者の労働者性判断

　労基法上の労働者性判断は、基本的に【論点2】で示した判断枠組み・手法に基づいて行われるが、学説等では、このような労働者性判断の具体的なあり方について、労働者性の有無が問題となる事案をいくつかの類型に分けて検討している（菅野=山川・労働法〈第13版〉209頁以下、荒木・労働法〈第5版〉56頁以下、土田・労働契約法〈第2版〉56頁以下、水町・詳解労働法〈第3版〉44頁以下等）。このような事案の類型化の仕方は様々であるが、ここでは、典型的には請負、業務委託、委任等の名称の契約に基づき、当該契約で定められた業務を個人で遂行す

る者(「個人請負・委任型就業者」と総称する)を1つの類型として取り上げる。この類型は、労働者と(いわゆるフリーランサーや専門家等を含めた広い意味での)独立自営業者の区別が問題になる事案類型ととらえることができるものであり、具体例としては、自己所有の車両を用いて運送等の業務に従事するいわゆる傭車運転手、建設作業等の一人親方、外勤の訪問員・販売員、特定の相手方の下で弁護士等の専門的あるいは特殊技能を要する業務に従事する者等を挙げることができる。

上記のような個人請負・委任型就業者は、労基法上の労働者性が問題となる最も代表的な事案類型といえるものであり、その労働者性判断のあり方については、【論点2】で述べた一般的な説明が、基本的にそのまま妥当する。

事例

この類型の事案における最高裁判決としては、いわゆる傭車運転手の労働者性を否定した横浜南労基署長(旭紙業)事件(最一小判平成8・11・28判タ927号85頁〔28020411〕)と、いわゆる一人親方の大工の労働者性を否定した藤沢労基署長(大工負傷)事件(最一小判平成19・6・28判タ1250号73頁〔28131552〕)が存在する。

このうち前掲横浜南労基署長(旭紙業)事件は、契約相手である会社の運送係の指示に従って運送業務に従事していた運転手について、同人が業務用機材であるトラックを所有し、自己の危険と計算の下に運送業務に従事していたこと及び、運送という業務の性質上当然に必要とされる運送物品、運送先及び納入時刻の指示以外に業務遂行上の特段の指揮命令があったといえず、時間的、場所的な拘束の程度も一般の従業員と比較してはるかに緩やかであって、同人が会社の指揮監督の下に労務を提供していたと評価するには足りないことを、労働者性を否定する主要な理由にしているものとみることができるものであり、これに加えて、報酬の支払方法、公租公課の負担の点でも労働者性を肯定することを相当とする事情はないことからすれば、同人が専属的に会社の業務に携わっており、会社の運送係の指示を拒否する自由はなかったこと、毎日の始終業時刻が運送係の指示によって事実上決定されること、同人の運賃がトラック協会が定める運賃表による運送料より1割5分低い額とされていたこと等を考慮しても、労基法・労災保険法上の労働者性は認められないとされている。

また、前掲藤沢労基署長(大工負傷)事件では、マンションの内装工事の一部を担当していた大工について、①仕上がりの画一性、均質性を確保するため寸法等につきある程度細かい指示を受けていたものの、具体的な工法や作業手順は自分の判断で選択できたこと、②事前に連絡すれば、工期に遅れない限り仕事を休んだり、始終業時刻を変更したりできたこと、③事実上専属的に業務に従事していたものの、これは同

人を引きとどめるために実入りの良い仕事を回す等の配慮の結果であり、他での就業が禁じられていたわけではなかったこと、④同人の報酬は完全出来高制であり、従業員の給与より相当高額であったこと、⑤同人は一般的に必要な大工道具を自ら所有し、使用していたこと、⑥同人は就業規則の適用を受けておらず、労働保険・社会保険への加入や報酬からの給与所得としての所得税源泉徴収も行われていなかったこと、⑦同人は職長会議に出席する等の職長の業務を行い、職長手当を作業報酬とは別途に支払われていたが、これは現場監督が不在の場合の代理としての大工への指示の取次ぎ等を主な内容とするものであったこと等の事実関係を踏まえ、同人は指揮監督の下に労務を提供していたものと評価することはできず、報酬も仕事の完成に対して支払われたものであって労務の提供の対価とみることは困難である等の判断に基づき、労基法・労災保険法上の労働者性が否定されている。

　下級審裁判例においては、まず、前掲横浜南労基署長（旭紙業）事件に類似した運送業務従事者の事案として、業務委託契約に基づき、委託元所有の自動車を用いて荷物の運送・集配等の業務に従事する者について労基法上の労働者に当たるとした例（アサヒ急配（運送委託契約解除）事件・大阪地判平成18・10・12労働判例928号24頁〔28130493〕）、自転車による荷物の配送を行うメッセンジャーについて同法上の労働者に当たらないとした例（ソクハイ事件・東京地判平成22・4・28判タ1332号71頁〔28162016〕）、相手方である会社から依頼を受けて配送業務に従事していた者の労働者性を否定した例（ロジクエスト事件・東京地判令和2・11・24労働判例1259号69頁〔29061760〕）等が存在する（ただし、いずれも解雇・雇止めについて争われた事案。なお、前掲ソクハイ事件について、当該事案のメッセンジャー等が同法上の労働者に該当する旨の行政解釈として、平成19・9・27基発0927003号が存在する）。また、中小企業等協同組合法上の企業組合のメンバー（組合員）として配送等の業務に従事する者の労基法上の労働者性を否定した例も現れている（企業組合ワーカーズ・コレクティブ轍・東村山事件・東京地立川支判平成30・9・25労働判例1207号45頁〔28274144〕）。

　なお、厚労省は、2023年12月現在の資料として、業務委託契約を締結し、個人事業主とされていた貨物軽自動車運送事業の自動車運転手から労災請求がなされた事案において、労基署による調査の結果、当該自動車運転手が労基法上の労働者に該当すると判断されたものがあったことを踏まえて、運転手（配送員）からの相談に対する労基署の対応において運転手（配送員）が労基法上の労働者に該当すると判断された事例及びそこにおける判断のポイントをまとめた「貨物軽自動車運送事業の自動車運転者に係る労働者性の判断基準について」を公表している。

　前掲藤沢労基署長（大工負傷）事件に類似した大工の事案に関する比較的近年の例としては、複数の企業を転々としながら建物の電気配線工事に従事していた者について、後に独立開業し、労災保険に特別加入する前の時期の労基法・労災保険法上の労

働者性を肯定した例（国・相模原労働基準監督署長（電気工・石綿曝露）事件・横浜地判平成21・7・30判時2075号149頁〔28160184〕）、他の宮大工から依頼を受けてこの者とともに作業に従事していた宮大工の労基法・労災保険法上の労働者性を否定した例（国・川越労基署長（C工務店）事件・大阪地判平成28・11・21労働判例1157号50頁〔28252162〕）等が存在する。

外勤の販売員・訪問員等に関する比較的近年の例としては、業務委託契約に基づいて県民共済が取り扱っている各種共済に関するパンフレットを各家庭に配布する等の業務に従事する者について、労基法・労災保険法上の労働者性を肯定した例（国・千葉労基署長（県民共済生協普及員）事件・東京地判平成20・2・28労働判例962号24頁〔28141911〕）、「フィールド業務委託契約」との名称の契約を締結して営業活動を行っていた者の労働者性を肯定した例（サンフィールド事件・大阪地判令和2・9・4労判例1251号89頁〔28293583〕、労基法24条の賃金全額払い原則の適用を肯定した例）等が存在する。

このほかには、労働者性が肯定された比較的近年の事例として、映画のカメラマン（新宿労基署長（映画撮影技師）事件・東京高判平成14・7・11判時1799号166頁〔28072539〕）、クラブのホステス（第三相互事件・東京地判平成22・3・9労働判例1010号65頁〔28163307〕）等の例があり（なお、新宿労基署長（映画撮影技師）事件の第1審判決・東京地判平成13・1・25判時1749号165頁〔28061281〕は労働者性を否定していた）、労働者性が否定された事例としては、県及び市に登録して各種の公的機関で職務に従事する手話通訳者（さいたま労働基準監督署長事件・東京地判平成23・1・20労経速報2104号15頁〔28172454〕）、自動二輪車のレースライダー（国・磐田労基署長（レースライダー）事件・東京高判平成19・11・7労働判例955号32頁〔28141045〕）、テストライダー（国・津山労働基準監督署長（住友ゴム）事件・大阪地判令和2・5・29労働判例1232号17頁〔28290328〕）、ホストクラブのホスト（甲観光事件・東京地判平成28・3・25判タ1431号202頁〔29017920〕）、フランチャイズ契約を締結しているコンビニ加盟店主（セブン―イレブン・ジャパン事件・東京地判平成30・11・21労働判例1204号83頁〔28272040〕）等がある。

論点 4　会社役員等の労働者性判断

会社の取締役や執行役員等については、労働者か経営者かという観点から、その労働者性が問題になり得る。

会社法上、株式会社の取締役、監査役等の役員と会社の関係は、委任契約関係であるとされており（同法330条、指名委員会等設置会社における執行役につき同法402条3項）、また、監査役、監査等委員会設置会社における監査等委員であ

る取締役、及び指名委員会等設置会社の取締役は使用人を兼ねることができないとされている（同法335条2項、331条3、4項）が、これ以外の株式会社の取締役及び指名委員会等設置会社における執行役は使用人を兼務することが可能である（ただし、使用人を兼ねる執行役については、使用人部分の報酬も報酬委員会が決定することとされている。同法404条3項後段）。このような使用人を兼ねる取締役や執行役については、通常、使用人部分については労働者性が認められ、取締役等の地位と労働者（使用人）の地位が併存することになる（裁判等では、取締役等の地位のほかに労働者の地位が存するか否かが争われる）。

　また、【論点2】で述べたとおり、労働者性の判断は、客観的な実態に即して行われるので、このような判断により、取締役等の地位そのものについて労働者性が認められ、労基法等の労働法規の適用上は、取締役等の非労働者の地位を伴わない、全面的な労働者として扱われる場合もあり得るといえる（典型的には、取締役の地位が実態を伴わない名目的なものである場合等に、このような事態が生じ得る）。

　執行役員は、会社法上は、会社の機関ではなく、重要な使用人と位置付けられるものであり、会社との関係は、雇用契約（労働契約）に基づく場合と委任契約に基づく場合があり得るとされる（菅野＝山川・労働法〈第13版〉207-208頁、江頭憲治郎『株式会社法〈第9版〉』有斐閣（2024年）436-437頁）。ここでも労働者性の判断は、客観的実態に即して行うことになる。

　上記のような場面における、取締役、執行役員等の者の労基法上の労働者性の判断のあり方についても、【論点2】で述べたことが基本的に妥当するが、そこで挙げられた考慮要素について判断する中で、取締役等に相応しい職責・権限を担っているかや、（取締役等に就任する前に労働者であった期間が存在する者について）取締役等に就任する前後における勤務実態や報酬の変化の有無・内容が考慮される点などに、事案類型としての特殊性がみられるといえる。

　なお、取締役、執行役員等の労働者性が問題になる事案としては、解雇法理の適用や就業規則所定の退職金請求権の有無など、労契法上の労働者性が争われる事案が、労基法上の労働者性が争われる事案よりも多く存在する（Ⅰ1(3)「労働契約法上の労働者」【論点4】参照）。

事例

　会社の取締役について労基法上の労働者性が問題になった下級審裁判例としては、零細企業である株式会社の専務取締役について、従業員から取締役に就任した前後で、同人の担当業務が営業である点に変わりはなかったこと等からすれば、取締役就任後も、従業員としての会社との間の使用従属関係が消滅したとは認められないとして、労基法・労災保険法上の労働者性を肯定した例（大阪中央労基署長（おかざき）事件・大阪地判平成15・10・29労働判例866号58頁〔28091053〕）、取締役であって労働者ではないとの主張が会社からなされた学習塾の従業員について、会社法上の選任手続を欠き業務執行権限を付与されているともいえない等のことから、その法的地位は取締役であるとは言えず、就業の実態に照らせば労基法上の労働者であるとされた例（類設計室（取締役塾職員・残業代）事件・京都地判平成27・7・31労働判例1128号52頁〔28241011〕、同事件控訴審・大阪高判平成28・1・15平成27年(ネ)2527号公刊物未登載〔28251651〕）等が存在する。

　また、執行役員については、株式会社の取締役を経て執行役員となった者について、同人はこれらの役職に就任する前の一般従業員であった時期から一貫して営業・販売業務に従事してきたものであって、その業務実態に質的な変化はなく、また、会社からの指揮監督の下に当該業務を行ってきたと解されること、執行役員としての職責・権限は、会社の経営担当者とは言い難いものであること、執行役員としての報酬は、決定方法や上記のような会社の指揮監督の存在からすれば、労務に対する対償に当たると評価できること等を理由として、労基法・労災保険法上の労働者性を肯定した例（船橋労基署長（マルカキカイ）事件・東京地判平成23・5・19労働判例1034号62頁〔28174079〕）が存在する。

論点 5　その他の事案における労働者性判断

　労基法上の労働者性が問題となる事案としては、上記の【論点3】及び【論点4】で取り上げた事案類型のほかに、研修医等の教育的な要素を含んだ就労関係、（有償）ボランティア的な要素を持つ就労関係、あるいは、宗教的な要素を含んだ就労関係等の下で就労する者、芸能人（アイドル、劇団員）等についての判例、裁判例が存在する。

　このうち、教育的要素を含む就労関係の事案においては、最高裁判決として、研修医の労働者性を肯定した関西医科大学研修医（未払賃金）事件（最二小判平成17・6・3民集59巻5号938頁〔28101172〕）が存在し、そこでは、研修医の臨床研修

は教育的な側面を有している一方、指導医の指導の下に研修医が医療行為等に従事することが予定されている旨の言及をしたうえで、「研修医がこのようにして医療行為等に従事する場合には、これらの行為等は病院の開設者のための労務の遂行という側面を不可避的に有することとなるのであり、病院の開設者の指揮監督の下にこれを行ったと評価することができる限り、上記研修医は労働基準法9条所定の労働者に当たる」との判断が示されている。ここでは、教育的要素を持つ就労における労働者性判断については、相手方（この場合は病院開設者）のための労務の遂行に該当するかを考慮するという点で、事案類型に即した特徴的な判断がなされているものといえる（なお、この点に対する学説上の批判として、水町勇一郎「判批」ジュリスト1299号（2005年）180頁以下）。

事例

前掲関西医科大学研修医（未払賃金）事件では、上記の判断を前提として、当該事案における研修医の臨床研修のプログラムは、研修医が医療行為等に従事することを予定しており、当該研修医（労働者性が争われた個人）は、病院の休診日を除き、病院の開設者である学校法人が定めた時間及び場所において、指導医の指示に従って、法人が病院の患者に対して提供する医療行為等に従事していたこと及び、法人は同人に対して奨学金等として金員を支払い、これについて給与等に当たるものとして源泉徴収を行っていたことから、同人は法人の指揮監督の下で労務の提供をしたものとして、労基法・最賃法上の労働者に該当すると判断している。

同様に、教育的要素を含む就労関係における労働者性について判断した例としては、平成21年法律79号改正前の入管法の下で行われていた外国人技能実習制度における外国人研修生（制度設計上は、研修生を経た後の技能実習生については労働法規の適用があるとされるのに対し、研修生については実地研修も含めて労働法規の適用がないものとされていた）について、非実務研修が実質的に行われていない、研修生について禁止されている時間外研修（時間外の就労）が行われている等の適正な研修を逸脱する実態や、研修生が行っていた作業の内容等に基づいて、労基法・最賃法等における労働者に該当するとした例が多数存在する（三和サービス（外国人研修生）事件・津地四日市支判平成21・3・18労働判例983号27頁〔28152681〕、名古屋高判平成22・3・25労働判例1003号5頁〔28161830〕、デーバー加工サービス事件・東京地判平成23・12・6判タ1375号113頁〔28181170〕、東栄衣料産破産管財人ほか事件・福島地白河支判平成24・2・14労働判例1049号37頁〔28181779〕等）。一方、当時の法務省指針に沿った研修が実施されていたと認められること等を理由として研修生の労働者性を否定した例（伊藤工業（外国人研修生）事件・東京高判平成24・2・28労働判例1051号86頁〔2818

1961〕）も存在する。

　このほか、ボランティア的な要素を含んだ就労者に関する事例として、シルバー人材センターに会員登録した就労者（高年齢者雇用安定法42条1項1号により、雇用に当たらない形で、臨時的かつ短期的な就業又はその他の軽易な業務につくものとされている）が労基法・労災保険法上の労働者に当たるとした例（国・西脇労働基準監督署長（加西市シルバー人材センター）事件・神戸地判平成22・9・17労働判例1015号34頁〔28170187〕。ただし、定年前と同一の会社で同様の業務に従事していた事案）、市が実施主体となって社会福祉法人に業務を委託する形で実施される「シルバーピア事業」において、指定された高齢者集合住宅に居住して高齢者の安否確認、生活相談、緊急時対応等を行う生活協力員が労基法上の労働者に当たるとした例（期末勤勉手当等請求控訴事件・東京高判平成23・5・12判例地方自治359号43頁〔28182135〕）等が存在する。

　宗教的要素を含んだ就労者に関する事例としては、宗教法人において葬式、法事の受付等の業務についていた者につき、「宗教関係事業における労基法上の労働者性に関する通達」（昭和27・2・5基発49号）に依拠する形で、同人は宗教上の奉仕ないし修行であるとの信念に基づいて勤務に服しているものと認められ、このような場合には具体的な労働条件を一般の企業のそれと比較して労働者性の有無を検討すべきであるとの判断手法を示し、これに基づいて労基法上の労働者性を肯定した例（実正寺事件・松山地今治支判平成8・3・14労働判例697号71頁〔28011058〕、高松高判平成8・11・29労働判例708号40頁〔28020407〕）、これと概ね同様の判断により神社の神職の労働者性を肯定した例（住吉神社ほか事件・福岡地判平成27・11・11判時2312号114頁〔28234244〕）が存在する。

　芸能人に関する事例としては、労働者性肯定例としてマネジメント契約存続確認請求事件（東京地判平成28・3・31判タ1438号164頁〔29018128〕〈歌手〉）、元アイドルほか（グループB）事件（東京地判平成28・7・7労働判例1148号69頁〔29019427〕〈アイドル〉）、エアースタジオ事件（東京地判令和元・9・4判時2461号62頁〔28280940〕、同事件控訴審・東京高判令和2・9・3労働判例1236号35頁〔28283942〕〈劇団員〉）などが、労働者性否定例としてHプロジェクト事件（東京地判令和3・9・7労働判例1263号29頁〔28300457〕、同事件控訴審・東京高判令和4・2・16令和3年㈱4178号公刊物未登載〔28320822〕〈アイドル〉）などが存在する。

(2) 労働組合法上の労働者

【概要】
　労組法における労働者の概念は、同法3条に定められている。同条の文言は、「使用され」の語を含まない等の点において労基法9条（及び労契法2条1項）における労働者の定めと異なっており、学説上は、こうした文言の相違も踏まえつつ、労働者の概念を、それぞれの法規の趣旨・目的に即して相対的に把握するとの立場から、労組法上の労働者に該当する者の範囲は、労基法上のそれとは異なり、より広いと解する見解が、今日では有力になっている。こうしたことから、労組法上の労働者性をめぐっては、労基法上の労働者との異同を含め、その判断基準・判断手法が論点になるということができ、この点については判例上、業務委託契約に基づき個人で就業する者や、オペラに出演する合唱団員の事案について最高裁判決が相次いで出される等の注目すべき動きがみられる。

【関係法令】
労組法3条

•••••• 論　　点 ••••••
1　労基法上の労働者との異同
2　労働者性の判断基準・判断手法

論点 ❶　労基法上の労働者との異同

　昭和20年制定の旧労組法と昭和22年制定の労基法の起草過程においては、それぞれの立法目的と内容に沿って全く独自の検討がなされており、労働者の定義についても統一や連携が意図された形跡はみられない。また、帝国議会における旧労組法案の審議の過程では、時間的拘束がなく、報酬が出来高払で、本人以外の家族が仕事を行うこともある個人請負業者や家内労働者も同法の労働者に該当し得るとの国務大臣答弁がなされていた(以上につき、菅野=山川・労働法〈第13版〉938-939頁。菅野・労働法〈第9版〉512-513頁も参照。なお、旧労組法上の労働者についての定め（同法3条）は、内容を実質的に変えることなく現行の労組法3条に引き継がれている)。立法過程におけるこれらの事情は、労組法3条の労働者に

該当する者の範囲が、労基法9条におけるそれとは異なることをうかがわせるものといい得る。

　学説においては、労組法上の労働者は、労基法上の労働者に該当しない失業者を含むという点では早い段階で共通の認識が確立する一方、それ以外の点では、従属労働という概念の下に、労働者概念を労働法全体で統一的にとらえる考え方がかつては有力であったが、その後、労働法規ごとにそれぞれの趣旨・目的に応じた異なる労働者の概念があるとするとして、労働者概念を相対的にとらえる学説が有力となってゆく。そして、このような、労働者概念を相対的に把握する学説の下では、労基法上の労働者性判断については、相手方の指揮命令による拘束を受ける状態を意味する「人的従属性」が主要な指標となるのに対し、労組法上の労働者性判断については、相手方との経済力及びこれを背景とした交渉力の格差が存在することによって、相手方の支配を受ける状態を意味する「経済的従属性」が主要な指標になるとの考え方が広い支持を受け、こうした考え方により、労組法上の労働者に該当する者の範囲は、失業者のほか、指揮命令への拘束の程度が労基法上の労働者に該当するには至らない就業者を含み得る点で、労基法上の労働者に該当する者の範囲より広いと考えられてきた。こうした流れを受けて、近年の学説では、労組法上の労働者概念について、人的従属性に関する要素をどのような形でどの程度考慮する（あるいは、しない）か、あるいは、労働者性の判断要素を、特定の相手方との間の関係という観点からとらえるのか、それとも特定の相手方を必ずしも念頭に置かない形で団結活動の主体という観点からとらえるのか、といった点を中心に、多彩な見解が展開されているが、労働者概念を相対的に把握する点及び、これを前提として、労組法上の労働者に該当する者の範囲は労基法上のそれより広いと解する点には、おおむね一致した支持があるといえる（学説の状況につき、竹内（奥野）寿「文献研究労働法学（第3回）労働組合法上の労働者」季刊労働法235号（2011年）230頁以下、日本労働法学会編『講座労働法の再生　第5巻』日本評論社（2017年）〔岩永昌晃〕26頁以下）。

　判例の状況をみると、労組法上の労働者性について判断した比較的古い時期の最高裁判決としては、中部日本放送・CBC管弦楽団事件（最一小判昭和51・5・

6民集30巻4号437頁〔27000323〕）が存在する。同判決の判断は事例判断であり、（労働者性が争われている者の）会社の事業組織への組入れという、労基法上の労働者性判断にはみられない表現を用いる点など、労基法上の労働者性判断とは異なる枠組みで労組法上の労働者性判断をしていることをうかがわせる記述がみられる一方で、判断の全体的な構成としては、会社による指揮命令と、報酬の労務対価性という、労基法上の労働者性判断で用いられる使用従属関係と同様の要素に基づいて労働者性を肯定するものとも読み得るものであり、同判決が労組法上の労働者概念を、労基法上のそれと異なる形でとらえているとは必ずしも言い切れないものであったといえる。

　これに対し、より近年の最高裁判決である、新国立劇場運営財団事件（最三小判平成23・4・12民集65巻3号943頁〔28171226〕）、INAXメンテナンス事件（最三小判平成23・4・12判タ1350号165頁〔28171228〕）及びビクターサービスエンジニアリング事件（最三小判平成24・2・21民集66巻3号955頁〔28180418〕）は、いずれも同様に事例判断であるが、これらの判決では、相手方の事業組織への組入れや、契約内容の一方的決定という、労基法上の労働者性判断にはみられないものが、労組法上の労働者性判断においては考慮要素になることが明確になっている。また、労基法上の労働者性との共通性がみられる考慮要素についても、仕事の依頼に「応ずべき関係」、時間的・場所的な「一定の拘束」という、労基法上の労働者性判断とは異なる表現により、これらの点においては、労基法上の労働者性判断における基準である、仕事の依頼等に対する「諾否の自由」の欠如や、時間的・場所的な「拘束」に至らない程度のものであっても、労組法上の労働者性判断においては、労働者性を肯定する十分な根拠となり得ることが示されているといえる（これらの判決については【論点2】も参照）。こうした点で、これらの最高裁判決においては、労組法上の労働者性を、労基法上のそれとは異なる形で判断することが明確になったものと考えられる。

論点 2　労働者性の判断基準・判断手法

　【論点1】でも言及した新国立劇場運営財団事件（最三小判平成23・4・12民集65巻3号943頁〔28171226〕）、INAXメンテナンス事件（最三小判平成23・4・12判タ1350

号165頁〔28171228〕）及びビクターサービスエンジニアリング事件（最三小判平成24・2・21民集66巻3号955頁〔28180418〕）はいずれも、複数の考慮要素を挙げて、その各々について労働者性に関する評価を行ったうえで、それらの全体的な評価として労働者性の有無に関する判断を導く形式の事例判断である。これらの判決は、異なる事案について、おおむね共通の考慮要素を挙げていることから、それらの要素の総合的な考慮によって労組法上の労働者性の有無を判断するという判例の立場が、ある程度明確に示されたものとみることができる。

すなわち、これらの判決はいずれも、下記の点に言及したうえで、これらに基づき、当該事案における労働者性を肯定するか、労働者性について肯定的な差戻判決をしている。

① 相手方の事業の遂行に不可欠な労働力として、相手方の組織に組み入れられていたこと
② 契約内容を相手方が一方的に決定していたこと
③ （決定方法や金額等からみて）報酬が労務の提供の対価としての性質を有するといえること
④ 相手方からの個別の仕事の依頼に対して応ずべき関係にあったといえること
⑤ 相手方の指揮監督の下に労務の提供を行っていたこと
⑥ 労務提供に際し、時間的にも場所的にも一定の拘束を受けていたこと

【論点1】でも言及したように、こうした判例における判断手法は、労基法上の労働者性判断にはみられない考慮要素（①②）に言及する点や、労基法上の労働者性判断との共通性がみられる考慮要素（③〜⑥）においても、仕事の依頼に対して「応ずべき関係」（④）、あるいは、時間的・場所的な「一定の拘束」（⑥）という表現を用いることで、これらの考慮要素については、労基法上の労働者性判断より緩やかな基準（労務提供者が受ける拘束の度合いが弱い場合にも労働者性を肯定する要素として考慮し得るとの方向性を示す基準）を提示している点などにおいて、労組法上の労働者性の判断手法が、労基法上のそれとは異なることを明らかにするものといえる。また、これらの考慮要素の判断（とりわけ④〜⑥）に際しては、契約の形式によるのではなく、関連する契約条項の

運用実態など、客観的な実態に基づく判断がなされているということができ、この点についても、学説の考え方に沿ったものとなっているといえる。

なお、上記の判決のうち、前掲ビクターサービスエンジニアリング事件においては、労働者性が争われている個人代行店が独立の事業者としての実態を備えていると認めるべき特段の事情の有無について審理を尽くさせるためとして、差戻しの判決となっているが、同判決の判断が、このような事業者性を、上記①〜⑥とは別の、労働者性についての消極的考慮要素ととらえているか否かについては、判決の読み方が分かれ得るところであるといえる（後掲の「労使関係法研究会報告書」は、「顕著な事業者性」を労働者性の消極的判断要素と位置付けている）。また、同判決は、個人代行店が契約の相手方である会社から支払われる委託料について源泉徴収や社会保険料の控除を受けていない点は、実態に即して客観的に決せられるべき労組法上の労働者としての性質を左右するものではないとして、労基法上の労働者性に関してなされている学説上の主張（Ⅰ1⑴「労働基準法上の労働者」【論点2】参照）に沿った判断をしている点も注目される。

このほか、労組法上の労働者性の判断基準・判断手法に関する、実務的重要性が高いと思われる文書として、前掲新国立劇場運営財団事件及び前掲INAXメンテナンス事件の各最高裁判決等を踏まえて労組法上の労働者性の判断要素を検討・整理した「労使関係法研究会報告書（労働組合法上の労働者性の判断基準について）」（厚生労働省労使関係法研究会、平成23年7月）が存在する。同報告書では、労働者性の判断要素を、基本的判断要素としての「事業組織への組入れ」、「契約内容の一方的・定型的決定」、及び「報酬の労務対償性」、補充的判断要素としての「業務の依頼に応ずべき関係」、及び「広い意味での指揮監督下の労務提供、一定の時間的場所的拘束」、消極的判断要素としての「顕著な事業者性」という形で整理したうえで、それぞれの要素についての考え方を提示している。

▶事例

前掲新国立劇場運営財団事件は、財団と出演基本契約を締結したうえで個別の公演ごとに出演契約を締結してオペラに出演する合唱団員について、前掲INAXメンテナ

ンス事件は、会社と締結した業務委託契約に基づき、依頼のあった顧客の下に出向いて修理・補修業務を行うカスタマーエンジニア（CE）について、それぞれ、上記①〜⑥のすべての点で労働者性に肯定的な判断を示し、労働者性を肯定している。

前掲ビクターサービスエンジニアリング事件も、会社と締結した業務委託契約に基づいて個人営業の形態で出張修理業務を行う個人代行店について、上記①〜⑥のすべての点で労働者性に肯定的な判断を行いつつ、これらの事情から、個人代行店は独立の事業者としての実態を備えていると認めるべき特段の事情のない限り、会社との関係で労組法上の労働者に該当することを前提としたうえで、当該特段の事情等（具体的には、個人代行店における他社製品の修理や従業員の使用状況の実態、個人代行店のほかに存在する法人等代行店の実態等）について審理を尽くさせる必要があるとして、差戻判決をしている（差戻し後の控訴審（東京高判平成25・1・23判時2218号123頁〔28212495〕）において労働者性を肯定する判断がなされている）。

このほか、前掲各判決より古い時期の最高裁判決として、放送局との間に「自由出演契約」を締結している楽団員の労組法上の労働者性を肯定した中部日本放送・CBC管弦楽団事件（最一小判昭和51・5・6民集30巻4号437頁〔27000323〕）が存在する。

下級審裁判例においては、業務委託契約に基づいて自転車による荷物の配送を行うメッセンジャーについて労組法上の労働者性を肯定した例（ソクハイ事件・東京地判平成24・11・15判時2176号101頁〔28182501〕）、業務委託契約に基づいて荷物の運送・集配等の業務に従事する者について同法上の労働者性を肯定した例（アサヒ急配・大阪府労働委員会事件・大阪地判平成19・4・25労働判例963号68頁〔28141960〕）、放送局（NHK）と委託を締結して受信契約の締結・集金等の業務に従事する地域スタッフの同法上の労働者性を肯定した例（第1審はNHK堺営業センター（地域スタッフ）事件・東京地判平成29・4・13判時2383号70頁〔28253395〕、控訴審は国・中央労働委員会（NHK全日本放送受信料労働組合南大阪（旧堺）支部）事件・東京高判平成30・1・25判時2383号58頁〔28261410〕）、コンビニエンスストアチェーンを運営する会社とフランチャイズ契約を締結して店舗の経営を行う加盟店主について同法上の労働者性を否定した例（国・中央労働委員会（セブン―イレブン・ジャパン事件）・東京地判令和4・6・6判タ1509号109頁〔28302377〕、同事件控訴審・東京高判令和4・12・21労働判例1283号5頁〔28311469〕、セブン―イレブン・ジャパン事件・最二小決令和5・7・12令和5年（行ヒ）115号中労委HP〔28313363〕により上告不受理・確定。国・中央労働委員会（ファミリーマート）事件・東京地判令和5・5・25労働判例1296号5頁〔28313763〕）プロ野球選手について、同法上の労働者に該当することが前提になっているとみられる判断をした例（日本プロフェッショナル野球組織事件・東京高決平成16・9・8労働判例879号90頁〔28102382〕。プロ野球選手が組織する労働組合（プロ野球選手会）が同法7条2号の団体交渉をする権利を有することについての疎明がある

とした（保全の必要性の欠如を理由として団体交渉上の地位の仮の定めを求める申請を却下）。なお、プロ野球選手会については、昭和60年11月14日に、東京都地方労働委員会が労働組合としての資格認定を行っている）などが存在する。

また、近年の注目される労働委員会命令として、運営会社が提供する専用アプリ上で飲食店、飲食物の注文者、配達パートナーを結び付ける仕組み（プラットフォーム）の下で配達業務に従事する配達パートナーの労組法上の労働者性を肯定した例（東京都労委令和4・10・4中労委HP（Uber Japanほか））が存在する。

【参考文献】

「特集　労働者性の判断と労働者保護のあり方—新国立劇場事件・INAXメンテナンス事件最高裁判決」ジュリスト1426号（2011年）4-59頁

(3) 労働契約法上の労働者

【概要】

労契法上の労働者の概念は、同法2条1項に定められている。同項の労働者に該当する者に対しては、同法が定める解雇権濫用法理（同法16条）、雇止め制限法理（同法19条）、就業規則法理（同法7条等）が適用されるほか、現時点で明文化されていない、労働契約に関する各種の判例法理の適用対象も、労契法上の労働者概念に従って決せられることになると考えられている（菅野＝山川・労働法〈第13版〉199頁以下。なお、安全配慮義務法理（同法5条参照）については、「ある法律関係に基づく特別な社会的接触の関係」が存在する場合に認められる義務（自衛隊車両整備工場事件・最三小判昭和50・2・25民集29巻2号143頁〔27000387〕）という観点からは、労契法上の労働者を一方当事者とする労働契約関係に該当するか否かは必ずしも決定的な意味を持つわけではないとも考えられるが、安全配慮義務の存否が争われた裁判例においては、同法上の労働者性ないし労働契約・雇用契約該当性について判断を示す例が少なくない）。

労契法上の労働者性をめぐっては、判断基準・判断手法における労基法上の労働者との異同や、労働契約と民法上の雇用契約との異同が論点となるが、このうち前者については、裁判実務上、両者は一致するものと考えられている。具体例としては、労基法上の労働者と同様、個人請負・委任型就業者や会社役員等の事案について、解雇法理、雇止め法理の適用や、就業規則（退職金規程）所定の退職金請求権の存否が争われた事例を中心とした判断事例の蓄積がみられる。

【関係法令】
労契法2条1項

・・・・・・ 論　　点 ・・・・・・

1　労基法上の労働者との異同
2　労働契約と民法上の雇用契約との異同
3　個人請負・委任型就業者の労働者性判断
4　会社役員等の労働者性判断

論点 ❶　労基法上の労働者との異同

　労契法が制定されるまでの間、判例法理としての解雇権濫用法理や、就業規則による労働条件の決定に関する判例法理などの、明文の規定なくして存在する、労働契約に関する法理（労働契約法理）が適用される者の範囲は、労基法上の労働者と一致するものと考えられてきた（注釈労基法上〔橋本陽子〕139頁等）。

　労契法の下においても、基本的にはこれと同様に、同法2条1項が定める同法上の労働者の範囲は、労基法上の労働者の範囲と一致するとの考え方が支配的となっている（菅野=山川・労働法〈第13版〉170頁等）。すなわち、労契法2条1項と労基法9条はともに、それぞれの法律における労働者とそうでない者を区別する基準の核心部分について、「使用され」「賃金を支払われる」という共通の文言を用いており、これに該当する者の範囲や該当性の判断手法は、両法で共通であるということができる（なお、労契法2条1項には、労基法9条にみられる「事業」の語が存在せず、厳密にいえば、この点（労基法上の労働者についてのみ、使用者側に「事業」が存在することが必要とされる点）では、両法における労働者の範囲は一致しない。しかし、「事業」の存在が否定されるのは相当に特殊な状況であり、この点の相違は多分に観念的なものといえる。また、労契法と労基法では、適用除外者の定め方（労契法21条2項、労基法116条2項）にも異なる点が存在するが、ここでの適用除外者とは、それぞれの法律における労働者に該当するにもかかわらず、その適用を受けない者のことであるから、この点は労働者性とは次元を異にする問題である）。

　上記の考え方により、労契法上の労働者性の判断基準・判断手法については、

労基法上の労働者について説明したこと（Ⅰ1⑴「労働基準法上の労働者」【論点2】）が、そのまま妥当することになる（菅野=山川・労働法〈第13版〉203-205頁、土田・労働契約法〈第2版〉53頁以下、荒木・労働法〈第5版〉53頁以下、水町・詳解労働法〈第3版〉70頁、荒木=菅野=山川・詳説労契法〈第2版〉89頁等。裁判例においても、労基法上の労働者性と労契法上の労働者性の区別は必ずしも意識されておらず、労働契約に関する法規・法理の適用について判断する際に「労基法9条の労働者」との表現が用いられる例や、労基法上の労働者性と労契法上の労働者性の判断を一括して行う例も少なくない）。

なお、学説においては、当該法規の趣旨・目的に照らして労働者性を判断すべきこと等からすれば、労契法上の労働者の範囲は、労基法上のそれとは異なり、より広い範囲の者を含むと解すべきとの主張も存在する（西谷・労働法31-32頁、西谷敏=根本到編『労働契約と法』旬報社（2011年）〔和田肇〕56頁以下等）。

事例

裁判例において労基法上の労働者性と労契法上の労働者性が区別されない傾向の現れの1つといえる、労基法上の労働者性と労契法上の労働者性の判断を一括して行う裁判例として、住吉神社ほか事件（福岡地判平成27・11・11判時2312号114頁〔28234244〕）〈神社の神職の労働者性を肯定〉、ワイアクシス事件（東京地判令和2・3・25労働判例1239号50頁〔29059964〕）〈コピーライティング等の業務に従事していた者の労働者性を肯定〉、ロジクエスト事件（東京地判令和2・11・24労働判例1259号69頁〔29061760〕）〈配送業務従事者の労働者性を否定〉などが存在する。

論点 2　労働契約と民法上の雇用契約との異同

労契法は、労働契約について、明文の定義規定を設けてはいないが、同法2、6条の規定を踏まえると、同法上の労働契約とは、「当事者の一方（同法2条1項にいう労働者）が相手方（同条2項にいう使用者）に使用されて労働し、相手方がこれに対して賃金を支払うことを内容とする契約」ととらえることができる（菅野=山川・労働法〈第13版〉172頁、荒木=菅野=山川・詳説労契法〈第2版〉75頁参照）。このような労働契約と、民法上の雇用契約（同法623条以下）の異同については、労働法学説上、これを同一と解する立場（同一説）と、両者は一致しないとする説（峻別説）が存在し、後者の峻別説においては、いかなる点で両者を区別

するかにつき、①労働契約においては民法と異なり生存権理念の実現が求められる等の形で法的規整の理念の相違に求める見解、②民法上の契約類型の区別は当事者の意思に基づいて行われるとして、この点で客観的実態に基づいて該当性を判断する労働契約と異なるとする見解、③民法の起草者意思等を論拠として同法上の雇用契約の対象には非従属的な労務を提供する関係も含まれると解し、この点で労働契約と異なるとする見解等が存在する（土田道夫編、債権法改正と雇用・労働契約に関する研究会著『債権法改正と労働法』商事法務（2012年）〔水町勇一郎〕10頁以下）。

　これらの見解が分かれるのは、主として、民法上の雇用契約について、その規整理念や意義、該当性判断手法をどのように理解するかの考え方の相違によるとみることができる。そして、これらの点について、民法上の雇用契約については、上記の学説の指摘もみられるように、起草者意思としては、いわゆる高級労務を含むものであったといえるものの、その後の民法学説の展開の中で、使用者による指揮命令がその本質であるととらえる立場が有力になっていることや、このような民法学説の展開の中で、雇用契約への該当性の判断についても労働契約と同様に客観的実態に即した判断によって行われると考え得ること等を論拠として、同一説を支持する見解が、今日では有力になっているといえる（荒木=菅野=山川・詳説労契法〈第2版〉76-77頁、菅野=山川・労働法〈第13版〉169頁以下、土田・労働契約法〈第2版〉53頁、荒木・労働法〈第5版〉45頁以下、水町・詳解労働法〈第3版〉68頁以下等）。

論点 ❸　個人請負・委任型就業者の労働者性判断

　労契法上の労働者性が問題になる具体的事案のうち、個人請負・委任型就業者（その意義についてはⅠ1⑴「労働基準法上の労働者」【論点3】を参照）に関するものは、労基法上の労働者性の場合と同様、最も代表的な事案類型ということができるものであり、解雇・雇止めに関する労契法の規定（16、19条）及びその前身である判例法理の適用が争われた事案を中心として、多数の判断事例が蓄積されている。

　ここでは、労基法上の労働者性の場合と同様に、契約の名称や形式にとらわ

れずに客観的な実態に着目し、仕事の依頼等に対する諾否の自由、業務遂行上の指揮監督、時間的・場所的拘束、業務遂行上の代替性、報酬の労務対償性を主要な考慮要素としたうえで、事案に応じて事業者性、専属性等の事情も考慮してこれらを総合的に判断するという、労基法と共通の労働者性判断枠組み・手法（Ⅰ1(1)「労働基準法上の労働者」【論点2】参照）が、基本的にそのまま妥当する。

事例

　この類型の事案における最高裁判決としては、比較的古い時期のものであるが、嘱託契約に基づき塗料製法の指導・塗料の研究等の職務に従事していた者について、一般従業員と異なり、直接加工部長の指揮命令に服することがなく、また、遅刻・早退により給与減額を受けることがなかったものの、週6日朝9時から夕方4時まで勤務し、毎月一定の本給のほか時給の2割5分で計算した残業手当の支払を受けていたことからすれば、同人の契約は雇用契約（厳密にいえば労働契約）であるとして、就業規則上の解雇事由の定めによる解雇制限を肯定した大平製紙事件（最二小判昭和37・5・18民集16巻5号1108頁〔27002149〕）が存在する。

　比較的近年の下級審裁判例としては、まず、請負、業務委託等の契約に基づいて事務作業等を行う者の事案として、放送局（NHK）と委託を締結して受信契約の取次ぎ又は締結・集金等の業務に従事する者につき、指定された受持地域において業務に従事する日数、時間、場所等は自由あるいは裁量的に決定できること等から労働者性を否定した例（NHK西東京営業センター（受信料集金等受託者）事件・東京高判平成15・8・27判時1859号154頁〔28091415〕、NIIK盛岡放送局（受信料集金等受託者）事件・仙台高判平成16・9・29労働判例881号15頁〔28100155〕、日本放送協会事件・大阪高判平成27・9・11判時2297号113頁〔28240594〕、NHK堺営業センター（地域スタッフ）事件・大阪高判平成28・7・29判夕1435号114頁〔28250385〕〈いずれも解雇・雇止め法理の適用否定〉等）、新聞社において翻訳や記事の執筆を行い原稿料の支払を受けていた者につき、従業員としての入社試験を受験していないこと、記事の選択や外部取材の実施について本人の意向が尊重されており諾否の自由があったといえること等から労働者性を否定した事例（朝日新聞社事件・東京地判平成19・3・19労働判例951号40頁〔28131631〕〈解雇法理の適用否定〉）、業務発注契約書に基づいて損害保険の査定業務に従事していた者につき、指揮命令に従って就労し、出退勤も管理されていたと認められること等から労働者性を肯定した例（ジョブアクセスほか事件・東京高判平成22・12・15労働判例1019号5頁〔28171051〕〈解雇法理の適用肯定、地位確認請求認容〉）等が存在する。

また、自己所有の車両を用いて運送等の業務に従事する者の事案として、高額なダンプカーを所有しており、業務遂行上の代替性や仕事の依頼に対する諾否の自由がある一方、勤務時間・勤務場所の拘束はないこと等から労働者性を否定した例（加部建材・三井道路事件・東京地判平成15・6・9労働判例859号32頁〔28090234〕〈解雇法理の適用否定〉）などが存在し、いわゆる芸能実演家の事案として、オペラ合唱団員につき、個別講演への出演について諾否の自由を有すること等から労働者性を否定した例（新国立劇場運営財団事件・東京高判平成19・5・16判タ1253号173頁〔28132340〕〈雇止め法理の適用否定〉）や、テーマパークの専属吹奏楽団員につき、演奏日程や編成を一方的に決定されていたこと等から労働者性を肯定した例（チボリ・ジャパン（楽団員）事件・岡山地判平成13・5・16労働判例821号54頁〔28070831〕〈雇止め法理の適用肯定、地位確認請求一部認容・一部棄却〉）などが存在する。請負あるいは準委任契約の形式をとる出講契約に基づいて勤務する予備校の非常勤講師については、専任講師と異なり他の予備校との兼任ができる点で束縛が比較的緩いことなどからすれば、単年度の出講契約を一律に労働契約と認めることはできないが、当該事案における非常勤講師の労働契約については、担当コマ数や契約更新の状況、兼任を行っていないこと等からみて専任講師とほとんど変わらない外観を呈していたこと等からすれば、労働契約と認められるとした例（河合塾（非常勤講師・出講契約）事件・福岡高判平成21・5・19労働判例989号39頁〔28153927〕。契約更新打切りに対する損害賠償請求一部認容。ただし上告審・最三小判平成22・4・27労働判例1009号5頁〔28161919〕において同部分は破棄され請求棄却）が存在する。

このほか、専門資格を有する者についての事案として、公認会計士事務所の従業員であった者につき、同人が税理士の資格を取得した後も、その業務内容、報酬の額及び決定方法等に照らすと同人の契約が雇用契約から委任、準委任又は請負契約に変わったとはいえないとした例（公認会計士A事務所事件・東京地判平成23・3・30労働判例1027号5頁〔28173911〕。解雇法理の適用肯定、第1次の契約解除（解雇）を無効とする一方、その2年後に別の理由でなされた契約解除を有効と判断）、司法修習のために退職するまで従業員として勤務していた会社から無償で貸与された弁護士室を使用し、会社との契約に基づいて会社の法律業務に従事する一方、会社外の法律業務にも従事していた弁護士について、会社の正社員に準ずる処遇を受けており、会社の法律業務について諾否の自由はなかったこと等から会社との契約は労働契約に当たるとした例（B社（法律専門職）事件・東京地判平成21・12・24判タ1353号111頁〔28162585〕〈雇止め法理の適用を肯定しつつ、雇止めは適法と判断〉）、特許事務所の弁理士につき、契約の形式は雇用であるものの時間的・場所的拘束性が低いこと等からすれば当該契約は労働契約に当たらないとした例（S特許事務所事件・東京地判平成22・12・1労経速報2104号3頁〔28172453〕〈未払賃金等の請求棄却〉）などが存在する。

論点 ❹　会社役員等の労働者性判断

　会社の取締役、執行役員等の労契法上の労働者性については、労基法上の労働者性の場合（Ⅰ1⑴「労働基準法上の労働者」【論点4】）と同様に、委任契約に基づく役員の地位のほかに労働者の地位が併存すると認められる場合や、客観的実態に基づく判断として、取締役や執行役員の地位それ自体について労働者性が肯定される場合に、（前者においては労働者性が認められる部分について）労働者としての保護が認められることとなり、就業規則上の退職金請求権の存否や、解雇法理の適用が争われた事案を中心として、判断事例の蓄積がみられる。

　具体的な判断のあり方についても、労基法上の労働者について述べたのと同様であり、基本的には労働者性に関する一般的な判断枠組み・手法によって判断する中で、取締役等に相応しい職責・権限の有無や、取締役等に就任する前後での勤務実態や報酬の変化の有無・内容が考慮される点などに、事案類型としての特徴がみられるといえる。

事例

　この類型に含め得る最高裁判決としては、専務取締役の名称の下に合資会社の代表者である無限責任社員の職務を代行していた有限責任社員について、代表者の指揮命令の下に労務を提供し、その対償として「給料」の支払を受けていたものであるとして、労働者性を肯定し、退職金規程に基づく退職金支払請求を認めた興栄社事件（最一小判平成7・2・9判タ874号123頁〔27827059〕）が存在する（なお、従業員兼務取締役や執行役員による退職金・退職慰労金請求について判断した最高裁判決としては、このほかに、株式会社の従業員兼務取締役の取締役としての退職慰労金について、当該会社が株主総会もほとんど開催されない同族会社であり、また、会社の退職慰労金規程では支給対象として役員と従業員を区別せず、在職年数に差を設けて支給するものであるとの同人主張の事実が仮に認められるとしても、当該退職慰労金は、商法（平成17年法律87号改正前）269条にいう取締役の報酬に該当し、定款又は株主総会決議によってその金額を定めなければならないとした前田製菓事件・最二小判昭56・5・11判タ446号92頁〔27412022〕（なお、原判決である大阪高判昭53・8・31判タ375号130頁〔27411833〕では、従業員としての退職慰労金については、同人は取締役在任期間中も従業員の地位を有していたとの判断に基づき、当該期間も含めて金額を算定すべきであるとして、支払請求を一部認容している）、株式会社の執行役員の退職慰労金につき、功労報償的な性格が極めて強く、執行役員退任の都度、代表取締役の裁量判断により支給されてきたにすぎないものであって、執行役員退任時に退職慰労金

を必ず支給する旨の合意や事実たる慣習その他の根拠があるとはいえないとした三菱自動車工業（執行役員退職金）事件・最二小判平成19・11・16判タ1258号97頁〔28132427〕が存在するが、いずれも最高裁が労働者性について判断したものではない）。

　比較的近年の下級審裁判例としては、労働者性を肯定した例として、零細企業である株式会社の専務取締役について、その実態に即してみれば、取締役の名称は名目的に付されたものにすぎず、会社との法律関係は、会社の指揮命令に基づき営業社員としての労務を提供すべき雇用契約の域を出ないものというべきであるとして、会社が同人に対して安全配慮義務を負うことを肯定した例（おかざき事件・大阪高判平成19・1・18判時1980号74頁〔28131146〕）、株式会社の取締役について、会社代表者以外の役員に会社の重要な決定事項について判断権限があるか疑問であり、また、同人は、取締役就任後の異動打診の状況等に照らすと会社代表者の強い指揮監督下にあったと考えられること等から、労働者性を肯定した例（アンダーソンテクノロジー事件・東京地判平成18・8・30労働判例925号80頁〔28130520〕〈取締役解任後に予備的になされた懲戒解雇の効力について判断（有効）〉）、株式会社の従業員から取締役に就任し、専務取締役等の地位にあった者につき、専務取締役は組織構成上、社長に次ぐ地位であるものの、主として経理業務に従事していた点で業務内容に大きな変化はなかったこと、出勤簿による出退勤管理は受けなくなったものの、平日はほぼ毎日午前8時頃から午後4時頃まで勤務し、土曜日や日曜日に出勤することもあったこと、給与台帳上、報酬が従業員の給料と役員報酬に区分されていたこと等から、取締役就任後も雇用契約に基づく従業員の地位を保有していたとした例（双美交通事件・東京地判平成14・2・12労経速報1796号19頁〔28070920〕〈従業員としての退職金請求権を肯定〉）等が存在する。

　労働者性を否定した例としては、親会社の従業員から株式会社の取締役となった者につき、同人は、専務取締役として会社の営業所に赴任した後は、同営業所の最高位者として代表取締役と協議しながら会社の業務遂行に当たり、営業所の人事については独断で決めることもあったこと、自分で勤務時間を管理していたこと等からすれば、少なくとも専務として営業所に赴任した後は会社の従業員であったとはいえないとした例（ケービーアール事件・大阪地判平成17・7・21労経速報1915号27頁〔28102110〕。取締役就任後の期間に対する従業員としての退職金請求権を否定。取締役就任時にそれまで勤務していた親会社から退職金が支払われていた事案）、株式会社の監査役について、監査役は従業員と兼務できないことが商法（平成17年法律87号改正前）上の原則であるから、他に監査役が存在して監査役業務の全部を遂行しており、当該監査役とされている者の報酬が著しく低額であり、かつその者が監査役としての業務とはかけ離れた従属的・機械的労働に服しているなどの特段の事情のない限り、当該監査

役とされている者が監査役たる地位と従業員たる地位を兼ねているとは認められないとした例（退職金請求事件・東京地判平成8・7・8判時1594号148頁〔28020756〕。特段の事情は認められないとして、従業員としての退職金請求権を否定）などが存在する。

(4) その他

【概要】
Ⅰ 1(1)「労働基準法上の労働者」～(3)「労働契約法上の労働者」で述べた労働者性に関する代表的な問題類型以外で、ある者が労働法規の適用対象となるか否かが裁判上問題となり、当該法規における「労働者」等の概念の意義について判断がなされた事例としては、雇用保険法上の「労働者」及び、職安法上の「雇用関係」についての事例が存在する。

【関係法令】
雇用保険法4条1項、職安法4条1項

•••••• 論　点 ••••••
1　雇用保険法上の「労働者」
2　職安法上の「雇用関係」

論点 1　雇用保険法上の「労働者」

雇用保険の被保険者の定義を定める雇用保険法4条1項にいう、適用事業に雇用される「労働者」の意義については、学説上、雇用保険の保護を及ぼすべきか否かの観点から判断されるが、実際上は労契法上の労働者の概念とほぼ一致するはずであるとの見解がみられる（菅野＝山川・労働法〈第13版〉100-101頁）。裁判例においては、雇用保険法上の労働者に該当するためには、事業主との間に民法623条による雇用契約が締結されている場合にとどまらず、仕事の依頼や業務の指示等に対する諾否の自由、業務遂行上の指揮命令の有無、場所的・時間的拘束の有無、代替性の有無、報酬の性格、事業者性の有無、専属性の程

度等を総合考慮して、雇用保険法上の趣旨に照らし同法の保護を与えるに相当な関係が存すれば足りるとした例が存在する（国・大阪西公共職業安定所長事件・福岡高判平成25・2・28判タ1395号123頁〔28220363〕）。おおむね同旨の判断要素を掲げるものとして、池袋職安所長（アンカー工業）事件・東京地判平成16・7・15労働判例880号100頁〔28100089〕）。これらの判断は、判断要素については、労基法及び労契法上の労働者性の判断要素と同一のものを挙げており、その点では、上記学説の考え方に沿ったものとみることができる。その一方で、前掲国・大阪西公共職業安定所長事件の判断は、事業組織への組込みという概念を用いるなど、具体的判断やその表現において、労基法や労契法における労働者性判断とは異なる部分もあり、これらの法律におけるのと全く同一の方法で労働者性の判断を行っているのかどうかは、必ずしも明らかでないといえる。

\事例

前掲国・大阪西公共職業安定所長事件では、生命保険等の契約成立や保険金等の支払に係る確認業務を行う専門職スタッフについて、仕事の依頼等に対して労働者に該当することが明らかである業務職員とは異なる諾否の自由があったとはいえない、具体的な確認方法が詳細に記載された手引書等を通じて業務遂行上の指揮命令を受けていたといえる、場所的・時間的拘束性について労働日・労働時間等は裁量に任されているものの、一定の水準の確認業務をするよう指導・指揮を受けて会社の事業組織に組み込まれ、その事務を処理していたといえる、報酬は出来高払であるが、このことから雇用保険法にいう賃金に該当しないとはいえず、委託報酬保障額の制度による月15万円の収入の保障は家計補助的なものであるというより専門職スタッフの生計維持のためのものである等のことから、会社との間に雇用関係と同視できる従属関係があり、契約に従った労務を会社に提供したことの対価によって生計を維持するものとして、同法上の労働者と認められると判断されている。

また、前掲池袋職安所長（アンカー工業）事件では、工事現場においてアンカー工事等の業務に従事する「アンカー職人」について、仕事の依頼に対する諾否の自由があり、作業の段取り・手順等を自らの知識・技術に基づいて決めており、場所的・時間的拘束を受けていたともいえず、その報酬は基本的に出来高制で同種業務に従事する従業員の賃金に比してはるかに高額である一方で経費が自己負担であること等からみて単純な労務の対価でないことが明らかである等のことから、雇用保険法上の労働者に当たらないと判断している。

その他の判断事例としては、会社との契約に基づいて経営コンサルタントの業務に

従事していた者について、場所的・時間的拘束性が認められないこと等から、同人と会社との関係は雇用保険法4条1項にいう「雇用関係」に当たらないとした例（所沢公共職安所長事件・東京高判昭和59・2・29判時1113号59頁〔27613247〕）が存在する。

論点 2　職安法上の「雇用関係」

　職安法については、同法の成立後比較的早い時期に、売春婦と抱屋の関係が同法5条（平成11年法律85号改正前。現行4条に相当する規定）にいう「雇用関係」に該当し、当該関係の成立をあっせんする紹介行為が同法63、64条等による処罰の対象となる職業紹介に該当するかが争われた事案において、上記の「雇用関係」とは、必ずしも厳格に民法623条の意義に解すべきものではなく、広く社会通念上被用者が有形無形の経済的利益を得て一定の条件の下に使用者に対し肉体的、精神的労務を供給する関係にあれば足りるとの解釈が確立されている（職業安定法違反被告事件・最一小判昭和29・3・11刑集8巻3号240頁〔27680528〕等）。

（川田琢之）

2 使用者性

(1) 労働基準法上の使用者

【概要】

　労基法10条は、「この法律で使用者とは、事業主又は事業の経営担当者その他その事業の労働者に関する事項について、事業主のために行為をするすべての者をいう」と規定している。労基法上は、事業主（（労働契約の一方当事者である）労働契約上の使用者のうち事業を行う者）に加え、「事業の経営担当者」すなわち法人の理事、会社の役員、支配人等、「その他その事業の労働者に関する事項について、事業主のために行為をするすべての者」として、労基法の各条項の義務につき、実際上の権限と責任を有する者が、同法の各条項にいう「使用者」とみなされる。そのような権限・責任がなく、単に上司の命令の伝達者にすぎない場合は使用者とはみなされない（昭和22・9・13発基17号）。

　また、各条項に違反した行為者が労基法上の罰則により処罰されるが、これに加えて、事業主についても罰金刑が科される（両罰規定、同法121条1項）。ただし、自然人として事業主の責任を負う者が、違反の防止に必要な措置をした場合においてはこの限りでない（同条2項ただし書）。

　また、労災補償責任については、土木・建築事業等（労基法別表第1第3号）が数次の請負で行われる場合は、その元請負人が使用者とみなされ（同法87条1項）、書面による契約で下請負人に補償を引き受けさせた場合は、その下請負人もまた使用者とみなされる（同条2項）。ただし、2以上の下請負人を同一事業について重複して補償責任を引き受けさせてはならない（同条2項ただし書）。

　また労基法から派生した個別的労働法中、最賃法上の「使用者」の概念は、労基法のそれと同じである（最賃法2条2号）。労災保険法、労安法、雇用機会均等法、育児・介護休業法等については、各法上の責任を負うのは「事業主」「事業者」（労働契約上の一方当事者）であるとされている。

　労働者派遣関係においては、労基法、労安法、雇用機会均等法等上の責任の派遣先・派遣元による分担が規定されている（派遣法44条以下）。

　プラットフォーム等による就労形態における使用者性については、本格的な検討はまだ端緒についたばかりである。この点、プラットフォームには多様なものがあり、類型化されたとしてもそこでの就労形態が多様であることから、画一的あるいは類型的に労働者性を判断することは困難なように思われる。「労働者性」については、アプリで指

示を受けて就労する者について行政が判断を示した例もみられ（厚生労働者「労働基準法上の労働者に該当すると判断された事例（貨物軽自動車運送事業の自動車運転者）〈2023年12月現在）」）、次の論点として、使用者性についても労働者について責任を負う主体として判断が求められるようになると思われる。

【関係法令】
労基法10、121条

・・・・・・ 論　　点 ・・・・・・

1　両罰規定

論点 ❶　両罰規定

　両罰規定について、①労基法121条1項の違反行為者、事業主の概念、②自然人としての事業主が同項ただし書による免責を受けるため「違反の防止に必要な措置をした」といえるのはどのような場合か、が問題となり得る。

　①について、労基法121条1項に規定する違反行為者には、事業主は含まれておらず、同法10条の使用者の範囲より狭い。また、「当該事業の労働者に関する事項について、事業主のために行為した代理人、使用人その他の従業者」の「代理人」の例として「法人代表者」（日本衡器工業事件・最一小決昭和34・3・26刑集13巻3号401頁〔27611088〕）が、「その他の従業者」の例として「代表権のない取締役」（奥谷木工所事件・大阪高判昭和25・11・25労働関係刑事件判決集222号256頁）、「事務代理の委任を受けた社会保険労務士」（昭和62・3・26基発169号）がそれぞれ挙げられる（コンメ労基法下〈令3〉1170頁）。労基法10条の「使用者」と異なり、従業者以外の者は含まれない（昭和22・9・13発基17号）。

　また、労基法121条1項の「事業主」と同項ただし書の「事業主」とは定義が異なっており、前者の「事業主」が事業利益の帰属主体であるのに対し、後者の「事業主」は、事業主としての責任を負うべき自然人（事業主が法人である場合の法人代表者、事業主が未成年者・成年被後見人である場合はその法定代理人）である。

　②について、労基法121条1項ただし書による免責対象（違反の防止に必要な

措置)については、単に一般的に違反行為をしないよう注意を与えたというだけでなく、特に当該事項につき具体的に指示を与えて違反の防止に努めたことを要するとされている（三和電線工業事件・東京高判昭和26・9・21高裁刑集4巻13号1787頁〔27610414〕）。また、違反防止に必要な措置に該当するか否かは、事業所の機構、職制、事業の種類、性質、事業運営の実情等の具体的状況により、違反防止のため客観的に必要と認められる措置か否かで判断される（労働基準法違反被告事件・高松高判昭和46・11・9判タ275号291頁〔27612239〕）。必要な措置をとっていたと認められる事例では、事業主以外の者の故意・過失等の行為が介在しているものが多い（〔事例〕参照）。

事例

　労基法121条1項ただし書にいう「事業主」とは、利益の帰属主体であるのみならず「違反の防止に必要な措置をなし得る立場にあるもの」であると述べるものとして、大阪高判昭和41・12・21判タ208号203頁〔27611739〕がある。

　建設工事を建設会社（元請会社）から請け負っていた下請会社の事業主が、高圧電線の被覆措置を電力会社に依頼して措置しておくよう元請会社に強く要請し、元請会社もこれを確約したにもかかわらず、実際には元請会社が何らの措置もとらず、現場で事業主の作業員に作業を要求し、下請という立場から強く拒否できず、やむなく作業に入った作業員らが感電して死傷し、下請会社の事業主に労基法121条1項の両罰規定による責任が問われた事件において、諸事情を考慮し、事業主に同項ただし書の免責を認めた事例として、前掲労働基準法違反被告事件がある。また、極めて古い裁判例であるが、専従の労務主任として高学歴の労務関係業務経験者を配置して注意を怠らず、また違反があったときは該当者全員を調査させてその解雇手続をとるなどの措置をとり、また違反の防止及び是正について再三の注意を与え工場長から最後的に違反を完全に是正除去したという返答を得ていたという事例で、免責を認めた事例もみられる（中松硬質ガラス製作所事件・大阪地判昭和24・8・2刑事裁判資料55号511頁〔27610141〕）。

(2) 労働組合法上の使用者

【概要】

労組法上は、「使用者」の定義規定が存しない。「使用者」については、「労働者」との相関関係で決められるので、あえて定義する必要がないと解されたことによるとされる（注釈労組法上336頁）。

解釈上は、特に不当労働行為（労組法7条）の主体となる「使用者」の概念が問題となる。その中でも、使用者の概念が問題となる文脈は、大きく分けて、①管理職等が行った行為が使用者に帰責できるかという文脈（「使用者の内部的拡張」とも呼ばれる）、②形式上は労働契約上の使用者でない者が、不当労働行為の主体となるかという文脈（「使用者の外部的拡張」とも呼ばれる）においてである。以下では、特に②の文脈での使用者性の判断について概観する。

古くは、労組法7条の使用者概念は労働契約上の使用者概念（Ⅰ2(3)「労働契約法上の使用者」参照）と一致するとの見解もあったが、不当労働行為制度による救済は、労働契約上の責任の追及にとどまらないことから、現在は判例・学説とも、労働契約上の使用者より広い範囲で同条の使用者を把握している。

学説では、労働者の労働関係に支配力を及ぼし得る地位にある者をいうとする支配力説（片岡曻著、村中孝史補訂『労働法(1)〈第4版〉』有斐閣（2007年）274頁、西谷・労組法150頁等）、労働者の団結体と団結目的に関連して対抗関係に立つものとする対向関係説（外尾・労働団体法208頁）等も有力であるが、現在の通説的見解は「労働契約関係又はそれに隣接ないし近似する関係を基盤として成立する団体的労使関係上の一方当事者」等ととらえる労働契約基準説を採る（菅野=山川・労働法〈第13版〉1127頁以下等。判例（朝日放送事件・最三小判平成7・2・28民集49巻2号559頁〔27826691〕）も同様の立場と解される（福岡右武「判批」法曹時報50巻3号（1998年）188頁））。

同説の代表的見解は、労働者と労働契約関係がある者に加え、過去又は近い将来に労働契約関係を有する者（使用者概念の時間的拡張＝労働契約関係と「隣接」（近接）する場合、例えば労働者を解雇・雇止めした元雇用主等）、雇用主と部分的とはいえ同視できる程度に、社外労働者の基本的な労働条件を現実的かつ具体的に支配・決定することができる地位にある者（部分的使用者性＝労働契約関係と「近似」する（同視できる）場合、例えば社外労働者の労働条件を部分的に支配・決定している受入れ企業等）にも使用者性を認めている（労組法7条の使用者性をめぐる判例・学説の展開について、竹内（奥野）寿「労働組合法7条の使用者（文献研究労働法学4）」季刊労働法236号（2012年）211頁）。

以下、「雇用主と部分的とはいえ同視できる程度に、社外労働者の基本的な労働条件を現実的かつ具体的に支配・決定することができる地位にある者」（近似）のうち、社外労働者の受入れ企業の使用者性・子会社の労働者に対する親会社の使用者性について、【論点1】及び【論点2】で、「過去又は近い将来に労働契約関係を有する者」（隣接）の使用者性について【論点3】でみることとする。

【関係法令】
労組法7条

・・・・・・ 論　　点 ・・・・・・
1　社外労働者に対する受入れ企業の使用者性（「近似」「同視」）
2　子会社の労働者に対する親会社の使用者性等（「近似」「同視」）
3　近い将来・過去における雇用主の使用者性（「隣接」「近接」）

論点 1　社外労働者に対する受入れ企業の使用者性（「近似」「同視」）

　労働者派遣関係や、請負関係においては、派遣労働者・請負業者の労働者が、派遣先企業・発注企業で社外労働者として就労している。労働者派遣においては当然に派遣先が派遣労働者に指揮命令することが予定されており、請負関係についても偽装請負の場合等、発注企業が請負業者の労働者に指揮命令等を行うなどの形で、これらの社外労働者の労働条件を決定していることがあり得る。このような場合に、社外労働者を受け入れている受入れ企業が、社外労働者との関係で労組法7条の使用者性を負う場合があるか（特に、社外労働者に対し、団体交渉応諾義務を負うか否か）が問題となる。以下、社外労働者の受入れ根拠ごとに、①請負契約・（準）委任契約等の場合、②労働者派遣契約の場合の判例法理の状況をみる（各論点については、第5巻Ⅱ2「企業外の組合と集団的労使関係」も参照）。

　①について、最高裁は、請負業者の労働者を受け入れて就労させていたが、請負業者が独立の事業者としての実態を失い、形骸化していたケース（油研工業事件・最一小判昭和51・5・6民集30巻4号409頁〔27000324〕）、楽団員を受入れ企業がその経営するキャバレーに受け入れてこれに指揮命令し、賃金を楽団のバンド

マスターを通じて支払っていたケース（阪神観光事件・最一小判昭和62・2・26判タ642号159頁〔27613474〕）について、受入れ企業の使用者性を認めた。このように下請企業の実体がなく形骸化している場合には、使用者性を容易に認め得るものと考えられる。

最高裁はさらに、請負業者が独立の実体を有しているが、発注企業（受入れ企業）が請負業者の労働者の勤務時間の割り振り、労務提供の態様、作業環境等を決定していた事案において、労組法7条の「使用者」について、「雇用主以外の事業主であっても、雇用主から労働者の派遣を受けて自己の業務に従事させ、その労働者の基本的な労働条件等について、雇用主と部分的とはいえ同視できる程度に現実的かつ具体的に支配、決定することができる地位にある場合には、その限りにおいて、右事業主は同条の「使用者」に当たる」という一般論により、その発注企業の使用者性を認めており（朝日放送事件・最三小判平成7・2・28民集49巻2号559頁〔27826691〕）、その後の裁判例も、同様の判断枠組みを用いて判断している（学説では「労働契約基準説」「労働契約基本説」等と呼ばれている）。もっとも、前掲朝日放送事件と同様、請負契約等に基づき受け入れた社外労働者に対し、発注企業等が指揮命令する形態（偽装請負）は、実質的には派遣法にいう労働者派遣であると判断されている（②を参照）。

②については、前掲朝日放送事件は、派遣法の施行前の事案であり、労働者派遣関係においても同様の判断が妥当するかという点については、派遣法での派遣先の苦情処理制度（派遣法40条）の存在を理由に学説では疑問も呈されており（村中孝史＝荒木尚志編『労働判例百選〈第6版〉』有斐閣（1995年）〔山川隆一〕11頁等）、裁判例でも朝日放送事件の射程を派遣については限定的に解するものがある（阪急交通社事件・東京地判平成25・12・5労働判例1091号14頁〔28221490〕）。他方、下級審レベルでは、派遣法施行後も、前掲朝日放送事件と同様の一般論を援用して判断したものが比較的多い（川崎重工業事件・神戸地判平成25・5・14労働判例1076号5頁〔28213581〕、国（神戸刑務所・管理栄養士）事件・神戸地判平成24・1・18労働判例1048号140頁〔28181643〕等）。

事例

前掲朝日放送事件最高裁判決の後、同事件と同じ放送会社の請負業者の労働者が、

当該請負企業の事業譲渡に伴い解雇され、発注企業の放送会社から就労拒絶されたことの不当労働行為性が争われた事案で、前掲朝日放送事件最高裁判決は、就労確保・賃金支払義務についての部分的使用者性を認めたものでなく、また下請企業の倒産に伴う解雇により当該労働者の主張の前提を欠くとされた事例として、国・中労委（朝日放送）事件（東京地判平成20・1・28労働判例964号59頁〔28140604〕）。また、同じ事実関係下で、使用者性には触れず、不当労働行為が成立しないと判断した事例として、大阪府労委（朝日放送（大阪東通）事件・大阪地判平成18・3・15労働判例915号94頁〔28111624〕）がある。

労組法7条の使用者は、労働関係に実質的な支配力ないし影響力を及ぼす地位にある者を指すという主張（支配力説）について、使用者の概念が弾力的に過ぎ、基本となる労働契約関係を離れて外延が不明確となって、相当ではないとして否定し、労働契約基本説の立場を示した事例として、国・中央労働委員会（国際基督教大学）（東京高判令和2・6・10労働判例1227号72頁〔28283475〕）、不当労働行為再審査申立棄却命令取消請求控訴事件（東京高判平成29・1・12平成28年（行コ）252号中労委HP〔28250393〕（第二小決平成29・9・8平成29年（行ヒ）179号中労委HP〔28262131〕で上告不受理））、スクラム・ユニオン・ひろしま事件（東京高判平成28・2・25平成27年（行コ）352号中労委HP〔28262148〕（最三小決平成29・2・7平成28年（行ツ）194号中労委HP〔28262149〕で棄却、不受理））。

大学生協の労働者からなる労働組合に対し、大学が労組法7条の使用者に該当しないと判断した事例として、明治大学（団体交渉）事件（東京地判平成25・5・9労働判例ジャーナル17号21頁〔28224920〕）、情宣活動禁止等請求事件（東京地判平成24・12・13判タ1391号176頁〔28213069〕）がある。

請負企業が採用、配置、人事管理を行い、独自に賃金を決定しており、独自の指揮命令系統を有していたことから、発注企業の使用者性を否定した事例として、西日本旅客鉄道事件（東京地判平成17・3・30労経速報1902号13頁〔28101042〕）がある。

論点 ❷ 子会社の労働者に対する親会社の使用者性等（「近似」「同視」）

親子会社等においては、親会社が子会社に対して一定程度の支配力・影響力を有することから、子会社の労働者の労働組合が親会社・支配会社に対し団体交渉等を求めたり、あるいは子会社への影響力の行使が労働組合への支配介入に該当する等として争ったりする事例がみられる（ネットワーク企業や関連企業においても同様である）。

このようなケースについて、裁判例では、①法人格否認の法理を用いて、親会社等の使用者性の有無を判断するものがみられる（神戸地判平成14・7・16平成13年(ワ)740号等裁判所HP〔28075657〕、ニュートンプレスほか事件・東京地判平成25・2・6労働判例1073号65頁〔28213042〕）。また、より多くみられるのは、②（本来は社外労働者の受入れの場合の判例法理である）朝日放送事件（最三小判平成7・2・28民集49巻2号559頁〔27826691〕）の判断枠組みを用いて使用者性を判断するものである。ただし、②の判断枠組みを用いる事例では、裁判所は、親会社が子会社の労働者の労働条件にある程度重大な影響力を持っているとしても、子会社が親会社と独自に人事面も含めた事業運営を行っている場合には、親会社の使用者性を否定する傾向が強い（昭和ホールディングス事件／国・中央労働委員会（昭和ホールディングスほか）事件・東京高判令和4・1・27労働判例1281号25頁〔28302378〕等）。

プラットフォーム就労における労使関係は、プラットフォームの設計により多種多様なものが含まれるため、判断が困難なことがあり得る（そもそも、労働者性が認められるか否かという点が第一の関門として存在する）。プラットフォーム運営者のプラットフォームワーカーに対する使用者性について判断した裁判例はまだみられないが、労働委員会命令として、プラットフォーム運営企業の使用者性を肯定した事例があり、注目される（東京都労委令和4・10・4中労委HP（Uber Japanほか事件））。

事例

親会社の使用者性を否定した事例として、連帯ユニオン関西地区生コン支部（トクヤマエムテックほか）事件（大阪地判平成23・9・21労働判例1039号52頁〔28180542〕）、中労委（髙見澤電機）事件（東京地判平成23・5・12判時2139号108頁〔28180733〕）、南海大阪ゴルフクラブほか事件（大阪地判平成21・1・15労働判例985号72頁〔28151496〕）、大阪証券取引所（仲立証券）事件（大阪高判平成15・6・26労働判例858号69頁〔28090100〕）等がある。

大学と大学生協とは相互に独立した機関であり、大学が大学生協の従業員との関係で同従業員の労働条件等について、雇用主である大学生協と同視できる程度に現実的かつ具体的に支配、決定することができる地位にあった者ということはできず、労組法7条の使用者には当たらないと判断した事例として、情宣活動禁止等請求事件（東京地判平成24・12・13判タ1391号176頁〔28213069〕）等がある。

論点 ❸ 近い将来・過去における雇用主の使用者性（「隣接」「近接」）

現在労働契約関係になくとも、近い将来又は過去における雇用主が労組法上の使用者と判断される典型的な場合として、①労働契約関係の成立前（雇入れ時等）、②労働契約関係の消滅後（解雇・退職後）が挙げられる。

①として、例えば、(a)事業譲渡や吸収合併において、事業譲受人や吸収会社による、労働組合員であることを理由とした労働者の承継（採用）拒否や、(b)派遣労働者の直雇用化の関係等で、直雇用化（雇入れ）前の段階における、派遣労働者等の所属する組合への団体交渉拒否等が問題となる。

(a)について、最高裁は、JR北海道・日本貨物鉄道事件（最一小判平成15・12・22民集57巻11号2335頁〔28090325〕）で、国鉄の承継法人設立・事業等の引継ぎにおいて、労働組合員が差別され、承継法人の採用候補者名簿に記載されず、承継されなかったことが争われた事例において、国鉄民営化の法的仕組みから、国鉄（事業団）が労組法7条の使用者として不当労働行為責任を負うが、承継法人の設立委員・承継法人は使用者として不当労働行為責任を負わないと判断した（なお、前掲JR北海道・日本貨物鉄道事件は、国鉄民営化のスキームを前提とする判断であるという特殊性に留意すべきであろう）。

一般の民間企業についていえば、事業譲渡等や吸収合併等での事業譲受人や吸収会社による譲渡人会社・消滅会社の労働者の採用（承継）拒否において、労働組合員を不当労働行為意思に基づき採用から排除したとみられる場合について、不当労働行為の成立を認めた労働委員会命令が存する（東京地労委昭和41・7・26命令集34=35集365頁（日産自動車）〈合併〉、東京地労委平成10・8・4命令集111集168頁（東陽社）〈営業譲渡〉等）。また裁判例でも、一般論として、不当労働行為意思に基づく労働組合員の採用拒否につき、不当労働行為が成立し得ると述べるものがある（東京日新学園事件・東京高判平成17・7・13労働判例899号19頁〔28101933〕〈結果消極〉等）。

(b)について、(i)派遣先による派遣労働者の直雇用化後の労働条件を団体交渉事項とする場合、(ii)派遣先による派遣労働者の直雇用化そのものを団体交渉事項とする場合とが区別される。

(i)について、裁判例には、派遣先により派遣労働者の直雇用化の方針が決定され、派遣労働者への直雇用化の申込みがなされた場合における、採用予定者等の加入する労働組合による採用後の労働条件に関する団体交渉申入れへの団体交渉拒否が問題となった事案につき、「近い将来において労働契約関係が成立する現実的かつ具体的な可能性が存する」状態にあったとして、採用条件に関する派遣先の使用者性を認めたものがみられる（クボタ事件・東京地判平成23・3・17労働判例1034号87頁〔28173140〕）。労働者派遣関係については、一般に派遣先が派遣労働者を直雇用化することを決定して直接雇用を申し込み、派遣労働者が承諾すれば雇用が成立するという場合が、この「近い将来において労働契約関係が成立する現実的かつ具体的な可能性が存する」状態に該当するものと思われる。なお、単に派遣法上の直接雇用申込み義務が生じただけの状態は、これに該当しないと述べる事例がみられる（川崎重工業事件・神戸地判平成25・5・14労働判例1076号5頁〔28213581〕）。また、そもそも抵触日通知がない場合、直接雇用申込義務は発生しないため、「現実的かつ具体的な可能性」があるとは認められないと述べるものもみられる（不当労働行為再審査申立棄却命令取消請求控訴事件・東京高判平成29・1・12平成28年（行コ）252号中労委HP〔28250393〕（最二小決平成29・9・8平成29年（行ヒ）179号中労委HP〔28262131〕で上告不受理）、スクラム・ユニオン・ひろしま事件・東京高判平成28・2・25平成27年（行コ）352号中労委HP〔28262148〕（最三小決平成29・2・7平成28年（行ツ）194号中労委HP〔28262149〕で棄却、不受理））。

また、直接雇用での類似する事案として、日雇労働者や季節労働者の組合が雇用契約成立前に労働条件をめぐり団体交渉申入れをする場合等が考えられる。この場合について、「日々又は季節的な雇用が恒常的に繰りかえされ、特別の事情のない限り将来雇用されることが確実な場合」に使用者性を認めた事例がある（土佐清水鰹節水産加工業協同組合事件・高松高判昭和46・5・25判タ264号209頁〔27612207〕）。雇止め法理が適用され得るような状態（実質無期といえる状況ないし雇用成立への合理的期待の存在。労契法19条）があれば、使用者性を認め得るものと考えられる。

(ii)についての裁判例として、【論点1】で触れた朝日放送事件（最三小判平成7・2・28民集49巻2号559頁〔27826691〕）と同様の一般論を前提としつつ、「基本的

な労働条件等」には採用（雇入れ）自体が含まれないとして、派遣先の使用者性を否定した事例として、前掲川崎重工業事件がある（なお、同判決は、前掲クボタ事件と類似する「近い将来において労働契約関係が成立する現実的かつ具体的な可能性が存する」状態か否かというアプローチでも審査を行っており、これを否定している）。採用（雇入れ）自体を求める場合と類似するが、労働者が出向受入れ自体を求める場合についても、受入れ候補会社の使用者性を否定した事例（ジェイアールバス関東事件・東京地判平成14・6・19判時1803号122頁〔28080412〕）も併せてみれば、(i)で述べた枠組みでも使用者性を認め得るような事情がなければ採用や出向自体を求める団体交渉申入れについて、受入れ企業の使用者性を肯定することは困難であろう（一方的に使用者が決め得る「基本的な労働条件等」と異なり、採用・出向は少なくとも受入れ企業による合意を要し、その合意は原則自由であることが指摘できよう）。

　次に、②について、例えば(a)不当解雇後、解雇撤回等を求める団体交渉申入れや、(b)元労働者が退職後、在職中の職場環境に基づく健康被害等について解明を求める団体交渉申入れについて、元雇用主が団体交渉に応じるべき使用者性に該当するか、という点が問題となり得る。

　(a)について、裁判例では、解雇後、長期間（8年10か月）が経過している場合について、使用者性の判断としてではなく、団体交渉拒否に正当な理由を認めたものがある（三菱電機鎌倉製作所事件・東京地判昭和163・12・22判タ698号234頁〔27804399〕）。これに対し、類似の事案であるが、日本鋼管鶴見造船所事件（東京高判昭和57・10・7労働判例406号69頁〔28223626〕）では、解雇後6年10か月後の団体交渉申入れについて、団体交渉拒否を不当労働行為とした労働委員会命令が維持されている。

　(b)については、(i)当該紛争が雇用関係と密接に関連して発生したこと、(ii)使用者において、当該紛争を処理することが可能かつ適当であること、(iii)団体交渉の申入れが、雇用関係終了後、社会通念上合理的といえる期間内にされたこと、という要件を挙げ、これを充足しているとして、退職後、相当に長期な期間（6～16年）経過後であっても、石綿被害を受けた元労働者との関係で、なお元使用者が労組法上の使用者として団体交渉応諾義務を負うと判断したもの

がみられる（住友ゴム工業事件・大阪高判平成21・12・22判時2084号153頁〔28160458〕）。

▮事例

　国が受入れ企業である場合の偽装請負関係について、労働局の行政指導が、直接派遣先の派遣労働者に対する労働契約の申込義務についての規定を除外したうえで、違法な派遣状態の是正を求めたものであり、直接雇用の要請を含むものではないとして、「現実的かつ具体的な可能性」は認められないと判断した事例として、スクラム・ユニオン・ひろしま事件（東京高判平成28・2・25平成27年（行コ）352号中労委HP〔28262148〕（最三小決平成29・2・7平成28年（行ツ）194号中労委HP〔28262149〕で棄却、不受理））がある。

　事業譲渡での事業譲受人による事業譲渡人の労働者の採用において、労働組合員の採用差別が争われ、不当労働行為の成立が認められた事例として、青山会事件（東京高判平成14・2・27労働判例824号17頁〔28071269〕。ただし使用者性については直接判断せず）がある。

　前掲住友ゴム工業事件の判断枠組みを用い、元労働者の退職後約25〜50年経過後であっても、元使用者の使用者性を認めた事例として、ニチアス事件（東京地判平成24・5・16労経速報2149号3頁〔28182017〕）がある。

(3) 労働契約法上の使用者

【概要】

　労働契約上の責任を負う主体としての労働契約上の使用者は、労働契約の一方当事者であり、これは労契法2条2項に規定されている使用者概念である。

　①親子会社において、親会社等の支配会社が子会社等の被支配会社の法人格を濫用する場合や、子会社の法人格が形骸化してしまっている場合、②派遣労働関係や請負関係において、派遣元・請負業者が形骸化するなどの状況で人事管理を怠り、受入れ企業が社外労働者に対し賃金を決定するなど、実質的な使用者として行動しているような場合、形式上は労働契約の一方当事者ではない親会社や受入れ企業に対して、当該労働者についての使用者としての契約責任を問うべき場合があり得る。その場合、労働者が親会社・派遣先等に対し、雇用契約関係を主張する法的構成として、現在、(a)法人格否認の法理、(b)黙示の労働契約の成立の主張等が主流である。

　(a)法人格否認の法理とは、「法人格が全くの形骸にすぎない場合、またはそれが法律

の適用を回避するために濫用されるが如き場合」、法人格を認めることが法人格の本来の目的に照らし許されないことから、法人格を否認することができるという判例法理である（最一小判昭和44・2・27民集23巻2号511頁〔27000839〕）。

(b)黙示の労働契約の成立の主張は、形式上は雇用関係が存しないが、当事者間に労働契約の成立に関する黙示の意思の合致があるというものである。

(a)(b)は、理論的には①②の類型を問わず用いられ得るが、(a)は主に①の事例で、(b)は主に②の事例で用いられる（②の労働者派遣の場合に派遣元が形骸化していることは少なく、また雇用責任を免れるために派遣というスキームを使うことは、特に濫用と評価されないため、(a)が用いにくく、①の親子会社等の場合は、特に親会社が子会社の労働者に直接指揮命令したり、賃金を支払ったりすることが少ないため、(b)が用いにくいためと推測される）。

以下、①のケースについて、【論点1】でみる（なお専ら派遣関係についての問題となる②のケースについては、第2巻Ⅱ4「派遣労働」を参照されたい）。

【関係法令】
労契法2条、民法623条

・・・・・・ 論　　点 ・・・・・・
1　親会社等の支配会社の使用者性

論点 ❶　親会社等の支配会社の使用者性

親会社等により子会社が支配されている場合、子会社の解散（真実解散・偽装解散）や、事業譲渡等に伴い、子会社の労働者が親会社に法人格否認の法理により、①親会社等の支配会社や、②労働者派遣における派遣先について使用者性を認め得るかが問題となる。

法人格否認の法理には、(a)子会社等が独立の実体を失い形骸化し、親会社等支配企業の一部と化しているといった「法人格の形骸化」の類型と、(b)子会社等が独立の実体を有するが、親会社等が不当な目的で子会社等の法人格を濫用しているという「法人格の濫用」の類型とが存する。

(a)の法人格の形骸化が認められるのは、親会社等が子会社等の意思決定を支配し（支配の要件）、かつ子会社が独立の実体を有さず、親会社の一事業部門と認められる（形骸化の要件）場合であり、(b)の法人格の濫用が認められるのは、

親会社が子会社を支配し（支配の要件）、かつ違法・不当な目的のためにその法人格を濫用している（目的の要件）場合である。

まず(a)(b)に共通して求められる支配の要件については、事実上の影響力等のみでは不足であり、資本関係や人的関係（役員派遣等）による支配が必要であり、これらが欠ける場合は使用者性が否定される（大阪空港事業（関西航業）事件・大阪高判平成15・1・30労働判例845号5頁〔28081223〕等多数）。

次に(a)の法人格の形骸化の類型の事例で問われる形骸化の要件については、被支配企業に独自の業務等が存するなど、完全な形骸化に至っていなくても、業務や一部の財産管理の混同等から、著しい形骸化があれば支配企業の使用者性を認める事例も存するが（北九州空調事件・大阪地判平成21・6・19労経速報2057号27頁〔28160110〕）、多くの裁判例では、財産又は事業活動の混同・会計区分の欠如等、支配会社の1事業部門といえるような事情が支配企業の使用者性を認めるうえでは必要と解されている（ワイケーサービス（九州定温輸送）事件・福岡地小倉支判平成21・6・11労働判例989号20頁〔28153926〕、第一交通産業ほか（佐野第一交通）事件・大阪高判平成19・10・26労働判例975号50頁〔28150819〕等）。この点、訴訟における労働者の請求が雇用契約の存在等、将来的に継続する法的関係の確認を求める場合は、過去の未払賃金や退職金の請求等、1回的な給付の請求を行うような場合と比較して、法人格を否定すべき形骸化の度合いがより高く求められると述べる見解がみられる（前掲ワイケーサービス（九州定温輸送）事件等）。

次に(b)の法人格の濫用の類型の事例で問われる目的の要件について、典型的には、子会社等の偽装解散（子会社等の解散後、親会社又はその子会社等が事業を引き継ぐもの）による労働組合の壊滅等の不当労働行為目的（前掲第一交通産業ほか（佐野第一交通）事件等）等がある。なお、裁判例の中には、この目的の要件と先に述べた支配の要件とは相関関係にあり、一方が強ければ他方の要件の充足は緩やかで足りると述べるものがある（前掲大阪空港事業（関西航業）事件）。

これに対し、真実解散（子会社等が解散し、その事業の引継ぎもないもの）の場合、古い裁判例で親会社の雇用責任を認めるものもあるが（徳島船井電機事件・徳島地判昭和50・7・23労働民例集26巻4号580頁〔27411647〕等）、近時の裁判例では、そもそも法人格の濫用目的が認められにくく（前掲ワイケーサービス（九州定温

輸送）事件）、また仮に当該解散が不当労働行為目的であろうとも、真実解散であれば継続的、包括的な雇用契約上の責任までは追及できないとする裁判例が多い（布施自動車教習所事件・大阪高判昭和59・3・30判時1122号164頁〔27490543〕、前掲第一交通産業ほか（佐野第一交通）事件等）。

法人格濫用と認められる偽装解散等があった場合、親会社自体が解散した子会社の事業を引き継ぐ場合はこれに雇用責任を問い得ると考えられるが、解散した子会社の事業を、親会社が支配する他の子会社に引き継がせる場合、親会社が雇用責任を負うのか、当該事業を承継した子会社が雇用責任を負うのかという問題がある。裁判例では、親会社が負うとするもの（前掲第一交通産業ほか（佐野第一交通）事件控訴審判決。濫用者の責任を問う趣旨からこれを支持する見解として、水町・労働法〈第10版〉63頁）、不法行為責任はともかく、包括的な雇用責任は事業を引き継いだ子会社が負うべきとするもの（第一交通産業ほか（佐野第一交通）事件第1審判決・大阪地裁堺支判平成18・5・31判タ1252号223頁〔28132437〕。荒木・労働法〈第5版〉68頁）がある。

なお、親子会社やネットワーク企業等での黙示の労働契約成立の主張の事例については、支配企業等による賃金決定等の事実が欠けること等を理由として、黙示の労働契約の成立が否定されたものがみられる（破産債権査定異議事件・大阪地判平成25・4・18平成24年(ワ)9353号公刊物未登載）。

事例

法人格否認の法理の適用において、そもそも支配の要件を欠くとされた事例は多い（岡谷鋼機事件・大阪地判昭和55・2・22労働判例337号66頁〔27612951〕、エコスタッフ（エムズワーカース）事件・東京地判平成23・5・30労働判例1033号5頁〔28174953〕等多数）。

子会社等が独立の事業体としての実体を備えていることを理由に、法人格の形骸化が否定された事例として、大阪証券取引所（仲立証券）事件（大阪高判平成15・6・26労働判例858号69頁〔28090100〕）、サン・ファイン（サンファインテキスタイル）事件（名古屋地判平成14・11・29労働判例846号75頁〔28080745〕）等がある。

これに対し、被支配企業が支配企業の一部門にすぎないとして、法人格の形骸化を認めた事例として、黒川建設事件（東京地判平成13・7・25労働判例813号15頁〔28062537〕）がある。

本文中に掲げたほか、法人格の濫用であると判断された事例として、ヒューマンコ

ンサルティングほか事件（横浜地判平成26・8・27労働判例1114号143頁〔28232744〕）、新関西通信システムズ事件（大阪地決平成6・8・5労働判例668号48頁〔28019347〕）等がある。

(4) その他

【概要】
　労働契約上の付随義務の1つとして、使用者は、労働者の生命及び身体等を危険から保護するよう配慮すべき義務（安全配慮義務）を負う（自衛隊車両整備工場事件・最三小判昭和50・2・25民集29巻2号143頁〔27000387〕、川義事件・最三小判昭和59・4・10民集38巻6号557頁〔27000021〕）。この安全配慮義務は、ある法律関係に基づいて特別な社会的接触の関係に入った当事者間において、付随義務として当事者の一方又は双方が相手方に対して信義則上負う義務として一般的に認められるものとされ、労働契約上の契約当事者以外の者が負うことがあり得る。

【関係法令】
労契法5条

・・・・・・　論　　点　・・・・・・
1　安全配慮義務が認められた法律関係の例

論点 ❶ 安全配慮義務が認められた法律関係の例

　「特別な社会的接触の関係」により直接の雇用主以外の者に安全配慮義務が認められる典型的な事例として、社外労働者の受入れ企業が挙げられる。
　その例としては、下請業者の雇用する労働者を受け入れる発注企業（三菱重工事件・最一小判平成3・4・11判タ759号95頁〔27811185〕）、労働者派遣における派遣先（アテスト・ニコン事件・東京高判平成21・7・28労働判例990号50頁〔28153356〕）等が挙げられる。
　下請業者等の雇用する労働者を受け入れる企業が安全配慮義務を負うとされ

た事例の多くは、いわゆる偽装請負（受入れ企業が社外労働者に指揮命令等を行う形態）であり（前掲三菱重工事件等多数）、指揮命令の存在が重要な考慮要素とされている。

このような指揮命令関係がなくとも、安全配慮義務が認め得るかという点は明らかでない。作業の安全な遂行に受入れ企業の積極的な協力を不可欠の前提とする場合に、そのような積極的協力を欠いたとして（いわば指揮命令の不存在を理由に）、受入れ企業の責任が認められた事例もみられる（名古屋地判昭和57・12・20判時1077号105頁〔27405874〕）。他方、運送業者の労働者の中皮腫による死亡について、（その原因であると推測される石綿曝露があった）石綿製造会社について、指揮命令の不存在等を理由に安全配慮義務を否定した事例もみられる（日本通運・ニチアス事件・大阪高判平成24・5・29判時2160号24頁〔28182296〕）。

また、出向先も部分的に出向労働者と労働契約関係を有するとされるため、労働契約上の使用者でもあるが、当然に安全配慮義務を有すると判断されたものがある（JFEスチールほか事件・東京地判平成20・12・8判タ1319号120頁〔28150948〕）。

事例

元請会社が、孫請会社の従業員を直接・間接に指揮命令していた事例で、元請会社に安全配慮義務が認められた事例として、O技術（労災損害賠償）事件（福岡高那覇支判平成19・5・17労働判例945号24頁〔28132453〕）等がある。

（富永晃一）

3 就労形態と当事者性をめぐる問題

(1) 個人事業主

【概要】

　そもそも他人の労力を利用して一定の業務を遂行する場合には、①「請負」、②「委任」、③「雇用」（労働契約）の3つのタイプがある。この3つはそれぞれ特徴があるが、①「請負」、②「委任」と③「雇用」（労働契約）との違いは、「使用従属性」にある。「使用従属性」というのは、「使用される者＝指揮監督下の労働」と「賃金支払」の2つの基準を総称するものであり（労働基準法研究会報告「労働基準法の『労働者』の判断基準について」（1985年）。以下、「1985年労基研報告」という）、一般的には「労働者」に該当するかどうかは「使用従属性」の有無により判断すると考えられている（注釈労基法上〔橋本陽子〕145頁）。

　ところで裁判例においては、零細事業主、下請業者、外務員（証券会社や保険会社）、カスタマー・エンジニア、芸能員、在宅勤務者、ホームヘルパー等の類型に該当する者の「労働者」性がしばしば問題となっている。これらの類型では、一般に「雇用」契約の形式ではなく、「委任」又は「請負」契約の形式がとられ、そこでは、報酬は少額の保障部分があるほかは成績に比例して支払われ（歩合制、出来高払）、労働時間や労働場所についての拘束が少なく、就業規則の適用が排除され、労働保険にも加入しない、といった取扱いがなされる（菅野＝山川・労働法〈第13版〉209頁）。

　また、建設業における一人親方の職人、自己所有のトラック持込みで特定企業の運送業務に従事する傭車運転手、フランチャイズ店の店長なども個人事業者として「請負」又は「委任」契約の取扱いを受ける（菅野＝山川・労働法〈第13版〉209頁）。

　しかし、実態としては事業主に使用され、賃金を支払われているという労働契約関係について名目上「請負」や「委任」といった契約形式を冠しているにすぎないものも少なくない。この場合に、労災保険法の適用の有無、事実上の使用者の被災者に対する安全配慮義務の有無、最賃法の適用の有無、労働時間規制の適用の有無、契約終了の場面における解雇権濫用法理の適用ないし類推適用の有無などが問題となる。

　以下では個人事業主について具体的な紛争類型ごとに判例上問題となった事例を取り上げて紹介する。なお、個人事業主の労働者性に関する解説は、Ⅰ1「労働者性」を参照されたい。また、紛争類型ごとに労働者性の有無が問題となった397件の判例・裁判例（労組法上の労働者性を含む）を網羅的に取り上げて、職業類型ごとに詳細に整理したうえで、労働者概念をいかなる判断要素（判断基準）によって自営業者と区別すべき

か、その判断要素の適切な評価方法はどうあるべきかを検討した好文献として、橋本陽子『労働者の基本概念　労働者性の判断要素と判断方法』弘文堂（2021年）5-109頁「第1章　裁判例における労働者性判断の特徴と問題点」があるので併せて参照されたい。

【関係法令】
労契法2条1項、5、16条、労基法9、24、37条、労災保険法1条
なお、労基法・労契法の労働者に該当しない者に対しては、フリーランス法も参照

•••••• 論　　点 ••••••
1　個人事業主と労災保険法上の「労働者」
2　傭車運転手・一人親方の事実上の使用者と安全配慮義務
3　個人事業主と賃金請求の可否
4　契約解除・更新拒絶と解雇権濫用法理の適用又は類推適用の有無

論点 ❶　個人事業主と労災保険法上の「労働者」

1　傭車運転手

近時、最高裁において、個人事業主と労災保険法上の「労働者」性が争われたものとしては、傭車運転手に関する横浜南労基署長（旭紙業）事件（最一小判平成8・11・28判タ927号85頁〔28020411〕）や一人親方に関する藤沢労基署長（大工負傷）事件（最一小判平成19・6・28判タ1250号73頁〔28131552〕）がある。

前掲横浜南労基署長（旭紙業）事件では、事実上特定の会社に専属して運送係からの指示に従って運送業務を行うことから、傭車運転手の稼働時間や運送距離等も一方的に定まるという事情があった。しかし最高裁は、当該傭車運転手は、業務用機材であるトラックを所有し、報酬は出来高払で、ガソリン代、修理費、高速料金なども負担しており自己の危険と計算の下に運送業務に従事していたこと、運送という業務の性質上当然に必要とされる運送物品、運送先及び納入時刻の指示以外には、当該傭車運転手は業務の遂行に関して、特段の指揮監督を受けておらず、時間的、場所的な拘束の程度も、一般の従業員と比較してはるかに緩やかであったこと、所得税の源泉徴収や社会保険・雇用保険の保険料控除はなされず事業所得として確定申告をしていたことなどに着眼し、

労働者性を否定している。この判決に対しては「事例判断にすぎないが、最高裁は、事業者性を広く認め、指揮命令拘束性を厳格に解することによって、傭車運転手の労働者性に対して消極的な見解を取っているといえよう」との指摘（注釈労基法上〔橋本陽子〕150頁）や「同最高裁判例を前提にすると、少なくとも、自己の所有する事業用資産を用いて自己の危険と計算の下に労務に従事するなど一定の事業者性が肯定される者については、労働者側において、同事業者性を減殺して、その労働者性を積極的に肯定させるような事情を主張立証しない限り、労働者性を認めることはできないものと解される」（白石・実務〈第2版〉〔光岡弘志〕8頁）との指摘がなされている。

2　一人親方

次に前掲藤沢労基署長（大工負傷）事件は、作業場を持たず、1人で工務店の大工仕事を請け負う形態で稼働する大工がマンション建築工事の内装工事中に指を切断する負傷を被ったことについて労災保険法上の療養給付等を申請した事案である。最高裁は、当該大工が工事従事に当たり指揮監督を受けず、報酬も仕事の完成に対する対価であること、さらに一般的に必要な大工工具一式を自己所有しており、専らこれらを持ち込んで業務を行っていたという状況等を考慮して、当該大工は労基法上の労働者にも、労災保険法上の労働者にも当たらないとした。下級審判決としては、モーターサイクルのレースにライダーとして出場していた者が練習走行中に負傷した事案で、ライダーの労基法及び労災保険法上の「労働者」性が否定されたものがある（国・磐田労基署長（レースライダー）事件・東京高判平成19・11・7労働判例955号32頁〔28141045〕）。

3　カメラマン

他方、映画撮影技師（カメラマン）が映画撮影に従事中に宿泊先で脳梗塞を発症して死亡したことについて、労災保険法の遺族補償を申請した事件（新宿労基署長（映画撮影技師）事件・東京高判平成14・7・11判時1799号166頁〔28072539〕）では、当該カメラマンは労基法9条及び労災保険法上の「労働者」に該当するとした。同判決は、映画製作において各スタッフには独立した職能があり、その職能に応じて高度に専門的な技術等を発揮しながら協働して制作を行っていくという特殊性があること等を踏まえても、撮影技師が行う作業については監

督が最終的な決定権を持っており、その指示の下で行われているとして業務遂行上の指揮監督関係を肯定した。また報酬の性格も賃金としての性格が強いこと、個々の仕事について諾否の自由が制約されていたこと、時間的・場所的拘束性が高いこと、当該カメラマンの労務提供の代替性が認められないこと、撮影に使用した撮影機材は自己のカメラを使用した部分はあるものの、その余はプロダクションのものであること、プロダクションが技師の報酬を労災保険料の算定基礎としていること等を総合考慮して、当該カメラマンは使用従属関係の下に労務を提供していたと判示した。なお、俳優及び技術スタッフ（撮影、照明、録音等）の芸能関係者については、労働基準法研究会「労働基準法研究会労働契約等法制部会労働者性検討専門部会報告」(1996年。以下、「1996年専門部会報告」という）が判断基準を示しており参考となる。加えて、1996年専門部会報告の判断基準の内容及び同種事例の裁判例については、コンメ労基法上〈平22〉131-136頁を参照されたい。また、前掲新宿労基署長（映画撮影技師）事件は1996年専門部会報告に従うと労働者性は否定されると指摘するものとして、注釈労基法上〔橋本陽子〕154頁がある。

4　共済普及員・生命保険の外務員

さらに県民共済の各種パンフレットを担当地域の各家庭に配布する「普及員」の労働者性が争われた事案（国・千葉労基署長（県民共済生協普及員）事件・東京地判平成20・2・28労働判例962号24頁〔28141911〕）では、普及員の配布業務について具体的な仕事の依頼、業務指示等に対する諾否の自由はなく、普及員は、マニュアルや支部長により詳細かつ具体的な指示命令を受け、県民共済の業務上の指揮監督に従う関係が認められ、時間的場所的拘束性も相当あり、業務提供の代替性は否定されていることから、普及員が県民共済の指揮監督の下で労働していたものと推認されるとした。そのうえで、普及員に支払われる報酬の実質は、労務提供の対価の性格を有していると評価できること、普及員には事業者性が認められないこと等を総合的に考慮して、普及員は県民共済という使用者との使用従属関係の下に労務を提供していたと認めるのが相当であるとして、労災保険法上の労働者性を肯定した。

生命保険契約に関わる確認業務に従事していた専門職スタッフが雇用保険法

上の労働者に該当するかが争われた事件としては、雇用保険の被保険者になったことの確認請求却下処分取消請求控訴事件（福岡高判平成25・2・28判夕1395号123頁〔28220363〕）がある。通常の生命保険の外務員については行政通達があり、これによると生命保険の外務員については生命保険契約の募集勧誘に従事する者で保険会社に使用せられる者はこれを募集職員とし、使用人以外の者はこれを保険外務員とするという区分を設けて前者を労働契約、後者を委任契約とした場合には、労基法の適用は募集職員に限られるが、たとえ保険外務員と称する者であっても実質上労働関係が存するとみなされるときは、労基法の適用があるとされている（昭和23・1・9基発13号）。

　前掲平成25年福岡高判は、雇用保険法の趣旨に照らして、同法上の保護を与えるに相当な関係が存すれば足りると解し、法の趣旨に照らして労働者性を判断することを示した。そのうえで、専門職スタッフは組織に組み込まれた状態で労務を提供し、雇用関係と同視できる従属関係があり、契約に従った労務を提供したことの対価によって生計を維持する者であるとして、同法4条1項の「労働者」に当たると判断した。

論点 ❷　傭車運転手・一人親方の事実上の使用者と安全配慮義務

　労災保険法上は「労働者性」が否定されているような傭車運転手や一人親方のような者も、業務遂行についてある程度指示を受けており、時間的・場所的な拘束を受けている者については、事実上の使用者は信義則上安全配慮義務を負うとされている例がある。

1　傭車運転手

　例えば、運送会社は配送業務に従事する傭車運転手に対して、その労働時間、休日の取得状況等について適切な労働条件を確保し、その労働状態を把握して健康管理を行い、健康状態等に応じて労働時間を軽減するなどの措置を講じるべき安全配慮義務があるとした和歌の海運送事件（和歌山地判平成16・2・9労働判例874号64頁〔28092355〕）がある。

2 一人親方

また一人親方の事例では、①1階屋根部分から転落した大工が、建物建築請負業者に対して安全配慮義務違反に基づく損害賠償請求を行った藤島建設事件（浦和地判平成8・3・22判タ914号162頁〔28010993〕）、②塗装業者が公民館などの屋根塗装工事中に転落した事故について塗装請負業者に対して安全配慮義務違反に基づく損害賠償請求を行った髙橋塗装工業所事件（東京高判平成18・5・17判タ1241号119頁〔28131322〕）、③一人親方（一級建築士の資格を持ち、約30年間大工として稼働）が、2階の床部にコンパネをはめ込む作業中にバランスを失って建物外側に転落・負傷した事故について元請に対して安全配慮義務違反に基づく損害賠償を請求したH工務店（大工負傷）事件（大阪高判平成20・7・30労働判例980号81頁〔28151736〕）がある。まず、①の前掲藤島建設事件では、住宅建築業者と木工事を請け負っていた大工（一人親方）との関係につき、「請負契約の色彩の強い契約関係」ではあるが、「実質的な使用従属関係」があったとして建築業者は大工に対して安全配慮義務を負っていたとされた。次に②の前掲髙橋塗装工業所事件では、本件保険センターの屋根塗装工事契約は、基本的には請負契約の性質を帯びつつもその実質は労務の提供という色彩の強い契約であり、労務を提供していた塗装業者に対し、塗装請負業者は安全配慮義務を負っていたというべきであって、塗装業者が屋根から転落したことについては、塗装請負業者に安全配慮義務違反があり、塗装業者に対し損害賠償義務を負うとした。さらに③の前掲H工務店（大工負傷）事件では、工務店Yと一人親方の大工であるXとの間の契約関係は典型的な雇用契約関係とはいえないにしても、請負（下請）契約関係の色彩の強い契約関係であったと評価すべきであって、その契約の類型いかんにかかわらず両者間には実質的な使用従属関係があったというべきであるから、YはXに対し、使用者と同様の安全配慮義務を負っていたと解するのが相当であるとした。

なお、近時、最高裁は、危険物・有害物に関する規制として、労働者に注意喚起のための一定の表示を義務付ける労安法57条は場所の危険性に着目した規制であり、その場所で作業する労働者に該当しない者も保護する趣旨のものであるとし、労働大臣（当時）が同条等に基づく権限を行使しなかったことは労

働者に該当しない一人親方等との関係においても、同法の趣旨等に照らし、国家賠償法1条1項の適用上違法であると判示した（国・エーアンドエーマテリアル等事件・最一小判令和3・5・17民集75巻5号1359頁〔28291611〕）。この判決を受けて、2022年（令和4）年4月に労働安全衛生規則等の改正が行われ、危険有害作業を行う事業者に対し一人親方等についても労働者と同様に保護が図られるよう一定の措置を実施することが義務付けられた（水町・詳解労働法〈第3版〉817-818頁、821-822頁）。加えて近時の労災保険法施行規則の改正により個人事業主の労災の特別加入制度の対象範囲が拡大している点も注目される（詳細は、第4巻Ⅳ1(1)「適用範囲」、水町・詳解労働法〈第3版〉840-841頁参照）。

論点 ③　個人事業主と賃金請求の可否

1　モデルなど芸能関係

　下級審の裁判例としては、Xと芸能タレント等の養成及びマネジメントを行うJ社との間で締結されたモデル等専属芸術家契約（以下、「本件専属芸術家契約」という）の法的性質と賃金請求の可否等が争われたJ社ほか1社事件（東京地判平成25・3・8労働判例1075号77頁〔28213332〕）がある。裁判所は、本件専属芸術家契約の契約内容（Xが行うべき業務の内容、報酬の決定権限、著作権や芸名に関する権利の帰属、業務受託に当たってのJ社の承諾の要否）及び仕事の諾否の自由や出演料の帰属について検討を加えたうえで、XのJ社に対する経済的従属性は極めて強いとして、Xは労基法9条の労働者に該当するとした。そのうえで賃金額については最賃法4条2項により、最低賃金額と同様の定めをしたものとみなして賃金請求を認容した。

　また、アイドル活動に従事していた亡Aの相続人である原告Xらが、アイドル活動等に関する専属マネジメント契約等を締結していた被告Yに対して、亡Aが労基法上の労働者に該当し、最低賃金額と実際に支払われた報酬との差額賃金を請求した事案がある（Hプロジェクト事件・東京高判令和4・2・16令和3年(ネ)4178号公刊物未登載〔28320822〕、原審・東京地判令和3・9・7労働判例1263号29頁〔28300457〕、なお上告不受理により確定）。東京高判は、Xらの請求を棄却した原審の判断を支持し、その判断が維持されたものであるが、原審である東京地判

は、亡Aは、本件賃金請求期間中、平成28年契約又は本件契約に基づき、Yが提供するタレント活動のためのトレーニングを受けながら、Yが企画したり、取引先等から出演依頼を受けたイベント等に参加してライブ等を行ったり、イベント会場に出店した小売店等の販売応援を行うなどのタレント活動を行っていたことが認められ、亡Aは、本件グループのイベントの9割程度に参加していたが、イベントへの参加は、本件システムに予定として入力されたイベントについて亡Aが「参加」を選択して初めて義務付けられるものであり、「不参加」を選択したイベントへの参加を強制されることはなく、また、平成28年契約にも本件契約にも就業時間に関する定めはなく、以上によれば、亡Aは、本件グループのメンバーとしてイベント等に参加するなどのタレント活動を行うか否かについて諾否の自由を有していたというべきであり、Yに従属して労務を提供していたとはいえず、労基法上の労働者であったと認めることはできない、とした。

　なお、いわゆる芸能タレントについては、行政通達（昭和63・7・30基収355号）が、次のいずれにも該当する場合には、労基法9条の労働者ではないとしている。すなわち①当人の提供する歌唱、演技等が基本的に他人によって代替できず、芸術性、人気等当人の個性が重要な要素となっていること、②当人に対する報酬は、稼働時間に応じて定められるものではないこと、③リハーサル、出演時間等スケジュールの関係から時間が制約されることはあっても、プロダクション等との関係では時間的に拘束されることはないこと、④契約形態が雇用契約ではないこと、が挙げられており参考になる。

2　クラブホステス

　加えて、顧客がクラブのツケで飲食を行った場合の売掛金の未回収部分を請求されたクラブホステスが未払賃金債権との相殺を主張した事例として、第三相互事件（東京地判平成22・3・9労働判例1010号65頁〔28163307〕）がある。裁判所は、「ホステス一般について労働者といえるかどうかはともかく、少なくとも被告については、業務従事の指示等に対する諾否の自由がなく、業務遂行上の指揮監督を受け、勤務場所及び勤務時間について強い拘束を受け、代替性の高い労務提供態様であるし、報酬が純売上高と連動しているけれども、一定程度の固

定額が保障されていたことからすると、その就業実態が使用従属関係の下における労務の提供と評価できるから、労働基準法上の『労働者』に該当するというのが相当であり、かつ、本件入店契約は労働契約（雇用契約）の実質を有するものと解するのが相当である」としてクラブホステスの労働者性を肯定した。

3 フランチャイズ店長

さらに、フランチャイズ契約によるパン販売店の店長が最賃法に基づく賃金、時間外・休日等の賃金の請求などを行ったブレックス・ブレッディ事件（大阪地判平成18・8・31労働判例925号66頁〔28130519〕）では、研修及び業務指導はフランチャイズ契約に基づき、加盟店の運営に関する指導・援助として行ったものであること、フランチャイザーによる業務指導が終了した以降、原告は自分でアルバイトの採用及び勤務態勢を決定していたこと、被告ブレッディが原告に対し、原告における就労時間及び本件店舗の管理運営について、具体的に指示したとは認められず、指揮命令を及ぼしていたとは認められないことなどから、被告ブレッディと原告との間で使用従属関係があったとはいえないとして、労基法上の労働者に該当しないと判示した。

また、被告会社Yとの間でコンビニエンス・ストアの経営に関するフランチャイズ契約を締結するなどしていた原告Xが、同契約に基づくXのYに対する労務提供の実態からすると、Xは労基法9条の「労働者」及び労契法2条1項の「労働者」に該当するにもかかわらず、Yは、Xに対して、賃金の支払を怠る、使用者としての安全配慮義務に反して傷害を負わせる、無効な解雇を行うといった不法行為を行ったなどと主張して、Yに対し、主位的には、不法行為に基づき、未払賃金相当額及び慰謝料等の損害金の支払を求めるとともに、予備的には、労働契約に基づき、未払賃金の支払を求めた事案もある（セブン-イレブン・ジャパン事件・東京地判平成30・11・21労働判例1204号83頁〔28272040〕）。裁判所は、Xは、Yから業務遂行上の指揮監督を受けていたと主張するが、本件各店舗の仕入を援助し、その販売促進に協力することは、同契約に基づくYの義務の履行を行い、使用者がその権限において行う労働者に対する指揮監督とはその性質がおよそ異なるものであり、また、Xは、時間的・場所的に強い拘束を受けていたなどと主張するが、本件各店舗という営業場所やその営業時間

が指定されていたのは、YがXの業務の遂行を指揮監督する必要によるものではなく、フランチャイズ契約の内容によるものにすぎず、Xの親族やXが雇用したアルバイト従業員が本件各店舗の店舗業務を行っていたこと（労務提供の代替性）は、Xの労働者性を否定する方向に働く事情であり、また、本件各基本契約において、いかなる方法により貸借処理を行い、また、最低保証制度を設けるか否かは、原則として、フランチャイズ契約の内容をどのように設定するかという問題にとどまり、その他、Xが指摘する諸事情を考慮しても、Xの事業者性を減殺し、Xの労働者性を積極的に肯定できるまでの事情の存在を認めることはできないこと等から、Xが労働者に該当すると認めることはできないとした。

4　商品の販売外交員

加えて、外交員による賃金請求の事案としては中部ロワイヤル事件（名古屋地判平成6・6・3判タ879号198頁〔27827558〕）がある。同事件はYの商品であるパン類の販売業務に従事し、売上高による歩合手数料を得ていたXらが、Yとの間には労働契約が成立していたとして、賃金としての歩合給及び退職金等を請求した事案であるが、Xらは、いずれも独立の営業主としてではなく、Yのパン類の販売業務の一端を担う外交員として、Yに従属してパン類の販売という比較的単純な作業に従事し、これに対しYから歩合手数料、半期手数料及び退職慰労金の給付を受けていた者であること、しかもこれら手数料及び慰労金はその名目のいかんにかかわらず、Yらが販売したパン1袋を1点とし、その販売数量に応じて統一的かつ形式的に算出される実績点数に対して一定の金額を乗じて支払われる金銭給付であることなどから、XらとYとの間には労働契約が成立したものというべきであるとした（結論として賃金及び退職金の請求認容）。

5　研修医

個人事業主とは言い難いが、賃金請求との関係で労働者性が問題となった事例の中で最高裁判決としては、関西医科大学研修医（未払賃金）事件（最二小判平成17・6・3民集59巻5号938頁〔28101172〕）がある。同事件では、医師国家試験に合格した後、医師の養成課程において大学病院で臨床研修に従事することになる研修医について、教育的側面のみならず病院に対する労務提供の側面も有し

ており、病院の定める日時・場所で指導医の指示により医療行為を行う等していることから、最低賃金を支払われるべき「労働者」に該当すると判断されている。

6　その他

　ホテル事業を営むYと業務委託契約を締結して、ホテルのフロント係に従事していたXが、業務委託契約は実態は労働契約であるとして、不活動時間中の賃金（割増賃金）を請求した事案がある（ブレイントレジャー事件・大阪地判令和2・9・3労働判例1240号70頁〔28291866〕）。裁判所は、Xは、Yとの間で、形式的には業務委託契約を締結しているものの、時間的場所的な拘束を受けているうえ、その業務時間・内容や遂行方法が、Yとの間で労働契約を締結した場合と異なるところがなく、Yの指揮監督の及ぶものであったことからすると、Yは、実質的には、Yの指揮命令下で労務提供を行っていたというべきであるから、Yは、労働基準法上の「労働者」に該当するとした。そして、Xは、不活動時間中の一定時間帯において、フロント係の業務に対応する可能性に備え待機する必要性があったということができ、Xの勤務する時間帯にX以外の従業員が勤務していたとはいえ、他の従業員と交替するなどして、契約上定められた量の休憩時間（6時間）を取得することが保障されていたとはいえないなどとして、Xの請求を一部認容した。

　元従業員であったと主張する者からの賃金請求について業務内容について自由裁量が認められていたこと等から指揮命令関係は存在せず労働契約に基づく賃金請求は否定したが、他方で「基本給」名目で月額15万円を支払う旨の合意があったとして、その限りで金員の請求を認めた例がある（末棟工務店事件・大阪地判平成24・9・28労働判例1063号5頁〔28211157〕）。このように賃金請求が問題となる事例では、労働者性が否定されたとしても合意内容に従った報酬等の不払がある場合には当該金員請求の可否が別途検討されなければならない点には留意が必要である。

論点 ④　契約解除・更新拒絶と解雇権濫用法理の適用又は類推適用の有無

　役務提供者と役務受領者との間の契約が解除されたり、契約期間満了により

終了し更新されなかった場合に、解雇権濫用法理の適用又は類推適用があるのかについては、契約の法的性質(労働契約か、委任その他の契約か)と絡んで問題となっている。以下では近時裁判例で問題となった職業類型ごとに検討する。

1 フリーランサー

まず、専門性を活かし特定の企業や組織に帰属せずに自由な立場で自立的に働く「フリーランサー」と呼ばれる者の労働者性について判示したものとして、朝日新聞社(国際編集部記者)事件(東京高判平成19・11・29労働判例951号31頁〔28140380〕)がある。同事件は、Y社の発行する英字新聞の編集部において翻訳記事の作成、記事の執筆等の業務を担当していたXら(フリーランスの記者と称されていた)が、契約期間満了をもって契約終了とされたことに対して、労働契約上の地位の確認などを求めた事案である。裁判所は、Y社はXらを採用するに当たり雇用契約でないことを説明し、その了解を得たうえで採用し、原稿料として報酬を支払う旨の契約、記事原稿の作成業務を委託する契約を締結していたこと、委託契約の目的は英字新聞における新聞記事の作成が高度の専門性を要し、その記事を確保するという点にあり、それゆえ正社員とは異なる扱いを受けていたことなどから、Y社とXらとの間の契約は労働契約ではないとした。

2 運送業務従事者

次に配送業務に従事する者が契約を打ち切られたことに対して、労働契約上の地位の確認を求める事例もある。例えば、運送委託契約によりY社の業務に従事していたXらが、労働組合を結成した旨通知し、労働条件の改善を求めて団体交渉を求めたところ、Y社がXらとの各運送委託契約をXらの各契約期間の満了をもって終了する旨の通告をしたため、Xらが上記通告は解雇に該当し、かつ、Xらが組合を結成したことを嫌悪してなされた不当労働行為に該当するとして、労働契約上の地位確認等を求めた事案として、アサヒ急配(運送委託契約解除)事件(大阪地判平成18・10・12労働判例928号24頁〔28130493〕)がある。同事件において裁判所は、Xらが担当していた業務はいずれもY社又はXらの派遣先の指揮監督の下で行われていたこと、Xらはいわゆる日給月給で給与を支払われている労働者と同程度に、勤務時間を管理されており、Xらの報酬は、

仕事の成果に対する報酬というよりは、労務提供の対償としての性格を有するものであったこと、使用車両の修理費等の負担、報酬の決定等もY社が行っており、Xらは自己の計算と危険負担に基づき事業を経営する事業者であるとは認められないこと、その他Xらは、契約期間中他の企業の業務に従事することは事実上困難であったこと、運送委託誓約書には、接客、服務、報告義務、直接取引の禁止といった、業務委託契約とは性質の異なる規定が置かれていたことなどから、Xらは、労基法上の労働者に当たり、本件各労務提供契約には労基法が適用されるとした（結論として解雇無効）。

3　バイク便の配達者

　また、いわゆるバイク便の配達者に関しては、平成19年9月、厚生労働省東京労働局長が、同省労働基準局長に対し、自動車又は自動二輪車による配送員が労基法上の労働者性を有するかについて、その実態を摘示して照会したところ、同労働基準局長は、同月27日、労基法上の労働者性を有すると思料する旨の回答を行い、都道府県労働局長宛てに同種事業に従事する者について、これに準じて取り扱うよう通知した（平成19・9・27基発0927004号）。もっとも、上記通知は稼働日等を会社が決定し、個々の配送依頼についても拒否事例がないといった稼働実態を基礎としており、これと異なる実態がある場合には、バイク便の配達者の労基法上の労働者性が否定されることもあり得る。したがって、バイク便の配達者については具体的な就労実態に応じて労基法上の労働者性を検討する必要がある。バイク便の配達者が会社から契約終了を告知されたことについて解雇権濫用法理の適用があるかが争われたソクハイ事件（東京地判平成25・9・26判時2212号97頁〔28220925〕）では、稼働時間を含めて配達者が比較的自由にこれを決定し、労働力を処分できたとして労基法上の労働者には該当せず解雇権濫用法理の適用はないとした。なお、別件のソクハイ事件（東京地判平成22・4・28判タ1332号71頁〔28162016〕）でも配達者は労基法上の労働者には該当しないと判断されているが場所的拘束性などが強い所長の労働者性は肯定した。

4　損害保険の査定員

　さらに、業務委託請負契約を締結して共済会の損害保険査定業務等に従事していた者が派遣業務終了を理由に業務発注中止予告を受けたことについて、こ

れが解雇に当たるとして労働契約上の地位確認を求めた事案としては、ジョブアクセスほか事件（東京高判平成22・12・15労働判例1019号5頁〔28171051〕）があり、「業務発注依頼書」により締結された契約は、労働契約であり、上記中止予告は解雇に当たるとして解雇権濫用法理の適用を認めた（結論は解雇無効）。

5　NHK受信料金集金人

また、NHK西東京営業センター（受信料集金等受託者）事件（東京高判平成15・8・27判時1859号154頁〔28091415〕）は、NHKの受信料集金等の受託者との契約の即時解約の効力を争い、労働契約上の地位確認を求めた事案である。裁判所は、受託業務の画一的処理の要請、NHKの指示・指導あるいは要求の内容は、委託業務が放送法及び受信規約に基づくものであり、かつ、NHKの事業規模が全国にわたる広範囲に分布する視聴者からの公的料金の確保という性質上必要かつ合理的なものと認められること、本件委託契約においては、就業規則の定めはなく、受託業務の遂行義務は少なくとも労働契約にみられるような広範な労務提供義務とは全く異質のものであること、業務遂行時間、場所、方法等業務遂行の具体的方法はすべて受託者の自由裁量に委ねられていることなどから、労働時間、就業場所、就業方法等が定められている労働契約とはおよそ異質であることなどから、委託契約は労働契約には当たらず、その法的性質は、委任と請負の性格を併せ持つ混合契約としての性格を有するものと理解するのが実態に即した合理的な判断というべきであるとした（NHK盛岡放送局（受信料集金等受託者）事件・仙台高判平成16・9・29労働判例881号15頁〔28100155〕も契約の法的性質について同旨を述べる）。その後もNHKの受信料を徴収する「地域スタッフ」については、控訴審レベルでは、その労働者性を否定する判断が続いている（日本放送協会事件・大阪高判平成27・9・11判時2297号113頁〔28240594〕、上告不受理にて確定。NHK堺営業センター（地域スタッフ）事件・大阪高判平成28・7・29判タ1435号114頁〔28250385〕、上告不受理にて確定）。このうち前掲日本放送協会事件では、スタッフに対するNHKの助言指導は、限定された場面におけるもので、地域スタッフとの契約（本件契約）上、1か月の稼働日数や1日の稼働時間は、スタッフの判断で自由に決めていくことができ、実際の稼働をみても、スタッフにより、時期により様々であり、目標値はNHKが設定するとしても、稼働時

間に対する拘束性は強いものとはいえず、場所的拘束性も、訪問対象の世帯等がその地域内にあるというだけで、訪問以外の場面ではその地域内での待機を強いられるわけではなく、本件契約の事務費は、基本給とまではいえず、そのほかの給付も出来高払の性格を失っておらず、本件契約においては、第三者への再委託が認められており、実際にも再委託制度を利用している者がおり、兼業は許容され、就業規則や社会保険の適用はないこと等から、本件契約が、労働契約的性質を有すると認めることはできないから、スタッフの労働者としての地位の確認を求める請求は理由がないことになる、と判断されている。また、前掲NHK堺営業センター（地域スタッフ）事件も、仕事の依頼、業務従事の指示等に対する諾否の自由、業務遂行上の指揮監督、勤務場所・勤務時間に関する拘束性、代替性、報酬の労務対償性、事業者性の程度等の要素についても、使用従属性の存在を認める方向の事実は認められず、地域スタッフのNHK堺営業センターに対する使用従属性を認めることはできないから、地域スタッフが、労働基準法及び労働契約法上の労働者であるということはできないとしたうえで、本件契約に労働契約法が類推適用されるということもできないと判示している。ただし、こうした判断の妥当性には学説上疑問が呈され（橋本陽子『労働者の基本概念　労働者性の判断要素と判断方法』弘文堂（2021年）105頁）、厳格な労基法上の労働者性判断のあり方の見直しも含めて議論されており、今後の立法政策も含めて注目されている。

6　付添い・介護ヘルパー等

　患者の付添い婦と病院との間の労働契約の成否及び解雇の効力が争われた事案としては安田病院事件（大阪高判平成10・2・18労働判例744号63頁〔28033128〕、なお同事件の上告審（最三小判平成10・9・8労働判例745号7頁〔28033311〕）も高裁の判断を支持した）がある。

　同事件で裁判所は「使用者と労働者との間に個別的な労働契約が存在するというためには、両者の意思の合致が必要であるとしても、労働契約の本質を使用者が労働者を指揮命令し、監督することにあると解する以上、明示された契約の形式のみによることなく、当該労務供給形態の具体的実態を把握して、両者間に事実上の使用従属関係があるかどうか、この使用従属関係から両者間に

客観的に推認される黙示の意思の合致があるかどうかにより決まるものと解するのが相当である」と述べて病院が直接付添い婦と面接して採用に至っていること、病院自身で出退勤管理を行っていたこと、付添い業務自体も病院からの指揮・命令を受けており、朝礼への参加や、病院の清掃、夜警を病院から命じられていたこと、付添い料も患者が病院に支払った額ではなく、病院の定めた定額で支払を受けていたことから、紹介所に雇用され同紹介所から病院に派遣された付添い婦という形式がとられているものの、あくまでも形式だけのものであり、病院との間で黙示の労働契約の成立が認められるとした（結論は解雇無効）。

ただし、上記のように紹介業者が形式的に仲介した形をとっているだけという場合でなければ、紹介業者によって紹介されたホームヘルパーと利用者との間には雇用契約又は準委任契約が成立すると解するのが一般的であろう（注釈労基法上〔橋本陽子〕155頁参照）。

他方、紹介業者とヘルパーとの契約関係については、労働契約が成立する場合がある。住み込み介護ヘルパーと職業紹介会社との間の労働契約の成否及び解雇の効力が争われた福生ふれあいの友事件（東京地立川支判平成25・2・13判時2191号135頁〔28212879〕）では、「実質的な使用従属関係の有無及び賃金支払の在り方等を踏まえ、当事者の合理的意思を探求して判断すべきである」として、紹介会社とヘルパーとの間には使用従属関係があり、紹介会社はヘルパーに指示して介護施設の指揮命令を受けて、介護施設のために要介護者の介護業務に従事させ、その対価として賃金を支払っていたとして紹介会社とヘルパーとの間には労働契約が成立していたとした（結論は解雇無効）。

7　大学・予備校の非常勤講師

大学の非常勤講師が労契法上の労働者に該当するか否かが争われた事例として、国立大学法人東京芸術大学事件（東京地判令和4・3・28労経速報2498号3頁〔28300814〕）がある。同事件は、被告が設置する東京芸術大学において非常勤講師を務めていた原告が、被告との間で締結していた期間を1年間とする有期の労働契約を被告が令和2年4月1日以降更新しなかったことにつき、労契法19条により従前と同一の労働条件で労働契約が更新されたとみなされる旨を主

3 就労形態と当事者性をめぐる問題　63

張して、被告に対し、労働契約に基づき、労働契約上の権利を有する地位にあることの確認を求めるとともに、上記の更新拒否後の賃金及び遅延損害金の支払を求めた事案である。被告では、被告大学において講義を担当する非常勤講師との間で委嘱契約を締結する場合、当該非常勤講師に対し、平成15年度までは国家公務員法及び人事院規則に基づき「人事異動通知書」と題する書面を交付し、国立大学法人法の施行により法人格が付与された平成16年度以降は「委嘱状」と題する書面を交付していた。他方で、被告は、教授、准教授、専任講師等との間では労働契約を締結しており、当該教授らに対しては、労働条件等を記載した辞令を交付しており、非常勤講師と専任講師との地位の異動により取扱いを区別していた。本件について裁判所は、「(1)労契法上の『労働者』の意義及びその判断枠組みについて」として、次のように判示した。「労契法は、『労働契約は、労働者が使用者に使用されて労働し、使用者がこれに対して賃金を支払うことについて、労働者及び使用者が合意することによって成立する』(同法6条)ものと規定し、上記の『労働者』を『使用者に使用されて労働し、賃金を支払われる者をいう。』(同法2条1項)と定めていることを踏まえると、本件契約に関し、原告が労契法2条1項の『労働者』に該当するか否かは、本件契約の内容、本件契約等に基づく労務提供の実態等に照らし、原告が被告の指揮監督下において労務を提供し、当該労務の提供への対価として償金を得ていたといえるか否か(原告と被告との間に使用従属関係が存在するといえるか否か)という観点から判断するのが相当である。」とした。そのうえで、「原告の労働者性の有無」については、授業の具体的方針や内容については原告の裁量に委ねられていたことや、原告については特に労働時間管理はされておらず遅刻、早退、欠勤について被告による事前の許可や承認は不要であったこと、被告の許可なく兼業が許されていたことなどを認定したうえで「以上の諸事情を総合すると、被告は、原告に対し、被告大学における講義の実施という業務の性質上当然に確定されることになる授業日程及び場所、講義内容の大綱を指示する以外に本件契約に係る委嘱業務の遂行に関し特段の指揮命令を行っていたとはいい難く、むしろ、本件各講義(原告が担当する授業)の具体的な授業内容等の策定は原告の合理的な裁量に委ねられており、原告に対する時間的・場

所的な拘束の程度も被告大学の他の専任講師等に比べ相当に緩やかなものであったといえる。また、原告は、本件各講義の担当教官の一人ではあったものの、主たる業務は自身が担当する本件各講義の授業の実施にあり、業務時間も週4時間に限定され、委嘱料も時間給として設定されていたことに鑑みれば、本件各講義において予定されていた授業への出席以外の業務を被告が原告に指示することはもとより予定されていなかったものと解されるから、原告が、芸術の知識及び技能の教育研究という被告大学の本来的な業務ないし事業の遂行に不可欠な労働力として組織上組み込まれていたとは解し難く、原告が本件契約を根拠として上記の業務以外の業務の遂行を被告から強制されることも想定されていなかったといえる。加えて、原告に対する委嘱料の支払と原告の実際の労務提供の時間や態様等との間には特段の牽連性は見出し難く、そうすると、原告に対して支給された委嘱料も、原告が提供した労務一般に対する償金というよりも、本件各講義に係る授業等の実施という個別・特定の事務の遂行に対する対価としての性質を帯びるものと解するのが相当である。以上によれば、上記アの事情を原告に有利に考慮しても、原告が本件契約に基づき被告の指揮監督の下で労務を提供していたとまでは認め難いといわざるを得ないから、本件契約に関し、原告が労契法2条1項所定の『労働者』に該当するとは認められず、本件契約は労契法19条が適用される労働契約には該当しないものというべきである。したがって、本件契約につき労契法19条の適用がある旨の原告の主張は、採用することができない。」とした。

　予備校の非常勤講師と予備校との契約を労働契約とみるのか、これとは違う契約形態とみるのかについては判断が分かれる。

　期間1年間の出講契約を25年間にわたり更新してきた予備校の非常勤講師が契約条件が折り合わずに次年度の出講契約を締結できず、契約終了された河合塾（非常勤講師・出講契約）事件（福岡高判平成21・5・19労働判例989号39頁〔2815・3927〕）では、予備校と非常勤講師との間に、使用者と労働者の雇用関係とみても矛盾することがない関係が形成されているとしても、出講契約の法的性質を判断するに当たっては、非常勤講師制度についての当事者の意向も無視することはできないから、単年度ごとの出講契約を一律に労働契約とみることはで

きないとした。もっとも、当該事案では予備校と非常勤講師との間で出講契約が長期間にわたって継続して形成されており、かつ、予備校と当該非常勤講師との法律関係が、どのような法形式をとるものであれ、使用者とその専任講師との法律関係と著しく近似する実情がある場合には、使用者と非常勤講師との間には使用従属関係があり、したがって、両者間の法律関係は労働契約に基づくものである、とした。ただし、結論としては契約不成立により労働契約は終了したとした（この判示部分は上告審（最三小判平成22・4・27労働判例1009号5頁〔28161919〕）でも維持された）。

他方、進学ゼミナール予備校事件（大阪高判平成2・11・15判タ753号118頁〔27808525〕）は予備校の非常勤講師は労働者であることを前提としつつ、「控訴人の勤務は、長期間勤務することを期待して行われる私立大学等の常勤の講師の場合よりも継続性、反面からいえば拘束性の弱いものであり、どちらかといえば、私立大学等の非常勤講師のそれに近いと考えるべきである」と指摘し、契約が口頭であり期間についても明確な説明があったとは言い難いことや更新2回、2年8か月にわたり契約が継続していたこと等を考慮してもなお労働契約の継続の期待には合理性はないとした。

このように予備校の非常勤講師の場合は、仮に労働契約であるとされても、雇用継続の期待は弱いとみられる傾向にあるといえよう。

8 オペラ歌手・楽団員など

新国立劇場運営財団事件（東京高判平成19・5・16判タ1253号173頁〔28132340〕）は、財団法人との間で期間1年とする出演基本契約を締結・更新していたオペラ歌手が、更新を拒否されたために労働契約上の地位の確認を求めた事案である。裁判所は、出演基本契約の定め方や運用の実態等に照らすと、「契約メンバー出演基本契約は、契約メンバーに対して、今後被控訴人から出演公演一覧のオペラ公演に優先的に出演申込みをすることを予告するとともに（これに対し、登録メンバーは、契約メンバーではまかなえないときに出演契約の申込みがされる。）、契約メンバーとの間で個別公演出演契約が締結される場合に備えて、各個別出演契約に共通する、報酬の内容、額、支払方法等をあらかじめ定めておくことを目的とするものであると解される（継続的に売買取引をする場合において、売買

の基本となる支払条件等をあらかじめ定めておく『基本契約』のようなものと理解される。)」とした。そして、「個別公演出演契約を締結して初めて」具体的な権利義務が発生し、契約メンバー出演基本契約を締結しただけでは、オペラ出演義務やその報酬を請求する具体的権利は生じないとして、労働契約関係の成立を否定した。

　他方で、アミューズメントパーク（Y）と専属の楽団の楽団員との契約を、各楽団員に報酬額についての交渉の自由はなく、演奏回数、演奏日程及び日時、演奏場所、演奏曲目、演奏順、楽団員の編成、ソロの演奏等はYにおいて決定していたこと、報酬には対価性があり、ほとんどの楽団員はアルバイトをすることなくYからの報酬を主たる収入源として生計を立てていたことなどから、その実質において労働契約であって、更新拒絶には相当の理由が必要であると述べた裁判例がある（チボリ・ジャパン（楽団員）事件・岡山地判平成13・5・16労働判例821号54頁〔28070831〕）。なお、芸能タレントの労働者性の判断基準については行政通達（昭和63・7・30基収355号）があることは既に述べた。

9　証券外務員等

　最高裁判決としては、証券外務員との契約解約の効力が争われた山崎証券事件（最一小判昭和36・5・25民集15巻5号1322頁〔27002300〕）がある。同事件では、有価証券の売買取引を業とする証券会社と外務員との間に成立した外務員契約において、外務員は有価証券の売買又は委託等の業務を行い、報酬は出来高払であったという事情の下で、当該契約は「内容上雇傭契約ではなく、委任若しくは委任類似の契約であり、少くとも労働基準法の適用さるべき性質のものではないと解する」と判示した（結論として解約有効）。

　そのほかに、証券外務員の契約終了の効力が争われた太平洋証券事件（大阪地決平成7・6・19労働判例682号72頁〔28011579〕）でも、外務員契約は、当事者間において形式上は委任契約として更新されてきたこと、実質上においても支配従属関係は極めて乏しいことから、雇用契約ないし雇用契約類似の契約ではなく委任ないしは委任類似の契約であるとされている（結論として契約終了）。

10　専門的裁量的労務供給者

　医師、弁護士、一級建築士など高度の専門的能力、資格又は知識を持つ者が

専ら特定事業主のためにその事業組織に組み込まれて、しかし労務の遂行自体については具体的な指揮命令を受けないで独立して労務を供給している場合にも、職務の内容や質量において使用者の基本的な指揮命令の下にあって労務を提供し報酬を得ているという関係にあれば「労働者」といえる（菅野=山川・労働法〈第13版〉212頁）。

(1) 弁護士

このうち弁護士に関する事例としては、社内弁護士に対して会社が更新条項に基づき契約の終了通知を行ったことにつき解雇権濫用法理の類推があるかが争われたB社（法律専門職）事件（東京地判平成21・12・24判タ1353号111頁〔28162585〕）がある。この事案では、在職中に司法試験に合格し、修習後は社内に執務室を貸与され、37年間にわたり社内外の弁護士業務を行っていた弁護士と会社の間の契約は、その業務遂行の様態や処遇からみて労働契約に当たり、更新条項に基づいて会社が行った終了通知は、期間の定めのない契約と実質的に変わらない状態の労働契約を終了させるものとして解雇権濫用法理を類推適用すべきであるとした。もっとも結論としては、解消の必要性が認められること、社内労働組合と顧問契約を締結する等の信頼関係を損なう行為があったことが認められるから、契約解消に客観的に合理的な理由があるとした。

(2) 税理士

税理士と会計事務所との関係について争われたものとしては、公認会計士A事務所事件（東京高判平成24・9・14労働判例1070号160頁〔28212499〕）がある。同事件は、自ら税理士法人を経営しつつ、Yが経営する税理士事務所の仕事も担当していた税理士であるXが、Yから解雇されたが、解雇は無効であるとして、雇用契約上の権利を有する地位にあることの確認等を請求した事案である。裁判所は、税理士と会計事務所との契約は、準委任契約であるから、会計事務所は、理由のいかんを問わず、将来に向かって、準委任契約を解除することができるとしてXの請求を棄却した。

(3) 中小企業診断士

また中小企業診断士Xと商工会議所Yとの間で、Xを中小企業再生支援業務の統括責任者補佐として窓口相談や再生計画策定支援業務に当たらせる旨の業

務委託契約を締結し、その後2回の更新を経て契約終了としたことの効力が争われた名古屋商工会議所事件（名古屋地判平成24・8・21労経速報2159号27頁〔28210088〕）では、産業活力の再生及び産業活動の革新に関する特別措置法の目的に照らして、Xは中小企業の再生に関する専門家又は専門的知見を有する中立公正な第三者として独立した立場で業務を遂行することが要請され、Yからの具体的な指揮命令を受けることなく裁量的な判断に基づいて業務を遂行していたと推認されるとしてX・Y間の契約は業務委託（準委任）契約であるとした（結論として契約終了）。

(4) 医師（病院長）

医師については、病院の院長の労働者性が争われる例がある。病院が行った院長に対する懲戒解雇の有効性が争われた中央林間病院事件（東京地判平成8・7・26労働判例699号22頁〔28011254〕）では、病院の開設者と院長の契約関係が雇用契約と委任契約のいずれに当たるのかは、使用従属関係の有無により判断するべきであり、院長の肩書を与えられていても、実権はほぼ全面的に開設者が掌握し、院長も開設者が実質的な経営者であると認識して指示の下に診療を中心とした業務をしていたにすぎないときは、契約関係は雇用契約であるとした（結論として懲戒解雇は無効）。さらに医療法人Yが行った、理事を兼務する病院長Xに対する契約解消の効力が争われた医療法人社団大成会事件（東京地判平成22・4・14労働判例1012号92頁）では、契約の性質は、客観的事実からうかがわれる契約意思、Xの職務内容等の具体的事情を総合考慮して使用従属性の有無を検討するとしたうえで、Xの副院長・院長就任時の文書ではXを労働契約の対象としていることがうかがわれることやXの職務内容等に照らすと、XとYとの契約が経営者としての院長、理事という立場に立った委任契約であるとはいえず、雇用契約であると評価できるとした（結論として解雇無効）。なお、労働契約上の地位確認の事案ではないが、研修医が最低賃金を支払われるべき「労働者」に該当するとした最高裁判例があることは前述した。

11 プロスポーツ選手

プロスポーツ選手の中でも野球やサッカーの場合には、詳細な統一的契約書に基づき選手契約が締結されており、選手契約の法的性質については自己責任

を原則としていることから労働契約ではないという見解が支配的であるとされる（注釈労基法上〔橋本陽子〕155頁）。相撲界において野球賭博や故意による無気力相撲が問題とされて、力士が解雇された事案において、力士が財団法人日本相撲協会との間で締結した力士所属契約の法的性質が議論されているが、裁判所は力士所属契約を準委任契約と労働契約の双方の性質を有する（あるいは有償双務契約としての性格を有する）無名契約であるとした（日本相撲協会（故意による無気力相撲）・解雇事件・東京地判平成25・3・25判タ1399号94頁〔28222356〕、日本相撲協会（野球賭博関与）・解雇事件・東京地判平成25・9・12判タ1418号207頁〔28213438〕、日本相撲協会（故意による無気力相撲）・解雇事件・東京地判平成24・5・24判タ1393号138頁〔28212332〕）。

このうち前掲平成25年日本相撲協会（故意による無気力相撲）・解雇事件では契約終了の効力の判定に当たって解雇権濫用法理の適用があるとまではいえないとしつつ、契約終了の根拠とされた懲罰規定の解釈適用に当たって、「あらかじめその事由及び手続が規定上明確に定められていることや一事不再理の禁止、また、その処分の内容が相当なものであること等、懲罰規定の解釈、判断における一般的な法理が考慮されるべきことは当然である」として懲罰規定所定の手続の履践、解雇事由の有無、解雇処分の相当性を検討している（結論として解雇処分は無効。そのほかに前掲日本相撲協会（野球賭博関与）・解雇事件では解雇処分は有効とされ、前掲平成24年日本相撲協会（故意による無気力相撲）・解雇事件は役務提供契約の法的性質には触れずに解雇（役務提供契約の解除）の合理的理由と相当性があるかを検討して解雇有効とした）。

このように労働者的側面と個人事業主的側面を併有している役務提供者との契約終了の効力を検討するに当たって、役務提供契約の法的性質と解雇権濫用法理の適用又は類推適用の有無という観点にとらわれずに、契約終了の根拠規定の有無、終了に当たっての手続の適正さ、さらには問題となっている事業（役務）の沿革や規定が設けられた趣旨・目的を斟酌して、根拠規定該当性（合理性）及び相当性の有無を慎重に判断している点は、プロスポーツ選手以外の事例でも応用できるものであって参考になる。

(2) 下請企業労働者

【概要】

　下請企業労働者との関係では、業務遂行中の災害などが発生した場合に、元請企業や発注者に対して安全配慮義務違反に基づく損害賠償請求がなされることが多い。これは下請企業は労働契約に基づき、その雇用する労働者に安全配慮義務を負っているが、経営基盤がぜい弱であることなどから、死亡や重篤な障害が残るような労働災害が生じた場合に、十分な賠償資力がないことも多い。そこで、被災労働者やその遺族が十分な被害救済を受けられるよう、比較的経営基盤が安定し、賠償資力もある元請企業や発注者に対して損害賠償責任を追及するということが行われる。

　ところで、労契法5条は「使用者は、労働契約に伴い、労働者がその生命、身体等の安全を確保しつつ労働することができるよう、必要な配慮をするものとする」として、安全配慮義務を定めている。同条は当初の政府提出法案では「労働契約により」という文言が用いられていたが、衆議院での修正により「労働契約に伴い」という文言に変更された。その趣旨は、当初の政府提出法案の表現によると、就業規則や個別契約上の定めのような契約上の根拠規定がなければ安全配慮義務は発生しないのかという懸念が示されたことから、衆議院での修正により、特に契約上の根拠規定は不要であることを確認する規定ぶりとなったものである（以上につき、荒木=菅野=山川・詳説労契法〈第2版〉94頁）。

　また、「本条によれば、安全配慮義務の主体となるのは、労働契約法2条にいう使用者（雇用主）ではあるが、判例上は、建設現場の元請企業が下請企業の従業員に対して安全配慮義務を負うとされた例があるように（鹿島建設・大石塗装事件・最判昭和55・12・18民集34巻7号888頁、三菱重工［難聴1次・2次訴訟］事件・最判平成3・4・11判時1391号3頁参照）、雇用主以外の者であっても、『特別な社会的接触関係』にあるとして、信義則上労働者に対して安全配慮義務を負うことがあると解されてきている。労働契約法のもとでも、本条の類推適用により、同様の取扱いがなされると考えられる（また、厳密には労働契約とはいえないような労務供給契約のもとでも、本条の類推により安全配慮義務の発生が認められることもありえよう）」（荒木=菅野=山川・詳説労契法〈第2版〉94頁）と指摘されている。

　したがって、元請企業や発注者が下請企業労働者に対して安全配慮義務を負うかは、両者間に「特別な社会的接触関係」があるといえるかにかかってくる。

【関係法令】
労契法5条

・・・・・・ 論　　点 ・・・・・・
1　元請企業・発注者の下請企業労働者に対する安全配慮義務

論点 ❶　元請企業・発注者の下請企業労働者に対する安全配慮義務

　土田・労働契約法〈第2版〉550頁によると、直接の労働契約関係にない者に対して安全配慮義務を負うか否かが問題となるものには8つの類型があり、①下請企業の労働者に対する元請企業の安全配慮義務違反については、三菱重工事件（最一小判平成3・4・11判夕759号95頁〔27811185〕）の判断要素について、(a)下請労働者が元請会社の管理する設備・器具を使用し、(b)事実上、会社の指揮監督を受けて稼働し、(c)作業内容も本工とほぼ同じであったことの3点を挙げて、労働契約類似の使用従属関係（労務の管理支配性）を前提に安全配慮義務を認めているとする。そして、土田・労働契約法〈第2版〉550-551頁では、このほかにも②業務処理請負によって受け入れているが、実質的に指揮監督関係にある労働者に対する元請会社の安全配慮義務が問題となる類型（植物園ほか事件・東京地判平成11・2・16労働判例761号101頁〔28041540〕、アテスト・ニコン事件・東京地判平成17・3・31判夕1194号127頁〔28101600〕、なお同事件の控訴審は東京高判平成21・7・28労働判例990号50頁〔28153356〕）や、③元請→下請→孫請の重畳的請負関係がある場合の孫請会社従業員に対する元請会社の安全配慮義務が問題となる類型（O技術（労災損害賠償）事件・福岡高那覇支判平成19・5・17労働判例945号24頁〔28132453〕）があると指摘している。このうち②の類型は形式は業務処理請負であっても、実態は派遣労働者と同様、受入れ会社の指揮監督下にある場合の安全配慮義務を認めた判断として重要であり、③の類型は労働契約と同様の労務の管理支配性を肯定しにくいケースであり、むしろ、一般的注意義務を前提とする不法行為の処理に適合的なケースと解されるとする（土田・労働契約法〈初版〉490頁）。

　もっとも、上記類型は典型的なものを分類したものであって就労実態に応じて安全配慮義務の有無を個別に検討する必要があろう。近時、上記の③に類す

る形態で原子力発電所のメンテナンス業務に従事していた孫請企業労働者が腹膜原発悪性中皮腫に罹患し死亡したことにつき、遺族が注文者、元請会社、下請会社の安全配慮義務違反を追及した事案があるが（中部電力ほか（浜岡原発）事件・静岡地判平成24・3・23労働判例1052号42頁〔28180744〕）、裁判所は次のように述べて注文者との間の安全配慮義務を否定しつつ、元請企業及び下請企業の孫請企業従業員に対する安全配慮義務を肯定した。すなわち「注文者と請負人との間において請負という契約の形式をとりながら、注文者が単に仕事の結果を享受するにとどまらず、請負人の雇用する労働者から実質的に雇用関係に基づいて労働の提供を受けているのと同視しうる状態が生じていると認められる場合、すなわち、注文者の供給する設備、器具等を用いて、注文者の指示のもとに労務の提供を行うなど、注文者と請負人の雇用する労働者との間に実質的に使用従属の関係が生じていると認められる場合には、その間に雇用関係が存在しなくとも、注文者と請負人との請負契約及び請負人とその従業員との雇用関係を媒介として間接的に成立した法律関係に基づいて特別な社会的接触の関係に入ったものとして、信義則上、注文者は当該労働者に対し、使用者が負う安全配慮義務と同様の安全配慮義務を負うものと解するのが相当である。これは、注文者、請負会社及び下請会社と孫請会社の従業員との間においても同様に妥当する」と判示している。

　そのほかに、上記の②の類型に分類し得るものとして、石綿粉じん暴露による下請企業従業員の死亡について元請会社の安全配慮義務違反を認めたサノヤス・ヒシノ明昌事件（大阪地判平成23・9・16判時2132号125頁〔28174706〕）や、注文者の工場で請負企業従業員が作業台から転落・死亡した事案について注文者の請負企業従業員に対する安全配慮義務違反を認めたテクノアシスト相模（大和製罐）事件（東京地判平成20・2・13判タ1271号148頁〔28141044〕）などがある。

(3) 委任契約（会社役員等）

【概要】

　本来、「労働者」であるか否かの第1の問題は企業に使用されるのではなく企業の経営に当たる者（役員）との線引きである（菅野=山川・労働法〈第13版〉205頁）と指摘されているとおり、取締役は会社の経営に当たるものとして会社法上諸種の義務と責任が法定され、選任・解任手続や任期、報酬の決定についても会社法上の定めに従うことになる（意思決定につき同法362条1、2項、363条1項、代表取締役及び業務執行取締役の選任につき362条3項、363条1項2号、取締役会非設置会社の意思決定・業務執行と会社代表権限につき348条1、2項、代表取締役の選任につき349条1、3項、329条1項、会社と取締役の法的関係につき330条（委任に関する規定に従う）、任期につき332条1、2項、報酬につき361条、解任決議と正当理由なき解任に関する損害賠償につき339条2項、法令等遵守義務・忠実義務につき355条、競業避止義務・利益相反禁止義務につき356条1項1号、任務懈怠による会社に対する賠償義務につき423条、悪意・重過失ある場合の第三者に対する賠償義務につき429条等）。

　このように取締役は労契法や労基法上の労働者とは異なる地位と責任を会社法上法定されているといえる。したがって、少なくとも、取締役会設置会社において法令上業務執行権限の認められる代表取締役（会社法363条1項1号）及び取締役会決議によって選定された業務執行取締役（同項2号）は、取締役の中で特に代表権や業務執行権限が与えられた者であり、自ら指揮監督を行う使用者の立場にあるものとして、原則として労働者には該当しないといえよう。

　行政通達でも、労基法にいう労働者とは、事業又は事務所に使用される者で賃金を支払われる者であるから、法人、団体、組合等の代表者又は執行機関たる者のごとく、事業主体との関係において使用従属の関係に立たない者は労働者ではないとされている（昭和23・1・9基発14号、昭和63・3・14基発150号、平成11・3・31基発168号）。

　もっとも、取締役会非設置会社においては、定款に別段の定めがある場合を除き、各取締役に業務執行権があり（会社法348条1項）、また、ほかに代表取締役その他会社を代表する者を定めた場合を除き、各取締役に代表権がある（同法349条）。この場合、単に法令上の代表権や業務執行権限を有するからといって、実態が伴うとは限らず、直ちに当該取締役の労働者性が否定されることにはならない。加えて、業務執行権や代表権を持たず、工場長、部長といった従業員も兼務して賃金を受ける者は、その限りで労基法9条の労働者に該当するとしている（昭和23・3・17基発461号）。

　そして実務上は、このような従業員兼務取締役の法的地位に絡んで賃金請求の可否や

解雇権濫用法理の適用の有無をはじめとした諸種の問題が生じている。

この点について会社の規則・規程において兼務が制度化され、役員としての担当業務と従業員としての担当業務の併存（それぞれに対する報酬の支払）が明確であれば、委任契約と労働契約が併存しているとみて、それぞれの待遇と法的保護を受けることになる（菅野=山川・労働法〈第13版〉208頁）。

問題なのは、こうした制度がないもしくは不明確である場合の取扱いである。この場合には就業規則上、取締役就任が従業員の退職事由とされているか、取締役就任時に退職金が支給されたか否か、取締役就任時の退職手続の有無（退職届、雇用保険資格喪失手続等）等が主な考慮要素となり、これらの事情が認められる場合、すなわち、取締役就任時に従業員としては退職扱いとなっている場合には、労働者性は否定される方向となる。そのほかに労基法上の労働者性判断と同様に、取締役としての業務遂行の有無・内容、代表取締役からの指揮監督の有無・内容、拘束性の有無・内容、提供する労務の内容（業務の内容と遂行の仕方の変化も含む）、報酬の性質・額（従業員部分も含めた形になっているのか）、労働保険・社会保険上の取扱いなどを総合して判断することになろう（具体的な判断の傾向については、注釈労基法上〔橋本陽子〕156-157頁）。

また、経営者的類型（典型的には株式会社の取締役）についての労働者性判断について積み上げられてきた下級審裁判例を整理し、取締役就任経緯（従業員から取締役に選任された場合であるのか、当初から取締役である場合であるのか）、取締役としての権限・業務遂行（法令上の業務執行権限の有無・内容、取締役としての業務遂行の有無・内容、代表取締役からの指揮監督の有無・内容、拘束性の有無・内容、提供する労務の内容）、報酬の性質及び額、労働保険・社会保険法上の取扱い（補足的考慮要素）の点から総合的に斟酌して判断すると説明するものもある（白石・実務〈第2版〉〔光岡弘志〕8-14頁）。

以下では、従業員兼務取締役をはじめとして「経営者」か「労働者」かが争点となった事例を紛争類型ごとに紹介する。

【関係法令】
労契法2条1項、16条、労基法9、24、37条、労災保険法1条

•••••• 論　　点 ••••••

1　取締役の賃金（退職金を含む）請求の可否
2　取締役と労災保険法上の労働者性
3　取締役に対する会社の安全配慮義務
4　取締役の契約終了と解雇権濫用法理の適用又は類推適用

論点 ❶ 取締役の賃金（退職金を含む）請求の可否

1 従業員兼務取締役

　最高裁判決としては、従業員兼務取締役が会社を退職する（取締役、使用人双方の地位を失う）場合には、株主総会の決議があれば取締役としての退職慰労金を支給されるほか、従業員たる地位に対して支払われていた給与額を基礎として、従業員退職金規程に従った退職金を請求できるとした前田製菓事件（最二小判昭和56・5・11判タ446号92頁〔27412022〕）や合資会社の専務取締役という名称を付されて無限責任社員の職務を代行していた者であっても、会社代表者の指揮命令の下に労務を提供していたとして従業員退職金の支給を受け得るとした興栄社事件（最一小判平成7・2・9判タ874号123頁〔27827059〕）がある。

　下級審の裁判例としては、従業員兼務取締役であった者が退職金を請求したミレジム事件（東京地判平成24・12・14労働判例1067号5頁〔28211775〕）がある。同事件で裁判所は、取締役に就任していた間も、指揮命令下で業務に従事していたと認められ、労基法上の労働者として処遇されていたとみるのが相当であるとして、就業規則及び退職金規程等が適用されるとした。また、取締役事務長（原告）について、「被告においては、当時、事務長が、必ずしも取締役と一体の地位職務とは取扱われておらず、右事務長職はむしろ従業員としてのものであるところ、原告は、被告に事務長として入社して勤務しており、取締役としての地位は右事務長職遂行上の便宜等の副次的なものであったとみられ、被告も、原告が取締役と従業員と両方の地位を有していることを前提とする行動を、当時とっていたとみられる、というべきであり、そうであれば、原告については、被告取締役としての関係とは別に、被告に入社する際に被告との間で雇用契約が成立しており、しかも、原告の被告における右取締役事務長としての勤務は、主に、従業員である事務長としての勤務であった、と認めるのが相当である」として、従業員としての退職金の請求を認めたものがある（総合健康リサーチセンター事件・大阪地判昭和58・9・27労働判例418号36頁。このほかの裁判例として、産業工学研究所事件・大阪地判平成10・10・30労働判例754号37頁〔28040822〕。監査役について、アイ・ライフ事件・東京地判平成15・9・29労経速報1850号25頁〔28083016〕。なお、従業員兼務取締役であっても、厚生年金基金の加算部分の適用は、

「役員」を除外している規約の解釈上、認められないとしたものとして、エス・エヌ・ケイ厚生年金基金事件・大阪地判平成15・10・23労働判例868号63頁〔28091414〕）。このような従業員としての退職金請求である限りは、会社法361条（旧商法269条。取締役の報酬は定款か株主総会の決議で定めるという規定）の適用を受けないと考えられている（前田製菓事件・大阪高判昭和53・8・31判タ375号130頁〔27411833〕）。そのほかに取締役であった者が従業員としての地位も併有していたとして退職金請求を行って認容されたものとしてはシンコー事件（大阪地判平成15・11・7労経速報1854号20頁〔28090340〕）、双美交通事件（東京地判平成14・2・12労経速報1796号19頁〔28070920〕）、黒川建設事件（東京地判平成13・7・25労働判例813号15頁〔28062537〕）などがある。

2 代表取締役など

代表取締役であった者が退職金及び未払賃金等を請求したサンランドリー事件（東京地判平成24・12・14労経速報2168号20頁〔28211374〕）では、代表取締役の地位は、原則として、使用者の指揮命令下で労務を提供する従業員の地位とは理論的に両立するものではなく、実質的にこれと両立していると解すべき特段の事情のない限り、代表取締役が従業員としての地位を兼務するということはできないとして、労働者性が否定された（結論として代表取締役に就任以降の賃金請求は棄却）。また、ケービーアール事件（大阪地判平成17・7・21労経速報1915号27頁〔28102110〕）も専務取締役に就任して以降は代表取締役と協議して会社の業務執行に当たり、人事についても独断で決定することもあったとして会社の従業員であったとはいえないとした（結論として退職金請求棄却）。

3 執行役員

一般に、執行役員は、委員会設置会社の「執行役」（会社法402条等）のように法的位置付けが明確になっておらず、企業によって従業員兼務取締役として位置付けるところもあれば、単なる委任契約（取締役）あるいは労働契約（従業員）として位置付けることもあり得る。したがって、執行役員の退職金その他賃金請求の可否は、それぞれの会社における執行役員の位置付けや契約内容（規定の有無と内容）、役務提供の実態等を勘案してケース・バイ・ケースで判断されることになろう。

判例としては、執行役員退職慰労金規則（内規）が存在する会社において、執行役員を退任する者が上記規則所定の退職慰労金の支払を求めた三菱自動車工業（執行役員退職金）事件（最二小判平成19・11・16判タ1258号97頁〔28132427〕）がある。同事件では執行役員に対する退職慰労金は功労報償的な性格が極めて強く、執行役員退任の都度、代表取締役の裁量的判断により支給されてきたにすぎないとして、退職慰労金を必ず支給する旨の合意や事実たる慣習も認められない中では退職慰労金請求は認められないとした。

取締役の退職慰労金についてはお手盛りの弊害を考慮して定款に定めがあるか、株主総会の決議がない限り支給することはできないとされている（最二小判平成15・2・21金融法務1681号31頁〔28081806〕参照）。

他方で従業員に対する退職慰労金について就業規則等による支給基準が明確に確立されていて、従業員の職務に対する退職慰労金と取締役の職務に対する退職慰労金を合理的に区別できる場合には、前者については就業規則等による所定の計算式によって算出され、後者については会社法361条に従って定款又は株主総会決議によって金額が決定されることになり、従業員の職務に対する退職慰労金は、同条に基づく株主総会決議がなくとも請求することができる（大阪高判昭和53・8・31判タ375号130頁〔27411833〕、東京地判昭和59・6・3労働判例433号15頁〔28160098〕、大阪地判昭和59・9・19労働判例441号33頁〔27413015〕、千葉地判平成元・6・30判時1326号150頁〔27805229〕）。

前掲三菱自動車工業（執行役員退職金）事件では、原告は既に従業員としては退職して執行役員に就任し、会社との関係は取締役と同様の「委任契約」であったと位置付けられており（一般的には労働契約とされることが多いことは後述）、従業員兼務取締役であるとか、実態は労働者で形式だけ取締役とされていたという事案ではなかった。そのため明確な支給根拠が認められない以上、退職慰労金も請求できないという帰結となった。

論点 ② 取締役と労災保険法上の労働者性

取締役を労災保険法上どのように位置付けるかについて、「労災保険法上も、業務執行権をもたず、事実上、業務執行権を有する取締役等の指揮監督を受け

て労働に従事し、賃金を得ている者は労働者とされる（昭和34・1・26基発第48号）」と指摘されている（注釈労基法上〔橋本陽子〕156頁）。

　裁判例としては、大阪中央労基署長（おかざき）事件（大阪地判平成15・10・29労働判例866号58頁〔28091053〕）がある。同事件は個人商店を前身とする小規模会社Yの従業員兼務専務取締役であったAが出張中に死亡したことが業務上災害に当たるかを検討する中で、Aが労基法及び労災保険法上の「労働者」に当たるかが争点となった。裁判所は、「労働者」に当たるか否かその実態が使用従属関係の下における労務の提供と評価するにふさわしいものであるかどうかによって判断すべきところ、高校を卒業してYの前身の個人商店に入社し、以来18年間にわたり営業を担当し、専務取締役就任後も従前と業務に変化はなく、小売店回りの営業活動・出荷作業に従事し、事務所の清掃等も行い、営業成績についても他の従業員と同様にYの代表者から叱責されることもあったことなどから、Aが専務取締役就任以前に「労働者」性を有していたし、専務取締役に就任したことをもって直ちに本件会社との使用従属関係が消滅したということはできないとした。

　さらに一般従業員から理事、取締役に就任し、その後執行役員兼務部長の地位についた者の労働者性が争われた船橋労基署長（マルカキカイ）事件（東京地判平成23・5・19労働判例1034号62頁〔28174079〕）では、役職の異動はあったものの一貫して建設機械部門における一般従業員の管理職が行う営業・販売業務に従事しており、業務実態にも質的な変化はなかったこと等から従業員たる管理職者としての業務や権限を超えて経営担当者としての業務や権限を与えられていたとは認められないとして、労働者性を肯定した。

　執行役員と会社の関係について委任契約とされる場合もあり得るが、「執行役員」は委員会設置会社における「執行役」とは異なる。むしろ、執行役員は、業務執行に関しては相当の裁量権限を有するものの、法的には会社の機関ではなく、一種の「重要な使用人」（会社法362条4項3号）である。そのため会社法上は特に規定がない「執行役員」については、「労働者」といえる場合が多いとも考えられる。

論点 ❸ 取締役に対する会社の安全配慮義務

大阪中央労基署長（おかざき）事件（大阪地判平成15・10・29労働判例866号58頁〔28091053〕）は、別途民事訴訟が提起され、会社及び代表取締役に対する安全配慮義務違反が問題とされた（おかざき事件・大阪高判平成19・1・18判時1980号74頁〔28131146〕、変更判決・大阪高判平成19・1・23判時1980号84頁〔28272096〕、原審・大阪地判平成18・4・17判時1980号85頁〔28132024〕）。第1審はAは小規模会社Yの専務取締役の地位にあり、営業全般を統括していたほか、労務も担当し、従業員の勤怠管理や人事管理等を行っていたこと、Aについては勤務時間管理なども行われていなかったこと等に照らし、Aは自らの労働時間については自ら管理し、自身の生命や健康が害されないよう配慮すべき地位にあったので、YはAに対して安全配慮義務を負わないとした。

これに対して控訴審では、AはYの取締役の肩書きを付されていたとはいうものの、取締役の名称は名目的に付されたものにすぎず、Yとの法律関係は、その指揮命令に基づき営業社員としての労務を提供すべき雇用関係の域を出ないものというべきであって、YがAに対し、一般的に安全配慮義務を負担すべき地位にあったことを否定することができないとし、請求を棄却した原判決を変更し、請求を一部認容した。さらに代表取締役BのAに対する安全配慮義務については、「取締役の会社に対する善管注意義務は、ただに、会社資産の横領、背任、取引行為という財産的範疇に属する任務懈怠ばかりでなく、会社の使用者としての立場から遵守されるべき被用者の安全配慮義務の履行に関する任務懈怠をも包含する」と述べたうえで、代表取締役たるBは、Yが適宜適切にAに対する安全配慮義務を履行できるように業務執行すべき注意義務を負担しながら、重過失により放置した任務懈怠があり、その結果、第三者であるAの死亡という結果を招いた以上、Bも平成17年改正前商法266条の3に基づき、Yと同一の損害賠償責任を負担するとした。もっとも本件はYの規模・陣容、Aの職務内容に照らし、Bが業務執行において果たす権限の大きさを考慮して責任を認めたものであり、事案の特殊性を踏まえて判旨の射程を検討する必要があろう。

論点 ❹ 取締役の契約終了と解雇権濫用法理の適用又は類推適用

　会社解散に伴う元代表取締役に対する解雇の有効性が争われた事案（ジャストリース事件・東京地判平成24・5・25労働判例1056号41頁〔28182577〕）において、裁判所は次のように述べて労基法上の労働者に該当するとした。すなわち、契約書の表題が「雇用契約書」とされ、雇用期間に定めがないこと、月次給とその支給日、諸手当、部署職種、就業時間、休憩時間、休日等労働契約の基本的要素に関する定めが記載され、就業規則の適用を受けることが明記されているという事実関係の下では、当該契約はまさに「労働契約」そのものであって、特段の事情が認められない限り、本件契約の一方当事者である原告は、使用者たる被告のために労務を提供し、その対価たる賃金等を得て生活する者、すなわち労基法上の「労働者」に該当し、解雇権濫用法理を適用した（結論として解雇無効）。

　さらに温泉ホテルに採用され、調理部長、取締役兼務総調理部長、常務取締役に就任し、その後取締役を解任されて常務執行役員となった者の労働者性が争われた事案としては、萬世閣（顧問契約解除）事件（札幌地判平成23・4・25労働判例1032号52頁〔28174667〕）がある。裁判所は原告の職務内容に大きな変化がなかったことや取締役会に1回しか出席したことがないこと、取締役在任中は被告から給与を支給され、雇用保険に加入し保険料を控除されており、退職の意思表示や合意を認めることもできないことなどから、常務取締役就任後も従前の労働契約を維持したままであり、従業員兼務取締役であるとした。また常務執行役員に就任したことについても、同制度の説明文書で雇用関係にあり、使用人であるといった説明があり、執行役員の身分喪失事由として従業員としての身分喪失が規定されていることなどから、労働者性を肯定し、解雇権濫用法理の適用を認めた（結論として解雇無効）。

　従業員兼務執行役員であった者について、会社が執行役員を退任させる人事通達を行った後に懲戒解雇をしたというセイビ事件（東京地決平23・1・21労働判例1023号22頁〔28173081〕）では当該執行役員は労働者であることを前提に懲戒解雇の効力が判断された（結論として懲戒解雇は無効）。

　なお従業員としての地位の保持・併存が認められ、取締役の解任の正当事由

（会社法339条2項、平成17年改正前商法257条1項ただし書）と従業員たる地位の消滅（懲戒解雇の有効性）の双方を検討したうえで解任・懲戒解雇のいずれも有効であるとした例として、アンダーソンテクノロジー事件（東京地判平成18・8・30労働判例925号80頁〔28130520〕）がある。

【参考文献】

【論点1】について、東京地方裁判所商事研究会編『類型別会社訴訟1』判例タイムズ社（2006年）103-120頁

(4) プラットフォーム就業

【概要】

　情報技術の進展に伴い、特にデジタルプラットフォームを介した労働力取引（プラットフォーム就業）が広まっている。デジタルプラットフォームとは、情報通信技術やデータを活用して第三者にオンラインのサービスの「場」を提供し、そこに異なる複数の利用者層が存在する多面市場を形成し、いわゆる間接ネットワーク効果が働くという特徴を有するものをいう。もっとも、サービスの「場」の提供にとどまるか否かの評価は実態評価により異なるため各種の法的議論を生じさせている。
　プラットフォーム就業の形態には様々なものがあるが、デジタルプラットフォームをめぐり主として問題となってきたのは、プラットフォーム事業者が就業者のサービス提供に対してマニュアルによる指示、GPSによる監視、指示違反への制裁等の形で関与している形態のものであったと指摘されている。こうした就業形態がみられる事案では、例えば、プラットフォーム事業者が提供するアプリを利用して自動車又は自転車で人や料理を輸送している者に対して「労働者」としての保護を及ぼさなくてもよいのかが議論されている。

【関係法令】

労基法9条、労契法2条1項、労組法3、7条

•••••• 論　　点 ••••••
1　プラットフォーム就業者とフリーランスの異同
2　新たなビジネス形態（プラットフォーム就業者を含む）と労組法による保護
3　三当事者以上が関係する紛争の処理と派遣法40条の6

論点 ❶　プラットフォーム就業者とフリーランスの異同

　プラットフォーム就業者の保護の問題については裁判例や命令例があまり存在していないが、学説上は、諸外国の判決例や立法例の展開も踏まえ、雇用類似就業者と互換的に使われることの多いフリーランスの議論と重ねながら論じられている（荒木尚志「プラットフォームワーカーの法的保護の総論的考察」ジュリスト1572号（2022年）14頁）。

　令和5年現在で、プラットフォーム就業をめぐる命令例としては、労働委員会による行政救済の事例で、後述の「事例」で紹介するように、ウーバーイーツの料理配送人が加入する労働組合が申し立てた不当労働行為救済申立てに対する東京都労働委員会の命令が先駆的な命令例として注目を集めている。

　フリーランスは、プラットフォームを介することなく、役務提供の相手方と直接契約を締結するものも多く、プラットフォームを介在させて役務提供を行うプラットフォーム就業者とは異なる面もある。したがって、そうした特質に応じた論点が生じることには留意が必要であるが、プラットフォーム就業者の類型には、労働者に該当する者、真の個人事業主（独立自営業者）に該当する者、両者の中間に位置する雇用類似就業者などが含まれており、これらの者に対する法的保護がどのように図られるべきかという問題は、フリーランスの保護をめぐって議論されているところが基本的に妥当するとされている（荒木・前掲14頁）。なお、令和5年4月28日に「特定受託事業者に係る取引の適正化等に関する法律」（略称「フリーランス・事業者間取引適正化等法」）（以下では単に、「フリーランス法」という）が成立し、フリーランス・事業者間取引の適正化に向けたルールが定められた。ただし、契約形式上は特定受託事業者（フリーランス）であっても、実質的に労基法上の労働者と判断される場合には労働基準関係法令が適用され、本法は適用されない。

では、従来、フリーランスをめぐる法律関係として裁判例等で争われてきた事例ではどのような点が争点となっていたのか。フリーランスの保護との関係で議論されてきた事例としては、運送業の傭車運転手（横浜南労基署長（旭紙業）事件・最一小判平成8・11・28判タ927号85頁〔28020411〕）、建設業の一人親方（藤沢労基署長（大工負傷）事件・最一小判平成19・6・28判タ1250号73頁〔28131552〕）、証券会社等の外務員（太平洋証券事件・大阪地決平成7・6・19労働判例682号72頁〔28011579〕）、ガス・NHKの集金人等（東陽ガス事件・東京地判平成25・10・24判タ1419号275頁〔28221201〕、日本放送協会事件・大阪高判平成27・9・11判時2297号113頁〔28240594〕等）、楽団員（新国立劇場運営財団事件・東京高判平成19・5・16判タ1253号173頁〔28132340〕）、映画撮影技師（新宿労基署長（映画撮影技師）事件・東京高判平成14・7・11判時1799号166頁〔28072539〕）、テストライダー（国・津山労働基準監督署長（住友ゴム）事件・大阪地判令和2・5・29労働判例1232号17頁〔28290328〕）、俳優等の芸能実演家（J社ほか1社事件・東京地判平成25・3・8労働判例1075号77頁〔28213332〕、エアースタジオ事件・東京高判令和2・9・3労働判例1236号35頁〔28283942〕等）のほか、運送・配送業の運転手・配送人（ソクハイ（契約更新拒絶）事件・東京高判平成26・5・21労働判例1123号83頁〔28240107〕）、小売業のフランチャイジー（コンビニの店主等）（セブン-イレブン・ジャパン事件・東京地判平成30・11・21労働判例1204号83頁〔28272040〕）、出版業の記者（フリーライター）（アムールほか事件・東京地判令和4・5・25労働判例1269号15頁〔28302388〕）、リラクゼーション・セラピスト（リバース東京事件・東京地判平成27・1・16労経速報2237号11頁〔28231559〕）が挙げられる（Ⅰ1⑴「労働基準法上の労働者」、⑶「労働契約法上の労働者」参照）。これらの事例は、主に2当事者間において労働契約以外の名称で契約が締結されていた場合であり、契約の名称ではなく、就業実態を実質的にみることで、労働者に該当するといえるか否か（独立自営業者か労働者か）が争われてきたという点に共通性がある。

 他方で、近年は、情報通信技術等の進展に伴い、一定の企業が提供するプラットフォームを介して注文者と受注者が仕事の受発注を行うことができるサービスが広がりをみせており、三当事者以上の法律関係を労働法的にどのように位置付けるべきかが議論され、経済的な実態（対面式、非対面式）のほか、

契約形式等の様々な観点から類型化が図られている。このようにプラットフォーム就業者の場合には、三者関係という当事者構造を持つ点が特徴であり、その分、法律関係が複雑となり争点も多岐にわたることになる。

論点 ❷　新たなビジネス形態（プラットフォーム就業者を含む）と労組法による保護

　役務提供者をプラットフォームを通じてマッチングさせるビジネスの進展と、こうしたプラットフォームを活用するフリーランスの増大は、世界的には「ライドブッキング」という運送業の広がりとして表れている。このようなビジネスモデルでは、プラットフォーム事業者がクラウドワーカーの取引条件を決定し、しかも、その条件について交渉の余地がないことが多いという特徴がある。そこで、クラウドワーカーが労働組合を結成し、集団交渉（団体交渉）を通じてその取引条件の是正を図ることができないかが問題となっている。この問題は、日本では飲食店の料理等の配達業務を担う配達員との関係で問題となっている。すなわち、現在、こうした問題について紛争処理機関として一定の判断を示した唯一のケースとして、東京都労委令和4・10・4中労委HP（Uber Japanほか事件）があり、注目されている。同事件は、Uber Eats（ウーバーイーツ）を通じて飲食店の料理等の配達業務を受託する配達員（配達パートナー）が労働組合を結成し、同労働組合がUber Eats（ウーバーイーツ）の日本法人に団体交渉の申入れ等を行った事例である。同事件のウーバーの主張する契約関係と配達員側が主張する契約関係については後掲の図1、図2を参照されたい（水口洋介ほか「ギグエコノミー下の就労者に対する法的保護について」「労働契約における規範形成の在り方と展望」日本労働法学会誌133号（2020年）188頁の図（ただし図2の「発表者」は配達員と読み替えている））。ウーバーイーツは、ウーバーイーツ社が提供するインターネット上の仲介サイト（プラットフォーム）を通じて、ユーザーがレストランに飲食物を注文し、レストランがユーザーに飲食物を配送するに当たって、ウーバーイーツシステムに登録した配達員が運送するものである。この一連の注文、配達、支払はすべてインターネット上のアプリを通じて行われ、利用者（ユーザーとレストラン）の支払はクレジット決済

がなされる。他方、配達員の配送料はウーバーイーツ社から支払われる。この事案では、ウーバーイーツと配達員（配達パートナーとも呼ぶ）との間に締結される技術サービス契約の内容と実際の配達員の就労実態を踏まえ、労組法上の労働者性に関する最高裁判決（INAXメンテナンス事件・最三小判平成23・4・12判タ1350号165頁〔28171228〕、新国立劇場運営財団事件・最三小判平成23・4・12民集65巻3号943頁〔28171226〕、ビクターサービスエンジニアリング事件・最三小判平成24・2・21民集66巻3号955頁〔28180418〕）の判断基準（判断要素）を踏まえて、配達員が労組法上の労働者といえるかが問題となっていた。さらに、この論点がクリアされた場合、ウーバーイーツ配達員との関係で団体交渉に応ずべき使用者は誰であるかも問題とされた。ウーバーイーツ事業に関与する日本法人は２つあり、それぞれ人員の管理や事業運営等について役割が分かれていたためである。そのためウーバーイーツ配達員によって結成されたウーバーイーツユニオンは、この２つの日本法人（命令では総称して「会社ら」と表記されている）にそれぞれ団体交渉を申し入れており、これらの法人について労組法上の使用者該当性が論点となっていた。

図1　ウーバーの主張する契約関係

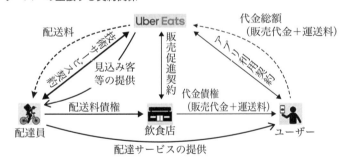

図 2　配達員の主張する契約関係

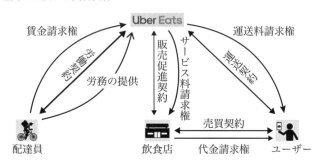

出典：水口洋介ほか「ギグエコノミー下の就学者に対する法的保護について」『労働契約における規範形成の在り方と展望』日本労働法学会誌133号（2020年）188頁

　東京都労委は、前掲Uber Japanほか事件において、ウーバーイーツ配達員の労組法上の労働者該当性を肯定したうえで、ウーバーイーツジャパン合同会社とウーバーイーツ株式会社の双方の労組法上の使用者該当性を肯定した。

　まず、同命令では、配達員の労働者性の判断枠組みについては、「労組法は、『労働者が使用者との交渉において対等の立場に立つことを促進することにより労働者の地位を向上させること』を目的の一つとしている（第1条）。この労組法の趣旨及び性格からすれば、同法が適用される『賃金、給料その他これに準ずる収入によって生活する者』（第3条）に当たるか否かについては、契約の名称等の形式のみにとらわれることなく、その実態に即して客観的に判断する必要がある。」としたうえで、「配達パートナーが労組法上の労働者に当たるか否かについては、労組法の趣旨及び性格に照らし、会社らと配達パートナーとの間の関係において、労務供給関係と評価できる実態があるかという点も含めて検討し、イ）事業組織への組入れ、ウ）契約内容の一方的・定型的決定、エ）報酬の労務対価性、オ）業務の依頼に応ずべき関係、カ）広い意味での指揮監督下の労務提供、一定の時間的場所的拘束、キ）顕著な事業者性等の諸事情があるか否かを総合的に考慮して判断すべき」とした。

　そして、各要素の検討を行ったうえで、ウーバーイーツ「事業は、利用者をアプリ上で結び付け、飲食店が提供する飲食物を注文者に届けるサービスを行っているところ、本件における配達パートナーは、イ）会社らの事業の遂行

に不可欠な労働力として確保され、事業組織に組み入れられており、ウ）会社らが契約内容を一方的・定型的に決定しているということができ、エ）配達パートナーの得る報酬である配送料は、労務の提供に対する対価としての性格を有しているといえる」「一方で、オ）配達パートナーは、アプリを稼働するか否か、どの時間帯に、どの場所で配達業務を行うかについて自由を有しており、会社らの業務の依頼に応ずべき関係にあったとまではいえない。しかし、場合によっては、配達リクエストを拒否しづらい状況に置かれる事情があったことが認められる。また、カ）一定の時間的場所的拘束を受けているとはいえないものの、広い意味で会社らの指揮監督下に置かれて、配達業務を遂行しているということができる。そして、キ）配達パートナーが顕著な事業者性を有していると認めることはできない。これらの事情を総合的に勘案すれば、本件における配達パートナーは、会社らとの関係において労組法上の労働者に当たると解するのが相当である」とした。

またウーバージャパンが労組法上の使用者に該当するかについては、まず、「Y_1は、Y_2から業務委託を受け、配達パートナーへのサポート業務を行って」おり、「配達パートナーとの間には直接の契約関係は存在しない」としつつも、「組合が、Y_1に申し入れた団体交渉事項は、①事故の際の配達パートナーに対する補償、②報酬計算の根拠となる距離計算の誤り、③アカウント停止措置の基準等、④報酬、⑤アプリ、⑥Y_1と配達パートナー協同による配達サービスの品質向上、⑦紹介料についてであり（中略）、前記(3)で判断したとおり、配達パートナーがY_2との関係において労組法上の労働者に当たることからすれば、いずれも配達パートナーの労働条件その他その経済的地位に関するものであるといえる」という点を確認した。そして、交渉事項についての実質的決定権を有しているかを検討した。そのうえで、「ウーバーイーツ事業について、登録や契約の手続から、運用の説明・サポート、各種問合せまで、実質的に配達パートナーへの対応を行っているY_1は、配達パートナーの労働条件等に関する上記イの団体交渉事項について、配達パートナーとの契約の当事者であるY_2と共に、現実的かつ具体的に支配、決定することができる地位にあったとみるのが相当であり、団体交渉に応ずるべき使用者の地位にあるというべきで

ある」とした。

さらに、Y_2は、「日本におけるウーバーイーツ事業の運営主体であり（中略）、配達パートナーとのウーバーサービス契約の当事者でもある（中略）ことから、Y_2及びその前身であるY_2'は、配達パートナーの労働条件等について、組合との団体交渉に応ずべき地位にあるということができる」として、会社らが団体交渉を拒否したことは労組法7条2号の不当労働行為に該当するとした。

この命令は、日本でプラットフォーム就業者の労組法上の「労働者」該当性が争われた最初の事例であり、結論としても労働者性を肯定した点で重要な命令と位置付けられる。

また、最高裁は、構内業務請負における発注企業の労組法上の使用者性が問題となった朝日放送事件（最三小判平成7・2・28民集49巻2号559頁〔27826691〕）において、労働契約上の雇用主以外の事業主であっても、その労働者の基本的な労働条件等について雇用主と部分的とはいえ同視できる程度に現実的かつ具体的に支配、決定することができる地位にある場合には、その限りにおいて、労組法上の「使用者」に当たると判示しているところ、前掲Uber Japanほか事件では、同最高裁の判断基準をもとに、Y_1の労組法上の「使用者」性を認めた点も注目される。

なお、プラットフォーム就業者の事例ではないが、法人成りした複数の代理店等を業務委託契約でつなぎ企業グループを形成している場合に、代理店所属の労働者によって結成された労働組合が、直接の契約関係のない業務委託元こそが労組法上の使用者に当たると主張し、これを認めた近時の命令例としては、ベルコ（代理店従業員不採用）事件（北海道労委平成31・4・26労働判例1202号181頁）がある。同事件では、「業務委託契約の規定及びその運用が、一般的な業務委託契約に比して、代理店主が強い会社の拘束下に置かれている内容になっていること、支部長会議などを通じて、代理店主は、ノルマの達成等について、厳しい会社の指示統制を受けていたこと、代理店主の報酬は会社からの歩合給の域を出るものではなく、その報酬決定方法をもって代理店主の事業の独立性を根拠付けることはできないこと、独立した事業主であるならば、その責任と判断において行うべき従業員の採用、雇用の終了、賃金の決定といった点につい

ても、会社の強い影響下にあったこと、金銭管理の観点からも代理店は『支部』としての継続性をもって会社の組織上の一部門に位置付けられていると考えられること、会社が（中略）従業員を直接管理していたことなどの諸事情からすれば、本件では、代理店を会社の組織上の一部門とみなし得る実態があり、その代理店に属するFA（筆者注：従業員）も実質的には会社の指揮命令下にあって、その結果、会社がFAを代理店に配属させる権限を有しているということができる」とした。そして、「労働組合法第7条第1号及び第3号との関係において、会社の使用者性が認められ」、「会社は、代理店従業員の雇用問題に関して、現実的かつ具体的に支配、決定をしてきたといえるから、労働組合法第7条第2号との関係においても、会社の使用者性が認められる」とした。これは全社的業務委託の類型という新たなビジネスモデルについて労組法上の使用者を誰とみるべきかという観点から注目されている（菅野=山川・労働法〈第13版〉1134-1135頁）。

　プラットフォーマーとフリーランス間に労組法の適用はあるかという論点は、プラットフォーム就業者を雇用する仲介事業者（例えば前掲ベルコ（代理店従業員不採用）事件の代理店主のような存在）を介在させることにより、発注者が労働法の適用を回避するケース（いわゆる偽装請負のケースで、三面関係等を利用した使用者責任の回避）において、中心的な争点となることが予想される。ここでは労働実態に即した判断が求められているといえる。

論点 ❸ 三当事者以上が関係する紛争の処理と派遣法40条の6

　三当事者又は、重層下請けの場合の労働者性判断は独特の論点がある。すなわち、近時は、発注者と受注者との間で締結された業務委託契約等の請負契約に基づき、受注者側の労働者が発注元で就労することが、労働者派遣に当たる（偽装請負）かが問題となるケースが生じており、こうしたケースでは、労働者派遣に該当することを前提として、派遣法40条の6の適用による直接の労働契約の成立や同法違反に基づく損害賠償請求が問題となっている。また、ウーバーイーツ配達員により結成された労働組合が団体交渉を拒否されたとして不当労働行為救済申立てをした事案も、プラットフォーム就業者が労組法上の労

働者といえるか、発注企業は労組法上の使用者といえるかという点が問題となっている。

ここでは、まず①仲介事業者又は下請事業者との関係において、プラットフォーム就業者に労働者性が認められるのか、次に②そのことを前提として、仲介事業と発注者との関係を労働者派遣と評価できるか、さらに、派遣法40条の6の適用が問題となる。①は使用従属性の判断となり、②は「労働者派遣事業と請負により行われる事業との区分に関する基準」(昭和61年労告37号、以下「37号告示」という)の解釈問題となる。

\ 事例 /

プラットフォーム就業者の労働者性については、直接の契約関係がない発注企業がプラットフォーム就業者に具体的な指揮命令を行っているケースについては、ハンプティ商会ほか1社事件(AQソリューションズ事件)(東京地判令和2・6・11労働判例1233号26頁〔28290113〕)が参考になる。

この事件は、請負企業(AQソリューションズ(以下、「AQ」という):コンピュータのソフトウェアの開発、派遣業及び有料職業紹介事業等を業とする株式会社)との業務委託契約に基づき、発注者(ハンプティ商会(前身はクラステクノロジー(以下、「CT」という):派遣業等を業とする株式会社)の事業所でソフトウェア開発業務に従事していた受託者(フリーランス:AQとの間で業務委託等の契約を締結していた)が、請負企業(AQ)とフリーランスの契約の実態は雇用であること、その雇用関係の下に、発注者(CT)の指揮命令を受けて、発注者(CT)のために労働に従事させる行為は労働者派遣であると主張し、請負企業(AQ)には未払賃金及び遅延損害金の支払を求め、発注者(CT)に対しては、同社との間で直接の労働契約の成立を主張した事案である。判旨のポイントとしてはAQと受託者(フリーランス)との関係が労働契約関係であると判断したが、二当事者関係と違って、CTがフリーランスを一部指揮命令していた事実があり、指揮命令関係の分割があると評価できる点である。すなわち、裁判所は、受託者(フリーランス)の労働者性判断に当たって使用従属性基準を用いることを明示したうえで、受託者は発注者(CT)の社員を通じて請負企業(AQ)の指揮監督を受けたとして、フリーランス・請負企業(AQ)との業務委託契約を労働契約と評価した。そのうえで、裁判所は、請負企業(AQ)・発注者(CT)・フリーランスとの間の関係は違法な労働者派遣に当たると判断した。

この場合、派遣法40条の6第1項のみなし申込みの要件充足とこれに対する承諾の有無が問題となるが、同事件では、発注者側(CTの代表者や担当者)に同項5号に

規定する派遣法等の適用を免れる目的があったと推認できないとして、フリーランスと発注者（CT）との間の直接の労働契約の成立（同項のみなし申込み）を否定した。ところで、本裁判例では、派遣元の立場にあるとされた請負企業（AQ）が派遣法上の事業許可を取得していたために、派遣法等の規定の適用を「免れる目的」（同項5号）があるといえるかが問題となった。しかし、同項2号は無許可で派遣業を営むものから労働者派遣の役務提供を受けた場合（同法24条の2違反）にも、同条のみなし申込みがなされたことになるとしており、「免れる目的」（同項5号）の有無にかかわらず、これに対して承諾の意思表示を行うことで、発注者（本裁判例でいえばCTの立場に立つ役務受入企業）との直接の雇用関係が肯定され得る点は留意しておくべきであろう。

次に、仲介事業と発注者との関係を労働者派遣と評価できるか、さらに派遣法40条の6の適用の可否については、近時の2つの裁判例を紹介し、37号告示の解釈適用、同条の適用要件（偽装請負の目的要件、無許可派遣（同条1項2号））、同法違反の効果についてみていきたい。まず、同条1項のみなし申込みとこれに対する承諾を正面から肯定して、派遣労働者と派遣先との間の直接の労働契約関係の成立を肯定した事例としては、東リ事件（大阪高判令和3・11・4労働判例1253号60頁〔28293693〕（原審・神戸地判令和2・3・13労働判例1223号27頁〔28281457〕））が重要である。

本件は、発注企業Yとの間で業務請負契約を締結した会社A社の労働者としてYの伊丹工場で製品の製造業務に従事していたXら5名が、Yに対し、派遣法40条の6第1項5号、同項柱書に基づき、XらとYとの間に労働契約が存在することの確認及び賃金の支払を求めた事案である。この事案は、前掲AQソリューションズ事件と異なり、請負企業（仲介企業）と就業者との間では労働者性が認められていた事案である。大阪高裁は、37号告示に照らし、偽装請負及び発注元に当たるYが偽装請負等の状態を認識しながら、これを改善することなく組織的に偽装請負等の状態を継続していたことを推認させるものということができるとして、派遣法40条の6に基づく労働者の承諾の意思表示もあったとして、同条に基づく直接の労働契約の成立を認めた。同事件の第1審は、Yの従業員と区分されている形式的な部分に着目していたが、大阪高裁判決は、直接の指示の事実がなくとも、実質的に決定した者が誰か、という観点から実質的に判断するアプローチをとったところに特徴がある。本判決は高裁レベルの判断（最高裁は上告不受理にて高裁判決が確定）でははじめて同条1項に基づくみなし申込みとこれに対する労働者の承諾により発注企業と下請企業配下の労働者との間に直接の労働契約の成立を認めたものとして注目されている。同判決は、区分基準該当性を判断する際の事実の挙げ方・評価の方法が、厚生労働省作成の37号告示関係疑義応答集、『労働者派遣・請負を適正に行うためのガイド』に厳格に沿っており、発注企業にとっては厳しい司法判断がなされたといえる。また、その判断も業務委託契約

を偽装するための契約形式を重視するのではなく、労働の実態・書類の内容等の実質を詳細に指摘（受発注のシステム、事故報告書の上司コメント欄記載など）したり、労働時間の（形式的）「把握」と「管理」の違いを指摘している点、さらに同じ工場内における発注企業の労働者及び適法な派遣労働者の働き方を比較し両者にほとんど差がない点や労働者派遣への切替え前と後の業務遂行方法とを比較して切替え前と同じ方法で処理している点などを考慮していることは、就労実態に即した実質的判断のあり方として参考となる。

　加えて本事案では、派遣法等の適用潜脱目的について、いわゆる偽装請負が日常的かつ継続的に行われている場合には特段の事情がない限り、派遣役務の提供を受けている法人の代表者又は当該労働者派遣の役務に関する契約の契約締結権限を有する者は、偽装請負等の状態にあることを認識しながら組織的に偽装請負等の目的で当該役務の提供を受けていたものと推認するのが相当だとして、この目的の存在を認定した点も重要といえよう。

　次に、派遣法40条の6第1項のみなし申込みに対する承諾への妨害行為を行った派遣先に損害賠償責任を認めた、ベルコほか（代理店従業員・労働契約等）事件（札幌地判令和4・2・25労働判例1266号6頁〔28301955〕）を紹介する。

　この事案も、請負企業（仲介企業＝代理店）と就業者との間では一応、労働者性が認められていた事案として分類できる。そのうえで、雇用主以外の第三者との間の労働契約成立又は成立の可能性があったことが争点になった。事案の概要としては、冠婚葬祭の請負等を業とする株式会社Yから、冠婚葬祭の互助会員募集業務などを受託していた代理店（法人A、B）にそれぞれ所属するFA職（葬儀の担当や互助会員募集業務に従事する営業社員を指す。本件の原告らであり、以下では「Xら」という）が、主位的には、Yとの直接の労働契約の成立（法人格否認、黙示の労働契約の成立、商業使用人構成という法律構成）を主張して割増賃金を請求した事案である。この事案では、Xらは、予備的に、不法行為に基づく損害賠償を請求していた。不法行為の具体的な内容は、次のようなものであった。すなわち、Yが代理店と締結している業務委託契約に基づきXらに葬儀施行を担当させていることは、区分基準（「労働者派遣事業と請負により行われる事業との区分に関する基準を定める告示」（昭和61年労告37号。平成24年厚労告518号による改正後のもの））に照らせば労働者派遣に他ならず、Yは派遣事業の許可を受けていない代理店から労働者派遣の役務提供を受けていた。ところが、Yはこの実態を覆い隠すために、代理店主を通じて、XらとYとの間には雇用関係が存在しないこと等が記載された「確認書」を提出させていたのであり、こうしたからくりは、Xらが派遣法40条の6第1項2号によるYの労働契約のみなし申込みに対して承諾の意思表示を行うこと（選択権を行使すること）を妨げるものであって、これが不法行為に当たると主張した。

札幌地裁は、XらとYとの間で直接の労働契約が成立するという前提に立った主位的請求の法律構成はXらの主張を斥けたが、他方で、予備的請求については、Yが代理店に委託していた葬儀施行業務にXらを従事させていたことは、37号告示に照らし、偽装請負に当たるとし、しかもXらが所属していた代理店（受注者）は派遣事業の許可を得ていなかったという点を指摘して、Yと代理店が行っていたのは違法な無許可派遣（派遣法40条の6第1項2号）に当たるとした。そのうえで、Xらの承諾の意思表示があれば直接の労働契約関係が認められるはずのところ、Yは、FAとYとの間には雇用関係が存在しないこと等が記載された「確認書」を作成させるよう指示することで、Xらの承諾の意思表示（選択権の行使）を不当に妨げたとして、Xら各人につき10万円の慰謝料請求を認容した。

【参考文献】
全般的な問題につき、石田信平=竹内（奥野）寿=橋本陽子=水町勇一郎『デジタルプラットフォームと労働法　労働者概念の生成と展開』東京大学出版会（2022年）、橋本陽子『労働者の基本概念　労働者性の判断要素と判断方法』弘文堂（2021年）、荒木尚志=岩村正彦=村中孝史=山川隆一編『注釈労働基準法・労働契約法　第1巻』有斐閣（2023年）
なお、フリーランス法の解説と実務上の論点の概説書としては、鎌田耕一=長谷川聡編『フリーランスの働き方と法』日本法令（2023年）

(5) 副業・兼業の労働関係

【概要】
　従来、日本の企業では、従業員の副業・兼業を禁止又は許可制とするなど、実務上大きな制限を設けてきた。しかし、副業・兼業を希望する者は年々増加傾向にある。その理由としては、収入を増やしたい、1つの仕事だけでは生活ができない、自分が活躍できる場を広げたい、様々な分野の人とつながりを持ちたい、時間のゆとりを生かしたい、現在の仕事で必要な能力を活用・向上させたい等様々なものがある。また、副業・兼業の形態も、正社員、パート・アルバイト、会社役員、起業による事業主等様々である。こうした状況も踏まえ、政府においても副業・兼業、さらにテレワークを推進する法政策を強調するようになっている（「副業・兼業の促進に関するガイドライン」（平成30年

1月策定、令和2年改定（令和2・9・1基発0901第4号））、「世界最先端デジタル国家創造宣言・官民データ活用推進基本計画」（令和2年7月17日閣議決定）参照）。

　このような議論の背景には、産業構造の変化、第四次産業革命の進展といった要因に加え、少子・高齢化、多様な就業機会の保障、人手不足対策などの複合的な要因があり、令和2年に新型コロナウイルス感染症が拡大してテレワークが一般化したことと相まって、副業・兼業やテレワークといった働き方が今後も一般化するとみられている（國武英生「特集　新たな働き方と法の役割　新たな働き方と労働時間管理―副業・兼業、テレワークを中心に―」ジュリスト1553号（2021年）41頁以下参照）。

　政府の方向性としては、副業・兼業の推進がうたわれているものの、企業社会において副業・兼業が広く容認されているとは言い難く、会社が副業・兼業を制限している例も少なくない。そのため、副業・兼業の制限と懲戒処分等の可否は古くて新しい論点といえる。また、副業・兼業と労働時間の通算をめぐる問題、副業・兼業に従事する労働者に対する安全配慮義務と健康管理といった点については今日的論点として議論の進展がみられ、特に安全配慮義務の関係では重要な裁判例も現れている。さらに、副業・兼業に従事する労働者と社会保障（労災保険法、雇用保険法上の問題）については法改正等も踏まえた議論を紹介し、参考となる裁判例について事例において取り上げたい。

【関係法令】
労基法38、37条、労契法5、15条、労災保険法7条1項2号、雇用保険法37条の5第1項

・・・・・・　論　　　点　・・・・・・

1　副業・兼業の制限と懲戒処分等の可否
2　副業・兼業と労働時間の通算をめぐる問題
3　副業・兼業に従事する労働者に対する安全配慮義務と健康管理
4　副業・兼業と社会保障（労災保険法、雇用保険法上の問題）

論点 ❶　副業・兼業の制限と懲戒処分等の可否

　労働者の副業・兼業は、労働者の私生活上の自由（勤務時間外に職場外でどのように過ごすかという自己決定の問題であり、憲法13条後段の幸福追求権の問題にも関わる）や職業選択の自由（同法22条1項）との関係で、会社が労働者にどこまでの制約を課すことができるのかが問題となる。

裁判例では、古くは、会社に無断で就業時間終了後である午後6時から午前零時まで、毎日6時間にわたるキャバレーの会計係として二重就職をしたことを理由とする解雇を有効とした小川建設事件（東京地決昭和57・11・19労働民例集33巻6号1028頁〔27613147〕）が重要である。同事件で裁判所は、「法律で兼業が禁止されている公務員と異り、私企業の労働者は一般的には兼業は禁止されておらず、その制限禁止は就業規則等の具体的定めによることになるが、労働者は労働契約を通じて一日のうち一定の限られた時間のみ、労務に服するのを原則とし、就業時間外は本来労働者の自由であることからして、就業規則で兼業を全面的に禁止することは、特別な場合を除き、合理性を欠く。しかしながら、労働者がその自由なる時間を精神的肉体的疲労回復のため適度な休養に用いることは次の労働日における誠実な労働提供のための基礎的条件をなすものであるから、使用者としても労働者の自由な時間の利用について関心を持たざるをえず、また、兼業の内容によつては企業の経営秩序を害し、または企業の対外的信用、体面が傷つけられる場合もありうるので、従業員の兼業の許否について、労務提供上の支障や企業秩序への影響等を考慮したうえでの会社の承諾にかからしめる旨の規定を就業規則に定めることは不当とはいいがた（い）」とした。

また、労働者がアルバイト就労をすることの許可を数度にわたり申請したが会社がいずれも申請を不許可としたことの違法性が争われたマンナ運輸事件（京都地判平成24・7・13労働判例1058号21頁〔28210201〕）では、アルバイト就労の許可制について次のように判示し、副業・兼業を制約するための実質的な趣旨を踏まえつつ、かかる趣旨に照らして格別の支障がない場合には使用者は労働者に兼業を許可すべき義務があるとした。すなわち、「労働者は、雇用契約の締結によって一日のうち一定の限られた勤務時間のみ使用者に対して労務提供の義務を負担し、その義務の履行過程においては使用者の支配に服するが、雇用契約及びこれに基づく労務の提供を離れて使用者の一般的な支配に服するものではない。労働者は、勤務時間以外の時間については、事業場の外で自由に利用することができるのであり、使用者は、労働者が他の会社で就労（兼業）するために当該時間を利用することを、原則として許されなければならない。

もっとも、労働者が兼業することによって、労働者の使用者に対する労務の提供が不能又は不完全になるような事態が生じたり、使用者の企業秘密が漏洩するなど経営秩序を乱す事態が生じることもあり得るから、このような場合においてのみ、例外的に就業規則をもって兼業を禁止することが許されるものと解するのが相当である。そして、労働者が提供すべき労務の内容や企業秘密の機密性等について熟知する使用者が、労働者が行おうとする兼業によって上記のような事態が生じ得るか否かを判断することには合理性があるから、使用者がその合理的判断を行うために、労働者に事前に兼業の許可を申請させ、その内容を具体的に検討して使用者がその許否を判断するという許可制を就業規則で定めることも、許されるものと解するのが相当である。ただし、兼業を許可するか否かは、上記の兼業を制限する趣旨に従って判断すべきものであって、使用者の恣意的な判断を許すものでないほか、兼業によっても使用者の経営秩序に影響がなく、労働者の使用者に対する労務提供に格別支障がないような場合には、当然兼業を許可すべき義務を負うものというべきである」と判示している。そうすると、副業・兼業が制限できるのは、労働者の使用者に対する労務の提供が不能又は不完全になるような事態が生じる場合（深夜に及ぶ長時間の兼業等で労務提供に具体的な支障が生じる場合）や使用者の企業秘密が漏えいするなど経営秩序を乱す事態が生じる場合（競業会社に就職し又は競業事業を自ら経営して所属企業の利益を不当に侵害するなどの背信行為がみられる場合）に限定されるといえよう。他の裁判例でも、学校法人上智学院事件（東京地判平成20・12・5判タ1303号158頁〔28153072〕）では、教授が無許可で語学学校講師などの業務に従事し、講義を休講したことを理由として行われた懲戒解雇について、副業は夜間や休日に行われており、本業への支障は認められず、解雇無効としている一方で、橋元運輸事件（名古屋地判昭和47・4・28判時680号88頁〔27612289〕）では、会社の管理職にある従業員が、直接経営には関与していないものの競業他社の取締役に就任したことは、懲戒解雇事由に該当するため、解雇有効としている。

　こうした考え方は、厚生労働省の公表しているモデル就業規則の規定の仕方の変化にも表れている。すなわちかつては無許可の副業・兼業を禁止する規定を置いていた厚生労働省のモデル就業規則が平成30年1月に改定された（荒

木・労働法〈第5版〉522頁。令和5年段階で厚生労働省モデル就業規則（令和5年7月版）が公表されている）。同モデル就業規則の条項例（厚生労働省モデル就業規則（令和5年7月版）では70条）では「労働者は、勤務時間外において、他の会社等の業務に従事することができる」としたうえで、①労務提供上の支障がある場合、②企業秘密が漏洩する場合、③会社の名誉や信用を損なう行為や、信頼関係を破壊する行為がある場合、④競業により、企業の利益を害する場合には、副業・兼業を禁止又は制限できるとしている。

論点 ❷ 副業・兼業と労働時間の通算をめぐる問題

　労基法は、事業場を異にする場合でも労働時間を通算して計算すると規定している（38条1項）。行政解釈は、同一の使用者の下で事業場を異にする場合だけではなく、別の使用者で事業場を異にする場合にも労働時間の通算把握を行うべしという立場である（昭和23・5・14基発769号、昭和61・6・6基発333号、これを通算説と称する）。この行政解釈によると、副業・兼業に従事する労働者については、複数の会社での労働時間を通算して労基法上の労働時間性が適用されることになるため、会社としては、兼業先での労働時間を労働者に報告させてその実態を把握し、違法な時間外労働を行わせることにならないよう注意する必要が生じる。そのため厚生労働省モデル就業規則（令和5年7月版）の副業・兼業規制（同規則70条）の解説では、「労働者からの事前の届出により労働者の副業・兼業を把握することを規定」しており、その趣旨として、「労働者が自社、副業・兼業先の両方で雇用されている場合には、労基法第38条等を踏まえ、労働者の副業・兼業の内容等を把握する」必要性を挙げている。そのうえで、労働者が自社、副業・兼業先の双方で雇用されている場合については、他の使用者の事業場の事業内容や他の使用者の事業場で労働者が従事する業務内容を確認することを推奨している。そして、労働時間通算の対象となるか否かの確認を行い、対象となる場合は、併せて次の事項について確認し、各々の使用者と労働者との間で合意しておくことも推奨している。具体的には、①他の使用者との労働契約の締結日、期間、②他の使用者の事業場での所定労働日、所定労働時間、始業・終業時刻、③他の使用者の事業場での所定外労働の有無、見

込み時間数、最大時間数、④他の使用者の事業場における実労働時間等の報告の手続、⑤これらの事項について確認を行う頻度である。

しかし、こうした行政解釈の立場については学説から批判もあり、同一使用者の場合のみ通算される（使用者が異なる場合には適用されないという立場で非通算説と称される。菅野=山川・労働法〈第13版〉405-406頁など）という考え方も有力である。

特に近時、政府が副業・兼業促進政策をとる中で、使用者が異なる場合の通算制が改めて議論となっていた。議論の詳細と令和2年9月1日に新たに改定された「副業・兼業の促進に関するガイドライン」の内容は、注釈労基法労契法1〔荒木尚志〕554-558頁（第4章 労働時間、休憩、休日及び年次有給休暇 労働基準法第38条）を参照されたい。

なお、通算説と非通算説の対立については、次のような考え方の対立が影響している点に留意しておく必要がある。すなわち、労働時間規制遵守による労働者の健康保護のための労働者の自己決定やプライバシーがその限りで制約されることはやむを得ず、労働時間の実務上の把握の困難性も会社側が甘受すべきと見るべき（通算説）か、それとも、労働者の過労防止の必要性があるのは確かであるが、政策的にも副業・兼業原則禁止からの転換が図られ、労働者の自己決定権の尊重の必要性があること、複数使用者のうちの誰が時間外労働をさせたことになるのかの判定の困難さ（特に平成30年法律71号による労基法改正により時間外労働への複雑な上限規制がなされたことにより実労働時間の客観的把握が困難さを極めていること）、実労働時間の客観的把握を徹底しようとすると、かえって副業・兼業により経済的必要を満たしている労働者から雇用機会を失わせる副作用もあるのではないかといった現実的な課題を直視したときに通算説の考え方には無理があるのではないか（非通算説）、という見解の対立が背景にあるといえる。

もっとも、令和2年9月1日に発出された行政解釈（令和2・9・1基発0901号第3号）及び平成30年ガイドラインを大幅改定した「副業・兼業の促進に関するガイドライン」（令和2・9・1基発0901第4号）は、従前の行政解釈である通算説を維持し、その場合の具体的処理について詳論するとともに、その労働時間

把握については労働者の自己申告によることとし、規制の実効性確保を簡便に図るための「管理モデル」を提示した。この「管理モデル」について荒木・労働法〈第5版〉218頁では次のように説明している。「これは先に労働契約を締結していた使用者（いわば本業の使用者A）の事業場における（想定される）法定外労働時間（例えば月45時間）と、後から労働契約を締結した使用者（副業・兼業先の使用者B）の所定労働時間＋所定外労働時間（例えば月35時間）とを合計した時間数が、単月100時間未満、複数月平均80時間以内となる範囲内で、各々の使用者の事業場の労働時間の上限を設定し、その範囲内で労働させることとすれば（各使用者の事業場での実労働時間に対応して三六協定締結や割増賃金支払いは当然必要となるが）、他使用者の下での実労働時間を把握して通算処理をしなくとも、時間外労働の上限規制に関する労基法違反は生じないこととなる。これは本業使用者Aが利用可能な時間外労働枠を先に設定し、残った枠内でのみ副業・兼業先使用者Bが副業・兼業に従事させることを想定したモデルである」としている。そして、「管理モデルは、この設定枠を超えれば、直ちに労基法違反となるような限界を示したものではなく、あくまで、使用者が、他の使用者の下での実労働時間を把握しなくとも、自事業場において、当初の設定枠内で労働させれば労基法違反は生じ得ない簡便な時間管理の例として示されたモデルである」と解説されている。

論点 ③ 副業・兼業に従事する労働者に対する安全配慮義務と健康管理

労契法5条は、「使用者は、労働契約に伴い、労働者がその生命、身体等の安全を確保しつつ労働することができるよう、必要な配慮をするものとする」（安全配慮義務）と定めている。そして、副業・兼業の場合には、副業・兼業を行う労働者を使用するすべての使用者が安全配慮義務を負っていると解される。この点について、「副業・兼業の促進に関するガイドライン」（平成30年1月策定、令和2年9月及び令和4年7月改定、以下本論点では単に「ガイドライン」という）は次のように指摘している。すなわち、ガイドラインでは「副業・兼業に関して問題となり得る場合としては、使用者が、労働者の全体としての業務

量・時間が過重であることを把握しながら、何らの配慮をしないまま、労働者の健康に支障が生ずるに至った場合等が考えられる」と指摘している。そして、こうした事態を防止するため、ガイドラインでは、①就業規則、労働契約等において、長時間労働等によって労務提供上の支障がある場合には、副業・兼業を禁止又は制限することができることとしておくこと、②副業・兼業の届出等の際に、副業・兼業の内容について労働者の安全や健康に支障をもたらさないか確認するとともに、副業・兼業の状況の報告等について労働者と話し合っておくこと、③副業・兼業の開始後に、副業・兼業の状況について労働者からの報告等により把握し、労働者の健康状態に問題が認められた場合には適切な措置を講ずること等が考えられると指摘している。

　次に健康管理との関係はどうか。使用者は、労働者が副業・兼業をしているかにかかわらず、労安法66条等に基づき、健康診断、長時間労働者に対する面接指導、ストレスチェックやこれらの結果に基づく事後措置等（以下、「健康確保措置」という）を実施しなければならない。例えば、長時間労働者に対する面接指導の制度としては、月80時間超の時間外労働をしている者について、疲労の蓄積が認められる場合に、その申出により、医師による面接指導を予定する制度（労安法66条の8第1項、労安則52条の2第1項【面接指導の対象となる労働者の要件等】、52条の3第1項【面接指導の実施方法等】）がある。また、研究開発業務従事者（労基法36条の労働時間上限規制（同条3〜5項、6項2、3号）の適用除外対象者）や高度プロフェッショナル適用対象者（割増賃金規制を含む労働時間規制の適用除外対象者）が月100時間超の時間外労働（健康管理時間）をした場合には、労働者の申出によらずに面接指導が実施されることとなっている（労安法66条の8の2第1項【研究開発業務従事者】、66条の8の4第1項【高度プロフェッショナル制度適用従事者】、労安則52条の7の2第1項、52条の7の4第1項）。もっとも、いずれの場合においても健康確保措置の実施対象者の選定に当たって、副業・兼業先における労働時間の通算をすることとはされていない。

　ただし、ガイドラインによると、「使用者の指示により当該副業・兼業を開始した場合は、当該使用者は、原則として、副業・兼業先の使用者との情報交換により、それが難しい場合は、労働者からの申告により把握し、自らの事業

場における労働時間と通算した労働時間に基づき、健康確保措置を実施することが適当である」とされている。

　そして、ガイドラインでは健康確保措置等の円滑な実施についての留意点として、「使用者が労働者の副業・兼業を認めている場合は、健康保持のため自己管理を行うよう指示し、心身の不調があれば都度相談を受けることを伝えること、副業・兼業の状況も踏まえ必要に応じ法律を超える健康確保措置を実施することなど、労使の話し合い等を通じ、副業・兼業を行う者の健康確保に資する措置を実施することが適当である」としている。

　他方、特に副業・兼業を労働者自身の希望に沿って行う場合、健康管理に関して労働者自身の自己管理も重要となる。ガイドラインでは、労働者が副業・兼業を希望する場合に、「副業・兼業による過労によって健康を害したり、業務に支障を来したりすることがないよう、労働者（管理監督者である労働者も含む。）が、自ら各事業場の業務の量やその進捗状況、それに費やす時間や健康状態を管理する必要がある。また、他の事業場の業務量、自らの健康の状況等について報告することは、企業による健康確保措置を実効あるものとする観点から有効である」という点を指摘している。そして、ガイドラインでは、始業・終業時刻、休憩時間、勤務時間、健康診断等の記録をつけていくような民間等のツールを活用して、自己の就業時間や健康の管理に努め、副業・兼業先の就業時間を自己申告により使用者に伝えるときにも活用できるようなツールの活用も推奨している点が参考になる。

事例

　複数事業者のもとで、セルフ給油式ガソリンスタンドの夜間監視員として連続かつ長時間の労働を行った労働者が、精神疾患を発症したとして、派遣先であり、原告労働者の勤務店舗の決定について実質的な差配を行っていた大器キャリアキャスティング（以下、「大器CC」という）のほか、直接雇用の契約を締結していた東洋石油販売に対して安全配慮義務違反に基づく損害賠償請求等を求めた事案につき、大阪高裁は、安全配慮義務違反の有無につき次のように判示しており参考となる（大器キャリアキャスティングほか1社事件・大阪高判令和4・10・14労働判例1283号44頁〔28311473〕）。まず大器CCの安全配慮義務違反については次のとおり判示した（判決文の理解のため、判決文中、控訴人とある点を労働者、被控訴人らをそれぞれ大器

CC、ENEOSと読み替えて表記した)。「大器CCは、労働者との間の労働契約上の信義則に基づき、使用者として、労働者が心身の健康を害さないよう配慮する義務を負い、労働時間、休日等について適正な労働条件を確保するなどの措置を取るべき義務(安全配慮義務)を負うと解されるところ、上記のような事実関係によれば、労働者は大器CC及びENEOS両名との間の労働契約に基づいて、157日という長期間にわたって休日がない状態で、しかも深夜早朝の時間帯に単独での勤務をするという心理的負荷のある勤務を含む長時間勤務(中略)が継続しており、大器CCは、自身との労働契約に基づく労働者の労働時間は把握しており、業務を委託していたENEOSとの労働契約に基づく就労状況も比較的容易に把握することができたのであるから、労働者の業務を軽減する措置を取るべき義務を負っていたというべきである。」、しかし大器CCは、労働者の兼業の事実を把握していたにもかかわらず「労働者の東洋石油販売における就労状況を具体的に把握することなく、(中略)長時間の連続勤務をする状態を解消しなかったのであるから、労働者に対する安全配慮義務違反があったと認められる」とした。

次に、東洋石油販売の法的責任については次のように述べて、安全配慮義務違反を否定した。すなわち、裁判所は、労働者の労働日数及び労働時間数をみると、労基法の労働時間規制の趣旨に反する状態が現出していたこと、東洋石油販売においても労働者が大器CCとの兼業をしていることを明確に認識していたことからすると、東洋石油販売において、労働者の労働時間の短縮等に何らかの配慮をすること自体は望ましいものであったと述べた。そのうえで、「労働者は、週3日間程度、東洋石油販売とは資本関係等がない同業の競合他社であるENEOSフロンティアが運営していたD店においても勤務していたものであり、東洋石油販売において、労働者のD店における労働時間等を当然に把握していたものではない。また、東洋石油販売における労働者の兼業も、基本的には労働者が主として労務を提供していた大器CCとの労働契約における拘束時間外(私的な時間)において行われるものであることからすると、東洋石油販売において積極的に他企業である大器CCにおける労働者の就労状況を把握すべきであったということはできない」、「仮に何らかの事情の下、東洋石油販売関係者が、労働者のD店での労働日数や労働時間数を認識していたとしても、東洋石油販売において、契約関係がないENEOSフロンティアに対して労働者の労働時間を調整するための何らかの権限があるわけではない。また、東洋石油販売は、大器CCと契約関係になく、労働者と大器CCの労働関係に直接介入して大器CCとの労働契約に基づく労働者の休日を設定するような権限を有しているものでもない」こと等から、東洋石油販売において労働者の連続かつ長時間労働に関して不法行為責任を負ったり、労働契約上の安全配慮義務違反があるとまでは認められないとした。

そして、大器CCが労働者に対して賠償すべき損害額を算定するに当たっては、労

働者が自身の判断において積極的に大器CC及びENEOSでの兼業を継続していたことなどの事実を踏まえ、労働者にも相応の過失があったと認められるとして、4割の過失相殺をするのが相当とした。

　本判決が大器CCと東洋石油販売で法的責任の肯否につき結論を異にする判断を行った点については、主として労務を提供していた事業主とそうでない事業主とで事業主に要請される安全配慮義務の内容が異なるのか、異なるとすればその理論的根拠は何かという点について疑問が呈されている（小西康之「複数事業者のもとでの長時間連続勤務による精神障害発症に対する法的責任—大器キャリアキャスティングほか1社事件」ジュリスト1581号（2023年）4-5頁参照））。

論点 ❹ 副業・兼業と社会保障（労災保険法、雇用保険法上の問題）

　ガイドラインでは次のように説明している。「事業主は、労働者が副業・兼業をしているかにかかわらず、労働者を1人でも雇用していれば、労災保険の加入手続を行う必要がある。労災保険制度は労基法における個別の事業主の災害補償責任を担保するものであるため、従来その給付額については、災害が発生した就業先の賃金分のみに基づき算定していたが、複数就業している者が増えている実状を踏まえ、複数就業者が安心して働くことができるような環境を整備するため、『雇用保険法等の一部を改正する法律』（令和2年法律第14号）により、非災害発生事業場の賃金額も合算して労災保険給付を算定することとしたほか、複数就業者の就業先の業務上の負荷を総合的に評価して労災認定を行うこととした。なお、労働者が、自社、副業・兼業先の両方で雇用されている場合、一の就業先から他の就業先への移動時に起こった災害については、通勤災害として労災保険給付の対象となる」としている。

　この点について労働者が副業・兼業を行っている場合の労災保険給付額の算定はどうなるかが問題となるが、①労働災害が発生した就業先の賃金額と、②労働災害が発生した就業先以外の就業先の賃金額の両者を合算して算定することとなる（令和4年7月改定『副業・兼業の促進に関するガイドライン』Q&A」（以下、「ガイドラインQ&A」という）のQ3-1参照）。この副業・兼業を行う労働者（賃金額を合算して労災保険給付額を算定する労働者）の対象は、原則として「被災した時点で、事業主が同一でない複数の事業と労働契約関係にある労働者」

となる。なお、このほか特別加入している場合（副業・兼業として一人親方や個人事業主の形態で就業し、一人親方や個人事業主について労災保険に特別加入している場合）なども対象となる。もっとも、このような取扱いは、労災保険法の改正により令和2年9月1日以降に発生した傷病等について適用されるものであり、同年8月31日以前に発生した傷病等について、労働災害が発生した就業先の賃金分のみに基づき労災保険給付額を算定することとされている（後掲〔事例〕参照）。さらに、労働者が副業・兼業を行っている場合、労災認定する際の業務の過重性の評価に当たって労働時間は合算されるのかという点については、労災認定を行うに当たって、副業・兼業を行う労働者の業務上の負荷は、労働時間等を個々の事業場ごとに評価し、1つの事業場における業務上の負荷のみで労災認定できるかをまず判断することになるが、1つの事業場における業務上の負荷のみでは労災認定できない場合にも、複数の事業場の労働時間等の業務上の負荷を総合的に評価して労災認定できるかを判断するものとされている（ガイドラインQ＆AのQ3－2参照）。ただし、この取扱いも令和2年9月1日以降に発生した傷病等について適用されるにすぎない。加えて、本業の勤務終了後、副業・兼業先に向かう途中に災害にあった場合に通勤災害となるのかも問題となるが、2つの就業先で働く労働者が、1つ目の就業の場所で勤務を終え、2つ目の就業の場所に向かう途中に災害に遭った場合、通勤災害となるという見解が示されている（ガイドラインQ＆AのQ3－3参照）。

　次に、雇用保険、厚生年金保険、健康保険についてみると、ガイドラインがその内容を端的にまとめて解説しているので引用する。「雇用保険制度において、労働者が雇用される事業は、その業種、規模等を問わず、全て適用事業（農林水産の個人事業のうち常時5人以上の労働者を雇用する事業以外の事業については、暫定任意適用事業）である。このため、適用事業所の事業主は、雇用する労働者について雇用保険の加入手続きを行わなければならない。ただし、同一の事業主の下で、①1週間の所定労働時間が20時間未満である者、②継続して31日以上雇用されることが見込まれない者については被保険者とならない（適用除外）。また、同時に複数の事業主に雇用されている者が、それぞれの雇用関係において被保険者要件を満たす場合、その者が生計を維持するに必要な主た

る賃金を受ける雇用関係についてのみ被保険者となるが、『雇用保険法等の一部を改正する法律』（令和2年法律第14号）により、令和4年1月より65歳以上の労働者本人の申出を起点として、一の雇用関係では被保険者要件を満たさない場合であっても、二の事業所の労働時間を合算して雇用保険を適用する制度が試行的に開始される。社会保険（厚生年金保険及び健康保険）の適用要件は、事業所毎に判断するため、複数の雇用関係に基づき複数の事業所で勤務する者が、いずれの事業所においても適用要件を満たさない場合、労働時間等を合算して適用要件を満たしたとしても、適用されない。また、同時に複数の事業所で就労している者が、それぞれの事業所で被保険者要件を満たす場合、被保険者は、いずれかの事業所の管轄の年金事務所及び医療保険者を選択し、当該選択された年金事務所及び医療保険者において各事業所の報酬月額を合算して、標準報酬月額を算定し、保険料を決定する。その上で、各事業主は、被保険者に支払う報酬の額により按分した保険料を、選択した年金事務所に納付（健康保険の場合は、選択した医療保険者等に納付）することとなる。」

事例

【論点3】の〔事例〕で紹介した大器キャリアキャスティングほか1社事件（大阪高判令和4・10・14労働判例1283号44頁〔28311473〕、原審・大阪地判令和3・10・28労働判例1257号17頁〔28300697〕）には関連事件として、同一の労働者が長時間労働により精神疾患に罹患したことが業務上災害に当たるとして労災申請を行い、業務上災害と認定され、休業補償給付を受けたものの、その給付基礎日額の算定について副業・兼業先（東洋石油）からの賃金額を合算すべきかを争って、休業補償給付支給変更決定処分取消請求訴訟を提起した行政訴訟がある（国・大阪中央労基署長（大器キャリアキャスティング・東洋石油販売）事件・大阪地判令和3・12・13労働判例1265号47頁〔28301759〕）。同事件は、労災保険法（令和2年法律14号による改正前）の事案であり、かかる事例において、裁判所は改正後の労災保険法の規定は適用されず、改正前の同法下において、労働者が複数の使用者の事業場で就労していた場合であっても、休業補償給付の給付基礎日額の算定に当たり、災害補償責任を負うとはいえない使用者から支払われた賃金額を合算することはできないと判断した。その理由については参考となる部分も多いことから紹介する。「(1)改正前労災保険法に基づく労災保険制度において複数事業場の賃金額を合算して給付基礎日額を算定することの許容性」について裁判所は次のとおり、改正前労災保険法に基づく労災保険制度の趣旨から説き起こして判断を行った。すなわち「(ア)改正前労災保険法は、業務上の事由による労働

者の負傷、疾病、障害、死亡等（以下「傷病等」という。）に対して迅速かつ公正な保護をするため、必要な保険給付を行い、もって労働者の福祉の増進に寄与することを目的とし（同法１条）、同法上の労災保険給付は、労基法75条から77条まで、79条及び80条に規定する災害補償の事由が生じた場合に行うものと定めており（改正前労災保険法12条の８第２項）、労基法は、改正前労災保険法に基づく労災保険給付が行われるべきものである場合において、使用者は労基法上の災害補償責任を免れると定めている（同法84条１項）。このような規定の存在とその内容に鑑みれば、改正前労災保険法に基づく労災保険給付は、労基法上の災害補償責任を前提とするものであるということができる。(イ)ここで、労基法上の災害補償責任は、使用者の過失の有無を問わず、業務上の傷病等による労働者の損失を使用者が負担することを義務付けるものであるところ（同法75条１項、76条１項、77条、79条、80条）、これは、使用者が労働者をその支配下に置き、使用従属関係の下で業務に従事させる過程において、当該業務に内在する危険が現実化して労働者に傷病等が発生した場合に、危険責任の法理に基づき、当該使用者に無過失責任を課し、平均賃金を基礎として定率的に定める金額の補償義務を負わせることとしたものである。労基法上の災害補償責任が危険責任の法理に立脚するものである以上、労働者が複数の使用者の事業場で就労していた場合における同法上の災害補償責任の基礎となる業務の危険性は、使用者が実質的に同一であるなどの特段の事情がない限り、当該業務自体の性質によって事業場ごとに判断され、業務に内在する危険が現実化して災害が生じたものと認められる事業場の使用者のみがその責任を負うというべきである。(ウ)そして、改正前労災保険法に基づく労災保険給付が労基法上の災害補償責任を前提とするものであることは前記(ア)のとおりであるから、改正前労災保険法に基づく労災保険制度は、個々の使用者の災害補償責任を前提として、その履行を十全にするために創設された政府管掌の公的保険制度であるということができる（同法２条、３条）」と判示した。そして「複数事業場の賃金額を合算して給付基礎日額を算定することの許容性」については次のように判示した。すなわち、「改正前労災保険法上の休業補償給付の額の算定に用いられる給付基礎日額は、労基法12条の平均賃金に相当する額とされているところ（改正前労災保険法８条の２第１項、８条１項）、上記平均賃金とは、これを算定すべき事由の発生した日以前３か月間にその労働者に対して支払われた賃金の総額を、その期間の総日数で除した金額をいう（労基法12条１項）。上記の給付基礎日額の算定過程において、当該労働者が複数の使用者の事業場において就労していた場合に、傷病等の原因となった業務の使用者以外の事業場の使用者から支払われた賃金額を考慮することは想定されておらず、これは、上記アで説示したとおり、改正前労災保険法に基づく労災保険制度が、個々の使用者の労基法上の災害補償責任を前提とするものであることによるものである。したがって、改正前労災保険法の下において、労働者が複数の使用

者の事業場で就労していた場合であっても、休業補償給付の給付基礎日額の算定に当たって、労基法上の災害補償責任を負うとはいえない使用者から支払われた賃金額を合算することはできないというべきである」。そして、本件においては、支給されるべき休業補償給付の給付基礎日額を算定するに当たっては、本件疾病の発症について、大器CCと東洋石油のいずれが労基法上の災害補償責任を負うか、すなわち、本件疾病の発症は、大器CCと東洋石油のいずれの業務に内在する危険が現実化したものといえるかを検討すべきこととなるとした。そのうえで、本判決は、長時間の連続勤務は大器CCにおいて行われ、東洋石油における業務はおおむね毎週日曜日の約3時間にすぎないとした。また、職場における人間関係上のトラブルも、大器CCにおいてみられたものの、東洋石油の業務に従事する過程において、同社の上司又は同僚との間で強い精神的負荷につながるようなトラブルを抱えていたとは認められないとした。そして、本件疾病の発症は、大器CCの業務に内在する危険が現実化したものであるから、大器CCの業務に起因したものであって、これを東洋石油の業務に内在する危険が現実化したものと評価することは到底困難であり、本件で支給されるべき休業補償給付の給付基礎日額は、大器CCからの賃金額を基に算定すべきであり、上記金額に東洋石油からの賃金額を合算することはできないと結論付けた。

　なお、本判決では「改正後労災保険法の制度趣旨等から見た本件における給付基礎日額合算の許容性」についても言及しているので、この点の判示も紹介しておく。「改正後労災保険法は、多様な働き方を選択する者やパートタイム労働者として複数就業している労働者が増加している実情を踏まえ、複数事業労働者が安心して働くことのできる環境を整備し、複数事業労働者に対する稼得能力の喪失等に対する填補を十分に行うため、〔1〕給付基礎日額の算定に当たり、複数事業労働者に関する保険給付について複数事業労働者を使用する全事業の賃金を合算することとし、〔2〕複数事業労働者を使用するそれぞれの事業における業務上の負荷のみでは業務と傷病等の間に因果関係が認められない場合に、複数事業労働者を使用する全事業の業務上の負荷を総合的に評価すること等を定めたものである」とした。そして、上記改正が本件に与える影響の有無については「改正後労災保険法が適用されるのは、令和2年9月1日以降に発生した傷病等に係る事案に限られ、同日より前に発生した傷病等については、改正前労災保険法が適用されるところ（前記前提事実(5)）、原告が本件疾病を発症したのは、平成26年6月下旬頃であったから、本件について改正後労災保険法の規定が適用されるものでないことは明らかである」とした。これに加え「本件において、本件疾病の発症が大器CCの業務上の事由によるものであることは前記（中略）で認定・説示したとおりであり、個々の事業の業務では業務起因性が認められないことを前提に、複数の事業の業務を総合して業務起因性を検討すべき事案ではない。したがって、本件は、改正後労災保険法の下においても、複数業務要因災害の適用場面で

はない」とした。そして最後に「改正後労災保険法における複数事業労働者の賃金額合算規定は、近年の複数事業労働者の増加等に鑑み、複数事業労働者の稼得能力の填補を充実させるための政策的改正であるところ、前記（中略）経過措置の存在に鑑みれば、上記改正の趣旨を特段の事情もないのに令和2年9月1日より前に傷病等が発生した事案に及ぼすことは許されない。そして、本件において、改正後労災保険法における複数事業労働者の賃金額合算規定の趣旨を斟酌すべき特段の事情が認められない」と判示している。

【参考文献】
荒木尚志=岩村正彦=村中孝史=山川隆一編『注釈労働基準法・労働契約法　第1巻』有斐閣（2023年）〔荒木尚志〕（第4章　労働時間、休憩、休日及び年次有給休暇　労働基準法第38条）、野川忍=水町勇一郎編『実践・新しい雇用社会と法』有斐閣（2019年）165-169頁、石﨑由希子「副業・兼業者の労働時間管理と健康確保」季刊労働法269号（2020年）2頁以下、笠置裕亮「副業・兼業における実務上の課題」季刊労働法269号（2020年）42頁以下

（淺野高宏）

II　労働契約の基本的考え方

1　労働契約の基本原則

【概要】

　労働契約に関する基本法は、平成19年に成立した労働契約法（平成19年法律128号）である。同法は、平成24年、有期労働契約法制を導入する内容で改正されて（平成24年法律56号）、平成30年には、有期労働契約法制の一環を成す20条（期間の定めがあることによる不合理な労働条件の禁止）がパート有期法8条に統合されたことから削除される（平成30年法律71号（施行は令和2年4月1日））という変遷を辿っている（パート有期法8条については、第2巻II 3「短時間労働者及び有期雇用労働者の雇用管理の改善等に関する法律」参照）。

　第2次世界大戦後に本格的に開花した日本の労働法は、労働基準法（労基法）を中心とする労働条件の最低基準立法によって労働者を保護しつつ、労働組合・使用者間の団体交渉関係を保障する集団的労働法（労働組合法（労組法））によって労働条件の維持・向上を図るという立法政策を基本としてきた。一方、これら立法が対象とする法律関係の中心は労働契約であるところ、その労働契約をめぐっては、実定労働法規が規制していない事項（労働契約の成立・展開・終了）に関して、裁判例において多数の法的ルールが形成されてきた。労契法は、こうした判例法理のうち、数少ないが重要なルールを抜き出して立法化したものである。

　労契法は、審議過程における労働者側・使用者側の意見の調整を重視したため、全22条の小型立法にとどまり、本格的労働契約法制というにはほど遠い立法である。しかし一方、労契法は、労働契約に関する基本的ルールを判例法理任せにせず、立法という明確な法規範として規定する点で「法の支配」の理念に適合し、労働法の骨格を成す重要な立法となった。こうして、労契法は、日本の労働法史上、画期的な意義を有する立法ということができる。本項では、こうした労契法の基本原則（合意原則、均衡考慮の原則、仕事と生活の調和への配慮の原則、信義誠実の原則・権利濫用の禁止）を定めた同法3条について解説する（土田道夫「労働契約法総則3規定の意義と課題」ジュリスト1507号（2017年）40頁参照）。

【関係法令】

労契法3条

II 労働契約の基本的考え方

•••••• 論　　点 ••••••

1　合意原則
2　均衡考慮の原則
3　仕事と生活の調和への配慮の原則
4　信義誠実の原則・権利濫用の禁止

論点 1　合意原則

1　概説

　労契法3条1項は、「労働契約は、労働者及び使用者が対等の立場における合意に基づいて締結し、又は変更すべきものとする」と定め、労働契約の基本原則として合意原則を規定する。同法の目的規定である1条は、「労働契約が合意により成立し、又は変更されるという合意の原則」を宣言しているが、本項は、この原則を改めて基本理念として規定したものである。

　もともと労働契約は、労働者・使用者間の構造的な交渉力・情報格差と、労働の他人決定性（使用者の指揮命令下の労働）を特質とする契約であり、労働法は、そのことを前提に、多様な法規制を行っている。しかし同時に、労働契約の基本は労働者・使用者間の契約関係にあるから、合意原則を基本に労働契約が締結・変更されることは必要かつ適切なことである。こうした法理念を宣言する規定としては、労基法が定める労働条件対等決定の原則（同法2条1項）があり、合意原則は、労働条件対等決定の原則を継承した規定と解される。

　このように、労契法3条1項が定める合意原則は、同法の基本理念であるから、労働契約の解釈に際しては、合意原則を尊重した解釈を行うべきである。すなわち、労働契約においては、労働の他人決定性を背景に、使用者が包括的な人事権や就業規則を根拠に労働条件の決定・変更を実行することが多いが、合意原則の下では、そうした一方的決定をできるだけ排斥し、労使間合意に基づく決定・変更を認める必要がある。

　裁判例では、配転について、職種・業務内容を技術職に限定する旨の合意がある労働者に対する総務課への配転命令につき、労使間に労働者の職種や業務内容を限定する旨の合意がある場合は、使用者は、当該労働者の個別的同意なく配転を命ずる権限を有しないとして法人の配転命令権を否定した最高裁判例

がある（社会福祉法人滋賀県社会福祉協議会事件・最二小判令和6・4・26労働判例1308号5頁〔28321288〕。職種限定の合意を認定しながら一方的配転命令を肯定した原審（大阪高判令和4・11・24労働判例1308号16頁〔28321290〕）を破棄し差戻し）。また、年俸制において新年度の年俸額について労使が合意に達しなかった場合に使用者の決定権を認める旨の労使間の個別合意につき、合意原則（労契法3条1項）を踏まえて、労使間合意において客観的合理的な年俸昇給率の定め方が合意された場合に限り使用者に年俸額決定権の付与が合意されたものと解したうえ、そうした合意がない場合の使用者による年俸額決定を無効と解し、前年度の年俸額が新年度の年俸額となると判断した例（学究社事件・東京地判令和4・2・8労働判例1265号5頁〔28301757〕）がある（年俸制については、年俸額決定権を認める就業規則規定につき、同じく合意原則を参照して、客観性・合理性のある決定手続を履行する仕組みが整えられていることを要件と解し、そうした公正手続を欠く就業規則は合理性を否定される（労契法7条）と判断した例（インテリム事件・東京高判令和4・6・29労働判例1291号5頁〔28310816〕）もある）。いずれの裁判例も、合意原則（労契法3条1項、8条）を重視し促進する判断として有意義である。

2　労働条件の変更

(1)　合意原則のこうした意義は、特に、労働条件の変更の場面で重要性を増している。すなわち、近年、労使当事者が個別的合意によって労働条件を決定・変更する場面が増えている（賃金・退職金減額、人事考課、裁量労働制の適用・適用解除、配転・出向・転籍、企業変動時の労働条件変更等）ところ、合意原則の上記意義によれば、労働条件変更に関する労使間合意は、形式的にではなく実質的に行われなければならない（実質的合意の要請）。そして、合意原則の意義は、賃金・退職金の不利益変更の場面において、「労働者の自由意思に基づく同意」法理として具体化されている。

すなわち、裁判例は、賃金減額に関する労働者の同意について、それが労働者の自由意思に基づいてされたものと認められる合理的理由が客観的に存在することを求め、労使間合意の成否を慎重に判断してきた（土田・労働契約法〈第2版〉257頁以下、579頁以下、593頁以下参照）。近年の判例（山梨県民信用組合事件・最二小判平成28・2・19民集70巻2号123頁〔28240633〕）も、管理職らの退職金を0円又

は不支給とする帰結をもたらす就業規則（退職給与規程）の変更及び労働契約の変更に管理職らが書面により同意したケースにつき、賃金・退職金を不利益に変更する合意については、労働者が使用者の指揮命令に服すべき立場にあることや、意思決定の基礎となる情報の収集能力に限界があることによれば、当該変更を受け入れる旨の労働者の行為の有無だけでなく、「当該変更により労働者にもたらされる不利益の内容及び程度、労働者により当該行為がされるに至った経緯及びその態様、当該行為に先立つ労働者への情報提供又は説明の内容等に照らして、当該行為が労働者の自由な意思に基づいてされたものと認めるに足りる合理的な理由が客観的に存在するか否かという観点からも」判断されるべきものと述べ、労働者の自由意思に基づく同意を重視する判断を示している。そして、具体的判断としても、管理職らに発生する不利益の内容や同意書への署名押印に至る経緯等を踏まえると、管理職らが本件基準変更に同意するか否かについて検討・判断するために必要十分な情報を与えられていたというためには、退職給与規程の不利益変更の必要性のみならず、変更により発生する具体的不利益の内容・程度についても情報提供・説明が行われる必要があったと判断し、原審（東京高判平成25・8・29労働判例1136号15頁〔28240634〕）を破棄し差し戻した。その後の下級審裁判例は、一致してこの判例に従って判断している（大島産業事件・福岡高判平成31・3・26判時2435号109頁〔28271919〕、MASATOMO事件・東京地判令和2・1・24労働判例ジャーナル100号44頁〔29058836〕、O・S・I事件・東京地判令和2・2・4労働判例1233号92頁〔28282944〕、木の花ホームほか1社事件・宇都宮地判令和2・2・19労働判例1225号57頁〔28282939〕、染谷梱包事件・東京地判令和5・3・29労経速報2536号28頁〔28320442〕等多数）。

　以上のとおり、判例は、労働者の自由意思に基づく同意の認定に際して、使用者による十分な説明・情報提供を重視しており、これは、賃金・退職金の不利益変更合意における合意形成手続（プロセス）の重要性を示すものである。すなわち、使用者は、合意原則に基づき、賃金・退職金の不利益変更の必要性（経営状況の悪化等）及び内容（不利益の内容・程度、代償措置等）について十分な説明・情報提供を行い、意見を聴取する等の手続を履行する必要があり、労働者が賃金減額の必要性及び内容を十分理解したうえで同意したといえることを

1 労働契約の基本原則

要する。また、労働者が賃金減額に署名押印するなどして明示的に同意し、その後、変更賃金を一定期間異議なく受領した場合も、使用者が賃金減額について説明・情報提供を尽くしていない場合は、自由意思に基づく同意を認めることはできない。そして、使用者の説明・情報提供義務の根拠として、合意原則とともに重要となるのが信義則（労契法3条4項）及び労働契約内容の理解促進の責務（同法4条1項）である。

　なお、判例（前掲山梨県民信用組合事件）は、労働者の自由意思に基づく同意の認定に際して、労働者が被る不利益の内容・程度という実体的要素を考慮要素に位置付けているが、この考慮要素は、労働者が被る不利益の大きさに応じて説明・情報提供の内容・程度が高度に求められるという趣旨の考慮要素、すなわち、あくまで手続的規律の程度を左右する要素として示されたものと理解すべきであろう（同旨、神吉知郁子「判批」判時2333号（2012年）180頁）。また、労働者の自由意思に基づく同意の認定基準としては、説明・情報提供のほか、使用者による変更内容の特定、変更合意の書面化、考慮期間の付与等が挙げられる（土田・労働契約法〈第2版〉593頁参照）。

　(2)　合意原則に関する今後の検討課題としては、上述した「労働者の自由意思に基づく同意」法理の射程が挙げられる。この点、判例（前掲山梨県民信用組合事件）は、賃金・退職金の減額合意事案を対象とする判断であるため、その射程は、賃金・退職金の減額に限られ、他の重要な労働条件変更に当然に及ぶものではないと説く見解が有力である（池田悠「山梨県民信用組合事件判批」日本労働法学会誌128号（2016年）207頁）。一方、判例は、上記減額合意について、労働契約の他人決定的性格や労使間の情報格差の存在を考慮して労働者の自由意思に基づく同意を重視する判断を示しているところ、労働契約のこれら特質は、賃金以外の労働条件変更についても妥当する特質であるから、この法理は、労働条件変更合意一般に及ぶと考えることも可能である（土田・労働契約法〈第2版〉596頁参照）。

　この点、下級審裁判例は、判例（前掲山梨県民信用組合事件）の射程を賃金・退職金の変更に求めたうえで、それと同価値の労働条件の変更にも及ぼすという個別的なアプローチを採用していると解される。典型的裁判例として、求人

票の労働条件（無期労働契約）が事後の合意によって事後的に有期労働契約に変更された事案につき、労働者の自由意思に基づく同意の法理（前掲山梨県民信用組合事件）を引用しつつ、自由な意思に基づく同意の法理は、賃金と退職金と同様に重要な労働条件の変更にも妥当するとしたうえ、労働契約が有期か無期かは雇用の安定性のうえで全く異なることから、無期労働契約から有期労働契約への変更は、賃金や退職金の変更と同様、重要な労働条件の変更に当たるとして同法理を適用し、同意の存在を否定した例が挙げられる（デイサービスA社事件・京都地判平成29・3・30判時2355号90頁〔28254254〕）。同様の判断は、**職種限定労働者の同意に基づく配転**（国際医療福祉大学事件・宇都宮地決令和2・12・10労働判例1240号23頁〔28291863〕）、**職務グレードの降格**（Chubb損害保険事件・東京地判平成29・5・31労働判例1166号42頁〔28254799〕）、**労働契約の合意解約の申込み**（グローバルマーケティングほか事件・東京地判令和3・10・14労働判例1264号42頁〔29067114〕）、他方、「労働者の自由意思に基づく同意」法理の射程を賃金の領域に限定し、転籍合意について否定する例もあり（大和証券ほか事件・大阪地判平成27・4・24平成25年(ワ)3690号裁判所HP〔28232972〕）、同法理の射程は今後の課題として残されている。

論点 ❷ 均衡考慮の原則

労契法3条2項は、「労働契約は、労働者及び使用者が、就業の実態に応じて、均衡を考慮しつつ締結し、又は変更すべきものとする」と定め、均衡考慮の原則を規定する。平成19年の労契法政府提出法案には存在せず、国会審議により追加された規定である。「均衡」は、もともとはパートタイム労働法を規律する理念であり、同法は、短時間労働者（パートタイム労働者）の待遇について、正社員との均衡を考慮して決定すべき努力義務を規定している（同法3条、9条（パート有期法10条））。同法上の「均衡の理念」は、通常の労働者とパートタイム労働者との間の処遇格差について、企業による拘束度等の違いを理由とする処遇格差を許容しつつ、その格差を合理的範囲内のものとすることを要請する理念である。

労契法3条2項（均衡の原則）は、パートタイム労働法と同様、「均衡の理

念」を宣言した規定であるが、労働者・使用者が「就業の実態に応じて、均衡を考慮しつつ」、労働契約を締結・変更すべきことを規定するだけで、誰と誰との間での、いかなる事項についての「均衡」を要請するものかを規定していない。その意味で、同項は不十分な規定であり、理念規定の域を出ないが、他方、後述するとおり、多様な雇用・就業形態で労働契約を締結する労働者間に妥当する一般的な「均衡の理念」を規定したものと評価することもできる（荒木=菅野=山川・詳説労契法〈初版〉85頁参照）。

ところで、平成24年の改正労契法によって追加された同法20条（平成30年法律71号改正前労契法20条）は、有期契約労働者について、この「均衡考慮の原則」をさらに進め、「期間の定めがあることによる不合理な労働条件相違の禁止」を規定した。すなわち、同条は、有期契約労働者・無期契約労働者間に労働条件の格差（相違）がある場合に、その労働条件格差を認めつつ、労働者の業務の内容及び当該業務に伴う責任（職務の内容）、当該職務の内容及び配置変更の範囲その他の事情を考慮して、格差が不合理なものであることを禁止している。同条は、同法3条2項と異なり、有期契約労働者の労働条件（無期契約労働者の労働条件との格差）が上記要素に即して合理的なものであることを求める点で明確な規範性を有するとともに、不合理とされた労働条件を無効とし、不法行為（民法709条）として損害賠償責任を発生させる効果を有する規定（私法的強行規定）である（ハマキョウレックス事件・最二小判平成30・6・1民集72巻2号88頁〔28262465〕、長澤運輸事件・最二小判平成30・6・1民集72巻2号202頁〔28262467〕）。このように、均衡考慮の原則に比べて強い実効性を有する旧労契法20条であるが、同条は、平成30年のパート有期法制定に伴い、短時間労働者・有期雇用労働者双方を対象とする同法8条に統合され、削除された。

なお、「均衡考慮の原則」は、現行労働立法が適用対象としない労働者に関する救済規範として機能する可能性がある。すなわち、無期労働契約で雇用される労働者（①労契法18条に基づいて無期労働契約に転換した労働者、②無期雇用で定年延長される労働者、③無期雇用のフルタイムパート）と正社員との間の賃金格差については、短時間・有期雇用労働者と通常の労働者（無期雇用労働者）間の均衡を規律するパート有期法8条は適用されないところ、そうした帰結は明ら

かに法の正義（条理）に反するため、「均衡考慮の原則」を労契法7条（就業規則の合理性要件規定）や公序（民法90条）等の一般条項に反映させて賃金格差を規制する法理を検討することが課題となる。

　裁判例では、有期雇用労働者の無期労働契約転換後に生じている正社員（無期雇用労働者）との間の賃金に係る相違につき、無期転換後労働者と正社員の間の労働条件相違については、両者間の配置の変更の範囲等の就業の実態に応じた均衡が保たれている限りは労契法7条の合理性要件を満たすと述べたうえ、無期転換労働者が有期雇用労働者であった時期と同様、正社員との間で配置の変更の範囲に違いがあるとして賃金相違に係る合理性を肯定した例がある（ハマキョウレックス事件・大阪高判令和3・7・9労経速報2461号18頁〔28293534〕）。無期転換後の労働条件に係る就業規則の合理性審査（労契法7条）について、旧労契法20条の規律を参照した判断であるが、労契法7条の合理性審査に際しては、均衡考慮の原則（労契法3条2項）を用いることも可能であろう。

論点 ③　仕事と生活の調和への配慮の原則

　労契法3条3項は、「労働契約は、労働者及び使用者が仕事と生活の調和にも配慮しつつ締結し、又は変更すべきものとする」と定め、「仕事と生活の調和への配慮の原則」を規定する。同項も、同法の国会審議により追加された規定である。「仕事と生活の調和」は、「ワーク・ライフ・バランス」とも呼ばれ、長時間労働・過労死問題の増加や、少子・高齢社会の到来を背景に、今日の雇用・労働政策における重要な政策的課題となっている（「仕事と生活の調和（ワーク・ライフ・バランス）憲章」及び「仕事と生活の調和推進のための行動指針」（いずれも、内閣府、平成19年12月）並びに平成22年6月29日の政労使合意による上記「憲章」及び「行動指針」の改訂版参照）。

　労契法3条3項は、このような近年の雇用政策を摂取した規定であり、理念規定にとどまるが、労働契約の解釈や権利濫用の判断に際して機能する場合がある。例えば、使用者が行う配転命令や時間外労働命令の効力に関して、仕事と生活の調和への配慮の原則が考慮要素となることは十分考えられる。裁判例では、住居の移転を伴う配転につき、このような配転命令は、使用者が配慮す

べき仕事と生活の調和（3条3項）への影響が大きいことから、その存否を慎重に認定すべきと述べたうえ、勤務地限定の合意を認定して配転命令権を否定した例（仲田コーティング事件・京都地判平成23・9・5労働判例1044号89頁〔28223736〕）や、時間外労働義務につき、労基法36条は、時間外労働の臨時性・例外性及び業務の柔軟な運営の確保の要請と並んで、仕事と生活の調和の要請を趣旨としていると解したうえ、時間外労働義務は、労働協約や就業規則において、厚生労働大臣が定める時間外労働の限度基準以下の時間数が規定された場合に限って発生すると判断する例がある（ザ・ウィンザー・ホテルズインターナショナル事件・札幌高判平成24・10・19労働判例1064号37頁〔28211394〕）。いずれも、「仕事と生活の調和への配慮の原則」が労働契約の解釈基準として有意義であることを示す裁判例といえよう。

論点 4　信義誠実の原則・権利濫用の禁止

1　信義誠実の原則

　労契法3条4項は、「労働者及び使用者は、労働契約を遵守するとともに、信義に従い誠実に、権利を行使し、及び義務を履行しなければならない」と定め、信義誠実の原則を規定する。同項は、労働契約の遵守義務とともに、私法の大原則である信義誠実の原則（民法1条2項）を労働契約に関して具体化したものであり、重要な意義を有する。

　労働契約は、継続的・人格的・組織的性格を有する契約であり、ここから当事者間の信頼関係が重視され、信義誠実の原則（信義則）が重要な機能を営む。信義則は、労働者・使用者の権利義務の解釈基準となる（誠実労働義務、賃金の決定・変更時の説明・協議義務、整理解雇時の説明・協議義務等）とともに、労働者・使用者の多様な付随義務（労働者の誠実義務、守秘義務、競業避止義務、使用者の安全配慮義務、職場環境配慮義務、採用時における労働条件の説明義務（契約締結上の過失）等）を基礎付ける規範として機能する。

　信義則が特に重要な役割を営むのは、前述した使用者の義務を創設する（発生させる）側面においてであり、それは、労働契約における労使間の交渉力格差を是正し、労働者の利益を保護するうえで重要な意義を有している（安全配

慮義務につき、自衛隊車両整備工場事件・最三小判昭和50・2・25民集29巻2号143頁〔27000387〕、職場環境配慮義務につき、人材派遣業A社事件・札幌地判令和3・6・23労働判例1256号22頁〔28300461〕、フジ住宅事件・大阪高判令和3・11・18労働判例1281号58頁〔28293675〕（職場におけるヘイト文書配布事案。Ⅱ2(4)「使用者の義務」参照））。

　また、使用者が権利を行使する際に信義則の遵守を命じられる例としては、整理解雇に際して、労働者との間で誠実に説明・協議を行う義務を負う場合（泉州学園事件・大阪高判平成23・7・15労働判例1035号124頁〔28180076〕、アンドモワ事件・東京地判令和3・12・21労働判例1266号74頁〔29068364〕等多数）があり、使用者の権利の発生それ自体を抑制する例としては、使用者が労働者に対して損害賠償請求権（民法415条、709条）又は使用者責任を負担したことに伴う求償権（民法715条3項）を行使する場合（茨石事件・最一小判昭和51・7・8民集30巻7号689頁〔27000317〕。Ⅱ2(1)「労働者の義務―労働義務」【論点4】参照）が挙げられる（詳細は、土田道夫「労働者（被用者）の逆求償権について」武井寛＝矢野昌浩＝緒方桂子＝山川和義編『労働法の正義を求めて　和田肇先生古稀記念論集』日本評論社（2023年）219頁参照）。

　他方、信義則は、労働者の付随義務（誠実義務、兼職避止義務、守秘義務、競業避止義務）を基礎付ける規範としても機能する（誠実義務につき、ラクソン事件・東京地判平成3・2・25判タ766号247頁〔27809406〕、守秘義務につき、アイメックス事件・東京地判平成17・9・27労働判例909号56頁〔28110759〕、スカイコート事件・東京地判令和5・5・24労働判例ジャーナル143号2頁〔29078975〕、競業避止義務につき、Z社事件・名古屋地判令和5・9・28労経速報2535号13頁〔28320347〕等。Ⅱ2(2)「労働者の義務―付随義務」【論点2】参照）。

2　権利濫用の禁止

　労契法3条5項は、「労働者及び使用者は、労働契約に基づく権利の行使に当たっては、それを濫用することがあってはならない」と定め、権利濫用の禁止を規定する。同項も、民法の権利濫用禁止規定（民法1条3項）を労働契約に関して規定したものである。

　労働契約は、指揮命令権（労務指揮権）をはじめとして、使用者に多様かつ広範な権利（裁量権）が帰属する契約である。権利濫用の禁止は、このような

労働契約において、使用者の権利行使の段階でその行き過ぎ（濫用）を規制し、労使間の適切な利益調整を促進する規範（行使規制規範）として機能してきた。労働法解釈論の最大の課題の1つは、この権利濫用法理の確立とその判断基準の明確化にあったといっても過言ではない。解雇権濫用法理（現在は労契法16条）をはじめとして、指揮命令権の濫用（Ⅱ2(1)「労働者の義務―労働義務」【論点1】【論点3】参照）、配転命令権の濫用（東亜ペイント事件・最二小判昭和61・7・14判タ606号30頁〔27613417〕）、降格命令権の濫用（広島精研工業事件・広島高判令和4・3・29令和3年(ネ)306号等公刊物未登載〔28310007〕）、出向命令権の濫用（新日本製鐵（日鐵運輸第2）事件・最二小判平成15・4・18判タ1127号93頁〔28081211〕）、懲戒権の濫用（ネスレ日本事件・最二小判平成18・10・6判タ1228号128頁〔28112114〕。公務員につき、神戸税関事件・最三小判昭和52・12・20民集31巻7号1101頁〔27000261〕）、時間外・休日労働命令権の濫用など、権利濫用の禁止が要請される場面は枚挙にいとまがない。労契法14条（出向命令権濫用規定）、15条（懲戒権濫用規定）及び16条（解雇権濫用規定）は、こうした権利濫用規制のうち、一定の規律を抜き出して立法化したものである。

　また、権利濫用の禁止は、労働契約の公法的規制について私法的効果を肯定するための媒介項（一般条項）としても機能する。例えば、育児・介護休業法26条は、育児・介護を行う労働者の転勤等に関する使用者の配慮義務を定めるところ、同法は公法であるため、同条違反の転勤命令が直ちに私法上無効となるわけではないが、権利濫用の重要な考慮要素を形成することで転勤命令の無効を導き得る（ネスレ日本（懲戒解雇）事件・大阪高判平成18・4・14労働判例915号60頁〔28111202〕など）。また、障害者雇用促進法上の差別禁止規定（36条）や合理的配慮規定（36条の3、36条の4）も、直ちに私法上の効果を有するわけではないが、人事異動・懲戒処分・解雇がこれら規定に違反して行われた場合は、権利濫用禁止規定（労契法3条5項、14、15、16条）の規律に服するものと解される（土田・労働契約法〈第2版〉95頁以下参照）。

　　　　　　　　　　　　　　　　　　　　　　　　　　　（土田道夫）

II 労働契約の基本的考え方

2 労働契約の権利義務

労働契約は、労働者が労働を提供し、使用者がその対価として賃金を支払う関係を基本とする契約であるから、当事者が負う基本的義務(給付義務)は、労働者の労働義務と、使用者の賃金支払義務に求められる。これらの義務はそれぞれ、使用者の労務給付請求権・労務指揮権と、労働者の賃金請求権に対応する。また、これら権利義務に付随して、信義則(労契法3条4項)に基づき、様々な義務(労働者の誠実義務・守秘義務・競業避止義務、使用者の安全配慮義務・職場環境配慮義務等)が発生する(Ⅱ1「労働契約の基本原則」【論点4】参照)。

(1) 労働者の義務－労働義務

【概要】

労働者は、労働契約に基づく基本的義務として労働義務を負う。労働義務の内容は、労基法等の労働保護法によって最低基準を設定されるほかは、労働契約の解釈によって決定される(電電公社帯広局事件・最一小判昭和61・3・13労働判例470号6頁〔2780 3721〕)。具体的には、労働協約、就業規則、契約上の合意、労使慣行が決定要因となり、労働者はその範囲内でのみ労働義務を負う。また、労働契約の範囲内で労働義務を具体的に決定・変更する権利として、使用者の指揮命令権(労務指揮権)が認められる。指揮命令権に対しては、権利濫用禁止の規律(労契法3条5項)が及び、労働義務の制約要因となる。

【関係法令】
労契法6、3条5項

•••••• 論　　点 ••••••
1　労働義務
2　法定内時間外労働・法定外休日労働義務
3　教育訓練・能力開発の受講義務
4　労働者の損害賠償義務とその制限

論点 ❶ 労働義務

1 労働義務の内容・履行

　労働者は、労働契約の範囲内で、使用者の指揮命令に従って、誠実に労働する義務を負う。その範囲は、労働契約の解釈によって決定されるが、通常は広い範囲に及ぶ。本来の業務をカバーする（例えば、同一部署内の担務変更（日経BPアド・パートナーズ事件・東京地判令和5・11・15労働判例ジャーナル148号38頁））、のはもちろん、能力開発・教育訓練（JR東日本（本荘保線区）事件・最二小判平成8・2・23労働判例690号12頁〔28010347〕）、短期の出張、短期間の自宅待機命令（ネッスル事件・静岡地判平成2・3・23判タ731号150頁〔27806741〕）、シフト制勤務におけるシフトの決定・削減（シルバーハート事件・東京地判令和2・11・25労経速報2443号3頁〔29061974〕）、本来の業務と合理的関連性を有する付随的業務（国鉄鹿児島自動車営業所事件・最二小判平成5・6・11判タ825号125頁〔27816407〕）などに及ぶ。また、時間外労働義務も、労働義務の内容として肯定されている（日立製作所事件・最一小判平成3・11・28民集45巻8号1270頁〔27810301〕。第3巻Ⅱ2「労働時間制度」等参照）。

　このように、労働義務は、労働者が使用者の適法な指揮命令（労務指揮権）に従って労働することを内容とする（労働の他人決定性）。もっとも、労働義務・指揮命令権は、あくまで労働契約に基づく権利義務であるから、労働契約の予定する範囲内に限定されることは当然であり、労働者はその範囲を超える指揮命令（業務命令ともいう）に従う義務はない。特に、労働者の生命・身体に対する特別の危険を及ぼす就労を命ずることは労働契約の範囲を超え、指揮命令の効力は否定される。判例は、日韓関係が緊迫していた状況での朝鮮海峡における海峡ケーブルの修理作業について、労使双方が万全の配慮をしても避け難い軍事上の危険があり、職員がその意思に反して義務を強制されるものとは断じ難いとして、労働義務を否定している（日本電信電話公社（千代田丸）事件・最三小判昭和43・12・24民集22巻13号3050頁〔27000872〕）。この判例法理は今日でも、国内外におけるハイリスク地域への出張・派遣命令の限界を画する法理として機能している（土田・労働契約法〈第2版〉854頁参照）。

　また、業務上の必要性が乏しい命令、労働者に過大な経済的損害を及ぼす命

令、労働者の人格権（精神・身体の自由、名誉、プライバシー）を不当に侵害する労働の命令は、権利の濫用（労契法3条5項）となり、事案に応じて不法行為（民法709条）を成立させる。すなわち、「業務命令の内容が不合理なものであったり、社員の人格権を不当に侵害する態様のものである場合には、その業務命令は（中略）裁量の範囲を逸脱又は濫用し、社員の人格権を侵害するものとして、不法行為に該当する」（NTT東日本事件・東京地判平成12・11・14労働判例802号52頁〔28060510〕。東芝総合人材開発事件・東京高判令和元・10・2労働判例1219号21頁〔28282168〕は、権利濫用の可能性を肯定〔結論は否定〕）。さらに、労働義務に関する業務命令が労基法・労安法等の強行規定や、各種の差別禁止規定（労基法3、4条、雇用機会均等法6条、労組法7条等）に反してはならないことは当然である（土田・労働契約法〈第2版〉86頁以下）。

2 「職務専念」の意義

労働義務は、労働時間中は仕事に専念し、誠実に労働しなければならないという意味で職務専念義務とも呼ばれる。判例は、この点を厳しく解し、旧電電公社職員が勤務時間中にプレートを着用して勤務したことにつき、旧日本電信電話公社法が定める職務専念義務を「勤務時間及び職務上の注意力のすべてをその職務遂行のために用い職務にのみ従事しなければならない」義務ととらえ、その違反が成立するためには、職務に現実の支障が生じたことを要しないと判断している（目黒電報電話局事件・最三小判昭和52・12・13民集31巻7号974頁〔27000264〕）。

これに対して学説では、職務専念義務は、労働契約の趣旨に従って労働を誠実に遂行する義務（誠実労働義務）にほかならないから、労働者が労働時間中に職務と無関係の行動を行った場合も、それが労働義務の履行としてなすべき行動と支障なく両立する場合は義務違反とならないと解するものが多い（菅野＝山川・労働法〈第13版〉1096頁、土田・労働契約法〈第2版〉108頁、土田・概説〈第5版〉55頁、西谷・労働法209頁。大成観光事件・最三小判昭和57・4・13民集36巻4号659頁〔27000090〕における伊藤正己裁判官の補足意見も同旨）。

3 インターネットの私的利用

労働時間中のインターネットの私的利用についても、労働義務との関係が問

題となるが、次のように解されている。すなわち、労働者が社会生活を営むうえで必要な範囲内で行う私的利用については、直ちに労働義務違反と評価されることはない（F社Z事業部事件・東京地判平成13・12・3労働判例826号76頁〔28070664〕）。しかし、労働者が社会通念上相当な範囲を超えて私用メールを送信したり、業務と無関係のサイトを閲覧することは、職務遂行の妨げとなる行為として労働義務違反となるし、業務に悪影響を与える点で企業秩序違反行為ともなり、懲戒処分の対象となる（日経クイック情報事件・東京地判平成14・2・26労働判例825号50頁〔28071509〕）。労働者がその私的領域に属するソーシャル・ネットワーキング・サービス（SNS：X（旧Twitter）、Facebook等）を用いて行う情報・秘密の漏えいやネットワークアクセスについても同じことがいえる（インターネットの私的利用の監視については、Ⅱ3(1)「労働者の人権の保護」【論点3】参照）。

事例

　労働者の人格権との関係で労働義務・業務命令を限定的に解する裁判例としては、労働組合のマーク入りベルトを着用して就労していた組合員を長時間、一室に閉じこめて就業規則の筆写を命じたケース（前掲JR東日本（本荘保線区）事件）や、大学病院が、同大学教授の判断により、病院の医師に約10年間、臨床や教育を担当させず、関連病院への派遣を中止したケース（学校法人兵庫医科大学事件・大阪高判平成22・12・17労働判例1024号37頁〔28173437〕）、教員に対する授業担当外しの指示や事務担当の指示（須磨学園ほか事件・神戸地判平成28・5・26労働判例1142号22頁〔28241884〕、学校法人原田学園事件・広島高岡山支判平成30・3・29労働判例1185号27頁〔28261644〕）について不法行為の成立を肯定した例がある。また、労働者に過大な経済的損害を及ぼす命令としては、シフト制勤務労働者に対する合理的理由のないシフト削減についてシフト決定権限の濫用を肯定した例（前掲シルバーハート事件）があり、業務上の必要性を否定した例として、原則として自宅で勤務すること（テレワーク）を労働契約内容とする従業員に対し、業務上の必要性もなく行われた出社命令を無効と判断して賃金請求を認容した例（アイ・ディ・エイチ事件・東京地判令和4・11・16労働判例1287号52頁〔28310823〕）がある。

　また、労働者のプライバシーとの関係で業務命令の効力を否定する例としては、髪の色の規制につき、髪の色や容姿・服装といった人の人格や自由に関する事項を制限する措置は、企業の円滑な運営上必要かつ合理的範囲にとどまるべきとの一般論を述べたうえ、トラック運転手が黄髪の染め直し命令に従わなかったことを理由とする諭旨解雇を無効と判断した例（東谷山家事件・福岡地小倉支決平成9・12・25労働判例732

号53頁〔28030726〕)や、郵便職員についてひげや長髪を禁止する「身だしなみ基準」につき、当該基準は、「顧客に不快感を与えるようなひげ及び長髪は不可とする」との内容に限定して適用されるべきものと解したうえ、当該職員のひげ及び長髪はこれに該当しないとして、職員に対する夜勤配置等を違法と判断した例（郵便事業（身だしなみ基準）事件・大阪高判平成22・10・27労働判例1020号87頁〔28171562〕）がある（大阪市高速電気軌道事件・大阪高判令和元・9・6労働判例1214号29頁〔28273881〕も参照）。

インターネットの私的利用に関する裁判例としては、従業員が行う私用メールにつき、送信者が文書を考え作成する間は職務専念義務に違反し、私用で会社の施設を使用する点で企業秩序違反行為になるとともに、私用メールを読ませることによって受信者の就労を阻害し、受信者が送信者からの返信の求めに応じメールを作成・送信すれば、受信者に職務専念義務違反と企業施設私用の企業秩序違反行為を行わせることになるから、懲戒処分の対象となると判断した例（前掲日経クイック情報事件）や、労働時間中のチャットの私的利用行為について職務専念義務違反と判断した例（ドリームエクスチェンジ事件・東京地判平成28・12・28労働判例1161号66頁〔29020612〕）がある。

論点 ❷ 法定内時間外労働・法定外休日労働義務

時間外・休日労働とは、所定労働時間を延長して労働させ、又は所定休日に労働させることをいう。このうち、労基法上の法定労働時間（同法32条）を超えて労働させ、又は法定休日（同法35条）に労働させることを「法定時間外・休日労働」という。一方、就業規則において、所定労働時間が法定労働時間より短く規定された場合に、所定労働時間を超えて法定労働時間の範囲内で行われる労働を「法定内時間外労働」といい、所定休日が法定休日より多く規定されている場合（週休2日制の場合等）に、法定外休日に行われる労働を「法定外休日労働」という。法定時間外・休日労働と、法定内時間外労働・法定外休日労働との違いは、前者の場合、それを適法に実施するためには、同法が定める手続（労使協定の締結・届出（同法36条）と割増賃金の支払（同法37条）を要するということである（時間外・休日労働に関する労基法36条の平成26年改正については、第3巻Ⅱ2(3)「いわゆる三六協定と時間外労働の上限制限」参照）。

労働者の法定時間外・休日労働義務については、労基法36条の規制が及ぶ。労働契約上の法定時間外労働義務について、判例は、就業規則に時間外労働の

根拠規定(「業務上の必要があるときは時間外・休日労働を命ずることがある」との一般的規定)があれば、「当該就業規則の規定内容が合理的なものである限り、それが具体的労働契約の内容をなす」から、労働者はそれに基づく労働義務を負うとの一般論を前提に、就業規則の内容を成す36協定が時間外労働の上限を規定し(1か月40時間)、かつ一定の事由を定めている場合について就業規則の合理性を認め、時間外労働義務を肯定している(日立製作所事件・最一小判平成3・11・28民集45巻8号1270頁〔27810301〕)。また、時間外労働命令権が認められる場合も、仕事と生活の調和への配慮の原則(労契法3条3項)を考慮した権利濫用の規制(同条5項)が及ぶ。

これに対し、法定内時間外労働には労基法36条の適用はない。しかし、これら労働は、労働契約で定められた労働時間の長さを変更し、又は休日に労働させるものであるため、労働契約自体の変更を意味する。したがって、労働者はこれら労働に従事する義務を当然に負うわけではなく、労働契約上の根拠(上述した就業規則・労働協約の一般的規定)を要するとともに、法定時間外労働と同様、権利濫用の規制(労契法3条5項)を受ける。一方、休日労働については、休日全部が労働日になる点で不利益が大きいため、法定休日労働・法定外休日労働を問わず、休日労働が特定されることが労働義務の発生要件となるものと解される。

論点 ③ 教育訓練・能力開発の受講義務

日本では、企業の中で様々な形の教育訓練が実施され、重要な位置を占めている。長期雇用制度の下では、労働者に企業内で必要な職業能力を身に付けさせ、キャリア形成と長期雇用を実現するための企業内教育訓練が不可欠となるからである。企業における教育訓練は、「業務の遂行の過程内における職業訓練」(OJT=On the Job Training)と、「業務の遂行の過程外における職業訓練」(OffJT=Off the Job Training)に分かれる。

使用者は、労働者に対して、いかなる根拠によって教育訓練・能力開発の受講を命ずることができ、また、その限界はどのように解されるか。まず、OJTは、日常的業務の一環として行われるので、それを命ずる根拠が労働契

約にあることは明白である。すなわち、労働者は、労働義務の一部としてOJTに従事する義務を負い、使用者は就業規則の規定がなくても、指揮命令権を行使してOJTの受講を命ずることができる。ただし、OJTといえども、行き過ぎた指導や訓練によって労働者の人格的利益を侵害したり、精神的・身体的自由を不当に拘束すれば、パワー・ハラスメントに該当し、権利の濫用（労契法3条5項）として無効となり、事案に応じて不法行為（民法709条）を成立させる（パワー・ハラスメントについては、Ⅱ3(6)「いじめ・ハラスメント」参照）。

　一方、日常業務を離れて業務の過程外で実施されるOffJTには法令上及び労働契約上の限界がある。法令上の規制としては、労基法上の労働時間規制及び労安法上の規制が重要であり、労働契約上の限界としては、目的上の限界が重要である。労働契約上の限界については、労働者の本来の職務（労働義務）との関連性が判断基準となり、労働者が現在従事している職務の遂行に必要なOffJT、安全衛生教育のほか、将来従事を予定される業務に関するOffJT（資格取得のための講習会への参加等）は広範に認められる。これに対し、職務との関連性がないOffJTは、労働契約の範囲を超えるものとして一方的命令は許されない。思想・信条に関するもの、文化・趣味・一般教養・私生活に関するもの、職務とは無関係に人格の陶冶を目的とするもの等が挙げられる（土田・労働契約法〈第2版〉398頁以下）。また、OJTと同様の権利濫用規制・不法行為の規制が及ぶ。

　近年、労働政策として注目されているリ・スキリング（学び直し）とは、事業内容や働き方の変化によって新たに発生する業務に係るスキルや知識の習得を目的に行う能力向上施策をいう。リ・スキリングは、従来型の企業による一方的教育訓練・能力開発とは異なり、従業員が自らのキャリア選択・スキル向上を目的に自主的に取り組むものであり、各企業において、①リ・スキリングの内容決定、②プログラム策定、③教材選択、④従業員による取組み、⑤習得したスキル・知識の実践活用という段階を踏んで実施されている。教育訓練・能力開発の権利義務という観点からは、リ・スキリングについて就業規則等で受講資格・対象者や要件が規定されていれば、労働者はリ・スキリングを受講する義務を負うとともに、受講請求権を有することになる。

2 労働契約の権利義務

論点 ❹ 労働者の損害賠償義務とその制限

　労働者が労働義務や付随義務に違反した場合、使用者は解雇や懲戒処分を行うことができるが、現実に損害を被った場合は、労働者に対して損害賠償を請求することもある。すなわち、労働者が労働契約上の義務違反によって使用者に損害を与えた場合、債務不履行に基づく損害賠償責任が発生し（民法415条）、それが不法行為の要件を満たせば、民法709条又は715条（使用者責任に基づく求償権）による損害賠償責任が発生することもある。

　しかし、こうした帰結は、労働者に高額の責任を負わせ、過酷な結果をもたらし得るため、判例は、報償責任原則及び危険責任原則の観点から、信義則（民法1条2項、労契法3条4項）を用いて労働者の損害賠償責任を制限し、①事業の性格・規模・施設の状況、②労働者の地位・職務内容・労働条件・勤務状況、③労働者の加害行為の態様・帰責性（故意・過失の有無・程度）、④損害発生に対する使用者の寄与度（労働者に対する指導・監督体制の整備、適切な労働環境の整備、保険加入等による損害・リスク分散措置の有無等）を考慮して、損害賠償責任を制限する法理を確立している。

　すなわち、判例（茨石事件・最一小判昭和51・7・8民集30巻7号689頁〔27000317〕）は、タンクローリー運転手が交通事故により第三者に発生させた損害を賠償した使用者が、当該運転手に対して行った求償（民法715条3項）につき、使用者が、その事業の執行につきなされた被用者の加害行為により損害を被り、又は、使用者として損害賠償責任を負担したことに基づき損害を被った場合は、その事業の性格・規模、施設の状況、被用者の業務の内容、労働条件、勤務態度、加害行為の態様、加害行為の予防又は損失の分散に関する使用者の配慮の程度その他諸般の事情に照らし、損害の公平な分担という見地から信義則上相当と認められる限度において、被用者に対して損害賠償又は求償を請求できると判断したうえ、タンクローリー運転が臨時業務であったことや、保険未加入であったことを理由に25％の求償のみを認容している（近年の同旨判例として、エーディーディー事件・大阪高判平成24・7・27労働判例1062号63頁〔28210903〕、大島産業事件・福岡地判平成30・11・16平成27年(ワ)1588号等公刊物未登載〔28270349〕、阪本商会事件・大阪地判令和3・11・24労働判例ジャーナル121号36頁〔28320386〕。土田・労働

契約法〈第2版〉194頁以下、西谷・労働法226頁以下参照)。

　一方、労働者が直接第三者に損害賠償を行った場合に使用者に対して行う求償（いわゆる逆求償）については、明文の規定がないことから裁判例は分かれてきたが、判例は、肯定説を採用して決着を付けた（福山通運事件・最二小判令和2・2・28民集74巻2号106頁〔28280800〕）。判決は、①使用者責任は、報償責任や危険責任に着目し、損害の公平な分担という見地から、事業の執行について被用者が第三者に加えた損害を使用者に負担させるものであるところ、この趣旨によれば、使用者は、その事業の執行により損害を被った第三者に対して損害賠償義務を負うのみならず、被用者との関係においても、損害の全部又は一部について負担すべき場合があること、②通常の求償と逆求償の場合とで、使用者の損害の負担について異なる結果となることは相当でないことの2点から、被用者の逆求償権を肯定している。使用者・労働者間の公平な責任分担を図る判断として適切と解される（河野奈月「判研」ジュリスト1551号（2020年）116頁参照。本判決については、土田道夫「労働者（被用者）の逆求償権について」武井寛=矢野昌浩=緒方桂子=山川和義編『労働法の正義を求めて　和田肇先生古稀記念論集』日本評論社（2023年）219頁も参照）。

事例

・労働者の損害賠償責任の制限

　責任制限の具体的判断としては、特に、過失による損害事故（交通事故、機械の破損等）や、営業上の損害発生につき過重なノルマを課すなど使用者側にも問題があるケースでは、労働者の帰責性を勘案しつつ、使用者側の問題点（保険未加入、コンプライアンス体制、人員配置等）を重視して責任制限を行う例が多い。労働者が重過失により高価な工作機械を壊したケースにつき、深夜勤務中の事故であることや、会社のリスク管理上の問題点（機械保険未加入）を重視して、損害の25％のみを認容した例（大隈鉄工所事件・名古屋地判昭和62・7・27判タ655号126頁〔27800500〕）、クレーン運転手が交通事故（歩道橋衝突事故）により第三者に発生した損害を賠償した使用者が、運転手に対して行った求償及び自己分の損害賠償請求につき、運転手には重過失がない一方、運転手に補助者を配置するなどの予防策を講じていないこと、運転手が損害額の約25％を既に弁済していることなどから、これに加えて賠償請求を行うことは、損害の公平な分担の見地から許されないと判断した例（M運輸事件・福岡高那覇支判平成13・12・6労働判例825号72頁〔28071511〕）、コンピュータシステム企画・販売会社に勤務する労働者（課長職）が、大口顧客におけるカスタマイズ業務の不具合

により発注量・売上高を減らしたとして、会社から債務不履行を理由とする損害賠償を請求されたケースにつき、同人に故意又は重過失があったとは認められず、会社が損害と主張する売上減少・ノルマ未達等はある程度予想できることであり本来使用者が負担すべきリスクである等として損害賠償責任を全部否定した例（前掲エーディーディー事件）等がある。

これに対し、労働者が故意又は悪意によって労働義務・付随義務に違反して使用者に損害を与えた場合（故意に機械を破壊した場合、会社の営業秘密を漏えいした場合等）は、それ相応の責任を負うことは当然である（東芝メディカルシステムズ事件・大阪地判平成27・3・31労働判例ジャーナル41号62頁、シークス事件・大阪地判令和4・3・28労働判例ジャーナル127号28頁等）。

(2) 労働者の義務－付随義務

【概要】

労働者の義務は、労働義務に限られるわけではなく、それに付随して、信義誠実の原則（労契法3条4項）に基づき、様々な義務を負担する（Ⅱ1「労働契約の基本原則」【論点4】参照）。これを包括する概念を誠実義務といい、「使用者の正当な利益を不当に侵害しないよう配慮する義務」をいう（ラクソン事件・東京地判平成3・2・25判タ766号247頁〔27809406〕。同旨、Z社事件・名古屋地判令和5・9・28労経速報2535号13頁〔28320347〕）。労働者・使用者は、ともに信義則に基づき、相手方の利益を不当に侵害してはならない義務を負うが、これが労働者側では誠実義務として現れるのである。「信義則に基づいて発生する」とは、特別な合意や就業規則がなくても発生するということである。また、懲戒との関係では、企業秩序遵守義務の概念が肯定され、これに対応する使用者の権限として、企業秩序定立・維持権限が観念される（第4巻Ⅲ1「懲戒処分の意義・根拠・限界」参照）。

本項では、これら付随義務のうち、兼職・副業、守秘義務、競業避止義務、内部告発・公益通報者保護法・内部通報を取り上げる。

【関係法令】

労契法6条、3条4項

◆◆◆◆◆◆ 論　　　点 ◆◆◆◆◆◆

1　兼職・副業
2　守秘義務
3　競業避止義務
4　内部告発・公益通報者保護法・内部通報

論点 ❶　兼職・副業

　労働者が労働時間外に他の雇用関係で働くことを兼職（副業）という。使用者は、就業規則に兼職の許可制を定め、その違反を理由に懲戒処分を行うことが少なくない。

　しかし、労働時間以外の時間をどのように利用するかはもともと労働者の自由であり、その時間に自己の労働力を利用する自由も職業選択の自由（憲法22条1項）によって保障されている。しかし一方、労働者は労働時間外においても誠実義務を負い、ここから兼職避止義務が生ずる。就業規則上の兼職許可制は、この義務を確認する規定を意味する。

　兼職・副業が本来労働者の自由であることを考えると、兼職避止義務（兼職許可制）は、この自由を不当に制約しない範囲にとどまることを求められる。すなわち、兼職許可制の効力は一律に否定されないものの、労働者の自由を考慮して限定的に解釈されている（合理的限定解釈）。具体的には、兼職・副業の目的、期間、内容・態様に即して、①本来業務と重複し、又は労務提供に支障をきたす蓋然性が高い場合、②企業の信用・名誉を毀損する態様で行う場合、③競業他社での兼職等、企業秩序を著しく乱すような副業・兼職のみが許可制違反とされる。①の例としては、休職中の労働者がオートバイ店を経営したことにつき、使用者から給与を支給されたままオートバイ店を経営した行為は、会社従業員との地位と両立できない程度・態様のものであったとして懲戒解雇を有効と判断した例がある（ジャムコ立川工場事件・東京地八王子支判平成17・3・16労働判例893号65頁〔28101490〕）。

　なお、厚生労働省は2018年、「副業・兼業の促進に関するガイドライン」を受けて、兼職許可制を定めた従来のモデル就業規則を改め、会社への届出によって原則として兼職を営み得る内容に改訂した（モデル就業規則70条）。ただ

し例外的に、(a)労務提供上の支障がある場合、(b)企業秘密を漏洩する場合、(c)会社の名誉や信用を損なう行為や信頼関係を破壊する行為がある場合、(d)競業により会社の利益を害する場合は、企業が副業を禁止・制限できることを認めつつ、例外を(a)～(d)に限定列挙している。従来の裁判例と比較すると、改定モデル就業規則は、一律許可制を認めつつ事後的に合理的限定解釈を行うという従来のアプローチを改め、規制の範囲を最初から限定するアプローチに転換したものと評価できる（(a)～(d)は、裁判例が合理的限定解釈によって許可制の対象外と解する前記①～③と合致する）。企業としては、前掲「ガイドライン」が説く兼職・副業のメリットを踏まえて、改定モデル就業規則に即した制度（限定列挙型許可制）に改めることを検討すべきであろう（土田道夫「副業・兼業解禁の意義と課題—労働法の観点から—」ビジネス法務2019年1月号55頁参照）。

論点 2　守秘義務

1　在職中の守秘義務

　守秘義務とは、使用者の営業秘密やノウハウをその承諾なく使用・開示してはならない義務をいい、在職中（労働契約継続中）の義務と退職後（労働契約終了後）の義務に分かれる。守秘義務については、不正競争防止法の規律があるほか、労働契約上の義務として課すことも可能である（土田・労働契約法〈第2版〉123頁以下、708頁以下、荒木・労働法〈第5版〉324頁、山川・雇用関係法87頁、西谷・労働法214頁）。

　在職中の守秘義務については、使用者の重要な秘密・情報を無断で使用・開示してはならないことは当然であるから、労働者は、特約や就業規則があればもちろん、特約等がない場合も、信義則上当然に守秘義務を負うと解されている（アイメックス事件・東京地判平成17・9・27労働判例909号56頁〔28110759〕）。労働契約上の守秘義務は、不正競争防止法上の「営業秘密」（同法2条6項）を超える広範な秘密・情報をカバーし、また義務違反の要件としても、同法のような図利加害目的（同法2条1項7号）は求められない（土田・概説〈第5版〉59頁以下参照。守秘義務違反を理由とする損害賠償責任肯定例として、エープライ事件・東京地判平成15・4・25労働判例853号22頁〔28082451〕、不法行為に基づく損害賠償責任肯定例

として、A社事件・東京地判令和4・4・19労経速報2494号3頁〔29070480〕、否定例として、前掲アイメックス事件、懲戒解雇の肯定例として、伊藤忠商事ほか事件・東京地判令和4・12・26労経速報2513号3頁〔29073695〕、スカイコート事件・東京地判令和5・5・24労働判例ジャーナル143号2頁〔29078975〕)。

2 退職後の守秘義務

これに対して、退職後（労働契約終了後）の守秘義務については、より厳格な制約が課される。すなわち、労働契約の終了後は、労使間の権利義務は原則として消滅することから、守秘義務についても、契約上の明確な根拠（秘密管理規程（就業規則）、守秘義務特約）が必要となる。一方、契約上の守秘義務の対象は、不正競争防止法上の「営業秘密」より広く解され、営業秘密の要件を満たさない秘密・情報に及ぶ義務として設定できる。

もっとも、退職後の労働者は職業選択の自由（憲法22条1項）を保障されるので、守秘義務が無制限に肯定されるわけではない。しかし、秘密や情報の重要性・価値、在職中の地位等に照らして、前使用者の重要な秘密を使用し、顧客を奪取するなど損害を与えた場合は、守秘義務違反が成立し、損害賠償責任（民法415条）が発生する。

事例

退職後の守秘義務に関する裁判例としては、製品の製造過程や顧客名簿に関して、誓約書により期間の定めのない守秘義務を定めたケースにつき、秘密・情報の性質・範囲、価値、労働者の退職前の地位に照らして合理性が認められるときは公序違反とならないと解したうえ、秘密の重要性や退職従業員の地位の高さに照らして有効と判断し、守秘義務違反を理由とする損害賠償責任を認めた例（ダイオーズサービシーズ事件・東京地判平成14・8・30労働判例838号32頁〔28080244〕）がある（退職従業員による会社の顧客情報の利用・開示等に係る差止請求を認容した最近の裁判例として、X事件・横浜地決令和4・3・15労経速報2480号18頁〔28301570〕）。

一方、就業規則や機密保持契約における守秘義務規定を認定しつつも、使用者が適切な秘密管理措置を講じていないことを理由として、これら契約等で保護されるべき秘密情報の存在を否定し、守秘義務違反を否定した例もみられる（関東工業事件・東京地判平成24・3・13労経速報2144号23頁〔28181617〕、レガシィ事件・東京地判平成27・3・27労経速報2246号3頁〔28232658〕)。

論点 ❸　競業避止義務

1　在職中の競業避止義務

競業避止義務とは、使用者と競合する企業に就職し、あるいは自ら競合事業を営まない義務をいう。競業避止義務も、在職中（労働契約継続中）の義務と退職後（労働契約終了後）の義務に分かれる（土田・労働契約法〈第2版〉125頁以下、710頁以下、菅野=山川・労働法〈第13版〉183頁以下、荒木・労働法〈第5版〉325頁以下、西谷・労働法215頁以下、土田道夫「従業員の競業・引抜き行為の限界」野川忍=水町勇一郎編『実践・新しい雇用社会と法』有斐閣（2019年）116頁）。

在職中の競業避止義務については、守秘義務と同様、労働者は、特約や就業規則がなくても、信義則上、当然にこの義務を負うと解されている。在職中に競業他社の運営に関与することは、営業秘密の漏えいや顧客の奪取によって使用者の正当な利益を不当に侵害する（又はそのおそれが高い）行為であるから、それを控えることは信義則上当然の要請を意味するからである。競業他社設立の計画程度であればともかく、実際に競業他社を設立したり、加えて従業員の引抜きや顧客の奪取によって会社に打撃を与えたケースでは、競業避止義務違反として懲戒処分の対象となり（日本コンベンションサービス事件・大阪高判平成10・5・29判時1686号117頁〔28033317〕）、労働者の損害賠償責任が発生する（協立物産事件・東京地判平成11・5・28判時1727号108頁〔28060098〕、Z社事件・名古屋地判令和5・9・23労経速報2535号13頁）。競業他社に会社の取引情報や技術情報を提供するなど、便宜を図る行為も競業避止義務違反と評価される（エープライ事件・東京地判平成15・4・25労働判例853号22頁〔28082451〕）。一方、競業避止義務違反の程度が軽い場合（競業他社の設立準備・部下に対する転職意向の確認）は、それを理由とする懲戒処分は無効と判断される（不動技研工業事件・長崎地判令和4・11・16労経速報2509号3頁〔28310214〕）。

2　退職後の競業避止義務

退職後（労働契約終了後）の競業避止義務については、守秘義務と同様、より厳格な制約が課される。特に、退職後の競業避止義務は、守秘義務と異なり、労働者の職業活動それ自体を禁止する義務であり、職業選択の自由（憲法22条1項）に対する制約度が極めて高いことから、以下のような厳格な審査が行われる。

II 労働契約の基本的考え方

　第1に、退職後の競業避止義務の法的根拠としては、明示の根拠が必要である。この根拠として、誓約書等の競業避止特約（労使間合意）を要するのか、それとも就業規則で足りるのかについては争いがあるが、裁判例は、競業避止義務は労働条件に付随し準ずるものとして就業規則規定の対象となると判断している（東京リーガルマインド事件・東京地決平成7・10・16判タ894号73頁〔27828921〕。土田・労働契約法〈第2版〉710頁参照）。

　第2に、競業避止義務の要件についても、職業選択の自由を考慮して厳格な要件が設定される。その準則は、①労働者の地位が義務を課すのに相応しいこと、②前使用者の正当な秘密の保護を目的とするなど、競業規制の必要性があること、③対象職種・期間・地域からみて職業活動を不当に制約しないこと、④適切な代償が存在することの4点にあり、これらを総合して義務の有効性が判断されている（合理性審査論。裁判例として、フォセコ・ジャパン事件・奈良地判昭和45・10・23判時624号78頁〔27441334〕〈有効判断例〉、第一紙業事件・東京地判平成28・1・15労経速報2276号12頁〔29016453〕〈有効判断例〉、リンクスタッフ事件・大阪地判平成28・7・14労働判例1157号85頁〔28252168〕〈無効判断例〉、レジェンド事件・福岡高判令和2・11・11労働判例1241号70頁〔28292051〕〈無効判断例〉、REI事件・東京地判令和4・5・13労働判例1278号20頁〔29071112〕〈無効判断例〉、創育事件・東京地判令和5・6・16労働判例ジャーナル143号48頁〔29079998〕〈無効判断例〉、日本産業パートナーズ事件・東京高判令和5・11・30労働判例1312号5頁〔28321393〕〈有効判断例〉）。その結果、競業避止義務が職業活動を不当に制約すると判断されれば、職業選択の自由が構成する公序（民法90条）違反として無効と解される。

　近年の裁判例は、代償要件を含めて、競業避止義務を厳しく判断する傾向にある。特に、岩城硝子ほか事件（大阪地判平成10・12・22知的財産権関係民事・行政裁判例集30巻4号1000頁〔28050257〕）は、①不正競争防止法に基づく営業秘密（溶接技術）の使用・開示の差止請求を認容しつつ、②5年間の競業禁止を定めた特約に基づく競業避止義務については、中枢技術者である元従業員らに義務を課す必要性は認められるものの、義務内容が広範に過ぎ、期間が5年と長過ぎること、代償措置についても、前使用者が代償として主張した退職金につき、退職金は在職中の労働の対価であり、退職後の競業避止義務の代償とはいえな

いこと等を理由に、公序違反として無効と判断している（代償を必須と解する裁判例として、東京貨物社（退職金）事件・東京地判平成12・12・18労働判例807号32頁〔28061886〕、関東工業事件・東京地判平成24・3・13労経速報2144号23頁〔28181617〕）。

一方、競業避止義務が有効とされれば、競業行為の差止請求（前掲東京リーガルマインド事件）、損害賠償請求、違約金の返還請求（ヤマダ電機事件・東京地判平成19・4・24労働判例942号39頁〔28131941〕）、退職金の不支給（中部日本広告社事件・名古屋高判平成2・8・31判タ745号150頁〔27807703〕、キャンシステム事件・東京地判平成21・10・28労働判例997号55頁〔28160911〕）等の対抗措置が可能となる。このうち差止請求は、不正競争防止法上の差止請求規定（同法3条1項）に照らして、「競業行為により使用者が営業上の利益を現に侵害され、又は侵害される具体的なおそれがある場合」に限られる（前掲東京リーガルマインド事件）。

なお、競業避止義務が合意されていない場合は、退職労働者の責任は問われないのが原則であるが、退職労働者が競業行為の過程で前使用者の信用を害する行為を行い、従業員を引き抜くなど社会通念上、自由競争の範囲を逸脱する著しく違法な態様で前使用者の顧客を奪取したようなケースでは、ごく例外的に不法行為が成立することがある。判例（サクセスほか（三佳テック）事件・最一小判平成22・3・25民集64巻2号562頁〔28160678〕）は、上記のような事情が認められない事案において、退職労働者の不法行為を否定しており、不法行為の成立は容易には認められない（数少ない肯定例として、ネットドリーム事件・大阪地判平成27・12・10労働判例ジャーナル49号40頁）。

事例

前述した合理性審査論に対して、裁判例の中には、退職後の競業避止義務の内容が包括的で不明確な場合であっても、前使用者の技術上・営業上の秘密・情報を用いて行う競業を禁止する趣旨に限り有効と解するなど、合理的範囲に限定したうえで有効と判断する裁判例もみられる（三田エンジニアリング事件・東京高判平成22・4・27労働判例1005号21頁〔28162180〕〈結論としては義務の有効性を否定〉）。最近では、特定地域において退職後6か月間、前使用者の顧客に対して営業を行わない（顧客勧誘禁止特約）との限度で競業避止義務を有効と判断した例がある（ロイヤル通商事件・札幌高判令和5・12・26令和5年(ネ)216号公刊物未登載）。合理的限定解釈論と呼ばれる立場であるが、当事者による義務の有効性の予測を困難とし、法的安定性を欠くとの批

判がある（土田・労働契約法〈第2版〉213頁）。

論点 4　内部告発・公益通報者保護法・内部通報
1　内部告発

内部告発とは、「企業外の第三者に対して、公益保護を目的に、企業内の不正行為を開示すること」をいう。内部告発は本来、企業秘密の漏洩行為として守秘義務・誠実義務違反に当たり、企業秩序違反行為として懲戒の対象となるが、公益目的であることから、一定の要件を満たせば、企業秩序違反（違法）の評価を否定（阻却）され、正当行為として保護される。すなわち、内部告発の正当性は、①目的に公益性があること、②内容の真実性があり、又は真実と信ずるについて相当の理由があること（真実相当性）、③企業内部で違法行為や不正行為の是正に努めたこと（内部通報前置）、④手段・態様に著しく不当な点がないこと、の各要素を総合して判断され、内部告発が正当と認められれば、懲戒事由該当性を否定される（土田・労働契約法〈第2版〉495頁以下参照）。

内部告発に関する裁判例（大阪いずみ市民生協事件・大阪地堺支判平成15・6・18労働判例855号22頁〔28082648〕）では、生協職員が役員による経費流用等の不正行為を告発する文書を生協総代らに匿名で送付したことを理由とする懲戒解雇の適法性について、上記①②④とほぼ同旨の一般論を示したうえ（ただし、③内部通報前置を掲げない反面、内部告発が企業等の運営方法改善の契機となることに着目している）、内部告発の真実性ないし真実相当性（②）及び目的の公益性（①）を肯定し、情報入手手段の相当性（④）については、生協の資料を無断で持ち出した点で不相当な面があるものの、告発行為全体を不相当とするものではない等として内部告発の正当性を肯定し、懲戒解雇を違法と判断している。妥当な判断と解される（骨髄移植推進財団事件・東京地判平成21・6・12労働判例991号64頁〔28152618〕も参照。内部告発の正当性を肯定する最近の裁判例として、日本ボクシングコミッション事件・東京地判平成27・1・23労働判例1117号50頁〔28233189〕、岡山県立大学事件・岡山地判平成29・3・29労働判例1164号54頁〔28251273〕、神社本庁事件・東京高判令和3・9・16令和3年㈱1585号公刊物未登載〔28293443〕等。地方公務員につき、京都市事件・大阪高判令和2・6・19労働判例1230号56頁〔28282145〕）。

もっとも、内部告発にも限度があり、事実を著しく誇張歪曲して会社の信用・名誉を害する行為（日本経済新聞社事件・東京高判平成14・9・24労働判例844号87頁〔28081138〕、大王製紙事件・東京高判平成28・8・24平成28年㈱880号公刊物未登載〔28243122〕）や、内部告発に至る過程で著しく反社会的な手段・方法がとられた場合は懲戒の対象となる（前記①～④の要素に即して内部告発の正当性を否定し、懲戒解雇を有効と判断した例として、学校法人田中千代学園事件・東京地判平成23・1・28労働判例1029号59頁〔28171786〕）。

2　公益通報者保護法
(1)　概説
　以上の判例法理とは別に、2004年、法令遵守（コンプライアンス）の社会的要請や消費者保護政策を背景に、公益通報者保護法が制定された。そして、公益通報者保護法は2020年、①公益通報者の保護の強化、②公益通報者及び公益通報事実の拡大、③公益通報体制の整備を目的として大きく改正された（山本隆司=水町勇一郎=中野真=竹村知己『解説改正公益通報者保護法』弘文堂（2021年）参照）。
　公益通報者保護法は、公益通報労働者（労働者——2条2項）の保護とともに、「国民の生命、身体、財産その他の利益の保護にかかわる法令の規定の遵守」を目的とするため、保護の対象となる公益通報内容を刑法、食品衛生法、金融商品取引法、個人情報保護法等の一定の法令違反行為に限定している（2条3項。2023年4月時点で498の法律）。一方、通報者の範囲は、直接雇用労働者のほか、労働者派遣法上の派遣労働者及び業務請負契約によって就労する請負労働者が含まれてきた（2条1項）。他方、従来は退職労働者及び役員（取締役・監査役・理事・監事等）は保護の対象とされていなかったが、2020年改正により、退職労働者のうち、退職後1年以内の元従業員（2条1項1号）及び役員が追加された（2条1項4号）。なお「公益通報」というためには、「不正の利益を得る目的、他人に損害を加える目的」その他不正の目的によって行われた通報でないことを要する（2条1項。「不正の目的」の肯定例として、ボッシュ事件・東京地判平成25・3・26労経速報2179号14頁〔28212517〕）。

(2)　公益通報の要件
　公益通報の要件は、公益通報の相手方によって異なっている。まず、内部通

報（労務提供先への通報）の場合は、通報対象事実が生じ、又は生じようとしていると思料することで足りる（3条1号）。次に、行政機関への通報については、「通報対象事実が生じ、又はまさに生じようとしていると信ずるに足りる相当の理由がある場合」とされ、内容の真実相当性に相当する要件を設けつつ、内部通報は要件とされてこなかった。一方、2020年改正法は行政機関通報の要件を緩和し、真実相当性がない場合も、労働者が一定事項を記載した書面・電子メールを提出すれば足りるとの規定を設けた（3条2号）。行政機関通報に関する裁判例として、パチンコ店経営会社A社事件（横浜地判令和4・4・14判時2543=2544号104頁〔28301919〕）〈警察署通報事案（公益通報該当性を肯定）〉や、学校法人Y事件（東京高判平成28・12・7判時2369号61頁〔28263133〕）〈県通報事案（公益通報該当性を否定）〉がある。

これに対し、行政機関以外の機関（通報対象事実を通報することがその発生又は被害の拡大を防止するために必要と認められる者（メディア等を含む））への通報については、内容の真実相当性要件とともに内部通報が基本とされ、例外として、①内部通報・行政機関通報をすると不利益取扱いを受けると信ずるに足りる相当の理由がある場合、②内部通報をすると証拠隠滅や偽造・変造のおそれがある場合、③内部通報・行政機関通報をしないことを使用者等から正当な理由なく求められた場合、④内部通報後、20日を経過しても調査の通知がなく、又は正当な理由なく調査が行われない場合、⑤個人の生命又は身体に危害が発生し、又は発生する急迫の危険があると信ずるに足りる相当の理由がある場合、の5つの場合が列挙されてきた。そして、2020年改正法は、外部通報の要件も緩和し、⑤の保護法益に個人の財産を加える（個人の財産に対する損害が発生し、又は発生する急迫の危険があると信ずるに足りる相当の理由がある場合）とともに、⑥公益通報をすれば、会社が公益通報者の情報を漏洩すると信ずるに足りる相当の理由がある場合を追加した（以上、3条3号）。内部通報を基本とする点は、企業の法令遵守（コンプライアンス）の推進という観点を重視したものと解される。その代わり、内部通報を行った労働者の保護は万全にすべきであり、懲戒処分や不利益人事は許されない（5条1項）。また、企業における内部通報制度の設計・運用が重要となる（後述する公益通報対応体制整備義務が指針となる）。

(3) 公益通報者の保護

公益通報者の保護としては、直接雇用労働者の解雇の禁止（3条）及び派遣労働者の労働者派遣契約の解除の禁止（4条）のほか、直接雇用労働者に対する降格、減給その他の不利益取扱いの禁止（5条1項）及び派遣労働者の交代を求めることの禁止（5条2項）が定められてきたが、2020年改正により、退職金の不支給が追加された（5条1項）。また、公益通報者保護法の対象は限定されているため、それ以外の通報については、当該通報を理由とする不利益取扱いを禁止する法令（労基法違反の申告（労基法104条2項）等）や、出向・懲戒・解雇一般に関する労働契約法の規制（労契法14条、15条、16条）が別途適用される（公益通報者保護法8条。前掲パチンコ店経営会社A社事件は、行政機関通報を理由とする解雇及び減給につき、3条2号及び5条1項違反に加え、それぞれ解雇事由該当性を欠くこと及び減給の根拠を欠くことを理由に無効と判断している）。

加えて、2020年改正法は、公益通報者が損害賠償責任を負うとの事態を解消するため、事業者が公益通報によって損害を受けたことを理由として公益通報者に対して賠償を請求できないとの規定を新設した（7条）。以上のほか、役員の保護も規定されている（5条3項、6条）。

(4) 公益通報対応体制整備義務

2020年改正前の公益通報者保護法においては、内部通報に対応するための体制整備に関する規定が皆無であり、内部通報制度の設計・運用は各企業・法人の自主的取組みに委ねられ、この結果、内部通報制度が適切に導入されない事例や、導入されても形骸化する事例が多発していた。そこで、改正公益通報者保護法は、従業員301人以上の事業者に対し、公益通報者の保護を図るとともに、公益通報に応じ適切に対応するために必要な体制の整備その他必要な措置をとることを義務付けた（11条2項。従業員300人以下の事業者については努力義務（11条3項））。

具体的には、指針（令和3年内閣府告示118号）において、①部門横断的な公益通報対応業務を行う体制の整備（内部公益通報受付窓口の設置等）、②公益通報者を保護する体制の整備（(a)不利益な取扱いの防止に関する措置）、通報者に関する守秘義務、③内部公益通報対応体制を実効的に機能させるための措置（(a)労働者・役員・退職者に対する教育・周知、(b)記録の保管・運用実績の労働者・役員への開

示に係る措置等）等が定められている。企業の法令遵守（コンプライアンス）の促進及び公益通報者保護のうえで大きな前進を示したものである。また、この体制整備義務に係る行政的サンクションとして、公益通報対応体制整備義務に関する内閣総理大臣の報告徴収・助言・指導・勧告（15条）及び同義務に違反している事業者に係る企業名公表（16条）を規定するとともに、公益通報対応業務従事者の守秘義務を規定している（12条）。

3　内部通報

　上述した内部通報については、内部通報前置が内部告発・公益通報の正当性の判断要素に位置付けられていることからもわかるとおり、基本的に正当な行為であり、内部通報者は懲戒処分から十全に保護されるべきである（土田・労働契約法〈第2版〉499頁）。内部通報を理由とする懲戒処分を無効と判断した裁判例が複数ある（骨髄移植推進財団事件・東京地判平成21・6・12労働判例991号64頁〔28152618〕、日本ボクシングコミッション事件・東京地判平成27・1・23労働判例1117号50頁〔28233189〕、國士舘ほか事件・東京高判令和3・7・28令和2年㈹4345号公刊物未登載〔28292924〕）ほか、内部通報を理由とする不利益配転について権利濫用及び不法行為の成立を肯定した裁判例がある（オリンパス事件・東京高判平成23・8・31判時2127号124頁〔28173938〕）。

　また、近年の裁判例（イビケン事件・名古屋高判平成28・7・20労働判例1157号63頁〔28252165〕）は、企業グループ全体で法令遵守体制の一環としてコンプライアンス相談窓口を設けて相談に対応する体制を設けながら、使用者が別会社従業員からセクハラを受けた従業員からの相談に十分対応しなかったことにつき、就業環境に関して労働者の相談に応じて適切に対応すべき雇用契約上の付随義務（就業環境相談対応義務）違反を認め、債務不履行に基づく損害賠償責任を肯定している。一方、同事件上告審（イビデン事件・最一小判平成30・2・15裁判集民258号43頁〔28260713〕）は、上記判断を支持したうえ、グループ統括会社についても就業環境相談対応義務を負う場合があることを認めつつ、義務違反を否定して、これを肯定した原判決を破棄している。ともに、上述した内部通報制度の重要性を如実に示す判断といえよう（土田道夫「内部通報制度の設計と運用」野川忍=水町勇一郎編『実践・新しい雇用社会と法』有斐閣（2019年）126頁参照）。

(3) 労働者の権利

【概要】

　労働者の労働契約上の権利は、使用者の労働契約上の義務に対応する概念である。このうち、労働者の賃金請求権（使用者の賃金支払義務）については、第3巻Ⅰ「賃金・退職金」を参照されたい。

【関係法令】

労契法3条4項、特許法35条

・・・・・・　論　　点　・・・・・・

1　就労請求権
2　職務発明と相当の利益

論点 ❶　就労請求権

　使用者が労働者を合理的理由もなく解雇したり、出勤を拒否した場合、労働者は労働契約上の地位の確認や未払賃金の支払を請求することができる（労契法16条、民法536条）。問題は、それを超えて、労働者が使用者に対し、現実に就労させることを求める権利（就労請求権）を有するか否かであり、使用者側からみると、労働受領義務を負うか否かという問題となる。不当解雇に際して問題となることが多いが、労働契約の展開過程でも問題となり得る（正当な理由のない出勤拒否・出勤停止、配転命令等）。

　裁判例は、否定説に立っているが、その理由は、労働契約における基本的権利義務は労働義務と賃金支払義務の交換関係であり、就労請求権までは認められないという点に尽きる（読売新聞社事件・東京高決昭和33・8・2判タ83号74頁〔27611027〕、梅光学園事件・広島高判平成31・4・18労働判例1204号5頁〔28273595〕、東大阪医療センター事件・大阪地決令和4・11・10労働判例1283号27頁〔28311472〕等）。これによれば、解雇が不当な場合も、使用者は賃金を支払っていればよいことになる。他方、近年には、就労請求権の肯定例も散見され、大学・大学教員間の

雇用契約の合理的意思解釈として週4コマの授業を担当する旨の合意を認定し、大学に上記授業を担当させる具体的義務を肯定した例（茶屋四郎次郎記念学園事件・東京地判令和4・4・7労働判例1275号72頁〔28302485〕）、同じく労働契約の解釈を介して、大学教員に図書館を利用させることを学校法人の付随義務として肯定した例（前掲梅光学園事件）、一般論としては就労請求権を否定しつつも、当該事案において医師がその技能・技術を維持・向上させつつ適切な医療を行っていくために特定の医療センターにおいて就労することについて特別の利益を有すると解し、就労妨害禁止の仮処分を発した例（前掲東大阪医療センター事件）等がある。

　学説では、就労拒絶によって労働者が被る不利益（キャリア形成上の不利益、処遇上の不利益）が著大となることを踏まえて、労働者の人格的発展のためには現実の労働が不可欠であると解し、就労請求権を肯定する見解がある（下井・労基法〈第5版〉247頁）。また、近年の学説では、前述した裁判例（前掲梅光学院事件、前掲茶屋四郎次郎記念学園事件等）の判断を進めて、就労請求権の存否を一律に判断するのではなく、労務の履行について労働者が有する利益（労働能力の向上・人格的利益）や労務の内容に照らしての信義則に即した労働契約の合理的解釈の問題と把握する見解が登場し、有力説となりつつある（川口美貴『労働法〈第8版〉』信山社（2024年）237頁、野川忍『労働法』日本評論社（2018年）249頁）。効果としては、現実の労働受領の強制（間接強制）を認める見解が多い。妥当な見解と解される。

　また、就労請求に係る間接強制が困難な場合も、労働者が不当な就労拒絶によって多大な不利益（キャリア形成上の不利益、処遇上の不利益）を被ることを重視して、使用者に信義則上の労働受領義務を認め、不当な就労拒絶は債務不履行として損害賠償責任（民法415条）を発生させると解することも可能である（西谷・労働法114頁（同時に間接強制も可能と説く）、土田・労働契約法〈第2版〉141頁以下等）。ただし、反対説も有力である（菅野＝山川・労働法〈第13版〉180頁、荒木・労働法〈第5版〉322頁）。

論点 2　職務発明と相当の利益

1　概説

職務発明とは、従業者（労働者を含む）が使用者の業務範囲に属し、かつ、発明に至った行為が現在又は過去の職務に属する場合の発明をいう（特許法35条1項）。特許法35条の骨子は、特許を受ける権利を発明従業者に原始帰属させつつ、使用者が「契約、勤務規則その他の定め」によって同権利を承継させることを認める一方（同条2項）、その対価として相当の対価請求権を従業者に保障する（同条3項）というものであった（創作者主義）。しかし、特許法35条は、2015年に改正され、特許を受ける権利を使用者原始帰属とすることを可能としつつ（選択的使用者原始帰属）、従業者が相当の利益を受ける権利を有することを内容とする法制度に大きく転換した。

特許法35条は、①発明を奨励しつつ（従業者に対する発明のインセンティブ、使用者に対する投資のインセンティブ）、②発明従業者の利益を適切に保護し、③発明と報償相当という給付の均衡を図ることで、使用者と従業者との利益調整を行うことを趣旨としており、この基本趣旨は、2015年改正以後も変化はない。

2　職務発明の要件

職務発明の要件は、①従業者等がした発明であること、②発明に至った行為が現在又は過去の職務に属すること、③使用者等の業務範囲に属すること、の3点である（特許法35条1項）。このうち、①の「従業者等」は、労働法上の労働者に限られない、特許法固有の広い概念である。③の「業務範囲」は、会社の定款とは無関係に、使用者等が現に行い又は将来行うことが予定されている業務と解されている。

②の「職務」とは、発明それ自体が職務であることだけではなく、発明に至る行為が職務に属することも含む。問題は、指揮命令との関係であり、通常は、従業者は企業の具体的指揮命令を受けて職務に従事するが、そうした指揮命令を受けずに行った発明も職務発明に当たるか否かが問題となる。この点については、特許法35条は、発明のために職務に従事させ、人的・物的・経済的資源を提供する者（使用者）との関係で職務発明を認める制度であるから、そのような関係が認められれば「職務」性を認めるべきであり、指揮命令の有無は決

め手とならないと解されている。そこで例えば、従業者が自発的に研究テーマを発見して発明を完成させた場合も、従業者の地位、給与、職種等諸般の事情に鑑み、発明が従業者の行為として予定され期待される場合は、職務発明と解される（象印マホービン事件・大阪地判平成6・4・28判時1542号115頁〔27828238〕）。また、従業者が使用者の指揮命令に反して行った発明についても、従業者原告が会社の「勤務時間中に、被告会社の施設内において、被告会社の設備を用い、また、被告会社従業員である補助者の労力等をも用いて、本件発明を発明した」と認められる場合は、職務発明と評価される（日亜化学工業事件・東京地判平成14・9・19判夕1109号94頁〔28072782〕（東京高平成17・1・11判時1879号141頁〔28100279〕にて和解勧告））。

3　相当の利益

　2015年改正に基づく「相当の利益」の前身を成す「相当の対価」については、雇用の流動化や発明労働者の意識変化を背景に紛争が増加してきた。この点について、かつての裁判例は、発明の対価の実体的相当性を綿密に審査する態度を示してきた（オリンパス光学工業事件・最三小判平成15・4・22民集57巻4号477頁〔28081213〕）。一般に、発明の対価は勤務規則で定められることが多いが、最高裁は、いまだ職務発明がされておらず、特許権等の内容や価値が具体化する前の段階で、そうした規則によって対価額を確定できないことは明らかであるから、従業者は、勤務規則に定める対価が相当の対価に満たない場合は、不足額を請求することができる、と判断した。その相当性は、裁判所が判断することになる（日亜化学工業事件・東京地中間判平成16・1・30判時1852号36頁〔28090618〕は、こうした判断に基づき、200億円の対価請求を認容）。

　しかし、この立場に対しては、対価に関する実体的司法審査が優先されるため、当事者による対価決定の予測可能性が阻害されるとともに、対価決定過程における使用者・従業者間の交渉が軽視される結果となる等の批判が相次いだ。そして、この批判を踏まえて、企業の職務発明制度を基礎に、それに基づく対価の決定が特許法35条3、4項に即して合理的範囲内にあるか否かを判断し、合理的範囲内にあれば対価の相当性を肯定する立場（合理性基準説）が提唱された（土田道夫「職務発明とプロセス審査――労働法の観点から」山本敬三=田村善之

2 労働契約の権利義務　145

編『職務発明』有斐閣（2005年）146頁参照）。こうした議論を踏まえて、特許法35条は2004年、合理性基準説を摂取し、手続的規律を重視する内容で改正された。すなわち、改正法は、35条3項の「相当の対価」を維持しつつ、対価決定のあり方について、決定基準の策定に際して使用者と従業者が行う「協議の状況、(中略) 基準の開示の状況、(中略) 従業者等からの意見の聴取の状況等を考慮して、(中略) 不合理と認められるものであってはならない」と規定し、対価決定に至る手続を重視する制度を採用した（4項）。この結果、対価の相当性に関する実体的審査（同法35条5項（現行7項）。「その発明により使用者等が受けるべき利益の額、その発明に関連して使用者等が行う負担、貢献及び従業者等の処遇その他の事情」を考慮要素として規定）は、対価の決定が同条4項によって不合理と認められる場合に限定され、その範囲を大幅に縮小されることになった。

　前記のとおり、特許法35条は2015年に再度改正され、従業者原始帰属及び従業者の相当対価請求権という立法政策を改め、契約、勤務規則その他の定めによって特許を受ける権利を使用者に取得させることを可能としつつ（選択的使用者原始帰属（35条3項））、従業者が相当の利益（相当の金銭その他の経済上の利益）を受ける権利を有すること（同条4項）を内容とする法制度に転換した。その趣旨は、①企業の知財戦略を推進するためには、特許を受ける権利を使用者原始帰属とすることで、企業が特許を円滑かつ確実に取得できるようにすることが適切であることと、②企業のイノベーションを強化するうえでは、研究者の研究開発活動に対するインセンティブの確保が必須となるため、職務発明に対する公正な給付として相当の利益を付与すべき使用者の義務を法定することが適切であること、③相当の利益の決定に関する法的な予見可能性を高めるため、使用者等・従業者等間の調整手続に関する指針（ガイドライン）を策定することが適切であることの3点に求められる。

　2015年改正法に伴い、発明従業者に対する給付は、「相当の対価」から「相当の利益」に転換したが、相当の利益（利益の不合理性）についても、合理性基準説を基礎とする手続的規律が重視されることに変わりはない（2004年改正特許法の35条4、5項の関係は、2015年改正法においても、35条5、7項の関係としてそのまま維持されている）。この手続的規律のうち「協議の状況」は、相当の利益決

定基準の策定(制度設計)に関する使用者・従業者集団間の協議の状況を意味し、「従業者等からの意見の聴取の状況」は、個々の発明に関する相当の利益の決定に際しての従業者個人の意見の聴取を意味する(異議申立て・再評価制度を含む)。また、これら手続的規律を具体化する指針(ガイドライン)が特許法に基づく告示として策定されたこと(35条6項)は、2015年改正法の大きな特長であり、指針における手続的規律は、「相当の利益」の決定をめぐる訴訟において尊重されるべきものである。すなわち、改正法の下で、使用者が同指針の手続的規律に従って相当の利益を決定している場合は、特段の事情がない限り、当該利益の不合理性は否定されるものと解される。指針は、①特許法35条4項~7項の意義、②相当の利益の内容を決定するための基準の策定・形式・内容、③協議の対象者・方法・程度、④開示の対象者・方法・程度、⑤意見の聴取の対象者・方法・程度等に関するガイドラインを詳細に規定している(以上については、土田・労働契約法〈第2版〉144頁以下、土田道夫「職務発明・職務著作と労働法の規律」日本労働法学会誌132号(2019年)52頁、土田道夫「職務発明と相当の利益」野川忍=水町勇一郎編『実践・新しい雇用社会と法』有斐閣(2019年)136頁参照)。

(4) 使用者の義務

【概要】

　労働契約は、労働と賃金の対価関係を内容とする契約であるから、使用者の基本的な義務は賃金支払義務であり、それに対応する労働者の賃金請求権とともに、労働契約の締結に基づいて発生する。また、使用者は、賃金支払義務に付随して、信義則上、労働者の正当な利益を侵害しないよう配慮すべき義務(配慮義務)を負う。そのうち最も重要な義務は安全配慮義務(第4巻V「安全配慮義務等」参照)であるが、安全配慮義務以外にも、労働者のプライバシー・名誉などの人格的利益を尊重する義務を負う。ここでは、労働者の人格的利益の保護を内容とする義務として重要な地位を占めつつある職場環境配慮義務について解説する。

1 労働者の人格的利益の保護

使用者は、信義則に基づく配慮義務として、労働者の人格的利益（自由・名誉［感情］・人格的尊厳・プライバシー・差別のない職場環境）を尊重する義務（人格的利益尊重義務）を負う。前記のとおり（Ⅱ2(2)「労働者の義務―付随義務」【概要】）、労働者は誠実義務に基づいて、使用者の名誉・信用等の人格的利益を毀損しない義務を負うが、そうだとすれば、使用者側もこれに対応して信義則（労契法3条4項）に基づき、労働者の人格的利益を不当に侵害しない義務を負うことは当然と解される。従来は、専ら労働者の生命・身体の重要性に着目して安全配慮義務が承認されてきたが、労働者の人格的利益も同様に重要な価値を有しており、信義則に基づく労働契約の解釈上、これを使用者の義務の対象とすることに妨げはない。近年の裁判例においては、職場環境配慮義務の概念が登場し、重要性を増しているが、この職場環境配慮義務（労働者が就労するのに適した職場環境を保つよう配慮する義務）の保護法益は、上述した労働者の人格的利益にあると解されるので、人格的利益尊重義務と職場環境配慮義務は一致するものと考えられる。

2 不法行為構成

従来、労働者の人格的利益の保護は、不法行為の問題（民法709条）として扱われることが多かったため、まずは不法行為による保護から概観しよう。まず、労働者に過度の精神的・身体的苦痛を与えるなど人格的利益を侵害する労働を命ずることは、「裁量の範囲を逸脱又は濫用し、社員の人格権を侵害するものとして、不法行為に該当する」（NTT東日本事件・東京地判平成12・11・14労働判例802号52頁〔28060510〕）（Ⅱ2(1)「労働者の義務―労働義務」【論点1】参照））。職務と関連性のない雑務をさせたり、就業規則や企画商品の筆写を命ずるケース、労働者の髪型や髭等の自己表現行為を過度に規制するケース（郵便事業（身だしなみ基準）事件・大阪高判平成22・10・27労働判例1020号87頁〔28171562〕）が典型である。また、労働者を長期間仕事から外して隔離措置をとることや、管理職を退職に追い込む意図で降格し、受付業務に配置すること（バンクオブアメリカイリノイ事件・東京地判平成7・12・4労働判例685号17頁〔28011582〕）は、キャリア形成の利益を侵害する行為として不法行為となり得る。さらに、上司が指導監督目的の

メールに行き過ぎた内容を記載し、労働者の名誉感情を毀損するケース（A保険会社上司（損害賠償）事件・東京高判平成17・4・20労働判例914号82頁〔28111490〕）、複数従業員が会社内で他の従業員の人格を傷つける内容の書き込みをチャット上で行うケース（港製器工業事件・大阪地判平成30・12・20労働判例ジャーナル86号44頁〔28322855〕）など、上司等個人が労働者の人格的利益を侵害する行為を行った場合は、加害者に不法行為が成立するとともに、使用者についても使用者責任（民法715条）が肯定される。

また、使用者が労働遂行を離れた領域で積極的に労働者のプライバシーや人格的利益を侵害することも不法行為となり得る。代表例として、特定の政党員やその同調者と目される従業員を職場で孤立させ、継続的に監視・尾行したことにつき、プライバシーや、職場における自由な人間関係を形成する自由を侵害する行為として不法行為と解した最高裁判例がある（関西電力事件・最三小判平成7・9・5労働判例680号28頁〔27827852〕）。最近では、特定郵便局長らAが他の郵便局長らBに対し、郵便局長らA中1名の子である郵便局長の法令違反行為に係る内部通報に関与したか否かの回答を強要し、郵便局長らB中1名を郵便局長会から除名したことについて不法行為を肯定した例（損害賠償等請求事件・福岡地判令和3・10・22判時2534号81頁〔28293463〕）等がある。

3　債務不履行構成——職場環境配慮義務

近年の裁判例においては、上述した不法行為構成を離れて、労働者の人格的利益尊重義務（職場環境配慮義務）を労働契約上の付随義務として認める裁判例が登場している（債務不履行構成）。中でも、各種ハラスメントについては、労働者が就労するのに適した職場環境を保つよう配慮する義務（職場環境配慮義務）を認め、同義務違反を理由に使用者の損害賠償責任を認める例が多い。使用者が職場におけるハラスメントを防止し、ハラスメントの訴えがあった場合はその事実関係を調査し、調査結果に基づいて加害者に対する指導・配置換えを含む人事管理上の適切な措置を講じるべき義務（職場環境配慮義務）を肯定したうえ、その懈怠について債務不履行に基づく損害賠償責任を肯定した例（人材派遣業A社事件・札幌地判令和3・6・23労働判例1256号22頁〔28300461〕）、同裁判例とほぼ同様に解したうえ、パワハラ申告者に対する回答の遅延について、信義

則に基づく告知義務違反を肯定し、使用者の債務不履行責任を肯定した例（茶屋四郎次郎記念学園事件・東京地判令和4・4・7労働判例1275号72頁〔28302485〕）、使用者は労働契約上の付随義務として、職場内において労働者の人格権等の権利侵害が生ずることのないよう配慮すべき義務を負うと述べたうえ、会社代表取締役による暴行について、違法な人格権侵害行為に当たるとして会社の義務違反を肯定した例（ルーチェ事件・東京地判令和2・9・17労働判例1262号73頁〔28290630〕）等がある。また、最高裁判例として、企業グループ全体で法令遵守体制の一環としてコンプライアンス相談窓口を設けて相談に対応する体制を設けながら、使用者が別会社従業員から付きまとい行為を受けた従業員からの相談に十分対応しなかったことにつき、就業環境に関して労働者の相談に応じて適切に対応すべき雇用契約上の付随義務（就業環境相談対応義務）違反を認め、債務不履行に基づく損害賠償責任を肯定した例がある（イビデン事件・最一小判平成30・2・15労働判例1181号5頁〔28260713〕（Ⅱ2(2)「労働者の義務―付随義務」【論点4】参照））。

　また、最近の裁判例（フジ住宅事件・大阪高判令和3・11・18労働判例1281号58頁〔28293675〕）は、在日韓国籍従業員が勤務する会社の職場において韓国人等を誹謗中傷する旨の民族差別文書が大量に配布された事案につき、使用者は、信義則に基づいて職場環境配慮義務を負うところ、従業員は自己の民族的出自等に関わる差別的思想を醸成する行為が行われていない職場又はそのような差別的思想が放置されることがない職場において就労する人格的利益を有することから、使用者は、職場における民族的出自等に基づく差別的言動を禁止するのみならず、差別的言動の源となる差別的思想が自ら又は他者の行為により職場で醸成され、人種間の分断が強化されることがないよう配慮する義務（差別的言動禁止・差別的思想醸成避止義務）を職場環境配慮義務の一環として負うと判示したうえ、使用者は、職場において本件従業員の民族的出自等に関わる差別的思想を醸成する行為をした場合はもちろん、職場において醸成された差別的思想を是正せず放置した場合は職場環境配慮義務に違反し、従業員の人格的利益を侵害したものとして不法行為又は債務不履行責任を負うと判断し、具体的判断としても、「在日は死ねよ」「野生動物への例え」を内容とする文書（ヘイト文書）等の配布行為について従業員の人格的利益侵害行為として不法行為責

任を肯定するとともに、上記文書の配布に係る差止請求についても、職場環境配慮義務の履行を求めるものとして認容している。職場環境配慮義務の射程を大きく拡大する判断として有意義である。

　前記のとおり（「労働者の人格的利益の保護」）、労働者の人格的利益は、労働契約上の使用者の義務によって保護すべき利益を意味するから、このような債務不履行構成は妥当と解される。労働者の人格的利益の重要性に鑑みれば、職場環境配慮義務を労働契約上の義務として認知することは自然であるし、使用者の行為規範を明確化し、法的保護を実効化するためには、不法行為構成よりも債務不履行構成の方が優れている。すなわち、不法行為法は、本来は契約関係にない当事者間で偶々発生した事故（違法行為）に対する事後的救済を内容とする法であり、使用者が事前に何をなすべきかを明らかにするには適していない。これに対し、債務不履行構成は、労働者の人格的利益の保護を使用者の契約上の義務（付随義務）として確立し、当該義務に基づく使用者の責任を肯定するものであり、使用者の事前の行為規範を明確化し、労働者の利益を実効的に保護するうえで有意義である。

　加えて、債務不履行構成は、法的保護の内容においても有意義であり、要件面では、不法行為の場合、被害者（労働者）の「権利又は法律上保護される利益（の）侵害」（民法709条）が成立要件となるのに対し、債務不履行構成の場合は、使用者の付随義務（職場環境配慮義務）への違反自体が債務不履行を成立させるため、労働者の法益侵害を使用者の損害賠償責任の要件と解する必要はなく、実体法上の保護が強化されるとともに、手続法上も労働者の主張立証責任が軽減される。また、効果面では、不法行為の効果が金銭賠償にとどまるのに対し、債務不履行構成では、金銭賠償にとどまらず、義務内容の特定を要件に履行請求権を肯定し得ること（前掲フジ住宅事件）から、より実効的な保護が可能となる。加えて、ハラスメント等の被害労働者が休職し、休職期間中の賃金を請求する（民法536条2項）ケースでは、賃金請求権の存否を判断する前提として使用者の職場環境配慮義務違反（債務不履行）について検討する必要があるため、債務不履行構成はこの面でも重要な意義を有する（前掲人材派遣業A社事件）。

一方、職場環境配慮義務と安全配慮義務（第4巻Ⅴ「安全配慮義務等」参照）の関係については、裁判例の中には、パワハラ防止を内容とする職場環境配慮義務を安全配慮義務の一内容と解する例がみられる（大裕事件・大阪地判平成26・4・11労旬1818号59頁〔28223154〕、加野青果事件・名古屋高判平成29・11・30判時2374号78頁〔28254642〕、東海交通機械事件・名古屋地判令和4・12・23労経速報2511号15頁〔28310435〕）。当事者の主張にもよるが、理論的には、安全配慮義務の意義・内容（労働者の生命・健康を保護法益とし、同法益を労働災害の危険から保護するよう配慮する義務）を過度に拡散する判断となりかねない。職場環境配慮義務については、労働者の人格的利益を保護法益とする義務として、安全配慮義務とは別個の義務（債務）として構成する方が妥当と解される（滝原啓允「職場環境配慮義務法理の形成・現状・未来」法学新報121巻7＝8号（2014年）478頁以下参照）。

事例

　以上のとおり、職場環境配慮義務は重要な意義を有するが、同義務にも限界があり、例えば、パワー・ハラスメントがない職場環境の中で、労働者が主観的に孤独感や不満を抱き、使用者の対応に不満を抱いていたとしても、それを法的に保護すべき利益に位置付け、職場環境配慮義務の内容と解するのは行き過ぎである。裁判例では、労働者に対するパワハラや集団的いじめの事実ないしその違法性を否定しつつ、労働者が職場で孤立していた状況について、会社が職場の人間関係を調整することなく放置したとして職場環境調整義務（孤立防止義務）違反を肯定した例があるが（オリエンタルランド事件・千葉地判令和4・3・29労経速報2502号3頁〔28302354〕）、モラルとしてはともかく、このような義務を法的義務として観念することは適切でない。同事件控訴審（オリエンタルランド事件・東京高判令和5・6・28令和4年㈹3777号裁判所HP〔28320933〕）は、原審が説示する孤立防止義務は、「職場において孤立することがないようにすべき義務」という抽象的なものにすぎず、具体的内容が判然としないところ、かかる抽象的な義務を根拠として使用者の義務違反を認め、損害賠償を命じることは相当でないと判断しているが、当然の判断といえよう（最一小判平成11・3・25裁判集民192号499頁〔28040618〕も参照）。

（土田道夫）

3 労働者の人権の保護・差別の禁止

(1) 労働者の人権の保護

【概要】

　労働者の人権保障に関しては、憲法の人権規定の直接ないし間接適用を中心として、様々な人権問題が提起されている。この中で、労基法の権利保障条項や障害者雇用促進法等の実体法規に関連付けられる問題もある。しかし、憲法にも法令にも直接的な人権規定のないプライバシーの権利等は、個人情報保護法により一定程度カバーされるものの、その多くは憲法13条を中心として体系付けられる。さらに、IT化の進展や、健康配慮義務の高度化、職場環境の変化は人権問題の現れ方に新たな問題を提起している。かつては所持品・身体検査が問題となったが、現在ではすべての電子メールや電話会話にとどまらず活動記録一切のVTRやGPS追尾システム等によるモニタリングなども行われ、これら情報管理等と人権の問題も提起されている。

【関係法令】

憲法13、14、19、22条、労契法3、20条、労基法3、5、7、14～17、117条、民法90条

･･････ 論　点 ･･････
1　憲法の人権規定による労働者の人権は職場でいかに保護されるか
2　労基法の労働憲章等による労働者の人権の尊重
3　労働者のプライバシーの保護と企業との利益調整―個人情報保護法をめぐる人事・労務管理上の諸問題

論点 ❶　憲法の人権規定による労働者の人権は職場でいかに保護されるか

1　思想・信条の自由等の間接適用例

　労働者の人権保障に関する憲法条文は、労働三権に関する憲法27、28条等以外にも、職場での支持政党、宗教等による差別に絡んで思想・信条の自由（同法19条）、【論点2】2(3)イで後述する退職後の競業禁止に絡んで職業選択の自由（同法22条）、労働者のプライバシーに絡んで個人の尊重・幸福追求の権利

3 労働者の人権の保護・差別の禁止

(同法13条) 等が、下記に紹介する判例の各所で現れてくる (なお、使用者の採用の自由を論証する際に、判例は、憲法22、29条を引用している。三菱樹脂事件・最大判昭和48・12・12民集27巻11号1536頁〔27000458〕、JR北海道・日本貨物鉄道事件・最一小判平成15・12・22民集57巻11号2335頁〔28090325〕等)。

ただし、最高裁判例は、憲法28条の権利を除いては、憲法規定の労使関係への直接適用には慎重で、民法90条の公序良俗を媒介としたいわゆる間接適用的運用が中心である (例えば、憲法の保障する思想・信条の自由等の精神的自由は、民法90条の公序良俗の内容として、私人間においても、特に実質的な支障のない限りなるべく広範囲に保障されるべきであるとされた大阪相互タクシー事件・大阪地決昭和58・2・10労働判例403号38頁〔27613157〕。岩出誠「判批」ジュリスト834号 (1985年) 94頁、最近のフジ住宅事件・大阪高判令和3・11・18労働判例1281号58頁〔28293675〕では、会社による人種差別的文書の配布行為の法的判断において、憲法13、14、19条及び21条、人種差別撤廃条約の規定の趣旨並びに関連する国内法の定めを踏まえて、不法行為に関する諸規定等、国内私法の規定の解釈を行うべきであるとし、会社による人種差別的文書配布が、職場環境に配慮すべき使用者としての義務に違反し、韓国籍の従業員の人格的利益を侵害したものとして、不法行為とされ、その責任を免れないとされ、ヘイトスピーチを含む記事等の配布行為が違法とされ、配布差止めも認めた)。しかし、公務員に関しては、直接適用を認めるような口吻を漏らすことがあり (棄却例であるが、地方公共団体が、公権力の行使に当たる行為を行うことなどを職務とする地方公務員の職を包含する一体的な管理職の任用制度を設け、日本国民に限って管理職に昇任することができるとすることは、労基法3条、憲法14条1項に違反しないなどとされた東京都管理職受験資格事件・最大判平成17・1・26民集59巻1号128頁〔28100274〕。歴史観ないし世界観という、いわば内心の核心部分を直接否定するような外部行為であれば、これを強制することが憲法19条の問題となり得るものととらえたうえで、市立小学校の校長が音楽専科の教諭に対して入学式における国家斉唱の際にピアノ伴奏を行うように命じた職務命令が同条に違反しないとされた東京都教委 (日野市立南平小学校・君が代ピアノ伴奏職務命令拒否戒告処分) 事件・最三小判平成19・2・27民集61巻1号291頁〔28130624〕。同旨の都立板橋高校 (威力業務妨害被告) 事件・東京高判平成20・5・29判タ1273号109頁〔28145401〕。近時の東京都教委 (高校教員ら懲戒処分) 事件・最一小判平成24・1・16判タ1370号80頁〔28180113〕等。一連の最高裁判例については、【論点2】1

(6)参照。同旨の下級審裁判例として、大阪府・大阪府教員委員会事件・大阪高判平成28・10・24判時2341号68頁〔28244400〕、東京都・教育委員会事件・東京高判平成30・4・18判時2385号3頁〔28263060〕、東京都教育委員会事件・東京高判平成31・3・14平成29年（行コ）209号公刊物未登載〔28272301〕、大阪市・市教委事件・大阪地判令和4・11・28令和2年（行ウ）168号公刊物未登載〔28310501〕等）、実際の判断は微妙である。

2　平等原則

賃金・処遇等での男女差別はⅡ3(2)「性差別（女性保護）」【論点1】で後述するが、労働災害の後遺症の外ぼう醜状について、国・園部労基署長（障害等級男女差）事件（京都地判平成22・5・27判夕1331号107頁〔28161654〕）は、男性に対する差別的取扱いの合憲性、すなわち、差別的取扱いの程度の合理性、厚生労働大臣の裁量権行使の合理性は立証されておらず、当該裁量権の範囲が比較的広範であることを前提としても、なお、障害等級表の本件差別的取扱いを定める部分は、合理的理由なく性別による差別的取扱いをするものとして憲法14条1項に違反すると判断せざるを得ず、本件処分は原則として違法であるとされた。

この判決を受け、既に、厚生労働省は、平成22年12月1日に「外ぼう障害に係る障害等級の見直しに関する専門検討会報告書」を公表し、等級を、男女ともに、7、9、12、14級に細分化した労基則、労災保険法施行規則の改正を行い、平成23年2月1日から施行されている。

事例

前掲国・園部労基署長（障害等級男女差）事件では、①業務上の災害により全身に火傷を負った原告男性が、その労災認定において、Y労基署長が「外ぼうの醜状障害」の障害等級につき性別により差を設けることは憲法違反であるとして、本件支給決定処分の取消しを求めた件につき、労災保険法施行規則別表第1に定められた障害等級表及び本件認定基準による運用からすれば、本件で憲法判断の対象となるのは、厚生労働大臣が障害等級表において「ほとんど顔面全域にわたる瘢痕で人に嫌悪の感を抱かせる程度に達しない外ぼうの醜状障害」について、男女間で差別的取扱いをしていることであるとされ、②本件においては、障害等級表の策定に関する厚生労働大臣の比較的広範な裁量権の存在を前提に、本件差別的取扱いについて、その策定理由に合理的根拠があり、かつ、その差別が策定理由との関連で著しく不合理なものではなく、厚生労働大臣に与えられた合理的な裁量判断の限界を超えていないと認められる場合

には合憲といえるとされ、③本件差別的取扱いの策定理由に根拠がないとはいえないが、その程度は、男女の性別によって著しい外ぼうの醜状障害について障害等級に5級の差があり、給付についても大きな差があるというものであるところ、年齢、職種、利き腕、知識、経験等の職業能力的条件が障害の程度を決定する要素とはなっておらず、性別というものがそれらの条件と質的に大きく異なるとは言い難いことからすれば、著しい外ぼうの醜状障害についてだけ、性別によって大きな差が設けられていることの不合理さは著しいものというほかなく、また、Yが主張する統計的数値に基づく就労実態の差異や社会通念についても根拠が不十分、不明確なのであって、結局、本件差別的取扱いの程度については、策定理由との関連で著しく不合理なものと言わざるを得ないとされ、④本件では、本件差別的取扱いの合憲性、すなわち、差別的取扱いの程度の合理性、厚生労働大臣の裁量権行使の合理性は立証されておらず、当該裁量権の範囲が比較的広範であることを前提としても、なお、障害等級表の本件差別的取扱いを定める部分は、合理的理由なく性別による差別的取扱いをするものとして憲法14条1項に違反すると判断せざるを得ず、本件処分は原則として違法であるとされ、⑤本件差別的取扱いが憲法違反であるとしても、女性に対する補償を男性と同等にまで引き下げるべきとする結論が単純に導き出せるものでもない以上、原告に適用された障害等級は違法であると判断せざるを得ず、本件処分も原則どおり違法であるとして、処分取消しを求める原告の請求が認容された。

同様に、地公災基金大阪支部長（市立中学校教諭）事件（大阪地判平成25・11・25判時2216号122頁〔28214229〕）では、遺族補償年金の受給要件につき、地方公務員災害補償法32条1項ただし書1号が配偶者のうち夫についてのみ「60歳以上」（同法附則7条の2第2項で当分の間「55歳以上」）との要件を付加していることが、男女間の就業形態や収入の差が相対的なものであること、日本型雇用慣行の変容により非正規の男性労働者の割合が増加してきたこと、核家族化の進行により妻が死亡した場合に遺族である夫が家庭責任を担わざるを得ないこと、児童扶養手当（従来は、母子家庭にのみ支給していた）を父子家庭にも支給する法改正がなされたことなどを指摘して、憲法14条1項に違反し無効であるとされた。

前掲地公災基金大阪支部長（市立中学校教諭）事件は、原告Xの妻Kが、公務により精神障害を発症し自殺したため、Xが被告地方公務員災害補償基金（以下、「Y基金」という）の大阪府支部長（以下、「処分行政庁」という。Y基金と合わせて以下、「Y基金ら」という）に対し、地公災法に基づき、遺族補償年金、遺族特別支給金、遺族特別援護金及び遺族特別給付金の支給請求をしたところ、処分行政庁がいずれも不支給とする処分（以下、「本件各処分」という）をしたため、Xが、Y基金に対し本件各処分の取消しを求めた事案である。判決は、まず、地公災法における遺族補償年金の受給権者の範囲について配偶者のうち夫にのみ年齢要件（60歳以上。当分の間55

歳以上）があることにつき、地方公務員災害補償制度（遺族補償年金制度）は、一種の損害賠償制度の性格を有しており、純然たる社会保障制度とは一線を画するものであるが、社会保障的性質をも有することは否定できないとして、上記の区別に関する違憲審査基準として、遺族補償年金制度につき具体的にどのような立法措置を講じるかの選択決定は、上記制度の性格を踏まえた立法府の合理的な裁量に委ねられており、立法府に与えられた上記のような裁量権を考慮しても、そのような区別をすることに合理的な根拠が認められない場合に、当該区別は合理的な理由のない差別として、憲法14条1項（法の下の平等）に違反するとした。次に、判決は、遺族補償年金の受給権者の範囲について配偶者のうち夫にのみ年齢要件（60歳以上。当分の間55歳以上）があることにつき、上記の違憲審査基準を前提として男女間の就業形態や収入の差が相対的なものであること、日本型雇用慣行の変容により非正規の男性労働者の割合が増加してきたこと、核家族化の進行により妻が死亡した場合に遺族である夫が家庭責任を担わざるを得ないこと、児童扶養手当（従来は、母子家庭にのみ支給していた）を父子家庭にも支給する法改正がなされたことなどを指摘して、上記の区別が憲法14条1項（法の下の平等）に違反して違憲・無効であるとした。

　しかし、同控訴事件（大坂高判平成27・6・19労働判例1125号27頁〔28234273〕）では、地公災法32条1項が、配偶者のうち妻については年齢要件を定めず、夫については年齢要件を定めて、遺族補償年金の受給要件について夫と妻を区別していることについて、男女の労働力率の比較、男女の賃金額の比較、家事のみを行っている妻と家事のみを行っている夫の比較を踏まえて、今日の社会情勢のもとにおいても、妻については年齢を問わずに「一般に独力で生計を維持することが困難である」と認めて遺族補償年金を受給できるものとするが、夫については年齢を問わずに「一般に独力で生計を維持することが困難である」とは認められないとして「一般に独力で生計を維持することが困難である」と認められる一定の年齢に該当する場合に遺族補償年金を受給できるものとする本件区別は、合理性を欠くということはできないとし、本件区別を不合理な差別的取扱いで、違憲・無効として不支給決定を取り消した第1審判決が取り消され、地公災基金大阪府支部長（市立中学校教諭）事件（最三小判平成29・3・21労働判例1162号5頁〔28250933〕）はこれを支持した。すなわち、①公立中学校教諭であった妻が公務災害により自殺した上告人（控訴審被控訴人・第1審原告）Xが、地公災法に基づき遺族補償年金を支給請求したところ、年齢要件（職員死亡時に夫が55歳以上）を満たさないことを理由としてなされた不支給処分に対する取消訴訟において、受給要件として配偶者のうち夫にのみ年齢要件を課す同法32条1項ただし書及び附則7条の2第2項の各規定が憲法14条1項に違反しないとした控訴審の判断につき、正当として是認することができるとして、Xの上告が棄却され、②遺族補償年金制度は、「憲法25条の趣旨を実現するために設けられた社会保障の性格を有する制度」で

あって、「妻の置かれている社会的状況に鑑み、妻について一定の年齢に達していることを受給の要件としないことは、上告人に対する不支給処分が行われた当時においても合理的な理由を欠くものということはできない」として、地公災法の各規定のうち夫につき年齢要件を定める部分が憲法14条1項に違反せず、それは待命処分無効確認訴訟（最大判昭和39・5・27民集18巻4号676頁〔27001913〕）、堀木訴訟（最大判昭和57・7・7民集36巻7号1235頁〔27000077〕）の趣旨に徹して明らかであると判示した。

上記の係争をも踏まえ、厚生労働省は2024年7月30日、会社員らが亡くなった際に20～50代の配偶者が受け取る遺族厚生年金について、子どもがいない場合の受給期間を男女とも5年に統一する方針を示した。今の制度では夫を亡くした30歳以上の妻は生涯もらえる一方、妻を亡くした55歳未満の夫は1円も受け取れない。共働きの増加を受け、数十年かけて男女差をなくす方向性を示した（厚労省HP掲載の第17回社会保障審議会年金部会2024年7月30日「遺族年金制度等の見直しについて」参照）。

論点 ② 労基法の労働憲章等による労働者の人権の尊重

1 均等待遇の原則

(1) 均等待遇の原則の意義

労基法は、「使用者は、労働者の国籍、信条又は社会的身分を理由として、賃金、労働時間その他の労働条件について、差別的取扱をしてはならない」として、労契法3条2項の均衡や改正前労契法20条の有期契約労働者への不合理な差別の禁止とは異なり、性別を除く（労基法が母性保護等の観点から女性保護規定を定めていることを踏まえ、同法4条で男女同一賃金を定めつつもここでの均等待遇では性別を除外していることは憲法14条と比較して特徴的である）全般的な均等待遇を求めている（労基法3条）。

(2) 外国人差別の禁止

労基法3条の均等待遇は、「国籍（中略）社会的身分を理由」とする差別を禁止しているが、これは人種による差別を含めて外国人であることを理由とする差別を禁止していることになる。

古くは、外国人判明理由の内定取消しに関する裁判例である日立製作所事件（横浜地判昭和49・6・19判タ311号109頁〔27612465〕）では、在日朝鮮人であることを秘して採用されたことを理由に採用を取り消された原告が、既に労働契約が成立していたとみるべきであるから、採用内定の取消しは解雇であり、そして、

その解雇は原告が在日朝鮮人であることを理由とした国籍による差別待遇として無効であることを主張し、従業員としての地位の確認と賃金及び慰謝料（50万円）の支払を求めて争った事案で、裁判所は、原告の主張を原則的に承認し、その請求を全面的に認容する判断を下した。ここでは、経歴詐称が取消原因とされていることが特色となっているが、同判決は、日本の、とりわけ大企業が在日朝鮮人をほとんど採用しないという社会的背景等の在日朝鮮人の社会的地位よりすれば、原告の行為には同情すべき点が多く、したがって、労働契約上留保されているとみるべき解約権の行使を正当化するほどの不信義性をみることができないばかりでなく、むしろ本件解雇の真の決定的理由は、原告が在日朝鮮人である点に存するから、「留保解約権による解雇及び懲戒解雇の意思表示がいずれも許され」ず、労基法3条に抵触し、公序に反するから、「民法90条によりその効力を生ずるに由ない」とされた。

　近時、我が国経済のグローバル化等に伴い、外国人差別が問題とされる裁判例が増えてきた（損害賠償額の差異については、改進社事件・最三小判平成9・1・28民集51巻1号78頁〔28020337〕。詳細は、野川忍『労働法』日本評論社（2018年）423頁以下参照）が、①一時的に我が国に滞在し将来出国が予定される外国人の事故による逸失利益を算定するに当たっては、予測される我が国での就労可能期間内は我が国での収入等を基礎とし、その後は想定される出国先での収入等を基礎とするのが合理的であり、我が国における就労可能期間は、来日目的、事故の時点における本人の意思、在留資格の有無、在留資格の内容、在留期間、在留期間更新の実績及び蓋然性、就労資格の有無、就労の態様等の事実的及び規範的な諸要素を考慮して、これを認定するのが相当である。②短期滞在の在留資格で我が国に入国し、在留期間経過後も不法に残留して就労していた外国人が、労災事故により後遺障害を残す負傷をし、事故後も国内に残留し事故の20日後から約5か月後までの間は製本会社で就労するなどして収入を得ていたが、最終的には退去強制の対象とならざるを得ず、特別に在留が合法化され退去強制を免れ得るなどの事情は認められないという判示の事実関係の下においては、外国人の逸失利益の算定に当たり、我が国における就労可能期間を同人が事故後に勤めた製本会社を退社した日の翌日から3年間を超えるものとは認められ

ないとした原審の認定判断は、不合理とはいえない、と判示した。

その後のナルコ事件(名古屋地判平成25・2・7労働判例1070号38頁〔28212492〕)では、外国人の逸失利益算定に当たっては、帰国後は本国での収入等を基礎として算定するのが相当であり、Xの本国の将来の経済成長率を正確に判断することは不可能であるから日本の賃金センサスを基礎とすることは認められないが、一切の事情を総合的に考慮すると、その基礎収入は賃金センサスの男性労働者平均賃金の25％とするのが相当であるとされた。

他方、ジャパンタイムズ事件(東京地判平成17・3・29労働判例897号81頁〔28101808〕)が、外国人の記者の労働契約が期間1年であることについて、期間の点のみに着目すれば、定年までの継続雇用を前提とした日本人の正社員よりも不利といえるが、英文で記事を書くという専門職としての雇用であることから賃金面ではむしろ相当優遇されていることを考慮すると、期間の定めが設けられていることが専ら国籍や人種を理由とするものとはいえないから、労基法3条及びその趣旨に反するとはいえないとの判示は優遇等がなければ違反となる可能性を認めるかにも解される点で注目される。

また、デーバー加工サービス事件(東京地判平成23・12・6判タ1375号113頁〔28181170〕)では、日本人従業員とおおむね同等の作業に従事していたものと認められる外国人実習生につき、賃金格差の理由を労働内容の差に見いだすことは困難であるから、労基法3条に違反しないというためには、当該格差を正当化するに足りる合理的な理由がなければならないとされ、原告Xらが日本人従業員と完全に同等の業務遂行能力を有していたとは認め難いこと、また、被告Y社はXらを受け入れるために、3年間でXら1人当たり約180万円(月額5万円に相当)もの費用を負担しているうえ、寮の整備等にも多額の費用を支出し、さらに研修期間中は無料で寮を提供するなど、有形無形の負担をしていることから、日本人従業員の賃金額の約74％という格差は合理的な範囲内にあるとされたが、Xらに課された住宅費・水道光熱費(寮費)の額については、労基法3条に違反するとして、日本人従業員の負担額を超える部分に相当する額について賃金請求権が認められた。同旨で、前掲ナルコ事件は、住居費控除につき、日本人従業員よりも高い金額を控除する取扱いは不平等なものであって合理性

を欠き、労基法3条に反するとした。

なお、北海道宅地建物取引業協会事件（札幌地判平成23・12・14労働判例1046号85頁〔28223762〕）は、被告Y協会の嘱託職員として採用された原告Xに対する戒告の懲戒処分は、Xの父に対する人種差別（朝鮮からの帰化）を理由とする偏見を背景とするものとまではいえなくても、Y協会によるXに対する嫌がらせとして行われた側面があると言わざるを得ないから、Y協会の本件処分は無効であり、Xに対する不法行為を構成するというべきであるとして、Xの不法行為に基づく損害賠償請求が一部認められた例である。

フジ住宅事件（大阪高判令和3・11・18労働判例1281号58頁〔28293675〕）では、会社による人種差別的文書の配布行為の法的判断において、憲法13、14、19条及び21条、人種差別撤廃条約の規定の趣旨並びに関連する国内法の定めを踏まえて、不法行為に関する諸規定等、国内私法の規定の解釈を行うべきであるとされた例で、会社による人種差別的文書が、職場環境に配慮すべき使用者としての義務に違反し、韓国籍の従業員の人格的利益を侵害したものとして、不法行為責任を免れないとしたが、労基法3条については、「同条違反について罰則が用意されていることを考慮すると（同法119条1号）、同法3条の『労働条件』の意義を広範に解することには慎重であるべきだと考えられ、この点に関するXの主張を採用することはできない」と判断した。

(3)　採用の場面での労基法3条の適否

判例によれば、労基法3条は、雇入れそのものを制約する規定ではないとされ（三菱樹脂事件・最大判昭和48・12・12民集27巻11号1536頁〔27000458〕）、地方公共団体が、公権力の行使に当たる行為を行うことなどを職務とする地方公務員の職を包含する一体的な管理職の任用制度を設け、日本国民に限って管理職に昇任することができるとすることは、労基法3条、憲法14条1項に違反しない（東京都管理職受験資格事件・最大判平成17・1・26民集59巻1号128頁〔28100274〕）とされている。採用内定後には、前掲日立製作所事件のように適用される。

(4)　均等待遇の原則—社会的身分と非正規雇用

ア　労基法3条の均等待遇と労契法3条2項の均衡考慮の原則の限界

留意すべきは、ここでの「社会的身分」とは、生来的なものにせよ、後天的

3 労働者の人権の保護・差別の禁止

なものにせよ、自己の意思によって逃れることのできない社会的な分類を指すものであり、「正社員」「臨時社員」などの区別は、雇用契約の内容の差異から生じる契約上の地位であるから、労基法3条に定める身分には該当しないと解されている（丸子警報器事件・長野地上田支判平成8・3・15判タ905号276頁〔28010222〕等）。また、近時の問題として、有期契約労働者等と正社員との処遇差は、労契法3条2項の均衡考慮の原則や改正前労契法20条、パート有期法8条の有期労働を理由とする不合理な差別の禁止の問題とはなり得ても（いすゞ自動車（期間労働者・仮処分）事件・宇都宮地栃木支決平成21・5・12判タ1298号91頁〔28151739〕は、使用者の休業処分（休業命令）による労務提供の受領拒絶を正当化する事由として、「合理性」が要件となるとして、その判断基準として、有期契約労働者と正社員との間の労契法3条2項の均衡配慮や、労働組合等との交渉の状況等を考慮要素として判示している）、労基法3条の問題ではないとされている（大阪初芝学園（幼稚園教諭・賃金合意）事件・大阪高判平成19・9・27労働判例954号50頁〔28140933〕は、労基法3、4条による規制を超えて、使用者が一般的にすべての労働者を均等の労働条件で取り扱うべき義務まで負っているとする法的根拠はないとしている。他方で、労基法3、4条と労契法3条2項等を根拠に京都市女性協会事件・京都地判平成20・7・9労働判例973号52頁〔28141732〕及びその控訴審・大阪高判平成21・7・16労働判例1001号77頁〔28161614〕は、賃金処遇が均衡処遇の原則に照らして不法行為を構成する余地があることを認め、ニヤクコーポレーション事件・大分地判平成25・12・10判時2234号119頁〔28220947〕は改正前パートタイム労働法8条違反を認めたうえで、その成立を認めている）。同様に、男女差別が絡まない竹中工務店（賃金差別等）事件（東京地判平成16・5・19労働判例879号61頁〔28092894〕）では、総合職と実務職は、労働契約の基本的内容が異なっており、資格・給与制度に差異があるとしても違法ではなく、総合職と同一賃金を求める根拠として失当であり、労働協約が、特定の組合員をことさら不利益に取り扱うことを目的として締結されたものとは認められず、他に特段の不合理性はないから、本件協約は有効であるとして、損害賠償請求が認められていない（エクソンモービル事件・東京高判平成24・3・14労働判例1057号114頁〔28210093〕は、専門職と事務・技能職の一時金の格差につき同旨を判示）。

(5) 均等待遇の法的性格

労基法3条は強行規定と解され、違反した契約等は無効となり差別的取扱いに対しては損害賠償責任を生じさせる（差別肯定例として、松阪鉄工所事件・津地判平成12・9・28労働判例800号61頁〔28060940〕。否定例として、スズキ事件・東京高判平成18・12・7労経速報1961号3頁〔28130806〕等）。倉敷紡績（思想差別）事件（大阪地判平成15・5・14労働判例859号69頁〔28082020〕）では、日本共産党員を抑制することを労務政策の1つとしていた会社において、人事制度の年功序列的な運用の下、人事考課上特段大きく否定的に評価されるような事情が見受けられないにもかかわらず、日本共産党員である労働者が全く昇進していないことは差別的な取扱いであり、信条を理由として差別的な処遇を行うことは、人事に関する裁量権の逸脱であり、労基法3条により違法であるといわなければならず、当該労働者に生じた平均的な者との賃金格差の損害につき不法行為責任に基づき賠償する義務を負うとされている（最近の同旨の賠償認容例として、日本原子力研究開発機構事件・水戸地判令和6・3・14労働判例ジャーナル148号16頁〔28321670〕がある）。

(6) 信条自体と外部への働きかけ

しかし、信条自体によるのではなく、例えば、外部への働きかけを伴う政治活動等に対しては、この保護は及ばず、十勝女子商業事件（最二小判昭和27・2・22民集6巻2号258頁〔27003427〕）では、事業場内での政治活動禁止の特約違反の労働者の解雇を認めている（東京都教委（日野市立南平小学校・君が代ピアノ伴奏職務命令拒否戒告処分）事件・最三小判平成19・2・27民集61巻1号291頁〔28130624〕も同旨。その後の東京都・都教委事件・最二小判平成23・5・30民集65巻4号1780頁〔28172544〕等については、花見忠「判批」ジュリスト1444号（2012年）124頁参照）。

なお、ここでの均等待遇違反そのものではないが、労働者に対して、特定政党の党員でないことの書面提出を求めた行為が精神的自由を侵害した違法行為であるとした例として、東京電力事件（最二小判昭和63・2・5労働判例512号12頁〔27803803〕）等がある。

2　不当な人身拘束の禁止

(1) 強制労働の禁止

3 労働者の人権の保護・差別の禁止

使用者は、暴行、脅迫、監禁その他精神又は身体の自由を不当に拘束する手段によって、労働者の意思に反して労働を強制してはならない（労基法5条）。この違反に対しては、労基法上最も重い刑が科される（同法117条）。

(2) 契約期間の制限

契約期間の制限（労基法14条）も、人身拘束の禁止に関連するが、この点は、平成15年の労基法改正による期間の延長に関連して後述する（第2巻Ⅱ2(1)「労働契約の期間」参照）。

(3) 賠償予定の禁止

　ア　賠償予定の禁止の範囲

使用者は、労働契約の不履行について違約金を定め、又は損害賠償額を予定する契約をしてはならない（労基法16条）。ここで禁じられているのは、予約等であり、実際に発生した損害を労働者に求めること自体は禁止されていない。なお、労基法16条と同法5、17条等との関係で、退職時の研修・留学費用等の返還問題があるが、この点は後述する。

近時の該当例として、鍼灸整骨院院長事件（横浜地相模原支判平成27・11・27平成25年(ワ)462号公刊物未登載〔28280051〕）は、被告Yの作成に係る、本件違約金条項が定められた本件契約書の内容は、労基法上禁止されている長時間労働を違約金の威嚇の下に義務付け、使用者としての有給休暇付与義務を免れさせる一方、違約金をもって休暇取得を制限し、さらには労基法上禁止されている違約金と給与との相殺を予定するなどの違法なものであるとされ、グレースウィット事件（東京地判平成29・8・25判タ1461号216頁〔28260911〕）では、交通費貸付けの定めは実質的に労働契約の不履行につき支給済みの交通費と同額の違約金を定めることにほかならず、交通費が必ずしも多額にならないことを考慮しても、労働者の足止めや身分的従属の創出を助長するおそれは否定できない。そのため、そのような定めは労基法16条の賠償予定の禁止に違反し、その効力を認められないとされ、キャバクラ運営A社従業員事件（大阪地判令和2・10・19判時2511号98頁〔28290477〕）では、クラブ従業員の交際禁止同意につき、本件同意書は、使用者である原告X社が被用者である被告Yに対して私的交際を禁止し、これに違反した場合には違約金200万円を請求し、Yはこれを支払う旨合意するも

のであるところ、これは、労働契約の不履行について違約金を定めたり、損害賠償額を予定する契約をしたりすることを禁じた労基法16条に違反しており、無効であるとした。また、ファーストシンク事件（大阪地判令和5・4・21判タ1514号176頁〔28312182〕）では、アイドルグループメンバーに対する本件違約金条項の有効性（労基法16条）が争われ、リハーサル、コンサートの無断欠席等を理由とする違約金請求に対して、Yの労基法上の労働者性（9条）を肯定したうえで、本件違約金条項は労基法16条に違反して無効であると判断した。

　イ　賠償予定の禁止の退職後への規制―競業避止義務や守秘義務違反との関係等

　さらに、賠償予定の禁止の規制は、労働契約関係終了後も及ぶのかという問題があるが、判例・学説上、必ずしも確定していない。1つの考え方は、労基法16条の文理に即し、「労働契約の不履行」全般に及び、「労働契約の付随義務として論じられる退職後の競業避止義務や守秘義務の不履行」の問題となる以上、同条の適用があると解する立場である。

　もう1つの立場は、労基法16条の論理解釈として、労働契約の展開過程での不当な人身拘束を禁止するにすぎず、労働契約関係終了後の関係には及ばないとするものである（この見解に立たない限り、競業避止条項への違反につき、退職金の返還に加えて約定違約金の支払を認めたヤマダ電機事件・東京地判平成19・4・24労働判例942号39頁〔28131941〕やトータルサービス事件・東京地判平成20・11・18判タ1299号216頁〔28150464〕の判決は成り立ち得ない）。

　退職後の競業避止義務や守秘義務違反については、後述するが、少なくとも、「不当な人身拘束を禁止する」との立論からすれば、退職後の職業選択の自由への侵害も「不当な人身拘束」の問題とも解されるばかりか、かかる違約罰等を定めることは、論理的にも、かつまた実際上も、自己のキャリアを活かした退職をし難くするという意味では、まさに「労働契約の展開過程での不当な人身拘束」にほかならず、文理上も、労基法1、2条を踏まえた論理解釈としても前者の見解を妥当と解する（岩出・大系26頁）。退職後の競業避止義務違反への退職金減額を認めた三晃社事件（最二小判昭和52・8・9労経速報958号25頁〔28030508〕）の「ある程度の期間制限することをもって直ちに社員の職業の自

由等を不当に拘束するものとは認められず、(中略) その退職金が労働基準法上の賃金にあたるとしても、所論の同法3条、16条（中略）等の規定にはなんら違反するものではない」との判示は、この規制が及ぶことを前提としているものと解される（理由は異なるが、德住堅治「判批」ジュリスト1385号（2009年）135頁も同旨）。近時のP興産元従業員事件（大阪高判令和2・1・24労働判例1228号87頁〔28283699〕）も退職した日雇従業員の不動産取引損金補てん合意につき、その成立時期が退職直後であるものの、使用者が労働契約関係にあった労働者に退職後も労働契約に付随して努力する義務を負わせたうえ、将来、会社に損害が生じた場合には、事情のいかんを問わずその全額の賠償を約束させるものにほかならず、実質的には、労基法16条の規定の趣旨に反するものであるとしたのも同旨と解される。

　ウ　賠償予定の禁止と支度金の返還義務

　なお、いわゆる支度金の返還義務につき、大タク（支度金返還特約）事件（大阪地判平成17・1・19労働判例892号92頁〔28224132〕）では、①「被控訴人は、本人の責めに帰すべき事由による解任又は自己の意思により控訴人会社に対し、勤務した月数に1万円を乗じた額を減額した残額を、退職と同時に遅滞無く返還する」（満1年以上勤務した場合に限り返還義務は免除する）旨のタクシー運転手とタクシー会社との本件返還特約により支給された20万円の本件支度金は、タクシー運転手としての就任後一定期間就労を継続したことに対する功労報償としての性質を有し、あくまでも、所定の期間就労を継続した場合に全額取得できることを条件に前払として支給されたものであって、支給時に従業員が確定的に取得したものとはいえないとされ、②本件支度金の性質及び支度金が従業員への一律支給ではなく支給を拒否する余地もあることも考慮すれば、本件返還特約は、退職時に支度金の精算を定めた規定というべきであって、同特約が直ちに違約金や損害賠償の予定を定めたものとはいえないとされ、③本件返還特約により、従業員は退職の意思決定に一定の制約を受けることは否定できないが、従業員が諸般の事情を考慮して、経済的に合理的な判断により就労を継続するか否かを決定することは可能であり、本件支度金の返還が免除されるまでの期間（就労の継続を要請されている期間）が1年にとどまっていることや本件

支度金の性質を考慮すれば、いまだ従業員の退職の自由を不当に拘束するものとはいえず、本件返還特約は労基法16条に違反しないとされ、④本件支度金返還特約を同条に違反する無効なものとして会社側の返還請求を棄却した第1審判決につき、会社側敗訴部分が取り消されている（東亜交通事件・大阪高判平成22・4・22労働判例1008号15頁〔28162999〕も同旨）。いわゆる支度金が条件付賃金の前払と認められた例で、この論理は、いわゆる年休の前借り等の場合にも当てはまるもので、実務的には影響が大きいものと予想される。ただし、同判決によってもその額等によっては、労基法違反となることはあり得る（下記エの「サイニングボーナス・勤続奨励手当等の違法性」参照）。

　エ　サイニングボーナス・勤続奨励手当等の違法性

　賞与の中には、雇用契約締結時に支払われ、成約を確認し、勤労意欲を促すことを目的として支払われるサイニングボーナスといわれるものがある。しかし、それが、一定期間内に自らの意思で退職した場合にはその全額を返還することを約するような場合には、かかる約定は従業員の意思に反して労働を強制することになる不当な拘束手段として、労基法5条（強制労働の禁止）、同法16条（賠償予定の禁止）に違反し無効とされることがある（1年の拘束に関する日本ポラロイド事件・東京地判平成15・3・31労働判例849号75頁〔28081878〕。なお、賞与ではないが、同様の性格を持つ、旧来からあった支度金や契約金（医療法人北錦会事件・大阪簡判平成7・3・16労働判例677号51頁〔28020872〕）、勤続奨励手当（東箱根開発事件・東京高判昭和52・3・31判タ355号337頁〔27612696〕）などにおいても、経済的足止め策として、同様の判断が下されることがある）。

　オ　退職時の研修・留学費用等の返還問題

　労基法16、17条等との関係で、退職時の研修・留学費用等の返還問題がある。

　(ｱ)　企業における人材開発投資の必要性

　最近、成果主義・能力主義人事制度がけん伝され、その反映として、即戦力・能力のあるキャリア採用・中途採用も増加している。しかし、いまだに、新卒子飼いの人材に対して企業により、OJT（On-the-Job Training：企業内で行われる職業指導手法の1つ）を中心とした企業内外の様々な研修を経て育成していく長期雇用制度は、少なくとも大手企業のとりわけ幹部候補の総合職クラ

スの人事制度としては大きな位置を占めている（なお、職開法4条によれば、人材開発は、努力義務とはいえ、企業の責務でもある）。また、そのような新卒採用の場合でなくとも、とりわけIT、ナノテク、バイオ等の先端的技術分野や金融商品の開発等の分野においては、従業員に対して、常に最新の技術を習得させ企業の国際的競争力を維持・向上させるべく、様々な研修を受けさせることは少なくない。

　(イ)　人材開発投資についてのリスクヘッジに関する問題の多発

　かかる状況下で、従業員に対して、通常のOJTや一般的な技術研修ではなく、企業が、労務の提供を免除して、高額の学費等をかけて、専門学校や国内外の研究施設、大学・大学院等の教育を受けさせたり、海外のMBA（経営学修士）、弁護士やCPA（公認会計士）等の資格を取得させたりすることが従前から行われてきた。ところが、そのような多額の人材開発投資資金を注ぎ込んで育成し研修を修了した従業員が、研修の修了や一定の資格を取った途端や、復職後わずかで退職してしまうというようなことが起こったときに、トラブルが発生する。

　例えば、企業が、従業員に対して、特別に目をかけて、優遇措置として、研修等を受けさせた人材開発投資費用の返還や、投資資金・費用の回収までの期間の退職を認めないなどといったことを求め、これを従業員が争うといった形態が典型的な紛争である。

　そこで、このような場合、従業員のために支出した研修費用などを返還させる方法はないか、また、このように特別の便宜を与えて研修させた従業員を安易に退職できなくさせる方法はないか、逆に、従業員の立場からは、いかなる場合にかかる返還請求を拒否できるか、という問題につき、裁判例を参考に実務的指針を検討してみる（詳細は、岩出・大系385頁以下参照）。

　(ウ)　違約金などは決められない

　まず、このような場合に、例えば、海外等の研修の終了後5年間の期間勤務を継続しない限り、約束違反の退職であるとして違約金をとることは、労働契約上の損害賠償の予約や違約金の定めを禁止した労基法16条に違反し、労働契約の期間を3年を超えて定めることは、上記のように例外的な専門業務等の要

件を満たさない限り（岩出・大系90頁以下参照）、有期労働契約の期間を原則として3年間とする同法14条にも違反することになる。

　(エ)　合理的な範囲の実費の返還請求

　しかし、いまだ最高裁判例が出てはおらず、判例全体も必ずしも整合性・統一された判断を示しているとはいえないが、多数の判例・学説は、おおむね、下記のとおり、一定の条件・範囲・方法の下での研修費用の返還を認めている。すなわち、研修修了後の一定期間内の退職の際に、一般の従業員が受けていない特別な便宜としての給料以外の授業料など客観的・合理的に算定された範囲での実費の返還を、合理的な方法で求めたり、一定期間後はその返還を免除したりする制度は、そのことが就業規則等に明記されているならば労基法違反等の問題を生じないと解されている。

　この判断を示す先例といえる藤野金属工業事件（大阪高判昭和43・2・28判時517号85頁〔27611865〕）では、溶接技師資格検定試験の受験を希望する労働者に対して技能訓練援助を施すに際し、「1年間は退職しない、もし右期間内に退職する場合は、右受験のための練習費用等として3万円支払う」という誓約書をとったことが「費用の計算が合理的な実費であつて使用者側の立替金と解され、かつ、短期間の就労であつて、全体としてみて労働者に対し雇よう関係の継続を不当に強要するおそれがないと認められ」「労基法第16条の定める違約金又は損害賠償額の予定とはいえない」とされた。

　同様の判断は、傍論の中ではあるが、日本軽金属事件（東京地判昭和47・11・17判時706号99頁〔27612332〕）でも判示されていた。すなわち、同判決では、留学費用の返還義務を定める留学規則規定があったが、そこでは労働者が留学費用を返還していたため、その規定自体の適法性は問われなかったものの、「留学社員に対し留学終了後一定期間の勤続義務を課すのであれば、海外留学規則中にその旨明確な規定を設けるかないし明示の合意をすべき」としており、明確な返還合意があれば、返還を認める趣旨が示唆されていた。

　さらに、河合楽器製作所事件（静岡地判昭52・12・23労働判例295号60頁〔27404817〕）では、退職者に対する技術者養成所の授業料貸与金の返還請求が認容されている。ここでは、雇用前に会社附属ピアノ調律技術者養成所に1年間入

所するに際して、その月謝（1万円、計12万円）を会社から借り受け、なお「貸与金は退所時に全額返済する。退所後会社に就職する場合には退職時まで据置貸与を受ける」旨を約束した労働者が、退職後に会社から貸与金の支払を請求された、というものだった。同判決は、労基法16条違反を否定するに当たり、本貸与金契約と雇用契約は別個の契約であって、労働者は退所後会社に就職しないことも、就職後退職することも自由であったうえ、月謝の額も特に不合理な金額ではない、などの事実に照らして、退職の自由を不当に制限したものとは認め難いとしている。

近時の例でも、長谷工コーポレーション事件（東京地判平成9・5・26判時1611号147頁〔28021273〕）は、海外留学の学費・渡航費の返還につき、これらの返還合意は労働契約とは別個の免除特約付消費貸借契約として有効としている。さらに、野村證券事件（東京地判平成14・4・16労働判例827号40頁〔28071923〕）は、「早期に自己の都合で退社した場合、費用を返還させることを会社側に認めないと、企業は海外留学に消極的にならざるを得ない」と判示し、かかる特約の有効性を認めている。また、明治生命保険（留学費用返還請求第2）事件（東京地判平成15・12・24労働判例881号88頁）、明治生命保険（留学費用返還請求）事件（東京地判平成16・1・26労働判例872号46頁〔28091697〕）も、海外留学が業務性を有する場合に、一定期間に労働者が退職した場合にこれを労働者に負担させる旨の合意は、それが消費貸借の合意であったとしても、実質的に違約金又は損害賠償額の予定と認められるから、労基法16条に反して無効となるが、本件海外留学に業務性を認めることはできないとして返還を認めている。コンドル馬込交通事件（東京地判平成20・6・4労働判例973号67頁〔28142153〕）も、第2種免許取得に係る研修費用返還条項は、労基法16条に反しないとされた例で、いわゆる入社前研修での免許取得費用返還が認められた。

最近、みずほ証券事件（東京地判令3・2・10労働判例1246号82頁〔28292039〕）では会社の留学制度の利用について、会社と社員との間に留学費用に関する消費貸借契約が成立しているとされ、労働者に3045万円の支払を命じた。すなわち、本件留学制度の選考に応募するか否かは、原告の業務命令によるものではなく労働者の自由な意思に委ねられており、その留学先や履修科目の選択も労働者

が自由に選択でき、基本的に、留学期間中の生活については被告の自由に任せられていた。また、公募留学生の留学終了後の配属先は、必ずしも留学先大学において取得した資格や履修科目を前提とした配属になっていないことから、本件留学制度による留学は、原告の業務と直接関連するものではないといえる。むしろ、被告を含む公募留学生は、留学によって原告での勤務以外でも通用する有益な経験や資格等を得ている。そうすると、本件留学制度を利用した留学は、業務性を有するものではなく、その大部分は労働者の自由な意思に委ねられたものであり、労働者個人の利益となる部分が相当程度大きいものであるといえ、その費用は、本来的には、使用者である原告が負担しなければならないものではない。したがって、留学費用についての原告被告間の返還合意は、その債務免除までの期間が不当に長いとまではいえないことも踏まえると、被告の自由意思を不当に拘束し、労働関係の継続を強要するものではないから、労基法16条に反するとはいえないとされた。

大成建設事件（東京地判令和4・4・20労働判例1295号73頁〔29070708〕）でも、会社における社外研修制度の下では、応募・辞退は任意であると定められており、元従業員も、自らの意思で本件研修への参加を決意したものであって、本件研修に参加するよう、強制されたり、指示されたりしたものではなく、また、本件研修は、応募や辞退、研修テーマ・研修機関・履修科目の選定が元従業員の意思に委ねられていたこと、本件研修は、汎用性が高い内容を多く含むものであり、元従業員個人の利益に資する程度が大きいこと、貸与金の返済免除に関する基準が不合理とはいえず、返済額729万5985円が不当に高額であるとまではいえないことからすると、本件消費貸借契約が労働契約関係の継続を強要するものであるとは認められないから、本件消費貸借契約は労基法16条に違反するとはいえないとされた。

　(オ)　一般的な新入社員研修や業務性を有する研修費用の返還

これに対し、研修・指導の実態が、一般の新入社員研修とさしたる差がなく、使用者として当然なすべき性質のものである場合や業務性を有する場合には、それに支出された研修費用の返還を求めることには、合理性がないとされる。

例えば、サロン・ド・リリー事件（浦和地判昭和61・5・30判時1238号150頁〔2761

3414〕）では、美容室を経営する会社に職種を美容等とする準社員として就職した従業員が、上記会社との間で締結した会社の美容指導を受けたにもかかわらず会社の意向に反して退職したときは、入社時に遡って1か月につき金4万円の講習手数料を支払うという契約につき、「本件契約の目的、内容、従業員に及ぼす効果、指導の実態、労働契約との関係等の事実関係に照らすと、（中略）指導の実態は、いわゆる一般の新入社員教育とさしたる逕庭はなく、右のような負担は、使用者として当然なすべき性質のものであるから、労働契約と離れて本件のような契約をなす合理性は認め難く、しかも、本件契約が講習手数料の支払義務を従業員に課することにより、その自由意思を拘束して退職の自由を奪う性格を有することが明らかである」として、労基法16条に違反し無効とされている。同様に、ダイレックス事件（長崎地判令和3・2・26判時2513号63頁〔28291201〕）では、セミナー受講料返還合意について、①本件セミナーの受講は労働時間と認められ、その受講料等は本来的にY社が負担すべきものと考えられること、②その内容に汎用性を見いだし難いから、他の職に移ったとしても本件セミナーでの経験を活かせるとまでは考えられず、そうすると、本件合意は従業員の雇用契約から離れる自由を制限するものと言わざるを得ないこと、③受講料について尋ねることは事実上困難というべきであって、従業員の予測可能性が担保されていないこと、④受講料合計額が40万円を超え、決して少額とはいえないことなどからすると、その実質においては、労基法16条にいう違約金の定めであるとして、本件合意は無効であるとされた。

なお、第二国道病院事件（横浜地川崎支判平成4・7・31労働判例622号25頁〔27819813〕）も、基本的には、この範ちゅうに入れて考えられるものである（岩出誠「判批」ジュリスト1047号（1994年）125頁参照）。その後、和幸会事件（大阪地判平成14・11・1労働判例840号32頁〔28080572〕）では、看護学校への入学金、授業料、施設設備費などを貸しつける「看護婦等修学資金貸与契約」等が、労働者の就労を強制する足止め策の一種とされ、労基法14、16条に違反するとして、看護学校退学者らに対する貸金返還請求が棄却されている（医療法人杏祐会元看護師ほか事件・広島高判平成29・9・6労働判例1202号163頁〔28253504〕も同旨）。

他方、使用者が自己の企業における技能者養成の一環として業務命令で海外

分社に出向させ、業務研修をさせた富士重工業事件〔東京地判平成10・3・17判タ986号221頁〔28030837〕〕やビジネススクールでの研修を命じた新日本証券事件〔東京地判平成10・9・25判時1664号145頁〔28033348〕〕などでは、諸費用の返還合意が一定期間の業務拘束を目的とした実質違約金の意味を持つものとして違法とされている。さらに、研修終了後健康生協に勤務しない場合、研修期間中、健康生協より補給された一切の金品を、3か月以内に本人の責任で一括返済しなければならないとの定めは、研修受講者が研修終了後被控訴人において勤務するとの義務を定める範囲では有効だが、勤務しない場合の損害賠償額を予定している部分（一切の金品の返還）では、労基法16条に該当し、無効であるとされた徳島健康生活協同組合事件〔高松高判平成15・3・14労働判例849号90頁〔28081880〕〕も、研修内容が、他の病院で医師としての勤務を経ながら研修していく形態等からも、通常の業務の延長に近く、同様の範ちゅうに入る事案である。また、アジアンリフレクソロジー学院事件〔札幌地判平成17・7・14労働判例899号94頁〔28101552〕〕も同様に、使用者が労働者に対し、業務研修について、授業料の名目で金員を支払わせることは、賃金を不当に減額するもので、公序良俗に反するから、そのような内容を目的とする本件契約に係る意思表示は、無効であるとしている。

しかし、前掲富士重工業事件は、前掲第二国道病院事件と同様に、出向先の業務についているため、従業員の受けた金員は給与にほかならず、返還の対象とならないのは当然と考えられるが、前掲新日本証券事件は、業務に従事したものではなく、ビジネススクールでの研修であり、前掲長谷工コーポレーション事件や前掲野村證券事件との整合性を欠くものとして疑問が残る。

ただし、独立行政法人製品評価技術基盤機構事件〔東京地判令和3・12・2労経速報2487号3頁〔29068209〕〕では、労働者は、自らの意思により本件研修に参加したものといえ、また、派遣時期や米国滞在中のビジネススクールへの通学など労働者自身の希望も派遣計画に一定程度反映されていたが、一方で、労働者が積極的に海外派遣を原告に求めたものではない。研修先の選定や研修内容の確定に当たっても労働者の意向が反映された形跡はうかがわれず、むしろ、機構において、労働者が在籍する機構の化学センターが取り扱う専門技術的分野に

精通し、海外経験も豊富で、語学力にも全く問題がなかった労働者を長期海外派遣の適任者として選定し、派遣先や研修内容も機構が主導的に調整、決定したうえで、労働者をEPA（米国環境保護庁）に派遣したものと認められる。また、本件研修は、実態としては、語学力の獲得や海外経験を積ませることで職能を高めさせるといった労働者個人の能力向上のみならず、EPAの取組を労働者に体得させ、また、EPAとの人脈を形成することによって研修後の情報交換を容易にし、日本の化学物質管理行政の分野における機構のプレゼンスを高めるという組織的目的に基づき実施された面も相当程度あったものと認めるのが相当である。さらに、労働者は、EPAにおいてはリサーチスカラー（研究員）の肩書を与えられ、週40時間というEPA職員と同一の労働条件で勤務しており、また、労働者のEPAにおける本件研修は、形式的には独自の調査研究と機構の関心事項等も踏まえた調査研究の機構に対する報告を主としていたが、これにとどまらず、機構以外の関係機関からの頻繁な調査研究依頼に対応して化学物質管理に関するEPAの情報を調査検討して報告したり、機構の化学センターが所管する化学物資の審査及び製造等の規制に関する法律の改正等の情報を米国内の会議で紹介するなどしており、その業務内容は機構や所管庁である経産省等の業務に密接に関わり、機構の職員としての業務性も相当程度帯びていたものと認められる。加えて、労働者がEPAにおいて従事していた業務は、機構において労働者が担当していた業務内容と深く関係する一方で、化学センターないし経産省における公共政策に関わる非常に専門的な分野に関する経験であるため、必ずしも機構や関係省庁以外の職場や化学物質管理に関する業務以外の分野における汎用的な有用性を有するものではなかったとされ、本件研修は、主として機構の業務として実施されたものと評価するのが相当であるとされた。そうであれば、本件研修費用も本来的に使用者である機構において負担すべきものであるが、本件消費貸借契約は、本件研修の終了後5年以内に労働者が機構を自己都合退職した場合に本来機構において負担すべき本件研修費用の全部又は一部の返還債務を労働者に負わせることで、労働者に一定期間の機構への勤務継続を約束させるという実質を有し、労働者である被告の自由な退職意思を不当に拘束して労働関係の継続を強要するものと言わざるを得

ないから、労基法16条に違反し無効と解するとされた。実体としては、前掲富士重工業事件に近い事案と解される。

　㈎　研修費用等の返還範囲に関する一般的基準

　ここで、労基法16条違反とならず、一定期間の就業をしなかった従業員から人材開発投資の返還を求めるための条件としては、どのような明確な合意があれば、どの範囲で返還が認められるのか、判断要素として想定される要件は何かを、従前の判例・学説を踏まえて、整理してみる。

　まず、共通して挙げられるのが、①立替金又は金銭消費貸借としての明確な合意の存在と（個別のみか規程によってもよいのか）、②その合意において、返還義務そのものの存在、返還方法、返還開始時期等が明確に合意されていることである。

　しかし、これらの要件が満たされれば、必ず返還が義務付けられるわけではない。明示の有無にかかわらず、③返還すべき範囲を確定する基準として、合理性が要求されている。つまり、「客観的、合理的に算定された範囲で合理的な方法で返還を求める」場合のみ返還義務が認められるのである。

　この合理性の具体的内容としては、研修参加への任意性、研修内容の業務関連性の濃淡、研修によって習得される資格・技能等の汎用性の程度等様々な要素が考えられる。これらの要素を総合して有効性の有無・範囲を判断することになるだろう（詳細は、岩出・講義上720頁以下参照）。

　東急トランセ事件（さいたま地判令和5・3・1労経速報2513号25頁〔28311842〕）では、業務関連性の高い免許取得のための教習費用相当額貸付け制度が労基法16条に違反しないとされたが、その理由として、本件消費貸借契約と同条に関して本件消費貸借契約は、労働契約の履行、不履行とは無関係に定められており、単に労働した場合には返還義務を免除するとされている規定である。他にも、大型二種免許は他の業務にも利用できることや、被告も原告の養成制度を理解したうえで本件消費貸借契約を締結したものと認められること、その金額も、31万0800円と被告の月額給与2か月程度であることなどに照らせば、本件消費貸借契約が被告の自由意思を不当に拘束し、労働関係の継続を強要するものとはいえない。したがって、本件消費貸借契約は、労働契約の不履行に対する違

約金ないし損害賠償額の予定であると解釈することはできない、としている。取得技能の汎用性と金額の寡少性が重視されていることに注目すべきである。

(キ) 一般的な研修費用等の返還拒否者への基本的対応策

以上によれば、上記の典型的な紛争形態である、「企業が、従業員に対して特別に目をかけて、優遇措置として、研修等を受けさせた人材開発投資費用の返還請求や、投資資金・費用の回収までの期間の退職を認めないなどといったことを従業員に求め、これを従業員が争うといった形態」の場合、諸費用の合意が、研修参加につき自主性と自由な意思が確保され、研修内容に業務性が希薄で、得られた技能・資格に汎用性が高い場合には、返還に関する自発的かつ合理的で明確な規定があれば、国内外の教育機関の授業料のような実費については返還が認められる。しかし、5年間を超すような長期にわたって退職自体を禁止するようなことはできない（長くても1～3年間の就労を条件とする返還義務の免除と退職の場合の返還義務に関する規定によって事実上の引止め効果を期待するしかない）。また、返還の範囲も渡航費・学費を超えて研修期間中の賃金に相当する生活費の返還までに及ぶような場合には疑問がある（前掲長谷工コーポレーション事件、前掲野村證券事件等も渡航費・学費の返還にとどめている）。

ただし、退職の場合の返還方法についても、返還金額が高額に及ぶ場合には、現実的可能性のある返済期間内の返済方法（給料差押えに関する民事執行法152条の趣旨を踏まえて退職時の給料の4分の1程度の月賦払等）によらないと事実上退職の自由が制限されるとして労基法16条等の違反の疑いが出るので注意しなければならない（ただし、前掲野村證券事件は約1000万円、前掲みずほ証券事件は3045万円を、前掲大成建設事件は729万5985円を〈「返済額が不当に高額であるとまではいえないことからすると」との判示はある〉、各々、一時金での返還を認めているが、これは、業界の特殊性や当該留学で得たスキル等の市場価値を考慮したものと解されるが、裁判所がこの要素に重きを置いていないとの見方もあり得る）。

(4) 中間搾取の排除

何人も、法律に基づいて許される場合のほか、業として他人の就業に介入して利益を得てはならない（労基法6条）。

通達によれば、この規制は、労働関係の開始についてのみならず、労働関係

の存続に関係するものも含み、違反行為主体は、法の適用を受ける事業主に限らず、個人、団体又は公人、私人を問わず、一の被使用者が、他の被使用者との労働関係に介在する場合も労基法6条違反となり、営利を目的として反覆継続して利益を得る意思があれば、たとえ被害労働者1人1回の行為でも「業」とされ、「利益」とは、使用者、労働者又は第三者より受ける手数料、報償金、金銭以外の財物等いかなる名称、有形無形たるとを問わず、「就業」とは、労働者が労働関係に入り、又はその労働関係にある状態をいい、「介入」とは、その労働関係の開始存続について何らかの因果関係を有する関与をなしていることをいう（昭和23・3・2基発381号）。

そして、法人の従業員が法人のために労務供給契約を結びその利益を法人に帰属させていた場合の犯罪行為者は、契約者たる従業員である（昭和34・2・16基収8770号）。なお、労働者派遣は、この規制に該当しない（昭和61・6・6基発333号）。

なお、いわゆる偽装請負に関係し（岩出・大系150頁参照）、職安法4条6号により同法44条違反の成立は認めなかったが、同法44条の趣旨、労基法6条の中間搾取の禁止、派遣法違反状態等を考慮し、業務請負等を公序良俗違反により無効とし、その無効の中で現実に発生した注文主への労務の提供関係から黙示の労働契約の成立を認めた松下プラズマディスプレイ事件（大阪高判平成20・4・25判タ1268号94頁〔28141487〕）が注目されたが、上告審で適用が否定された（パナソニックプラズマディスプレイ（パスコ）事件・最二小判平成21・12・18民集63巻10号2754頁〔28154005〕）。

(5) 公民権行使の保護

　ア　公民権行使の保護の意義・効力

使用者は、労働者が労働時間中に、選挙権その他公民としての権利を行使し、又は公の職務を執行するために必要な時間を請求した場合においては、拒んではならない。ただし、権利の行使又は公の職務の執行に妨げがない限り、請求された時刻を変更することができる（労基法7条）。

　イ　公民権行使の具体的適用対象

通達によれば、この規制における、「公民としての権利」には、法令に根拠

を有する公職の選挙権及び被選挙権、憲法の定める最高裁判所裁判官の国民審査、特別法の住民投票、憲法改正の国民投票、地方自治法による住民の直接請求、選挙権及び住民としての直接請求権の行使等の要件となる選挙人名簿の登録の申出等がある。しかし、訴権の行使は一般的には含まれない（昭和63・3・14基発150号）。次に、「公の職務」とは、衆議院議員その他の議員、労働委員会の委員、陪審員、検察審査員、法令に基づいて設置される審議会の委員等の職務、民訴法271条による証人・労働委員会の証人等の職務、公職選挙法38条1項の投票立会人等の職務をいう。予備自衛官が自衛隊法70条の規定による防衛招集又は同法71条の規定による訓練招集に応ずる等は該当しないとされる（同通達）。なお、労審法に基づく労働審判員の職務、裁判員の参加する刑事裁判に関する法律に基づく裁判員の職務は含まれる（菅野＝山川・労働法〈第13版〉288頁）。

　　ウ　公民権保障と賃金

　この権利行使については、有給たると無給たるとは労使当事者が自由に決定し得る（昭和22・11・27基発399号。全日本手をつなぐ育成会事件・東京地判平成23・7・15労働判例1035号105頁〔28180035〕）。しかし、公民権の行使を労働時間外に実施すべき旨定めたことにより、労働者の就業時間中の選挙権行使請求を拒否すれば違法とされる（昭和23・10・30基発1575号）。裁判員休暇制度における日当と休暇手当を支給する企業における精算問題については、例えば、裁判員として受領した日当は使用者に納付するという規定を置いた場合、その規定により実質的に労働者が不利益を被るような場合は、裁判員の参加する刑事裁判に関する法律100条が禁止している不利益取扱いに該当する可能性があり、特別の有給休暇としているにもかかわらず、給与額から裁判員の日当を差し引くことは一般的に認められないが、「裁判員用の特別の有給休暇を取得した場合には、1日分に相当する給与額（例えば1万5000円）と日当相当額（例えば1万円）との差額（例えば5000円）を支給する」というように、給与額と日当相当額との差額を支給するような特別の有給休暇制度にすることなどは許容されている（法務省HP「従業員の方が裁判員等に選ばれた場合のQ&A」参照）。

　なお、公民権の行使等に要した時間に対応する賃金を支給しないこととした

就業規則の不利益変更につき、労働者に与える経済的不利益は些少であるにしても、「有給扱いという待遇の下で公民権の行使等の公的活動に容易に参画し得る地位ないし権利」に対してかなり大きな負の影響を与えるものであって、重要な労働条件につき実質的な不利益性を有するものであるにもかかわらず、「高度な経営上の必要性」に基づいて本件就業規則等変更が行われたとは言い難く、その他の諸事情（労働組合との交渉の状況等）を勘案したとしても、変更に同意しない原告Xのような職員に対して、これを法的に受忍させることを許容することができるだけの高度の必要性に基づいた合理的な内容のものであるということはできないとされた例があるが（前掲全日本手をつなぐ育成会事件）、不利益の程度の低さからは、労契法10条の他の要素との関係では疑問がある。

エ　常勤的地方議会議員等への就任と公民権保障の限界

判例は、公職の就任を使用者の承認にかからしめ、その承認を得ずして公職に就任した者を懲戒解雇に付する旨の就業規則条項は、労基法7条の規定の趣旨に反し無効とされるが、傍論として「公職に就任することが会社業務の遂行を著しく阻害する虞れのある場合」には普通解雇は許されるとしている（十和田観光電鉄事件・最二小判昭38・6・21民集17巻5号754頁〔27002018〕）。下級審でも、公民権行使に要した時間について無給としたり、賞与等の計算において勤務していない時間と取り扱うことは同条に抵触するものではないが、地方議会議員への就任ということだけを理由として、解雇・休職等の不利益処分に付することは許されないものと解するのが相当であるものの、それによって労働契約上の義務を遂行することが困難となり、使用者の業務遂行が阻害されるような場合には、阻害の程度に応じて解雇したり、休職させたりすることは、同条に抵触しない（森下製薬事件・大津地判昭58・7・18労働判例417号70頁〔27613195〕、社会保険新報社事件・東京高判昭58・4・26労経速報1154号22頁〔27613175〕、パソナ事件・東京地判平成25・10・11労経速報2195号17頁〔28220407〕も普通解雇につき同旨）とされている。

\事例

前掲第二国道病院事件では、マスコミや日本医療労働組合連合会等からその改善の必要性が叫ばれている看護婦見習の准看護婦学校通学関連費用に関するいわゆるお礼

奉公と返還義務の関係・範囲と超過労働による割増賃金義務の存否につき争われ、具体的には、准看護婦学校卒業と同時に退職したY看護婦見習に対して、X病院が奨学金手当、入学金、授業料等として支払った金員は立替金に当たるとして、その返還を請求した病院側の請求が、労働の対価である賃金の一部とされたり、返還義務のない立替金とされたりして、科目別に返還義務の存否が判断され、返還請求のごく一部のみが認められた（この事件は、控訴審で和解にて解決。この判決に関しては、岩出誠「判批」ジュリスト1047号（1994年）125頁参照）。その後、前掲和幸会事件では、看護学校への入学金、授業料、施設設備費などを貸しつける「看護婦等修学資金貸与契約」等が、労働者の就労を強制する足止め策の一種とされ、労基法14、16条に違反するとして、看護学校退学者らに対する貸金返還請求が棄却されている。

論点 ❸ 労働者のプライバシーの保護と企業との利益調整——個人情報保護法をめぐる人事・労務管理上の諸問題

1 電子メール等の私的利用制限とモニタリング

(1) 企業内コンピュータ・ネットワーク化の急速な進展・普及

最近、企業内外のコンピュータ・ネットワーク化は、一般の予想をはるかに超えて急速に進展し、これに伴い、マスコミで頻繁に、企業内コンピュータ・ネットワーク化が引き起こす顧客情報営業秘密の漏えい等をはじめとする犯罪、電子メール等による各種のハラスメント、インターネットの私的利用等の人事管理上等のトラブルが報じられ、これらに対応するためのルールづくりの必要性の指摘がなされている。しかし、多くの場合、企業は、いまだ十分には、この動きに対応できてはいないようである。

そこで、ここではインターネットの私的利用の問題に限って、インターネット、電子メールを含めた企業内コンピュータ・ネットワーク化に伴う社内規定整備の必要性について、検討してみる（詳細は、岩出・大系368頁以下参照）。

(2) 問題の所在

インターネットの私的利用がはらむ問題は、業務研究のためのインターネットによる情報検索やその検索文字情報のダウンロードと思いきや、情報量が膨大になりやすいアダルト系の画像情報などがキャプチャなどで取り込まれ、回線容量を超えてシステムダウンを起こしたり、勝手なソフトのインストールにより、コンピュータ・ウイルスの蔓延や他のソフトの誤作動を招いたりと、今

やセキュリティ上の危険にとどまらず、生産性の低下を招くまでに至っている。
　他方、社内コンピュータ・ネットワークの不正私的利用の監視のためのモニタリングは、従業員のプライバシーへの侵害との非難を招くおそれがある。
(3)　モニタリングが許される場合—裁判例で示された基準
　ア　問題の所在
　米国でも、一時期は、社内コンピュータ・ネットワークへのモニタリングに関して、プライバシー侵害の成否が問題とされていたが（この点に関しては、山田省三「職場における労働者のプライヴァシー保護」日本労働法学会誌78号（1991年）53頁等参照）、上記のように、コンピュータ・ネットワーク化の進展とその私的利用等の濫用が進むにつれ、また、最近では、個人情報保護法上の個人情報や不正競争防止法上の営業秘密の保護態勢の整備の一環として、一定の合理性を要件としながらも、会社設備のパソコンへのモニタリングについては許容する方向に向かっているようである。
　イ　セクシュアル・ハラスメントに絡んだ異常な私的利用の事例
　我が国においても、モニタリング規定や事前の警告のいずれもなしになされた電子メールのモニタリングが適法とされた裁判例が現れたが、ここでも同様の方向が示されている。
　まず、セクシュアル・ハラスメントに絡んだ調査の過程で、異常な私的利用が発覚した事案であるF社Z事業部事件（東京地判平成13・12・3労働判例826号76頁〔28070664〕）は、電子メールに関してもプライバシー保護が及ぶ旨の一般論を述べたうえで、「通信内容等が社内ネットワークシステムのサーバーコンピューターや端末内に記録されるものであること、社内ネットワークシステムには当該会社の管理者が存在し、ネットワーク全体を適宜監視しながら保守を行っているのが通常であることに照らすと、利用者において、通常の電話装置の場合と全く同程度のプライバシー保護を期待することはできず、当該システムの具体的情況に応じた合理的な範囲での保護を期待し得るに止まる」として保護の限界を指摘している。そのうえで、電子メール閲読行為の相当性について、「原告らによる社内ネットワークを用いた電子メールの私的使用の程度は、（中略）限度を超えているといわざるを得ず、被告による電子メールの監視と

いう事態を招いたことについての原告A側の責任、結果として監視された電子メールの内容及び既に判示した本件における全ての事実経過を総合考慮すると、被告による監視行為が社会通念上相当な範囲を逸脱したものであったとまではいえ」ないとしている。

　ウ　社内の誹謗中傷メールと多量の私的メール利用の事例

　続いて現れた、社内の誹謗中傷メールへの調査の過程で発覚した電子メールの濫用的私的利用に関するモニタリングが適法とされた日経クイック情報事件（東京地判平成14・2・26労働判例825号50頁〔28071509〕）では、「企業秩序に違反する行為があった場合には、（中略）その調査や命令も、（中略）合理的なものであること、その方法態様が労働者の人格や自由に対する行きすぎた支配や拘束ではないことを要し、調査等の必要性を欠いたり、調査の態様等が社会的に許容しうる限度を超えていると認められる場合には労働者の精神的自由を侵害した違法な行為として不法行為を構成することがある」との一般論を述べたうえで、「社内における誹謗中傷メールの送信という企業秩序違反事件の調査を目的とするもので、かつ、原告にはその送信者であると合理的に疑われる事情が存するのであるから、原告から事情聴取をする必要性と合理性は強く認められる」とし、「その結果、原告が送信者である（中略）疑いをぬぐい去ることができなかったのであるから、さらに調査をする必要があり、事件が社内でメールを使用して行われたことからすると、その犯人の特定につながる情報が原告のメールファイルに書かれている可能性があり、その内容を点検する必要があった」こと、「私用メールは、送信者が文書を考え作成し送信することにより、送信者がその間職務専念義務に違反し、かつ、私用で会社の施設を使用するという企業秩序違反行為を行うことになることはもちろん、受信者に私用メールを読ませることにより受信者の就労を阻害することにもなる。また（中略）受信者に返事の文書を考え作成し送信させることにより、送信者にその間職務専念義務に違反し、私用で会社の施設を使用させるという企業秩序違反行為を行わせるものである」こと、「多量の業務外の私用メールの存在が明らかになった以上、新たに（中略）調査する必要が生じ（中略）業務外の私用メールであるか否かは、その題名だけから的確に判断することはできず、その内容

から判断する必要がある」こと等からモニタリングの必要性を認める。そのうえで、原告のメールファイルの点検は、事情聴取により原告が送信者である疑いを拭い去ることができず、また、原告の多量の業務外の私用メールの存在が明らかになった以上行う必要があるとし、その内容は業務に必要な情報を保存する目的で会社が所有し管理するファイルサーバー上のデータ調査であることから、社会的に許容し得る限界を超えて原告の精神的自由を侵害した違法な行為とはいえないとした。モニタリングの事前告知のなかったことに関しても、「事前の告知による調査への影響を考慮せざるを得ないことからすると、不当なこととはいえない」などとしたものである。

　　エ　労働者による電子メールの私的濫用に対するモニタリングの許容
　つまり、これらの裁判例はいずれも、電子メールに関する規定等がなかった事案であるところから、電子メールの特殊性と、労働者による電子メールの私的濫用が判断の大きな要素になっているものと解される。
　そこで、これらの裁判例を踏まえると、インターネットの私的利用は、それに関する規定があればそれにより、なくとも一般的な就業規則中の企業施設の私的利用禁止規定に基づき、休憩時間中であっても同禁止規定違反として、就業時間中であれば、それに業務懈怠が加わり、いずれにせよ懲戒処分の対象になり得る行為であるので（ただし、リンクシードシステム事件・東京地八王子支判平成15・9・19労働判例859号87頁では、勤務時間中に会社のコンピュータ、電話回線を利用した株取引につき、懲戒解雇は無効とした。ただし、普通解雇事由には当たる旨付言している）、特に、その私的利用が濫用にわたるように頻発した場合や、セクハラに限らず各種ハラスメントへの利用や、従業員や企業への誹謗中傷に使用されている合理的疑いがある場合等には（労働政策研究・研修機構事件・東京地判平成16・9・13労働判例882号50頁〔28092841〕でも、週刊誌に掲載された勤務先に対する批判的な内容を含む記事への関与が疑われていた原告の使用するパソコンに関する調査は、調査目的が正当であるうえ、調査態様も妥当であり、原告の被る不利益は大きくないから、プライバシーの侵害に当たらないとされている）、モニタリングはこれらの規定の実効性を保つため、違反の有無に関する必要な調査として合理性があり、適法とされると解される。

なお、現在、企業不祥事案に対する第三者委員会等の不正調査においては、削除した電子メールの復元を含むモニタリングが実施されるデジタルフォレンジック（経済産業省においても、令和4年1月31日「情報セキュリティサービス基準（第2版）」によれば、「システムやソフトウェア等の資源及び環境の不正使用、サービス妨害行為、データの破壊、意図しない情報の開示等、並びにそれらへ至るための行為（事象）等への対応等や法的紛争・訴訟に際し、電磁的記録の証拠保全、調査及び分析を行うとともに、電磁的記録の改ざん及び毀損等についての分析及び情報収集等を行う一連の科学的調査手法及び技術（以下「デジタルフォレンジック」という。）についての次に掲げるいずれか又は全てのサービスをいう。」と定義されている）が当然のこととされている。

(4) 個人情報保護委員会「個人情報の保護に関する法律についてのガイドライン（通則編）」への留意の必要

ア　ネット管理規程の整備の必要性

しかし、紛争を回避するためにはネット管理規程の整備が望ましい。その際には、「労働者の個人情報保護に関する行動指針」（平成12・12・20労働省。以下、「行動指針」という）や「労働者の個人情報の保護に関する行動指針の解説」（平成12・12・20労働省。以下、「行動指針解説」という）に留意して作成することが望まれる。しかし、厚生労働省HPでは、同行動指針は、個人情報保護法が制定・施行される前に研究会の考え方をとりまとめたもので、現在は同指針を踏まえた「雇用管理分野における個人情報保護に関するガイドライン」（平成24年厚労告357号）が、平成29年5月30日をもって、個人情報保護委員会「個人情報の保護に関する法律についてのガイドライン（通則編）」（最終改正令和4年9月。以下、「指針通則編」という）に一元化されることに伴い廃止された。したがって、今後は、指針通則編への留意が必要である。

イ　モニタリングの内容・程度

そして、電子メールのモニタリングについても、行動指針は、その第2の6(4)で、「使用者は、職場において、労働者に関しビデオカメラ、コンピュータ等によりモニタリング（以下「ビデオ等によるモニタリング」という。）を行う場合には、労働者に対し、実施理由、実施時間帯、収集される情報内容等を事前に

通知するとともに、個人情報の保護に関する権利を侵害しないよう配慮するものとする。ただし、次に掲げる場合にはこの限りでない。(イ)法令に定めがある場合、(ロ)犯罪その他の重要な不正行為があるとするに足りる相当の理由があると認められる場合」との原則を示したうえで、その(5)で、「職場において、労働者に対して常時（中略）モニタリングを行うことは、労働者の健康及び安全の確保又は業務上の財産の保全に必要な場合に限り認められるものとする」として、これにつき、行動指針解説は「最近話題になることが多い電子メールやインターネットの接続状況のモニタリングについては、私用の防止や企業等の機密情報の漏洩による損害防止、企業内の情報システムの安全確保等の目的で行われるものについては、『業務上の財産の保全』のために行われるものに当たると考えられる。電子メール等のモニタリングのあり方については、なお今後の議論に待つところもあるが、その実施に当たっては、（中略）電子メール等の利用規則にその旨を明示すること等により、あらかじめその概要を労働者に知らせた上で行うことが適当と考えられる。具体的な運用に当たっては、例えば、電子メールのモニタリングでは原則として送受信記録あるいはこれにメールの件名を加えた範囲について行うこととし、必要やむを得ない場合を除いてはメールの内容にまでは立ち入らないようにするなど、あくまでも目的の達成に必要不可欠な範囲内で行い労働者等の権利利益を侵害しないよう十分配慮することが望ましい」と指摘している。しかし、上記(3)の裁判例でも当然内容に踏み込んだモニタリングをしており、行動指針は実態に合わないものとなり、既に、指針通則編では、この問題に言及されていない。

　モニタリングに関する現段階での公的見解としては、個人情報保護委員会『個人情報の保護に関する法律についてのガイドライン』及び『個人データの漏えい等の事案が発生した場合等の対応について』に関するQ＆A（（平成29年2月16日）令和元年6月7日更新）の「Q5－7　従業者に対する監督の一環として、個人データを取り扱う従業者を対象とするビデオやオンライン等による監視（モニタリング）を実施する際の留意点について教えてください。」に対して、「A5－7　個人データの取扱いに関する従業者の監督、その他安全管理措置の一環として従業者を対象とするビデオ及びオンラインによるモニタリングを

実施する場合は、次のような点に留意することが考えられます。なお、モニタリングに関して、個人情報の取扱いに係る重要事項等を定めるときは、あらかじめ労働組合等に通知し必要に応じて協議を行うことが望ましく、また、その重要事項等を定めたときは、従業者に周知することが望ましいと考えられます。

○モニタリングの目的をあらかじめ特定した上で、社内規程等に定め、従業者に明示すること

○モニタリングの実施に関する責任者及びその権限を定めること

○あらかじめモニタリングの実施に関するルールを策定し、その内容を運用者に徹底すること

○モニタリングがあらかじめ定めたルールに従って適正に行われているか、確認を行うこと」と指摘している。

なお、モニタリングの実施は、他方で、社内コンピュータ・ネットワーク利用のハラスメント等の人格権侵害などに対しての企業の責任（使用者責任による損害賠償責任等）を招きやすいため、コンピュータ・ネットワーク利用上の規制がより必要となる。

(5) 社内コンピュータ・ネットワークの私的利用の違法性

ア　企業施設の私的利用禁止規定等に基づく規制

上記のとおり、インターネットの私的利用は、それに関する規定があればそれにより、なくとも一般的な就業規則中の企業施設の私的利用禁止規定に基づき、休憩時間中であっても同禁止規定違反として、就業時間中であれば、それに業務懈怠が加わり、いずれにせよ懲戒処分の対象になり得る行為である。

イ　インターネット規制の整備状況と規制実態に応じた判断

しかし、裁判例の中には、私的利用禁止規定がない事案においてではあるが、早くから、社員による電子メールの私的利用禁止が徹底されておらず、電子メール規定のようなものも存在しておらず、会社の調査等に関する基準や指針、会社によるモニタリングの可能性等が社員に告知されたことがないような場合においては、上記のとおり、「会社における職務の遂行の妨げとならず、会社の経済的負担も極めて軽微なものである場合には、これらの外部からの連絡に適宜対応するために必要かつ合理的な限度の範囲内において（中略）社会通念

上許容されていると解するべきであ」るなどと判示しているものもあった（前掲F社Z事業部事件）。

　　ウ　インターネット普及に伴う私的メールの頻度及び内容面での濫用度に関する判断の厳格化

　そして、裁判例の動向は、いずれも、パソコンの私的利用禁止規定等が定められていない事案ではあるが、一般企業においても、広くインターネットが普及したことに伴い、私的メールの頻度及び内容面での濫用度を踏まえて厳格に判断する傾向にあると解される。

　すなわち、実質的な内容からの濫用の有無が厳格に問われる傾向があり、モルガン・スタンレー・ジャパン・リミテッド事件（東京地決平成16・8・26労働判例881号56頁〔28100159〕）でも、高裁では内容面から懲戒解雇有効とされたとはいえ（モルガン・スタンレー・ジャパン・リミテッド控訴事件・東京高判平成17・11・30労働判例919号83頁〔28111979〕）、労働者が使用者のメールアカウントを使用して自らの個人的な訴訟について顧客らに電子メールを送信したことにつき、限られた私的目的を除いて業務以外の情報通信システムの利用を禁じた使用者の行為規範に違反するもので、使用者の懲戒権が及ぶとされたが、この程度の業務以外の情報通信システムの利用に対する懲戒としては解雇は重きに失するとされ、前掲労働政策研究・研修機構事件、同控訴審（東京高判平成17・3・23労働判例893号42頁〔28101489〕）でも、控訴人が、就業時間中に業務用パソコンを使用して行った、他部署の文書データへの頻繁なアクセスは、控訴人の業務と無関係なものとは推認できず、若干の被控訴人会社内のものとは考え難い文書データへのアクセスは、就業規則所定の職務専念義務には違反するが、その程度は極めて軽微であるから、この義務違反を退職金の減額事由にすることはできないとされ、K工業技術専門学校（私用メール）事件（福岡地久留米支判平成16・12・17判タ1223号192頁〔28100877〕）でも、業務用パソコンを使用してインターネット上の出会い系サイト等に投稿し、多数回（送受信の合計は1500回以上）の私用メールを受送信した専門学校の教員に対する懲戒解雇処分につき、職務専念義務や職場規律維持に反するだけでなく教職員としての適格性や学校の名誉信用にも関わるものであって懲戒解雇事由に一応は該当するが、同処分は苛酷に過ぎ解

雇権の濫用として無効とされていた。しかし、さすがに、前掲K工業技術専門学校（私用メール）事件に関しては労働者の地位・内容や回数から疑問があったところ、その控訴審（福岡高判平成17・9・14判タ1223号188頁〔28110179〕）で逆転判決となった。

電子メールの配信ではなく、企業のパソコンへの保存行為の是非が問われた学校法人Y事件（東京地判平成29・9・14判時2366号39頁〔29031583〕）では、被告学校法人（大学）に雇用され、商学部教授等の職務に従事していた原告が、被告による懲戒解雇、その後の普通解雇を権利の濫用による無効と主張し、契約上の地位確認と月額賃金等の請求をした事案で、裁判所は、わいせつ動画を本件パソコンに保存した本件行為は、コンピュータ利用規則や就業規則に違反し、懲戒事由となるが、各動画は私生活上の領域の問題であり、外部流出はなく実際に被告の社会的名誉等の侵害はないことなどから、本件懲戒解雇は重きに失し相当性を欠き、懲戒権の濫用として労契法15条により無効とし、本件解職も同法16条により無効として、地位確認と賃金請求を認めた。しかし、原告の地位に照らして、結論には疑問がある。

　エ　電子メール管理規定等の未整備の影響

　同様の傾向は、全国建設工事業国民健康保険組合北海道東支部（懲戒処分無効確認等請求）事件（札幌地判平成17・5・26判タ1221号271頁〔28101553〕）でもみられ、ここでは「職員は執務時間中みだりに所定の勤務場所を離れてはならない」との職員服務規程の条項は、その趣旨が職務専念義務にあるとしても、その文言上は執務時間中の離席を禁じたものにすぎないから、この文言を離れて職務専念義務一般というように広く解釈して懲戒処分を科すことは許されないものというべきであって、執務時間内に私的な電子メール交信を行った行為は上記条項に違反するものとはいえないとされ、原告X_1の電子メール交信は職員服務規程の「職員は物品を私用のため用いてはならない」に違反するが、原告の私的メール交信は、約7か月のうち28回にすぎず、1回の所要時間も短く、内容的にも業務関連のものが少なくないこと、被告事務局では、業務用パソコンの私的利用に対して注意や警告がなされたことはなく、局長や管理職においても私的利用の実態があったこと、被告の調査方法には公正性の点で問題が多く、

被告がいう交信の回数の多寡は信頼性に乏しいこと、原告らが加入する地域労組と被告との間の労働協定には事務用品等の使用を認める定めがあり、第１次処分当時はその効力が存続していたこと、３か月分合計９万7200円の減給処分は労基法91条に違反することに鑑みると、原告X_1に対する第１次処分の減給処分は、懲戒処分としての合理性に乏しく、社会通念上重すぎて相当性を欠くというべきであり、懲戒権の濫用として無効とされ、原告X_1の私的メール交信及びそれに関して職員に注意をしなかった行為は、管理職でありながら職場規律・企業秩序を乱すものであり、私的メール交信の頻度のほか上司に対する不穏当な批判や侮辱的表現は課長としての適格性に疑問を生じさせるものではあるが、私的メール交信の事案のみをもって降任処分を科するのは重過ぎる処分というべきで、原告X_1に対する第１次処分の降任処分は、その根拠を欠くとして、職員服務規程（分限・懲戒の原則）により無効とされ、原告X_2の業務用パソコンを私的に利用した行為は、職員服務規程の物品の私用禁止に該当するが、私的メールやチャットの頻度が多いとはいえないこと、当時の被告事務局では、パソコンの取扱規則等が定められていないこと、３か月分合計７万1400円の減給処分は労基法91条に違反すること、原告が一般職であることなど諸事情を考慮すると、原告X_2に対する第１次処分は、懲戒処分としての合理性に乏しく、社会通念上重過ぎて不当というべきであって、懲戒権の濫用として無効とされている。企業の電子メールの私的利用禁止につき、会社の機器の使用禁止規定に抵触するが、職務専念義務違反には該当せず、電子メール管理規定等もない中では、頻度、内容等から、降任のみならず、減給処分が相当性を欠くとされた事案で、その調査の恣意性・公正さに疑問を提起し、処分相当性否定の事情として考慮されている。いわゆる企業の私的メールの濫用的利用とはいえないとされた事例を追加するものだが、結論・理由に疑問が残る事例であり、電子メール管理規定等の整備の必要性を示す好例でもある。

オ　高頻度のみの私的メールへの規制の緩和化

さらに、高頻度のみの私的メールへの規制の緩和化が感じられる。例えば、トラストシステム事件（東京地判平成19・6・22労経速報1984号3頁〔28132306〕）では、①顧客先でのIPメッセンジャーの私的利用等を理由とする解雇が解雇権の濫

用に当たるとされた例であるが、②原告が顧客先で就業時間中にIPメッセンジャーを利用して6か月間に1700件余りの私的なやりとりをしたことは服務規律、職務専念義務に反し、利用したコンピュータ等の機器類は、顧客から業務上の利用に限定して使用を許されていたことからすると、その行為に重大な問題を含むことは明らかだが、職場環境を良好とするためには、ある程度私的な会話等を交わすことが有益なことは経験上も明らかであること、情報機器の利用について、一定限度の私的利用を行うことは通常黙認されており、会社が利用限度について特段の指導や基準の設定をしたこともうかがわれないことや、取引先等と問題が生じたわけでもないこと等の事情をも考慮すると、この点に関する原告の行為をもって、服務規律違反、職務専念義務違反による解雇理由として過大に評価することは疑問が大きいとされ、③原告が課長との肩書きで、私的に要員派遣業務のあっせん行為をしたことが職務違反に当たる旨の会社の主張は、仮に当該行為が何らかの私的な性質のものを含むものであったとしても、会社においても特に認識もされず、具体的な業務上の支障があったこともうかがわれないのであるから、会社の職場規律に触れる部分があったとしても、これを解雇の理由として過大に評価することはできないとされている。

同様に、北沢産業事件（東京地判平成19・9・18労働判例947号23頁〔28140202〕）では、①就業時間中の私的メールにおいて、世間話や同僚のうわさ話、懇親会の打合せといった業務と直接関係のない話をすることは一般的に行われていることであり、これらが業務上の円滑な人間関係の形成、維持のために必要となる側面も否定できないことからすれば、就業時間中の私的メールの送信のすべてを職務専念義務違反に問うことは許されないとされ、②原告Xの就業時間中の私的メールの送信頻度は1か月につき2～3通であり、その内容も、取引先の関係者からの世間話や母校の後輩からの就職相談、社員からの懇親会の打合せなどといったものであり、社会通念上許容される範囲を超えたものではないとして、Xの私的メールの送信を就業規則違反に問うことはできないとされた。電子メールの利用関係だけからは、いまだ濫用的利用とまではいえない事案ではあろう。

　カ　私的メール利用中の業務懈怠による懈怠時間相当分の賃金の減額

さらに、業務懈怠による懈怠時間相当分の賃金の減額や、インターネットの定額料金での利用をしていない中小零細企業では、アクセス時間に対応する通信費用分の損害賠償の問題なども発生することが考えられるが、前掲リンクシードシステム事件では、勤務時間中に企業のインターネットを利用した株に関するいわゆるイー・トレードを理由とする損害賠償、不当利得も認められていない。

　キ　不正目的利用

　　(ア)　肩書詐称メール

建物明渡請求控訴事件（東京高判平成22・1・20判タ1346号170頁〔28162014〕）では、外資系旅行代理会社のファイナンシャル・コントローラーが会社から使用を許されていないディレクターの肩書を用いて手紙や電子メールを作成し、自分が私的に関心を持った事業案件について、あたかも会社がその案件に関心を持っているように装い、繰り返し会社の実績・信用を利用して情報提供を求め、案件への参画を実現しようとしたことは、職務上の地位を利用して自己の利益を図ったもので、懲戒解雇が相当であるとされた。

　　(イ)　攻撃メール

社内での内部告発や上司への攻撃にメールが利用されその適否が問題となることが急増しているが（テイケイ事件・東京地判平成23・11・18労働判例1044号55頁〔28181172〕、東和エンジニアリング事件・東京地判平成25・1・22労経速報2179号7頁〔28212516〕、ボッシュ事件・東京地判平成25・3・26労経速報2179号14頁〔28212517〕等）、内部告発の正当性判断基準により判断される（岩出・大系351頁以下参照）。

すなわち、合理性・正当性・真実相当性等を欠いた内容の電子メールの大量発信等については、懲戒解雇（前掲建物明渡請求控訴事件）や解雇（前掲ボッシュ事件）が有効とされている。

なお、港製器工業事件（大阪地判平成30・12・20労働判例ジャーナル86号44頁〔28322855〕）では、メール送信ではなく、従業員間でのアクセス制限のないチャットページへの書き込み（パソコンのチャット上での原告の人格を傷つける内容の書き込み）は、同じく被告会社の従業員であった原告に対して直接送信されたものではなかったうえ、被告P$_3$及び同P$_4$以外の人物が両者間のチャット

ページを閲覧することは基本的に想定されていなかったといえるが、社内において、チャットワークの画面を閲覧することができる者の範囲に限定が加えられていなかったことからすると、被告P_3及び同P_4と同じ職場で働く原告が、原告自身の手によるにせよ、他の同僚から見聞したことを契機とするにせよ、本件書き込みの内容を閲覧する一定の可能性があったというべきであり、かかる事情の下では、チャットワーク上への書き込みによって、個人の人格を傷つけることがないよう注意すべき義務があるというべきであり、それにもかかわらず、本件書き込みのように個人の人格を傷つける内容の表現を行うことは、過失による違法行為であるとされたが、本件書き込みの内容は、客観的に、原告に不快感を覚えさせるにすぎないと評価すべきものであるうえ、原告が閲覧することは想定されていなかったものであることに照らすと、本件書き込みとうつ病の発症との間の相当因果関係は認められないから、本件書き込みと医療費及び調剤料等、給与未払分の損害との因果関係は認められないが、本件書き込みと一定範囲の精神的損害に対する慰謝料は5万円、弁護士費用相当損害金は1万円をもって相当と認めた。

　住商インテリアインターナショナル事件（東京地判平成30・6・11平成28年(ワ)43726号公刊物未登載〔29050427〕）は、従業員は、取締役兼管理本部長兼業務管理部長であるCの言動がパワハラに当たるとの考えに基づき、上司の許可を受けることなく外出し、警察署で被害相談を行ったうえ、その後もCに謝罪を求めるメールなどを送信していたのであって、このような状況の下、部長が従業員に対してコンプライアンス違反に当たらないようなことについてメールを送信することを禁止したことは、部下に対する注意指導の範囲内のものであって、これが従業員の人格権を違法に侵害するものと認めることはできず、さらに、従業員は、上記のとおり、上司であるCからコンプライアンス違反に当たらないようなことについてメールを送信することを禁止する旨の職務命令を受けていたにもかかわらず、これに従うことなく、その後もCやBに対し、同命令の撤回や謝罪を求めるメールの送信を繰り返していたというのであって、本件譴責処分は会社の秩序維持のためやむを得ず行われたものと解され、客観的に合理的な理由を欠き、社会通念上相当であると認められないとはいえず、権利の濫

用に当たらないとした。

　ラオックス事件（東京地判平成31・1・31平成30年(ワ)4996号公刊物未登載〔29052334〕）は、従業員が、法務及び人事の担当者や上司から繰り返し中止や禁止を命じられたにもかかわらず、これを無視して、一方的にメールを送信する行為を続け、不適切かつ不正確な記載のあるメールを不特定の会社関係者に送付することは、会社の職場内の秩序を乱す行為であり、職場の秩序維持に努める旨を定めた就業規則の服務規律に反するものとして出勤停止を有効とした。

　本多通信工業事件（東京地判令和元・12・5平成29年(ワ)21058号公刊物未登載〔29058240〕）は、本件メールは、会社の代表取締役等の役員を誹謗中傷し、これらの者や賞罰委員会の構成員を威嚇又は挑発する内容のものというべきであり、また、元従業員は、会社からの度重なる指示に従わず同様の行為を繰り返しており、元従業員が本件メールを送信した行為は、就業規則所定の「他人を中傷または誹謗し名誉・信用を傷つけ損ないもしくは秩序を乱す流言飛語を行ったとき、経営に著しく非協力なとき、もしくは業務上の指揮命令に不当に反抗し誠実に勤務しないとき、その他、再三注意するも規律、義務に違反したとき」に該当するというのが相当であり、また、元従業員は、私用であるヤフーメールにアクセスし、ヤフーメールを作成中の状態にしたうえで、ヤフーメールの添付ファイルとして、元従業員社内パソコンの「PC纏め」という名のフォルダから、会社の社内情報（元従業員の給与明細、会社の経営方針、暗証番号等）をアップロードし、アップロードを完了した後、当該ヤフーメールを下書き保存したことが認められ、そして、元従業員は、これ以前に、本件ダウンロードにより本件減給処分を受けていたことからすれば、本件アップロードは、就業規則所定の「経営に著しく非協力なとき、もしくは業務上の指揮命令に不当に反抗し誠実に勤務しないとき」、及び「その他、再三注意するも規律、義務に違反したとき」に該当するというのが相当である等から、元従業員の請求はいずれも理由がないとした。

　三菱ＵＦＪモルガン・スタンレー証券事件（東京地判令和2・4・3労経速報2426号3頁〔28283667〕）は、元従業員は、育児休業から復帰した直後からハラスメントを受けたとし、上司らが繰り返し元従業員に対し元従業員の誤解であることを説

明したものの、かえって元従業員は広く世間に対し同内容の主張を情報発信することを繰り返し、このような元従業員の言動は本件解雇に至るまで続いており、元従業員に改善の兆しはみられないところ、元従業員は、日本株及び日本株関連商品の営業業務の担当として高い職務実績を上げ会社の当該業務の成果に大きく貢献することが期待され高額の給与が保証されている戦略職であり、一連の情報発信及び情報の拡散行為は、戦略職として求められている期待に著しく反するものであって、元従業員は戦略職として不適格であるといえ、戦略職就業規程77条3、9号に当たるといえ、また、会社は、元従業員の行為が戦略職就業規程に違反するおそれがあり、今後戦略職就業規程違反となる行為を厳に慎むよう書面により警告をしていて、元従業員はこの警告を無視して情報発信を継続したことなどからすれば、本件解雇は手続的にみても不相当であるとはいえないから、本件解雇は、客観的に合理的な理由があり、社会通念上相当であると認められるとした。

学校法人目白学園事件（東京地判令和2・7・16労働判例1248号82頁〔29060598〕）は、①原告X_1が送信した本件各メールの内容をみると、被告Y法人の理事ら個人について侮辱的表現を繰り返すなどしたものであり、他の部分もY法人の経営について建設的な意見を述べたものではなく、同理事らを一方的に批判し、揶揄する内容であるから、本件各メールの送信はX_1の業務に関してされたものとみることはできず、Y法人の教職員として、担当の業務に専念し、能率発揮に努めるべき義務を怠ったとし、②X_1は、Y法人理事らに対し、侮辱的なあだ名を付けて一方的に批判、揶揄する内容のメールを、Y法人内部の1名から18名に対し、約1か月の短期間に11回にわたり送信したものであり、その内容、回数等のほか、送信を受けた他のY法人の職員について業務とは無関係の内容の各メールを作成、閲読させるなどしてY法人の業務に与えた影響も考慮すると、就業規則等に定める義務違反の程度を軽視することはできず、以前に同様の行為を行ったことにより口頭厳重注意を受けたことがあるにもかかわらず、再度、Y法人の理事等を批判、揶揄する内容の本件メールを送信したことからすると、X_1の義務違反の責任は軽いものとは言い難いとし、出勤停止の懲戒処分を有効とした。

産業と経済・やまびこ投資顧問事件（東京地判令和3・9・24令和2年(ワ)4138号等公刊物未登載〔29066566〕）は、労働者は、違法取引を強要されたとは認められないにもかかわらずこれを強要されたと言って監督官庁への告発を示唆して和解の名目で金銭的要求を行ったうえ、その後、14日間欠勤し、その多くが無断欠勤であったばかりか、その間に産業と経済及びやまびこを非難する旨のSMSを送り続け、やまびこに対する反抗的な態度を明らかにし、このような労働者の言動については、就業規則所定の解雇理由である従業員の就業状況が著しく不良で、就業に適しないと認められたときに当たり、労働者を解雇することについての客観的に合理的な理由があるというべきであり、そして、以上のような労働者の言動については、やまびこも不適切な取引関係の形成に関与したことがうかがわれることは否定し難いものの、やまびこに対し金銭的要求を行うなどしていることからすれば、その是正を求めるための正当な言動とは解し難いうえ、正当な理由なく就労を拒否し、反抗的な態度を明らかにしたものであって、やまびことの信頼関係を著しく損ねたものというべきであり、また、やまびこは、労働者に対し、適切に弁明の機会を付与し、労働者もこれに応じて弁明をするなどしており、本件解雇については、手続的にも相当性を欠くというべき点は見受けられないから、社会通念上相当であると認められ、有効であるとした。

他方、合理性・正当性・真実相当性等の要素があれば、会社への批判や電子メール発信等の動機、経緯を踏まえ、解雇無効とされ（前掲テイケイ事件）、けん責も無効とされた（前掲東和エンジニアリング事件）。

2 所持品検査その他

(1) 所持品検査への厳格な司法審査

従業員が現金や小物で高額な商品を持ち出す危険のある会社では、従業員による金品の持ち出しを防ぐためなどから、また、最近では、個人情報保護法上の個人情報や不正競争防止法上の営業秘密の保護態勢の整備の一環として、上記1の電子メールのモニタリングと同様、所持品検査を行うことがある。所持品検査が許されるための条件などが争われた西日本鉄道事件（最二小判昭和43・8・2民集22巻8号1603頁〔27000933〕）で、最高裁は、使用者がその従業員に対して

金品の不正隠匿の摘発・防止のために行う所持品検査は、被検査者の基本的人権に関する問題であって、その性質上、常に人権侵害のおそれを伴うから、たとえ、それが企業の経営・維持にとって必要かつ効果的な措置であり、他の同種の企業において多く行われるところであるとしても、また、それが労基法所定の手続を経て作成、変更された就業規則の条項に基づいて行われ、これについて従業員組合又は当該職場従業員の過半数の同意があるとしても、そのことをもって当然に適法視することはできず、上記所持品検査が適法と認められるためには、①それを必要とする合理的理由に基づいて、②一般的に妥当な方法と程度で、③しかも制度として職場従業員に対し画一的に実施され、④就業規則その他明示の根拠に基づいて行われているものでなければならないとし、このようなものとしての所持品検査が行われる場合は、従業員は個別的な場合にその方法や程度が妥当性を欠く等、特段の事情がない限り、検査を受忍すべき義務があるとの原則を示した。

(2) 条件を満たした所持品検査拒否には懲戒解雇も可能

そのうえで最高裁は、会社が乗務員による乗車賃の不正隠匿を摘発、防止するために、就業規則に基づき、一律に靴の中の検査を実施しようとしたという場合について、その方法や程度を欠いたとすべき事情も認められないとして、上記検査を拒否した従業員に対する懲戒解雇を認めている。この前掲西日本鉄道事件の内容は、現金を取り扱うことの多い交通機関の乗務員に関するものであるが、そこでの一般的判断基準（上記(1)①～④）はその他の業務での所持品検査のためにいわばその前提として行われる物品持込み禁止措置の適法要件についてもそのまま当てはまる。その後現れた裁判例のほとんどが、この最高裁判例に従って、所持品検査や物品持込み禁止措置を必要とする事情と検査実施の具体的経緯、態様などを検討して、その適法性の有無を判断している。

(3) 所持品検査が正当なものであるとされたその他の裁判例

検査が正当なものであるとされたケースを挙げておくと、例えば、(a)陶食器、衛生陶器などの製造販売会社で、所持品検査について従業員が退出の際、守衛の要求にもかかわらず、携帯した風呂敷包みの検査を拒んだことを理由に懲戒解雇されたというケースにつき、裁判所はその検査が被検査者に不当に羞恥心、

屈辱感を与えて人権を侵害するおそれが少ないとして、上記検査を違法と断定することはできないとし（東陶機器事件・福岡地小倉支判昭和46・2・12判タ264号325頁〔27612173〕）、(b)私鉄の使用者が乗車料金の抜取り等を防止するために就業規則において所持品検査を定め、さらに、検査の際発見された金銭が公金か私金かの区別がつくようにするため、同規則において勤務中の私金の携帯を禁止することは、ワンマンバスの乗務員についてはやむを得ず、適法であるとし（西日本鉄道事件・福岡地小倉支判昭和48・5・31判時726号101頁〔27612380〕）、(c)電子部品メーカーの実施した所持品検査については、企業の機密漏えいを未然に防止する具体的必要性があったために、その必要性が生じたとき以降、退門しようとする従業員に対し、就業規則、服務規律等に基づき、画一的に実施されたもので、その方法も、鞄その他の所持品を守衛所前のカウンターに乗せさせ、本人に開けさせたうえで中を確認するなど、ことさら従業員に屈辱感を与えるものではない妥当な方法と程度において行われたものであるから、適法であり、従業員はこれを受忍する義務があるとしている（帝国通信工業事件・横浜地川崎支判昭和50・3・3労働民例集26巻2号107頁〔27612526〕）。

なおJR東海大阪第一車両所事件（大阪地判平成16・9・29労働判例884号38頁〔28100439〕）では、組合員が遺失したノートにつき、拾得物として提出を受けた使用者が、遺失物法に基づく警察署長への届出前に一定期間保管し、上記ノートの内容に、違法な業務阻害行為を組合が指示している可能性を示す記載が発見された以上、使用者がこれを証拠化し、事後の調査のために保管することは許されるとしたが、上記ノートのうち、組合員個人のプライバシーに関する部分について写しを作成し、支社に届け出た上司の行為は違法であるとして、上司個人と使用者に慰謝料等35万円の支払を命じている。

(4) 所持品検査や懲戒処分に慎重な裁判例

しかし、注意が要るのは、まず、上記(1)の最高裁の①〜④の要件の厳格な適用により所持品検査が違法とされたケースも少なくないということである。また、検査自体は違法ではないとされた上記(3)(a)、(b)の事件でも、裁判所は、懲戒解雇を無効としていることである（前掲帝国通信工業事件も同旨）。

3 DVD・VTR等による撮影・録音等

(1) 使用者によるDVD・VTR等による撮影

かつて厚生労働省の行動指針も監視カメラ等によるVTR撮影の場合の指針を示していたが（指針通則編には言及はない）、裁判例で、その適法性が争われたのが、ジャムコ立川工場事件（東京地八王子支判平成17・3・16労働判例893号65頁〔28101490〕）である。同事件では、労働者側から肖像権侵害による損害賠償が求められたところ、同判決は、「被告は、テレビ番組に、原告が本件オートバイ販売店の店長として映っていたとの情報を得たことから、懲戒事由の存否の調査のため、調査会社に原告の調査を依頼し、調査会社は、原告、その家族が、自宅である集合住宅の廊下や階段にいるところや同住宅から出てくるところ、原告が、本件オートバイ店で作業をしているところなどを、原告らの承諾なく写真撮影（以下「本件写真撮影」という）し、これを調査報告書（（中略）以下「本件報告書」という）としてまとめ、被告に提出したことが認められる」「そうすると、被告は、原告及びその家族を、その私的生活領域において、その承諾なく、撮影したものであるといえる」「しかし、被告の調査の目的は、二重就労という懲戒解雇事由にあたるかどうかの事実の確認をするというものであって、正当である。そして、原告がオートバイ店の店長としてテレビに出ていたという情報を入手したというのであるから、調査に着手するだけの必要性もあった。また、本件写真撮影は、原告の私的生活領域とはいえ、住宅の内部等ではなく、集合住宅の共用部分や、公道上、ガラス張りのオートバイ店の内部を、ある程度離れた距離から写真撮影したというものであり、本件報告書は、被告における懲戒処分の検討、本件訴訟の証拠等、前記目的の範囲内で使用されたにすぎないものであって、原告のプライバシー、肖像権の侵害の程度も、さほど重大なものとまではいえない」「以上のような、本件写真撮影の目的、手段・方法、権利侵害の程度等によれば、本件写真撮影は、原告の受忍限度内であって、違法性を欠くと認めるのが相当である」「したがって、被告は、本件写真撮影について、不法行為責任を負わない」とされた。

上記のごとく、労働者の懲戒行為の存在を疑わしめる事情があったうえで、「本件写真撮影の目的、手段・方法、権利侵害の程度等」を総合して違法性なしとしたもので、今後、同様な事態への先例となろう。撮影適法例として、セ

コム事件(東京地判平成28・5・19労経速報2285号21頁〔28243443〕〈撮影範囲に入った所持品検査の様子〉)、学校法人明治学院事件(東京地判平成30・6・28労働判例ジャーナル82号54頁〔29050590〕〈不適切な言動が多々みられていた教授のガイダンスの使用者による録音〉)、違法例として、奥道後温泉観光バス(配車差別等)事件(松山地判平成21・3・25労働判例983号5頁〔28152680〕〈組合員であるバス運転者に対する監視カメラの設置等につき不当労働行為に当たるとして損害賠償責任を認めた〉)等がある。

(2) ナビシステムによる調査の限界

なお、ナビシステムによる就業時間外の居場所確認の違法性を認め、損害賠償が認められた(東起業事件・東京地判平成24・5・31労働判例1056号19頁〔28182575〕は、居場所を会社が常時確認していた事件で、外回りの多い従業員について、その勤務状況を把握し、緊急連絡や事故時の対応のために当該従業員の居場所を確認することを目的とするものであり、特定の従業員だけでなく複数の従業員についてもナビシステムが使用されていることから、当該目的には相応の合理性があり、ナビシステムを使用して従業員の勤務状況を確認していたのが勤務時間帯及びその前後の時間帯であったことも考慮して、ナビシステムによる従業員の位置関係の確認は違法ではないとした。しかし、「早朝、深夜、休日、退職後のように、従業員に労務提供義務がない時間帯、期間において本件ナビシステムを利用して原告の居場所確認をすることは、特段の必要性のない限り、許されない」と述べ、こうした時間帯、期間に関するナビシステムの利用については、会社に不法行為が成立すると判示した)。

(3) プライバシー漏えいへの賠償責任

ア HIV感染情報不当開示の違法性

HIV感染者解雇事件(東京地判平成7・3・30判タ876号122頁〔27827261〕)は、HIV(エイズ・ウイルス)感染を理由とする解雇が無効とされた判決として話題となったが、この判決では、従業員の感染というプライバシーについて企業としてどのように対処すべきかという問題も提起された。

同判決は、雇主や、それと同様に直接に労働者を現実に使用している派遣先企業(以下、「雇主等」という)に対して、一般的に、労働者のプライバシーに属する事柄についてこれを侵したり、労働者のプライバシーに属する情報を得た場合にあっても、これを保持する義務を負う、として、「これをみだりに第

三者に漏洩することはプライバシーの権利の侵害として違法となる」としたうえで、健康情報についても、「個人の病状に関する情報は、プライバシーに属する事柄で」、特にHIV感染に関する情報は、感染者に対する社会的偏見と差別があることから、極めて秘密性の高い情報に属するものとし、派遣先企業の社長から派遣元企業に対する派遣労働者の感染事実の連絡がこの違法な漏えいに当たるとして慰謝料の支払を命じた。

この判決は、雇主等に対して、従業員のプライバシーに属する情報を「みだりに」第三者に漏らしてはならないという秘密保持義務を課している。このような消極的意味でのプライバシーの保持義務自体は雇用関係に関係なく一般的にも市民相互が負担するものなのだが、雇主等は、労安法や社会保険各法、所得税法等の法令あるいは就業規則等に基づき、人事・労務管理上の必要性から、従業員に関して、健康状況、家族状況、学歴、経歴、所得状況等様々な情報に触れる機会が多く、それらの必要性からプライバシーとの抵触が発生しやすい環境下にあるため、改めて職場におけるプライバシー保持義務が強調された（T工業（HIV解雇）事件・千葉地判平成12・6・12労働判例785号10頁〔28051950〕も同旨）。

近時でも、社会福祉法人北海道社会事業協会事件（札幌地判令和元・9・17労働判例1214号18頁〔28273994〕）では、HIV感染不告知を理由とする採用内定取消しと当該情報の目的外使用の違法性が認められた。

　イ　HIV感染情報の告知義務と告知方法

また、前掲HIV感染者解雇事件は、「使用者が疾病に罹患した被用者にこの疾病を告知することは、特段の事情のない限り、許されるし、場合によってはすべき義務がある」と、一般的にはこの告知義務の存在を認めている。

ただし、この判決は、HIV感染の結果について従業員に伝えることは、①被告知者にHIV感染の事実を受け入れる用意と能力がある場合、②告知者に告知をするのに必要な知識と告知後の指導力がある場合以外、実際には、その者の治療に関与した「医療者」による場合以外では、不法行為責任（慰謝料支払義務）を発生させ得るとしている（上村雄一「判批」日本労働法学会誌86号（1995年）161頁以下参照）。

ウ　HIV検査への事前告知

　さらに、採用後の同意なくかつ事前の告知なきHIV検査自体とその陽性反応を踏まえた退職勧奨が違法とされ、440万円の損害賠償が認められた例も示され、同事件は確定している（東京都（警察学校・警察病院HIV検査）事件・東京地判平成15・5・28判タ1136号114頁〔28082310〕）。

エ　B型肝炎ウイルス検査への事前告知と検査の必要性

　そのような中で、B型肝炎ウイルス検査の陽性反応を理由とする採用拒否につき損害賠償義務が問われたB金融公庫事件（東京地判平成15・6・20労働判例854号5頁〔28082582〕）が現れた。ただし、同判決では、不採用と検査結果の因果関係の証明がないとされたが、承諾なしに同検査を行う合理的理由なしとして、無断検査についての慰謝料等150万円の支払を命じられ、同事件は確定している。

オ　労働組合によるプライバシー侵害

　JAL労組ほか（プライバシー侵害）事件（東京地判平成22・10・28労働判例1017号14頁〔28163213〕）では、労働組合による乗務員の個人情報の収集の一部と個人情報の管理及びその使用が、乗務員らの人格的自律ないし私生活上の平穏を害する態様でなされたとして、プライバシー侵害による不法行為の成立が認められた。個人情報の収集に本人の事前の同意を要求したうえで、同意を得ない情報の収集だけでなく、同意を得て収集した情報も含めた管理及び使用について、その態様からプライバシー権侵害を認めたことは、法理上も実務上も注目すべき判断である。

カ　診療情報不正閲覧によるプライバシー侵害

　沖縄医療生活協同組合労働組合ほか事件（那覇地判令4・3・23令和2年(ワ)732号等公刊物未登載〔28322968〕）は、診療情報不正閲覧によるプライバシー侵害に基づく損害賠償等請求を一部認めた。すなわち、Dは、A及びBの本件病院における診療情報等が記載された電子カルテを正当な理由なく閲覧したことが認められるところ、電子カルテに記載された診療情報がA及びBのプライバシーに係る情報として法的保護に値することは明らかであるから、Dの閲覧行為は、A及びBのプライバシーを侵害するものとして不法行為に当たり、また、医療

生協は、被用者であるDによるA及びBの電子カルテの不正閲覧行為について使用者責任を負うところ、Dが不正に閲覧した電子カルテに記載されているのはA及びBの診療情報であって、これは個人情報の中でも特に他人に知られたくない高度なプライバシー情報のうちの１つといえ、A及びBは、このような高度なプライバシー情報を、労働組合において、本件文書の発出等をめぐり心情的に険悪な関係にあったDにより不正に閲覧されたものであるから、そのことにより多大な精神的苦痛を被ったことは想像に難くなく、そして、Dによる電子カルテの不正閲覧の回数（A計19回、B計３回）や、Dの閲覧の目的に何ら正当性がないこと等から、A及びBの精神的苦痛に対する慰謝料は、各自に20万円をもって相当と認めるとした。

同様に、足立通信工業事件（東京地判令和4・12・2令和2年(ワ)22704公刊物未登載〔29073688〕）でも、元従業員の抑うつ状態ないし気分（感情）障害の発症については、会社における長時間労働によって発症したものということができるところ、会社は、タイムカードの打刻時間等により、元従業員の時間外労働時間について把握し、元従業員の時間外労働を制限するなどの方法により業務の負担を軽減すべき義務を負っていたにもかかわらず、これを怠り、元従業員の健康状態について何ら留意せず、元従業員の労働時間を把握しないまま、本件工事に従事させ、無断で封書を開披し元従業員の健康診断受診結果を確認してそのプライバシーを害したとして慰藉料を認めている。

キ　競業会社の取引先に対する調査依頼文書の送付や弁護士会による照会の適法性

A社事件（東京地判平成25・6・27判タ1416号219頁〔28233663〕）は、技術者派遣等を目的とする会社（原告）の取引先等に対し、被告（同業会社）から原告への転職者の氏名を明示するなどの方法により被告従業員の引き抜き行為や情報漏えい行為等が疑われる事案があったとして調査協力を依頼する書面を送付したり、被告代理人弁護士をして受任事件の相手方を原告とする被告元従業員の引き抜き事件について弁護士会照会を行ったり、被告ウェブページ内のIR情報欄等に原告に対する引き抜き行為について訴訟提起をしたことを掲載したりしたことにつき、被告に対し、不法行為に基づく損害賠償として、取引先との業務妨

害による逸失利益等の支払を求めた事案について、本判決は、被告の技術系従業員のうち退職してさほどの月日を置かずに原告に就職した者が32人いたところ、いずれも被告在職中、被告の元取締役が原告への転職に便宜を図ったり、被告の元従業員が虚偽の事実を述べて被告と取引先との取引をとりやめさせた等の事実を認定したうえ、このような元取締役には被告に対する忠実義務違反が成立し、元従業員には違法な業務妨害があったとし、これらの元取締役等がその後に原告に入社していることからすれば、これらの行為について原告による何らかの関与の可能性を被告が疑ったのには相当な理由があるとし、被告の行為はいずれも違法ではないとして原告の請求を棄却した。競業会社の取引先に対する調査依頼文書の送付や弁護士会による照会を行うことに条件付きながらお墨付きを与えたもので実務的には重要な事例といえる。

　ク　同一企業内での従業員の個人情報を他の従業員への通告の適否

　甲社事件（東京地判平成26・3・7労経速報2207号17頁〔28222485〕）は、被告会社の従業員であり、原告の上司であった被告Cが原告に関する情報を他の従業員に告げた時期は、既に原告の内定が決定し、原告の稼動が現実性を帯びた時期以降のことであって、告げた相手も、被告会社の社内の従業員、しかも、原告と同僚として稼動することとなる被告会社に清掃業務を委託している日本K館で勤務する4名の従業員にとどまり、告げた情報も40代の埼玉県上尾市に居住する女性で、前職はエステティシャンであり、作業に影響はないと思うものの過去にけがを負ったとの申告があった等の範囲に限られており、同僚の清掃員に対する情報提供として相応の範囲にとどまるものと評価できるものであって、その細部にまで立ち入るものではないこと、原告からは、採用面接に当たり、口外を禁ずる旨の話がされていたという事情があったとも認められないこと等からすると、被告Cの行為が社会的相当性を逸脱するとまでは認め難く、不法行為法上違法の評価を受けるということはできないとした。

(4)　労働者による録音・撮影の適否

　関連して、労働者による職場でのICレコーダーによる録音の適否が問題とされることがある。T&Dリース事件（大阪地判平成21・2・26労経速報2034号14頁〔28151027〕）は、事業所内における、ICレコーダーやビデオカメラの持ち込み

につき、上司等から繰り返し禁止命令又は注意を受けたにもかかわらず、無断で撮影・録音を繰り返すなどした者への普通解雇につき、解雇権の濫用に当たるとは認められず有効とした。甲社事件（東京地立川支判平成30・3・28労経速報2363号9頁〔28270126〕）も、職場内での録音禁止命令違反等を理由とする解雇を有効とした。

ただし、ハラスメントの具体的被害が認められる事案で、救済申立て等のための採証活動としてなされた場合等には適法と解される（学校法人関東学院事件・東京高判平成28・5・19平成28年(ネ)399号公刊物未登載〔28241751〕、NPO法人B会ほか事件・長崎地判平成29・2・21労働判例1165号65頁〔28250817〕等）。しかし、対面ではない隠し録音等については違法とされる可能性が高いが、医療法人社団Bテラスほか事件（東京高判令和5・10・25労働判例1303号39頁〔28320600〕）では、マタハラ言動の証拠収集のため、従業員の誰もが利用できる控室に秘密裏に録音機器を設置して他者の会話内容を録音した行為につき、違法収集証拠ではないと判示した。

事例

前掲F社Z事業部事件は、プライバシー侵害について、前提として、「会社のネットワークシステムを用いた電子メールの私的使用に関する問題は、通常の電話装置におけるいわゆる私用電話の制限の問題とほぼ同様に考えることができる。すなわち、勤労者として社会生活を送る以上、日常の社会生活を営む上で通常必要な外部との連絡の着信先として会社の電話装置を用いることが許容されるのはもちろんのこと、さらに、会社における職務の遂行の妨げとならず、会社の経済的負担も極めて軽微なものである場合には、これらの外部からの連絡に適宜即応するために必要かつ合理的な限度の範囲内において、会社の電話装置を発信に用いることも社会通念上許容されていると解するべきであり、このことは、会社のネットワークシステムを用いた私的電子メールの送受信に関しても基本的に妥当するというべきで（中略）社員の電子メールの私的使用が前記（中略）の範囲に止まるものである限り、その使用について社員に一切のプライバシー権がないとはいえない」として電子メールに関してもプライバシー保護が及ぶ旨の一般論を述べたうえで、「通信内容等が社内ネットワークシステムのサーバーコンピューターや端末内に記録されるものであること、社内ネットワークシステムには当該会社の管理者が存在し、ネットワーク全体を適宜監視しながら保守を行っているのが通常であることに照らすと、利用者において、通常の電話装置の場合と全く同程度のプライバシー保護を期待することはできず、当該システムの具体

的情況に応じた合理的な範囲での保護を期待し得るに止まる」として保護の限界を指摘している。そのうえで、電子メール閲読行為の相当性について、「原告らによる社内ネットワークを用いた電子メールの私的使用の程度は、(中略)限度を超えているといわざるを得ず、被告による電子メールの監視という事態を招いたことについての原告A側の責任、結果として監視された電子メールの内容及び既に判示した本件における全ての事実経過を総合考慮すると、被告による監視行為が社会通念上相当な範囲を逸脱したものであったとまではいえ」ないとしている。

　前掲東起業事件は、ナビシステムの導入は、不正行為の調査の目的が認められ、当該目的には相応の合理性もあるということができ、そうすると労務提供が義務付けられる勤務時間帯及びその前後の時間帯において、会社がナビシステムを使用して当該労働者の勤務状況を確認することが違法であるということはできないが、反面、早朝、深夜、休日、退職後のように、従業員に労務提供義務がない時間帯、期間においてナビシステムを利用して元従業員の居場所を確認することは、特段の必要性のない限り、許されないとされ、早朝、深夜、休日、退職後にナビシステムを利用して居場所確認を行ったことは、監督権限を濫用するもので違法であって、不法行為を構成し、その損害は10万円が相当とされた。

　前掲JAL労組ほか(プライバシー侵害)事件では、労働組合による乗務員の個人情報の収集の一部と個人情報の管理及びその使用が、乗務員らの人格的自律ないし私生活上の平穏を害する態様でなされたとして、プライバシー侵害による不法行為の成立が認められた。労働組合による非公式な個人情報の収集には被記録者の同意がなく違法であり、組合活動をするうえで必要な目的のために行われたともいえないから違法性阻却事由もないとして、プライバシー侵害に当たるとされ、収集に推定的同意を認め得る個人情報を労働組合内部で保管するにとどまるのであれば、保管にも推定的同意があったと認めるのが相当であるが、容易に第三者に開示又は公表されない状態にあったといえる程度の保管がされていたとはいえないから、その保管は同意の範囲を超えており、プライバシー侵害に当たるとされ、収集に推定的同意を認め得る情報を労働組合内部で使用するにとどまるのであれば、使用にも推定的同意があったと認めるのが相当であるが、収集に推定的同意のない情報を労働組合役員らが使用したこと、個人情報を組合員に閲覧させたことはプライバシーを侵害しており、印象等の情報もみだりに開示されたくないと考えることは自然であるから、本人の同意なく開示することはプライバシーを侵害するとされた。

　前掲社会福祉法人北海道社会事業協会事件は、内定取消しにつき、現在でもHIV感染者に対する社会的偏見や差別が根強く残っており、①「HIVに感染しているという情報は極めて秘密性が高く、その取扱いには極めて慎重な配慮が必要である」「XのHIVは抗ウイルス薬により検出感度以下となっており、免疫機能も良好に維持されて

いると認められるのであって、主治医も、就労に問題はなく、職場での他者への感染の心配はないとの所見を示している。加えて、Y病院においては、Xが社会福祉士として稼働することが予定されていたところ（中略）、社会福祉士は患者等に対して相談援助を行う事務職であるから、そもそもXがY病院における通常の勤務において業務上血液等に接触する危険性すら乏しいことは明らかである。（中略）XがY病院で稼働することにより他者へHIVが感染する可能性は、無視できるほど小さいものであったというべきである。（中略）総合考慮すると、XがYに対しHIV感染の事実を告げる義務があったということはできない」②「XがYに対しHIV感染の事実を告げる義務はなかったのであるから、（中略）持病の有無を問われた際に上記事実を告げなかったとしても、これをもって内定を取り消すことは許されない」「本件では、（中略）Y病院がXにHIV感染の有無を確認することは、本来許されないものであった。そうだとすると、Xが（中略）HIV感染の事実を否定したとしても、それは自らの身を守るためにやむを得ず虚偽の発言に及んだものとみるべきであって、今もなおHIV感染者に対する差別や偏見が解消されていない我が国の社会状況を併せ考慮すると、これをもってXを非難することはできない」③「医療機関といえども、殊更従業員のHIV感染の有無を確認する必要はないばかりか、そのような確認を行うことは」原則として許されない。「ましてや、Xは、社会福祉士として稼働することが予定されていたのであって、医師や看護師と比較すれば血液を介して他者にHIVが感染する可能性は圧倒的に低いと考えられる」④「本件内定取消しは、違法であって、Xに対する不法行為を構成するというべきである」としたうえで、要配慮情報たる医療情報の目的外利用については、「Y病院は、本来Xの診療など健康管理に必要な範囲で用いることが想定されていたXの医療情報について、その範囲を超えて採用活動に利用したものである（本件利用）。本件利用については、Xの同意を得たものではない」「本件利用は（中略）個人情報保護法16条1項に違反する違法行為であるというべきである。そして、本件利用により、本来Xの診察や治療に携わる者のみが知ることのできたXの医療情報が、採用担当者等にも正当な理由なく拡散されたのであるから、これによりXのプライバシーが侵害されたものであって、本件利用はXに対する不法行為を構成する」として、「Y病院の一連の行為は、患者に寄り添うべき医療機関の使命を忘れ、HIV感染者に対する差別や偏見を助長しかねないものであって、医療機関に対する信頼を裏切るものといわざるを得ない」「本件内定取消し及び本件利用によってXに生じた精神的苦痛を慰謝する額としては、150万円をもって相当と認める」と判示した。

　前掲医療法人社団Bテラスほか事件では、「従業員の誰もが利用できる控室に秘密裏に録音機器を設置して他者の会話内容を録音する行為は、他の従業員のプライバシーを含め、第三者の権利・利益を侵害する可能性が大きく、職場内の秩序維持の観点からも相当な証拠収集方法であるとはいえないが、著しく反社会的な手段であるとまで

はいえないことから、違法収集証拠であることを理由に同証拠の排除を求める一審被告らの申立て自体は理由があるとはいえない」と判示した。

【参考文献】

砂押以久子「職場における労働者のプライバシーをめぐる法律問題」日本労働研究雑誌543号（2005年）4頁、山田省三「職場における労働者のプライヴァシー保護」日本労働法学会誌78号（1991年）53頁、根本到=奥田香子=緒方桂子=米津孝司編『労働法と現代法の理論：西谷敏先生古稀記念論集（上）』日本評論社（2013年）203頁以下

(2) 性差別（女性保護）

【概要】

　女性労働者の保護は、憲法14条の平等原則、労基法4条の男女同一賃金の原則に始まり、男女差別賃金への慰謝料等の損害賠償責任を認めた一連の裁判例の流れの中で、雇用機会均等法が、まずは女性の地位向上に向け立法されたが、性的差別禁止法に発展していく中で、間接差別の禁止の立法化までに展開し、さらにその適用範囲が裁判例によって拡大されようとしている。なお、雇用機会均等法につき判例が機能している中心はセクシュアル・ハラスメントであるが、その点はⅡ3(6)「いじめ・ハラスメント」を参照されたい。

　妊産婦や育児・介護を行う労働者に対しては、一般的な労働時間法制に加えて、特別な保護規制が設けられている。妊娠・出産という特別な時期における女性や子ども（胎児・乳児）の健康や福祉を守るため、また、労働者が育児や介護という家庭生活上の責任を職業と両立できるようにするためには、労働時間に関して特別な保護や配慮が必要と考えられるためである。

　かつての労基法には、女性を一般的に体力等の弱い者・家庭責任を負う者ととらえて、女性一般を対象に時間外労働や深夜業を制限する規定が置かれていた。しかし、これらの女性保護規定は、女子に対するあらゆる形態の差別の撤廃に関する条約の批准や雇用機会均等法の導入に際して、両性を個人として均等に扱うという男女均等待遇の理念にそぐわないものとして改正・縮小され、母性保護に関する規定を除いて、平成9年の雇用機会均等法改正とともにほぼ撤廃された。そして、その一部は新たに制定された育児休業等に関する法律（平成11年より育児・介護休業法）に基づく男女双方を対象とする両立支援制度へと転換された。現行法の下で、労働時間に関して女性が特別に扱われる

のは母性保護を目的とする事項に限定されている（Ⅱ3⑸「育児・介護」を参照）。

【関係法令】
憲法14条、労基法3、4、64条の2〜68条、雇用機会均等法5〜9、12、13条、育児・介護休業法16条の8〜20条の2、23、24条

•••••• 論　　点 ••••••
1　男女賃金差別の禁止
2　生理日の就業が著しく困難な場合の休暇
3　女性に対する昇進差別・コース別管理
4　間接差別の禁止
5　妊娠・出産等を理由とする解雇その他不利益な取扱いの禁止

論点 1　男女賃金差別の禁止

1　差別賃金への慰謝料等の損害賠償認容裁判例

　雇用機会均等法の成立以前から、労基法では、男女同一賃金の原則として、使用者は、女性であることを理由として、賃金について、男性と差別的取扱いをしてはならない旨を定め（同法4条）、多くの裁判例においても、これに違反するとして、差別賃金への慰謝料等の損害賠償責任が認められている（差額賠償が認められた日ソ図書男女賃金差別事件・東京地判平成4・8・27判タ795号61頁〔25000021〕等参照）。

　なお、下記の雇用機会均等法による昇進等の処遇面での男女差別の禁止については、その立法以前から、労基法4条や法の下の平等を定める憲法14条等に基づき男女差別を認めて企業に対して損害賠償や、差別なき地位の確認などを命じる、多くの裁判例が示されており（男女で異なる賃金表を適用することが違法とされ、労基法13条に基づき差別基準は無効となり男子の賃金基準により補完されるとされた秋田相互銀行事件・秋田地判昭和50・4・10判タ321号162頁〔27612549〕。内山工業事件・広島高岡山支判平成16・10・28労働判例884号13頁〔28100315〕でも、男女別賃金表による差別が、たとえ労使交渉の結果により賃金表が作成され、それにより組合員の賃金等が確定したとしても、必ずしも女性従業員である組合員らは不合理な差別のある内容での賃金等の支給についてまで容認していたことにはならず、また、それにより不

合理な差別が適法化されるものではないとして差額の損害賠償を認めている。さらに、名糖健康保険組合（男女差別）事件・東京地判平成16・12・27労働判例887号22頁〔28100839〕でも、女性職員と男性職員との間の賃金格差につき、賃金規程それ自体は男女の区別がなく共通に適用されることが予定されているものの、実際の賃金決定過程において、使用者は女性を男性であった場合と比べて不利益に取り扱っていたとみざるを得ないとされたが、女性であることを理由とした差別的取扱いが労基法4条違反に当たるとしても、客観的な給与決定基準がなく、直接比較対照とすべき同年齢、同学歴、同期採用の男性職員が存在しない以上、あるべき賃金額が客観的に決定されることを前提とした差額賃金請求権は認められず、不法行為に基づく得べかりし賃金相当額及び慰謝料の支払請求のみが認められ、住友金属工業事件・大阪地判平成17・3・28判タ1189号98頁〔28100796〕では、会社側は従業員に明らかにしていない人事制度に基づき、同等の能力のある男女間で昇進や賃金の差別的取扱いをしており、公序良俗に反し違法と指摘したうえで、学歴などが同じで、原告らより査定区分が一段階上の男性事務職との賃金の差額を損害計約6300万円と、さらに一段階上の区分への登用の機会を奪われたとして、慰謝料計900万円の支払も命じている）、これらが、女子に対するあらゆる形態の差別の撤廃に関する条約の成立後の批准や雇用機会均等法の立法・強化を促進し、かつ、現在の施行に当たっての重要な指針となっている（現在でも、男女差別をめぐる訴訟は差別が続く限り不可避で、差別を認め賠償を認めた主なものでも、日本オートマチックマシン事件・横浜地判平成19・1・23労働判例938号54頁〔28131887〕、昭和シェル石油（賃金差別）事件・東京高判平成19・6・28判タ1285号103頁〔28132417〕、阪急交通社（男女差別）事件・東京地判平成19・11・30労働判例960号63頁〔28141821〕、兼松（男女差別）事件・東京高判平成20・1・31判タ1280号163頁〔28141003〕、兼松（男女差別）事件上告審・最三小判平成21・10・20労働判例987号98頁〈上告棄却〉、昭和シェル石油事件・東京地判平成21・6・29判タ1314号167頁〔28153143〕、東和工業事件・名古屋高判金沢支判平成28・4・27労経速報2319号19頁〔28241614〕、等がある）。最近の棄却例である原田産業事件（大阪地判令和6・1・31労働判例ジャーナル147号20頁）は、賃金の男女差別的運用に基づく差額賃金・賞与等支払請求が斥けられた例で、従業員は、他の商社と同様、会社においても男女別賃金表が用いられていた旨主張するが、平成14年人事管理規定、本件人事管理規定や会社の新卒者を対象とした求人票には男女で賃金を区分する旨の記載はなく、また、従業員が採用され

た平成19年5月以降の会社の賃金表には男女で賃金額を区別する旨の記載は見当たらず、従業員が採用されてから、会社において男女別賃金表が用いられた事実は認められず、その余の事情を検討しても、従業員が会社に採用されて以降、会社が女性であれば全て事務職として処遇したり、賃金において男女差別的な運用をしたりしていたことを推認することはできず、その余の点を論ずるまでもなく、従業員の請求は理由がないから、いずれも棄却するとされた。

2　男女差別の主張立証責任

男女差別訴訟で女性であることを理由とする差別（労基法4条）の主張・立証責任はこれを請求する女性労働者側にあるが、前掲昭和シェル石油事件では、男女差別につき情報の量と質に関する労働者らと会社の差に鑑みて、立証の公平の見地から、労働者側が男女間の格差を立証すれば、不合理な差別であると一応の推定をし、使用者である会社は、それが合理的理由に基づくものであることを立証できない限り、当該格差は女性であることを理由としてなされた不合理な差別であると認めるのが相当であるとしている。

3　男性との差額請求の困難

男性との差額請求を認めた例もあるが（前掲日ソ図書男女賃金差別事件、前掲住友金属工業事件、前掲東和工業事件等）、多くの裁判例は、労基法4条には同法13条のような内容補充効がないため、上記2の手法で男女差別を認め、労働契約に基づく差額賃金請求権を認める余地を認めながらも、原告らに適用されるべき賃金の明確な基準が存在しないとして、原告らの労働契約に基づく差額賃金請求は、その前提を欠き、失当であるとし慰謝料等の支払のみを命じている（前掲昭和シェル石油事件、前掲名糖健康保険組合（男女差別）事件等）。

事例

前掲兼松（男女差別）事件は、いわゆるコース別人事制度の違法性が争われた事案で、被控訴人において、控訴人ら女性事務職が現に担当していた仕事の内容を個別的に認定し、男性一般職の職務との比較、男女間の給与格差の程度、転換制度の内容及び実情、法律の改正状況等を考慮したうえ、平成4年4月1日以降、相当な格差があったことに合理的な理由が認められず、性の違いによって生じたものと推認され、男女の差によって賃金を差別するこのような状態を形成、維持した被控訴人の措置は、労基法4条、不法行為の違法性の基準とすべき雇用関係についての私法秩序に反する

違法な行為であり、少なくとも過失が認められると判断した。

論点 ❷ 生理日の就業が著しく困難な場合の休暇

1 生理日の就業が著しく困難な場合の休暇

　労基法は、従前使用していた「生理休暇」という用語を昭和60年改正に際して廃止し、「生理日の就業が著しく困難な女性に対する措置」として、「生理日の就業が著しく困難な女性」が休暇請求した場合の就労免除を認めている（同法68条）。これは、生理休暇の用語が、まるで「生理になれば休暇がとれる」ような誤解を招きやすいため、明確に、この制度が「就業が著しく困難」な場合の就労免除、つまり一種の病気休暇として認められていることを明確にしたものである（昭和61・3・20基発151号）。同法が定めているのは「生理日の就業が著しく困難な」女子が休暇を請求したときにその者を生理日に就業させてはならないとしているにすぎない。そもそもこの制度は世界的にも珍しい制度であるうえ、生理休暇の医学的根拠にも疑問が提起されている（労働基準法研究会（労働省）『労働基準法研究会報告：女子関係』(1978年11月)）。現在の制度では、生理休暇は就業が著しく困難な場合における病気休暇等の一種であるとされ、現行法が保障するのは、個人的体質やその時の体調その他の状況により個々的に「生理日の就業が著しく困難な」女子が請求できる休暇となっている。その「就業が著しく困難」かどうかについては、診断書までを求めることは妥当ではないとされているが、同僚の証言等による証明を求めることは公平な運用のために許されている（昭和63・3・14基発150号）。しかし、長期の生理休暇が求められたような場合には、他の私傷病と同様に診断書を求めることは可能かつ必要であろう。

2 生理休暇と賃金

　労基法が求めているのは、以上のような状態になった場合の就業からの解放だけで、生理休暇中の賃金については、労働契約、労働協約・就業規則などに別段の定めがないときは無給となる。また、休暇日を精皆勤手当の算定において欠勤扱いとする取扱いについては、判例は、生理休暇について、一般の休暇日の賃金と同様に当事者間の取決めに委ねられた問題であって、生理休暇の取

得を著しく抑制しない限り労基法上も私法上も違法でない、としている（エヌ・ビー・シー工業事件・最三小判昭和60・7・16民集39巻5号1023頁〔27100014〕）。これに対して生理休暇の取得日を昇給・昇格の要件としての出勤率の算定に当たり欠勤日扱いすることについては、生理休暇保障の趣旨に照らせば無効であるとされている（日本シェーリング事件・最一小判平成元・12・14民集43巻12号1895頁〔27805324〕）。

3　有給率制限の合理性

なお、生理休暇の濫用があった会社で就業規則を改正して、有給の生理休暇を年24日から月2日に変更し、有給の率も100％から68％へと変更したケースでは、変更により従業員の被る不利益の程度が僅少であること、当該変更との関連で賃金の大幅な改善が行われたこと、旧規則の下では生理休暇取得が濫用される状況にあったこと、生理休暇制度の根拠については社会的にも疑問が出されている状況であったことなどの事情から、変更は内容及び必要性のいずれの点でも十分な合理性があり、改正規則は有効であるとされている（タケダシステム事件・最二小判昭和58・11・25判タ515号108頁〔27613221〕、同事件差戻審・東京高判昭和62・2・26判タ630号259頁〔27613475〕）。

事例

前掲タケダシステム事件では、使用者が就業規則中の「女子従業員は毎月生理休暇を必要日数だけとることができる。そのうち年間24日を有給とする」との規定の後段を「そのうち月2日を限度とし、1日につき基本給の1日分の68パーセントを補償する」と一方的に変更した場合において、上記変更が合理的なものであるか否かを判断するに当たっては、変更の内容及び必要性の両面からの考察が要求され、上記変更により従業員の被る不利益の程度、上記変更との関連の下に行われた賃金の改善状況のほか、有給生理休暇の取得についての濫用の有無、労働組合との交渉の経過、他の従業員の対応、関連会社の取扱い、我が国社会における生理休暇制度の一般的状況等の諸事情を総合勘案する必要があるとされた。

論点 3　女性に対する昇進差別・コース別管理

1　昇進差別をめぐる裁判例

【論点1】の賃金差別と重なる問題であるが、裁判例においては、同期入職

の男性が昇格した同じ資格は認められたが昇進した地位は否定された芝信用金庫事件（東京地判平成8・11・27判時1588号3頁〔28020042〕）、同事件控訴審（東京高判平成12・12・22判時1766号82頁〔28060491〕）がある。

　昇格性差別自体を認めた判決は、いままでにも出ていたが（社会保険診療報酬支払基金事件・東京地判平成2・7・4判タ731号61頁〔27806864〕では、慰謝料の支払を認めるにとどまった）、正面から昇格を認めたのは初めてである。ただし、前掲芝信用金庫事件も、賃金と対応する資格である昇格は認めたが、具体的な課長の職位への昇進については、適材適所の配置を決める信用金庫の専決事項として請求を認めなかった（内山工業事件・広島高岡山支判平成16・10・28労働判例884号13頁〔28100315〕、名糖健康保険組合（男女差別）事件・東京地判平成16・12・27労働判例887号22頁〔28100839〕、住友金属工業事件・大阪地判平成17・3・28判タ1189号98頁〔28100796〕、兼松（男女差別）事件・東京高判平成20・1・31判タ1280号163頁〔28141003〕、兼松（男女差別）事件上告審・最三小判平成21・10・20労働判例987号98頁〈上告棄却〉、昭和シェル石油事件・東京地判平成21・6・29判タ1314号167頁〔28153143〕も昇進差別が絡んだ案件であり、いずれも損害賠償を認めるにとどまっている）。注目すべきは、最近の昭和シェル石油（賃金差別）事件（東京高判平成19・6・28判タ1285号103頁〔28132417〕）であり、これは、在職中、賃金について女性であることを理由に差別的な取扱いを受けたとして、不法行為に基づく損害賠償請求が認容された事例であるが、改正前の雇用機会均等法8条は、単なる訓示規定ではなく、実効性のある規定であるとして、不法行為の成否についての違法性判断の基準とすべき雇用関係についての私法秩序には同条の趣旨も含まれると判示した点である。パート有期法や労契法の諸義務の解釈における努力義務的規定の効力内容の判断に影響を与えるものであろう。

　いずれにせよ、今後、これらの判例と雇用機会均等法により、ますます職場での女性の処遇については均等待遇を求めることが容易になったことは事実で、企業の適切な対応が求められる（前掲昭和シェル石油事件では、能力主義的人事へ移行しつつあるが、いまだ違法な男女間の昇格差別を残しているとして慰謝料が認められ、前掲兼松（男女差別）事件上告審では、男女の差による賃金差別状態を形成した会社の措置は違法であるとされ、また、新転換制度はその要件等の面から合理性に疑問が

あり、当該制度が賃金格差を補い、是正するものではなかったとされ、慰謝料を認めた高裁判決を維持した)。

しかし、いわゆる公正評価配慮義務(岩出・大系193頁以下参照)が尽くされた人事システムの適正な運用の結果の男女の昇格等の差については違法性を問いにくい傾向にある。例えば、中国電力事件(広島高判平成25・7・18労経速報2188号3頁〔28212603〕)では、会社内においては、現状として、一般的に昇格等に男女差がある事実は認めつつも、それは必ずしも男女差別の結果ではないとしたうえで、当該女性従業員が男性従業員の平均的レベルまで昇格・昇進しなかったのは、当該女性従業員の人事考課の結果(協調性、指導力の面)であるとした第1審判決を肯定し、女性であることを理由に恣意的な評定がされたと認めるに足りる証拠はないとされた。

国家公務員昇格等差別事件(東京地判平成31・2・27平成26年(ワ)28109号公刊物未登載〔29054031〕)でも、昇任等差別に係る責任原因の有無について、労働統計籍の職員に女性が多く含まれているとはいえるが、被告が、女性に対する差別的取扱いのためにかような籍別の人事管理を行っていたものと認めることはできず、労働統計籍の職員と他部局籍の職員との昇任等の状況の相違や、女性職員と男性職員との間の昇任等の状況の相違についてみても、本人の能力・適性のほか、その所属する籍ごとのキャリアパスの相違や、女性の置かれていた社会的要因等の諸事情の影響を否定できないものであって、原告指摘の点をみても、原告に対する取扱いが女性差別によるものであったとは認めるに足りないとし、また名誉毀損の成否等について、原告を昇任等させなかった被告の所為に違法な点があったと認めることができないことから、原告を係長・4級以上に昇任等させないまま公務に従事させたからといって、被告に対し、原告の名誉を毀損すべき違法な所為があったとはいえない、とされた。

実務上、重要なポイントとしては、会社の人事考課の適正さ(特にそのシステムであったと思われる)は、企業においては、人事考課においてはその実質的適正さ(事実関係を正確に把握し、恣意を含めず適切に評価する)もさることながら、評価システムの客観性、透明性は、人事考課の適切さを主張するに重要な材料となることを、再確認させた裁判例といえる。

2 コース別雇用管理をめぐる裁判例

近時、男女別のコース別人事管理や男女の処遇差に対して、雇用機会均等法施行の前後で区分し、施行前は公序良俗違反ではないが（住友電気工業事件・大阪地判平成12・7・31判タ1080号126頁〔28060168〕、兼松事件・東京地判平成15・11・5判時1846号116頁〔28090179〕等）、施行後については違法として慰謝料を認めた例が示されていたが（野村證券事件・東京地判平成14・2・20判タ1089号78頁〔28070909〕）、和解とはいえ、大阪高裁において、雇用機会均等法の施行前からの差別も違法と宣言したうえで一定の和解金と女性の昇給・昇格を認めた例が報じられており（前掲住友電気工業事件の控訴審で、裁判長より、「間接的な差別に対しても十分な配慮が求められる」と言及のうえ、平成16年1月に上記の和解が成立したと伝えられる。平成16年1月5日朝日新聞他記事参照）、実務的には今後への影響が注目されていたところ、間接差別禁止は、後述【論点4】のように雇用機会均等法7条で明文化されることとなった。

その後も、日本オートマチックマシン事件（横浜地判平成19・1・23労働判例938号54頁〔28131887〕）では、コース別賃金制度の下で、女性労働者1人の提起した男女差別賃金の差額賠償が賞与、退職金、家族手当まで認められ、前掲兼松事件では、平成11年4月1日の雇用機会均等法施行後の男女のコース別採用が適法とされたが、前掲兼松（男女差別）事件控訴審では、逆転し、男女の差によって賃金を差別する状態を形成、維持した措置が労基法4条、不法行為の違法性の基準と雇用関係についての私法秩序に反する違法な行為として、不法行為に基づく賠償請求が認容され、違法な男女のコース別の処遇について、差額賃金等相当損害金、慰謝料の支払が命ぜられた（コース別採用女性事務職6名中4名について、男性社員（一般職）との賃金格差は男女差別で違法であるとしたところ、前掲兼松（男女差別）事件上告審〈上告棄却〉で確定した）。

しかし、人事考課による昇進の差異においては、公正評価義務違反等の要素がない場合は、昇進の差が性的差別によるものと認定し難くなっている（前掲中国電力事件でも昇格、昇進において、女性差別は認められないとして損害賠償請求等が斥けられた）。

ただし、運用実態として、男女別になっている場合や（東和工業事件・名古屋

高金沢支判平成28・4・27労経速報2319号19頁〔28241614〕では、本訴提起後に総合職の女性従業員が採用されるまで、男性従業員は全員が総合職、女性従業員は全員が一般職であったことからすると、総合職は従前の男性職、一般職は従前の女性職からそのまま移行したものであり、本件コース別雇用制における総合職と一般職の区別は、結局のところ男女の区別であることが強く推認されるとされた）、コース転換制度の適用がない場合には男女差別と認められやすくなる（巴機械サービス事件・東京高判令和4・3・9労働判例1275号92頁〔28310228〕では、本件コース別人事制度においては職種転換制度が規定され、一般職から総合職への転換が制度上可能とされているにもかかわらず、職種転換がなされた実績が存在せず、本件コース別人事制度の現状が、例外なく、男性を総合職、女性を一般職として、男女で賃金や昇格等につき異なる取扱いをしている状況が継続していることからすれば、一般職から総合職への転換がないことについて、合理的理由が認められない場合には、総合職を男性、一般職を女性とする現状を固定化するものとして、職種の変更について性別を理由とした差別的取扱いを禁止する雇用機会均等法6条3号に違反するか、同法1条の趣旨に鑑み、違法な男女差別に当たることが事実上推定されるというべきであり、本件で合理的な理由は何ら見当たらないから、当該事実上の推定を覆すには至らないとされた）。

事例

前掲芝信用金庫事件、同控訴審では、原告ら女性職員23人は、「昇格・昇進で女性差別がある」として芝信用金庫に対して、課長職の資格と職位にあることの確認と差額賃金・慰謝料等総額約2億2000万円の支払を求めていた。

同判決は、1人を除く全員について、①女性らが、同期の男性のほぼすべてが副参事又は課長職に昇格した時期での課長職への昇格（男性と同じ課長職の地位にあることの確認）と、②過去の差額分約1億円及び、③将来の賃金差額の支払を、信用金庫に命じた。

同判決の第1のポイントは、①の課長職への昇格とその地位にあることの確認を認めた点である。判決は、本来、昇格・昇進は信用金庫の決定によるものであるが、労働契約、就業規則、労使慣行などによって昇格が制度的に保障されている場合は、要件に該当する職員は当然に昇格したことになるとし、信用金庫では、課長職への昇格を試験と考課の2本立てとしているが、昇格制度の実際の運用によると、男性はほぼ全員が年功で昇格していて、この運用は長期間継続して行われることにより労使慣行として確立されていると認め、この慣行を女性に適用しないことは、性別等に関わらない労働条件の均等待遇を保障した信用金庫の就業規則や現行法秩序のうえからも許

されない、として昇格を認めた。

　前掲兼松（男女差別）事件上告審では、総合商社Y社の女性事務職であったXら6名が、Xらと同期の一般職男性社員との間の賃金格差は違法な男女差別によるものである等と主張して、差額賃金、慰謝料等を請求し、①Xらが一般職標準本俸表の適用を受ける地位にあることの確認、②賃金格差の合理性、③Xらの損害及び慰謝料等が争点となった例（なお、Y社では男女コース別管理が行われ、一般職（ほぼすべての男性従業員）に適用される賃金体系と事務職（すべて女性である従業員）に適用される賃金体系とが相当な格差をもって存在しており、旧雇用機会均等法成立への対処として昭和60年に職掌別人事制度の導入、事務職から一般職への転換制度（旧転換制度）の設置がなされ、平成9年に人事制度の改訂、従来の一般職が総合職掌と一般職掌とに分離されるなどの職掌再編、上記転換制度の内容改正がなされた（新転換制度））である。

　第1審において、旧雇用機会均等法では差別的取扱いの禁止が努力義務にとどまっていたことから、違法とまではいえないとされ、新転換制度は合理的なもので、女性差別として違法とはいえないなどとされ、Xらの請求がすべて棄却されたが、控訴審（前掲兼松（男女差別）事件）において、争点①につき、新人事制度導入・職掌再編を前提とすると、Y社の給与規程に基づく一般職標準本俸表は現在存在しないことになる等として第1審判断が取り消され、訴えが却下され、争点②につき、(a)入社時から職掌別人事制度導入時までについては、Y社の男女コース別採用・処遇制度と職務内容の実態はおおむね合致し、賃金格差にはそれなりの合理的理由があったとして、公序良俗違反・不法行為の成立が否定されたが、(b)職掌別人事制度導入時から新転換制度導入時までについては、一般職男性と事務職女性の職務の重なり、Y社の女性社員の勤続年数等の長期化、長期勤続女性の中に一般職と同等の仕事を行う者が相当数いた事実等が指摘され、Xらの一部につき賃金格差が違法であると認められ、(c)新転換制度導入時から今日までについても、新転換制度導入によっても従前の一般職・事務職の区別の根幹が変わらず、男女間賃金格差が非常に大きかったこと、他方女性社員の長期勤続化は進展していたこと、その頃までに雇用分野における男女機会均等に関する意識がかなり浸透していたと認められること等から、男女の差による賃金差別状態を形成したY社の措置は違法であるとされ、また、新転換制度はその要件等の面から合理性に疑問があり、当該制度が賃金格差を補い、是正するものではなかったとされ、争点③につき、賃金格差の違法が認められた一部原告について、その損害を正確に認定することはできないが、民訴法248条の精神に鑑み、月例賃金・一時金合わせて1か月10万円、慰謝料120～180万円、弁護士費用110～300万円が認められ、最高裁において、双方の上告及び上告受理申立てが棄却・不受理とされた例である。

　前掲中国電力事件では昇格・昇進において、女性差別は認められないとして損害賠

償請求等が斥けられた。職能等級の昇格は、人事考課（業績考課、能力考課）により決まるところ、被控訴人の職能等級制度はもとより、人事考課の基準等にも、男性従業員と女性従業員とで取扱いを異にするような定めはなく、認定基準の作成、公表のほか、評定者への女性の登用、評定者に対する研修が行われ、人事考課の実施についても、第1次評定者による評価を更に第2次評定者が再検討し、被評定者にフィードバックされていて、評価の客観性を保つ仕組みがとられており、また女性従業員と男性従業員との比較についても、同じ男性間にも、昇格の早い者、遅い者があり、賃金額にも差があるのであって、男女間で、層として明確に分離していることまではうかがわれず、上記男女差が生じたことについては、女性従業員に管理職に就任することを敬遠する傾向があったり、女性従業員の自己都合退職も少なくなかったり、平成11年3月まで効力を有していた旧労基法の規制（女性の深夜残業の原則禁止、時間外・休日労働の制限）などの事情もうかがわれるとされ、控訴人に対する平成17年度から平成19年度までの人事考課は認定基準に従い、複数の評定者により考課され、控訴人へのフィードバックもなされているものであるから、適正になされたものであり、その内容も信用できるというべきで、女性であることを理由に恣意的な評定がされたと認めるに足る証拠はないとされ、被控訴人は、主任1級や管理3級になろうとする従業員に対し、個人の成果だけでなく、職場の一体感やチームワーク向上に対する能力・成果も求めていたというべきところ、控訴人は協力関係向上能力、指導力については問題があると評価されていたのであるから、被控訴人が主任1級や管理3級になろうとする従業員に求められる職場の一体感やチームワーク向上に対する能力・成果を具備するに至っていなかった者と認めるのが相当とされ、控訴人の職能等級が平成24年9月まで主任2級にとどまり、現在も管理3級に昇格しておらず、その結果、同期同学歴の男性従業員と比較して低い職能等級、給与となっていることは、控訴人に対する人事考課（業績考課、能力考課）において、主任1級及び管理3級に求められる能力・成果が得られなかったからというほかはなく、また控訴人の昇格について被控訴人の人事評価において、控訴人に対する女性差別が存したことをうかがわせるような事実は認められないとされた。

　前掲巴機械サービス事件では、①被告Y社が本件コース別人事制度を導入して以降、令和2年5月までに採用された総合職全員が男性である一方、一般職は全員女性であることからすれば、男性を総合職、女性を一般職として男女で賃金や昇格等につき異なる取扱いをしているとの疑念を抱かせるものであり、同制度の運用面での女性に対する差別的取扱いの有無を検討する必要があるとして、②Y社が総合職の採用方針として現業経験の有無等を重視していることは差別的取扱いに当たらず、原告Xらの一般職としての採用にも合理的理由が認められるが、③Y社の制度上は一般職から総合職への転換が可能であるものの、従前、かかる転換が実施されず、男女の差別取扱い

への疑念を抱かせる状況が継続していることからすれば、かかる取扱いに合理的理由が認められない場合には、総合職を男性、一般職を女性とする現状を固定化するものとして、職種変更について性別を理由とした差別的取扱いを禁止する雇用機会均等法6条3号に違反するか、雇用の分野における男女の均等な機会及び待遇の確保を図ることを目的とした同法1条の趣旨に鑑みて違法な男女差別に当たるとされ、④Y社が総合職転換を希望するXらに対して、そのための具体的基準等を示したことはなく、かえってY社社長が女性に総合職はない旨の発言をしていることからすれば、Y社は女性であることを理由としてXらに総合職への転換機会を与えていないものと強く推認されるうえ、適切な人材が現れなかったために職種転換制度を運用したことがなかったとするY社の主張が信用し難いこと等からすれば、Y社がXらに総合職転換の機会を与えなかったことには合理的な理由が認められず、Y社のかかる対応は違法な男女差別に当たるとされ、⑤総合職としての採用・職種転換を認めるかはY社の裁量に属するため、自らが総合職であることを前提に、男性総合職が得ていた職能給の平均額とXらに支払われた職能給の差額を未払賃金・損害賠償として請求するXらの主張には理由がないものの、諸般の事情を総合考慮して、Xらが男女差別により被った精神的苦痛に対する慰謝料は各100万円を下らないとされた。

論点 4　間接差別の禁止

　雇用機会均等法7条では、「男性及び女性の比率その他の事情を勘案して実質的に性別を理由とする差別となるおそれがある措置（中略）については、（中略）当該措置の実施が雇用管理上特に必要である場合その他の合理的な理由がある場合でなければ、これを講じてはならない」として、いわゆる間接差別を、雇用機会均等法施行規則2条に定められる限定列挙ではあるものの、これを禁止した。

　雇用機会均等法施行規則2条があげる措置は以下の3つの場合に限定される（具体的な内容については、雇用機会均等指針第3・2〜4参照）。①労働者の募集又は採用時の身長、体重又は体力要件（雇用機会均等法施行規則2条1号）、②労働者の募集もしくは採用、昇進又は職種の変更時の転居を伴う転勤に応じることができることの要件（2号）、③労働者の昇進時の転勤経験要件（3号）。

　雇用機会均等指針第3・1(2)によれば、「『性別以外の事由を要件とする措置』とは、男性、女性という性別に基づく措置ではなく、外見上は性中立的な規定、基準、慣行等（以下、（中略）「基準等」という。）に基づく措置をいう（中略）『他

の性の構成員と比較して、一方の性の構成員に相当程度の不利益を与えるもの』とは、当該基準等を満たすことができる者の比率が男女で相当程度異なるものをいう。(中略)『合理的な理由』とは、具体的には、当該措置の対象となる業務の性質に照らして当該措置の実施が当該業務の遂行上特に必要である」場合等をいう。

雇用機会均等法7条の間接差別として当面規定されている内容は以上の通りであるが、2006年通常国会で、司法判断においては、違法とされる間接差別がこれに拘束されない旨の附帯決議が付されている。すなわち、間接差別は雇用機会均等法施行規則2条以外にも存在し得るとし（例えば、一見中立な世帯主手当など）、同条に列挙された事項以外の差別も司法判断で違法となることがあることを周知する附帯決議がつけられた。

これを受け、AGCグリーンテック事件（東京地判令和6・5・13労旬2062号44頁〔28322728〕）は、初めて、司法の場でも、間接差別を認め、「被告が社宅制度の利用を総合職にのみ認め、一般職に対して認めない運用を続けていることは、均等法の趣旨に照らせば、間接差別に該当し、被告はそれによる違法な状態を是正すべき義務を負っている。そして、被告がこうした状態を是正する場合、相当数の総合職が恩恵を受けている社宅制度自体を撤廃することは事実上困難であるから、一般職にも社宅制度の適用を認め、総合職と同一の基準で待遇すること以外に現実的な方策は考え難い。かかる方策をとることなく、間接差別に該当する措置を漫然と継続した被告の行為は違法であり、少なくとも過失が認められることから、被告はこれにより原告に生じた損害につき賠償する責任を負う。」と判示し、損害賠償を認めたが、社宅管理規程に基づき月額3万6000円の負担を求める権利を有する地位にあることの確認請求は却下された。

事例

前掲AGCグリーンテック事件は、「(1)原告が、被告が総合職に対してのみ社宅制度（被告の社宅管理規程に基づき、被告が従業員の居住する賃貸住宅の借主となって賃料等を全額支払い、その一部を当該従業員の賃金から控除し、その余を被告が負担する制度。以下同じ。）の利用を認めているのが、雇用の分野における男女の均等な機会及び待遇の確保等に関する法律（以下「均等法」という。）6条2号、同法7条及び民法90条に違反する」と主張した事案で、間接差別について、判断枠組みとしては、

雇用機会均等法（平成18年法律82号による改正後）7条は、「事業主は、募集及び採用並びに前条各号に掲げる事項に関する措置であつて労働者の性別以外の事由を要件とするもののうち、措置の要件を満たす男性及び女性の比率その他の事情を勘案して実質的に性別を理由とする差別となるおそれがある措置として厚生労働省令で定めるものについては、当該措置の対象となる業務の性質に照らして当該措置の実施が当該業務の遂行上特に必要である場合、事業の運営の状況に照らして当該措置の実施が雇用管理上特に必要である場合その他の合理的な理由がある場合でなければ、これを講じてはならない。」旨規定している。

雇用機会均等法7条を受けた同法施行規則2条2号には、「労働者の募集若しくは採用、昇進又は職種の変更に関する措置であつて、労働者の住居の移転を伴う配置転換に応じることができることを要件とするもの」が挙げられている。ここには、住宅の貸与（雇用機会均等法6条2号、同法施行規則1条4号）が挙げられていないものの、〔1〕性別以外の事由を要件とする措置であって、〔2〕他の性の構成員と比較して、一方の性の構成員に相当程度の不利益を与えるものを、〔3〕合理的な理由がないときに講ずること（以下、「間接差別」という）は、雇用機会均等法施行規則に規定するもの以外にも存在し得るのであって、雇用機会均等法7条には抵触しないとしても、民法等の一般法理に照らし違法とされるべき場合は想定される（平成18年6月14日衆議院厚生労働委員会「雇用の分野における男女の均等な機会及び待遇の確保等に関する法律及び労働基準法の一部を改正する法律案に対する附帯決議」、令和2・2・10雇均発0210第2号『「改正雇用の分野における男女の均等な機会及び待遇の確保等に関する法律の施行について」の一部改正について』参照）。

そうすると、雇用機会均等法の趣旨に照らし、同法7条の施行（平成19年4月1日）後、住宅の貸与であって、労働者の住居の移転を伴う配置転換に応じることができることを要件とするものについても、間接差別に該当する場合には、民法90条違反や不法行為の成否の問題が生じると解すべきであり、被告の社宅制度に係る措置についても同様の検討が必要である。すなわち、措置の要件を満たす男性及び女性の比率、当該措置の具体的な内容、業務遂行上の必要性、雇用管理上の必要性その他一切の事情を考慮し、男性従業員と比較して女性従業員に相当程度の不利益を与えるものであるか否か、そのような措置をとることにつき合理的な理由が認められるか否かの観点から、被告の社宅制度に係る措置が間接差別に該当するか否かを雇用機会均等法の趣旨に照らして検討し、間接差別に該当する場合には、社宅管理規程の民法90条違反の有無や被告の措置に関する不法行為の成否等を検討すべきである（「労働者に対する性別を理由とする差別の禁止等に関する規定に定める事項に関し、事業主が適切に対処するための指針」（平成18年厚労告614号、最終改正平成27年厚労告458号）第3・1(1)、(3)ロ参照）。

被告は、設立後の就業規則等において、総合職を「会社の命ずる任地に赴任することが可能であり、その任地での業務を円滑に遂行できる能力があると認められる職能をいう」としたうえで、総合職を対象とする社宅制度を設けていることからすれば、実質的に「住宅の貸与」といえる社宅制度の適用について、住居の移転を伴う配置転換に応じることができることを要件としていることになる。

　原告は平成29年2月27日以降の社宅制度による会社負担額と原告が受け取った住宅手当の差額を損害として賠償を求めていることから、以下ではその判断に必要な限度で被告の社宅制度について検討する。

　a　被告は、社宅制度につき労働者の住居の移転を伴う配置転換に応じることができることを要件とする一方で、その運用面においては、平成23年7月に自己都合の場合（結婚等で妻帯者向け住居に引っ越す場合や親元からの独立で引っ越す場合）にも社宅制度の利用を認める方針を示した。その後、平成30年3月の社宅管理規程の改正により、この方針が正式に条項化されている。これにより、通勤圏内に自宅を所有していない総合職には、転居を伴う転勤をしたか否か、その現実的可能性の有無及び大小等の事情を問わず、社宅制度の利用が認められていたことになる（なお、令和2年11月に総合職として採用されたBは、社宅制度を利用してないが、総合職でありながら転勤がない条件で採用された特殊な事例であること、本訴提起の影響を受けた措置である可能性も否定できないことに照らし、ここでの検討の対象外とする）。

　そして、平成23年7月以降、令和2年4月までの間に在籍した総合職は、男性29名、女性1名(D)、一般職は男性1名、女性5名であり、総合職の大部分を男性が、一般職の大部分を女性が占めていた。

　そうすると、社宅制度の実際の運用は、総合職でありさえすれば、転勤の有無や現実的可能性のいかんを問わず、通勤圏内に自宅を所有しない限り希望すれば適用されるというのが実態であり、その恩恵を受けたのは、Dを除き全て男性であったということになる。

　b　措置の具体的な内容として、被告の社宅利用者には、会社の負担率も、40歳以上の独身寮対象者を除き、家賃月額8.2万円までは80％、8.2万円超12万円までは20％とされている。

　これにより、社宅利用者である総合職は、一般職に支給されていた住宅手当（平成20年4月1日以降は3000円、平成24年6月16日以降は3000円であるが一定の場合には6000円、平成27年4月1日以降は借家の場合8000円、平成30年3月16日以降は1万2000円等）を上回る経済的恩恵を受けており、その格差はかなり大きいということができる（例えば原告の家賃月額7万2000円を前提とすると、社宅制度を適用した場合の被告の負担額は月額5万7600円に上り、その他に入居費用や更新料も一定額を被告が負担することになる）。

c 被告は、社宅制度の利用を総合職に限定している理由として、〔1〕被告の営業職には転勤があり得、そのキャリアシステムにおいて、複数のエリアで営業を経験することが必要で、営業所の所長にも複数エリアで勤務した者が就いていること、〔2〕営業職の採用戦略の一環として、営業職の採用競争における優位性を確保するためであること、〔3〕労働の対価であることを挙げる。

しかし、社宅制度の適用対象である総合職には、営業職以外の者も含まれるところ、上記〔1〕及び〔2〕は、いずれも営業職に関する事情であって、社宅制度の利用を総合職に限定している理由の説明とはなり得ない。その点は措きつつ、以下順次検討する。

(a) 転勤が営業職のキャリアシステム上必要かつ有用であるとの主張について

被告は全国に3か所の営業所を有し、一定数の営業職が過去に転勤を経験している事実は認められる。

他方で、被告の営業職の求人票には、転勤は「当面無」としており、転勤の可能性は示されているとはいえ、労働者の能力の育成・確保や組織運営上の人事ローテーションの必要性等からの定期的な転勤は予定されておらず、実際にも、少なくとも6名の総合職は転勤の経験がなく、それ以外にも転勤を経験したことがない営業職（入社の際の転居が転勤に当たらないことは明らかである。）が相当数存在する。

また、営業職ではない総合職として管理室に勤務をしていたEは、採用面接の際に、将来転勤があり得るという説明を受けておらず、管理室に勤務した総合職がその後転勤を命じられた実績も認められない。

以上からすれば、被告において労働者の能力の育成・確保や組織運営上の人事ローテーションの必要性等からの転勤が定期的に行われているとは認められず、営業職のキャリアシステム上の必要性や有用性という観点からは説明することができない社宅制度の利用者が数多く存在すると認められる。

(b) 営業職の採用競争における優位性を確保する旨の主張について

労働者にとって有利な待遇を提示することが採用活動における優位性を得る一要素となること自体は否定できない。しかしながら、採用競争における優位性確保のためには賃金を手厚くすることが最も効果的であることは自明であるうえ、営業職の求人票においては、社宅制度の存在には言及しているものの、その適用の実態（特に、通勤圏内に自宅を保有しない限り、転勤に関する事情とは無関係に希望すれば社宅制度を利用できること）は明示されておらず、これが営業職の採用競争においてどの程度の効果を発揮しているかは明らかでない。そうすると、採用競争における優位性確保としての社宅制度の重要性が高いとは認められない。

また、社宅制度の利用が営業職の採用戦略上有用であるということであれば、営業職に対して社宅制度の利用を認めることで足りるのであり、例外的な場合を除いて転

勤が予定されていない管理室勤務の総合職（被告全体で設立時から令和2年4月までに在籍した合計34名の総合職）のうち4名に対して社宅制度の利用を認める合理的な理由はうかがわれない。

　以上によれば、営業職の採用競争における社宅制度の重要性が高いとは認められず、社宅制度の実際の運用もそのような趣旨から合理性を説明することができるわけではない。

　(c)　労働の対価である旨の主張について

　被告の社宅管理規程や社宅制度の説明に関する文書上、総合職の労働の対価としての趣旨が含まれていることをうかがわせる文言は見当たらない。総合職であっても、通勤圏内に自宅を保有する者は社宅制度の適用外とされているところ、被告が同一の労働の提供を受けながら通勤圏内に自宅を保有しない者にのみ対価を追加することに合理性はない。

　被告における社宅制度は、実質的に住宅費用の補助を内容とするものであり、福利厚生の趣旨と解するのが相当であって、労働の対価としての趣旨が含まれていると認めることはできず、被告の主張は採用することができない。

　d　小括

　以上の諸点を総合考慮すると、少なくとも平成23年7月以降、社宅制度という福利厚生の措置の適用を受ける男性及び女性の比率という観点からは、男性の割合が圧倒的に高く、女性の割合が極めて低いこと、措置の具体的な内容として、社宅制度を利用し得る従業員と利用し得ない従業員との間で、享受する経済的恩恵の格差はかなり大きいことが認められる。他方で、転勤の事実やその現実的可能性の有無を問わず社宅制度の適用を認めている運用等に照らすと、営業職のキャリアシステム上の必要性や有用性、営業職の採用競争における優位性の確保という観点から、社宅制度の利用を総合職に限定する必要性や合理性を根拠づけることは困難である。

　そうすると、平成23年7月以降、被告が社宅管理規程に基づき、社宅制度の利用を、住居の移転を伴う配置転換に応じることができる従業員、すなわち総合職に限って認め、一般職に対して認めていないことにより、事実上男性従業員のみに適用される福利厚生の措置として社宅制度の運用を続け、女性従業員に相当程度の不利益を与えていることについて、合理的理由は認められない。したがって、被告が上記のような社宅制度の運用を続けていることは、雇用分野における男女の均等な待遇を確保するという均等法の趣旨に照らし、間接差別に該当するというべきであるとしたうえで、

　「5　争点3（社宅制度の男女差別及び賃金格差に係る慰謝料請求等の可否）について

　上記のとおり、平成23年7月以降、被告が社宅制度の利用を総合職にのみ認め、一般職に対して認めない運用を続けていることは、間接差別に該当する措置を漫然と継

続したものとして違法であり、不法行為が成立する（中略）。

　そして、被告が少なくとも平成23年7月以降、間接差別に該当する違法な社宅制度の運用を行ってきた結果、原告は、相当期間にわたって待遇の格差を甘受させられる状況に置かれ、平成29年11月29日以降、労働組合を通じて福利厚生を総合職と一般職とで区別すべきではない旨を申入れた後にも是正されなかったものである。

　そうすると、被告による社宅制度の運用は、直接差別とまでは評価できないこと、被告が平成20年4月1日以降、一般職も対象にした住宅手当制度を設け（中略）、原告も所定の額を受領していること（弁論の全趣旨）、社宅制度の運用による平成29年2月以降の損害については、上記3の損害賠償及びこれに対する遅延損害金の請求が認容されることで一定程度は填補されること等を勘案しても、原告に慰謝料によって填補しなければならない精神的苦痛が生じたことは否定し難い。これらに加えて、本件に現れた一切の事情を総合考慮すると、被告の違法な社宅制度によって原告に生じた精神的苦痛を慰謝するに必要な金額は、50万円と認めるのが相当である。また、原告が本件訴訟の提起及び追行を弁護士に委任したことは相当であり、弁護士費用として、慰謝料額の1割に当たる5万円を損害と認める」と判示した。

　「被告が社宅制度の利用を総合職にのみ認め、一般職に対して認めない運用を続けていることは、均等法の趣旨に照らせば、間接差別に該当し、被告はそれによる違法な状態を是正すべき義務を負っている。そして、被告がこうした状態を是正する場合、相当数の総合職が恩恵を受けている社宅制度自体を撤廃することは事実上困難であるから、一般職にも社宅制度の適用を認め、総合職と同一の基準で待遇すること以外に現実的な方策は考え難い。かかる方策をとることなく、間接差別に該当する措置を漫然と継続した被告の行為は違法であり、少なくとも過失が認められることから、被告はこれにより原告に生じた損害につき賠償する責任を負う」としている。

論点 5　妊娠・出産等を理由とする解雇その他不利益な取扱いの禁止

1　男女別定年制、女性労働者の結婚・妊娠・出産退職制等の禁止

　雇用機会均等法では、事業主は、女性労働者が婚姻し、妊娠し、又は出産したことを退職理由として予定する定めをしてはならないとされ、定年・退職・解雇での男女差別は禁止されている（同法9条1項）。これにより、男女別定年制、女性であることを理由とする解雇、女性労働者の結婚・妊娠・出産及び産前産後休業の取得を理由とする解雇が禁止されている。したがって、これらの定年制や退職制を定める就業規則や労働協約はその部分については無効となる。なお、「予定する定め」とは、女性労働者が婚姻、妊娠又は出産した場合には

退職する旨をあらかじめ労働協約、就業規則又は労働契約に定めることをいうほか、労働契約の締結に際し労働者がいわゆる念書を提出する場合や、婚姻、妊娠又は出産した場合の退職慣行について、事業主が事実上退職制度として運用しているような実態がある場合も含まれる（「労働者に対する性別を理由とする差別の禁止等に関する規定に定める事項に関し、事業主が適切に対処するための指針」（平成18年厚労告614号）（以下、「雇用機会均等指針」という）第4の1参照）。

2　妊娠・出産等を理由とする解雇その他不利益な取扱い

雇用する女性労働者が妊娠したことその他の妊娠又は出産に関する事由を理由として、解雇その他不利益な取扱いをすることは、雇用機会均等法9条3項（派遣法47条の2の規定により適用することとされる場合を含む）により禁止される。「理由として」とは、妊娠・出産等と、解雇その他不利益な取扱いとの間に因果関係があることをいう。

換言すれば、不利益な取扱いとの間に因果関係がなければ雇用機会均等法9条3項の問題ではなく、労契法3条5項の権利濫用や同法19条1項等の適用の問題となる（大阪府板金工業組合事件・大阪地判平成22・5・21労働判例1015号48頁〔28163218〕では、産前産後休業・育児休業取得後になされた降格が、能力の欠如が認められず無効とされたが、これが既婚女性への差別とはいえないとされ、ドリームスタイラー事件・東京地判令和2・3・23労働判例1239号63頁〔28283283〕では、実質的に妊娠等を理由とする解雇であるとの主張を認めなかった）。

しかし、現実には、妊娠・出産等を理由とする解雇その他不利益な取扱いが、マタニティ・ハラスメント（マタハラ）と呼ばれ大きな問題となっていたところ（「都道府県労働局雇用環境・均等部（室）での法施行状況」厚生労働省HP参照、II 3(6)「いじめ・ハラスメント」で詳述）、最高裁は、禁止対象該当性の判断基準を示した広島中央保健生協（C生協病院）事件（最一小判平成26・10・23民集68巻8号1270頁〔28224234〕）にて、労基法65条3項の妊娠中の軽易な業務への転換に際してと、育児休業の終了後の降格に関し、雇用機会均等法9条3項は、「これに反する事業主による措置を禁止する強行規定」であり、「女性労働者につき、妊娠、出産、産前休業の請求、産前産後の休業又は軽易業務への転換等を理由として解雇その他不利益な取扱いをすることは、同項に違反」し違法・無効と

した。そして、その内容は、平成27・1・23雇児発0123第1号、最終改正平成29・9・29雇均発0929第3号）に反映された。

　上記判断枠組みで、妊娠判明後の解雇、退職合意の成否・休職合意・雇止めの成否が判断され、有効性を否定した例としてTRUST事件（東京地立川支判平成29・1・31労働判例1156号11頁〔28250548〕）、医療法人社団充友会事件（東京地判平成29・12・22判時2380号100頁〔29047621〕）、フーズシステム事件（東京地判平成30・7・5判時2426号90頁〔28270008〕）、学校法人横浜山手中華学園事件（横浜地判令和5・1・17労働判例1288号62頁〔28312464〕）等がある。他方、ジャパンビジネスラボ事件（東京地判平成30・9・11労働判例1195号28頁〔28265223〕）とこれを追認した同控訴審（東京高判令和元・11・28労働判例1215号5頁〔28280009〕）では、正社員であった女性従業員が育児休業後に契約社員となった際の会社との合意は、正社員契約を解約するものであり、育児・介護休業法に違反するものではなく、女性従業員の自由な意思に基づくものであり、錯誤もなく、また、停止条件付き無期労働契約の締結及び正社員復帰に関する合意を含むものではないとされた。

　なお、アメリカン・エキスプレス・インターナショナル・インコーポレイテッド事件（東京高判令和5・4・27労働判例1292号40頁〔28311891〕）では、経済的な不利益のない配置の変更であっても、業務の内容面において質が著しく低下し、将来のキャリア形成に影響を及ぼしかねない措置は、原則として雇用機会均等法及び育児・介護休業法の禁止する取扱いに当たるとされ、育児休業等取得後の管理職従業員に対し、1人の部下も付けずに優先業務として自ら電話営業をさせたことが雇用機会均等法9条3項又は育児・介護休業法10条に違反する不利益取扱いとされ、育児休業等の取得後の従業員にとった雇用機会均等法及び育児・介護休業法の禁止する不利益取扱いについて、慰謝料200万円が認められた。

3　妊娠中及び出産後1年を経過しない女性労働者への解雇無効

　「妊娠中の女性労働者及び出産後1年を経過しない女性労働者に対してなされた解雇は、無効とする。ただし、事業主が当該解雇が前項に規定する事由を理由とする解雇でないことを証明したときは、この限りでない」（雇用機会均等法9条4項）。「妊娠中の女性労働者及び出産後1年を経過しない女性労働者に対してなされた解雇についての民事的効力を定めたものである」が、「このよ

3 労働者の人権の保護・差別の禁止　*227*

うな解雇がなされた場合には、事業主が当該解雇が妊娠・出産等を理由とする解雇ではないことを証明しない限り無効となり、労働契約が存続することとなる」（平成18・10・11雇児発1011002号、最終改正平成25・12・24雇児発1224第8号（第2の4(9)））。

妊娠中及び出産後1年を経過しない女性労働者への解雇有効例として、ネギシ事件（東京高判平成28・11・24労働判例1158号140頁〔28250184〕〈パワハラ的言動で職場環境を害した理由による解雇〉）、同無効例として、ネギシ事件（東京地判平成28・3・22労働判例1145号130頁〔28242644〕）、シュプリンガー・ジャパン事件（東京地判平成29・7・3判タ1462号176頁〔28254891〕）、社会福祉法人緑友会事件（東京地判令和2・3・4判時2516号120頁〔28282938〕）等がある。

■事例

前掲大阪府板金工業組合事件では、産前産後休業・育児休業取得後になされた本件降格は、能力の欠如が認められず無効であるが、これが既婚女性への差別とはいえないとされた。

① 賞与請求権は、使用者が労働者に対する賞与額を決定してはじめて具体的な権利として発生するものと解するのが相当であるところ、会社の賃金規程においては、査定期間を定め、原則として、毎年7月と12月に所定の金額を賞与として支給する旨の規定が設けられているものの、同規程は、一般的抽象的な規定にとどまるものであると言わざるを得ず、個別具体的な算定方法、支給額、支給条件が明確に定められ、これらが労働契約の内容になっているとまで認められない等として、原告らの賞与請求権に基づく請求を斥けた。

② 販売運搬業務担当者であるEが病気休職したことから、原告らが本来の業務と並行して配送作業を行ったところ、原告ら個々人の業務量（配達回数）は、Eに比して少なかったと認められることを考慮したとしても、会社は、賃金規程に基づいて、原告らに対し、運転手当を支払う義務を負うとした。

③ 営業手当は、営業・資材販売等を主とする職員に対して支給されるものであると認められるところ、仮に、臨時的に担当することになったとしても、同業務を担当する者である以上、同手当を受給できると解するのが相当であるとして、Bに対する同手当（平成20年2月分から6月分）の支払を、会社に対し命じた。

④ 平成20年6月に会社は営業手当を廃止したところ、当該廃止について原告らの同意を得たとは認められないこと等から、原告らに対する同手当の支払を会社に対し命じた。

⑤ 原告らの手当に係るその他の主張を斥けた。

⑥ Aは事務局長代理としての能力を備えており、その適性を欠いていたとは認め難いこと、年休を取得すること自体は、Aに責められるべき事由とはいえないこと等からすると、Aに対する本件降格は、会社が有する人事権を濫用したものと評価せざるを得ないとして、Aは、事務局長代理としての地位を有するとともに、本件降格後本判決確定の日までの間における、事務局長代理として支給を受けていた管理職手当と経理主任として支給を受けている手当の差額（3万2000円）を請求する権利を有しているとした。

⑦ 本件配転命令は、職務上の必要性があったと認められること、嫌がらせ目的で行われたとまで認められないこと及び労働者が通常甘受すべき程度を著しく超える不利益であるとまでは認められないとして、本件配転命令が無効であるとは認められないとした。

⑧ 会社の原告らに対する不利益取扱いが、既婚女性従業員への差別であり、不法行為に当たる旨の原告らの主張を斥けた。

⑨ 会社の原告らに対する賃金減額等の不利益取扱いが、育児をしながら、働き続けている女性従業員を嫌悪し、その報復としてなされた、既婚女性従業員への差別であるとまで認めることはできず、そのほかにも原告らが主張するような違法な行為があったとはいえないとした。

前掲広島中央保健生協（C生協病院）事件では、「女性労働者につき妊娠中の軽易業務への転換を契機として降格させる事業主の措置は、原則として同項（著者注：雇用機会均等法9条3項）の禁止する取扱いに当たる」が、①「当該労働者が軽易業務への転換及び上記措置により受ける有利な影響並びに上記措置により受ける不利な影響の内容や程度、上記措置に係る事業主による説明の内容その他の経緯や当該労働者の意向等に照らして、当該労働者につき自由な意思に基づいて降格を承諾したものと認めるに足りる合理的な理由が客観的に存在するとき」、又は②「事業主において当該労働者につき降格の措置を執ることなく軽易業務への転換をさせることに円滑な業務運営や人員の適正配置の確保などの業務上の必要性から支障がある場合であって、その業務上の必要性の内容や程度及び上記の有利又は不利な影響の内容や程度に照らして、上記措置につき同項の趣旨及び目的に実質的に反しないものと認められる特段の事情が存在するとき」には、雇用機会均等法9条3項の禁止する不利益取扱いに当たらないと判示した。

前掲ジャパンビジネスラボ事件では、①本件合意の解釈とその有効性から第1審原告は、雇用形態として、選択の対象とされた中から正社員ではなく契約社員を選択したもので、これにより正社員契約を解約したものと認めるのが相当である。第1審被告による雇用形態の説明、本件契約社員契約締結の際の説明の内容とその状況、第1審原告の育児休業終了時の状況、第1審原告が自ら退職の意向を表明したものの一転

して契約社員としての復職を求めたという経過等によれば、本件合意は、第１審原告の自由な意思に基づいてしたものと認めるに足りる合理的な理由が客観的に存在し、「不利益な取扱い」（雇用機会均等法９条３項、育児・介護休業法10条）には該当しない。第１審被告が契約社員契約を強要した事実など全くないのであるから、本件合意に至る経緯、第１審被告による雇用形態等の説明等に照らし、本件合意は、第１審原告の自由な意思に基づいてされたものと認めるに足りる合理的な理由が客観的に存在する。契約社員から再度正社員に戻るには、第１審被告との合意が必要であることは、第１審原告においても、十分認識していたものと認められるから、本件合意には錯誤はない。本件合意は、第１審原告が正社員への復帰を希望することを停止条件とする無期労働契約の締結、及び契約社員が正社員に戻ることを希望した場合には速やかに正社員に復帰させる合意を含むものではない。したがって、第１審原告の①本件正社員契約、②停止条件付き雇用契約、③本件正社員復帰同意に基づく正社員の地位の確認請求及び未払賃金等請求はいずれも理由がない。また、本件正社員復帰合意の債務不履行による損害賠償請求も理由がない。

②本件契約社員契約の更新の有無として第１審原告は、第１審被告代表者の命令に反し、自己がした誓約にも反して、執務室における録音を繰り返したうえ、職務専念義務に反し、就業時間中に、多数回にわたり、業務用のメールアドレスを使用して、私的なメールのやりとりをし、第１審被告をマタハラ企業であるとの印象を与えようとして、マスコミ等の外部の関係者らに対し、あえて事実とは異なる情報を提供し、第１審被告の名誉、信用を毀損するおそれがある行為に及び、第１審被告との信頼関係を破壊する行為に終始しており、かつ反省の念を示しているものでもないから、雇用の継続を期待できない十分な事由があるものと認められる。したがって、本件雇止めは、客観的に合理的な理由を有し、社会通念上相当であるというべきである。以上によれば、本件契約社員契約は、期間満了により終了しているから、第１審原告の契約社員としての地位の確認請求及び未払賃金等請求は、いずれも理由がない。

③第１審被告による不法行為の有無として第１審原告に付与した業務用のメールアドレスに送信された第１審原告宛てのメールを閲読し、そのメールを送信した社外の第三者らに対し、第１審原告が就業規則違反と情報漏えいのため自宅待機処分となった旨を記載したメールを送信した点につき、少なくとも就業規則違反と情報漏えいのため自宅待機処分となった事実は、一般的には他人に知られたくない情報であって、これを社外の者らに伝える必要性はなく、その情報を伝えることは、第１審原告のプライバシーを侵害する行為であることに変わりがない。したがって、第１審原告の不法行為に基づく損害賠償請求は、第１審被告に対し、５万5000円及びこれに対する不法行為の日である平成27年９月７日から支払済みまで年５分の割合による遅延損害金の支払を求める限度で理由がある。しかし、この点を除くと、第１審原告が主張する

第1審被告の行為が違法なものとは認められない。

前掲社会福祉法人緑友会事件では、①原告Xが本件保育園の施設長であるB園長の保育方針や決定に対して質問や意見を述べたり、前年度の行事のやり方とは異なるやり方を提案することがあったことは認められるものの、質問や意見を出したことや、保育観が違うということをもって、解雇に相当するような問題行動であると評価することは困難であり、また、XのBらに対する言動に、仮に不適切な部分があったとしても、BがXに対して度重なる注意、改善要求をしていたとは認められず、Xには、十分な改善の機会も与えられていなかったというべきとされ、②雇用機会均等法9条4項は、妊娠中の女性労働者及び出産後1年を経過しない女性労働者に対する解雇を原則として禁止しているところ、これは、妊娠中及び出産後1年を経過しない女性労働者については、妊娠、出産による様々な身体的・精神的負荷が想定されることから、妊娠中及び出産後1年を経過しない期間については、原則として解雇を禁止することで、安心して女性が妊娠、出産及び育児ができることを保障した趣旨の規定であると解されるとされ、③雇用機会均等法9条4項ただし書は、「前項（9条3項）に規定する事由を理由とする解雇でないことを証明したときは、この限りでない」と規定するが、同条4項の趣旨を踏まえると、<u>使用者は、単に妊娠・出産等を理由とする解雇ではないことを主張・立証するだけでは足りず、妊娠・出産等以外の客観的に合理的な解雇理由があることを主張・立証する必要がある</u>ものと解されるとされ、④本件解雇は、客観的合理的理由を欠き、社会通念上相当であるとは認められず、権利の濫用に当たり無効であることに加え、雇用機会均等法9条4項に違反するものであるから、違法であり、被告Y法人に不法行為責任が成立するとされ、⑤本件においては、育児休業後の復職のために第1子の保育所入所の手続を進め、保育所入所も決まり、復職を申し入れたにもかかわらず、客観的合理的理由がなく直前になって復職を拒否され、雇用機会均等法9条4項にも違反する。本件解雇をされた結果、第1子の保育所入所も取り消されるという経過をたどっており、このような経過に鑑みると、Xがその過程で大きな精神的苦痛を被ったことが認められ、賃金支払等によってその精神的苦痛がおおむね慰謝されたとみることは相当でなく、Y法人による違法な本件解雇により、Xに生じた精神的苦痛を慰謝するに足りる金額は30万円と認めるのが相当であるとされた。

前掲学校法人横浜山手中華学園事件では、元教員は、母性健康管理措置としての休業が認められた際に、賃金の支給が6割になると言われてそれに不満を示し、賃金に影響のない特別休暇となったが、それが令和2年11月8日までで終了し、以後は、賃金が支払われない休業になると伝えられたのに対し、元教員が申し出たのは特別休暇であって休業の申出ではなく、賃金が控除されるのであれば在宅勤務を希望するし、在宅勤務の申請が認められないのであれば登校すると伝えており、法人は、このよう

な元教員の対応をもって、解雇事由1としているが、これをもって就業規則59条2号(「職務遂行能力または能率が著しく劣り、また向上の見込みがないと認められるとき」)に該当するものとはいえないとされた。

(3) 障害者

【概要】
　新たな労働者の人権保障問題として、心身に障害のある労働者に対する採用、処遇、雇止め、労災認定、整理解雇、人事異動等における過重性判断における特別の配慮の要否、さらには、障害者雇用促進法における34条以下の障害者差別問題と同法36条の2や36条の3で定める「事業主に対して過重な負担を及ぼ」さない範囲での合理的配慮の原則と絡んで注目される。2024(令和6)年4月1日で事業者に対しても実施義務化された障害者差別解消法8条以下の義務も含み事業者として取り組むべき大きな課題となる。

【関係法令】
障害者雇用促進法4、5、34～36条の5、障害者差別解消法8、11～13条

```
•••••• 論　点 ••••••
```
1　採用時の健康障害による処遇差・採用差別
2　障害者雇用促進法5条の事業主の責務と同法4条の障害者の義務との調整
　　—障害者への合理的配慮
3　障害者に対する過重性の判断基準・健康配慮義務への影響
4　人事権濫用該当性判断の否定的要素としての障害を踏まえた健康配慮義務
5　整理解雇での被解雇者の選択基準

論点 ❶　採用時の健康障害による処遇差・採用差別

　採用時の健康障害による処遇差が認められるか。これが問題となった日本曹達事件(東京地判平成18・4・25労働判例924号112頁〔28130132〕)では、障害者枠制度は、障害者が業務への適性や業務遂行能力を有するか否かを見極めるために必要な期間を設けることによって、企業及び障害者の双方が雇用契約を締結し

やすくなるような状況をつくり、企業における障害者雇用の維持・拡大を図ることを目的とした制度で、厚生労働省が推進するトライアル雇用制度と類似するもので、6か月間の嘱託契約期間中に、当人の抱える障害が業務遂行上、決定的な支障になると判断されない限り、そのまま正社員に移行することが制度的に予定され、実際にもそのように運営されていることから、かかる制度は企業における障害者雇用の維持・拡大に資するものということができるとされ、嘱託契約社員と正社員ではその給与体系が異なるため、障害者枠制度で採用された障害者は、年度をまたいで嘱託契約期間が継続した場合、その期間について、同年度の正社員と比べて低い給与が支給されることになるが、このような差異は、障害者枠制度で採用された嘱託契約社員のみならず、それ以外の嘱託契約社員にも共通して適用される給与体系に基づいて生じたものにすぎず、障害者であることのみを理由に障害者を差別的に取り扱うものではないとされ、さらに、退職金の算定に当たって、嘱託契約期間も勤続年数に算入されること、労働組合の加入については労働組合の決定することであり、企業の関知するところでないこと、有給休暇の取得についても、障害者枠制度で採用された障害者は、6か月間の嘱託契約期間中に6日間の有給休暇を取得することができるとされていたが、これを年間で計算し直せば、正社員と同様の日数になることから、障害者であることのみを理由に障害者を差別的に取り扱うものではないとされ、総務課長らが、差別的言動により退職勧奨し、退職を強要したと認めることはできないとして、障害者である原告の慰謝料請求が棄却された。

採用差別が問題となった高知県事件（高松高判令2・3・11賃金と社会保障1759=1760号101頁〔28281522〕）では、職開法4条2項に基づく職業訓練の受講を申し込み、その選考不合格が発達障害を理由とした差別であるとして、損害賠償等請求を一部認容した原判決が相当であるとして、控訴及び附帯控訴が棄却された。

事例

前掲高知県事件では、①面接担当者ら、学校長が認識していた事実は、Aが発達障害であるとの事実を除外して考えると、Aが自分の短所として、臨機応変な対応が苦手であり、1つのことをやり続けることはできるが別のことを言われると抜けること

があると述べたこと、面接中目が合わなかったこと、本件募集要項に違反して自家用車で本件選考会場に来て、軽装で本件面接に臨んだという程度にとどまるのであり、上記の程度の聴取内容、観察結果は、健常人で支障なく介護の実技を行い得る者においても、ままあり得る程度のものにすぎず、他に、Aに、指示を理解し、そのとおりに実施することや他の者と協働した作業について支障があるかやこれらによって介護の実技の支障があるか等についての事情は何ら聴取されていなかったのであるから、Aが介護職に就き、又は実習を行うのが危険であるとまでいう判断を導くことは社会通念上、不可能であるというべきであるから、本件不合格は、Aの発達障害を理由とした差別であり、合理的なものであったとはいえないから、国家賠償法上違法というべきであるとされ、②学校長らは、本件不合格に合理性があるものと信じていたものと考えられ、この点について故意はなかったものと認められるが、少なくとも公務員である学校長は、法令等の定めに基づき、不合理な差別に基づく判断をして受講希望者の権利を侵害する結果を招来しないように判断すべき注意義務、なかんずく、障害による差別禁止の規範においては、障害において、社会一般に生じている偏見、先入観を自己も有していないかについては十分留意し、これにより、障害者にことさら低い評価をしないよう注意するべき義務を負っていたところ、上記認定の各事実によれば、これを怠ったものというべきであり、その結果、Aに実習等の際に危険性があるかを判断するにつき、Aの障害についての判断を誤ったものであるから、過失があるというべきであるとされ、③熱意を持って真摯に本件選考に取り組んだAにとっては、本件不合格の結果が不本意であったことはもとより、介護の職に就くこと自体が危険だと告げられ、衝撃を受けたこと、本件不合格により本件職業訓練を受講する機会を失い、希望する介護の仕事に従事するのが一定期間遅れたことが認められる一方、本件不合格の15日後には、本件実務者研修に合格し、より高度の訓練についての適格が認められることにより、一定の自信や名誉の回復が実現し、その修了後間もなく介護の仕事への就職も実現していること、高知県においても、事前にAの障害については知らされておらず、本件面接の場でAから突然発達障害の診断を受けている旨伝えられ、その後の合否判定まで時間が限られていたこと、発達障害者の能力や障害の発現態様は多様であり、程度も様々なため、その能力判定には困難が伴うこと、公務員といえども社会に存する先入観等から脱却することは容易でないこと等に照らし、過失の程度が重いとはいえないことなど本件に現れた一切の事情を考慮すれば、損害賠償等を一部認容し、その金額を30万円とするのが相当であるとされた。

論点 ❷ 障害者雇用促進法5条の事業主の責務と同法4条の障害者の義務との調整―障害者への合理的配慮

　障害者雇用促進法5条（「全て事業主は、障害者の雇用に関し、社会連帯の理念に基づき、障害者である労働者が有為な職業人として自立しようとする努力に対して協力する責務を有するものであつて、その有する能力を正当に評価し、適当な雇用の場を与えるとともに適正な雇用管理並びに職業能力の開発及び向上に関する措置を行うことによりその雇用の安定を図るように努めなければならない」）の定めからすれば、障害者を雇用する事業者は、障害者である労働者が健常者と比較して業務遂行の正確性や効率に劣る場合であっても、労働者が自立して業務遂行ができるよう支援し、その指導に当たっても、労働者の障害の実情に即した適切な指導を行うよう努力することが要請されているということができるが、同法はまた、障害者である労働者に対しても、「職業に従事する者としての自覚を持ち、自ら進んで、その能力の開発及び向上を図り、有為な職業人として自立するように努めなければならない」（同法4条）として、その努力義務について定めているのであって、事業者の協力と障害を有する労働者の就労上の努力が相まって、障害者雇用に関し社会連帯の理念が実現されることを期待しているのであるから、事業者が労働者の自立した業務遂行ができるよう相応の支援及び指導を行った場合は、当該労働者も業務遂行能力の向上に努力する義務を負うものである。

　そうだとすれば、事業者が障害ある労働者に対して、その能力に見合った業務に従事させたうえ、適正な雇用管理を行っていたにもかかわらず、当該労働者が作業上のミスを重ね、指導を受けても改善を図らなかったばかりか、失敗を隠ぺいしていたような場合の雇止めには合理性が認められる。

　なお、障害者の身体障害に対し、必要な勤務配慮を行わないことは、①勤務配慮を行う必要性及び相当性と、②配慮を行うことによる使用者への負担は過度のものとまでは認められない等を総合的に考慮して法の下の平等（憲法14条）の趣旨に反するものとして公序良俗（民法90条）ないし信義則（同法1条2項）に反するとされる場合がある（阪神バス（勤務配慮）事件・神戸地尼崎支決平成24・4・9判タ1380号110頁〔28182388〕は、かかる判断から従前受けてきたと主張する配慮がなされた内容以外で勤務する義務のない地位にあることの確認である。平成28年4月か

ら施行されている障害者雇用促進法における34条以下の障害者差別問題と同法36条の2や36条の3で定める「事業主に対して過重な負担を及ぼ」さない範囲での合理的配慮の原則と絡んで注目される）。

さらに、令和3年法律50号改正の障害を理由とする差別の解消の推進に関する法律（障害者差別解消法）の事業者の合理的配慮義務が、令和6年4月1日からは従前の努力義務から、実施義務となり（「事業者は、その事業を行うに当たり、障害者から現に社会的障壁の除去を必要としている旨の意思の表明があった場合において、その実施に伴う負担が過重でないときは、障害者の権利利益を侵害することとならないよう、当該障害者の性別、年齢及び障害の状態に応じて、社会的障壁の除去の実施について必要かつ合理的な配慮をしなければならない」8条2項）、対応を怠れば主務大臣への報告が求められたり（同法12条）、20万円以下の過料が科されたりする可能性もあることとなった（同法26条）。この改正も、合理的配慮義務の民事的効力に影響を与えることが予想される。

他方、Man to Man Animo事件（岐阜地判令和4・8・30労働判例1297号138頁〔28302627〕）では、会社が高次脳機能障害及び強迫性障害を有する障害者である従業員に対して自立した業務遂行ができるように相応の支援、指導を行うことは、許容されているというべきであり、このような支援、指導があった場合は、従業員は、業務遂行能力の向上に努力すべき立場にあるというべきであるから、会社が、従業員の業務遂行能力の拡大に資すると考えて提案（支援、指導）した場合については、その提案（支援、指導）が、配慮が求められている事項と抵触する場合であっても、形式的に配慮が求められている事項と抵触することのみをもって配慮義務に違反すると判断することは相当ではなく、その提案の目的、提案内容が従業員に与える影響などを総合考慮して、配慮義務に違反するか否かを判断するのが相当であるところ、会社が当該従業員に対して、ブラウス着用を強要したとまでは認められず、会社の社員であるGが、当該従業員がくしゃみをした際手を口元に当てるように注意をしたことが、配慮義務に違反し違法であったとは認められず、会社の社員のFが当該従業員にスーツや革靴に近い外観を有する靴を履くように勧めたことが、当該従業員に対する配慮義務に違反するものとは認められないこと等から、会社に職場環境を改善

する義務の違反があると認めるに足りる証拠はないと言わざるを得ないとされている。

近時の一般財団法人あんしん財団事件（東京地判令和4・11・22令和2年(ワ)4299号公刊物未登載〔28302790〕）では、原告P₂の就労不能を理由とする点において、就業規則所定の解雇事由である「身体または精神の障害等により業務に耐えられないと認められたとき」（34条1号）、「前各号に準ずるやむを得ない事由があるとき」（同条11号）に該当し、また、客観的に合理的な理由を欠くとも、社会通念上相当であると認められないともいうことはできないし、解雇有効とされた。

事例

藍澤證券事件（東京高判平成22・5・27労働判例1011号20頁〔28162017〕）は、控訴人には、雇用継続に対する合理的期待があるとはいえないとして雇止めを有効とした原判決を相当とした例だが、①Y社は、控訴人Xの障害に配慮して、業務を選定するなどして、Xをその能力に見合った業務に従事させたうえ、適切な雇用管理を行っていたということができるところ、Xは、ミスを重ね、上司であるCから具体的な指導を受けてもその改善を図らず、一度は契約の更新をされたものの、就労の実状を改善できなかったばかりか、失敗を隠ぺいするなどしており、このような事態を受けて、会社は、やむなく本件雇止めを行ったのであるから、本件雇止めには合理的な理由があったものと認められるとしたが、②うつ病罹患により障害等級3級と認定されていたXが、法定障害者雇用率回復のために公共職業安定所に障害者の求人を出していたY社に採用され、雇用期間を約5か月間とする第1契約とこれに続く第2契約を締結した後に雇止めとされた件につき、本件求人票には雇用形態につき「正社員」と記載されていたところ、Xは期間の定めのある第1契約の契約書に特段の異議を述べることなく署名押印しており、また、その契約内容につき1か月以上検討する機会があったし、Y社への就職を余儀なくされる事情はなかったのであるから、特段の事情は認められず、X・Y社間の雇用契約関係は、採用面接で契約書記載の条件が説明されたかどうかにかかわらず、第1契約の契約書記載の内容で合意されたものとされ、③X・Y社間の第2契約は期限の定めのある第1契約を更新したものであるとされ、したがってXの契約更新回数は1回だけであり、またXの勤務態度は、ミスを重ねたうえに、それを隠そうとしていたというものであって、Y社が今後の改善が見込めないと判断したことも不合理とはいえない等として、本件雇止めを有効とした第1審判断が維持された例であり、④Xが障害者雇用促進法5条「全て事業主は、障害者の雇用に関し、社会連帯の理念に基づき、障害者である労働者が有為な職業人として自立しようとする努力に対して協力する責務を有するものであつて、その有する能力を正当

に評価し、適当な雇用の場を与えるとともに適正な雇用管理並びに職業能力の開発及び向上に関する措置を行うことによりその雇用の安定を図るように努めなければならない」の定めに違反すると主張したところ、同条からすれば、障害者を雇用する事業者は、障害者である労働者が健常者と比較して業務遂行の正確性や効率に劣る場合であっても、労働者が自立して業務遂行ができるよう支援し、その指導に当たっても、労働者の障害の実状に即した適切な指導を行うよう努力することが要請されているということができるが、同法はまた、障害者である労働者に対しても、「職業に従事する者としての自覚を持ち、自ら進んで、その能力の開発及び向上を図り、有為な職業人として自立するように努めなければならない」（同法4条）として、その努力義務について定めているのであって、事業者の協力と障害を有する労働者の就労上の努力が相まって、障害者雇用に関し社会連帯の理念が実現されることを期待しているのであるから、事業者が労働者の自立した業務遂行ができるよう相応の支援及び指導を行った場合は、当該労働者も業務遂行能力の向上に努力する義務を負うものであるとされ、⑤Y社はXをその能力に見合った業務に従事させたうえ、適正な雇用管理を行っていたということができるにもかかわらず、Xは作業上のミスを重ね、指導を受けても改善を図らなかったばかりか、失敗を隠ぺいしていたものであるから、本件雇止めには合理性が認められるとして、障害者雇用促進法違反をいうXの控訴審での主張が斥けられた。

　前掲阪神バス（勤務配慮）事件は、債権者X（腰椎椎間板ヘルニアを罹患して手術を受けたが、後遺症として「腰椎椎間板ヘルニア術後、末梢神経障害、神経因性膀胱直腸障害（排尿・排便異常）」の身体障害が残存）に対し、必要な勤務配慮を行わないことは、法の下の平等（憲法14条）の趣旨に反するものとして公序良俗（民法90条）ないし信義則（同法1条2項）に反する場合があり得るとされた例であるが、勤務配慮を行わないことが公序良俗又は信義則に反するか否かについては、①勤務配慮を行う必要性及び相当性と、②これを行うことによる債権者Y社に対する負担の程度とを総合的に考慮して判断をするとされ、Xに対する勤務配慮は、その必要性及び相当性が認められ、とりわけ必要性については相当強い程度で認められる反面、配慮を行うことによるY社への負担は過度のものとまでは認められないことから、これらの事情を総合的に考慮すれば、Xに対する勤務配慮を行わないことが公序良俗ないし信義則に反するとのXの主張は一応認められるとされ、「Xが以下の内容以外の勤務シフトによって勤務する義務のないことを、仮に確認する。③Y社は、Xに対し、出勤時刻が午後0時以降となる勤務を担当させること。④Y社は、Xの勤務シフトを決定するに当たり、原則として前日の勤務終了から翌日の勤務開始までの間隔を14時間空けること。⑤Y社は、Xに対し、原則として時間外勤務とならない勤務を担当させること」の地位保全の仮処分が認められた。

O公立大学法人（O大学・准教授）事件（京都地判平成28・3・29労働判例1146号65頁〔28250323〕）は、アスペルガー症候群由来の行動などを理由の解雇の有効性等につき、①原告Xは、被告Y法人との間で労働契約を締結し、勤務していたのであるから、XとY法人との関係は、民間企業における使用者と労働者との関係と同様の労働契約関係である以上、その解雇の有効性の審査に関して労契法16条の適用が除外されると解釈することは相当とはいえないとしたうえで、②一般的には問題があると認識し得る行為であっても、Xにおいては、アスペルガー症候群に由来して当然にその問題意識を理解できているものではないという特殊な前提が存在するのであって、Y法人から、Xに対して、当該行為についての指導ないし指摘が全くなされておらず、Xに改善の機会が与えられていない以上、Xには問題行動とみる余地のある行動を改善する可能性がなかったものと即断することはできないとされ、③障害者基本法19条2項等の法の理念や趣旨をも踏まえると、障害者を雇用する事業者においては、障害者の障害の内容や程度に応じて一定の配慮をすべき場合も存することが予定されているというべきであるとされ、④D学長及びE学部長並びにY法人としての解雇の意思表示を議決した懲戒等審査委員会は、本件解雇に至るまでに、Xが引き起こした問題の背景にアスペルガー症候群が存在することを前提として、解雇事由の判断を審査したり、Xに必要な配慮の調査、解雇以外に雇用を継続するための努力の検討がなされていないことから、Xに対して行ってきた配慮がY法人の限界を超えていたと評価することは困難であるとされ、⑤Y法人は、Xの優れた経歴や能力を評価し、Y法人が運営する大学にふさわしい教員であると認めて、教員として採用し、それ以降、使用者として、そのような優れた経歴や能力を持つ教員を擁しているという利益を享受していたものであって、その後、Xの障害が判明し、これに起因して一定の配慮が必要となったとしても、これはY法人としてある程度は甘受すべきものであるということもでき、その積み重ねによって対応に苦慮することとなったとしても、Xを大学教員としての適格性を欠くとの理由で直ちに解雇し、Xにその負担を負わせることは、公平を欠くものと言わざるを得ないとされ、⑥労契法16条に照らすと、Xが大学教員として必要な適格性を欠くことを理由とする解雇は、就業規則所定の解雇理由に該当する事由があるとは認められないから、客観的に合理的な理由を欠くものであって、無効であるとされた。

大阪府・府知事（障害者対象採用職員）事件（大阪地判平成31・1・9労働判例1200号16頁〔28271856〕）は、①原告Xには、本件処分当時、地公法28条1項1号及び3号に定める分限事由（勤務実績不良及び適格性欠如）があったと認めるのが相当であるとされ、②Xには、頭部外傷後遺症による高次脳機能障害があったと認めるのが相当であるとされたが、③被告Yにおいて、Xが高次脳機能障害であることを認識し得たとは認められないとされ、④Xの勤務状況等を踏まえてなされた本件処分については、

処分行政庁が有する裁量権を逸脱し、又は濫用したものであるとは認められないとされ、⑤YにおいてXの高次脳機能障害という障害に応じた具体的な合理的配慮を提供するためには、少なくとも本件処分当時、YにおいてXが高次脳機能障害であることを認識し、又は認識し得たことが必要と解されるところ、Yは、本件処分当時、Xが高次脳機能障害であることを認識し、又は認識し得たとは認められないとされた。本件でXは障害のある職員の適格性の有無の判断に関して合理的配慮の提供を主張していたが、問題となっているのはXが身体障害者手帳の交付を受けている「頭部外傷による体幹機能障害により歩行困難、右上肢機能障害」ではなく、本件処分後に診断を受けた高次脳機能障害であることが特徴的で、本判決は、「Yは、本件処分当時、Xが高次脳機能障害であることを認識し、又は認識し得たとは認められない」と述べ、合理的配慮提供義務違反の有無を判断するに当たって、Xの障害に対するYの認識の有無を問題としていることに留意すべきである。

日東電工事件（大阪高判令和3・7・30労働判例1253号84頁〔28293479〕）は、業務外負傷による休職期間満了後の退職扱いが適法とされ、休職期間満了後の退職扱いが有効とされた判断において、合理的配慮について　①被控訴人において合理的配慮を講じたとしても、控訴人が休職前の担当業務を通常程度行うことができる健康状態の回復があると解することは困難であるが、この点を措くとしても、控訴人の業務内容、後遺障害の内容・程度、身体能力及び健康状態、控訴人の業務内容や就労に伴う危険性等を勘案すると、合理的配慮指針に例示される程度の事業主に負担とならない措置の範囲では控訴人の業務の遂行は困難であり、被控訴人が大企業であることを考慮しでも結論を左右するものではない。控訴人の休職前の担当業務の内容、後遺障害の内容・程度、身体能力、健康状態等に照らすと、事業主に過重な負担とならない措置をもってしては、原告が休職前の担当業務のうち、重要な業務の遂行に支障があり、あるいは担当業務の本質的機能を遂行することができる程度に健康が回復していたとはいえない。②控訴人は、自身が求める配慮の内容を書面で提示して明確にしており、被控訴人としては、合理的配慮としてどこまで対応するべきかを検討したうえで復職の可否を判断している。また、控訴人の休職前の業務は在宅勤務によることが可能であるとはいえず、就業規則上、在宅勤務の定めや復職時の試験的在宅勤務に関する定めがないことから、被控訴人において、直ちに在宅勤務の申出に応じるべき義務や復職に際して試験的に在宅勤務を認める義務があったということもできない。③被控訴人は、控訴人が希望した事業所以外での就労可能性を考慮し、模索していたが、控訴人が最終的にQ事業所への復職を強く希望する意思を明示したことから、被控訴人としてはその可否を判断すれば足り、配置の現実的可能性があるすべての業務について、労務提供の可否を検討すべき義務があったということはできない。

前掲一般財団法人あんしん財団事件では、労働者Bの就労不能については、就業規

則所定の身体又は精神の障害等により業務に耐えられないと認められたとき等の解雇事由に該当するというべきであるところ、Bの就労不能の原因となった適応障害の発病又は悪化が、法人の業務と相当因果関係を有する場合には、労基法19条1項本文又はその趣旨に照らし、本件解雇が無効となり得るが、Bの適応障害症状悪化と、法人の業務との間に相当因果関係があると認めるに足りる証拠はなく、また、Bは、本件解雇が、人事面談の強要など本件組合嫌悪の意思に基づく嫌がらせの延長として行われたものであり、不当労働行為であるとも主張するようであるが、人事面談の要求等が本件組合嫌悪の意思に基づく嫌がらせであるなどとは認められず、他に本件解雇が不当労働行為意思に基づくことを認めるに足りる証拠はないから、本件解雇は、Bの就労不能を理由とする点において、就業規則所定の解雇事由に該当し、また、客観的に合理的な理由を欠くとも、社会通念上相当であると認められないともいうことはできず、権利の濫用に当たるとはいえないから、有効であるとされた。

　早稲田大学事件（東京地判令和5・1・25労経速報2524号3頁〔28313018〕）では、復職の可否判断における使用者の合理的配慮の提供義務に一定の限度があり、解雇の有効性が認められた例であるが、合理的配慮につき、次のように言及している。障害者雇用促進法36条の3は、事業主はその雇用する障害者である労働者の特性に配慮した職務の円滑な遂行に必要な施設の整備、援助を行う者の配置その他の必要な措置を講じなければならない旨定めている。しかしながら、同条ただし書が「事業主に対して過重な負担を及ぼすこととなるときは、この限りでない」旨定めていることからすると、使用者において、同法の趣旨を踏まえた配慮をすべきであるとしても、労働契約の内容を逸脱する過度な負担を伴うまでの配慮の提供義務を課することは相当でない。原告が被告大学の教授として授業を行うにつき、被告において一定の配慮を行うにしても、その内容を確定するうえでは、当該授業の形態・水準等が、労働契約の内容に照らして許容可能なものであるかという観点からの検討が不可欠である。

　本件においては、C産業医の意見書によっても具体的な配慮の内容は明らかでないうえ（なお、D医師の意見書等は、休職期間満了時までには被告に提出されておらず、被告が合理的配慮を提供するうえでの判断材料とはなり得なかった）、復職可否の判断のため実施された面談では、原告に口頭でのコミュニケーションを行うことが困難な状況が認められたうえ、原告妻により、原告が肉声による授業の実施を考えていることや、PC入力には時間を要する旨の発言がなされたことからすると、同面談後も、被告において、合理的配慮による原告の模擬授業実施の可能性及び当該配慮の具体的内容につき、判断できない状況にあったといえる。そこで、被告において、原告の休職事由は消滅していないとの判断をする一方で、当初の休職期間満了時点で原告を直ちに解任するのではなく、休職期間の延長をも行い、復職の可否を見極めるために模擬授業の実施を提案したことは合理性があったといえる。しかしながら、原告が当該

提案に応じなかった結果、模擬授業は実施されず、被告においては、原告がいかなる授業なら実施し得るのかの判断材料が提供されず、復職可能との判断ができずに本件解任に至ったものである。このような経緯等からすると、原告が被告の合理的配慮があれば復職可能な状態にあったと認めることはできず、被告の本件解任に至る判断の過程が、障害者雇用促進法に反するものとか、不合理なものということもできない（被告が原告に対して配慮措置等の積極的な提案をしなかったからといって、被告の対応が同法の趣旨に照らし不相当なものとは評価できない）。

論点 3 障害者に対する過重性の判断基準・健康配慮義務への影響

心身に障害のある者に対するいわゆる過労死・過労自殺等の労災認定における過重性の判断においては、当該障害はいかなる影響を与えるのか。近時の裁判例における、いわゆる本人基準説によればその結論は、当該障害を踏まえた健康配慮措置や負担軽減措置が図られるべきであり、健常者の過重性判断の一般的判断基準を利用するのは妥当ではないことになる。

この点について、豊橋労基署長（マツヤデンキ）事件（名古屋高判平成22・4・16判タ1329号121頁〔28161839〕）は身体障害者であることを前提として雇用された労働者の死亡の業務起因性について、当該労働者を判断基準とすべきであるとして過労死の労災認定を認めた。本人基準説は多数とはいえないが、同説によらなくても、障害者の過重性判断が健常者と異なってなされることの回避は困難であろう。

同様の事象は、過労死や過労自殺等において、特に、パワハラへのストレス耐性の脆弱性の観点から健康配慮義務違反の肯定的要素となる傾向にある。障害者への安全配慮義務は認めながら因果関係を否定して賠償請求を棄却した例として、食品会社A社（障害者雇用枠採用社員）事件（札幌地判令和元・6・19判時2447号64頁〔28274495〕）、パワハラへの安全配慮義務違反の認定において、U銀行（パワハラ）事件（岡山地判平成24・4・19労働判例1051号28頁〔28181957〕）では、被告Y_2は、ミスをした原告Xに対し、厳しい口調で、辞めてしまえ、（他人と比較して）以下だなどといった表現を用いて、叱責していたことが認められ、それも１回限りではなく、頻繁に行っていたと認められ、確かにミス及び顧客トラブルは、Y_2に叱責されている内容からすると、Xが通常に比して仕事が遅く、

役席に期待される水準の仕事ができてはいなかったとはいえるが、本件で行われたような叱責は、健常者であっても精神的にかなりの負担を負うものであるところ、脊髄空洞症による療養復帰直後であり、かつ、同症状の後遺症等が存するXにとっては、さらに精神的に厳しいものであったと考えられること、それについてY₂が全くの無配慮であったことに照らすと、上記X自身の問題を踏まえても、Y₂の行為はパワハラに該当するとされた。

事例

　前掲豊橋労基署長（マツヤデンキ）事件は、身体障害者であることを前提として雇用された労働者の死亡の業務起因性について、当該労働者を判断基準とすべきであるとした例であるが、①身体障害者であることを前提として業務に従事させた場合に、その障害とされている基礎疾患が悪化して災害が発生した場合には、その業務起因性の判断基準は、当該労働者が基準となるというべきであるとし、②Dは、障害者の就職のための集団面接会を経て本件事業主に身体障害者枠で採用された者であるから、当該業務による負荷が過重なものであるかどうかを判断するについても、Dを基準とすべきであり、本件Dの死亡が、その過重な負荷によって自然的経過を超えて災害が発生したものであるか否かを判断すべきであるとし、③Dは、本件事業主に就職後、本件災害前1か月間に1日30分から2時間半の間で、合計33時間の時間外労働をしており、これは慢性心不全の患者であり心臓機能に障害のあるDにとっては過重であり、特に、本件災害までの11日間（うち2日間が休日）をみると、2日間を除き、毎日1時間半から2時間半の時間外労働をしていることが認められ、これは、Dにとってはかなりの過重労働であったものと推認されるとし、④業務上の災害といえるためには、過重な業務によってそれまでの疾病を自然的経過を超えて増悪させたといえることが必要であるところ、Dは、本件事業主に就職した後も、特に慢性心不全も悪化することなく経過してきていることからすると、Dの致死的不整脈による死という結果は、過重業務による疲労ないしストレスの蓄積からその自然的経過を超えて発生したものと認めるのが相当であり、Dの本件災害は、業務に起因したものと認められるとした。

　前掲食品会社A社（障害者雇用枠採用社員）事件では、①使用者には、労働契約に伴い、労働者がその生命、身体等の安全を確保しつつ労働することができるよう、必要な配慮をすべきところ（労契法5条）、亡Kのようにうつ病を発病している者は、心理的負荷に対する脆弱性が高まっており、ささいな心理的負荷にも過大に反応する傾向があること、Kの上司であったDは、Kが被告Y社に雇用される前の時点において、Kがうつ病に罹患していることを認識していたことからすれば、Kに対する安全配慮義務の一内容として、業務上、Kがうつ病に罹患している者であることを前提に、心

理的負荷を与える言動をしないようにすべき注意義務を負うし、②一般に、使用者側は、雇用する労働者の配置及び業務の割当て等について、業務上の合理性に基づく裁量権を有するが、労働者に労務提供の意思及び能力があるにもかかわらず、使用者が業務を与えず、又はその地位、能力及び経験に照らして、これらとかけ離れた程度の低い業務にしか従事させない状態を継続させることは、業務上の合理性がなければ許されないとし、③程度の低い業務にしか従事させない状態の継続は、当該労働者に対し、自らが使用者から必要とされていないという無力感を与え、他の労働者との関係においても劣等感や恥辱感を生じさせる危険性が高いといえ、上記の状態に置かれた期間及び具体的な状況等次第で、労働者に心理的負荷を与えることは十分あり得るとしたが、④本件発言（Dは、Kを個室に案内し2人だけで話し合ったところ、Kは、Dに対し、仕事が少なくて辛い、このままでは病気を再発してしまいそうである、Kを雇用する必要がないのではないかと述べた。その際、Dは、Kの雇用が「障害者の雇用率を達成するため」であるという発言をした）によって、Kがうつ病の程度を悪化させ、それによって自殺したとは認められないとして、Dの注意義務違反とKの自殺との間の因果関係が否定された。

論点 ④ 人事権濫用該当性判断の否定的要素としての障害を踏まえた健康配慮義務

1　人事権濫用該当性判断の否定的要素としての健康配慮義務

広範な人事異動に関する労契法3条5項による人事権の権利濫用該当性判断の否定的要素となり得る要素として、私傷病休職からの復職の際や、休職まで至らない場合の業務軽減措置のように、使用者が健康に問題の発見された従業員に対して、コース変更や当該降格・降級や業務の変更が、健康配慮義務（電通事件・最二小判平成12・3・24民集54巻3号1155頁〔28050603〕では、「労働基準法は、労働時間に関する制限を定め、労働安全衛生法65条の3は、作業の内容等を特に限定することなく、同法所定の事業者は労働者の健康に配慮して労働者の従事する作業を適切に管理するように努めるべき旨を定めているが、それは、右のような危険が発生するのを防止することをも目的とするものと解される。これらのことからすれば、使用者は、その雇用する労働者に従事させる業務を定めてこれを管理するに際し、業務の遂行に伴う疲労や心理的負荷等が過度に蓄積して労働者の心身の健康を損なうことがないよう注意する義務を負う」と判示している。詳細は、岩出・大系444頁以下参照）の履行としてなされる場合がある。これは、使用者が健康に問題の発見された従業員に対

して、私傷病休職と異なり、就労を全面的に拒否・免除することなく、増悪防止のための軽減業務への配転等の異動等の措置を採用した場合に、賃金との関係はどうなるかという問題でもある。裁判例における、その類型別処遇対応とその可否・要件と効果を検討してみる（詳細は、岩出・大系319頁以下参照）。厚生労働省の「健康診断結果に基づき事業者が講ずべき措置に関する指針」（平成8・10・1健康診断結果措置指針公示1号、最終改正平成29・4・14同公示9号）や心の健康問題により休業した労働者の職場復帰支援の手引き等も職場復帰への配慮過程の処遇については言及されず、民法536条1項の危険負担の問題や、労働契約の解釈や労使間の合意に委ねられており、まさに判断が定まっていない問題となっている。

2 特殊勤務手当等の喪失

交替制勤務に支給されていた深夜加給手当等の特殊勤務手当等が、増悪防止のための軽減業務への配転による昼間の勤務への変更により喪失されることは、この配転が有効である以上、軽減措置の前提となった病状等が企業の健康配慮義務違反によるものでない限り、やむを得ない。

裁判例でも、配転でも賃金の減額等の労働条件の改悪となる場合、慎重な判断を示すものも少なくないが、日本ガイダント仙台営業所事件（仙台地決平成14・11・14労働判例842号56頁〔28080788〕）では、「従前の賃金を大幅に切り下げる場合（中略）減少を相当とする客観的合理性がない限り、当該降格は無効」と判示しており、健康配慮義務の履行としての軽減業務への配転は、まさに、ここでの「減少を相当とする客観的合理性」に当たるものと解される（通勤災害により労災保険の障害認定を受けた労働者を軽作業に配置転換し、これに伴い賃金を減額したことは、不当労働行為に当たらないとした伊藤鋼業事件（中労委平成30・1・10平成28年（不再）5号中労委HP）も同旨であろう）。これに関連して、労使間協定の「乗務員最低保障賃金」制度の適用要件の解釈をめぐる事案で、大型運転手の勤務ができるだけでなく、従前の通常の態様・程度の業務、つまり月平均50時間程度の残業を伴う業務に復せない限り、賃金の減額を認めたカントラ（和解条項）事件（大阪地判平成15・5・23労働判例854号38頁〔28082584〕）では、軽減措置等に応じた処遇、賃金の変更等を認めた先例として重要である。

要するに、給与規程等の諸規定等の整備による対応の可能性を示している。なお、いわゆる職務給や特殊勤務手当等がない場合や、給与体系に手を入れたくない場合にも、ここでの健康配慮に伴う軽減措置に対応する給与の減額規定等の導入は、就業規則の不利益変更との非難を招く余地はあり得る。しかし、症状と軽減措置等とのバランスがとれ、それに見合う範囲と期間での減額等の措置であれば、かかる措置により、解雇や退職につながる休職等に移行するリスクと、業務ノウハウ、技術等の陳腐化を防止できる意味からも、労働者にとっても有益な面も多く、労契法10条の不利益変更の合理性の範囲内と解される。この問題は、以下の問題についての給与規程の変更全般に共通するものと解される。ただし、給与規程において、かかる特殊勤務手当等がない場合には、後述4と同様の問題となる。

なお、近時の一・心屋事件（東京地判平成30・7・27労働判例1213号72頁〔28270202〕）でも、原告が就労中の事故で休職に至っていること、原告の実労働時間が相当長時間にわたっていたことからすれば、復職に当たり被告が同様の事故が起こらないよう勤務内容を決定し、その勤務内容の変更に伴い職務に対応する手当等の支給が廃止されることも人事権の行使として許容される場合があり得る、とした。しかし、被告の提案は、人事権行使の裁量の範囲に留まらない賃金減額を含むものとして無効とされており、実際の運用の際の参考となる。

3 管理職手当等の喪失

管理職手当等が、配転による降格的な変更により喪失される場合も上記2の場合と同様となる（降格に関する前掲日本ガイダント仙台営業所事件参照）。ただし、具体的な業務が変更していても、給与規程上の資格・等級などが変わっていない場合、減額に関する規定が必要である。

裁判例の中で、減額無効例としては、渡島信用金庫事件（札幌高判平成13・11・21労働判例823号31頁〔28071045〕〈降格に伴い減給をする一方的な形成権限はない〉）、中央情報システム事件（大阪地判平成14・3・29平成13年(ワ)3805号公刊物未登載〔28250896〕）、マルマン事件（大阪地判平成12・5・8労働判例787号18頁〔28052132〕〈職能部分の賃金の減額につき、労働契約の重要部分の変更として従業員の合意又は就業規則上に要件を明示すべきで、これを欠くものとして無効〉）などがある。

減額有効例として参考になるのが、一般財団法人あんしん財団事件（東京地判平成30・2・26労働判例1177号29頁〔28262573〕）で、精神的な疾患に罹患して休職していたAにつき、一時的に一般職員として復職させ、その後の経過次第で元の等級に戻すことが予定されている場合、当該一時的な一般職への降格に伴い降給等の不利益が生じることは、人事権の濫用とは認められないとされた。

なお、もとよりここでの減額は、労基法91条の制裁とは異なる、合意（個別合意のみならず就業規則の定めによる配転命令によるものを含む）による労働契約内容の合理的な変更であるため、同条の規制は受けない。

4　勤務の変更に対応した給与項目等の変更がない場合

(1)　責任の軽減なく勤務時間を軽減した場合

職場や職種の変更、職掌上の責任の軽減もない場合で、勤務時間を軽減した場合には、それに応じた賃金の減額は認められるであろう。ただし、いわゆる完全月給制で、遅刻・早退等の賃金控除を行っていない企業においては、次の場合と同様の処理となるであろう。

(2)　数値化が困難な程度の責任の軽減や業務量の軽減措置の場合

問題の1つは、客観的な数値化が困難な程度の責任の軽減や業務量の軽減措置の場合である。例えば、深夜労働・残業や休日出勤の免除などもこれに当たるが、この場合、給与規程にて、賃金体系を残業などのない別の給与体系の下に一時的に変更するなどの措置が規定されていればそれによることは可能であろう。もっとも実際上、公平の観点から、育児・介護期間中の従業員に対する所定外労働の制限（育児・介護休業法16条の8第1項）、時間短縮措置（同法23条1項）や深夜・時間外労働の制限等（同法19～20条の2）における賃金等の待遇とのバランスが必要であろう。これ以外の場合には、通常は、昇給や賞与の査定などで調整するのが妥当なところであろう。

この点で、カントラ事件（大阪高判平成14・6・19労働判例839号47頁〔28080471〕）が、医師の指示によりなした業務が軽減業務であったことを認めながら、就労拒否に対して、賞与をも含んだ全額支払を認めているのには疑問がある。

(3)　増悪防止の配転等が不能のため就労を拒絶する場合の賃金の帰すう

企業が健康に問題の発見された従業員に対して、軽減業務への配転等が困難

で就労を全面的に免除・拒否する措置を採用した場合に、賃金の帰すうには微妙な点がある。

　片山組事件（東京高判平成7・3・16労働判例684号92頁〔27828223〕）は、労働者が私傷病により、労働の一部のみの提供が可能であるという場合につき、労働者が、私病のため、「雇傭契約に基づいて使用者に対して提供すべき労務の全部又は一部の履行が不能となった場合、当該雇傭契約又は労働協約等において、当該労働者が使用者に対し、賃金の全部又は一部を請求することができる等の定めがあるときは格別、そうでない限り、労務の全部の提供ができず履行不能となったときには、労働者が使用者に対し、賃金債権を取得する余地はないと解すべきであり（民法536条1項）、労務の一部のみの提供が可能であるが、その余の労務の提供ができないときには、右可能な部分の労務のみの提供は、労働者の雇傭契約上の債務の本旨に従った履行の提供とはいえない」とし、「継続的契約関係にある使用者と労働者との間に適用されるべき信義則に照らし、使用者が当該可能な労務の提供を受領するのが相当であるといえるときには、使用者は当該労働者の提供可能な労務の受領をすべきで（中略）右労働者は履行したとすれば雇傭契約に基づき取得しうべき賃金債権等を喪失するものではない」と判示していたが、結果的には、不完全な労務の提供は債務の本旨に従った履行の提供とはいえないとした。この判示部分は、同事件最高裁判決（最一小判平成10・4・9労働判例736号15頁〔28030784〕）で逆転されたが、この論点自体が否定されたわけではなく、同事件の適用要件・要素なき中小企業などにおいては、控訴審の判示の適用の余地があり、実務的指針としても、法理論的にも、同控訴審の同判示は、今でも参酌されるべきものと解される。同旨でオリエンタルモーター（賃金減額）事件（東京高判平成19・4・26労働判例940号33頁〔28132022〕）は、労働者に対する業務換え及び賃金減額の発端は、病気に由来するもので、疾病に照らし、従前どおりの業務を遂行することが困難と認められる場合、会社は人事権を行使して配置換えないし業務換えを行うほかないと考えられ、人事権の行使に当たっては、代わりの業務への就労に対応する賃金についても、業務負担が減少する分相当の減額がなされることはあり得る、としている（しかし、結論的には、賃金減額前の賃金等を請求する権利を有するとした

が、不当労働行為が認められているのが影響したものと解される)。

なお、異職種配転による雇用保障義務までは当然には負担しないとして、職種内の軽減業務が可能となるまでの休職期間中の賃金支払義務を否定した例(前掲カントラ事件)がある。同旨は、神奈川都市交通事件(最一小判平成20・1・24労働判例953号5頁〔28140864〕)でも、就業規則の定めに従い会社指定医による治癒の診断を受けて試乗勤務を経た後まで、タクシー乗務への復職を認めなかったことには正当な理由があり、この間、職種をタクシー乗務員として採用された者からの事務職としての就労申入れを受け入れるべき義務があったとはいえないから、休業は、使用者の責めに帰すべき事由によるものではなく、休業手当請求にも理由がないとされた例でも示されている。まさに、職種限定型として、前掲片山組事件のような異動義務がないとされ、休業手当請求も否定したもので、同事件の射程範囲を明らかにした意味がある。

(4) 成果主義的賃金制度での軽減措置の提起する問題

成果主義賃金制度の下では(岩出・大系168頁以下参照)、評価替えの時期に、軽減措置の結果、低い評価となり、給与等が下がり、最低保証額があればそこまで下がり、段階的に降格にもなっていく可能性が高いことは、制度の性格上やむを得ない。最賃法の適用の下で、従業員のモラルの維持の観点から、評価替えに関して、健康配慮の場合に、猶予期間を置いたり、降格・降級の下げ幅の圧縮なども検討されるべきであるが、それらの措置が法的義務とまでは解されない。

(5) 軽減措置としてのパートへの変更

正社員として勤務していた労働者が重症筋無力症に罹患し、使用者が労働者の身分をパートに変更することが、就業規則で定めた「健康上の要注意者に対し就業上・衛生上の必要な措置」に当たるかも微妙である。

ケントク(仮処分)事件(大阪地決平成21・5・15労働判例989号70頁〔28153931〕)では、そのような変更は、所定労働時間や休日の定め、賃金支払約束にまで及ぶ労働契約の内容変更というべきもので、使用者には変更内容を労働者の生活と調和させるようなものとすることが求められており、労働者の状況が労働契約において想定される労働者の状態の変動の範囲内というべきで、原職復帰が

適当でない可能性はあるにしても、社内において正社員に期待される通常業務に従事できないとまではいえない場合は、労働契約において求められる労働に耐えられない状態とはいえず、変更が労働者の月収を大幅に減少させる不利益を伴うものであり、使用者には、当該労働者をより肉体的負担の少ない職場に配置することや労働時間が長時間に及ばない勤務体制を設定することに著しい困難があるような事情がない場合は、当該措置には該当せず無効とされた。しかし、逆に言えば、当該労働者をより肉体的負担の少ない職場に配置することや労働時間が長時間に及ばない勤務体制を設定することに著しい困難があるような事情がある場合には可能性があることになる。

論点 ❺ 整理解雇での被解雇者の選択基準

整理解雇等において、被解雇者の選定基準において障害者への合理的配慮が求められることがある。

ネオユニットほか事件（札幌高判令和3・4・28労働判例1254号28頁〔28292521〕）では、就労継続支援A型事業所の閉鎖に伴う整理解雇無効例で、第1審判決（札幌地判令和元・10・3労働判例1254号43頁〔28274598〕）も、労働者の障害特性に対する配慮義務に言及していたが（「各利用者が本件解雇の経緯や再就労先などについて十分な理解ができるように、丁寧な説明や質疑応答を行う場や機会が個別に設けられることはなかった。これらの事情に照らせば、被告ネオユニットは、各利用者の体調が悪化することのないよう障害の特性に応じた配慮を行う義務を怠った」）、それは被告らの不法行為の成否の判断においてであり、本判決は、整理解雇手続の相当性の判断において、「会社において，控訴人利用者らの障害の特性等を踏まえた十分な再就職の支援を組織的に行ったと評価することは困難である。」として、使用者の負う信義則上の義務内容に、労働者が障害を有する場合の配慮が含まれている旨を示した。合理的配慮の概念に直接言及したものではないが、どのような場合に「障害の特性に配慮した措置」（障害者雇用促進法36条の3）が必要とされるかを示唆した点に、本判決の意義がある。

(4) LGBTQ

【概要】

　「LGBTQ」という言葉の広まりとともに、性的指向（Sexual・Orientation）や性自認（Gender・Identity）に関する社会的な認知が高まり、職場での対応が求められるようになっている（LGBTQをめぐる現状については令和2年3月厚生労働省委託事業「職場におけるダイバーシティ推進事業報告書」II「職場と性的指向・性自認をめぐる現状」参照）。

　いわゆるLGBTQ（女性同性愛者（レズビアン、Lesbian）、男性同性愛者（ゲイ、Gay）、両性愛者（バイセクシュアル、Bisexual）、性同一性障害を含む性別越境者など（トランスジェンダー、Transgender）、Q（Queer（クィア）若しくはQuestioning（クエスチョニング）自分の性のあり方をハッキリと決められなかったり、迷ったりしている人、又は決めたくない、決めないとしている人など）の人々を意味する頭字語）に対する職場における問題のある言動も、被害を受けた者（以下、「被害者」という）の性的指向又は性自認にかかわらず、当該者に対する職場におけるハラスメントとされる。

　「事業主が職場における優越的な関係を背景とした言動に起因する問題に関して雇用管理上講ずべき措置等についての指針」（令和2・1・15厚労告5号（以下、「パワハラ指針」という）の中でも、精神的攻撃類型や、アウティング（労働者の性的指向・性自認や病歴、不妊治療等の機微な個人情報について、当該労働者の了解を得ずに他の労働者に暴露すること）などによる個の侵害類型としても位置付けられ、パワハラ防止措置義務の対象となっている。

　すなわち、相手の性的指向・性自認に関する侮辱的な言動に関しては、S・O・G・Iハラ（いわゆるSOGIハラ＜性的指向Sexual・Orientationと、性自認Gender・Identityの頭文字S・O・G・Iをハラスメントと組み合わせた造語＞）ともいわれている。

　既に、裁判例においても、SOGIハラをめぐる紛争が現れ、最高裁判断も示されている。なお、ハラスメントの一類型とされるSOGIハラをめぐる安全配慮義務違反や違法な差別等に関しては、II 3(6)「いじめ・ハラスメント」ではなく、ここで裁判例の紹介をしておく。

【関係法令】

労契法5条、労働施策総合推進法4条15号、30条の2〜30条の8、雇用機会均等法11条、LGBT理解増進法6、10条2項

3 労働者の人権の保護・差別の禁止

•••••• 論　　点 ••••••
1　LGBTQへの職場環境、トイレ等の利用制限をめぐる処遇の違法性判断
2　LGBTQへの服装・化粧をめぐる処遇の違法性判断
3　LGBTQのアウティングによる自殺をめぐる安全配慮義務・労災認定

論点 ❶　LGBTQへの職場環境、トイレ等の利用制限をめぐる処遇の違法性判断

　国会で多くの論議の末、令和5年6月16日に成立し、同年6月23日から施行された、LGBT理解増進法3条は基本理念として、「性的指向及びジェンダーアイデンティティの多様性に関する国民の理解の増進に関する施策は、全ての国民が、その性的指向又はジェンダーアイデンティティにかかわらず、等しく基本的人権を享有するかけがえのない個人として尊重されるものであるとの理念にのっとり、性的指向及びジェンダーアイデンティティを理由とする不当な差別はあってはならないものであるとの認識の下に、相互に人格と個性を尊重し合いながら共生する社会の実現に資することを旨として行われなければならない」と定め、事業主に対しては、6条で、「事業主は、基本理念にのっとり、性的指向及びジェンダーアイデンティティの多様性に関するその雇用する労働者の理解の増進に関し、普及啓発、就業環境の整備、相談の機会の確保等を行うことにより性的指向及びジェンダーアイデンティティの多様性に関する当該労働者の理解の増進に自ら努めるとともに、国又は地方公共団体が実施する性的指向及びジェンダーアイデンティティの多様性に関する国民の理解の増進に関する施策に協力する」努力義務と同法10条2項で「就業環境に関する相談体制の整備その他の必要な措置」の努力義務を課している（同法については内閣府政策統括官(政策調整担当)「性的指向及びジェンダーアイデンティティの多様性に関する国民の理解の増進に関する法律の施行について(通知)」令和5・6・23府政政調352号参照）。

　しかし、裁判例においては、既に、LGBTQへの職場環境、性同一性障害（トランスジェンダー）である職員に自認する性別に対応するトイレを自由に利用することを制限することの違法性判断につき争われた（一般職の国家公務員であり、性同一性障害である旨の医師の診断を受けているXが、国公法86条の規定により、人事院に対し、職場のトイレの使用等に係る行政措置の要求をしたところ、いずれの要

求も認められない旨の判定(以下,「本件判定」という)を受けたことから,国を相手に,本件判定の取消し等を求める事案である)国・人事院(経産省職員・性同一性障害)事件においては,地裁ではその処遇差が違法とされたが(国・人事院(経産省職員・性同一性障害)事件・東京地判令和元・12・12判時2528号3頁〔28280731〕),高裁では適法とされたところ(経済産業省職員(性同一性障害)事件・東京高判令和3・5・27判時2528号16頁〔28292845〕),最高裁が令和5年7月11日で違法との判断を示した(経済産業省職員(性同一性障害)事件・最三小判令和5・7・11民集77巻5号1171頁〔28311980〕)。なお,同事件において,上司が性同一性障害のある職員に対し,その性自認を否定する発言(性別適合手術につき,「なかなか手術を受けないんだったら,もう男に戻ってはどうか」という発言)は,高裁においても,客観的にXの性自認を否定する内容というべきで,法的に許容される限度を超え,Xに対する業務上の指導を行うに当たって尽くすべき注意義務を怠ったものとして,国家賠償法上の違法性があるとされ,地裁,高裁ともその違法性を認めて(ただし,地裁では慰藉料120万円を認めていたのが,高裁では10万円に大幅に減額された),最高裁ではトイレ利用の制限についてのみ判断が下された。

　上記最高裁は,Xが「平成25年12月27日付けで,国家公務員法86条の規定により,職場の女性トイレを自由に使用させることを含め,原則として女性職員と同等の処遇を行うこと等を内容とする行政措置の要求をしたところ,人事院は,同27年5月29日付けで,いずれの要求も認められない旨の判定(本件判定。以下,本件判定のうち上記のトイレの使用に係る要求に関する部分を『本件判定部分』という。)をした」ところ,遅くても「本件判定時においては,上告人が本件庁舎内の女性トイレを自由に使用することについて,トラブルが生ずることは想定し難く,特段の配慮をすべき他の職員の存在が確認されてもいなかったのであり,上告人に対し,本件処遇による上記のような不利益を甘受させるだけの具体的な事情は見当たらなかったというべきである。そうすると,本件判定部分に係る人事院の判断は,本件における具体的な事情を踏まえることなく他の職員に対する配慮を過度に重視し,上告人の不利益を不当に軽視するものであって,関係者の公平並びに上告人を含む職員の能率の発揮及び増進の見地から判断しなかったものとして,著しく妥当性を欠いたものといわざるを得な

い」「したがって、本件判定部分は、裁量権の範囲を逸脱し又はこれを濫用したものとして違法となるというべきである」と判断した。なお、同最高裁判決は、法廷判決のほかに、5人の裁判官全員から極めて重要な補足意見が示され、それらも一体のものとして解されるべきであろう。特に、今崎幸彦裁判官の補足意見「本判決は、トイレを含め、不特定又は多数の人々の使用が想定されている公共施設の使用の在り方について触れるものではない」との指摘は、本判決の射程を知るうえで必須である。

なお、本判決は、国公法71条1項に基づく、人事院による、職員の能率が十分に発揮され、かつ、その増進が図られるように服務環境を整備する義務を根拠として、本件判定に基づくトイレ利用の処遇差の違法性を論じているので、その射程が国家公務員に限定されるかとの疑念が一応はあり得る。しかし、かかる職場環境調整義務は民間企業においても、裁判例上、かねてハラスメント対応義務の根拠として定着している判例法理であり（福岡セクハラ事件・福岡地判平成4・4・16判時1426号49頁〔25000004〕を先例として、近時では、さいたま市（環境局職員）事件・東京高判平成29・10・26労働判例1172号26頁〔28254563〕、岡山県貨物運送事件・仙台高判平成26・6・27判時2234号53頁〔28223808〕等）、実定法上でも、労働施策総合推進法4条柱書にあるように、「国が（中略）労働者の多様な事情に応じた雇用の安定及び職業生活の充実並びに労働生産性の向上を促進して、労働者がその有する能力を有効に発揮することができるようにし、これを通じて、労働者の職業の安定と経済的社会的地位の向上とを図るとともに、経済及び社会の発展並びに完全雇用の達成に資することを目的」（同法1条1項）を達成するため、「総合的に取り組まなければならない」事項の1つとして、同法4条15号は、「職場における労働者の就業環境を害する言動に起因する問題の解決を促進するために必要な施策を充実すること」が掲げられており、国公法71条1項におけるのと同様の義務が民間企業にも課せられていることからすれば、本判決の射程は民間企業も入ると解される（最判の今崎幸彦裁判官の補足意見が、「既に民間企業の一部に事例があるようであるが、今後事案の更なる積み重ねを通じて、標準的な扱いや指針、基準が形作られていくことに期待したい」と指摘しているのも民間企業を射程に入れていることを示唆していると解される）。

事例

　前掲国・人事院（経産省職員・性同一性障害）事件・東京地判では、本件では、①Xは性同一性障害の専門家である医師が性同一性障害と診断した者であって、経産省においても、女性ホルモン投与によりXが平成22年3月頃までには女性に性的危害を加える可能性が客観的にも低い状態に至っていたことを把握していたこと、②経産省の女性用トイレでは、構造上、利用者が他の利用者に見えるような態様で性器等を露出するような事態が生ずるとは考えにくいこと、③Xは、行動様式や振る舞い、外見の点等からして女性として認識される度合いが高かったこと、④2000年代前半までに、Xと同様の性同一性障害の従業員に対して、特に制限なく女性用トイレの使用を認めた民間企業の例が少なくとも6件存在し、経産省においても同21年10月頃にはこれらを把握できたこと、⑤立法や施策、各種提言を踏まえると、我が国において、同15年の性同一性障害者の性別の取扱いの特例に関する法律制定から現在までの間に、性自認に応じたトイレ等の男女別施設の使用をめぐる国民の意識や社会の受け止め方には相応の変化が生じている（これらは諸外国の状況と軌を一にする）こと等の事情に照らせば、Yが主張するトラブルが生ずる可能性は、せいぜい抽象的なものにとどまるといえ、経産省においてもこのことを認識できたといえる。Yは、本件説明会でXが女性用トイレを使用することに関して抵抗感等を述べる声が現に存在していた旨を主張するが、Yが使用不可とした女性用トイレに限ってYの主張に係るトラブルが生ずる可能性が高かったとはいえないし、上記抵抗感が当該トラブルを具体的にもたらすほどのものであったと考えることもできない。仮にトラブルが実際に起きたと想定しても、事後的な対応によって回復し難い事態が発生するとは解し難い。加えて、Xが平成22年7月以降は一貫して経産省が使用を認めた女性用トイレのみを使用していることや、過去には男性用トイレにいたXを見た男性が驚いてトイレから出ていくことが度々あったこと等からすると、Xが男性用トイレを使用することはむしろ現実的なトラブルの発生の原因ともなり困難であった。また、性同一性障害の者は多目的トイレの使用者として法律上本来的に想定されているとは解されないし、Xにその使用を推奨することは、場合によりその特有の設備を使用しなければならない者のトイレ使用の妨げとなりうる。以上に加え、Xが平成26年3月7日付けで女性用トイレの使用について制限を設けないことを求めていたことに照らすと、遅くとも同年4月7日の時点においては、Yの主張に係る事情をもってXの法的利益等に対する上記の制約を正当化することはできない状態に至っていたというべきである。したがって、経産省（経済産業大臣）による庁舎管理権の行使に一定の裁量が認められるとしても、経産省が4月7日以降も本件トイレに係る処遇を継続したことは、庁舎管理権の行使に当たって尽くすべき注意義務を怠ったものとして、国家賠償法上、違法の評価を免れない、とされた。

3　労働者の人権の保護・差別の禁止　255

　前掲経済産業省職員（性同一性障害）事件・東京高判では、自らの性自認に基づいた性別で社会生活を送ることは法律上保護される法的利益であるが、公務員が職務上通常尽くすべき注意義務を尽くすことなく漫然と国民に対する侵害行為をした事情がある場合に限り、国家賠償法上違法の評価を受けるとしたうえで、本件職員に対する本件トイレに係る処遇などは、違法なものではないとされた。
　前掲経済産業省職員（性同一性障害）事件・最三小判の重要性に鑑み、できる限り判旨を掲載する。
Ⅰ　事実
　「(1)　国家公務員法86条は、職員は、俸給、給料その他あらゆる勤務条件に関し、人事院に対して、人事院若しくは内閣総理大臣又はその職員の所轄庁の長により、適当な行政上の措置が行われることを要求することができる旨を規定し、同法87条は、上記の要求のあったときは、人事院は、必要と認める調査、口頭審理その他の事実審査を行い、一般国民及び関係者に公平なように、かつ、職員の能率を発揮し、及び増進する見地において、事案を判定しなければならない旨を規定する。
(2)ア　X（中略）は、平成▲年4月、≪略≫として採用され、同16年5月以降、経済産業省の同一の部署で執務している。
　上記部署の執務室がある庁舎（以下『本件庁舎』という。）には、男女別のトイレが各階に3か所ずつ設置されている。なお、男女共用の多目的トイレは、上記執務室がある階（以下『本件執務階』という。）には設置されていないが、≪略≫複数の階に設置されている。
イ　Xは、生物学的な性別は男性であるが、幼少の頃からこのことに強い違和感を抱いていた。Xは、平成10年頃から女性ホルモンの投与を受けるようになり、同11年頃には性同一性障害である旨の医師の診断を受けた。そして、Xは、平成18年頃までに、≪略≫を受けるなどし、同20年頃から女性として私生活を送るようになった。
　また、Xは、平成22年3月頃までには、血液中における男性ホルモンの量が同年代の男性の基準値の下限を大きく下回っており、性衝動に基づく性暴力の可能性が低いと判断される旨の医師の診断を受けていた。なお、Xは、健康上の理由から性別適合手術を受けていない。
(3)ア　Xは、平成21年7月、上司に対し、自らの性同一性障害について伝え、同年10月、経済産業省の担当職員に対し、女性の服装での勤務や女性トイレの使用等についての要望を伝えた。これらを受け、平成22年7月14日、経済産業省において、Xの了承を得て、Xが執務する部署の職員に対し、Xの性同一性障害について説明する会（以下『本件説明会』という。）が開かれた。担当職員は、本件説明会において、Xが退席した後、Xが本件庁舎の女性トイレを使用することについて意見を求めたところ、本件執務階の女性トイレを使用することについては、数名の女性職員がその態度から

違和感を抱いているように見えた。そこで、担当職員は、Xが本件執務階の一つ上の階の女性トイレを使用することについて意見を求めたところ、女性職員1名が日常的に当該女性トイレも使用している旨を述べた。

イ　本件説明会におけるやり取りを踏まえ、経済産業省において、Xに対し、本件庁舎のうち本件執務階とその上下の階の女性トイレの使用を認めず、それ以外の階の女性トイレの使用を認める旨の処遇（以下『本件処遇』という。）を実施することとされた。

Xは、本件説明会の翌週から女性の服装等で勤務し、主に本件執務階から2階離れた階の女性トイレを使用するようになったが、それにより他の職員との間でトラブルが生じたことはない。

また、Xは、平成23年▲月、家庭裁判所の許可を得て名を現在のものに変更し、同年6月からは、職場においてその名を使用するようになった。

(4)　Xは、平成25年12月27日付けで、国家公務員法86条の規定により、職場の女性トイレを自由に使用させることを含め、原則として女性職員と同等の処遇を行うこと等を内容とする行政措置の要求をしたところ、人事院は、同27年5月29日付けで、いずれの要求も認められない旨の判定（本件判定。以下、本件判定のうち上記のトイレの使用に係る要求に関する部分を『本件判定部分』という。）をした」

Ⅱ　高裁判断

「原審は、上記事実関係等の下において、要旨次のとおり判断し、本件判定部分の取消請求を棄却した。

経済産業省において、本件処遇を実施し、それを維持していたことは、Xを含む全職員にとっての適切な職場環境を構築する責任を果たすための対応であったというべきであるから、本件判定部分は、裁量権の範囲を逸脱し又はこれを濫用したものとはいえず、違法であるということはできない」

Ⅲ　最高裁法廷判決　全員一致

「(1)　国家公務員法86条の規定による行政措置の要求に対する人事院の判定においては、広範にわたる職員の勤務条件について、一般国民及び関係者の公平並びに職員の能率の発揮及び増進という見地から、人事行政や職員の勤務等の実情に即した専門的な判断が求められるのであり（同法71条、87条）、その判断は人事院の裁量に委ねられているものと解される。したがって、上記判定は、裁量権の範囲を逸脱し又はこれを濫用したと認められる場合に違法となると解するのが相当である。

(2)　これを本件についてみると、本件処遇は、経済産業省において、本件庁舎内のトイレの使用に関し、Xを含む職員の服務環境の適正を確保する見地からの調整を図ろうとしたものであるということができる。

そして、Xは、性同一性障害である旨の医師の診断を受けているところ、本件処遇の下において、自認する性別と異なる男性用のトイレを使用するか、本件執務階から離れた階の女性トイレ等を使用せざるを得ないのであり、日常的に相応の不利益を受けているということができる。

一方、Xは、健康上の理由から性別適合手術を受けていないものの、女性ホルモンの投与や≪略≫を受けるなどしているほか、性衝動に基づく性暴力の可能性は低い旨の医師の診断も受けている。現に、Xが本件説明会の後、女性の服装等で勤務し、本件執務階から2階以上離れた階の女性トイレを使用するようになったことでトラブルが生じたことはない。また、本件説明会においては、Xが本件執務階の女性トイレを使用することについて、担当職員から数名の女性職員が違和感を抱いているように見えたにとどまり、明確に異を唱える職員がいたことはうかがわれない。さらに、本件説明会から本件判定に至るまでの約4年10か月の間に、Xによる本件庁舎内の女性トイレの使用につき、特段の配慮をすべき他の職員が存在するか否かについての調査が改めて行われ、本件処遇の見直しが検討されたこともうかがわれない。

以上によれば、遅くとも本件判定時においては、Xが本件庁舎内の女性トイレを自由に使用することについて、トラブルが生ずることは想定し難く、特段の配慮をすべき他の職員の存在が確認されてもいなかったのであり、Xに対し、本件処遇による上記のような不利益を甘受させるだけの具体的な事情は見当たらなかったというべきである。そうすると、本件判定部分に係る人事院の判断は、本件における具体的な事情を踏まえることなく他の職員に対する配慮を過度に重視し、Xの不利益を不当に軽視するものであって、関係者の公平並びにXを含む職員の能率の発揮及び増進の見地から判断しなかったものとして、著しく妥当性を欠いたものといわざるを得ない。

(3) したがって、本件判定部分は、裁量権の範囲を逸脱し又はこれを濫用したものとして違法となるというべきである」

Ⅳ 補足意見（略）

論点 2　LGBTQへの服装・化粧をめぐる処遇の違法性判断

裁判例では、トランスジェンダーへの服装・化粧をめぐる処遇の違法性判断が問われている。

古くは、S社（性同一性障害者解雇）事件（東京地決平成14・6・20労働判例830号13頁〔28072316〕）で、Xが「自分を女性として認めて欲しい。具体的には、〈1〉女性の服装で勤務したい。〈2〉女性トイレを使用したい。〈3〉女性更衣室を使いたい」旨申し出、上記申出Y会社が承認しなければ配転を拒否する旨申し出

た後、女性の服装・化粧等をして出社し、配転先で在席したことに対して、会社から、女装で出勤しないこと等を理由とする懲戒解雇が、性同一性障害に関する事情を理解し、本件申出に関する債権者の意向を反映しようとする姿勢を有していたとも認められず、女性の容姿をしたXを就労させることが、会社における企業秩序又は業務遂行において、著しい支障を来すと認めるに足りないなどとして無効とされた。

近時の淀川交通事件（大阪地決令和2・7・20判時2471号105頁〔28283373〕）では、性同一性障害者から化粧して業務に従事したタクシー運転手に対する就労拒否について、運転手が医師から性同一性障害であるとの診断を受けており、外見を可能な限り性自認上の性別である女性に近づけ、女性として社会生活を送ることは、自然かつ当然の欲求であるというべきであり、外見を性自認上の性別に一致させようとすることは個性や価値観を過度に押し通そうとするものであると評価すべきものではないなどとして、賃金の仮払いが認められた。

事例

前掲S社（性同一性障害者解雇）事件では、Xが女性の容姿で出社したことについて、裁判所はまず、Yの社員や取引先、顧客のうち相当数が、Xの容姿に嫌悪感を抱いたり抱くおそれがあったりするためYがXの行動による社内外への影響を考慮して、当面の混乱を回避するため、Xが女性の容姿による就労の禁止を命じたことには一応の理由があると判断した。そのうえで裁判所は、Xが性同一性障害により精神療法等の治療を受けて、女性としての性自認が確立しており、今後変化することもないとの診断がなされて、職場以外において女性装による生活状態に入っており、妻とも離婚し、戸籍名も女性名に変更され、男性の容姿をしてYで就労することが精神的・肉体的に困難になりつつあり、他者から男性としての行動を要求されたり、女性としての行動を抑制されたりすると、多大な精神的苦痛を被る状態にあり、このような状態においては、XがYに対して、女性の容姿をした就労と配慮を求めることには相応の理由があると判断した。

さらに裁判所は、「債務者（Y）社員が債権者（X）に抱いた違和感及び嫌悪感は、（中略）、債権者における上記事情を認識し、理解するよう図ることにより、時間の経過も相まって緩和する余地が十分あるものといえる。また、債務者の取引先や顧客が債権者に抱き又は抱くおそれのある違和感及び嫌悪感については、債務者の業務遂行上著しい支障を来すおそれがあるとまで認めるに足りる的確な疎明はない。

のみならず、債務者は、債権者に対し、本件申出を受けた1月22日からこれを承認

しないと回答した2月14日までの間に、本件申出について何らかの対応をし、また、この回答をした際にその具体的理由を説明しようとしたとは認められない上、(中略)その後の経緯に照らすと、債権者の性同一性障害に関する事情を理解し、本件申出に関する債権者の意向を反映しようとする姿勢を有していたとも認められない。

そして、債務者において、債権者の業務内容、就労環境等について、本件申出に基づき、債務者、債権者双方の事情を踏まえた適切な配慮をした場合においても、なお、女性の容姿をした債権者を就労させることが、債務者における企業秩序又は業務遂行において、著しい支障を来すと認めるに足りる疎明はない。

以上によれば、債権者による本件服務命令違反行為は、懲戒解雇事由である就業規則88条9号の『会社の指示・命令に背き改悛せず』に当たり、また、57条の服務義務違反に反するものとして、懲戒解雇事由である88条13号の『その他就業規則に定めたことに故意に違反し』には当たり得るが、(中略)、懲戒解雇に相当するまで重大かつ悪質な企業秩序違反であると認めることはできない」旨判示して、懲戒解雇は権利濫用により無効とし、Xの請求を認める仮処分決定をした(賃金仮払)。

前掲淀川交通事件では、就労拒否についての使用者Yの帰責性の有無につき、

(1) 化粧に関する乗客からの苦情について　運転手Xは、苦情を否認しているうえ、Yが苦情の内容の真実性について調査を行った形跡もみられない。したがって、苦情の存在をもって、直ちに苦情の内容が真実であると認めることはできない。また、Z_1渉外担当らのXに対する説明内容によれば、Yは、苦情の存在自体をもって、Xの就労を正当に拒否することができるとの見解を前提にしているものと考えられるが、苦情の内容が虚偽であるなど、非違行為の存在が明らかでない以上は、苦情の存在をもって、Xに対する就労拒否を正当化することはできない。以上を総合すると、Yが、苦情の真実性又は存在自体を理由として、Xの就労を拒否することは、正当な理由に基づくものとはいえない。

(2) Xの化粧が濃いとの点について　Xが定める身だしなみ規定(以下、「本件身だしなみ規定」という)について、当該従業員がこれに従わない場合などには、懲戒事由に該当することがある。しかしながら、かかる業務中の従業員の身だしなみに対する制約は、業務上の必要性に基づく、合理的な内容の限度にとどめなければならない。また本件の事実関係によれば、Xに対する化粧を施したうえでの乗務の禁止及び禁止に対する違反を理由とする就労拒否については、それらの必要性や合理性が慎重に検討されなければならない。そして、社会観念を踏まえると、一般論として、サービス業において、客に不快感を与えないとの観点から、男性のみに対し、業務中に化粧を禁止すること自体、直ちに必要性や合理性が否定されるものとはいえない。しかしながら、Xは、医師から性同一性障害であるとの診断を受けているところ、外見を可能な限り性自認上の性別である女性に近づけ、女性として社会生活を送ることは、自然

かつ当然の欲求であるというべきである。外見を性自認上の性別に一致させようとすることは個性や価値観を過度に押し通そうとするものであると評価すべきものではない。そうすると、性同一性障害者であるXに対しても、女性乗務員と同等に化粧を施すことを認める必要性があるといえる。加えて、今日の社会において、乗客の多くが、性同一性障害を抱える者に対して不寛容であるとは限らず、Xが性の多様性を尊重しようとする姿勢を取った場合に、その結果として、Yに乗客から苦情が多く寄せられ、乗客が減少し、経済的損失などの不利益を被るとも限らない。以上によれば、Yが、Xに対し、化粧の程度が女性乗務員と同等程度であるか否かといった点を問題とすることなく、化粧を施したうえでの乗務を禁止したこと及び禁止に対する違反を理由として就労を拒否したことについては、必要性も合理性も認めることはできない。

(3) まとめ　以上を総合すると、Xに対する就労拒否は、①苦情を理由とする点、②Xの化粧を理由とする点のいずれにおいても、正当な理由を有するものではないから、Yの責めに帰すべき事由によるものであるということができると判示した。

論点 ❸ LGBTQのアウティングによる自殺をめぐる安全配慮義務・労災認定

パワハラ指針では、アウティングは個の侵害と指摘されている。令和5・9・1基発0961第2号「心理的負荷による精神障害の認定基準」においては、「業務による心理的負荷評価表」の「具体的出来事」の「22」においても、「⑤パワーハラスメント」における「強」の類型に「性的指向・性自認に関する精神的攻撃等を含む」とされている。

精神医学的にも、「性的マイノリティのアイデンティティ受容プロセスにおける困難は、家族の理解を得にくいという点にあり、また性的マイノリティにとって最もストレスがかかるのは、カミングアウトの時であるといわれているところ、亡Aの場合は、FやEに対するカミングアウトに加え、会社組織に対するカミングアウトという側面もあったと考えられる。また、性的マイノリティの自殺については、かねてより同性愛者や両性愛者は自殺の危険が高いと認識され、性的マイノリティの若者は、一般の若者に比べて自殺念慮を抱いたり、自殺企図に及んだりした経験が高率であり、とりわけカミングアウトに失敗した直後に自殺の危険が高いとも指摘されている。」(国・岩国労基署長事件・広島地判平成29・1・25平成26年(行ウ)10号公刊物未登載〔28251136〕)。判決中の独立行

政法人国立精神・神経医療研究センター精神保健研究所G医師の意見)。

そこで、カミングアウトに起因する精神疾患と自殺をめぐる裁判例が示されている。

前掲国・岩国労基署長事件と同控訴審（広島高判平成29・10・11平成29年（行コ）2号公刊物未登載〔28253811〕）では、Xは元会社員亡Aの母親（66）であり、元会社員亡Aは平成20年11月、勤め先で同僚に性同一性障害であると告白し、その後うつ病になり、解雇通知を受けた後の平成21年1月に自殺した。遺族側は告白により退職強要を受けたことが自殺の原因だったと主張したが、広島高裁判決は遺族側が主張したような職場での嫌がらせやいじめはなかったと認定。「自殺の原因は業務とは認められない」として請求を斥けた。第1審・広島地裁判決は、元会社員亡Aにとってカミングアウトは大きな心理的負荷になったが「私的な内容で、業務上の出来事とは評価できない」と判断。退職強要の事実もなく「自殺は業務が原因とは認められない」と結論付けた。

なお、労働事件ではないが、一橋大学事件（東京地判平成31・2・27平成28年(ワ)18926号公刊物未登載〔29053932〕）では、大学によるアウティングの発生に係る安全配慮義務違反、アウティングに由来する本件転落死の発生に係る安全配慮義務違反の有無が争われたが、いずれも認められなかった。

事例

前掲国・岩国労基署長事件・広島地判では、Aがうつ病を発病し、自殺したのは、Aが性同一性障害を理由に上司等から嫌がらせを受け、会社から退職強要を受けたことに起因すると主張して、亡Aの親が国に対し、遺族補償年金の不支給決定の取消しを求めた事案。裁判所は、Aが業務による強い心理的負荷を受けたものとは認められず、一方Aには、同僚に性同一性障害であること、恋愛感情の告白、その拒絶等の業務上以外の強い心理的負荷があったうえ、性同一性障害という個体側の要因を抱えていたと認め、本件精神障害の発症又は増悪について業務起因性を否定し、本件自殺が業務上の災害とは認められないとして、請求を棄却した。

前掲国・岩国労基署長事件の控訴審では控訴人（第1審原告）は、同僚に性同一性障害であることを告白した後、上司等から嫌がらせを受け退職を強要されたとし、本件告白の業務遂行性ではなく、亡Aが受けた嫌がらせ等の業務遂行性が論じられるべきと主張した。裁判所は、本件告白は、本件精神障害の発病に先立ち亡Aが受けた心理的負荷の1つである以上、その業務遂行性を検討するのは当然であり、控訴人が嫌

がらせ・いじめと主張する事象は、本件告白に対する職場における対応の域を出ず、個体と他の個体や家族、社会との関係性などに由来する要因も、業務上の要因とはいえないとし、本件自殺は業務上の災害とは認められないとした原審の判断を支持して、控訴人の請求を棄却した。

　前掲一橋大学事件では、被告設置の法科大学院に在学していた亡学生の両親の原告らが、男子学生により亡学生が同性愛者であることを他の同級生に暴露されたことにつき、①被告による同性愛者との暴露の発生に係る安全配慮義務違反、②被告による亡学生の転落死の発生に係る安全配慮義務違反又は教育環境配慮義務違反の各債務不履行に基づき、法定相続分の割合による損害賠償金の支払を求めた事案で、裁判所は、①男子学生は以前から性的指向が人権として尊重されることなどを認識していたと認められるから、それらの人権尊重等を講義又は教授していれば暴露することはなかったなどとする原告らの主張は理由がないとし、②当該暴露後の対応につき、教授、相談員、医師等による当該義務違反はないとし、請求をいずれも棄却した。

(5)　育児・介護

【概要】

　妊産婦や育児・介護を行う労働者に対しては、一般的な労働時間法制に加えて、特別な保護規制が設けられている。妊娠・出産という特別な時期における女性や子ども（胎児・乳児）の健康や福祉を守るため、また、労働者が育児や介護という家庭生活上の責任を職業と両立できるようにするためには、労働時間に関して特別な保護や配慮が必要と考えられるためである。

　かつての労基法には、女性を一般的に体力等の弱い者・家庭責任を負う者ととらえて、女性一般を対象に時間外労働や深夜業を制限する規定が置かれていた。しかし、これらの女性保護規定は、女子に対するあらゆる形態の差別の撤廃に関する条約の批准や雇用機会均等法の導入に際して、両性を個人として均等に扱うという男女均等待遇の理念にそぐわないものとして改正・縮小され、母性保護に関する規定を除いて、平成9年の雇用機会均等法改正とともにほぼ撤廃された。そして、その一部は新たに制定された育児休業等に関する法律（平成11年より育児・介護休業法）に基づく男女双方を対象とする両立支援制度へと転換された。現行法の下で、労働時間に関して女性が特別に扱われるのは母性保護を目的とする事項に限定されている。

　その中で、女性の社会進出・少子高齢化に対応すべく、まず、育児休業制度について

は、平成3年の育児休業等に関する法律の制定（平成3年法律76号）により、平成4年度から30人を超える事業所で、平成7年4月からはすべての事業所で義務化された。また、育児休業中の経済的支援措置として、雇用保険の育児休業給付制度が平成7年から設けられた。さらに、育児休業期間中の被保険者本人負担分の社会保険料が平成7年度から免除されている。こうした中で、育児休業取得に対する企業あるいは社会全体の認識は高まり、平成9年の同法の改正（平成9年法律92号）で家族的責任を有する労働者の深夜業の制限などの規制が強化された。

　他方、介護休業の法制化自体は、平成7年6月の育児・介護休業法への改正（平成7年法律107号）により、同年10月からの努力義務期間を経て、平成11年4月から義務化された。同時に介護休業中の介護休業給付制度が設けられた。なお、平成9年の改正で上記育児休業に対するのと同様に深夜業の制限などの規制が強化された。当初は同一の家族について介護休業の取得は1回限りとされていたが、平成16年の法改正により、その家族が要介護状態になるたびに通算93日の限度で取得できることになった（同法11条2項）。介護休業中の賃金支払は義務付けられておらず、当事者間の合意に委ねられるが、賃金とは別に雇用保険法に基づく「介護休業給付金」（令和2年法律14号改正により、当分の間、休業前賃金の67％）が支給される。

　さらに、平成16年12月1日、育児休業制度について、休業期間の一定の延長、適用対象者の一定の有期雇用労働者への拡大、看護休暇の義務化が、介護休業については、利用回数の拡大等の改正（平成16年法律160号）がなされ、さらに、平成21年7月1日、①3歳未満の子どもを持つ従業員への短時間勤務制度の導入・残業免除の義務化、②専業主婦（夫）を配偶者に持つ従業員への育児休業取得促進、③介護休暇制度の新設、④勧告に従わない企業名の公表などを主な内容とする改正（平成21年法律65号）と、⑤これを支援する雇用保険法の改正もなされ、平成25年7月1日からは、中小企業への猶予措置もなくなり、全面適用されている。平成26年4月1日からは育児休業給付金制度の拡大（男女が育児休業を取得する場合に、当初の給付額を50％から67％に引き上げるなど）がなされている。

　その後も育児・介護休業法の改正は続き、令和3年6月改正で、令和4年4月施行で、①「雇用環境整備及び個別周知・意向確認の措置」（同法22条1項、21条）と②「有期雇用労働者の育児・介護休業取得要件の緩和」（引き続き雇用された期間が1年以上との要件の削除。同法5条1項）である。ただし、②については、無期雇用労働者と同様に、引き続き雇用された期間が1年未満の労働者は労使協定の締結により除外が可能となった（同法6条1項）。さらに、令和4年10月施行分の主な改正点としては、①産後パパ育休（出生時育児休業）の創設（同法9条の5第1項）、②同休業中の就業許容（同条2項）、③育児休業の2回までの分割取得許容（同法5条2項）等がなされている（詳細は、厚生労働省「育児・介護休業法のあらまし」（令和4年11月作成）参照）。

さらに、保護範囲を拡大した令和6年法律42号の育児・介護休業法改正（令和6年5月31日公布）により、以下の点が、各施行日から適用される。
① 柔軟な働き方を実現するための措置等（公布後1年6か月以内の政令で定める日）改正法23条の3関連
・3歳以上、小学校就学前の子を養育する労働者に関する柔軟な働き方を実現するための措置
・事業主は、フルタイムでの柔軟な働き方として、始業時刻等の変更、テレワーク等（10日/月）、保育施設の設置運営等、新たな休暇の付与（10日/年）、短時間勤務制度の中から2以上の制度を選択して措置する必要がある。
・テレワーク等と新たな休暇は、原則時間単位で取得可とする。詳細は省令による。
・事業主が選択した措置について、労働者に対する個別の周知・意向確認の措置が求められる。
・事業主が措置を選択する際、過半数組合等からの意見聴取の機会を設ける必要がある。
・個別周知・意向確認の方法は、省令により、面談や書面交付等とされる予定
② 所定外労働の制限（残業免除）の対象が拡大（施行日：令和7年4月1日）改正法16条の8関連
　従前、3歳に満たない子を養育する労働者が対象であったものが、小学校就学前の子を養育する労働者が請求可能に拡大される。
③ 育児のためのテレワークの導入の努力義務化（施行日：令和7年4月1日）改正法24条2項
　3歳に満たない子を養育する労働者がテレワークを選択できるように措置を講ずることが、事業主に努力義務化される。
④ 子の看護休暇の見直し（施行日：令和7年4月1日）改正法16条の2関連
・名称を、「子の看護等休暇」とし、対象となる子の範囲を、従前の「小学校就学の始期に達するまで（未就学児）」から「小学校3年生修了まで」に延長する。
・取得事由を詳細は省令に委ねるが、感染症に伴う学級閉鎖等、入園（入学）式、卒園式を追加する。
・労使協定の締結により除外できる労働者から、「引き続き雇用された期間が6か月未満」を撤廃し、「週の所定労働日数が2日以下」の場合に限定する。
⑤ 仕事と育児の両立に関する個別の意向聴取・配慮義務（施行日：公布後1年6か月以内の政令で定める日）改正法21条関連
・妊娠・出産の申出時や子が3歳になる前に、労働者の仕事と育児の両立に関する個別の意向聴取・配慮が事業主に義務付けられた。
・意向聴取の方法は、省令により、面談や書面の交付等とする予定

・具体的な配慮の例として、自社の状況に応じて、勤務時間帯・勤務地にかかる配置、業務量の調整、両立支援制度の利用期間等の見直し、労働条件の見直し等を指針で示す予定。さらに、配慮に当たって、望ましい対応として、
＊子に障害がある場合等で希望するときは、短時間勤務制度や子の看護等休暇等の利用可能期間を延長すること
＊ひとり親家庭の場合で希望するときは、子の看護等休暇等の付与日数に配慮すること
　等を指針で示す予定
⑥　育児休業取得状況の公表義務の300人超の企業への拡大（施行日：令和7年4月1日）改正法22条の2
・従業員数300人超の企業に、育児休業等の取得の状況を公表することが義務付けられる（現行では、従業員数1,000人超の企業に公表が義務付けられている）。
⑦　介護離職防止のための個別の周知・意向確認、雇用環境整備等の措置の事業主の義務化（施行日：令和7年4月1日）改正法22条関連
・介護に直面した旨の中出をした労働者に対する個別の周知・意向確認の措置（※面談・書面交付等による。詳細は省令）
・介護に直面する前の早い段階（40歳等）での両立支援制度等に関する情報提供
・仕事と介護の両立支援制度を利用しやすい雇用環境の整備（※研修、相談窓口設置等のいずれかを選択して措置。詳細は省令）
・要介護状態の対象家族を介護する労働者がテレワークを選択できるよう事業主に努力義務
・介護休暇について、引き続き雇用された期間が6か月未満の労働者を労使協定に基づき除外する仕組みを廃止
以上の立法の動向の中で、判例、裁判例も豊富な事例を蓄積し、最高裁判例を含む判例法理も形成されつつある。

【関係法令】
育児・介護休業法10、16、16条の2～26条

****** 論　点 ******

1　母性保護のための労働時間規制
2　育児・介護を行う労働者のための労働時間規制
3　育児・介護のための所定外労働の制限・所定労働時間短縮等の措置の効果
4　男女ともに家族的責任を有する者の深夜勤務や一定時間以上の残業の免除請求権等

5　育児・介護休業の申出と拒否
6　母性保護──育児・介護休業法上の権利行使と不利益取扱い
7　労働者の配置に関する配慮義務

論点 ❶　母性保護のための労働時間規制

　労基法は、労働時間に関する保護として、①変形労働時間制の適用免除（同法66条1項。変形労働時間制がとられている場合にも、事業主は、妊産婦が請求した場合には1週間・1日の法定労働時間を超えて労働させてはならない）、②法定時間外・休日労働の免除（同条2項。妊産婦が請求した場合には、同法33、36条の法定時間外・休日労働をさせてはならない）、③深夜業の免除（同法66条3項。妊産婦が請求した場合には、深夜業に従事させてはならない）を定めている。また、妊娠中の女性は軽作業転換請求権を有する（同法65条3項）が、ここで、軽易業務の種類などについて特に規定はなく、原則として、女性が請求した業務に転換させることができる趣旨であるが、業務の新設までは必要ではない（昭和61・3・20基発151号、婦発69号）。軽易化には業務内容の変更だけでなく、労働時間帯の変更（早番の遅番への変更等）も含み、これにより、一定の通勤緩和の効果も狙えることになる。なお、妊娠中の女性については、上記③の拒否の請求及びここでの軽易業務の転換の請求のいずれか一方又は双方を行うことを妨げるものではない（昭和61・3・20基発151号、婦発69号）。業務軽減措置請求に対する降格と雇用機会均等法9条3項の関係については【論点6】で後述する。

　さらに1歳未満の子を育てる女性が請求したときは、事業主は法定の休憩時間のほかに1日2回各30分以上の育児時間を与えなければならない（労基法67条）。なお、託児所の施設がある場合は往復時間を含めて30分の育児時間が与えられていれば違法ではないが、実質的な育児時間が与えられることが望ましいとされている（昭和25・7・22基収2314号）。また、勤務時間の始め又は終わりに請求してきた場合にも拒否できないが、有給とするか否かは各企業の自由である（昭和33・6・25基収4317号）。さらに、労基法67条の育児時間は、1日の労働時間を8時間とする通常の勤務態様を予想し、1日2回の付与を義務付けるものであって、1日の労働時間が4時間以内であるような場合には、1日1回

の付与で足りると解されている（昭和36・1・9基収8996号）。

　また、雇用機会均等法は、妊産婦である女性労働者の健康管理に関して、事業主に対し、当該労働者が母子保健法に基づく保健指導又は健康診査を受けるために必要な時間を確保する（雇用機会均等法12条）とともに、上記指導事項を守れるようにするための勤務時間の変更や勤務軽減等の必要な措置を講じること（同法13条）を義務付けている。これらの規定は私法上の強行規定ではなく、行政機関による助言、指導、勧告によって実効性確保が図られるものとされている（同法17条）。

論点 2　育児・介護を行う労働者のための労働時間規制

　育児休業等に関する法律は出生率の低下を直接のきっかけとして平成3年に制定され、平成11年に改正されて育児休業、介護休業等育児又は家族介護を行う労働者の福祉に関する法律（育児・介護休業法）となり、その後も、令和6年にまで数度にわたって改正されている。令和7年3月末までの現行の育児・介護休業法は、少子高齢化社会における仕事と家庭の両立を促進するために、育児や介護のための休業に加え、育児や介護を行う労働者の労働時間について特別な規制を設けている。

　育児を行う労働者については、一定の要件の下に、所定時間外労働、一定限度を超える法定時間外労働、深夜業の免除を受ける権利が付与されている。具体的には、事業主は①3歳未満の子を養育する労働者が請求した場合は、所定労働時間を超えて労働させてはならず（育児・介護休業法16条の8）、②小学校就学前の子を養育する労働者が請求した場合は、1か月24時間・1年150時間を超えて働かせてはならず（同法17条。要介護状態にある家族を介護する労働者についての準用は、同法18条）、③小学校就学前の子を養育する労働者が請求した場合は、深夜に働かせてはならない（同法19条。要介護状態にある家族を介護する労働者についての準用は、同法20条）。労働者がこれらの権利を行使した場合、「事業の正常な運営を妨げる場合」に該当しない限り、当該労働者の就労義務は消滅する（日本航空インターナショナル事件・東京地判平成19・3・26労働判例937号54頁〔28131110〕）。なお、上記のうち①は、継続雇用期間が1年に満たない労働者

又は1週間の所定労働日数が2日以下の労働者で、過半数代表との協定により対象外と定められた者には適用されない（同法16条の8第1項ただし書）。

また、事業主には、育児を行う労働者のために一定の範囲で所定労働時間短縮措置を講じる義務が課せられている。具体的には、3歳未満の子を養育する労働者が請求した場合には、所定労働時間を6時間とする措置（又は6時間を含む選択肢）を講じなければならない（同法23条1項）。ただし、継続雇用期間が1年に満たない労働者、1週間の所定労働日数が2日以下の労働者、業務の性質等に照らして短時間勤務の措置を講じることが困難と認められる労働者であって、過半数代表との協定により対象外と定められた者には適用されない（同項ただし書）。

このほか、事業主は、小学校就学前の子を養育する労働者に対して、所定時間外労働の制限、所定労働時間の短縮等の措置を講じるよう努めなければならない（同法24条）。

要介護状態にある家族の介護をする労働者については、時間外労働の制限（上記②と同様）と深夜業の免除（上記③と同様）を受ける権利が保障されている。また、要介護状態にある家族の介護をする労働者で介護休業を取得しない者に対して、事業主は93日間以上の期間、所定労働時間短縮措置やフレックスタイム制等の措置を講じなければならない（同法23条3項）。

育児・介護休業法に基づく深夜業免除を申請した少数組合員の客室乗務員らに対し、会社が勤務予定日の多くに乗務を割り当てず、不就労日を無給とした事例において、上記申請により深夜の就労義務は消滅するから、上記乗務員らは債務の本旨に沿った履行の提供をしていると解されるところ、会社は多数組合員の乗務員と同様に上記乗務員らにもより多くの乗務を割り当てることが可能であったとして、不就労日の一部について民法536条2項に基づく賃金支払が命じられた（前掲日本航空インターナショナル事件）。

▍事例

前掲日本航空インターナショナル事件では、組合併存下の使用者の中立義務違反の組合間差別の問題としても処理し得たが、裁判所は、民法536条2項の使用者の帰責事由の問題として処理したもので、育児・介護休業法に基づく深夜業免除申請により、

無給日とされた日の一部についての賃金等請求が、別組合に所属する深夜業免除者に対して乗務が割り当てられた日数に至るまでの日数についての賃金請求が認められたもので深夜業務免除に関する先例である（同様の事象は看護師等にも発生するもので参考となろう）。同事件では、①労働者らが、深夜以外の時間帯において、客室乗務員としての労務を提供する意思及び能力を有し、その履行を提供していたことは、客観的にみて明らかで、客室乗務員の労務が深夜勤務を中核とするものであったとしても、労働者らのした労務の提供が債務の本旨に従った労務の提供として欠けることはなかったとして、会社は、無給日において、労働者らが提供した債務の本旨に従った労務の受領を拒絶したと認めることができるとされたが、その理由として、②深夜業免除者に多くの深夜業免除パターンを指定することが困難な状況にあったことが認められるが、別組合所属の客室乗務員に対して1か月におおむね10日前後の乗務が割り当てられていること等から、労働者らに対しても別組合所属の客室乗務員に対するのと同程度に割り当てることは、十分可能であったと認めるのが相当とし、③別組合に所属する深夜業免除者に対して乗務が割り当てられた日数に至るまでの日数については「客室乗務員が深夜業の免除を請求し、不就業が発生した場合」には当たらないとし、④「客室乗務員が深夜業の免除を請求し、不就業が発生した場合」には当たらないと判断される日数については、会社の受領拒絶による原告らの債務の履行不能は会社の責めに帰すべき事由に基づくものとし、⑤無給日とされた日のうち欠勤日数として扱うのが相当でない日について、会社は基準内賃金差額分及び各種手当差額分をそれぞれ支払うことが命じられた（岩出・大系434頁参照）。

論点 ❸ 育児・介護のための所定外労働の制限・所定労働時間短縮等の措置の効果

1　平成21年改正育児・介護休業法施行前の3歳までの措置義務―勤務時間短縮等とその効果

　平成21年の改正育児・介護休業法施行前、事業主は、その雇用する労働者（日々雇用される者は除かれる）のうち、その3歳に満たない子を養育する労働者で育児休業をしない者に関して、労働者の申出に基づき、選択的に、勤務時間の短縮、フレックスタイム制、始・終業時刻の繰上げ・繰下げ、所定外労働をさせない制度、託児施設の設置運営その他これに準ずる便宜の供与などのいずれかの、当該労働者が就業しつつその子を養育することを容易にするための措置を講じなければならないとされていた（育児・介護休業法23条1項、育児・介

護休業法施行規則34条）。なお、この措置の履行により、「勤務時間の短縮措置を受けた労働者は、その間就労していないのであるから、労使間に特段の合意がない限り、その不就労期間に対応する賃金請求権を有しておらず、当該不就労期間を出勤として取り扱うかどうかは原則として労使間の合意にゆだねられている」（東朋学園事件・最一小判平成15・12・4判タ1143号233頁〔28090091〕）。この措置については、具体的な請求権や強制手段を定めていないが、賞与の支給要件としての出勤率の算定において、勤務時間の減少時間に応じた減額を超えた支給停止は違法であるが、減少した時間に応じた減額は許容される（同判決参照）。この効果は、平成21年の改正育児・介護休業法によっても変更はない。

2　平成21年の改正育児・介護休業法による所定外労働の制限・勤務時間短縮等の措置の義務化

しかし、平成21年の改正育児・介護休業法施行後は、事業主は、その雇用する労働者（日々雇用される者は除かれる）のうち、その3歳に満たない子を養育する労働者で育児休業をしない者に関して、労働者の請求又は申出に基づく措置として、義務的に、所定外労働の制限・勤務時間短縮等のいずれの措置も労働者の請求又は申出のある限り義務付けられた（法的論点については、橋本陽子「Work短時間正社員・短時間勤務制度―ワーク・ライフ・バランスと労働法」ジュリスト1383号（2009年）76頁以下参照）。

3　勤務時間短縮措置からフルタイムへの復帰の権利の有無

なお、上記勤務時間短縮措置をとった労働者が、その子どもが3歳を超え、育児の負担が軽減した場合に、短時間勤務からフルタイムへの復帰の権利を有するか否かが問題となる。平成21年の改正育児・介護休業法23条1項は、それ自体がかかる権利を認めてはいないと解されている（橋本・前掲81頁）。しかし、短時間勤務制度をめぐる就業規則等の労働契約の内容として、「子どもが3歳を超え、育児の負担が軽減した場合に、短時間勤務からフルタイムへの復帰」を明示している場合には当然であるが、かかる規定がなくても、多くの場合、その制度趣旨や、労契法3条3項のワーク・ライフ・バランス配慮の原則から、かかる趣旨を合理的意思解釈として、使用者側において、短縮された時間対応の有期代替労働者を抱え、その期間が満了するまでなど合理的理由がない限り、

異動への配慮義務が生じるものと解される（育児・介護休業法による深夜勤務免除に伴う人事異動義務等は否定しつつも、結論的に、労働契約上の義務として、同請求をした労働者に対して適正・公正な業務の調整義務を認めた日本航空インターナショナル事件・東京地判平成19・3・26労働判例937号54頁〔28131110〕が参考となろう）。

なお、上記のうち2は、継続雇用期間が1年に満たない労働者又は1週間の所定労働日数が2日以下の労働者で、過半数代表との協定により対象外と定められた者には適用されない。

また、事業主には、育児を行う労働者のために一定の範囲で所定労働時間短縮措置を講じる義務が課せられている。具体的には、3歳未満の子を養育する労働者が請求した場合には、所定労働時間を6時間とする措置（又は6時間を含む選択肢）を講じなければならない（育児・介護休業法23条1項）。ただし、継続雇用期間が1年に満たない労働者、1週間の所定労働日数が2日以下の労働者、業務の性質等に照らして短時間勤務の措置を講じることが困難と認められる労働者であって、過半数代表との協定により対象外と定められた者には適用されない。

このほか、事業主は、小学校就学前の子を養育する労働者に対して、所定時間外労働の制限、所定労働時間の短縮等の措置を講じるよう努めなければならない（同法24条）。

要介護状態にある家族の介護をする労働者については、時間外労働の制限（上記2と同様）と深夜業の免除（上記2と同様）を受ける権利が保障されている。また、要介護状態にある家族の介護をする労働者で介護休業を取得しない者に対して、事業主は93日間以上の期間、所定労働時間短縮措置やフレックスタイム制等の選択的措置を講じなければならない（同法23条3項）。

論点 4　男女ともに家族的責任を有する者の深夜勤務や一定時間以上の残業の免除請求権等

1　家族的責任を有する労働者の深夜勤務や一定時間以上の残業の免除請求権

女性労働者に対する一般的な深夜業・残業規制は廃止となったが、育児・介護休業法により、下記のように、男女ともに、一定の家族的責任を有する労働

者は、深夜勤務や一定時間以上の残業の免除を請求することができる（同法17～20条の2）。

事業主は、労働者が深夜業の制限の請求をし、深夜において労働しなかったことを理由として、当該労働者に対して解雇その他不利益な取扱いをしてはならない（育児・介護休業法20条の2）。

2　深夜業制限の請求に対応した異動・シフト調整の要否・程度

【論点2】の所定労働時間短縮措置と同様、深夜業制限の請求に対応した異動・シフト調整の要否・程度が問題となる。育児・介護休業法自体が、かかる義務を導くことがないことは同じであるが、労働契約上の義務としてこれが問題となったのが日本航空インターナショナル事件（東京地判平成19・3・26労働判例937号54頁〔28131110〕）である。同事件は、①原告らが、深夜以外の時間帯において、客室乗務員としての労務を提供する意思及び能力を有しており、その履行を提供していたことは、客観的にみて明らかであり、客室乗務員の労務が深夜勤務を中核とするものであったとしても、原告らのした労務の提供が債務の本旨に従った労務の提供として欠けることはなかったというべきであるとして、会社は、本件無給日において、原告らが提供した債務の本旨に従った労務の受領を拒絶したと認めることができるとされたものであるが、その理由として、②深夜業免除者に割り当てることが可能な深夜業免除パターンは全乗務パターンの約2％にすぎず、深夜業免除者に多くの深夜業免除パターンを指定することが困難な状況にあったことが認められるが、ベーシックパターンにない深夜業免除パターンが深夜業免除者に対し割り当てられることもあることや、別組合所属の客室乗務員に対して1か月におおむね10日前後の乗務が割り当てられていること等から、原告らに対しても別組合所属の客室乗務員に対するのと同程度に割り当てることは、十分可能であったと認めるのが相当であるとし、③別組合に所属する深夜業免除者に対して乗務が割り当てられた日数に至るまでの日数については「客室乗務員が深夜業の免除を請求し、不就業が発生した場合」には当たらないとし、④「客室乗務員が深夜業の免除を請求し、不就業が発生した場合」には当たらないと判断される日数については、会社の受領拒絶による原告らの債務の履行不能は会社の責めに帰すべき事由に基づくものであ

るとし、⑤原告らは、自らの意思で深夜業免除の申請をしているうえ、自ら選択した職務の特殊性に、昼間勤務自体が限られているという状況の中で、結果的に不就業を余儀なくされるに至ったにすぎないと言わざるを得ないこと等や、育児・介護休業法が、就労を免除された深夜時間帯の勤務についてすら有給であることを保障してはいないことも併せて考慮すれば、客室乗務員諸手当規程16条1項8号は合理的なものであると認めるのが相当であるとして、「客室乗務員が深夜業の免除を請求し、不就業が発生した場合」に当たると判断された日数については、業務手当一般保障が停止されることとなるとしたが、⑥無給日とされた日のうち欠勤日数として扱うのが相当でない日について、会社は基準内賃金差額分及び各種手当差額分をそれぞれ支払えとしたものである。同事件のような事案については、企業内の複数組合併存における使用者の中立義務違反による損害賠償や、労働委員会による救済として処理されるべきとの指摘もあるが（菅野＝山川・労働法〈第13版〉568頁）、同判決は、民法536条2項の帰責事由の解釈として解決した。

組合併存下で、育児・介護休業法に基づく深夜業免除申請により、無給日とされた日の一部についての賃金等請求が、別組合に所属する深夜業免除者に対して乗務が割り当てられた日数に至るまでの日数について認められたもので深夜業務免除に関する先例である。同様の事象は看護師等にも発生するもので参考となろう。

論点 5　育児・介護休業の申出と拒否

1　育児休業の申出と拒否

1歳未満の子を養育する労働者は、男女を問わず、子が1歳になるまでの期間を特定して育児休業の申出をすることができる（育児・介護休業法5条）。労働者が育児休業の申出をした場合、事業主はこれを拒むことができない（同法6条）。ただし、①雇用された期間が1年に満たない者、②休業申出から起算して1年6か月以内に雇用関係が終了することが明らかな者、③1週間の所定労働日数が2日以下である者については、事業主は過半数代表との協定により育児休業の対象外として申出を拒むことができる（同条1項）。

上記除外事由に当たらない限り、使用者は育児休業の申出を拒否できない。育児休業を取得する権利の性質は形成権と理解されており、労働者の一方的な意思表示によって指定された期間中の労働義務は消滅する。したがって使用者の対応にかかわらず、労働者が休業しても労働契約上の債務不履行は生じない。しかし、実際には使用者が育児休業を付与するのに必要な対応（代替要員の手配や社会保険の手続等）をとらなければ休業を取得することは困難である（菅野＝山川・労働法〈第13版〉563頁）。違法な育児休業の拒否により労働者が就労や退職を余儀なくされた場合、育児休業拒否は不法行為に当たり得る（日欧産業協力センター事件・東京高判平成17・1・26労働判例890号18頁〔28100993〕）。ただし、三菱ＵＦＪモルガン・スタンレー証券事件（東京地判令和2・4・3労経速報2426号3頁〔28283667〕）は、母子手帳を所持していないことを理由に申請書を受理しなかったことが育児休業取得妨害に当たらないとした。

　有期労働契約を5回にわたって更新してきた労働者からの育児休業の申出を使用者が拒否したために上記労働者が就労を余儀なくされた事例においては、使用者は法定の除外事由がない限り育児休業の申出を拒否してはならないところ、有期雇用労働者であっても実質的に無期労働契約に転換している場合には上記除外事由には当たらず、上記育児休業の拒否は不法行為に当たるとして慰謝料の支払が命じられた（前掲日欧産業協力センター事件）。

2　介護休業の申出と拒否

　労働者は、家族（配偶者、父母、子、配偶者の父母）が要介護状態（負傷、疾病又は身体上若しくは精神上の障害により、2週間以上の期間にわたり常時介護を必要とする状態）にあることを明らかにし、期間を特定して、事業主に介護休業を申し出ることができる（育児・介護休業法11条1項）。介護休業は、家族1人につき、要介護状態に至るごとに1回、通算93日間を限度として取得することができる。使用者は、上記の要件を満たす介護休業の申出を拒否することはできない（同法12条1項）。ただし、①雇用された期間が1年に満たない者、②休業申出から起算して93日以内に雇用関係が終了することが明らかな者、③1週間の所定労働日数が2日以下である者については、事業主は過半数代表との協定により介護休業の対象外とすることができる（同条2項）。

介護休業の法的性質については、上記1「育児休業」と同様に形成権と考えられる。

論点 6　母性保護—育児・介護休業法上の権利行使と不利益取扱い

1　育児・介護休業取得への不利益取扱いの禁止

　育児・介護休業法は、まず、育児休業につき、「事業主は、労働者が育児休業申出をし、又は育児休業をしたことを理由として、当該労働者に対して解雇その他不利益な取扱いをしてはならない」と定め（同法10条）、これを、看護休暇（同法16条の4）、介護休業についても（同法16条）、さらに平成9年等の改正で導入され、義務的となった所定外労働の制限（同法16条の10）、所定労働時間の短縮措置等（同法23条の2）、介護休暇についても（同法16条の7）、本人又は配偶者の妊娠・出産等を申し出たこと（同法21条2項）、深夜業の制限の申出又は取得をしたこと（同法20条の2）、時間外労働の制限（同法18条の2）をそれぞれ、「第10条の規定は、準用する」（同法16条等）としている。

　育児・介護休業については、従前、いずれも、各休業の申出をし、又は、各休業したことを理由とする解雇禁止のみが定められていた。しかし、一部の企業において、様々な不利益措置により、各休業の取得が妨げられ、その普及が進まない中で、少子高齢化への対応が強く求められることもあり、平成13年の育児・介護休業法の改正により、解雇以外の不利益取扱いも禁止され、その後の改正による保護範囲拡大を経て、平成16年の改正では、上記のように、介護休暇などを含めて大幅に保護を拡大している。

　なお、産前産後休業中の解雇禁止（労基法19条）とは異なり、育児休業を理由としない解雇は禁止されていない。つまり、育児休業中の不正発覚による懲戒解雇や経営危機の急激な深刻化によるリストラ解雇なども、それ自体に解雇の合理的かつ社会的相当な理由があれば（労契法16条）、禁止はされていない。

事例

　学校法人横浜山手中華学園事件（横浜地判令和5・1・17労働判例1288号62頁〔28312464〕）

妊娠・育児等に関連することを理由とする解雇が無効であるとして、解雇無効地位確認等請求が認容され、慰謝料等請求が一部認められた例で、①解雇事由1について、元教員は、母性健康管理措置としての休業が認められた際に、賃金の支給が6割になると言われてそれに不満を示し、賃金に影響のない特別休暇となったが、それが令和2年11月8日までで終了し、以後は、賃金が支払われない休業になると伝えられたのに対し、元教員が申し出たのは特別休暇であって休業の申出ではなく、賃金が控除されるのであれば在宅勤務を希望するし、在宅勤務の申請が認められないのであれば登校すると伝えており、法人は、このような元教員の対応をもって、解雇事由1としているが、これをもって就業規則59条2号「職務遂行能力または能率が著しく劣り、また向上の見込みがないと認められるとき」に該当するものとはいえないとされ、②解雇事由2について、元教員は、平成29年7月20日、第5子の育児に伴う育児休業の延長申出をしたものであるが、これは育児・介護休業法5条3項に基づく申出であり、元教員は、延長に係る休業開始の1か月以上前に同申出をしているものであるから、同法上適法な申出であり、また、元教員は、平成30年1月27日、第5子の育児に伴う育児休業の再度の延長申出をしたものであるが、元教員は、延長に係る休業開始の3週間以上前に同申出をしているものであり、同法上適法な申出であるから、上記各申出につき、期限直前になって育児休業の延長の申出をするなどしたため人事配置等に混乱が生じたなどとして解雇事由に該当するものとすることは、育児休業の申出を理由として当該労働者に対する解雇その他不利益取扱いを禁ずる同法10条に違反するものであって許されないから、元教員が上記各育児休業を申請したこと（及びその時期）は、就業規則59条2号に該当しないとされ、③解雇事由3について、元教員は、令和2年8月20日に第6子の妊娠が判明したため、同月21日、法人に対し、労基法65条3項に基づく軽易業務の転換の請求として、同月24日から始まる2学期の担任業務を解くように申し出ているが、同請求を理由とする解雇その他不利益取扱いは、雇用機会均等法9条3項により禁じられているから、上記申出につき、2学期が始まる直前であるため法人の人事配置に混乱が生じたなどとして解雇事由に該当するものとすることは、同項等に違反するものであって許されないこと等から、元教員が上記軽易業務への転換の請求をしたこと（及びその時期）並びに母性健康管理措置としての休業の申出をしたこと（及びその時期）は、就業規則59条2号に該当しないとされ、④解雇事由4について、元教員は、令和元年度及び令和2年度の法人の運動会について、当日朝に欠勤の連絡をして看護休暇を取得し運動会を欠席したものであり、看護休暇に関しては、就業規則50条1項及び育児・介護休業法16条の2第1項に定めがあるところ、看護休暇の申請について時期の制限は設けられていないから、元教員が運動会の当日朝に連絡をして看護休暇を取得し、それにより法人に業務上の支障が生じたとしても、それをもって解雇事由に該当するものとすることは、育児・介護休業法16条

の4、同法10条に違反するものであって許されないから、元教員が上記各看護休暇を申請したこと（及びその時期）は、就業規則59条2号に該当しないとされた。

医療法人社団A事件（東京地判令和5・3・15労働判例1303号53頁〔28312467〕）

妊娠した歯科医師の診療予約をしにくくした行為が不法行為に該当するとされた例で、不法行為の成否について　⑴歯科医師にどの患者を割り当てるかについては、原則として、使用者の裁量的判断に委ねられており、権利の濫用に当たらない限り不法行為は成立しない。①原告が診療する予定であった診療予約を変更した行為については、令和2年9月26日時点では原告が実際に同年11月に復帰できるのか定かではなかったことから予定を調整したものであって業務上の必要性がある、復帰から約10日〜2週間であり、原告への体調配慮のために変更する業務上の必要性がなかったとは認められない、令和3年3月から産前休業が予定されており、継続的な治療が必要となる可能性がある場合、担当歯科医師の交代が行われないよう担当を別の医師に割り当てる業務上の必要性が認められる等の理由から、妊娠を理由として業務に従事させないようにしたとは認められず、権利の濫用には当たらない。②原告の復帰予定後の予約受付枠を入力できないようにした行為については、原告が実際に令和2年11月に復帰できるのか定かではなかったことからすれば、業務上の必要性が認められ、妊娠等を理由として、業務に従事させないようにしたとは認められず、権利の濫用には当たらない。③原告に定期健診などの衛生士業務や虫歯処置以外の仕事を入れないように指示した行為については、原告が、令和3年3月から産前休業に入る予定であり、継続的な対応が難しいことから担当歯科医師の交代が行われないよう長期にわたらない治療を優先的に割り当てる業務上の必要性が認められるので、妊娠等を理由として、業務に従事させないようにしたとは認められず、権利の濫用には当たらない。他方、④診療予定表に入力された原告の診療予定時間を独断で延ばし、診療予約を入りにくくした行為については、カルテの記載や次回の診療内容の予定のみからでは、直ちに、診療予定時間がどの程度かかるかわかるものではないことからすれば、業務上の必要性があったとは認められない。⑤原告の診療予定枠にY_1の代表者であるY_2自らの診療予定を入力し、診療予約を入りにくくした行為については、原告が本来担当していない矯正（矯正はY_2以外は行っていない）の患者を予約に入れる業務上の必要性があったとは認められない。

⑵違法収集証拠については、①診療録を写真撮影したもの、②予約画面及び印刷された予約表を写真撮影したもの、③控室におけるスタッフの会話及び診療ブースにおける患者との会話を秘密録音したものについては、著しく反社会的な手段を用いて採集されたとはいえない以上、証拠能力を肯定すべきである。

損害の有無について、⑴逸失利益については、使用者Yの一連の行為により、原告に診療の予約が入らなかった可能性はあるが、歯科医師にどの患者を配点するかにつ

いては、使用者である被告Y₁の裁量的判断に委ねられており、上記時間に確実に患者の診療の予約が入るものではない。仮に上記時間に診療を担当し、歩合給が発生したとしても、それを加算した1か月の歩合給の額が、最低保証給（時給3468円×その月の勤務時間数）を上回っていた場合にはじめて逸失利益が生じることになるが、最低保証給を上回っていたと認めるに足りる的確な証拠はなく、逸失利益があったとは認められない。

(2)慰謝料については、Yの一連の行為によって、逸失利益の経済的な損失を超えて補填されない程度の損失が発生すると認めるに足りる的確な証拠はない。

未払賃金の有無及び額について、令和2年1月支給分及び同年10月支給分の給料において、それぞれ有給休暇取得分（1日）が反映されておらず、それぞれ5万3345円及び6万4849円の未払賃金があったと認められる。

責めに帰すべき事由（民法536条2項）の有無については上記不法行為の成否に関する(1)④⑤のとおり、被告Y₂による不法行為が認められる。また、被告Y₂が訪問診療に関わっているため、本件歯科医院の実質的な運営を訴外P₆が担当することとなったとはいえ、口頭弁論終結時における被告Y₁の代表者は被告Y₂であるうえ、被告Y₂が週1、2回は本件歯科医院に出勤する必要があることからすれば、当時安全配慮義務が尽くされたとはいえず、使用者たる被告Y₁の責めに帰すべき事由により労務を提供できなかったといえるので、原告は労働契約に基づく賃金請求権を有する。

アメリカン・エキスプレス・インターナショナル・インコーポレイテッド事件（東京高判令和5・4・27労働判例1292号40頁〔28311891〕）

経済的な不利益のない配置の変更であっても、業務の内容面において質が著しく低下し、将来のキャリア形成に影響を及ぼしかねない措置は、原則として雇用機会均等法及び育児・介護休業法の禁止する取扱いに当たるとされた例で、育児休業等取得後の管理職従業員に対し、1人の部下も付けずに優先業務として自ら電話営業をさせたことが雇用機会均等法9条3項又は育児・介護休業法10条に違反する不利益取扱いとされた例である。育児休業等の取得後の従業員に対する雇用機会均等法及び育児・介護休業法の禁止する不利益取扱いについて、慰謝料200万円が認められた例で、①経済的な不利益を伴わない配置の変更であっても、業務の内容面において質が著しく低下し、将来のキャリア形成に影響を及ぼしかねない措置は、労働者に不利な影響をもたらす処遇に当たり、原則として雇用機会均等法及び育児・介護休業法の禁止する取扱いに当たるとされ、②育児休業等取得後に、妊娠前には37人の部下を統率していた従業員に対し、1人の部下も付けずに優先業務として自ら電話営業をさせたことについては、業務上の必要性が高かったとは言い難く、従業員が受けた不利益の内容及び程度も考え合わせると、当該措置につき雇用機会均等法9条3項又は育児・介護休業法10条に違反する不利益取扱いであり、人事権の濫用として無効であり、公序良俗に

反するとされ、③育児休業等の取得後の従業員にとった措置は、雇用機会均等法及び育児・介護休業法の禁止する不利益取扱いなどに当たり、慰謝料として200万円の損害賠償が認められるとされた。

2 育児・介護休業法における不利益取扱い禁止の内容—東朋学園事件最高裁判決の意義

育児・介護休業等を理由とする不利益取扱い禁止の範囲・内容に関しては、現在では、上記1のように立法的対応がなされているが、当初は、「子の養育又は家族の介護を行い、又は行うこととなる労働者の職業生活と家庭生活との両立が図られるようにするために事業主が講ずべき措置に関する指針」（平成14年厚労告13号、最終改正令和3年9月30日厚労告366号。以下、「育児・介護指針」という）が厚生労働省の判断を示し、これに沿った指導がなされている。例えば、育児・介護指針第2・11(3)ニ(イ)によれば、休業期間中に「賃金を支払わないこと、退職金や賞与の算定に当たり現に勤務した日数を考慮する場合に休業した期間（中略）分は日割りで算定対象期間から控除すること等専ら休業期間（中略）は働かなかったものとして取り扱うことは、不利益な取扱いには該当しないが、休業期間（中略）を超えて働かなかったものとして取り扱うことは」ここでの不利益取扱い禁止に該当するとされる。

同旨から、東朋学園事件（最一小判平成15・12・4判タ1143号233頁〔28090091〕）は、賞与支給欠格要件としての欠勤率10％につき、産前産後休業及び育児休業を含めて計算上欠勤扱いし、全額不支給とすることは違法であるが（日本シェーリング事件・最一小判平成元・12・14民集43巻12号1895頁〔27805324〕等も同旨）、実際の出勤率に応じた減額は認める旨を明言している。

\事例/

前掲東朋学園事件は、賞与支給欠格要件としての欠勤率10％につき、産前産後休業及び育児休業を含めて計算上欠勤扱いし、全額不支給とすることは違法であるが（前掲日本シェーリング事件等も同旨）、実際の出勤率に応じた減額は認める旨を明言している（同判決は、「本件90％条項のうち、出勤すべき日数に産前産後休業の日数を算入し、出勤した日数に産前産後休業の日数及び勤務時間短縮措置による短縮時間分を含めないものとしている部分が無効であるとしても、（中略）産前産後休業の日数及び勤務時間短縮措置による短縮時間分は、（中略）欠勤として減額の対象となるというべきである」とし、「賞与の額を一定の範囲内でその欠勤日数に応じて減額する

にとど」める場合には、「産前産後休業を取得し、又は育児のための勤務時間短縮措置を受けた労働者は、法律上、上記不就労期間に対応する賃金請求権を有しておらず」、当該企業の「就業規則においても、上記不就労期間は無給とされているのであるから」、その範囲での減額にとどまる限り、かかる措置が「労働者の上記権利等の行使を抑制し、労働基準法等が上記権利等を保障した趣旨を実質的に失わせるものとまでは認められず、これをもって直ちに公序に反し無効なものということはできない」としている)。

高宮学園(東朋学園)事件(東京高判平成18・4・19労働判例917号40頁〔28111483〕)では、①本件90%条項のうち、出勤すべき日数に産前産後休業の日数を算入し、出勤した日数に産前産後休業の日数及び勤務時間短縮措置による短縮時間分を含めないとする部分が無効であるとしても、本件支給基準条項の適用に当たっては、産前産後休業の日数及び勤務時間短縮措置による短縮時間分は、本件各回覧文書の定めるところに従って、欠勤として減額の対象となる、②産前産後休業を取得し、又は育児のための勤務時間短縮措置を受けた労働者は、法律上、これらの不就労期間に対応する賃金請求権を有しておらず、控訴人の就業規則等においても上記不就労期間は無給とされているのであるから、労使間に特段の合意がない限り、賞与の支給に関しても当該不就労期間を欠勤扱いとしたからといって、直ちにこれを不合理ないし必要性を欠くものということはできず、本件各除外条項が適用された場合の賞与額の減収による影響が、年間総収入額において7.94%ないし3.42%の収入減の程度にとどまることを考え合わせると、本件各除外条項を設けたことによる就業規則の変更は合理性かつ必要性があるものとして効力を有する、③就業規則を変更して賞与の算定において勤務時間短縮措置による育児時間の取得を欠勤扱いとすることは許されるとしても、そのような不利益取扱いは前もって従業員に対して周知されるべきであって、このような規定のなかったときに勤務時間短縮措置を受けた従業員に遡って不利益を及ぼすことは、信義誠実の原則に反して許容できず、被控訴人に対する平成7年度夏期賞与のカットは許されないとし、平成6年度年末分については産後休業日数を欠勤扱いとして控除後の金額、平成7年度夏期分については全額の支払を命じ、高宮学園(東朋学園・差戻後上告審)事件(最二小決平成19・12・2労働判例952号98頁)で終結した。

その後の不利益取扱い肯定例として、広島中央保健生協(C生協病院)事件(最一小判平成26・10・23民集68巻8号1270頁〔28224234〕)では、妊婦である上告人(第2審控訴人・第1審原告)Xの申出により軽易作業に転換する際に副主任を免じた本件措置1は雇用機会均等法9条3項に違反せず、被上告人(第2審被控訴人・第1審被告)Y組合の業務遂行・管理運営上、人事配置上の必要性に基づいてその裁量権の範囲内で行ったものであって、Xの妊娠に伴う軽易な業務への転換請求のみをもって、その裁量権を逸脱して、同項や雇用機会均等法告示にいう不利益な取扱いに該当せず

とした第2審判決が破棄されて、高裁に差し戻された例だが、櫻井龍子裁判官の補足意見が育児・介護休業法にも以下のように言及し、これが、「『改正雇用の分野における男女の均等な機会及び待遇の確保等に関する法律の施行について』及び『育児休業・介護休業等育児又は家族介護を行う労働者の福祉に関する法律の施行について』の一部改正について」平成27・1・23雇児発0123第1号に反映されている。

すなわち、「(1) 育児休業、介護休業等育児又は家族介護を行う労働者の福祉に関する法律（以下「育児・介護休業法」という。）は、育児休業、介護休業制度等を設けることにより、子の養育又は家族の介護を行う労働者の雇用の継続等を図り、その職業生活と家庭生活の両立に寄与することを目的とする（1条）ものであり、そのため、労働者が育児休業申出をし、又は育児休業をしたことを理由として、解雇その他不利益な取扱いをしてはならない（10条）と定めるものである。

同法10条の規定が強行規定と解すべきことは、法廷意見において均等法9条3項について述べるところと同様であろうし、一般的に降格が上記規定の禁止する不利益な取扱いに該当することも同様に解してよかろう。

本件の場合、上告人が産前産後休業に引き続き育児休業を取得したときは、妊娠中の軽易業務への転換に伴い副主任を免ぜられた後であったため、育児休業から復帰後に副主任の発令がなされなくとも降格には当たらず不利益な取扱いには該当しないとする主張もあり得るかもしれないが、軽易業務への転換が妊娠中のみの一時的な措置であることは法律上明らかであることからすると、育児休業から復帰後の配置等が降格に該当し不利益な取扱いというべきか否かの判断に当たっては、妊娠中の軽易業務への転換後の職位等との比較で行うものではなく、軽易業務への転換前の職位等との比較で行うべきことは育児・介護休業法10条の趣旨及び目的から明らかである。

そうすると、本件の場合、主位的請求原因に係る本件措置の適否に関する判断が差戻審において改めて行われるものであるが、予備的請求原因に係る本件措置2の適否に関する判断の要否は措くとしても、本件措置2については、それが降格に該当することを前提とした上で、育児・介護休業法10条の禁止する不利益な取扱いに該当するか否かが慎重に判断されるべきものといわなければならない。

(2) もとより、法廷意見が均等法9条3項について述べるところを踏まえれば、そのような育児休業から復帰後の配置等が、円滑な業務運営や人員の適正配置などの業務上の必要性に基づく場合であって、その必要性の内容や程度が育児・介護休業法10条の趣旨及び目的に実質的に反しないと認められる特段の事情が存在するときは、同条の禁止する不利益な取扱いに当たらないものと解する余地があることは一般論としては否定されない。

そして、上記特段の事情の存否に係る判断においては、当該労働者の配置後の業務の性質や内容、配置後の職場の組織や業務態勢及び人員配置の状況、当該労働者の知

識や経験等が勘案された上で検討されるべきことも同様であろう。

(3) とりわけ、育児・介護休業法21条及び22条が、事業主の努力義務として、育児休業後の配置等その他の労働条件についてあらかじめ定めておき、労働者に周知させておくべきこと、また、育児休業後の就業が円滑に行われるよう、当該労働者が雇用される事業所の労働者の配置その他の雇用管理等に関し必要な措置を講ずべきことを定め、さらにこれらの運用に係る指針（平成16年厚生労働省告示第460号。平成21年厚生労働省告示第509号による改正前のもの）において、育児休業後には原則として原職又は原職相当職に復帰させることが多く行われていることを前提として他の労働者の配置その他の雇用管理が行われるように配慮すべきことが求められているなど、これら一連の法令等の規定の趣旨及び目的を十分に踏まえた観点からの検討が行われるべきであろう。これらの法令等により求められる措置は、育児休業が相当長期間にわたる休業であることを踏まえ、我が国の企業等の人事管理の実態と育児休業をとる労働者の保護の調整を行うことにより、法の実効性を担保し育児休業をとりやすい職場環境の整備を図るための制度の根幹に関わる部分である。

本件においては、上告人が職場復帰を前提として育児休業をとったことは明らかであったのであるから、復帰後にどのような配置を行うかあらかじめ定めて上告人にも明示した上、他の労働者の雇用管理もそのことを前提に行うべきであったと考えられるところ、法廷意見に述べるとおり育児休業取得前に上告人に復帰後の配置等について適切な説明が行われたとは認められず、しかも本件措置後間もなく上告人より後輩の理学療法士を上告人が軽易業務への転換前に就任していた副主任に発令、配置し、専らそのゆえに上告人に育児休業から復帰後も副主任の発令が行われなかったというのであるから、これらは上記(2)に述べた特段の事情がなかったと認める方向に大きく働く要素であるといわざるを得ないであろう。

3 なお、上告人は育児休業を取得する前に産前産後休業を取得しているため、本件措置2が育児・介護休業法10条の禁止する不利益な取扱いに該当すると認められる場合には、産前産後休業を取得したことを理由とする不利益な取扱いを禁止する均等法9条3項にも違反することとなることはいうまでもない」

出水商事事件（東京地判平成27・3・13労経速報2251号3頁〔28233166〕）では、育児休業後の復職予定日以降の不就労の一部につき会社に帰責性があるとされ、被告が平成24年6月に産休中の原告を退職扱いにし本件退職通知を送付した行為は、労基法19条1項及び育児・介護休業法10条に反する行為であると評価し得るところ、少なくとも本件退職通知を送付した行為については、産休中の原告の意に反することを認識したうえで行ったものと認めうるし、仮にそのような認識がなかったとしても、産休中の原告に対して退職扱いにする旨の連絡をし、原告から取消しを求められても直ちにこれを取り消さず、むしろ本件退職通知を原告に送付するという被告の一連の行為に

は重大な過失があるというべきであるから、これら被告の一連の行為は、労基法19条1項及び育児・介護休業法10条に反する違法な行為として不法行為に該当するとされた。

＜産休中の労働者を退職扱いにして退職通知を送付したことが問題となったケース（育児・介護休業法10条）＞

出産予定日の直近に退職扱いになる旨を告げ、労働者から取消しを求められてもなお退職扱いにするよう再度指示して、退職通知及び退職金を送付したという一連の行為は、労基法19条1項及び育児・介護休業法10条に反するとして不法行為の成立を認めた（前掲出水商事事件）。

＜短時間勤務を利用したことによる昇級抑制が問題となったケース（育児・介護休業法23条の2）＞

社会福祉法人全国重症心身障害児（者）を守る会事件（東京地判平成27・10・2労働判例1138号57頁〔28234219〕）では、育児・介護休業法の規定の文言や趣旨等に鑑みると、同法23条の2（労働者が所定労働時間の短縮措置の申出をし、又は短縮措置が講じられたことを理由として、解雇その他不利益な取扱いをしてはならない）の規定は、これに反する事業主による措置を禁止する強行規定として設けられたものと解するのが相当であり、労働者につき、所定労働時間の短縮措置の申出をし、又は短縮措置が講じられたことを理由として解雇その他不利益な取扱いをすることが、同条に違反しないと認めるに足りる合理的な特段の事情のない限り、同条に違反するものとして違法とされた。

＜育児休業取得理由の解雇＞

シュプリンガー・ジャパン事件（東京地判平成29・7・3判タ1462号176頁〔28254891〕）では、(1)事業主において、外形上、妊娠等以外の解雇事由を主張しているが、それが客観的に合理的な理由を欠き、社会通念上相当であると認められないことを認識しており、あるいは、これを当然に認識すべき場合において、妊娠等と近接して解雇が行われたときは、雇用機会均等法9条3項及び育児・介護休業法10条の各規定に反しており、少なくともその趣旨に反した違法なものと解するのが相当である。

(2)休業までの経過、及び弁護士、社会保険労務士等の助言内容に照らせば、復職を受け入れたうえ、その後の業務の遂行状況や勤務態度等を確認し、不良な点があれば注意・指導、場合によっては解雇以外の処分を行うなどして、改善の機会を与えることのないまま、解雇を敢行する場合、被告は法律上の根拠を欠いたものとなることを十分に認識することができたものとみざるを得ないとして、解雇無効とされた。

フーズシステム事件（東京地判平成30・7・5判時2426号90頁〔28270008〕）では、育児休業後の有期雇用契約への変更、その後の雇止め等が無効とされた。

＜育児休業を取得した労働者を定期昇給させなかったことなどが問題となったケース（育児・介護休業法10条）＞

学校法人近畿大学（講師・昇給等）事件（大阪地判平成31・4・24労働判例1202号39頁〔28273231〕）では、年度の一部の期間について育児休業をした場合に、その期間の担当授業時間を0時間として、これと現に勤務して担当した授業時間とを通年で平均することは、育児休業をしたことにより、育児休業をせずに勤務した実績までをも減殺する効果を有するものであるというべきであり、かかる取扱いは、育児休業をした者に対し、育児休業をしたことを理由に、当該休業期間に不就労であったことによる効果以上の不利益を与えるものであるから、育児・介護休業法10条の「不利益な取扱い」に該当するというべきであり、増担手当の返還請求は、同条に違反し認められないとされ、本件育休を取得したXに対し、育児休業を取得したことを理由としてなしたY法人による平成28年度の昇給不実施につき、不法行為に基づく損害賠償責任が認められた。

その後の不利益取扱い否定例として、以下の事例がある。

＜育児休業明けの配転（育児・介護休業法10条）＞

ジョンソン・エンド・ジョンソン事件（東京地判平成27・2・24労経速報2246号12頁〔28232659〕）では、原告が営業に配置されることは退職勧奨や介護休業の取得前から決定されていたことであったと認められ、原告が退職勧奨に応じなかったことや介護休業を取得したことに対する意趣返しとして本件配転が行われたとは認められないとされた。

＜産前産後休業・育児休業前のチームリーダーとして復職できなかったことが問題となった事例（育児・介護休業法10条）＞

アメックス（降格等）事件（東京地判令和元・11・13労働判例1224号72頁〔28282165〕）では、本件措置1―2（会社は、育休等から復帰した平成28年8月1日、従業員を平成28年組織変更により新設したアカウントセールス部門のマネージャー（アカウントマネージャー）（バンド35）に配置した）について、同措置はジョブバンドの低下を伴わない措置であり、いわば役職の変更にすぎないから、本件措置1―2は、降格又は不利益な配置変更として、雇用機会均等法9条3項、育児・介護休業法10条所定の「不利益な取扱い」に当たるということはできないとされた。

しかし、前掲アメリカン・エキスプレス・インターナショナル・インコーポレイテッド事件では、経済的な不利益のない配置の変更であっても、業務の内容面において質が著しく低下し、将来のキャリア形成に影響を及ぼしかねない措置は、原則として雇用機会均等法及び育児・介護休業法の禁止する取扱いに当たるとされた。

＜育児休業後に契約社員となった際の会社との合意（育児・介護休業法10条）＞

3 労働者の人権の保護・差別の禁止　285

ジャパンビジネスラボ事件（東京高判令和元・11・28労働判例1215号5頁〔28280009〕）では、正社員であった女性従業員が育児休業後に契約社員となった際の会社との合意は、正社員契約を解約するものであり、育児・介護休業法に違反するものではなく、女性従業員の自由な意思に基づくものであり、錯誤もなく、また、停止条件付き無期労働契約の締結及び正社員復帰に関する合意を含むものではないとされた。

三井物産インシュアランス事件（大阪地判令和4・5・26令和元年(ワ)30023号公刊物未登載）では、会社による嫌がらせに関して、過半数代表者の選出方法等について、元従業員の主張は、前提となる事実が認められないから、採用することができず、また、子の看護休暇について、嫌がらせであると評価することはできないから、元従業員の主張は採用することができず、その他の主張についても、会社の嫌がらせ行為とみる余地はなく、元従業員の主張は採用することができないとされた。

三菱UFJモルガン・スタンレー証券事件（東京高判令和4・6・23令和2年(ネ)2310号公刊物未登載〔28302319〕）では、①当裁判所も、元従業員の請求（当審における追加の請求原因を含む）は、いずれも理由がないものと判断し、会社が、元従業員の育児休業の取得を妨害し、あるいは、その育児休業の取得を理由として不利益取扱いをした等の事実は認められず、会社による元従業員に対する休職命令及び解雇は有効であるとされ、②本件喧伝行為について、元従業員の一連の言動は、元従業員の上司であるC及びDや、元従業員の育児休業申請に対応した人事部のF ら関係者の名誉を傷つけかねないものであるうえ、元従業員の育児休業中元従業員の担当顧客に係る業務を分担した機関投資家営業部の部員に対する配慮に欠け、その士気を下げるものというべきであって、特命部長の要職にある元従業員によるかかる言動が職場秩序の維持に与える悪影響も軽視できず、加えて、会社の親会社の広報アカウントによる本件とは無関係の投稿のコメント欄に記事のリンク先を繰り返し貼り付ける行為は、記者会見や取材対応による情報発信の範囲を逸脱し、会社及びその親会社の営業の妨げとなりかねないものであって、当該行為自体が相当性を欠くというべきであり、元従業員の本件喧伝行為は、会社の信用を傷つけ、又は利益を損なう行為に該当するうえ、職場秩序の維持に悪影響を与えるものであって、機関投資家営業部の特命部長の要職にある者として極めて不適切な行為というべきであること等から、本件解雇は、客観的に合理的な理由を欠き、社会通念上相当であると認められないものとはいえず、有効であるとされた。

論点 ❼　労働者の配置に関する配慮義務

1　就業の場所の変更を伴う場合の配慮義務

事業主は、その雇用する労働者の配置の変更で就業の場所の変更を伴うものをしようとする場合において、その就業の場所の変更により就業しつつその子の養育又は家族の介護を行うことが困難となる労働者がいるときは、当該労働者の子の養育又は家族の介護の状況に配慮しなければならない（育児・介護休業法26条）。

2 　積極的な育児環境整備のための異動義務の存否

しかし、この配慮義務は積極的に育児環境整備のための異動等までを導くものではない。この問題に関連し注目されるのは、日本体育会事件（東京地判平成16・1・13労働判例872号69頁〔28091306〕）である。同事件は、被告学校法人の設置する専門学校に勤める女性職員が、自宅近くの勤務場所への配転合意の不履行、育児休業明けの勤務場所に関する配慮義務違反、昼間勤務のできる自宅近くの勤務場所での勤務期間保障の義務の不履行、保育と両立可能な勤務時間についての配慮義務違反を主張してなした損害賠償請求につき、被告は就業規則に基づく配転権限を有しており、合理的裁量により職員の配転の場所と時期を決定できるとされ、原告を配転する合意や、昼間勤務ができる職場での勤務期間を保障した約束の事実も認められず、被告が既に育児短期時間勤務制度を導入していることなどから、被告学校法人に原告主張の労働契約上の義務違反はいずれも認められないとされた例である。現在の配転法理の判例状況からは当然の結論とも解されるが、育児・介護休業法などでの家庭的責任を有する労働者への保護・配慮規定（同法17条以下、26条等）の整備の中で、それらの配慮の当否が争われ、義務違反を否定することで、それらの立法が積極的に育児環境整備のための異動等までを導くものではないことを示唆している（日本航空インターナショナル事件・東京地判平成19・3・26労働判例937号54頁〔28131110〕も同様の視点から検討されるべき事例であろう）。

3 　消極的な育児介護環境整備のための異動義務の否定要素としての配慮義務

しかし、育児・介護休業法26条の配慮義務が配転（転勤）命令を否定する方向での消極的機能については上記のとおりである。すなわち、同配慮義務から当然に転勤命令の権利濫用の範囲が拡大されるとは解されないが、かかる配慮を全くなしていなかったとすれば、労契法3条3項のワーク・ライフ・バラン

ス配慮の原則からの配慮義務と併せて、同条5項の権利濫用認定の一要素とされることは否めないであろう。傍論ながら、この配慮義務を引用したうえで配転命令の権利濫用を認める例が現れている（ネスレジャパンホールディング事件・神戸地姫路支判平成17・5・9判タ1216号146頁〔28101690〕、ネスレ日本事件・大阪高判平成18・4・14労働判例915号60頁〔28111202〕、ネスレ日本（配転本訴）事件・最二小決平成20・4・18労働判例956号98頁〔28263921〕等参照。詳細は、岩出・大系302頁以下参照)。

事例

前掲ネスレ日本（配転本訴）事件・大阪高判では、①本件配転命令によりX_1が霞ヶ浦工場に転勤することになれば、単身赴任の場合には、非定型精神病に罹患している妻はX_1とともに生活するという回復のための目標を失うことになり、また家事分担について自ら行わなければならないと考えることによる心配が、妻の精神的安定に影響を及ぼすおそれはかなり大きいし、家族帯同で転居した場合であっても、全く知らない土地に住むことによる不安感や現在の主治医との信頼関係が消滅することは病状悪化に結び付く可能性があるなどとして、本件配転命令がX_1に与える不利益は非常に大きいものであった、②夜間に母の監視や介助及び何かあった場合の援助等をしていたX_2が本件配転命令による転勤として単身赴任をした場合には、X_2が行っていた夜間の見守りや介助等は妻が行わなければならなくなるが、妻は昼間にもそれらを行っており、1日中見守り行為及び各種の補助を行うことは実際上不可能であり、他方、母が老齢であって、新たな土地で新たな生活に慣れることは一般的に難しいことを考慮すると、X_2と同行して転居することは、かなり困難であったから、本件配転命令が、X_2に与える不利益も相当程度大きい、などと補充判断したうえで第1審判決を相当としたが、「少なくとも改正育児介護休業法26条の配慮の関係では、本件配転命令による被控訴人らの不利益を軽減するために採り得る代替策の検討として、工場内配転の可能性を探るのは当然のことである。裁判所が企業内の実情を知らないというのであれば、控訴人は、具体的な資料を示して、工場内では配転の余地がないことあるいは他の従業員に対して希望退職を募集した場合にどのような不都合があるのかを具体的に主張立証すべきである」と判示している。

(6) いじめ・ハラスメント

【概要】

　職場では、上司や同僚との人間関係から様々な問題が生じるが、その中で最も深刻なのが、ハラスメント問題である。

　ハラスメントをめぐる紛争は、①ハラスメントが原因の労災認定や、②損害賠償請求事件（企業の従業員に対する職場復帰環境調整義務違反を含む）、あるいは③ハラスメントで精神疾患となり休職となった従業員の職場復帰環境調整、復職可否の判断をめぐる紛争、④ハラスメントの加害者に対する懲戒処分、解雇、雇止め、人事上の異動、自宅待機等の有効性をめぐる紛争など多様である。

　かかる状況をも踏まえ、令和元年通常国会にて、雇用機会均等法、育児・介護休業法改正によるセクシュアル・ハラスメント（以下、「セクハラ」という）、マタニティ・ハラスメント（以下、「マタハラ」という）、育児介護休業等関連ハラスメント（以下、「ケアハラ」という）の各防止対策の強化に加えて、パワーハラスメント（以下、「パワハラ」という）防止措置義務等を定めた労働施策総合推進法改正を含む「女性の職業生活における活躍の推進に関する法律等の一部を改正する法律」が成立した。

　労働施策総合推進法4条1項柱書にあるように、「国が（中略）労働者の多様な事情に応じた雇用の安定及び職業生活の充実並びに労働生産性の向上を促進して、労働者がその有する能力を有効に発揮することができるようにし、これを通じて、労働者の職業の安定と経済的社会的地位の向上とを図るとともに、経済及び社会の発展並びに完全雇用の達成に資することを目的」（同法1条1項）とし、「総合的に取り組まなければならない」事項の1つとして、同法4条1項15号は、「職場における労働者の就業環境を害する言動に起因する問題の解決を促進するために必要な施策を充実すること」を掲げている。これが上記各ハラスメント対策全般に対する国の基本的姿勢を示している。

　ただし、ILOは、ハラスメントそのものを禁止する2019年6月21日「仕事の世界における暴力及びハラスメントの撤廃に関する条約」（第190号）を採択し、条約発効日は2021年6月25日となっているが（ILOのHP参照）、我が国は、いまだ批准しておらず、我が国の法令上では、ハラスメント自体の禁止規定はなく、以下で検討するように、ハラスメント発生防止態勢事前措置義務と、発生した際の事後措置義務と紛争解決援助制度を定めるにとどまっており、国際的には批判のあるところである。

　我が国でのハラスメント法制の詳細な内容は、各類型別のハラスメントで詳述するが、法令でハラスメント防止措置義務が定められているだけでも、セクハラ、マタハラ、ケアハラ、パワハラに類型化される。その他、後述のパワハラ指針が言及する後述のカス

ハラ、SOGIハラのほか、社会的には、アカハラ、リモハラ等もよくマスコミ等で言及されている。この中で、最も深刻で被害が拡大しているのがパワハラである。

なお、LGBTQ関連のハラスメントであるSOGIハラに関しては、前述Ⅱ3(4)「LGBTQ」を参照。マタハラ、ケアハラの中で不利益取扱い関連裁判例に関しては前述Ⅱ3(2)「性差別（女性保護）」、(3)「障害者」を参照。

【関係法令】
労契法5条、労働施策総合推進法1条1項、4条15号、30条の2第1項、雇用機会均等法9条3項、11、11条の3第2項、育児・介護休業法10、25条、派遣法47条の2、47条の3、47条の4、フリーランス法14条1項

・・・・・・ 論　点 ・・・・・・
1　ハラスメントの類型と法的規制の概要と対策の必要性とILO条約との相違
2　ハラスメント該当性判断をめぐる認定基準と裁判例

論点 ① ハラスメントの類型と法的規制の概要と対策の必要性とILO条約との相違

1　ハラスメントの類型と法的規制の概要

　ハラスメントには、法令で法的に位置付けられているだけでも、セクハラ、マタハラ、ケアハラ、パワハラがある。

　詳細な内容は、各類型別のハラスメントで後述するが、法令でハラスメント防止措置義務が定められているだけでも、雇用機会均等法11条によるセクハラ、雇用機会均等法9条3項と育児・介護休業法10条によるマタハラ、育児・介護休業法25条によるケアハラ、労働対策総合推進法によるパワハラに類型化される。その他、パワハラ指針が言及する後述のカスハラ、SOGIハラのほか、社会的には、アカハラ、リモハラ等もよくマスコミ等で言及されている。この中で、最も深刻で被害が拡大しているのがパワハラである。

2　ハラスメントの類型と法的規制の概要と対策の必要性

　ハラスメントによる企業のリスクとしては、貴重な人財である、①労働者の個人としての尊厳を不当に傷つけるとともに、②労働者の就業環境を悪化させ、能力の発揮を阻害する。また、企業・使用者にとっても、③高額の賠償にとど

まらず、④職場秩序や円滑な業務の遂行を阻害し、⑤社会的評価に影響を与える問題も深刻なものとなっている。

(1) 労働者個人へのリスク

ハラスメントは、労働者個人が能力を十分に発揮することの妨げになることはもちろん、個人としての尊厳や人格を不当に傷つける等人権に関わる許されない行為であり、職場環境を悪化させるものである。こうした問題を放置すれば、人は仕事への意欲や自信を失い、時には心身の健康の悪化による休職や退職、さらには、命すら危険にさらされる場合もある。

(2) 企業へのリスク

ハラスメントは、企業にとっても、職場秩序の乱れや職場全体の生産性にも悪影響を及ぼし、業務への支障が生じたり、貴重な人材の損失につながり、社会的評価にも悪影響を与えかねない大きなリスクとなっている。特に、パワハラ自殺などの報道によるいわゆるレピュテーションリスクは急騰している。

3 ILOにおけるハラスメント法規制と我が国の相違

ILOは、ハラスメントそのものを禁止する2019年6月21日「仕事の世界における暴力及びハラスメントの撤廃に関する条約」(第190号、以下、「ハラスメント条約」という)を採択し、条約発効日は2021年6月25日となっているが、我が国は、いまだこれを批准していない。これに対して、我が国の法令上では、ハラスメント自体の禁止規定はなく、以下の各ハラスメントごとに解説するように、ハラスメント発生防止態勢事前措置義務と、発生した際の事後措置義務と紛争解決援助制度を定めるにとどまっており、国際的には批判のあるところである。

ILOは、ハラスメントそのものを禁止するハラスメント条約を2019年に採択し、条約発効日は2021年6月25日となっている。我が国のハラスメントを検討する際の参考になる点もあるので、骨子を紹介しておく。

すなわち、仕事の世界における暴力とハラスメントは、人権の侵害又は濫用に当たるおそれがあることや、機会均等に対する脅威であり、ディーセント・ワーク(働きがいのある人間らしい仕事)と両立せず、容認できないものであることを認めている。また、家庭内暴力が仕事の世界に影響を及ぼすおそれがあることにも留意している。条約は、「暴力及びハラスメント」について、ジェ

ンダーに基づくものを含み、「一回限りのものであるか反復するものであるかを問わず、身体的、心理的、性的又は経済的損害を目的とし、又はこれらの損害をもたらし、若しくはもたらすおそれのある」一定の容認することができない行動及び慣行又はこれらの脅威と定義し、加盟国にはその存在を「一切許容しない一般の環境の醸成」を促進する責任があることに注意を喚起している。そして、仕事の世界における暴力とハラスメントの防止・撤廃のための、包摂的で統合され、ジェンダーに配慮した取組方法を、第三者が関与する場合があることも考慮に入れたうえで採用することや、仕事の世界における暴力とハラスメントを定義し禁止する法令の制定などを通じて、暴力とハラスメントのない仕事の世界に対するすべての者の権利を尊重、促進、実現することを批准国に求めている。包摂性に重点を置くこの条約は、契約上の地位にかかわらず、仕事の世界におけるあらゆる労働者その他の人々を保護することを目指しており、インターンや修習生を含む訓練中の人、雇用が終了した労働者、ボランティア、求職者、就職志望者なども対象に含んでいる。「使用者としての権限を行使し、義務・責任を果たす者」も暴力及びハラスメントの対象になり得ることも認めている。暴力及びハラスメントの発生場所に関しても、職場内のみならず、支払を受ける場所や休憩・食事の場所、衛生・洗浄設備を利用する場所、更衣室、業務に関連した外出・出張・訓練・行事・社会活動中、電子メールなども含む業務に関連した連絡の過程、使用者の提供する居住設備、通勤中も含むものと規定されている（ILO駐日事務所HPより）。

　これに対して、我が国は、同条約をいまだ批准しておらず、我が国の法令上では、ハラスメント自体の禁止規定はなく、以下で解説するように、ハラスメント発生防止態勢事前措置義務と、発生した際の事後措置義務と紛争解決援助制度を定めるにとどまっており、国際的には批判のあるところである（日本労働組合総連合会HP「支持と批准を！国際労働機関（ILO）『仕事の世界における暴力とハラスメント』条約案」等参照）。

4　労働者以外の役員・執行役員・退職者等へのハラスメント

　役員・執行役員・退職者等へのハラスメントについては、法令上のハラスメント防止措置義務は直接には規制対象となっていない。しかし、実態が労働者

である場合や、退職の効力が争われている場合には、規制の対象となり得る。

　労働施策総合推進法上のパワハラをはじめとして、現行の我が国のハラスメント法制は、労働者に対する保護規制である。令和4年6月1日施行の改正公益通報者保護法2条1項4号のような役員に関する保護規定もない。ただし、実態として労基法上の労働者であると認められる名ばかり取締役（例えば、ロシア旅行社事件・東京地判令和3・9・21令和2年(ワ)6110号公刊物未登載〔29066754〕等）や執行役員（例えば、ハナマルキ事件・東京地判令和2・8・28平成30年(ワ)33866号公刊物未登載〔28282632〕等）にも適用される（役員等の労基法上の労働者該当性判断に関する詳細は、岩出・大系10頁以下参照）。

　次に、退職者に対しては、現行ハラスメント法制においては、ハラスメント条約や改正公益通報者保護法2条1項1号（退職後1年以内）のような規定がなく、退職者は保護の対象にはなっていない。しかし、退職の効力が争われている状況下においては（退職無効例として、コメット歯科事件・名古屋高判平成30・12・17労働判例ジャーナル86号46頁等参照。裁判例の紹介につき、岩出・大系527頁以下参照）、規制の対象になり得ると解される。

　しかし、名実ともに委任契約下にある取締役や執行役員や退職者には労働施策総合推進法等の規制は及ばないが、不法行為や特別な社会的接触がある関係者に適用される安全配慮義務（自衛隊車両整備工場事件・最三小判昭和50・2・25民集29巻2号143頁〔27000387〕は、安全配慮義務は、「ある法律関係に基づいて特別な社会的接触の関係に入った当事者間において、当該法律関係の付随義務として」「信義則上負う義務」として一般的に認められるべきものであると判示）上の損害賠償による法規制は及ぶ場合があり得る。

5　フリーランス法におけるハラスメント規制

(1)　フリーランス法によるハラスメント規制の概要

　令和6年11月1日に施行されるフリーランス法（特定受託事業者に係る取引の適正化等に関する法律）で、発注主（特定業務委託事業者）に対して、フリーランサー（特定受託業務従事者）との関係で、セクハラ（同法14条1項1号）、マタハラ（同項2号）、パワハラ（同項3号）に至ることのないよう「相談に応じ、適切に対応するために必要な体制の整備その他の必要な措置」によるハラスメン

ト発生防止態勢事前措置義務を定めている（同法14条1項）。

さらに、発注主は、フリーランサーがフリーランス法14条1項の相談を行ったこと又は発注主による当該相談への対応に協力した際に事実を述べたことを理由とする契約の解除その他の不利益な取扱いを禁止している（同条2項）。詳細は「特定業務委託事業者が募集情報の的確な表示、育児介護等に対する配慮及び業務委託に関して行われる言動に起因する問題に関して講ずべき措置等に関して適切に対処するための指針」（令和6年厚労告212号）で示されているが（同法15条）、違反に対しては、フリーランサーからの申出（同法17条1項）、申出に対する調査（同条2項）、申出への不利益取扱い禁止（同条3項）、労働局による勧告（同法18条）、違反への企業名公表（同法19条3項）、報告徴収（同法20条2項）、指導・助言（同法22条）なども用意されている。

(2) 裁判例におけるフリーランサーへのハラスメントへの損害賠償責任

フリーランス法の施行前から、裁判例においては、社会的特別接触関係にある発注主と受注者であるフリーランサーとの関係には安全配慮義務が認められ（前掲自衛隊車両整備工場事件）、その観点から、ハラスメントへの損害賠償責任を認める例が既に示されている（アムールほか事件・東京地判令和4・5・25労働判例1269号15頁〔28302388〕では、実質的には、発注主は、指揮監督の下で労務を提供させる立場にあったとして、フリーランサーに対し、安全配慮義務を負っており、代表者自身によるセクハラ行為ないしパワハラ行為によって、上記義務に違反したとして、債務不履行責任を負うとされた）。

事例

前掲アムール事件は、業務委託契約に基づくフリーランサーAの未払報酬等支払請求が認められ、セクハラ、パワハラに基づく損害賠償等請求が一部認められた例だが、①会社代表者が、Aに対し、これまでの性体験や自慰行為等に関する質問をしたこと、バストを見せるよう求めたこと、Aの陰部を触ったうえ、会社代表者の性器を触ることを要求したこと、Aが会社の専属として仕事をしていなかったことにがっかりしているなどのメッセージを送信したこと、キスをするよう迫り、Aの腰を触り、Aの臀部に会社代表者の股間を押し付けたこと、上半身の着衣を脱ぐよう指示し、女性Bと互いに相手の胸を触るよう指示したこと、今の状況ではスキルが低すぎるので契約は交わせない旨、会社代表者の教えの下に育ててほしいのであれば報酬は要求しないでほしい旨のメッセージを送信したこと等の一連の言動は、Aの性的自由を侵害するセ

クハラ行為に当たるとともに、本件業務委託契約に基づいて自らの指示の下に種々の業務を履行させながら、Aに対する報酬の支払を正当な理由なく拒むという嫌がらせにより経済的な不利益を課すパワハラ行為に当たるものと認めるのが相当であるから、上記の会社代表者の行為は、Aに対する不法行為に当たるものと認めるのが相当であるとされ、②会社の安全配慮義務違反について、Aは、会社から、会社HPに掲載する記事を執筆する業務や会社専属のウェブ運用責任者として会社HPを制作及び運用する業務等を委託され、会社代表者の指示を仰ぎながらこれらの業務を遂行していたというのであり、実質的には、会社の指揮監督の下で会社に労務を提供する立場にあったものと認められるから、会社は、Aに対し、Aがその生命、身体等の安全を確保しつつ労務を提供することができるよう必要な配慮をすべき信義則上の義務を負っていたものというべきであるから、会社は、会社代表者自身によるセクハラ行為ないしパワハラ行為によってAの性的自由を侵害するなどし、上記義務に違反したものと認められ、Aに対し、上記義務違反を理由とする債務不履行責任を負うとされた。

6　企業のハラスメント防止措置義務の内容と各指針

　企業に対して、就業規則等によるハラスメントの制裁規定、通報・相談体制の整備、相談等への不利益取扱い禁止、労働局によるハラスメント防止措置義務等に関する勧告や紛争解決援助などがおおむねセクハラと同様の内容で定められている。実は、ハラスメントへの法的規制はセクハラについて始まり、その手法が、マタハラ、ケアハラ、パワハラにも拡大されていった経緯がある。

　具体的な措置義務の内容は、各指針で定められている。すなわち、セクハラに関しては、雇用機会均等法が、事業主に対し、セクハラにより労働者が不利益を受け、又は就業環境が害されることを防止するため、当該労働者からの相談に応じ、適切に対応するために必要な体制の整備その他の雇用管理上必要な措置を講ずることを義務付け（同法11条１項）、厚生労働省は、同条４項に基づき、「事業主が職場における性的な言動に起因する問題に関して雇用管理上講ずべき措置等についての指針」（平成18年厚労告615号、最終改正令和２年厚労告６号。以下、「セクハラ指針」という）を定め、必要な措置を具体化している。

　マタハラ、ケアハラに関しては、雇用機会均等法及び育児・介護休業法が、事業主に対し、労働者が妊娠したこと、出産したこと、産前産後休業を請求し又は産前産後休業をしたこと、育児休業その他子の養育に関する制度等の利用等に関する言動により就業環境が害されることのないよう、労働者からの相談

に応じ、適切に対応するために必要な体制の整備その他の雇用管理上必要な措置を講ずることを義務付け（雇用機会均等法11条の3、育児・介護休業法25条）、厚生労働省は、「事業主が職場における妊娠、出産等に関する言動に起因する問題に関して雇用管理上講ずべき措置等についての指針」（平成28年厚労告312号、最終改正令和2年6月1日適用版。以下、「マタハラ防止指針」という）、「子の養育又は家族の介護を行い、又は行うこととなる労働者の職業生活と家庭生活との両立が図られるようにするために事業主が講ずべき措置等に関する指針」（平成21年厚労告509号、最終改正令和3年厚労告366号。以下、「ケアハラ指針」という）を定め、必要な措置を具体化している。

パワハラに関しては、労働施策総合推進法が、事業主に対し、職場において行われる優越的な関係を背景とした言動であって、業務上必要かつ相当な範囲を超えたものによりその雇用する労働者の就業環境が害されることのないよう、当該労働者からの相談に応じ、適切に対応するために必要な体制の整備その他の雇用管理上必要な措置を講ずることを義務付け（労働施策総合推進法30条の2）、厚生労働省は、「事業主が職場における優越的な関係を背景とした言動に起因する問題に関して雇用管理上講ずべき措置等についての指針」（令和2年厚労告5号。以下、「パワハラ指針」という）を定め、必要な措置を具体化している。

以上を整理すると以下のようになる。

(1) ハラスメント防止のための雇用管理上の相談体制等の措置義務

　ア　相談体制等の設置義務

労働対策総合推進防止法、雇用機会均等法、育児・介護休業法によって、事業主は、職場において行われるハラスメントによりその雇用する労働者の就業環境が害されることのないよう、当該労働者からの相談に応じ、適切に対応するために必要な体制の整備その他の雇用管理上必要な措置を講じなければならないとされている（パワハラにつき労働施策総合推進法30条の2第1項、セクハラにつき雇用機会均等法11条1項、マタハラにつき雇用機会均等法11条の3第1項、ケアハラにつき育児・介護休業法25条1項）。

　イ　相談等を行ったことを理由とする不利益取扱いの禁止

また、事業主は、労働者が相談を行ったこと又は事業主による当該相談への

対応に協力した際に事実を述べたことを理由として、当該労働者に対して解雇その他不利益な取扱いをしてはならない（パワハラにつき労働施策総合推進法30条の2第2項、セクハラにつき雇用機会均等法11条2項、マタハラにつき雇用機会均等法11条の3第2項、ケアハラにつき育児・介護休業法25条2項）。

この不利益取扱いの禁止は、相談を行ったことを理由とするものに限らず、事業主による当該相談への対応に協力した際に事実を述べたことを理由とするものも含まれている点には留意が必要である。

　　ウ　厚生労働大臣による指針の策定

厚生労働大臣により、事業主が講ずべき措置等に関して、その適切かつ有効な実施を図るために必要な指針が定められている（パワハラにつき労働施策総合推進法30条の2第3項、セクハラにつき雇用機会均等法11条4項、マタハラにつき雇用機会均等法11条の3第3項、ケアハラにつき育児・介護休業法28条）。

このうち、「事業主が雇用管理上講ずべき措置等の内容」については、概要として、①事業主の方針の明確化及びその周知・啓発、②相談（苦情を含む）に応じ適切に対処するために必要な対応（相談窓口、担当者、人事部門との連携など）の整備、③事後の迅速かつ適切な対応（事実関係の迅速・正確な確認、行為者・被害者に対する適正な措置、再発防止措置）、④相談や事後対応におけるプライバシーの保護、相談や事実確認への協力を理由とする不利益取扱い禁止の周知・啓発が定められ、セクハラやマタハラと同様のスキームが採用されている。

　　エ　マタハラ指針にのみ定められている事項

マタハラ指針では、妊娠、出産への否定的な言動の要因の1つに、妊娠・出産した労働者の労働能率低下、これに伴う周囲の労働者の業務負担の増大があるとして、上記ウの措置に加え、事業主に、同要因を解消するための措置を行うべきであるとしている。

具体的には、周囲の労働者の業務負担等にも配慮しながら業務体制の整備等必要な措置を行うことを求めている。なお、妊娠・出産した労働者の側においても、制度の利用ができるという知識を持つことや、体調等に応じて適切に業務を遂行していくうえで周囲と円滑なコミュニケーションを図ることが必要であることを注意喚起していることが特徴的である。

オ　ハラスメント防止措置義務違反の効果

各法やこれに基づく各指針に定められた義務は、労働契約上の権利義務や不法行為損害賠償請求権を直接基礎付けるものではないとされているが、これらに沿って十分な防止措置をとっていることは、使用者責任や配慮義務違反の判断において、使用者の責任を免れさせる1つの考慮要素となり得る（菅野=山川・労働法〈第13版〉295頁、水町・詳解労働法〈第3版〉298頁、第4巻Ⅴ「安全配慮義務等」参照）。

(2)　職場における優越的な関係を背景とした言動に起因する問題に関する国、事業主及び労働者の責務

労働施策総合推進法、雇用機会均等法、育児・介護休業法は、以下のとおり、各ハラスメントに関する、国、事業主、労働者等の責務も定めた。

ア　国の責務

国は、労働者の就業環境を害するハラスメントを行ってはならないことその他当該言動に起因する問題に対する事業主その他国民一般の関心と理解を深めるため、広報活動、啓発活動その他の措置を講ずるように努めなければならない（パワハラにつき労働施策総合推進法30条の3第1項、セクハラにつき雇用機会均等法11条の2第1項、マタハラにつき同法11条の4第1項、ケアハラにつき育児・介護休業法25条の2第1項）。

イ　事業主の責務

(A)　ハラスメント問題と労働者の配慮義務に関する啓発活動努力義務

事業主は、ハラスメントに対するその雇用する労働者の関心と理解を深めるともに、当該労働者が他の労働者に対する言動に必要な注意を払うよう、研修の実施その他の必要な配慮をするほか、国の講ずる上記(1)の措置に協力するように努めなければならない（パワハラにつき労働施策総合推進法30条の3第2項、セクハラにつき雇用機会均等法11条の2第2項、マタハラにつき雇用機会均等法11条の4第2項、ケアハラにつき育児・介護休業法25条の2第2項）。

この義務も、企業の職場環境調整義務の内容となり得る。

(B)　事業主・役員のハラスメント言動注意努力義務

事業主（その者が法人である場合にあっては、その役員）は、自らも、ハラスメント問題に対する関心と理解を深め、労働者に対する言動に必要な注意を払う

ように努めなければならない（パワハラにつき労働施策総合推進法30条の3第3項、セクハラにつき雇用機会均等法11条の2第3項、マタハラにつき同法11条の4第3項、ケアハラにつき育児・介護休業法25条の2第3項）。

既に、役員の個人賠償責任が認められた裁判例も出ており、上記努力義務の明文化がこの動きを加速することも予想される（【論点2】の1(3)参照）。

　　ウ　労働者の責務

労働者は、ハラスメントに対する関心と理解を深め、自身の言動に必要な注意を払うとともに、事業主の措置義務に協力しなければならない（労働施策総合推進法30条の3第4項、セクハラにつき雇用機会均等法11条の2第4項、マタハラにつき同法11条の4第4項、ケアハラにつき育児・介護休業法25条の2第4項）。

損害賠償事案で、上記協力義務違反が過失相殺の事情として考慮される可能性があり得る。

　　エ　自らの雇用する労働者以外の者に対する言動に関し行うことが望ましい取組み

パワハラ指針は、事業主が、雇用する労働者が、他の労働者（他の事業主が雇用する労働者及び求職者を含む）のみならず、個人事業主、インターンシップを行っている者等の労働者以外の者に対する言動についてもパワハラ防止措置をとることが望ましいとしている。しかし、この要請は、セクハラ、マタハラ、ケアハラにおいても要請されるところである（厚生労働省「職場におけるパワーハラスメント対策が事業主の義務になりました！」32頁は就活セクハラに関して言及している）。

望ましいという法的要請が、個人事業主、インターンシップからの民事損害賠償等において参照されることになるであろう。

論点 2 　ハラスメント該当性判断をめぐる認定基準と裁判例

1　ハラスメント全体の法的定義

ハラスメント全体に関する法的定義は、労働施策総合推進法4条1項15号の定める「職場における労働者の就業環境を害する言動」とされる。

令和元年通常国会にて、雇用機会均等法、育児・介護休業法改正によるセク

ハラ、マタハラ、ケアハラの各防止対策の強化に加えて、パワハラ防止措置義務等を定めた労働施策総合推進法改正を含む「女性の職業生活における活躍の推進に関する法律等の一部を改正する法律」が成立し、各法令が、以下のように、各種ハラスメントの定義とその該当性判断基準を示し、裁判例もそれを具体化している。

2 パワハラ該当性判断をめぐる認定基準と裁判例

(1) パワハラ規制の立法化

令和元年通常国会で、労働施策総合推進法30条の2第1項により、「事業主は、職場において行われる優越的な関係を背景とした言動であつて、業務上必要かつ相当な範囲を超えたものによりその雇用する労働者の就業環境が害されることのないよう、当該労働者からの相談に応じ、適切に対応するために必要な体制の整備その他の雇用管理上必要な措置を講じなければならない」と規定され、パワハラ指針の策定や（同条3項）、「優越的な関係を背景とした言動」に関する問題と呼称して、紛争解決援助制度が定められている。

労働施策総合推進法によるパワハラ防止措置義務は、令和2年6月1日から施行されている。中小事業主にも令和4年4月1日に施行され、現在では、全面適用となっている。

(2) パワハラの定義と判断3要素

ア 法文の定義

パワハラとは、①職場において行われる優越的な関係を背景とした言動であって、②業務上必要かつ相当な範囲を超えたものにより、③その雇用する労働者の就業環境が害されることと定められている（労働施策総合推進法30条の2第1項）。この①〜③が3要素（以下、「パワハラ3要素」という）とされている。

イ 裁判例における定義

裁判例においては、「全体として、原告の勤務先ないし出向先であることや、その人事担当者であるという優越的地位に乗じて、原告を心理的に追い詰め、長年の勤務先である被告会社の従業員としての地位を根本的に脅かすべき嫌がらせ（いわゆるパワーハラスメント）を構成する」（鳥取三洋電機事件・鳥取地判平成20・3・31平成19年(ワ)128号公刊物未登載〔28170890〕）、「パワーハラスメント（組

織・上司が職務権限を使って、職務とは関係ない事項あるいは職務上であっても適正な範囲を超えて、部下に対し、有形無形に継続的な圧力を加え、受ける側がそれを精神的負担と感じたときに成立するものをいう、と一応定義する。以下「パワハラ」という。)」(医療法人財団健和会事件・東京地判平成21・10・15労働判例999号54頁〔28161197〕、損保ジャパン調査サービス事件・東京地判平成20・10・21労経速報2029号11頁〔28150370〕※両方の事件において同じ定義が示されている)、「同じ職場で働く者に対して、職務上の地位や人間関係などの職場内の優位性を背景に、業務の適正な範囲を超えて、精神的・身体的苦痛を与える又は職場環境を悪化させる行為」(F事件・大阪地判平成24・3・30判タ1379号167頁〔28182403〕)、「企業組織もしくは職務上の指揮命令関係にある上司等が、職務を遂行する過程において、部下に対して、職務上の地位・権限を逸脱・濫用し、社会通念に照らし客観的な見地からみて、通常人が許容し得る範囲を著しく超えるような有形・無形の圧力を加える行為」(N社事件・東京地判平成26・8・13労経速報2237号24頁〔28231560〕)などと定義されていた。

　これらの定義をも踏まえつつ検討され、労働施策総合推進法のパワハラの定義の基となった、「職場のいじめ・嫌がらせ問題に関する円卓会議ワーキング・グループ報告」(平成24・1・30厚生労働省)後はそこでのパワハラの定義を採用して、「業務上の合理性なく仕事を与えないこと(過小な要求)にほかならない(中略)。このように仕事上の過小な要求をすることにより、職制上の地位を利用して業務の適正な範囲を超えて原告に精神的苦痛を与え続けたのであり、パワハラにあたる」を判示する国立大学法人兵庫教育大学事件(神戸地判平成29・8・9労経速報2328号23頁〔28252917〕)と同旨が示された。

　もっとも、同報告後も、ザ・ウィンザー・ホテルズインターナショナル(自然退職)事件(東京地判平成24・3・9労働判例1050号68頁〔28181866〕)では、判断要素としては一般的判断基準を提示しているが、パワハラという極めて抽象的な概念について、これが不法行為を構成するためには、質的にも量的にも一定の違法性を具備していることが必要であるとしたうえで、「通常人が許容し得る範囲を著しく超えるような有形・無形の圧力を加える行為」をしたと評価される場合に限ると消極的な態度を判示していた(同旨、前掲N社事件。これらには、

疑問があったところ、ザ・ウィンザー・ホテルズインターナショナル（自然退職）事件控訴審・東京高判平成25・2・27労働判例1072号5頁〔28212777〕ではこの基準には言及せず、パワハラの範囲も拡大して飲酒強要等も認定した）。

しかし、労働施策総合推進法のパワハラ規定の施行後は法文に沿った定義を判示している（福生病院企業団（旧福生病院組合）事件・東京地立川支判令和2・7・1労働判例1230号5頁〔28282761〕では「一般に、パワーハラスメントとは、同じ職場で働く者に対して、職務上の地位や人間関係等の職場内の優位性を背景に、業務の適正な範囲を超えて、精神的、身体的苦痛を与える、又は職場環境を悪化させる行為」をいうと判示している）。

　　ウ　「優越的な関係を背景とした言動」

パワハラ3要素のうち、「優越的な関係を背景とした」とは、当該事業主の業務を遂行するに当たって、当該言動を受ける労働者が当該言動の行為者とされる者（以下、「行為者」という）に対して抵抗又は拒絶することができない蓋然性が高い関係を背景として行われるものをいう（パワハラ指針2⑷）。

例えば、以下のもの等が含まれる。

- 職務上の地位が上位の者による言動
- 同僚又は部下による言動で、当該言動を行う者が業務上必要な知識や豊富な経験を有しており、当該者の協力を得なければ業務の円滑な遂行を行うことが困難であるもの
- 同僚又は部下からの集団による行為で、これに抵抗又は拒絶することが困難であるもの

裁判例においても、部下から上司に対する例として、国・渋谷労基署長（小田急レストランシステム）事件（東京地判平成21・5・20判タ1316号165頁〔28152509〕）では、部下が中傷ビラ（売上げを着服している、金庫から金を盗んだ、部下の女性職員にセクハラをした、倉庫から窃取されたビールを飲んだ等）を労働組合に持ち込んだり、会社上層部に送付したりしたこと等によるうつ病自殺につき労災適用を認めた例があるように、例えば、部下の持つ様々な優位性の中には、事業所内外の人脈・企業施設の操作ノウハウ等実に多様なものがあり得る。

同僚間の例として、国・京都下労働基準監督署長事件（大阪地判平成22・6・23

労働判例1019号75頁〔28163330〕）では、「Xに対する同僚の女性社員Y₁らのいじめやいやがらせが個人が個別に行ったものではなく、集団でなされたものであって、しかもかなりの長期間継続してなされたものであり、その態様もはなはだ陰湿であり常軌を逸した悪質なひどいいじめ、いやがらせともいうべきものであってそれによってXが受けた心理的負荷の程度は強度であるといわざるをえないこと（中略）等を踏まえると、Xが発症した『不安障害、抑うつ状態』は同僚の女性社員Y₁らによるいじめやいやがらせとともにY社がそれに対して何らの防止措置も採らなかったことから発症したものとして相当因果関係が認められる」として労災認定され、しまむら事件（東京地判令和3・6・30労働判例1272号77頁〔29065165〕）では、同僚がけしかけ上司と共同でなされたいじめにつき、同僚ら及び会社に対する慰謝料等請求が一部認められている。

エ 「業務上必要かつ相当な範囲を超えた」とは

パワハラ防止措置義務の規制対象となる3要素のうち、「業務上必要かつ相当な範囲を超えた」とは、社会通念に照らし、当該言動が明らかに当該事業主の業務上必要性がない、又はその態様が相当でないものをいう。

この判断に当たっては、様々な要素（当該言動の目的、当該言動を受けた労働者の問題行動の有無や内容・程度を含む当該言動が行われた経緯や状況、業種・業態、業務の内容・性質、当該言動の態様・頻度・継続性、労働者の属性や心身の状況、行為者との関係性等）が総合的に考慮される。また、その際には、個別の事案における労働者の行動が問題となる場合は、その内容・程度とそれに対する指導の態様等の相対的な関係性が重要な要素となる（パワハラ指針2(5)）。

裁判例における総合判断の例として、前掲医療法人財団健和会事件では、事務職員が、何度も指導を受けながらも、パソコン操作ミスで住所の入力を間違え、健康診断書が受信者に届かなかった、健康診断の順路案内記載を消してしまった等のかなり初歩的なミスを繰り返していた事案において、医療現場における正確性を期するための指導・注意（同時期に入職した派遣社員と仕事内容の差が広がっている、事務職員として要求する水準に達していない等）については、これが厳しい物言いであっても、生命・健康を預かる職場の管理職が医療現場において当然になすべき業務上の指示の範囲内にとどまるとした点が注目される。

国立大学法人A大学事件（旭川地判令和5・2・17労経速報2518号40頁〔28311216〕）では、大学教授らの厳しい叱責等が違法なハラスメント行為につき、会話会体の内容を踏まえると、叱責が相当長時間に及んだことを考慮しても、いまだ業務指導として適正な範囲を超えるものとまではいえず、違法なハラスメント行為に当たるとまでは認められないとされた。

　しかし、いかに緊急事態下であっても、暴行が正当化されることは正当防衛（民法720条1項本文「他人の不法行為に対し、自己又は第三者の権利又は法律上保護される利益を防衛するため、やむを得ず加害行為をした者は、損害賠償の責任を負わない」）等の違法性阻却事由がない限りはあり得ない。参考となるのが神戸市・代表者交通事業管理者事件（神戸地判令和3・9・30令和元年㈣836号公刊物未登載〔28322854〕）である。本件暴行について、C係長が、いかに災害対応時の緊迫した状況下で、かつ両手が携帯電話及び手板で塞がっていたとしても、部下である職員に電話を取るよう指示するに当たって、足で職員の座っている椅子を蹴るというのは、職員にとって屈辱的な態様であるうえ、そのような方法で合図をする業務上の必要性は全くなく、合図に足を用いたこと自体不適切な行為であり、加えて、椅子の背部を蹴るという危険な暴行に及んだことからすると、C係長の本件暴行は、優越的な関係を背景に、相手に対し身体的・精神的に苦痛を与え、就業するうえで看過できない程度の支障が生じたと感じさせるものであったと認められ、パワハラに該当するとされた。

　　オ　「就業環境が害される」とは

　パワハラ防止措置義務の規制対象となる「労働者の就業環境が害される」とは、当該言動により労働者が身体的又は精神的に苦痛を与えられ、労働者の就業環境が不快なものとなったため、能力の発揮に重大な悪影響が生じる等当該労働者が就業するうえで看過できない程度の支障が生じることをいう。

　この判断に当たっては、「平均的な労働者の感じ方」、すなわち、同様の状況で当該言動を受けた場合に、社会一般の労働者が、就業するうえで看過できない程度の支障が生じたと感じるような言動であるかどうかが基準となる（パワハラ指針2(6)）。

　ただし、損害賠償の裁判例においては、平均的な労働者ではない障害者への

配慮を示す例もある。すなわち、U銀行（パワハラ）事件（岡山地判平成24・4・19労働判例1051号28頁〔28181957〕）では、「辞めてしまえ。」「足がけ引っ張るな。」「足引っ張るばあすんじゃったら、おらん方がええ。」などと言いながらの叱責等につき、「本件で行われたような叱責は、健常者であっても精神的にかなりの負担を負うものであるところ、脊髄空洞症による療養復帰直後であり、かつ、同症状の後遺症等が存するXにとっては、さらに精神的に厳しいものであったと考えられること、それについてY₂（筆者注：支店長代理）が全くの無配慮であったことに照らすと、（中略）Y₂の行為はパワーハラスメントに該当する」と判示された（ただし、控訴審・広島高判平成24・11・1公刊物未登載は、Xの具体的なミスに対してされたものであり、注意や叱責が長時間にわたったわけではなく、口調も常に強いものであったとはいえず、「原告の脊髄空洞症罹患を考慮したとしても」パワハラ等に違法性はないなどとして請求を全面棄却したが障害者への配慮の論点は残っている）。

したがって、障害者に関しては、企業に対して、雇用環境・均等部（室）からの指導等の行政的介入がなくても被害者から民事責任を問うことができる場合がある。

　カ　パワハラ3要素の充足の総合判断とパワハラ類型による該当性の具体的判断の意義

(A)　パワハラの成否判断の概要

パワハラ防止措置義務の規制対象となるパワハラの成否の判断基準は、「パワハラ3要素」をすべて満たすか否かにより判断される（以下も含めてパワハラ指針2(7)）。

例えば、客観的にみて、業務上必要かつ相当な範囲で行われる適正な業務指示や指導については、パワハラには該当しないことになる。

個別の事案についてパワハラ該当性を判断するに当たっては、上記エで総合的に考慮することとした事項のほか、当該言動により労働者が受ける身体的又は精神的な苦痛の程度等を総合的に考慮して判断される。

(B)　代表的なパワハラ6類型の意義

パワハラの状況は多様であるが、代表的な言動の類型としては、下記(3)で解

説するような6類型（①身体的な攻撃、②精神的な攻撃、③人間関係からの切り離し、④過大な要求、⑤過小な要求、⑥個の侵害）があり、当該言動の類型ごとに、典型的に職場におけるパワハラに該当する、又は該当しないと考えられる例が挙げられる。

ただし、個別の事案の状況等によって判断が異なる場合もあり得る。また、企業においては、各類型ごとの例示は限定列挙ではないことに十分留意し、広く相談に対応し、適切な対応を行うようにすることが求められている。また、実際には後述する裁判例の事案をみれば明らかなように、①身体的な攻撃、②精神的な攻撃が重なって起こることが多く、④過大な要求、⑤過小な要求、⑥個の侵害も広い意味では、②精神的な攻撃につながるなど、各類型が完全に分離・独立して起こるものではない。

なお、パワハラに該当すると考えられる下記(3)の類型については、行為者と当該言動を受ける労働者との関係性を個別に記載していないが、上記ウで解説したとおり、優越的な関係を背景として行われたものであることが前提となっている。

さらに、パワハラ3要素がすべて揃わないとパワハラ防止法上は違法とはいえないが、その軽重や新たな業務配点やその説明の仕方によっては、まさに、社会通念上不適切な行為と言われかねず、調停等においては、条理による解決が求められる場合があり得る（民事調停法1条）。

厚生労働省HP「職場におけるハラスメント対策が事業主の義務になりました！」でも、

「これらの例と少し異なるからといって、必ずしもパワーハラスメントに該当しない、又は該当するということにはなりません。

職場におけるパワーハラスメントは、定義の3つの要素（中略）を満たすものであり、個別の事案についてこの該当性を判断するに当たっては、当該事案における様々な要素（当該言動の目的、当該言動を受けた労働者の問題行動の有無や内容・程度を含む当該言動が行われた経緯や状況、業種・業態、業務の内容・性質、当該言動の態様・頻度・継続性、労働者の属性や心身の状況、行為者の関係性、当該言動により労働者が受ける身体的又は精神的な苦痛の程度等）を総合的に考慮して、個

別に判断することが必要です。

　例えば、『一定程度』がどの程度かということについても、こうした様々な要素を総合的に考慮して、業務上必要かつ相当な範囲内であるかどうかを個別に判断することとなります。

　このため、一見、該当しないと考えられる例に当たると思われるケースであっても、広く相談に応じ、事実関係を迅速かつ適切に確認するなど、適切な対応を行うことが求められます。」
と指摘している。

(3)　代表的なパワハラ6類型

　ア　身体的な攻撃における該当例・非該当例

　パワハラ指針や裁判例での身体的な攻撃指針等における該当例・非該当例を概観しておく。裁判例も膨大な数に及んでいる。

《指針上の該当例》

・上司が部下に対して、殴打、足蹴りをする。

《指針上の非該当例》

・業務上関係のない単に同じ企業の同僚間の喧嘩

・誤ってぶつかること。

＜裁判例上の主な該当例＞

　ファーストリテイリング（ユニクロ店舗）事件（名古屋地判平成18・9・29判タ1247号285頁〔28112500〕〈控訴審・名古屋高判平成20・1・29労働判例967号62頁〔28142293〕でも支持〉）、風月堂事件（東京高判平成20・9・10判時2023号27頁〔28142208〕）、東京都ほか（警視庁海技職員）事件（東京高判平成22・1・21労働判例1001号5頁〔28161609〕）、宝城建設ほか事件（東京地判平成22・2・26・労働判例1006号91頁）、日本ファンド（パワハラ）事件（東京地判平成22・7・27労働判例1016号35頁〔28161957〕〈扇風機を用いて喫煙者に風をあてた上司の行為など〉）、国（護衛艦たちかぜ（海上自衛隊員暴行・恐喝））事件（横浜地判平成23・1・26労働判例1023号5頁〔28172028〕、東京高判平成26・4・23判時2231号34頁〔28222148〕）、ダイクレ電業事件（東京地判平成24・11・14労経速報2166号27頁〔28210975〕）、コスモアークコーポレーション事件（大阪地判平成25・6・6労働判例1082号81頁〔28220723〕）、メイコウアドヴァンス事件

（名古屋地判平成26・1・15判時2216号109頁〔28221943〕）、公立八鹿病院組合ほか事件（鳥取地米子支判平成26・5・26判時2281号55頁〔28222505〕）、サン・チャレンジほか事件（東京地判平成26・11・4判時2249号54頁〔28230507〕）、コンビニエースほか事件（東京地判平成28・12・20労働判例1156号28頁〔29020530〕）、国・広島拘置所長（法務事務官）事件（広島地判平成29・8・2労働判例1169号27頁〔28252859〕）、宇佐神宮事件（大分地中津支判平成30・2・13平成26年㈬55号等裁判所HP〔28261078〕）、共立メンテナンス事件（東京地判平成30・7・30労経速報2364号6頁〔28270200〕〈上司は、平成27年7月11日午前、元従業員に対し、元従業員の仕事ぶりを非難して、元従業員の腕をつかんで前後に揺さぶる暴行を加えたうえ、別の客室で、再度、恫喝口調で元従業員を詰問し、「やれよ」「分かったか」などと繰り返し述べて迫り、壁に元従業員の身体を押し付け、身体を前後に揺さぶる暴行を加え、逃れようとした元従業員が壁に頭部をぶつけるなどし、元従業員に頭部打撲、頚椎捻挫の傷害を負わせた〉）、大島産業事件（福岡地判平成30・9・14判タ1461号195頁〔28264741〕〈丸刈り及び高圧洗浄機の使用、ロケット花火や投石による暴行、土下座の強制、B名義のブログへの掲載。控訴審・福岡高判平成31・3・26判時2435号109頁〔28271919〕で支持された〉）、高幡消防組合事件（高知地判令和2・3・13平成30年㈬60号公刊物未登載〔28281523〕〈足を膝の上に乗せた〉）、スタッフブレーン・テクノブレーン事件（宇都宮地判令和2・5・14平成28年㈬187号公刊物未登載〈模造刀を突き付けた〉）、ルーチェ事件（東京地判令和2・9・17労働判例1262号73頁〔28290630〕〈元従業員に対してドライヤーの熱風を浴びせた行為〉）、メディアスウィッチ事件（東京地判令和2・9・25平成29年㈬19664号公刊物未登載〔29061100〕〈傷害〉）、マツヤデンキ事件（大阪高判令和2・11・13判時2520号71頁〔28290896〕〈ペットボトルで頭の上を叩く〉）、国・法務大臣（防衛大学校）事件（福岡高判令和2・12・9判時2515号42頁〔28290163〕〈暴行、強要等〉）、前掲神戸市・代表者交通事業管理者事件〈職員が隣席の職員と話をしていた際、右足で職員の座っていた椅子の背部を1回蹴られたという態様〉、国・法務大臣事件（静岡地判令和3・3・5平成29年㈬602号公刊物未登載〔28322967〕〈ファイルを椅子に座っている元職員の目の位置くらいの高さから元職員の机の上に手放すように置いた〉）、弁護士法人甲野法律事務所事件（横浜地川崎支判令和3・4・27労働判例1280号57頁〔28291747〕〈暴行〉）、インターメディア事件（東京地判令和4・3・2令和2年㈬12921号公刊物未登

載〔29069899〕〈頭に水をかけた〉）、氷見市消防署事件（最三小判令和4・6・14判時2551号5頁〔28301498〕〈暴行〉）、長門市・長門市消防長事件（最三小判令和4・9・13判タ1504号13頁〔28302213〕〈暴行・暴言・個の侵害〉）、日本郵便事件（福岡高判令和4・12・21令和4年(ネ)671号等公刊物未登載〔28310421〕〈傷害〉）、東海交通機械事件（名古屋地判令和4・12・23労経速報2511号15頁〔28310435〕〈土下座、暴行〉）、住友不動産事件（名古屋地判令和5・2・10令和3年(ワ)217号公刊物未登載〔28310740〕〈注意する際には、自分は椅子に座り、原告に片膝を立てた姿勢をとらせたり、原告を平手で頭や肩を叩いたり、紙のファイルで頭や机を叩く〉）、茨木市・茨木市消防長事件（大阪地判令和5・3・16令和3年（行ウ）137号等公刊物未登載〈暴行〉）等。

事例

前掲神戸市・代表者交通事業管理者事件では、神戸市交通局で運転士として勤務する原告が、被告（神戸市）に対し、自身の上司Cからパワハラを受けたと主張して、国家賠償法1条1項に基づく損害賠償として損害金等の支払を求めた事案において、本件暴行について、C係長の「ここは学校じゃない」「文章の書き方を教えるところじゃない」という発言は、相手に対し、業務上の書面を作成する能力を否定するものであり、そして、「本俸が高いのだから、本俸に見合う仕事をしなさい」という発言は、上司としての立場を背景に、学生との対比や年功序列で定まった給与の多寡を持ち出して、相手を非難するものといえ、業務上必要かつ相当な範囲を超えた言動により、相手に対し、就業するうえで看過できない程度の支障が生じたと感じさせるものと言わざるを得ないとされた。

イ　精神的な攻撃における該当例・非該当例

パワハラ指針や労働局での相談例と裁判例での精神的な攻撃（脅迫・名誉毀損・侮辱・ひどい暴言）への該当例・非該当例は以下のように膨大な数に及んでいる。上記アの身体的攻撃該当例とされた事案は、精神的攻撃の該当例と重なっている。

《指針上の該当例》

・上司が部下に対して、人格を否定するような発言をする。
・相手の性的指向・性自認（＊）に関する侮辱的な言動を行うこと。
・業務の遂行に関する必要以上に長時間にわたる厳しい叱責を繰り返し行うこと。
・他の労働者の面前における大声での威圧的な叱責を繰り返し行うこと。

＊相手の性的指向・性自認に関する侮辱的な言動に関するSOGIハラに関しては上記Ⅱ3⑷「LGBTQ」参照。

《指針上の非該当例》

・遅刻や服装の乱れなど社会的ルールやマナーを欠いた言動・行動がみられ、再三注意してもそれが改善されない部下に対して上司が強く注意をすること。

・その企業の業務の内容や性質等に照らして重大な問題行動を行った労働者に対して、一定程度強く注意をすること。

＜裁判例上の該当例＞

A保険会社上司（損害賠償）事件（東京高判平成17・4・20労働判例914号82頁〔28111490〕〈上司が、本人や職場の同僚に送信したメールの内容（「意欲がない、やる気もないなら、会社を辞めるべき」等）にパワハラの意図があったとはいえないとされてはいるがパワハラ概念が確立される前の判示であることに留意〉）、天むす・すえひろ事件（大阪地判平成20・9・11労働判例973号41頁〔28150468〕）、静岡労基署長（日研化学）事件（東京地判平成19・10・15判タ1271号136頁〔28132418〕）、国・奈良労基署長（日本ヘルス工業）事件（大阪地判平成19・11・12労働判例958号54頁〔28140181〕〈上司の「何をやらしてもアカン」の発言等〉）、ヴィナリウス事件（東京地判平成21・1・16労働判例988号91頁）、国・渋谷労基署長（小田急レストランシステム）事件（東京地判平成21・5・20判タ1316号165頁〔28152509〕〈部下による中傷ビラ配布〉）、富国生命保険事件（鳥取地米子支判平成21・10・21労働判例996号28頁〔28153778〕〈「マネージャーが務まると思っているのか」等の叱責〉）、前掲平成24年ザ・ウィンザー・ホテルズインターナショナル（自然退職）事件〈「辞めろ！辞表を出せ！ぶっ殺すぞ、お前！」等の暴言、飲酒強要等。同事件控訴審判決では飲酒強要等も認定〉、航空自衛隊事件（静岡地浜松支判平成23・7・11判時2123号70頁〔28174570〕）、北海道宅地建物取引業協会事件（札幌地判平成23・12・14労働判例1046号85頁〈戒告が人種差別（朝鮮からの帰化）を理由とする偏見を背景とするものとまではいえなくても、嫌がらせとして行われた〉）、前掲U銀行（パワハラ）事件、C社事件（大阪地判平成24・11・29労働判例1068号59頁〔28212060〕）、アークレイファクトリー事件（大阪高判平成25・10・9労働判例1083号24頁〔28220886〕〈「殺すぞ」「あほ」などの言葉による叱責〉）、前掲メ

イコウアドヴァンス社事件、岡山県貨物運送事件（仙台高判平成26・6・27判時2234号53頁〔28223808〕）、法人光優会事件（大阪高判平成26・7・11労働判例1102号41頁〔28230332〕）、サン・チャレンジほか事件（東京地判平成26・11・4判時2249号54頁〔28230507〕〈「馬鹿だな」、「使えねえな」〉）、暁産業ほか事件（福井地判平成26・11・28労働判例1110号34頁〔28224849〕〈威迫的叱責〉）、サントリーホールディングス事件（東京高判平成27・1・28労経速報2284号7頁〔28243339〕）、公立八鹿病院組合ほか事件（広島高松江支判平成27・3・18判時2281号43頁〔28231433〕）、さいたま市（環境局職員）事件（さいたま地判平成27・11・18労働判例1138号30頁〔28234242〕）、ホンダ開発事件（東京高判平成29・4・26労働判例1170号53頁〔28253793〕）、フクダ電子長野販売事件（東京高判平成29・10・18判時2371号109頁〔28254564〕）、加野青果事件（名古屋高判平成29・11・30判時2374号78頁〔28254642〕〈叱責行為について、これを制止ないし改善するように注意・指導すべき義務があった〉）、ゆうちょ銀行（パワハラ自殺）事件（徳島地判平成30・7・9判時2416号92頁〔28263442〕〈個々の行為が違法なパワハラでなくても、日常的に厳しい叱責を受け続けることを契機とする体調不良や自殺願望の原因が課長や係長との人間関係に起因するものであることを容易に想定できたことから安全配慮義務違反を認めた例〉）、プラネットシーアールほか事件（長崎地判平成30・12・7労働判例1195号5頁〔28271503〕〈上司であったCの叱責は、内容的にはもはや叱責のための叱責と化し、時間的にも長時間にわたる、業務上の指導を逸脱した執拗ないじめ行為に及ぶようになっていた〉）、辻・本郷税理士法人事件（東京地判令和元・11・7労経速報2412号3頁〔28281819〕〈元従業員と原告Dは上司と部下の関係にあり、元従業員は、Dに対して行った業務上の指示やDの態度等について、Dを自らの席の横に立たせた状態で叱責し、また、人事部全体に聞こえるような大きな声で執拗に叱責したことが認められ、そして、行為の態様、元従業員の行為後にDが泣いていたことなどの事情に照らせば、元従業員のDに対する注意については、職場内の優位性を背景に業務の適正な範囲を超えて精神的、身体的苦痛を与え、又は職場環境を悪化させる行為をしたものとして、法人の就業規則79条18号所定のパワハラに当たる〉）、社会福祉法人千草会事件（福岡地判令和元・9・10判時2460号108頁〔28274155〕〈人格否定的発言〉）、名古屋市交通局長事件（名古屋地判令和2・2・17平成27年(ワ)4988号裁判所HP〔28280966〕〈サブチーフのおよそ指導として正当化する余地のない強圧的な言動により継続的かつ長期

間にわたり過重な心理的負荷を受け続けた等〉)、木の花ホームほか1社事件(宇都宮地判令和2・2・19労働判例1225号57頁〔28282939〕)、国立大学法人鳥取大学事件(鳥取地判令和2・2・21平成29年㈦137号公刊物未登載〔28283091〕)、池一菜果園事件(高知地判令和2・2・28判時2509号70頁〔28280851〕)、同事件控訴審(高松高判令和2・12・24判時2509号63頁〔28290187〕)、高幡消防組合事件(高知地判令和2・3・13平成30年㈦60号公刊物未登載〔28281523〕)、東菱薬品工業事件(東京地判令和2・3・25労働判例1247号76頁〔29059965〕)、前掲スタッフブレーン・テクノブレーン事件、前掲福生病院企業団(旧福生病院組合)事件、フジ住宅ほか事件(大阪地堺支判令和2・7・2労働判例1227号38頁〔28282298〕)、前掲ルーチェ事件、国立大学法人徳島大学事件(高松高判令和2・11・25令和元年㈱181号公刊物未登載〔28284231〕)、東京身体療法研究所事件(東京地判令和2・12・22平成30年㈦30723号公刊物未登載〔29063092〕)、前掲弁護士法人甲野法律事務所事件、人材派遣業A社事件(札幌地判令和3・6・23労働判例1256号22頁〔28300461〕〈セクハラ・パワハラ混在型〉)、前掲しまむら事件〈同僚らの嫌がらせ行為〉、長崎県事件(長崎地判令和3・8・25労働判例1251号5頁〔28292873〕)、山口県事件(山口地判令和3・9・8判時2550号47頁〔28293339〕)、フジ住宅事件(大阪高判令和3・11・18労働判例1281号58頁〔28293675〕〈「民族的出自等に基づいて差別されたり、侮辱されたりしないという人格的利益」侵害〉)、国・陸上自衛隊事件(熊本地判令和4・1・19判時2540号48頁〔28300683〕)、ライフマティックス事件(大阪地判令和4・2・18令和元年㈦10305号公刊物未登載〈セクハラ・パワハラ混在型〉)、沖縄医療生活協同組合労働組合ほか事件(那覇地判令和4・3・23令和2年㈦732号等公刊物未登載〔28322968〕〈LINEメッセージ利用〉)、オリエンタルランド事件(千葉地判令和4・3・29労経速報2502号3頁〔28302354〕)、兵庫県警察事件(神戸地判令和4・6・22労経速報2493号3頁〔28301978〕〈不適切指導・叱責〉)、国・高松刑務所事件(高松高判令和4・8・30令和2年㈱127号公刊物未登載〔28302699〕〈不適切指導・叱責〉)、長門市・長門市消防長事件(最三小判令和4・9・13判タ1504号13頁〔28302213〕〈暴行・暴言・個の侵害〉)、前掲東海交通機械事件〈暴行を含む叱責〉、医療法人社団たいな事件(東京地判令和4・12・23令和2年㈦7137号公刊物未登載〔29073694〕)、ユニオンリサーチ事件(大阪地判令和4・12・26令和3年㈦5791号公刊物未登載)、ちふれホールディングス事件(東京地判令和5・1・30労経速報2524号28頁〔28313020〕〈宛

先やccに該当者以外を入れ、部下を叱責するメールを送信〉)、住友不動産事件（名古屋地判令和5・2・10令和3年(ワ)217号公刊物未登載〔28310740〕〈暴行を含む叱責〉)、医療法人社団慈昂会事件（札幌地判令和5・3・22令和4年(ワ)693号公刊物未登載〔28322857〕〈「クソ生意気な女」「バカ面白くない」「バカ女」などというその侮辱的な内容のほか、繰り返し「バカ」という侮辱的な言動〉)、国・津労基署長（中部電力）事件（名古屋高判令和5・4・25労経速報2523号3頁〔28311892〕〈人格否定的発言〉）等。

＜裁判例上の非該当例＞
前掲医療法人財団健和会事件、大阪市事件（大阪地判令和4・4・22令和2年(ワ)9927号公刊物未登載)、有限会社Y事件（東京高判令和4・8・19判時2552号92頁〔28312373〕)、国立大学法人A大学事件（旭川地判令和5・2・17労経速報2518号40頁〔28311216〕）等。

■事例

　前掲医療法人財団健和会事件では、事務職員が、何度も指導を受けながらも、パソコン操作ミスで住所の入力を間違え、健康診断書が受信者に届かなかった、健康診断の順路案内記載を消してしまった等のかなり初歩的なミスを繰り返していた事案において、医療現場における正確性を期するための指導・注意（同時期に入職した派遣社員と仕事内容の差が広がっている、事務職員として要求する水準に達していない等）については、これが厳しい物言いであっても、生命・健康を預かる職場の管理職が医療現場において当然になすべき業務上の指示の範囲内にとどまる。

　前掲サントリーホールディングス事件では、A株式会社の従業員であったXが、上司Y_2から様々な注意や指導を受ける等して、うつ病に罹患し、病状が進行したことについて、A株式会社らのグループ会社が、組織の再編成を行い、Aのコーポレート部門の事業が吸収分割され、同事業の権利義務が承継されたY_1株式会社に転籍した後に、内部通報制度に従い、Y_1にY_2に関するパワハラ行為を通報して、Y_2の責任追及と再発防止策の検討を求め、コンプライアンス室の室長Y_3が担当となったものの、Y_3の調査によって、パワハラはないなどの結果が出たことから、Xが、Y_2からパワハラがあり、Y_3が適切な対応をとらなかったなどと主張し、Y_1・Y_2・Y_3に対し損害賠償請求を行った事案である。

　本判決は、Y_3の面談や発言などの対応は不法行為には当たらないとしたものの、Y_2のXに対する発言の一部は、侮辱を与え、過度に心理的負担を加え、名誉感情を害するものであり、また、Xの休職の申出を阻害し、Xの心身に対する配慮を欠く言動もあったことは、Xのうつ病の発症及び進行に影響を与えた違法なものであるとして不法行為を認め、Y_1の損害賠償債務の承継を認めて、使用者責任を肯定した。そして、本判決は、Y_2のXに対する発言の一部が侮辱を与え、心理的負担を過度に加えたり、

名誉感情をいたずらに害するものであったり、Xの提出した診断書を棚上げにしたことが休職の申出を阻止し、Xの心身に対する配慮を欠く言動であったりしたことは、Xのうつ病の発症及び進行に影響を与えた違法なものであるとして不法行為を認めた。

前掲さいたま市（環境局職員）事件では、Y市の対応によって、職員Cの職員Kに対するパワハラ（職員DはKから、Cによる暴力、パワハラなどの相談を受けたというのであるが、Kは、その前年（中略）、うつ病にり患し、（中略）90日間（中略）休職したことまであったばかりか、Cは、言葉遣いが乱暴で、ミスをした際には強く叱ったり、上司にも暴言を吐くような人物であって、Kの職場関係者の中には、Cの行動及び発言に苦労させられ、心療内科に通ったことがある者までおり、Kに対しても、教育係として職務について教示をする際、威圧感を感ずるほどの大きな声を出したり、厳しい言葉で注意をすることがあった」「Cは、平成23年4月21日頃、Kの脇腹に相当程度の有形力を行使したことが認められ（中略）、Xらが指摘する同月23日、同月28日及び同年5月29日のパワハラについては、これを認めるに足りる客観的証拠はないとしても、CのKに対するパワハラは、同年4月21日頃からKがFクリニックのF₁医師に対してCのことを訴えた同年10月頃まで継続的又は断続的に行われていたものと認めるのが相当」とされた）が放置され、Kが心理的負荷等を過度に蓄積させることとなったというべきであって、Y市には、安全配慮義務違反があったとされた。

前掲ゆうちょ銀行（パワハラ自殺）事件では、日常的に亡労働者に対し強い口調の叱責を繰り返し、その際、亡労働者のことを「●●っ」と呼び捨てにするなどもしており、部下に対する指導としての相当性には疑問があるとしつつ違法性を否定したが、亡労働者は、上司であるG及びHから日常的に厳しい叱責を受け続けるとともに、係長であるFは、GやHが亡労働者に対する不満を述べていることも現に知っており、そして、亡労働者は、徳島に赴任後わずか数か月で、愛媛県地域センターへの異動を希望し、その後も継続的に異動を希望し続けていたが、徳島に赴任後の2年間で体重が約15kgも減少するなどFが気に掛けるほど亡労働者が体調不良の状態であることは明らかであったうえ、平成27年3月には、Fは同僚から亡労働者が死にたがっているなどと知らされてもおり、そうすると、少なくともFにおいては、亡労働者の体調不良や自殺願望の原因がGやHとの人間関係に起因するものであることを容易に想定できたものといえるから、亡労働者の上司であるDやFとしては、上記のような亡労働者の執務状態を改善し、亡労働者の心身に過度の負担が生じないように、同人の異動をも含めその対応を検討すべきであったといえるところ、DやFは、一時期、亡労働者の担当業務を軽減したのみで、その他にはなんらの対応もしなかったのであるから、会社には、亡労働者に対する安全配慮義務違反があったとされた。

前掲フクダ電子長野販売事件では、①代表取締役Y₂は、前代表者の交際費支出に不正行為がありこれに加担したX₂の解雇が可能であると認識して、X₂の賞与を減額し、

降格処分を科した。Y₂がX₂に対して行った数々の言動はこの認識を前提とするものである。Y₂はX₂を常務室に呼び出したうえ、「前代表者の指示には従うが、Y₂の指示には従わない、泥棒をしろといわれたらそのとおりにするのか、ヤクザみたいな会社だ、(中略)子供の世界だ」などと一方的に長時間にわたって批判・非難を続け、X₂の弁明に対応しなかった。Y₂はY₁社の代表取締役に就任以来、X₂に対し、正当な理由なく批判・非難を続け、理由なく賞与を減額し、無効な降格処分を行うなどし、その結果、X₂はY₁社に長年勤務し50歳代後半であり定年まで勤務するつもりでいたのに、勤務継続を断念して退職するに至った。Y₂の一連の行為はX₂に退職を強要するものにほかならないのであって、違法な行為に当たる。②X₁は、X₂が正当な理由なく懲戒処分を受けるのが確実であると認識し、X₁自身も正当な理由なく賞与を減額された。Y₂は、X₁に賞与減額を説明する際に、「X₂の責任もあるが、X₁にも責任がある。会社としては刑事事件にできる材料があり、訴えることもできる(中略)。このままでいれば(中略)必ずX₂も同罪で引っ張られる」「X₁の給与が高額に過ぎる。50歳代の社員は会社にとって有用でない」と述べた。その結果、X₁はX₂らと相談し、勤務継続を断念して退職するに至った。Y₂のX₁に対する一連の行為はX₁に退職を強要するものであって、違法な行為に当たる。③X₃及びX₄は、X₂やX₁と同じ職場で働いており、X₂やX₁に対する正当な理由のない懲戒処分や賞与減額を見聞きし、いずれ自分たちも同じような対応を受け退職を強いられるだろうと考え、いずれも勤務継続を断念して退職するに至った。Y₂のX₂及びX₁に対する一連の退職強要行為は、X₃及びX₄にも間接的に退職を強いるものであるから、X₃及びX₄との関係においても違法な行為に当たる。④Y₂の退職強要行為によって被った精神的損害の慰謝料等は、X₁〜X₄につき、それぞれ77万円、110万円、44万円、44万円が相当である。⑤X₁らの退職は、Y₂の退職強要行為によって退職を余儀なくされたものであるから、会社都合退職と同視できる。X₁らが「一身上の都合」と記載された退職願を提出した等の事情は会社都合退職に当たるとの判断を左右するものではない。本判決の特徴は、一連の退職強要行為の直接の対象となったX₁だけでなく、それを見聞きし自分たちもいずれそのような対応を受けるだろうと考えて退職した同僚女性に対しても間接的に退職を強いるものであったとして慰謝料等と会社都合退職としての退職金の支払を命じている点にある。職場でのハラスメントについて加害者と会社の責任の範囲を広げたものとして注目される(水町勇一郎「会社の新代表者による女性従業員らへの侮辱的言動・退職強要行為と責任の範囲—フクダ電子長野販売事件」ジュリスト1514号(2017年)4頁)。いわば環境型パワハラともいえる。

前掲社会福祉法人千草会事件では、被告B₂による、原告A₁に対する発言(売上金を横領したと決めつけ、「品がない」「ばか」「泥棒さん」などと発言)、原告A₂に対する発言(「あなたの子どもはかたわになる」「ばか」)、原告A₃に対する発言(「言語障害」、

配偶者の方が高学歴であることを理由に「格差結婚」「身分が対等じゃない」と他の職員の前で発言)、原告A_4に対する発言(最終学歴が中学校卒業であることを理由に「学歴がないのに雇ってあげているのよ。感謝しなさい」と他の職員の前で発言)、原告A_5に対する言動(他の職員が起こした事故を報告しなかったことを理由に便器掃除用ブラシをなめるよう強要)は、職場内の優位性を背景として、業務の適正な範囲を超えて、精神的、身体的苦痛を与える発言や行動であると認められるから、不法行為に該当し、その慰謝料額は、原告A_1〜A_4についてそれぞれ15万円、原告A_5について30万円と認めるのが相当であるとされた。

　前掲福生病院企業団(旧福生病院組合)事件では、A事務次長が元職員に対して行った行為は、「精神障害者」「生きてる価値なんかない」「嘘つきと言い訳の塊の人間」「最低だね。人としてね」などといった著しい人格否定の言葉を投げつけるほか、時に事務室内の衆人環境や、会議中の他の管理職の面前において、また時に長時間にわたって、合理的理由に乏しい執拗な叱責を一方的に浴びせるものであり、少なくとも4か月にわたってパワハラ行為が繰り返されていることも考慮すると、全体として悪質と評価するほかなく、A事務次長に元職員を精神疾患に陥れる積極的意図までは認められないものの、これら行為の内容、程度に照らし、元職員が適応障害に罹患したことは、無理からぬものというべきであって、その精神的苦痛は、重大であったと認められること等から、A事務次長からパワハラを受けたことによる元職員の精神的苦痛に対する慰謝料としては80万円が相当であるとされた。

　前掲しまむら事件では、同僚らの嫌がらせ行為が認められるとして、同僚ら及び会社に対する慰謝料等請求が一部認められた例であるが、①同僚Cは、9月中旬以降、元従業員に対し、「仕事したの」と言うようになり、店長代理のFにも元従業員に仕事をしたか聞くと面白いから聞くようにけしかけ、実際にFがCに言われたとおり元従業員に「仕事した」と質問し、これに対して元従業員が拒絶反応を示していることに照らすと、Cは、元従業員に対し、元従業員の拒絶反応等を見て面白がる目的で「仕事したの」と言っていることが認められるから、Cのこの行為は、元従業員に対する嫌がらせ行為であるといえ、加えて、Cの元従業員に対する行動(Cが元従業員のもとに来てその背後に立ち、両手でその両肩をつかむなどし、その直後、元従業員が立った状態でテーブルの上でシフト表を見ようとすると、Cが手でシフト表を隠し、元従業員がシフト表をずらすと、Cがシフト表の上に物を置いた等の行為)も、元従業員に対する嫌がらせ行為の一環として行われたものと認められ、また、同僚DもCと同じ時期に、元従業員に対し、個別に、あるいはCと同じ機会に「仕事したの」とCと同じ内容の発言をしているのであるから、Cと同様に元従業員の拒絶反応等を見て面白がる目的でしたと認められるから、Dのこの行為は、元従業員に対する嫌がらせ行為であるといえ、そして、元従業員はこれらの嫌がらせ行為により精神的に塞ぎ

込んで通院するまでに至ったのであり、C及びDの行為により元従業員の人格権が侵害されたということができるから、C及びDは、元従業員に対し、共同不法行為に基づく損害賠償責任を負うとされ、②C及びDの元従業員に対する嫌がらせ行為は、会社の業務の執行につき行われたと認められるから、会社は、元従業員に対し、使用者責任を負うとされ、③C及びDによる元従業員に対する嫌がらせ行為の態様、継続期間、その他本件に顕れた一切の事情を考慮すると、C及びDによる嫌がらせ行為により元従業員が受けた精神的苦痛を慰謝するには5万円が相当であるとされた。

前掲有限会社Y事件では、元従業員は、本件両腕押さえ行為の翌日である令和元年9月25日から本件最終出勤日の前日である同年10月3日までの間に、遅刻したり、早退したりするなどしており、しかも、元従業員の上司であるBや同僚のAとほとんど会話をせず、Bからの会社を辞めるのかなどと質問されても沈黙して答えないなどの態度を示していたものであるから、会社の上司の立場にあるBが、元従業員による上記の態度及び言動から、職場の良好な雰囲気を損なうものとして強い不満を抱いた結果、元従業員に対し、「その態度は何なのか、態度を改めろ、働きにくい」などと強い口調で述べたとしても、このことをもって不法行為として損害賠償責任を負うべき違法性があるとまでは評価することができず、また、会社が、本件最終出勤日において、翻意する可能性がないものと判断し、元従業員を慰留したりすることなく、元従業員が会社を離職した扱いにして、その後に離職票も交付した行為について、不法行為に該当する違法性があるとまで評価することはできない、とされた。

前掲国立大学法人A大学事件では、被告丙川が、原告申野に対し、学会への参加や論文の執筆を依頼した事実は認められるが、強要したとまでは評価できない（番号1）、元同僚らの悪口を聞かせたとしても、直ちに原告甲野の人格権を侵害するものとはいえない（番号2）、今後も原告甲野からの報連相がなされない場合の仮定の話として、辞職ないしは辞表を求めることになるとまで発言したことは、やや過剰な表現であったとはいえるものの、いまだ正当な業務指導の範囲を超えるものとまではいえない（番号3）、前もって報連相の徹底を厳しく指導したにもかかわらず、原告甲野が事前の相談なしに補修工事の要望を伝えるなどしたことを理由に叱責したことは、正当な業務指導の範囲を超えるものとはいえない（番号4）ため、いずれも違法なハラスメント行為に当たるとは認められない。被告丁田が、原告甲野に対し、「あんたが動くせいでしりぬぐいをさせられる。」などと怒鳴った発言は、感情的かつ礼を失したものであったとはいえるが、前後の事実経過や原告甲野が被告丁田の上職に当たることに照らすと、違法なハラスメント行為に当たるとは認められない（番号5）。被告丁田の原告甲野に対するメールの内容は、「余計な邪魔」「異常」「悪影響」等と述べるなど、配慮や穏当さを欠いたものと言わざるを得ないが、いずれも原告甲野の業務態度に関する不満を述べる中で言及したものであり、業務との関連性が認められ、原告甲

3 労働者の人権の保護・差別の禁止　317

野が被告丁田より上職に当たることを踏まえると、違法なハラスメント行為に当たるとは認められない（番号6、7）。被告丙川の「どっき倒したいくらいむかついてんだよ」という発言自体は、当該部分のみを見れば、部下に対する発言として、不適切なものと言わざるを得ないが、他方で、会話中、同程度に不適切な発言が繰り返されているものではなく、むしろ、他の場面では、原告甲野のキャリアや成長に期待する趣旨の発言もされているなど、会話全体の内容を踏まえると、被告丙川による叱責が相当長時間に及んだことを考慮しても、いまだ業務指導として適正な範囲を超えるものとまではいえず、違法なハラスメント行為に当たるとまでは認められない（番号17）。その他、一連の行為についてもいずれも違法なハラスメント行為に当たるとは認められない。したがって、もう1つの、第1事件に係る原告らの請求はいずれも理由がないとされた。

　ウ　人間関係からの切り離しにおける該当例・非該当例

パワハラ指針や裁判例での人間関係からの切り離し（隔離・仲間外し・無視）への該当例・非該当例は以下のように多数に及んでいる。

《指針上の該当例》

・自身の意に沿わない社員に対して、仕事を外し、長期間にわたり、別室に隔離したり、自宅研修させたりする。

・1人の労働者に対して同僚が集団で無視をし、職場で孤立させること。

《指針上の非該当例》

・新入社員を育成するために短期間集中的に個室で研修等の教育を実施する。

・懲戒規定に基づき処分を受けた労働者に対し、通常の業務に復帰させるために、その前に、一時的に別室で必要な研修を受けさせること。

＜裁判例上の該当例＞

松蔭学園事件（東京高判平成5・11・12判時1484号135頁〔27818367〕〈私立高校の女性教諭に対する授業その他一切の校務分掌の取り上げ、1人部屋への席の移動、自宅研修等の一連の措置を業務命令権の濫用として違法であるとし、学園に対し慰謝料として600万円の支払を命じられた〉）、豊中市・とよなか男女共同参画推進財団事件（大阪高判平成22・3・30労働判例1006号20頁〔28162440〕〈情報遮断が違法〉）、アールエフ事件（長野地判平成24・12・21労働判例1071号26頁〔28212631〕〈従業員に対してXらを無視すること、監視して言動を報告すること、Xらのあら探しをすることを命じていた場合〉）、前掲メイコウアドヴァンス社事件、大和証券ほか事件（大阪地判平成

27・4・24平成25年(ワ)3690号裁判所HP〔28232972〕〈いわゆる追い出し部屋での就労。転籍先での嫌がらせについての転籍元の責任肯定例〉）、国立大学法人金沢大学元教授ほか事件（金沢地判平成29・3・30労働判例1165号21頁〔28251276〕〈視界の制限〉）、国立大学法人兵庫教育大学事件（神戸地判平成29・8・9労経速報2328号23頁〔28252917〕〈仕事を与えず研修受講機会の不付与〉）、公益社団法人島根県水産振興協会事件（広島高松江支判令和元・9・4平成30年(ネ)43号等公刊物未登載〈少人数の職場の中で孤立化〉）等

＜裁判例上の非該当例＞

国・人事院事件（東京地判令4・2・16労働判例1276号45頁〔28301769〕〈Xについては、夜間勤務中の引継ぎに関して同僚職員との間にトラブルが発生し、それには、Xの引継ぎの際の対応が関係したものと認められ、トラブルの再発の可能性を未然に防止する必要からも、その当事者であるXを夜間勤務から外し、相当期間これを継続することには、本件刑務所の管理運営上合理的な理由があり、裁量権の逸脱・濫用があったものとは解し難い〉）等。

事例

前掲アールエフ事件では、本件社長ミーティングで社長の意に沿わない発言を行った原告X_1及びX_1を擁護する言動を行った原告X_2に対して配転がなされ、社長が、当該配転から1か月も経たない時期に「辞めさせたいが辞めない」「同じ従業員から認められなければ辞めるはずだ」などといってXらに退職を迫るための本件社員集会の開催を指示し、Xらの宿泊先・作業場所等について嫌がらせを指示し、従業員に対してXらを無視すること、監視して言動を報告すること、Xらのあら探しをすることを命じていた場合に、当該配転命令が不当な目的により権利を濫用して行われたとして無効とした。前掲大和証券ほか事件では、転籍先での嫌がらせについての転籍元の責任が問われ、Y_2社が、旧第二営業部室内にXの席を設けるなどしてXを隔離したこと、約1年にわたり新規顧客開拓業務に専従させ、1日100件訪問するよう指示したこと、Xの営業活動により取引を希望した者の口座開設を拒否したことは、Xに対する嫌がらせであり、不法行為に該当するとされた。本判決で注目すべきは、Y_2社がXに行った嫌がらせにつき、Y_1社の責任をも認めた点である。転籍先の企業で行われた嫌がらせの責任を転籍元の企業が負うとした裁判例はおそらく本件が初めてである。

前掲国立大学法人金沢大学元教授ほか事件では、①教室主任の教授で甲・丙事件原告兼乙事件被告Xの上司である甲事件被告兼乙事件原告Y_1が、准教授であるXの使用する機器室とセミナー室との間に、ホワイトボード、パーテーションやキャビネット

など高さのある器具等を隙間なく、視界を遮るよう、間仕切り状に設置した行為は、Xに対する嫌がらせを目的としたものと評価せざるを得ない、②Y_2法人が、ハラスメント行為の有無等の事実関係を調査したうえで、具体的な対応をすべき義務（Xの職場環境改善に向けた対応義務）を尽くしたということはできず、ハラスメント対策として1つの有力な方策であったと評価できる本件教室の分割を含めた措置の実現に向けた具体的な取組みをXが所属する部局が行ったとは評価し難いことから、Y_2法人は、平成19年1月12日以降、Y_1が退職した27年7月31日までの間、Xの職場環境改善に向けた対応義務を尽くさなかったことについて、Xに対して、債務不履行責任を負うとされた。

　前掲国立大学法人兵庫教育大学事件では、業務上の合理性がないのに、大学が元職員に対し長年にわたって仕事をほとんど与えず、研修も受けさせなかったこと、学術情報チーム所属当時に輪番制の事務を割り当てなかったことは、パワハラに当たり、これは元職員の公務員としての雇用関係上の人格的利益ないし労働者としての人格的利益を侵害する不法行為を構成し、大学が成立した後のこの責任は、元職員と大学の関係が労働契約関係であることに鑑みると、国家賠償責任ではなく民法上の不法行為責任と解すべきであり、また、大学の管理職のうちどの範囲の者が関与していたのかは明らかでないから、元職員の直属の上司である課長の行った不法行為についての使用者責任が成立するというべきであり、そして国の損害賠償義務は大学が承継したから、元職員は大学に対し損害賠償を請求することができ、40万円の慰謝料を認定した。

　前掲公益社団法人島根県水産振興協会事件では、協会ないし参与らの対応は、職員Bを職場内で孤立させ、Bに対して適切さを欠く通告をし、Bのプライバシーや自尊心を損ねるものであり、その就労環境を悪化させるものであったといえ、Bの供述によれば、これらの対応によってBが相当程度の精神的・肉体的苦痛を被ったことが認められ、そして、これらの対応につき、協会に正当な理由があったと認められないから、協会には、Bに対し、不法行為に基づく損害賠償義務があるとされた。

　エ　過大な要求における該当例・非該当例

　パワハラ指針や労働局での相談例と裁判例での過大な要求（業務上明らかに不要なことや遂行不可能なことの強制、仕事の妨害）への該当例・非該当例は以下のように多数に及んでいる。

　《指針上の該当例》
・上司が部下に対して、長期間にわたる、肉体的苦痛を伴う過酷な環境下での、勤務に直接関係のない作業を命ずる。
・新卒採用者に対し、必要な教育を行わないまま到底対応できないレベルの

業績目標を課し、達成できなかったことに対し厳しく叱責すること。
・労働者に業務とは関係のない私的な雑用の処理を強制的に行わせること。
《指針上の非該当例》
・社員を育成するために現状よりも少し高いレベルの業務を任せる。
・業務の繁忙期に、業務上の必要性から、当該業務の担当者に通常時よりも一定程度多い業務の処理を任せること。

＜裁判例上の該当事例＞

日本土建事件（津地判平成21・2・19労働判例982号66頁〔28152311〕〈上司らをそれぞれの自宅へ車で送り届ける等〉）、国・諫早労基署長（ダイハツ長崎販売）事件（長崎地判平成22・10・26労働判例1022号46頁〔28172215〕〈ノルマ設定等〉）、日能研関西ほか事件（大阪高判平成24・4・6労働判例1055号28頁〔28182468〕〈年休申請への引き止め等〉）、医療法人健進会事件（大阪地判平成24・4・13労働判例1053号24頁〔28182311〕）、岡山県貨物運送事件（仙台地判平成25・6・25労働判例1079号49頁〔28212813〕〈過重な長時間労働に従事させたうえ、日常的な叱責にさらされるままとし、過度の肉体的・心理的負担を伴う勤務状態に置いた〉）、前掲サン・チャレンジほか事件〈業務とは関係のない買物等の命令〉、前掲大和証券ほか事件〈隔離したこと、約1年にわたり新規顧客開拓業務に専従させ、1日100件訪問するよう指示〉、鍼灸整骨院院長事件（横浜地相模原支判平成27・11・27平成25年(ワ)462号公刊物未登載〔28280051〕〈労基法上禁止されている長時間労働を違約金の威嚇の下に義務付け、使用者としての有給休暇付与義務を免れさせる一方、違約金をもって休暇取得を制限〉）、須磨学園ほか事件（神戸地判平成28・5・26労働判例1142号22頁〔28241884〕〈Xに対する教材研究命令は、業務上の必要性から行われたものではなく、従来から勤務成績が悪く、校長である被告Y₂自身もその直前に直接不快な体験をさせられたXにつき、自主的に退職してもらうための環境を整えるために行われたものであることが強く推認されるところ、教材研究命令はそもそも業務上の必要性が認められないうえ、Xを自主退職に追い込むという不当な動機・目的のもとに行われた〉）、東建コーポレーション事件（名古屋地判平成29・12・5判時2371号121頁〔28254961〕〈達成困難なノルマが課された〉）、ダイヤモンドほか事件（大阪地判平成31・2・26労働判例1205号81頁〔28272047〕〈業務中の亡一郎に暴力も伴いながら飲酒を強要等〉）、Y歯科医院事件（福岡地判平成31・4・16労経速報2412号17頁

〔28272130〕〈割増賃金未払い下での違法過重労働の強制〉）、前掲社会福祉法人千草会事件〈便器掃除用ブラシをなめるよう強要〉）、前掲スタッフブレーン・テクノブレーン事件〈雇用先の代表取締役の個人宅庭の草むしり強要〉等。

＜裁判例上の非該当事例＞

国・海保大事件（福岡高判令和2・11・10労働判例ジャーナル108号24頁〔28322867〕〈日課は海上保安官としての職務等に照らして合理性を有する〉）、近畿車輛事件（大阪地判令和3・1・29労働判例1299号64頁〔28320443〕〈筆写作業〉）、山九事件（東京地判令和3・12・24令和2年(ワ)6717号公刊物未登載〔29068367〕〈謝罪メール送信〉）、Hプロジェクト事件（東京高判令和4・12・21判タ1518号104頁〔28311044〕〈活動の過重性〉）

\ 事例

　前掲岡山県貨物運送事件では、Y₁社は、新入社員であるKを過重な長時間労働に従事させたうえ、Y₂からの日常的な叱責にさらされるままとし、過度の肉体的・心理的負担を伴う勤務状態に置いていたにもかかわらず、Kの業務の負担や職場環境などに何らの配慮をすることなく、その長時間勤務等の状態を漫然と放置していたのであって、かかるY₁社の行為は、不法行為における過失（注意義務違反）を構成するものというべきであり、Y₁社の注意義務違反によりKが本件自殺に至ったものであるから、Y₁社は不法行為責任を負うとされた。

　前掲東建コーポレーション事件では、労基署が、Xが平成26年4月頃に「F32うつ病エピソード」を発症していたと推測されるとし、その発病前おおむね6か月の間に、「ひどい嫌がらせやいじめ、又は暴行を受けた」「達成困難なノルマが課された」といった出席事があり、全体評価として心理的強度の負荷は「強」であったと判断し、業務起因性を認めた中で、Y₂のパワハラとされる言動について、Xの主張とおおむね同旨の事実を認定したうえ、これらは、Xに対する嫌がらせ、いじめ、あるいは過大な要求と捉えざるを得ないものであって、強度の心理的負担をXに与えたものであるとし、これによりXはうつ病を発症したとして、Y₂の上記言動は不法行為を構成するものとした。

　前掲スタッフブレーン・テクノブレーン事件では、①上司であるFが、元従業員らの終業時刻を過ぎた午後9時までという残業を前提とする時間設定をしたこと、9時9時報告（毎日午前9時と午後9時にFに業務について報告するよう求めたこと）のために従業員に待ち時間が生じるおそれがあり、現に、そのような状態が発生していたことからすれば、Fが要求した9時9時報告は、非効率なものであり、元従業員らに対する不利益が大きなものであったということができ、加えて、1日に2度のみならず、午後の時間帯に3時間おきに報告をさせたことについては、そのような頻度で

報告をさせる必要性を認めるに足りる証拠はなく、Fにおいても、有用性は認識しておらず、いたずらに従業員への負担を増大させるものであって、社会通念上相当といえず、Fが要求した9時9時報告は、違法であって、特に、3時間おきに報告することも命じられた元従業員らについては、その慰謝料の算定において考慮すべきであるとされ、②A及びCは、少なくともそれぞれ2回、Fの自宅庭の芝刈りや草むしりをしたことが認められるところ、従業員が、雇用先の代表取締役の個人宅庭の草むしり等をすることに業務との関連性は認められず、通常、任意で行うものとは考え難いから、当該行為は原則として従業員の意思に反して使用者がさせた違法な行為であると考えられるところ、従業員A及びCの報告懈怠を原因として草むしり等をするよう事実上指示したものと評価せざるを得ないから、Fが、自宅の草むしり等をA及びCにさせた行為は、違法であると認められるとされた。

　前掲国・海保大事件では、海保大職員が病気休職の手続をとらないと俸給が半減するとの説明をした事実はあるというべきであるが、控訴人aが私傷病による病気休職に同意しないとしても、海保大としては、控訴人aに対する病気休職を発令しないことになるにすぎないから、海保大職員が控訴人aを恫喝してまで私傷病による病気休職の手続をとることを要求したとは考え難いとしてパワーハラスメントには当たらない等として、控訴人らの請求を棄却した原審判決を維持し、控訴を棄却した事例で、海保大は、「進級」あるいは「卒業」するためには、進級・卒業に必要な授業・訓練科目及び乗船実習の履修や大学校規則に基づく寮内の日課等をきっちり行うなどの条件をクリアする必要があり、公務災害を理由としてこれらの条件を緩和又は免除することはないとの方針で一貫しているところ、これは海保大の規則等に基づくものであって、将来予定されている海上保安官としての職務等に照らして合理性を有するものであり、そして、進級あるいは卒業に当たっての履修の認定は、当該学年において履修すべき授業科目及び乗船実習についてなされるものであって、履修すべき乗船実習の時期を任意に選択できるわけではなく、また、修業期間の延長は、当該学年における修業期間を延長するものであって、学年の一部のみについて修業期間の延長が認められるものではなく、診療区分である保健班は、診療を要する学生等のうち、軽業と診断され、かつ学生寮での日課遂行が困難と認められるものを対象とするものであって、一定期間当然に保健班として保健室を起居の場とすることを認めるものではないから、元学生らが提案した四条件は、海保大の上記方針に反し、元学生について、特別なカリキュラムを組むことや、その生活について特別扱いをすることを求めるものというべきであって、海保大がこれに応じなかったことが違法であるとは到底いえないとされた。

　前掲近畿車輛事件では、社としては、2件の事故が偶然発生したことについては疑いを抱きつつも、元従業員が故意に惹起したものであったとの確信にまでは至ってお

らず、元従業員が不注意等により更なる事故を起こす危険性は否定できない状況にあったということができるから、このような状況下において、会社が元従業員に対して安全作業心得の筆写を指示したことについては、相応の業務上の必要性及び合理性が認められ、また、このことに加えて、元従業員の述べる手の怪我が筆写作業に困難を来す状態であることが明らかであったとは認められず、筆写作業に時間的制約を課したものでもなかったことを踏まえると、同指示が相当性を欠くものであったとまではいえず、本件筆写指示が元従業員に対する肉体的苦痛を与える私的制裁として行われたものであったとは認められないから、本件筆写指示について不法行為が成立するとは認められないとされた。

前掲山九事件では、従業員は、会社従業員からパワハラ等を受けたにもかかわらず、会社は何らの措置も講じず、従業員の職場環境を適切に保つ義務（安全配慮義務）を果たさなかったと主張するが、従業員がA社員、B社員、グループマネージャーであるC及びD社員から暴言、暴行等を受けたことを認めるに足りる証拠はなく、また、従業員がA社員及びB社員とトラブルを起こした際は、従業員の上司は、従業員、A社員及びB社員から事情聴取を行い、原因究明に努めており、さらに、会社は、A社員に対しては、意思疎通がうまくいかなかったことについて従業員に謝罪のメールを送信させており、雇用主として適切な措置を講じていると評価でき、Cとの関係でも、会社が職場環境維持義務に反する対応をしたとは認められず、また、会社が従業員に過大な業務を強制させたことを認めるに足りる証拠はないから、従業員の主張を採用することはできないとされた。

オ　過小な要求における該当例・非該当例

パワハラ指針や労働局での相談例と裁判例での過小な要求（業務上の合理性なく、能力や経験とかけ離れた程度の低い仕事を命じることや仕事を与えないこと）への該当例・非該当例は以下のように多数に及んでいる。

《指針上の該当例》
・上司が管理職である部下を退職させるため、誰でも遂行可能な業務を行わせること。
・気にいらない労働者に対して嫌がらせのために仕事を与えないこと。

《指針上の非該当例》
・労働者の能力に応じて、一定程度業務内容や業務量を軽減すること。

＜裁判例上の該当例＞
バンクオブアメリカイリノイ事件（東京地判平成7・12・4労働判例685号17頁

〔28011582〕〈課長から総務課（受付）の配転〉)、JR西日本事件（森ノ宮電車区・日勤教育等）事件（大阪高判平成21・5・28労働判例987号5頁〔28153450〕〈車両の天井清掃や除草作業命令。上告審（最一小決平成22・3・11労働判例997号98頁）で確定〉)、エルメスジャポン事件（東京地判平成22・2・8労経速報2067号21頁〔28161094〕〈本社情報システム部で就労していた原告の銀座店ストック（倉庫係）への配転〉)、学校法人兵庫医科大学事件（大阪高判平成22・12・17労働判例1024号37頁〔28173437〕)、オリンパス事件（東京高判平成23・8・31判時2127号124頁〔28173938〕〈初歩のテキストを勉強させられ続けた等。上告審（最一小決平成24・6・28労働判例1048号177頁〔28322985〕)で確定〉)、学校法人明泉学園事件（東京地立川支判平成24・10・3労働判例1071号63頁〔28212632〕)。控訴審（東京高判平成25・6・27労働判例1077号81頁〔28213862〕でも維持〈高校の教員らによる行事立ち番〉)、アークレイファクトリー事件（大津地判平成24・10・30平成23年(ワ)506号公刊物未登載〔28220887〕〈ごみ捨てなどの雑用を命じたり、軽視する発言等〉)、新和産業事件（大阪地判平成24・11・29平成23年(ワ)11808号公刊物未登載〔28213587〕〈大阪営業部から大阪倉庫への配転命令を受けるとともに、課長の職を解く降格。控訴審・大阪高判平成25・4・25労働判例1076号19頁〔28213586〕でも維持〉)、前掲アールエフ事件〈嫌がらせ的な業務指示〉、K化粧品販売事件（大分地判平成25・2・20労経速報2181号3頁〔28210795〕〈研修会でコスチュームを着用。なお、過大な要求の類型にも入り得る〉)、国・広島中央労基署長（中国新聞システム開発）事件（広島高判平成27・10・22労働判例1131号5頁〔28241507〕)、前掲国立大学法人兵庫教育大学事件〈意味のある仕事をほとんど与えられない〉等。

＜裁判例上の該当性否定例＞
　栃木県交通安全協会事件（宇都宮地判令和2・5・20平成29年(ワ)304号公刊物未登載〔28281766〕〈教習生に対する学科教習の担当からも外す措置〉)、東武バス日光ほか事件（東京高判令和3・6・16労働判例1260号5頁〔28301166〕〈一定期間乗務をさせないで教育指導を実施〉)、東大阪市事件（大阪地判令和3・12・27令和2年（行ウ）3号公刊物未登載〈清掃車への乗務を禁止〉)等。

\事例

　前掲バンクオブアメリカイリノイ事件では、総務課（受付）の配転については、総務課の受付は、それまで20代前半の女性の契約社員が担当していた業務であり、外国

書簡の受発送、書類の各課への配送等の単純労務と来客の取次ぎを担当し、業務受付とはいえ、Xの旧知の外部者の来訪も少なくない職場であって、勤続33年に及び、課長まで経験したXにふさわしい職務であるとは到底いえず、Xが著しく名誉・自尊心を傷つけられたであろうことは推測に難くないとされた。Xに対する総務課（受付）配転は、Xの人格権（名誉）を侵害し、職場内・外で孤立させ、勤労意欲を失わせ、やがて退職に追いやる意図をもってなされたものであり、Yに許された裁量権の範囲を逸脱した違法なものであって不法行為を構成するとされた。

　前掲学校法人明泉学園事件、同事件控訴審では、①原告Xら高校の教員らによる行事立ち番は、その必要性が乏しく、実施態様も合理的でなく、Xらに、精神的、肉体的苦痛を与えてまで実施すべき必要性及び合理性も認め難く、被告Yらは、Xらに本件立ち番の割当てを他の教員よりも著しく多くしたもので、公平であると認めるべき事情もないとされ、②Yらによる本件立ち番の指示は、Xらから教育の出発地点というべき生徒とのコミュニケーションの機会、業務遂行を通じての自己研さんの機会、その他教師の職責を果たす重要な機会を奪い、適切な処遇を受ける地位をも失わせるなど、Xらの教師としての誇り、名誉、情熱を大きく傷つけるとともに、組合員であるXらを不利益に取り扱い、かつ、Xらの団結権及び組合活動を侵害するものであって、労働契約に基づく指揮監督権の著しい逸脱・濫用に当たる違法なものとされた。

　前掲国立大学法人兵庫教育大学事件では、次のように判示している。(1)パワーハラスメント（パワハラ）として、厚生労働省の「職場のいじめ・嫌がらせ問題に関する円卓会議ワーキング・グループ」の平成24年1月30日付け報告書は、職場のパワハラの概念とその行為類型を説明している。当裁判所もこれを適切なものとして採用することとする。(2)本件におけるパワハラの有無に関して、①原告に与えられていた事務として、原告は病気休職から復職した後の平成10年4月から平成23年3月下旬頃までの約13年の長期間にわたり、意味のある仕事をほとんど与えられない状況であった。これは業務上の合理性なく仕事を与えないこと（過小な要求）にほかならない。このように仕事上の過小な要求をすることにより、職制上の地位を利用して業務の適正な範囲を超えて原告に精神的苦痛を与え続けたのであり、パワハラに当たる。②原告の主張する差別的扱いについては、学術情報チームに異動した間、同課の職員であれば割り当てられるはずの開館準備作業、書架整理作業が原告には割り当てられなかった。そのことについて正当な理由があったとは認められない。これは差別的扱いということもできるし、仕事を与えないというパワハラの一環とみることもできる。また、業務上の合理性なく仕事を与えないことがパワハラとして違法とされる以上、仕事を与えないことを前提として研修を命じないことも、大学の裁量の範囲を超える違法な扱いになるというべきである。これも、差別的扱いということもできるし、仕事を与えないというパワハラの一環とみることもできるとして、40万円の慰謝料を認定した。

前掲栃木県交通安全協会事件では、本件自動車学校は、前校長、教頭、指導課課長の判断に基づき、平成28年3月から同29年2月までの間、亡教習指導員を、従前担当していた普通、大型、大特、普通二種の技能検定の検定員から外す措置をとったほか、教習生に対する学科教習の担当からも外す措置をとったが、本件自動車学校の上記各措置は、正に、本件自動車学校の教習・検定業務の不統一を是正するとともに、教習生からの信頼をつなぎとめることを目的として講じられたものであって、この判断に関与した本件自動車学校の前校長、教頭らが、その職務上の地位や人間関係などの職場内における優位性を背景として、亡教習指導員に対し、業務の適正な範囲を超えて有形・無形の圧力を加えることを目的としてあえて行った措置であるとはいえず、そうすると、以上の本件自動車学校の亡教習指導員に対する措置は、これにより亡教習指導員の内面（指導員としてのプライド）が傷つけられ、相当の心理的な負荷が生じたとしても、客観的には不法行為といえるほどの違法性は認められず、パワハラ（不法行為）には当たらないものというべきであるとされた。

前掲東武バス日光ほか事件では、①「一定期間乗務をさせないで教育指導を実施することは、業務上の必要に基づく指示命令として、適法に行い得るものである」、②運転士服務心得の部分的な閲覧・筆写、過去の苦情案件に係るドライブレコーダー映像の視聴等の繰り返しなどの行為が、「教育指導の目的の範囲から逸脱するものであるとはいえない」、③「Xは、教育カリキュラム実施中のXの目付きその他の態度が良くないなどとして、改善意欲が十分でないと判断されていたこと」や「Xの記載した反省文の内容等が比較的簡単なものにとどまっており（中略）、内省の深まりに疑念を生ぜしめるものであったことは否定できないこと」からすれば、そのような指示の繰り返しは「必要性を欠くものであったとも認め難い」として、Xに対する指導の必要性が極めて高かったことが認められるから、控訴人（第1審被告）Y_2らの叱責等の際の発言に厳しいものがあったとしても、それをもって直ちに、社会通念上許容される業務上の指導の範囲を超えたことにはならないというべきであるとされた。

前掲東大阪市事件では、清掃車への乗務を禁止したことに関する違法性の有無について、一般職に属するすべての地方公務員は、その職務を遂行するに当たり、上司の職務上の命令に忠実に従わなければならないところ（地公法4、32条）、東部事業所に配属された職員にどのような作業を命じるかについては、同事業所に配属された職員の上司に当たる事業所長の裁量に委ねられているというべきであるが、もっとも、当該職務命令がその必要性、合理性を欠き、あるいは不当な目的で行われるなど、社会通念上著しく妥当性を欠くときは、裁量権の範囲の逸脱又は濫用があるものとして違法になるというべきであるところ、自らの行為について何度指導を加えても、基本的に非を認めて反省することがない職員の態度に鑑みれば、東部事業所長の職にあったCやDが、職員に対して清掃車への乗務を原則として禁止し、東部事業所内での作業

3 労働者の人権の保護・差別の禁止　　327

を命じることとしたことは、市民等への迷惑行為や職員とのトラブルを避け、清掃車でのごみ収集作業を円滑に行うための措置として、合理的かつやむを得ないものであったということができるから、職員について清掃車への乗務を禁止した職務命令に、裁量権の範囲の逸脱又は濫用があったとは認められず、かかる職務命令の違法をいう職員の主張は採用できないとされた。

　カ　個の侵害（私的なことに過度に立ち入ること）における該当例・非該当例

パワハラ指針や労働局での相談例と裁判例での個の侵害（私的なことに過度に立ち入ること）への該当例・非該当例は以下のように多数に及んでいる。

《指針上の該当例》
・労働者を職場外でも継続的に監視したり、私物の写真撮影をしたりすること。
・労働者の性的指向・性自認や病歴、不妊治療等の機微な個人情報について、当該労働者の了解を得ずに他の労働者に暴露すること（いわゆるアウティング）。

《非該当例》
・社員への配慮を目的として、社員の家族の状況等についてヒアリングを行うこと。
・労働者の了解を得て、当該労働者の性的指向・性自認や病歴、不妊治療等の機微な個人情報について、必要な範囲で人事労務部門の担当者に伝達し、配慮を促すこと。

　　この点、プライバシー保護の観点から、機微な個人情報を暴露することのないよう、労働者に周知・啓発する等の措置を講じることが必要とされている。

＜裁判例上の該当例＞

関西電力事件（最三小判平成7・9・5労働判例680号28頁〔27827852〕〈ロッカーの開扉・撮影、尾行等〉）、名古屋南労基署長（中部電力）事件（名古屋高判平成19・10・31判タ1294号80頁〔28140010〕〈複数回にわたって結婚指輪を外すよう命令〉）、前掲平成25年ザ・ウィンザー・ホテルズインターナショナル（自然退職）事件・東京高判〈飲酒強要等〉、サン・チャレンジほか事件（東京地判平成26・11・4判時2249号54

頁〔28230507〕〈中国人女性との交際への介入等〉)、公益社団法人島根県水産振興協会事件（広島高松江支判令和元・9・4平成30年(ネ)43号等公刊物未登載〈内縁の夫婦への言動〉)、フジ住宅ほか事件（大阪地堺支判令和2・7・2労働判例1227号38頁〔28282298〕〈人種・国籍差別言動〉)）等。

＜裁判例上の非該当例＞

DMM.com事件（東京地判令和3・11・15令和元年(ワ)29744号公刊物未登載〔29067811〕〈面談での質問〉）

\事例

　前掲関西電力事件では、Yは、Xらにおいて現実には企業秩序を破壊し混乱させるなどのおそれがあるとは認められないにもかかわらず、Xらが特定の政党の党員又はその同調者であることのみを理由とし、その職制等を通じて、職場の内外でXらを継続的に監視する態勢を採ったうえ、Xらが極左分子であるとか、Yの経営方針に非協力的な者であるなどとその思想を非難して、Xらとの接触、交際をしないよう他の従業員に働きかけ、その過程の中で、X₁及びX₂については、退社後同人らを尾行したりし、特にX₂については、ロッカーを無断で開けて私物を写真に撮影したりしたというのである。そうであればこれらの行為は、Xらの職場における自由な人間関係を形成する自由を不当に侵害するとともに、その名誉を毀損するものであり、また、X₂らに対する行為はそのプライバシーを侵害するものであって、同人らの人格的利益を侵害するものというべく、これら一連の行為がYの会社としての方針に基づいて行われたというのであるから、それらは、それぞれYの各Xらに対する不法行為を構成するものと言わざるを得ないとされた。

　前掲公益社団法人島根県水産振興協会事件では、「本件配転命令は、専ら、控訴人らが内縁関係にあることのみを理由として発令されたものと認められ、また、控訴人らが内縁関係にあるために本件配転命令を発すべき業務上の必要性があるとは認められない。／そうであれば、本件配転命令は、業務上の必要性を欠き、むしろ不当な動機、目的に基づいてされたものであって、上記(1)において引用する原判決に記載の判断基準等に照らすと、権利の濫用に当たり、無効である」「また、Cが、控訴人X₁に対し、専ら控訴人らが内縁関係にあることを理由に両者が同じ場所で被控訴人の業務に当たることを問題視する発言をしたことは争いがないところ（中略)）、こうしたCの言動も、社会通念上許容される業務上の指導ないし職務行為を超えるものといわざるを得ず、控訴人X₁に対する不法行為を構成する」とされた。

　前掲サン・チャレンジほか事件では、被告Y₃は、Kに対して、KがD店で勤務し始めた平成20年2月頃から自殺した22年11月まで恒常的に、社会通念上相当と認められる

限度を明らかに超える暴言、暴行、嫌がらせ、労働時間外での拘束、Kのプライベートに対する干渉、業務とは関係のない命令等のパワハラを行っていたというべきであり、上記行為によりKに生じた損害について不法行為に基づく損害賠償責任を負うとされた。Kのプライベートに対する干渉の内容は、交際していた中国人女性と別れることを求められていた。

　前掲DMM.com事件では、質問した内容自体に照らせば、従業員が主張するように、本件面談が従業員の正義感や信念を開示させて従業員の精神的自由を侵害したとか、従業員のプライバシーなどの人権を侵害したとは認められず、また、その他に本件面談やその質問内容は必要性ある範囲にとどまっていることや不当な動機・目的によるとも認められないほか、強圧的な部分も認め難いことなどの状況をみると、従業員が主張するように、社会的に許容し得る限度を超えて、労働者としての活動に介入して従業員の人格的利益を侵害したとか、パワハラとして従業員の人格的利益を侵害したとも認められないから、不法行為に当たるとは認められない、とされた。

　前掲フジ住宅事件・大阪高判令和3・11・18では、会社による人種差別的文書配布が、職場環境に配慮すべき使用者としての義務に違反し、韓国籍の従業員の人格的利益を侵害したものとして、不法行為とされ、その責任を免れないとされた。

(4)　他のハラスメントとの混在型の存在

　実際の職場では、パワハラが、他の類型のハラスメントと混在して発生することは多々起こることがある。

　裁判例においても、セクハラと混在する事例は少なくない。風月堂事件（東京高判平成20・9・10判時2023号27頁〔28142208〕）では、菓子製造販売の社員であった女性に対する継続反復のセクハラや暴言、暴行等により、人格権などを害され、退職を余儀なくされたとする民法715条に基づく損害賠償請求につき、女性の人格をおとしめる発言で、許される限度を超えているとして、会社に約170万円の支払を命じ、最近の人材派遣業A社事件（札幌地判令和3・6・23労働判例1256号22頁〔28300461〕）でも、①被告Y_1社の専務取締役である被告Y_2が、B支店長である原告Xに対して、「ホテルに遊びに行っていいか」「抱いちゃおうかな」などと述べて自身の性的願望を露骨に示した行為、深夜に「ホテルに遊びに行きたいのです」等のLINEメッセージを送信したり架電した行為、飲み会の席上で、Xに対し、手を重ねるような形で握ったり、突然キスをして胸を触ったりした行為は、セクハラとして不法行為となり、②Y_2が、Xが他の従業員に対してセクハラ被害を相談したことを知り、不快感を抱き、Xが作成した

人事考課表につきXを強く叱責したり、会議という公開の場でXの支店長としての資質を貶めたり、助言を求めたXに対し人格否定につながる発言をしたりしたことは、いずれも業務上の指導の名を借りて行われたものであるが、原因とされたXの行為内容等に照らし、必要かつ相当な範囲を逸脱するものといえ、直属の上司としての立場を利用したパワハラと評価できるとされた。

マタハラやケアハラについても同様のことが起こり得る（ツクイほか事件・福岡地小倉支判平成28・4・19判時2311号130頁〔28241497〕）では、妊娠以前から、言葉遣いや仕草など、Xの勤務態度に問題があったため、改善を求める旨を述べると同時に、「妊婦として扱うつもりないんですよ」「万が一何かあっても自分は働きますちゅう覚悟があるのか、最悪ね。だって働くちゅう以上、そのリスクが伴うんやけえ」などの発言につき、嫌がらせの目的は認められないにしても、相当性を欠き、社会通念上許容される範囲を超えたものであって、妊産婦労働者の人格権を害するものとされた例もマタハラとパワハラとの混在型とも解される。厚生労働省HP「職場におけるハラスメント対策が事業主の義務になりました！」6頁でも、パワハラの解説の部分で、育児・介護休業法制度利用へのマタハラをパワハラの一種として取り上げている）。

3　セクハラからの保護

(1)　雇用機会均等法上の職場におけるセクハラ

　ア　対価型と環境型

雇用機会均等法11条1項におけるセクハラの概念は、労働者の意に反する性的な言動に対する対応により労働者が労働条件上不利益を受ける「対価型」と労働者の意に反する性的な言動により労働者の就業環境が害される「環境型」の両方を含んでいる。セクハラ指針で具体的な内容が示されている（セクハラ指針2(5)(6)参照）。

①　対価（代償）型

「職場において行われる労働者の意に反する性的な言動に対する労働者の対応により、当該労働者が解雇、降格、減給等の不利益を受けること」（セクハラ指針2(5)）。地位利用型と呼称される態様を含む。

②　環境型

「職場において行われる労働者の意に反する性的な言動により労働者の就業

環境が不快なものとなったため、能力の発揮に重大な悪影響が生じる等当該労働者が就業する上で看過できない程度の支障が生じること」である（セクハラ指針2(6)）。

性的噂を理由とするセクハラが認められた例として、福岡セクハラ事件（福岡地判平成4・4・16判時1426号49頁〔25000004〕）、東京セクハラ（出版社D）事件（東京地判平成15・7・7労働判例860号64頁〔28090350〕）参照。

イ　具体的態様

セクハラの具体的態様は極めて多様で、セクハラとパワハラの混在型もある（前掲風月堂事件、国・高松刑務所事件・高松高判令和4・8・30令和2年(ネ)127号公刊物未登載〔28302699〕等）。

\事例

前掲風月堂事件では、菓子製造販売の社員であった女性に対する継続反復のセクハラや暴言、暴行等により、人格権などを害され、退職を余儀なくされたとする民法715条に基づく損害賠償請求につき、女性の人格をおとしめる発言で、許される限度を超えているとして、請求を棄却した原判決を変更し、会社に約170万円の支払を命じた事例であるが、①被控訴人Y社経営の菓子店の店長であったAと、高卒で入社後同店配属となった契約社員の控訴人Xとは上司と部下という関係にあり、Aの各発言（「頭がおかしいんじゃないの」「エイズ検査を受けた方がいい」「処女じゃないでしょう」等）は全体的にみると、XにおいてAの発言を弾圧的なものとして受け止め、又は性的な行動を揶揄し、又は非難するものと受け止めたことにも理由があるというべきであり、男性から女性に対するものとしても、上司から部下に対するものとしても許容される限度を超えた違法な発言であったといわざるを得ないとされ、②Aの各言動について、男性であるAがY社の経営する本件店舗の店長としてその部下従業員で女性であるXに対して職務の執行中ないしその延長線上における慰労会ないし懇親会において行ったものであり、Y社の事業の執行について行われたものと認められるとされた。

前掲国・高松刑務所事件では、本件セクハラ行為について、高松刑務所柔道部の忘年会の二次会の帰り道に、D首席は、職員の手を握って歩き、また、職員を抱きしめ、頬に1回キスをするなどの行為を行ったこと等が認められ、上記は、恋愛関係にあるわけでもない男性上司が一方的に部下の女性の手を握ったり、抱きしめたり、キスをするという明らかなセクハラ行為であって、国もこの件でD首席を懲戒処分にしており、そして、本件セクハラ行為が高松刑務所柔道部の忘年会の二次会の帰途に行われたもので、忘年会自体は柔道部所属の高松刑務所職員相互の親睦を図る目的で開催さ

れたことが明らかであり、二次会も、上司であり、当時特に職員と交際していたわけでもないD首席が忘年会の延長線上で、部下である職員を誘ったものであって、私的な飲み会ということはできないから、二次会の帰途にされた本件セクハラ行為は、職務の執行に密接な関連を有する行為として、「職務を行うについて」されたと認めるのが相当であるとして、国は、国家賠償法1条1項に基づき、本件セクハラ行為により職員が被った損害を賠償する責任があるとされた。

(A) 身体的接触等

身体的接触等に関わるセクハラとしては、性的な関係の強要（航空自衛隊自衛官（セクハラ）事件・東京高判平成29・4・12労働判例1162号9頁〔28253657〕等）、**身体への不必要な接触**（データサービス事件・東京地判令和4・11・2令和3年㈦20865号等公刊物未登載〔29073591〕等）、**強制わいせつ行為**（富士通エフサス事件・東京地判平成22・12・27判タ1360号137頁〔28170513〕、東京セクハラ（食品会社）事件・東京地判平成15・6・6判タ1179号267頁〔28082447〕、損害賠償請求事件・東京地判平成28・12・21平成25年㈦17419号公刊物未登載〔28250501〕、W学園事件・東京地判平成30・1・12判タ1462号160頁〔29048856〕、前掲国・高松刑務所事件、ライフマティックス事件・大阪高判令和4・12・22令和4年㈹710号等公刊物未登載、医療法人愛整会事件・名古屋地岡崎支判令和5・1・16令和2年㈦935号等公刊物未登載〔28310303〕、長崎県事件・長崎地判令和5・1・24令和2年㈦213号公刊物未登載〔28310844〕等）、**強姦（不同意性交等）**等（バンク・オブ・インディア事件・東京地判平成11・10・27判時1706号146頁〔28051381〕等）である。

事例

前掲損害賠償請求事件、平成28年東京地判では、①上司であるBが退社する際に元従業員の頭部に触れたことが複数回あるものと認められ、Bの上記行為は、社会通念上許容される限度を逸脱し、元従業員の人格権を侵害した違法なセクハラ行為に当たるというべきであり、また、Bが元従業員に対して「愛してる」などとメッセージを送信したうえ、元従業員からはぐらかすような応答がされたことに対して「もう、いい」などというメッセージを送信した行為は、元従業員を不安・困惑に陥れ、以後の就業環境を不快なものにする言動であるから、社会通念上相当性を欠く違法なセクハラ行為に当たるというべきであるから、Bは、上記で指摘した言動について、元従業員に対し、不法行為責任を負うとされ、②A社は、新入社員に対してはセクハラ防止に係る研修を実施しているものの、Bのような中途採用者に対してはこれを実施していなかったものと認められ、上記指導・教育義務を一部懈怠していたものというべき

であり、そして、Bの違法なセクハラ行為は、その不適切であることが比較的明白な態様といえ、A社がBら中途採用者に対してもこうした指導・教育を適切に実施していれば、Bがこれらの行為に及ぶことを未然に防ぐことができた蓋然性が高いといえるから、A社は、債務不履行責任に基づき、Bのセクハラ行為により元従業員に生じた損害を賠償すべき責任を負うと解するのが相当であるとされた。

前掲ライフマティックス事件では、Cの言動は、元従業員の服装について、ことさら肌の露出を求めるという趣旨でいずれも元従業員に性的な不快感を与えるものとしてセクハラに該当し、Cの言動について、Cは、サービス等を提供する本件店舗に元従業員を誘って同行したうえ、本件店舗では、元従業員は、Cに女性店員と接吻や胸部を触り合う行為を求められ、真意において忌避する感情があったものの、断りにくい雰囲気を感じて、応じざるを得なくなり、男性上司らの面前で、女性店員と複数回の接吻をしたほか、女性店員との間で胸部を触り合う行為をするなど、Cの一連の言動は、明らかにセクハラに該当する行為であり元従業員の上司でありその雇用関係に強い影響力を有している者の行為として是認できないものであって、元従業員に耐え難い精神的苦痛を与えたものとの非難を免れず、またCの窓から飛び降りろなどという発言は、社会通念上明らかに相当性を欠いており、職場で上司がすべき発言とはいえず、「面白いことを言え」などの発言は、上記言動と併せて考慮すると、職場の上司が部下に対して不相当に苦痛を与える行為としてハラスメントに当たる可能性のある行為というべきであり、これらの行為は、全体として、元従業員の人格権を侵害した不法行為に当たる。

前掲長崎県事件では、同僚の行為は、職務関連性が認められるから、「職場において行われ」たものといえ、そして、同行為は、元職員の意に反して、同人に対してキスをしたり、同人を抱え上げてベッドに運び、同人の肩を押さえ付けて、さらにキスをしようとしたりしたというものであり、元職員の人格権（性的自由）を侵害し、精神的な苦痛を与えるものであるから、元職員の「意に反する性的な言動」（性的な関係の強要・必要なく身体に触れること）といえ、この結果、元職員は、イングリッシュセミナーへの参加を見送ることとなったのみならず、睡眠障害が生じ、自殺を考えるほどであったのであり、「就業する上で看過できない程度の支障が生じ」たといえるから、本件同僚の行為は、「環境型セクハラ」（職場において行われる労働者の意に反する性的な言動により労働者の就業環境が不快なものとなったため、能力の発揮に重大な悪影響が生じる等当該労働者が就業する上で看過できない程度の支障が生じること。セクハラ指針2(6)）に該当するとされた。ただし、被告の事前措置義務・事後措置義務について、被告には当該事前措置義務があったとまでは認められず、また事後措置義務違反があったとも認められないから、被告による債務不履行は成立しないとされた。

前掲W学園事件では、労働者が、唐突に両手を背中に回して、抱きしめるような態勢をとって、数秒間にわたって自己と間近に近づけて励ましの言葉を述べたこと等、各懲戒事由はセクハラに該当すると認められ、その主因には労働者の幼稚で、非常識な感覚が認められ、労働者の職歴や地位に照らしても、相応の懲戒又は人事上の措置が必要であるが、セクハラの程度が著しく重大・悪質な態様、程度のものであるとはいえず、労働者にわいせつな意図があったとも、上司としての権勢を意識的に利用する言動があったことも認められず、労働者には、不十分ながら謝罪や反省の意思も認められ、再び同種の行為を繰り返すおそれがあるというに足りる客観的に具体的な根拠はなく、免職以外の懲戒及び人事上の措置による対処の可能性も十分に検討されておらず、情状事実としての加害者と被害者との人間関係、それらが加害者の認識、意図等に与えた影響等も十分に考慮されておらず、本件免職は客観的に合理的な理由を備え、社会通念上相当なものとはいうには足りず、改めて免職以外の懲戒又は人事上の措置を講じるべきであるから、免職は無効とされた。

(B) 性的な内容の発言

性的な内容の発言に関わるセクハラとしては、性的な冗談、食事やデート等への執拗な誘い、意図的に性的な噂を流布する、性に関わる個人的な体験などを話したり、聞いたりすること等である。

例えば、名古屋セクハラ（K設計・本訴）事件（名古屋地判平成16・4・27労働判例873号18頁〔28092268〕〈「女性にはいつもやさしいね」「ぼくたちには、いつも冷たいけど」「そうだ、サービスが悪い」等の言動と抱きかかえに近い接触等が問題とされた〉）、前掲風月堂事件〈「エイズ検査を受けた方がいい」「処女じゃないでしょう」等の発言が問題とされた〉、東芝ファイナンス事件（東京地判平成23・1・18労働判例1023号91頁〔28171787〕〈女子社員に対し配慮を欠いた発言（「腹ぼて」「胸が大きくなった」）をし、性的な不快感を覚えさせたのであるから、同発言は性的な嫌がらせをする意図ないし故意を有しないものであったとしても、相手方の意に反する性的言動、すなわち、セクハラに該当するとされ、加害者への譴責処分は有効〉）、海遊館セクハラ事件（最一小判平成27・2・26労働判例1109号5頁〔28230774〕〈女性の年齢や未婚などをことさらに取り上げ著しく侮蔑的ないし下品な言辞で女性らを侮辱し又は困惑させる発言を繰り返し、派遣社員の給与が少なく夜間の副業が必要であるなどと揶揄する等の執拗な性的発言〉）、X法律事務所事件（東京地判平成27・3・11判時2274号73頁〔28240033〕〈「風俗嬢であることをねー、自慢にしてるよお前は！」〉）、前掲損害賠償請求事件・平成28年東京

地判〈「愛してる」などとメッセージを送信したうえ、元従業員からはぐらかすような応答がされたことに対して「もう、いい」などというメッセージを送信した行為〉、日本郵便（セクハラ）事件（徳島地判令和2・1・20平成29年(ワ)397号公刊物未登載〔28280479〕〈容姿を揶揄するような発言〉）、阪神高速トール大阪事件（大阪地判令和3・3・29労働判例1273号32頁〔28302923〕）、前掲ライフマティックス事件〈卑猥な発言等〉、医療法人社団慈昂会事件（札幌地判令和5・3・22令和4年(ワ)693号公刊物未登載〔28322857〕〈「クソ生意気な女」「バカ面白くない」「バカ女」などというその侮辱的な内容のほか、繰り返し「バカ」という侮辱的な言辞〉）等がある。

他方、A協同組合事件（東京地判平成10・10・26労働判例756号82頁〔28040976〕）では、二次会の飲酒強要がその程度に鑑みセクハラに当たらないとされ、サンホーム事件（東京地判平成12・4・14労働判例789号79頁）では、従業員との飲食の際の「若い女性と飲むとおいしいね」などの言動がセクハラとはいえないとされたが、このような発言でも、法的紛争化したこと自体に留意すべきである。

事例

前掲海遊館セクハラ事件では、下記のような言動が問題とされた。

別紙1　被上告人X₁の行為一覧表
1　被上告人X₁は、平成23年、従業員Aが精算室において1人で勤務している際、同人に対し、複数回、自らの不貞相手と称する女性（以下、単に「不貞相手」という。）の年齢（20代や30代）や職業（主婦や看護師等）の話をし、不貞相手とその夫との間の性生活の話をした。
2　被上告人X₁は、平成23年秋頃、従業員Aが精算室において1人で勤務している際、同人に対し、「俺のん、でかくて太いらしいねん。やっぱり若い子はその方がいいんかなあ。」と言った。
3　被上告人X₁は、平成23年、従業員Aが精算室において1人で勤務している際、同人に対し、複数回、「夫婦間はもう何年もセックスレスやねん。」、「でも俺の性欲は年々増すねん。なんでやろうな。」、「でも家庭サービスはきちんとやってるねん。切替えはしてるから。」と言った。
4　被上告人X₁は、平成23年12月下旬、従業員Aが精算室において1人で勤務している際、同人に対し、不貞相手の話をした後、「こんな話をできるのも、あとちょっとやな。寂しくなるわ。」などと言った。
5　被上告人X₁は、平成23年11月頃、従業員Aが精算室において1人で勤務している際、同人に対し、不貞相手が自動車で迎えに来ていたという話をする中で、「この前、カー何々してん。」と言い、従業員Aに「何々」のところをわざと言わせようとするように話を持ちかけた。
6　被上告人X₁は、平成23年12月、従業員Aに対し、不貞相手からの「旦那にメールを見られた。」との内容の携帯電話のメールを見せた。
7　被上告人X₁は、休憩室において、従業員Aに対し、被上告人X₁の不貞相手と推測できる女性の写真をしばしば見せた。
8　被上告人X₁は、従業員Aもいた休憩室において、本件水族館の女性客について、「今日のお母さんよかったわ…。」、「かがんで中見えたんラッキー。」、「好みの人がいたなあ。」などと言った。
以上
別紙2　被上告人X₂の行為一覧表
1　被上告人X₂は、平成22年11月、従業員Aに対し、「いくつになったん。」、「もうそんな歳になったん。結婚もせんでこんな所で何してんの。親泣くで。」と言った。
2　被上告人X₂は、平成23年7月頃、従業員Aに対し、「30歳は、二十二、三歳の子から見たら、おばさんやで。」、「もうお局さんやで。怖がられてるんちゃうん。」、「精算室に従業員Aさんが来たときは22歳やろ。もう30歳になったんやから、あかんな。」などという発言を繰り返した。
3　被上告人X₂は、平成23年12月下旬、従業員Aに対し、Cもいた精算室内で、「30歳になっても親のすねかじりながらのうのうと生きていけるから、仕事やめられていいなあ。うらやましいわ。」と言った。

4　被上告人X₂は、平成22年11月以後、従業員Aに対し、「毎月、収入どれくらい。時給いくらなん。社員はもっとあるで。」、「お給料全部使うやろ。足りんやろ。夜の仕事とかせえへんのか。時給いいで。したらええやん。」、「実家に住んでるからそんなん言えるねん、独り暮らしの子は結構やってる。MPのテナントの子もやってるで。チケットブースの子とかもやってる子いてるんちゃう。」などと繰り返し言った。
5　被上告人X₂は、平成23年秋頃、従業員A及び従業員Bに対し、具体的な男性従業員の名前を複数挙げて、「この中で誰か1人と絶対結婚しなあかんとしたら、誰を選ぶ。」、「地球に2人しかいなかったらどうする。」と聞いた。
6　被上告人X₂は、セクハラに関する研修を受けた後、「あんなん言ってたら女の子としゃべられへんよなあ。」、「あんなん言われる奴は女の子に嫌われているんや。」という趣旨の発言をした。

　前掲阪神高速トール大阪事件では、Xの、「Eさん、基本、男性用やから、男性用使わしてもらんやからー、下ろしたもんは、上げといてよ」等の本件各発言は、女性が男性も使用するトイレを使用した場合には、後に使用する男性のために便座を上げるべきという、性別により役割分担すべきとする意識に基づく言動（ジェンダーセクハラ）にほかならないと認められ、就業規則14条1項に違反するとされた。
　ウ　両性への規制等

　旧雇用機会均等法上のセクハラ概念では、男性へのセクハラや同性同士のセクハラは含まれていなかった。ただし、民事賠償責任等では、後述の職場環境調整義務違反の問題として、我が国でも起こっていた（日本郵政公社事件・大阪地判平成16・9・3労働判例884号56頁〔28100440〕〈男性職員が、同僚女性からセクハラ（「使用中」と表示されている男性浴室の更衣室に無断で入り込み、裸の上半身をじろじろ見つめながら「何してるの」「何でお風呂に入ってるの」などと発言したこと等）を受けたうえ、上司等から救済の申立てに対し適切な対応をとらないなどの二次被害を受けたとして、男性に対しセクハラによる使用者責任を認容。しかし、控訴審・大阪高判平成17・6・7労働判例908号72頁〔28110789〕では事実認定で結論が逆転〉）。現行法では男性へのセクハラも保護の対象とされ、事業主の義務も単なる配慮義務から防止措置義務と強化され、平成25年セクハラ指針の改正により、今まで解釈では認められていた同性同士のセクハラも含まれることが明文化された。さらに、平成28年8月2日に改正された同指針により、同性間のセクハラ、さらに、いわゆるLGBTへの対応も、被害を受けた者（以下、「被害者」という）の性的指向又は性自認にかかわらず、当該者に対する職場におけるセクハラ（いわゆるSOGIハラも、法及び指針の対象となることが明記された。上記Ⅱ3⑷「LGBTQ」参

照)。

　さらに、事業主以外の加害者自身も、「同一の事業場に雇用される労働者その他の参考人」として、調停の相手方に入れての調停を可能とし、セクハラについても企業名公表制度の対象とされた（雇用機会均等法20条参照）。

　　エ　「職場」の定義

　セクハラ指針2(2)では「職場」につき、当該労働者が通常就業している場所以外の場所であっても、「職場」に含まれ得るとし、特に宴席がセクハラの舞台となりやすいことを踏まえ、「例えば、取引先の事務所、取引先と打合せをするための飲食店、顧客の自宅等であっても、当該労働者が業務を遂行する場所であればこれに該当する」とした。しかし、事業主自体の宴席、懇親会等については明言せず、いわゆるグレーゾーンとなっている。しかし、会社が主催し、費用も負担している一次会だけでなく、管理職や役員同席の二次会、三次会などは職場の延長とされやすい。

　実際、裁判例では、多発している宴席でのセクハラが問題とされている（前掲A協同組合事件〈二次会での否定例〉、前掲サンホーム事件、広島セクハラ（生命保険会社）事件・広島地判平成19・3・13労働判例943号52頁〔28132253〕、日本郵便（セクハラ）事件・徳島地判令和2・1・20平成29年(ワ)397号公刊物未登載〔28280479〕〈宴席での容姿を揶揄するような発言〉、海外需要開拓支援機構ほか1社事件・東京高判令和3・5・13令和2年(ネ)1867号等公刊物未登載〈否定例だが歓送迎会である一次会、これに続く二次会〉、前掲ライフマティックス事件〈風俗店での宴会〉、前掲国・高松刑務所事件、前掲データサービス事件等）。

事例

　前掲日本郵便（セクハラ）事件では、本件歓送迎会におけるB・Cのセクハラ行為の有無について、Cが、女性従業員に聞こえる状態で、Dに対して女性従業員が性的対象となるかを尋ねるなどの発言をしたこと、これを受けたDが、女性従業員を指して「これはデブ過ぎる」などとその容姿を揶揄するような発言をしたり、Cとのキスを求める発言をしたりしたこと、及び、Dが、女性従業員に対してその意に反する性的な発言を繰り返したことは、いずれも女性従業員の人格権を侵害する違法な行為であるといえ、そして、B・Cの発言は、同人らが一体となって一連の流れの中でしたものであるから、共同不法行為に当たり、本件歓送迎会において、B・Cによる女性従業員に対する違法なセクハラ行為があったと認められるとされた。ただし、本件歓

送迎会は、本件労組の組合員のみを対象として、当該組合員の業務時間外に開催した歓送迎会であり、会社が当該開催の事実を把握していたなど、会社の関与があったといいうる事情は認められず、また、本件歓送迎会の内容を見ても、専ら本件労組の組合員同士の懇親を図ることを目的としたものとうかがわれ、これと異なる事情は認められないから、本件歓送迎会が、会社の事業の執行行為としてなされたものではないことは明らかであり、当該執行行為と密接な関連を有するものともいえないから、本件歓送迎会の中でのB・Cの女性従業員に対する発言は、会社の「事業の執行について」（民法715条1項本文）なされたものとはいえないとされた。

　前掲ライフマティックス事件では、Cがした裁判所認定に係る言動の違法性について、Cは、女性店員が上半身には下着を着けないままワイシャツを、下半身には臀部が見えるくらいの短い丈のスカートをそれぞれ着用したうえで接客し、サービス等を提供する本件店舗に元従業員を誘って同行したうえ、本件店舗では、元従業員に対し、強要はしていないものの、淫らな行為をすることを勧める趣旨の発言をし、その結果、元従業員は、Cからの評価を獲得したい等との心情から、底意では必ずしもそれを望んでおらず、抵抗感を抱くなどしつつ、男性上司らの面前で、女性店員と複数回の接吻をしたほか、女性店員との間で胸部を触り合う行為をするなどし、その間、Cは、元従業員の雇用関係に自らが強い影響力を有しているという立場を認識しながらも、元従業員に対し、更に淫らな行為をするよう煽る趣旨の発言をしたり、元従業員が女性店員の胸部を触れる際の挙動をみて、性的羞恥心を一層害するような卑わいな発言をするなどしたものであり、Cが元従業員に対してした本件店舗への元従業員の同行及び本件店舗内での一連の言動は、社会通念上、許容される限度を超えて、元従業員に対して精神的苦痛を与えたと評価でき、元従業員の人格権を侵害した不法行為に当たるものと認めることが相当であるとされた。

　前掲データサービス事件では、Cは、飲み会の際、Dが、元従業員に対して、元従業員の意に反して、抱きつくなどの行為（以下、本件行為）に関して、酔っ払いに絡まれたのと同じである、会社はあんなことくらいじゃ動かない、自分でなんとかすべきである旨発言したことが認められ、このようなCの言動は、本件行為により被害を受けた元従業員の心情を害するものであって、故意又は過失により元従業員の人格的利益を侵害するものであるから、不法行為を構成するというべきであり、また、Cは、内定者懇談会において、過去に名刺交換をした際、交互に相手より下に出そうとして堂々巡りになってしまったことを引き合いに出す趣旨でのCの発言は、元従業員を侮辱するものであって、故意又は過失により元従業員の人格的利益を侵害するものであるから、不法行為を構成するというべきであり、さらに、Cは、学生向けのイベントに参加した際のCの発言は、元従業員が学生に間違われたことに関して、元従業員を揶揄するものであって、故意又は過失により元従業員の人格的利益を侵害するもので

あるから、不法行為を構成するというべきであるとされた。
　オ　労働者の範囲

　雇用機会均等法上のセクハラとして保護対象の労働者に派遣労働者は入るが、個人委託や、業務請負等の労働者が入っていない。しかし、【論点1】4のパワハラで前述した職場環境調整義務の違反に基づく損害賠償請求が可能な場合があり、加害者に対する異動等の人事上の措置や懲戒処分はあり得る（アムールほか事件・東京地判令和4・5・25労働判例1269号15頁〔28302388〕）、フリーランサーへのセクハラにつき【論点1】参照）。

(2)　セクハラ該当性の一般的な判断基準

　セクハラに当たるか否かは、言動、回数、性格、意識、場所、抗議後の対応と態様、職場での相互の地位等の総合的相関関係で決まる。判例によれば、「職場において、男性の上司が部下の女性に対し、その地位を利用して、女性の意に反する性的言動に出た場合、これがすべて違法と評価されるものではなく、その行為の態様、行為者である男性の職務上の地位、年齢、(中略)婚姻歴の有無、両者のそれまでの関係、当該言動の行われた場所、その言動の反復・継続性、被害女性の対応等を総合的にみて、それが社会的見地から不相当とされる程度のものである場合には、性的自由ないし性的自己決定権等の人格権を侵害するものとして、違法となる」とされる（金沢セクシュアル・ハラスメント事件控訴審・名古屋高金沢支判平成8・10・30判タ950号193頁〔28020343〕。上告審・最二小判平成11・7・16労働判例767号14頁〔28042625〕、最二小判平成11・7・16労働判例767号16頁〔28042626〕）でも支持された）。

　さらに、判断基準として、熊本セクハラ教会事件（神戸地尼崎支判平成15・10・7労働判例860号89頁〔28223707〕）は、雇用関係等の継続的関係を背景として生じる行為については、個別の行為を分断して評価すべき特段の事情のない限り、一連の経過を全体としてとらえて考察するのが相当としている。逆に、これらの基準に従い、棄却例も多い。

　また、被害者が自発的に交際を解消することなく加害者から高額な経済的支援を受けていたような場合では違法性が否定されることがある（S工業事件・東京地判平成22・2・16労働判例1007号54頁〔28162584〕）。

また、セクハラがパワハラとも解される場合がある（前掲風月堂事件）。

(3) セクハラに関する損害賠償請求の裁判例における動向

　ア　加害者

経営者、役員、管理職が、圧倒的に多い。加害者が顧客というセクハラ事例もある。職場において上下関係にない従業員間でのセクハラ事案もあるが（前掲長崎県事件等）、数は少ない。

　イ　被害者

弱者が標的とされる。非正規（任期雇用職員等）、個人請負、派遣（否定例だが前掲海外需要開拓支援機構ほか1社事件）、下請労働者等の女性が圧倒的に多い。女性でも、子どもを抱えて生活している女性、退職すると次の仕事に不安を抱える者、年齢の若い女性等、弱い立場にある女性が被害者となる事案が多くみられる。

(4) 複数企業間をめぐるセクハラへの協力義務

事業主は、他の事業主から当該事業主の講ずる職場における性的な言動に起因する問題に関する雇用管理上の措置の実施に関し必要な協力を求められた場合には、これに応ずるように努めなければならない（雇用機会均等法11条3項）。

セクハラ指針でも言及されているように、営業担当者が顧客接待中に受けるセクハラや、報道関係社者取材先から受けるセクハラのように、セクハラの存否・程度・経緯等につき、他の企業の調査協力が必要な場合がある。そこで、雇用機会均等法は、まずは、努力義務であるが、かかる場合に備えて、企業間の協力義務を定めた。

しかし、「複数企業間をめぐるセクハラへの協力義務」は、セクハラに限られ、マタハラ、パワハラ等には規定されていない。立法論的には、マタハラでも、パワハラでも、複数企業間をめぐる事象はあり得るところで（例えば、パワハラ指針では、他の事業主の労働者に対するパワハラや顧客からの後述のカスハラと言われるパワハラ防止努力義務が定められている）、今後の適用範囲の拡大と措置義務への強化が期待される。

今後、この規定を使って、雇い主だけでなく、必要な協力を怠った客先企業やその直接加害者をも巻き込んだ損害賠償請求などもしやすくなったとも解し

得るところである。

　(5)　セクハラにおける事実認定の困難

　　ア　行為の存否の認定

　強制性交等を伴うような事案ではかなり微妙な判定となることは、第1審（横浜地判平成7・3・24判時1539号111頁〔27828035〕）が覆った横浜セクハラ事件（東京高判平成9・11・20判時1673号89頁〔28030237〕）等が参考となるが（旭川セクハラ事件・旭川地判平成9・3・18労働判例717号42頁〔28021276〕〈詳細な認定を示した〉、秋田県立農業短大事件・仙台高秋田支判平成10・12・10判時1681号112頁〔28040972〕、神奈川県立外語短大事件・東京高判平成11・6・8労働判例770号129頁〔28050124〕〈第1審・横浜地川崎支判平成10・3・20労働判例770号135頁〔28050125〕を破棄した棄却例〉）、近時では、被害女性の被害後の不自然な行動等につき、PTSD（post-traumatic stress disorder/心的外傷後ストレス障害）等の精神疾患・症状等への考慮等が判例の事実認定において反映されている（独立行政法人L事件・東京高判平成18・3・20労働判例916号53頁〔28111721〕〈あえて前掲横浜セクハラ事件・東京高判とは事案を異にするとして、セクハラを否定した例〉）。最近でも、地裁と高裁の判断が分かれることは少なくない（P大学（セクハラ）事件・大阪高判平成24・2・28労働判例1048号63頁〔28181640〕、前掲風月堂事件、M社（セクハラ）事件・東京高判平成24・8・29労働判例1060号22頁〔28181844〕、イビケン事件・名古屋高判平成28・7・20労働判例1157号63頁〔28252165〕等）。

　　イ　同意の存否・評価

　最近増加しているのが一見すると同意のうえの性的言動であるにもかかわらず、加害者と被害者の関係や女性の心理状況の分析から抵抗できなかった状況を認定する例などが増え始めていることである。例えば、かかる同意下での性的関係の維持がセクハラに当たることが認められた前掲金沢セクシュアル・ハラスメント事件・最二小判平成11・7・16等。特に、いわゆるキャンパスセクハラの事案ではあるが、大学招へい講師事件（東京高判平成16・8・30時1879号62頁〔28100351〕）が「たとえ外観的・物理的には、（中略）男性の性的行為を拒絶することができたといい得る状況であったとしても、それまでに至る過程の中で、

その女性の精神状態に、その男性の誘いを拒絶することができない心理的な束縛が生じて、(中略) 女性が精神的にそのような心理状態に陥ったことについて、男性の側にそのような状態にさせる明確な誘導の意図があると認められる場合には、その男性の女性に対する上記性的行為は、女性がその心理的状況において拒絶不能の状態にあることを利用し、女性を一時的な性的欲望の対象としてもてあそんだものと評価すべき」と述べているのが参考になる。同旨の例として、前掲M社（セクハラ）事件〈代表取締役の要求に応じて性行為を受け入れたことについては、女性の望んだことではなく、自分の置かれた立場を考えてやむなく受け入れたもので、心理的に要求を拒絶することが困難な状況にあり、女性の自由な意思に基づく同意があったとは認められない〉、ワカホ事件（東京地判平成24・6・13労経速報2153号3頁〔28182394〕〈加害者は女性が会社に入社した当時から女性に好意を寄せており、職場上の上下関係を利用して、女性に対し、性行為を含めた性的な関係を強要してきたものとして、不倫関係にあったとの反論が、認められず、セクハラ行為を理由とする損害賠償請求が認められた〉）、医療法人社団恵和会ほか事件（札幌地判平成27・4・17労旬1846号64頁〔28231736〕〈自発的な要素もある〉）等。

　これに関連して、令和5年7月13日から施行されている改正刑法の不同意わいせつ罪（刑法176条）と不同意性交等罪（同法177条）において、「同意しない意思を形成し、表明し、若しくは全うすることが困難な状態にさせ又はその状態にあることに乗じて」の例示として、「経済的又は社会的関係上の地位に基づく影響力によって受ける不利益を憂慮させること又はそれを憂慮していること」(同法176条8号)が明示され、その具体的内容として、「上司・部下、教師・生徒などの立場ゆえの影響力によって不利益が生じることを不安に思うこと」と指摘されていること（「不同意性交等罪・不同意わいせつ罪（改正）」法務省HP掲載）。今後、セクハラが同罪で刑事処分される可能性が高まっただけでなく、同意認定に影響を与えるであろう。

　裁判例においては、既に、同趣旨が判示されて、不同意が認定されている（前掲P大学（セクハラ）事件、奈良市事件・大阪高判令和2・10・1令和2年（行コ）14号公刊物未登載等）。

逆に、好意を抱いていたのではないかと窺知できるなどとして同意があるとされたり（世田谷区議事件・東京高判平成21・2・12判時2044号77頁〔28152299〕等）、条件付きで定期的に食事等に応ずるという状態を自発的に解消しようとはしなかったとして不法行為の成立が否定されたいわゆる自発的な要素を有する例もある（S工業事件・東京地判平成22・2・16労働判例1007号54頁〔28162584〕では、セクハラにつき、外形的な該当性を認めながら、女性労働者が、上司の過剰な干渉を受けながらも、条件付で定期的に食事等に応ずるという状態を自発的に解消しようとはしなかったとして不法行為の成立が否定されている。いわゆる自発的要素を有するセクハラ否定例ともいえ、注目される）。

事例

前掲P大学（セクハラ）事件では、①本件当日の経緯に関する訴外Aの証言等は、具体的かつ詳細で、迫真性もあるうえ、終始一貫しており、その内容等に特段不自然・不合理な点はないこと、また、Aは、本件当日以降、それまでの表面的態度を一変させて、Xを避けるようになったところ、これは、Xからセクハラ行為を受けたためであると考えられ、同行為があったことの証左というべきであること、加えて、Aは、その後に心身に変調を生じているところ、その症状はセクハラの被害者にみられる症状と一致しているとの専門家の所見があり、この点もXによるセクハラ行為の存在を推認させるものであるとされ、セクハラ行為があったとは認められないとして懲戒処分を無効とした第1審判決が取り消され、②Aは本件学部におけるXと自己との関係を考慮し、Xの機嫌を損ねることを避け、自己に不利益等が生じないようにしたいと思って本件店舗で最後まで同席したり、同一のルートを通って帰宅し、別れ際に握手を求めたり謝礼のメールを送信したりしたものと認めるのが相当であり、AがXの言動に対して何ら不快感を抱かなかったといえるものでないことはもちろん、セクハラ行為がなかったことを推認させるといえるものでもないとされた。

前掲奈良市事件では、奈良市及びE職員は、元職員が本訴提起までE職員その他の者にセクハラ、パワハラによる被害を訴えていないから、E職員から被害を受けたという元職員の供述は不自然で、信用できない旨主張するが、元職員は、受験したストレスチェックにより専門家等への相談を推奨される結果となり、産業医であるF医師と面接し、その際、F医師に対し、E職員から「お前が大嫌い」と言われる、あからさまに嫌な態度をとられる、E職員が若い職員にセクハラをする、派閥を作っている、などと訴えており（F医師作成の「メンタルヘルス　面接指導結果報告書」「相談概要」欄の記載内容、記載順序等に照らしても、元職員はF医師に対し、若い職員のみならず元職員自身へのE職員のセクハラ行為をも訴えているとみる方がより自然である）、

そして、元職員は、抗議等をしなかった理由として「やっぱり職場を辞めさせられるのが怖かったからです」などと述べているが、任用期間が限定的で、地位が不安定といえる非正規の嘱託職員であった元職員において、実際は被害を受けていたとしても、更なる被害や失職を恐れ、あるいは、再度任用されることを優先して、抗議をしたり被害を訴えたりすることをためらい、これをしなかったとしても理解できるところであるから、元職員及びE職員の上記の主張は採用できないとされた。

4 マタハラからの保護

(1) 被害状況

妊婦保護制度等の充実化や、マタハラ、ケアハラ防止措置義務への強化等に伴う権利意識の高揚と、女性労働者の結婚・出産後の就労継続の拡大に伴い、マタハラやケアハラ発生の危険が増大し、相談・紛争は確実に増加している。例えば、厚生労働省の各県の雇用環境均等部（室）への相談件数は依然高止まり状態となっている。

令和4年度の「男女雇用機会均等法の施行状況」（厚生労働省HP）においても、都道府県労働局雇用環境均等室への男女雇用機会均等法関連の相談で、マタハラに関するものがセクハラに匹敵する割合を示している。

なお、マタハラ、ケアハラに関する不利益取扱い禁止に関しては、上記Ⅱ3(3)「障害者」、(5)「育児・介護」で詳述しているので、ここではそれ以外の論点を概説する。

(2) マタハラの定義

ア 定義

マタハラとは、職場における妊娠、出産等に関するハラスメントのことをいう。
ここでいう「職場」については、前述のパワハラやセクハラと同様に、事業主が雇用する女性労働者が業務を遂行する場所を指し、当該女性労働者が通常就業している場所以外の場所であっても、当該女性労働者が業務を遂行する場所については、「職場」に含まれる。

イ 業務上の必要性の判断

妊娠の状態や育児休業制度等の利用等と嫌がらせとなる行為の間に因果関係があるものがマタハラに該当する。なお、業務分担や安全配慮義務等の観点から、客観的にみて、業務上の必要性に基づく言動によるものはマタハラには該

当しない。

　部下が休業するとなると、上司としては業務の調整を行う必要がある。妊娠中に医師等から休業指示が出た場合のように、労働者の体調を考慮してすぐに対応しなければならない休業について、「業務が回らないから」といった理由で上司が休業を妨げる場合はマタハラに該当する。しかし、ある程度調整が可能な休業等（例えば、定期的な妊婦健診の日時）について、その時期を調整することが可能か労働者の意向を確認するといった行為までがマタハラとして禁止されるものではない。ただし、労働者の意を汲まない一方的な通告はマタハラとなる可能性がある。

(3)　マタハラの類型

マタハラ指針では、マタハラについて、以下の2つの類型に整理している。

　ア　制度等の利用への嫌がらせ型

その雇用する女性労働者の労基法65条1項の規定による休業（産前産後休業）その他の妊娠又は出産に関する制度又は措置の利用に関する言動により就業環境が害されるもの

　ここでいう「制度又は措置」について、具体的には以下のものが該当する。

① 妊娠中及び出産後の健康管理に関する措置（母性健康管理措置）（雇用機会均等法施行規則2条の3第3号）
② 坑内業務の就業制限及び危険有害業務の就業制限（同条4号）
③ 産前休業（同条5号）
④ 軽易な業務への転換（同条6号）
⑤ 変形労働時間制がとられる場合における法定労働時間を超える労働時間の制限、時間外労働及び休日労働の制限並びに深夜業の制限（同条7号）
⑥ 育児時間（同条8号）

　イ　状態への嫌がらせ型

その雇用する女性労働者が妊娠したこと、出産したことその他の妊娠又は出産に関する言動により就業環境が害されるもの。

▶事例

　前掲ツクイほか事件では、介護職員に対するマタハラ等の存否と妊婦への健康配慮

義務等が問題となったが、①被告Y_1社が経営するデイサービスのA営業所で介護職員として勤務していた原告Xに対して、妊娠を理由とする業務軽減に関する面談時に被告Y_2が行った発言（妊娠以前から、言葉遣いや仕草など、Xの勤務態度に問題があったため、改善を求める旨を述べると同時に、「妊婦として扱うつもりないんですよ」「万が一何かあっても自分は働きますちゅう覚悟があるのか、最悪ね。だって働くちゅう以上、そのリスクが伴うんやけえ」などの発言）につき、嫌がらせの目的は認められないにしても、相当性を欠き、社会通念上許容される範囲を超えたものであって、妊産婦労働者の人格権を害するものとされ、②Y_2が、Xとの面談から1か月経っても、業務軽減に対応しなかったことが、従業員の職場環境を整え、妊婦であったXの健康に配慮する義務に違反したものとして、Y_2の不法行為責任及びY_1社の使用者責任が肯定された。

医療法人社団A事件（東京地判令和5・3・15労働判例1303号53頁〔28312467〕）では、Xは、令和元年5月、被告Y_1との間で労働契約を締結し、歯科医師として本件歯科医院で稼働していたところ、同2年9月18日頃、Y_1の理事長兼歯科医院の院長であるY_2に、妊娠の事実及びひどいつわりを理由に休職の意向を伝え、同年10月30日まで就労しなかった。Xは同年11月に一度復職したが、同3年1月22日から同年3月29日まで神経性胃炎等を理由に再度休職したうえ、続けて同月30日から産前休業に入り、同年5月14日に出産して産後休業となり、同年7月10日から育児休業に入った。さらに、Xは、出産から1年後の令和4年5月14日から就労する意思をY_1に通知したが、Y_1の安全配慮義務違反を主張して実際には就労していない。かかる状況下で、Xは、①Y_2から不法行為を受けたことを主張してYらに対し、連帯して不法行為及び一般社団・財団法人法78条に基づく損害賠償等、②令和2年1月及び③同年10月各支給分の給料に有給休暇取得分が反映されていないことを主張して未払賃金、④安全配慮義務が果たされていないとして同4年5月14日以降の未払賃金の各支払を求めて提訴した。判決は、上記①に関し、Xは、診療予約の変更、予約受付枠を入力できないようにした行為など72にも及ぶ不法行為を主張したところ、裁判所は、業務の割振りに関する使用者の裁量を認め、うちX主張の事実が認められない行為、及び業務上の必要性が認められる大半の行為については不法行為を否定したが、令和2年11月下旬から12月中旬までの診療予定表に入力されたXの診療予定時間を独断で延ばして診療予約を入りにくくした等の4つの行為については、業務上の必要性を認めず不法行為と判断した（ただし、給与の最低保証額が適用されて逸失利益がなく、慰謝料も否定した）。

アメリカン・エキスプレス・インターナショナル・インコーポレイテッド事件（東京高判令和5・4・27労働判例1292号40頁〔28311891〕）では、経済的な不利益のない配置の変更であっても、業務の内容面において質が著しく低下し、将来のキャリア形成に影響を及ぼしかねない措置は、原則として雇用機会均等法及び育児・介護休業法の

禁止する取扱いに当たるとされた例。育児休業等取得後の管理職従業員に対し、1人の部下も付けずに優先業務として自ら電話営業をさせたことが雇用機会均等法9条3項又は育児・介護休業法10条に違反する不利益取扱いとされた例。育児休業等の取得後の従業員にとった雇用機会均等法及び育児・介護休業法の禁止する不利益取扱いについて、慰謝料200万円が認められた。

5 ケアハラからの保護

　事業主は、職場において行われるその雇用する労働者に対する育児休業、介護休業その他の子の養育又は家族の介護に関する厚生労働省令で定める制度又は措置の利用に関する言動により当該労働者の就業環境が害されることのないよう、当該労働者からの相談に応じ、適切に対応するために必要な体制の整備その他の雇用管理上必要な措置を講じなければならない（育児・介護休業法25条）。

　具体的内容については、ケアハラ指針第2の14が定めている。上記4のマタハラ指針と区別されて、ケアハラと命名されているが、適用対象制度が異なるだけで、法的効果、不法行為法上の取扱いでは、セクハラ指針、マタハラ指針につき前述したことが当てはまる。世間的には、一括してマタハラといって大過ない。

6 カスハラからの保護

(1) カスハラからの保護の概要

　パワハラ指針により他の事業主の雇用する労働者等からのパワハラや顧客等からの著しい迷惑行為と言及され、厚生労働省から、対応マニュアルも公表され、望ましい取組事例が紹介されている。カスハラによる精神疾患への労災認定事例も出ており、令和5・9・1基発0901第2号「心理的負荷による精神障害の認定基準」でも、業務による心理的負荷評価表においても、「顧客や取引先、施設利用者等から著しい迷惑行為を受けた」ことが明示された。

(2) カスハラ防止措置義務

　パワハラ指針7は、他の事業主の雇用する労働者等からのパワハラや顧客等からの著しい迷惑行為（(暴行、脅迫、ひどい暴言、著しく不当な要求等）であって、就業環境が害されるもの。以下、「カスハラ」という）に関しても、

① 相談に応じ、適切に対応するために必要な体制の整備、

② 被害者への配慮のための取組、

③ 被害を防止するための取組

等の取組を行うことが望ましいとしている。

　既に、行為への対応に関するマニュアルの作成や研修の実施等の取組を行うことに関して、カスタマーハラスメント対策企業マニュアル作成事業検討委員会（顧客等からの著しい迷惑行為の防止対策の推進に係る関係省庁連携会議）「カスタマーハラスメント対策企業マニュアル」（厚生労働省HP。以下、「カスハラ・マニュアル」という）が公表されている。

(3)　カスハラに関する裁判例

　民事損害賠償等においては、この努力義務が職場環境調整義務の一環とされてその違反に対して雇主事業主のみに対して、あるいは加害者やその所属する事業主も含めて、損害賠償が請求されることがあり得る。

\事例

　佐賀県農業協同組合事件（佐賀地判平成30・12・25平成28年(ワ)331号公刊物未登載〔28282005〕）は、顧客である組合員の行為等につき農協に安全配慮義務違反は認められないとして、損害賠償等請求が斥けられた例で、①本件事件の中核である行為は、組合員であるAが、部会の研修旅行の際、元職員の宿泊する部屋を深夜に1人で訪れ、入室させるよう求め、これに応じた元職員と室内で話をしていた際、30分ほどが経過したところで、いきなり原告に抱き付いてキスをし、口の中に舌を入れ、着衣内に手を入れて乳房を揉み、着衣内に顔を押し込んで乳房を舐め回し、ショーツの上から臀部を撫で回すなどのわいせつ行為をしたというものであり、他方、農協の予見可能性を基礎付ける出来事として元職員が主張するのは、農協の組合員が、部会の研修旅行中に昼間から飲酒のうえ、移動のバスの中で元職員の脚を触り、背後から元職員に抱き付いて胸に手を当てた、全裸でサービスをするコンパニオンを懇親会に呼んだ等というものであるが、上記の出来事に係る行為者は、いずれもAではないし、行為は、好意を抱いていた女性の部屋で、深夜2人きりになったことを奇貨として及んだわいせつ行為であり、部会の研修旅行に係る営農指導員としての業務の遂行に内在又は随伴する危険が現実化したものと評価することは困難であり、また、元職員が主張する出来事が本件事件を予見させるものであったとは認められないから、本件事件について、農協に予見可能性があったということはできないとされ、②職員でないAに対し、農協が実効性のある措置を講ずることには困難な面があるところ、農協は、内部的に、Aが、元職員に対し、被害賠償を行う措置を講じており、元職員は、懇親会にコンパ

ニオンを呼ぶこと自体をやめるべきであるというが、部会の活動に係る意思決定は部会自身が行うのであり、研修旅行・懇親会の内容について決定するのも部会自身であるから、コンパニオンを呼ばない等の懇親会に係る監督・指示・決定の権限が農協にあるとは認められず、農協の職員は、事務委託契約に基づき、部会の研修旅行に随行するにすぎないから、随行を要しないとするは、再発防止に向けた措置として、より現実的なものというべきであること等から、本件事件に関し、農協に事後措置義務違反があったとはいえず、農協に安全配慮義務違反があったとは認められないから、元職員の請求は理由がないとされた（職員でないAによる職員に対する強制わいせつ的行為や性的サービスを提供する宴会への参加を業務として義務付けるのは環境型セクハラの非難は回避できず、重大な疑問があったところ、福岡高判令和元・6・19労旬1954号55頁〔28280789〕で一部認容となった）。

NHKサービスセンター事件（横浜地川崎支判令和3・11・30労経速報2477号18頁〔28301360〕）においては、法人において、わいせつ発言や暴言、著しく不当な要求を繰り返す視聴者に対して現場のコミュニケーターに電話を受けさせないようにする義務、わいせつ発言や暴言、著しく不当な要求を繰り返す視聴者に対して刑事・民事等の法的措置をとる義務をそれぞれ有していたにもかかわらず、これを怠って、安全配慮義務に違反した旨主張がなされ、カスハラ防止措置義務違反が問われたが、裁判所は、法人は、NHKから業務委託を受けている立場にあり、法人の判断のみでは、受信料を支払っている視聴者に対して刑事告訴や民事上の損害賠償請求といった強硬な手段をとることは困難であること、また、視聴者によるすべてのわいせつ発言、暴言、理不尽な要求等についてかかる強硬な手段をとることは不可能であり、仮にそのような手段に出たときには視聴者の反感を買ってかえってクレームが増加し、コミュニケーターの心身に悪影響を及ぼすおそれすらあることなどを考慮すると、わいせつ発言や暴言、著しく不当な要求を繰り返す視聴者に対し、法人が直ちに刑事・民事等の法的措置をとる義務があるとまでは認められないこと等から、法人について元職員に対する安全配慮義務を怠ったと認めることはできない、として請求を棄却した。

一般財団法人NHKサービスセンター事件（東京高判令和4・11・22令和3年㈱5582号公刊物未登載）でも、元職員は、法人において、〔1〕わいせつ発言や暴言、著しく不当な要求を繰り返す視聴者に対して現場のコミュニケーターに電話を受けさせないようにする義務、〔2〕わいせつ発言や暴言、著しく不当な要求を繰り返す視聴者に対して刑事・民事等の法的措置をとる義務をそれぞれ有していたにもかかわらず、これを怠って、安全配慮義務に違反した旨主張するが、視聴者のわいせつ発言や暴言、著しく不当な要求からコミュニケーターの心身の安全を確保するためのルールを策定したうえ、これに沿って対処をしていることが認められ、また、視聴者によるすべてのわいせつ発言、暴言、理不尽な要求等について刑事告発や損害賠償請求等の法的措置の

ような強硬な手段をとることは、事実上不可能であるばかりかかえって視聴者の反感や反発を招いてクレームが更に増加し又は激化し、コミュニケーターの負担を増大させるなど、対応に苦慮することが想定されており、法人においては、視聴者のわいせつ発言や暴言、著しく不当な要求からコミュニケーターの心身の安全を確保するためのルールとして定められているうえ、これに沿った対処がされていたこと等に照らせば、法人において、元職員とその応対した視聴者とのやり取りに関して、わいせつ発言や暴言、著しく不当な要求を繰り返す視聴者に対して現に刑事告発や損害賠償請求等の法的措置を採る必要が具体的にあったのにこれをとるべき義務を怠ったものとはにわかに認め難いものというべきであること等から、元職員の請求は、いずれも理由がないとされた。

　しかし、今後は、カスハラ・マニュアルへの違反や精神障害の労災認定基準の心理的負荷表におけるカスハラ事案の整理と処理が、企業としての職場環境調整義務の内容を確定する際に参考となり、企業の責任が問われる事態も起こり得る。

　既に、カスハラによる脳・心疾患による労災認定の裁判例も出ている。国・宮崎労基署長（宮交ショップアンドレストラン）事件（福岡高宮崎支判平成29・8・23判時2402号81頁〔28254632〕）では、本件疾病発症の6月前からの時間外労働時間は、1月当たり、約46.15時間、71.56時間、55.295時間、54.06時間、47.33時間、62.2時間で、6か月平均56時間15分で、労働時間基準に満たないとしても、相当長時間のものであると評価できるとしたうえで、商品に異臭がするとのクレーム対応のいわゆるカスハラを考慮して労災を認めている。

（岩出誠）

III 労働条件の決定・変更

1 労働条件の規律

(1) 法令

【概要】

　労働関係は労使間の合意（労働契約）に基づいて成立・展開していくものであるため、通常の契約と同様に民法によって規律されるのが原則である。しかし、労働者は使用者と対等に交渉できないのが通例であるため、労働契約に純粋な契約理論を適用することは妥当でない。そこで、労働関係においては民法規定を修正するための保護的立法が行われている。そのうち最も重要なのが労基法である。

　労基法で定められた基準に達しない労働条件を定める労働契約は無効であり、無効となった部分は同法の基準が労働契約内容となる（同法13条）。これを労基法の最低基準効という。また、同法の違反に対しては罰則及び行政監督が用意されており、法違反があった場合、労働者が裁判で訴えなくとも、国家の側から制裁措置が発動され、労働者保護が実現され得る。

　もっとも、労基法の最低労働基準については、一定の場合に、事業場の過半数代表（過半数組合又は過半数代表者）との協定（労使協定）によって基準を下回ることが認められており、この方式による最低基準の例外が近年増大している。また、労使同数で構成される労使委員会は、委員の5分の4以上の多数による決議によって労働時間規制の例外を定め（労基法38条の4第1項、41条の2第1項）、さらに労使協定に代替する決議を行うことが広く認められている（同法38条の4第5項）。

　労基法が最低労働基準を定めるのに対し、労契法は、民法の特別法として、個別労働紛争を規律する私法上のルールを定めている。また、法律に明記されていないところでは、労働者保護のための一連の判例法理が形成されている。

　以上の労働者保護のための法規範は、当事者の意思によっては適用を排除できない強行法規であり、労働条件の決定・変更においては判例法理を含む強行法規が重要な役割を果たしている。なお、労基法のように行政監督を通じた履行確保が予定されている法律では、数多くの行政解釈（解釈例規、通達）が存在するが、これは労基署による法違反の取締りの基準を全国で統一するために示される法解釈にすぎず、それ自体が独立し

て労使を規律するわけではない。

【関係法令】
労基法13条、労基則6条の2

······ 論　　点 ······

1　労使協定制度と労基法の最低基準効

論点 ❶　労使協定制度と労基法の最低基準効

　労基法は労働条件の最低基準を定めており、その基準は労使に全面的・画一的に適用されるのが原則であるが、同法は、一定の場合に労使協定によって最低基準を下回ることを許容している。労使協定とは、当該事業場で過半数を組織する労働組合があればその労働組合、過半数を組織する労働組合がなければ過半数を代表する者（過半数代表者）との間でなされる合意文書である（労使協定制度の詳細は、注釈労基法労契法1〔桑村裕美子〕27頁以下参照）。労使協定は当該事業場の全従業員に適用される。

　労使協定については、労基法の制定当初から、①1日及び週の法定労働時間を超える時間外労働や休日労働を許容することが認められていた（同法36条に基づくいわゆる三六協定）。近年労使協定の対象事項は増大しており、②賃金全額払原則にもかかわらず賃金控除を認めること（同法24条1項ただし書）、法定労働時間にもかかわらず、③一定期間を平均してこれらの時間を超えなければよいという変形労働時間制（同法32条の2、32条の4、32条の5）又は④フレックスタイム制（同法32条の3）を導入すること、⑤実労働時間数にかかわらず一定時間数労働したとみなす裁量労働制を導入すること（同法38条の3）、⑥休憩時間の一斉付与原則の例外を定めること（同法34条2項）等が認められている。

　過半数代表者については、労基法41条2号の管理監督者でないこと（労基則6条の2第1項1号）、及び、「法に規定する協定等をする者を選出することを明らかにして実施される投票、挙手等の方法による手続により選出された者」であって、「使用者の意向に基づき選出されたものでないこと」が必要である（同項2号）。後者の要件について、「投票、挙手等」の「等」には、労働者の

話合い、持ち回り決議等、労働者の過半数が当該代表者の選任を支持していることが明確になる民主的手続が含まれる（平成11・3・31基発169号）。使用者の指名や役職者等の一定の地位にある者の自動就任、一部労働者による互選等は不適法な選出方法である。不適法な選出方法により選出された者と書面による協定を締結しても、当該協定は無効である（トーコロ事件・東京高判平成9・11・17労働判例729号44頁〔28030367〕。最二小判平成13・6・22労働判例808号11頁〔28062083〕で上告棄却）。

なお、有効な労使協定が存在する場合でも、労使協定は原則として権利義務を直接変動させる効力を持たず、労使協定の定める範囲内で、労基法の規制を免除してもらえるという効力（労基法違反に対する刑罰を免れる効力と、同法による私法上の強行的効力を免れる効力）を持つにすぎないと解されている（注釈労基法労契法1〔桑村裕美子〕37頁）。したがって、労使協定に沿った処遇を行うには、労働協約、就業規則又は労働契約により、労使協定の枠内で私法上の権利義務を設定しておかなければならない。

事例

前掲トーコロ事件〈最高裁で上告棄却〉では、過半数代表者の選出手続を定める労基則6条の2の導入前の事案において、役員を含む全従業員で構成される親睦団体の代表者が自動的に過半数代表者となって締結した三六協定について、その作成手続が適法でないとして無効とされ、労働者は法定労働時間を超える残業命令に応じる義務はないとされた。これに対し、有効な三六協定が存在する事業場で、三六協定の枠内で時間外労働を命じ得る旨の就業規則規定が存在する事案で、当該就業規則規定は合理的であり具体的労働契約の内容になっているとし、時間外労働義務の存在を肯定した事例として、日立製作所事件（最一小判平成3・11・28民集45巻8号1270頁〔27810301〕）がある。

【参考文献】

東京大学労働法研究会『注釈労働時間法』有斐閣（1990年）27頁以下、東京大学労働法研究会編『注釈労働基準法（上）』有斐閣（2003年）〔川田琢之〕33頁以下、水町勇一郎＝上村俊一「日本法」水町勇一郎編『個人か集団か？変わる労働と法』勁草書房（2006年）197頁

(2) 労働契約

【概要】

　労働契約は労使間の個別契約であり、労働者が使用者に使用されて労働し、使用者がこれに対して賃金を支払うことを合意することによって成立する（労契法6条）。労働契約の成立に要式性は必要とされておらず、口頭の合意でも、黙示の合意でもよい。もっとも、紛争を事前に防止するためには労働条件があらかじめ明示されて合意することが望ましいため、労基法15条は労働契約締結に当たって使用者に労働条件明示義務を課し、具体的に明示されるべき労働条件を同条及び労基則5条で列挙している（賃金、労働時間、契約期間、解雇事由を含む退職に関する事項等）。なお、2023年に労基法15条の労働条件明示義務が強化され、労契法18条1項の無期転換申込権が発生する契約更新ごとに無期転換申込機会と無期転換後の労働条件を明示すること（労基則5条5項。書面明示事項は書面明示が必要（同条6項））、通算契約期間又は更新回数に上限がある場合は当該上限を書面で明示すること（同条1項1号の2、3項）、就業の場所及び従事すべき業務の変更の範囲を書面で明示すること（同項1号の3、3項）が新たに義務化された。そして、労契法は、労基法15条を補足する形で、労働契約締結時に限られない労働契約内容についての理解促進措置（労契法4条1項）及び労働契約内容のできる限りの書面化（同条2項）を要請している。

　労働契約は労働関係を規律する最も基本的な法源であるが、日本では個別の労働契約で詳細な労働条件を定めることはほとんどなく、多くの場合に使用者が一方的に作成する就業規則によって労働関係が規律されている。このような場合、個別労働契約は、就業規則規定に優先して適用される労働条件を定めたり（労契法7条ただし書、【論点1】参照）、就業規則によって不利益に変更されない労働条件を設定する（労契法10条ただし書。Ⅲ1(3)「就業規則」【論点4】参照）手段として利用されることが多い。

　なお、労働契約上の労働条件の変更は労使の合意によるのが原則である（労契法8条）が、労働契約の不利益変更においては特に、労働者の同意の有無は慎重に判断される。労働契約による労働条件変更についての詳細は、Ⅲ2(3)「労働契約の変更」参照。

【関係法令】
労契法4、6～10条、労基法15条、労基則5条

•••••• 論　　点 ••••••

1　就業規則に優先する特約

論点 ❶ 就業規則に優先する特約

　日本の労働関係は使用者が作成する就業規則によって規律されていることが多いが、就業規則規定と異なる、労働者により有利な合意が成立すれば、そちらが優先する（労契法7条ただし書）。この有利な合意は、就業規則の全体ではなく、一部の規定を排除するものとして認定されるのが通常である。例えば、就業規則に「業務上の必要により職務、勤務場所の変更を命じることがある」旨の包括的な配転条項がある場合でも、労使間で職務内容や勤務場所を限定する特約が認定されれば、当該労働者に上記就業規則規定は適用されない。そのような特約がある場合には、使用者は本人の同意なく契約上の制約を超える配転を命じる権限がない（社会福祉法人滋賀県社会福祉協議会事件・最二小判令和6・4・26労働判例1308号5頁〔28321288〕）。職務・職種の限定が認められることが多いのは医師、看護師、大学教員等の特別の資格・技能を有している者であり、勤務場所の限定が認められるのは、現地採用の補助職員や転勤には応じられない旨を明確に述べて採用された従業員である（水町・労働法〈第10版〉177-178頁以下）。ただし、長期雇用を前提に採用された労働者については、いくつもの職務や職場を経験させ、幅広い職業能力を持った人材に養成することが予定されているため、職務内容や勤務場所を限定する特約は認められにくい。

事例

　職種限定合意が認定された例として、国家公務員共済組合連合会事件（仙台地判昭和48・5・21判時716号97頁〔27612376〕〈看護師〉）、大成会福岡記念病院事件（福岡地決昭和58・2・24労働判例404号25頁〔27613162〕〈病院の検査技師〉）、金井学園福井工大事件（福井地判昭和62・3・27判タ641号115頁〔27802084〕〈大学教員〉）、古賀タクシー事件（福岡地判平成11・3・24労働判例757号31頁〔28041013〕〈タクシー乗務員〉）等がある。

　認定されなかった例としては、日産自動車村山工場事件（東京高判昭和62・12・24労働判例512号66頁〔27805138〕。最一小判平成元・12・7労働判例554号6頁〔27808460〕で上告棄却〈機械工〉）、古賀タクシー事件控訴審（福岡高判平成11・11・2労働判例790号76頁〔28051787〕〈タクシー乗務員〉）、東京サレジオ学園事件（東京高判平成15・9・24労働判例864号34頁〔28090836〕〈児童指導員〉）、ノース・ウエスト航空（FA配転）事件（東京高判平成20・3・27判時2000号133頁〔28141168〕〈フライト・アテンダント〉）、エバークリーン事件（千葉地松戸支判平成24・5・24労経速報2150号3頁

〔28182114〕〈廃棄物収集・運搬のドライバー〉）等がある。

　なお、アナウンサーについては、選考試験に合格して17年間アナウンス業務に従事してきた者に関して職種限定合意が認定されたもの（日本テレビ放送網事件・東京地決昭和51・7・23判タ338号126頁〔27612644〕）と、23年余りアナウンサー業務に従事していた者に関して認定されなかったもの（九州朝日放送事件・福岡高判平成8・7・30労働判例757号21頁〔28020378〕。最一小判平成10・9・10労働判例757号20頁〔28041010〕で上告棄却）がある。

　次に、勤務地限定合意が認定された例としては、ブック・ローン事件（神戸地決昭和54・7・12労働判例325号20頁〔27612888〕）、アヅミ事件（大阪地決昭和60・12・27労働判例468号12頁〔28230006〕）、新日本通信事件（大阪地判平成9・3・24労働判例715号42頁〔28021058〕）等がある。認定されなかった例としては、東亜ペイント事件（最二小判昭和61・7・14判タ606号30頁〔27613417〕）、NTT西日本（大阪・名古屋配転）事件（大阪高判平成21・1・15労働判例977号5頁〔28151331〕）、東日本電信電話事件（札幌高判平成21・3・26労働判例982号44頁〔28151440〕）等がある。

【参考文献】
荒木尚志『雇用システムと労働条件変更法理』有斐閣（2001年）228頁以下

(3) 就業規則

【概要】
　多くの労働者を使用して事業運営を行うためには労働条件や職場規律を統一的に定める必要があり、そのために使用者が作成する規則を総称して就業規則と呼ぶ。日本では多くの場合に就業規則に従って労働関係が運用されており、実務上、就業規則法理の理解は不可欠である。

　就業規則には、その基準に達しない労働条件を定める労働契約部分を無効とし（強行的効力）、無効となった部分を就業規則で定める基準によって補う効力（直律的効力）が認められている（労契法12条）。これを就業規則の最低基準効という。また、労働契約を締結する場合に、合理的な就業規則が周知されていた場合には、労働契約の内容は、その就業規則で定める労働条件による（同法7条）。さらに、同じく合理性と周知の要件を満たせば、就業規則によって労働条件を不利益に変更することができる（同法10

条)。労契法7条の効力を契約補充効、同法10条が定める効力を契約変更効、両者を併せて契約内容規律効と呼ぶ（荒木・労働法〈第5版〉401頁参照）。労契法7条及び10条は従来の判例の展開（詳細は、王能君『就業規則判例法理の研究―その形成・発展・妥当性・改善』信山社（2003年）41頁以下参照）を踏まえて立法化されたものであり、両条文における合理性及び周知の概念については従来の判例法理に基づく理解が必要となる。

【関係法令】
労基法89、90、106条1項、労基則52条の2、労契法7～12条

•••••• 論　　点 ••••••

1　就業規則の効力発生要件
2　労契法7、10条と周知
3　労契法7、10条と合理性
4　合意の優先

論点 ❶　就業規則の効力発生要件

　労基法は、常時10人以上の労働者を使用する使用者に対し、必要的記載事項を網羅した就業規則の作成及び監督官庁への届出の義務（同法89条）、過半数代表の意見聴取義務（同法90条）、労働者への周知義務（同法106条1項）を定めている。過半数代表とは、当該事業場に労働者の過半数で組織する労働組合がある場合にはその労働組合、かかる労働組合がない場合には労働者の過半数を代表する者をいう（同法90条1項）。意見聴取とは過半数代表の意見を聴くことであり、過半数代表と意見を交わす協議や過半数代表の同意は必要ない（昭和25・3・15基収525号）。したがって、過半数代表が反対する就業規則であっても、その旨の書面を添付して届ければ（同条2項）、作成及び届出義務は果たされる（荒木・労働法〈第5版〉399頁）。これら一連の労基法上の義務に違反すれば罰則の対象となる（同法120条1号）が、就業規則の私法上の2つの効力（最低基準効及び契約内容規律効）との関係では、どこまで義務を尽くせば効力が発生するのかが問題となる。

　まず、就業規則の最低基準効については、使用者が労基法上の諸手続を怠っていることを理由に労働者が保護を受けられなくなるのは妥当でないが、他方

で周知（労働者が知ろうと思えば知り得る状態に置かれていたこと―実質的周知）があれば労働者に対する客観的準則として成立したといえるため、効力発生を認めるべきとするのが多数説（菅野=山川・労働法〈第13版〉235頁、水町・労働法〈第10版〉78頁等）である。裁判例においても、労基法上の意見聴取や届出義務が尽くされていなくとも、外部的に成立して従業員に実質的に周知された段階で就業規則は労働者に対する客観的準則になったと解し、その効力発生を認めるものがある（インフォーマテック事件・東京地判平成19・11・29労働判例957号41頁〔28141367〕。同控訴審・東京高判平成20・6・26労働判例978号93頁〔28151418〕で維持）。しかし、裁判例の中には、行政官庁への届出があれば周知を問題とせずに就業規則を有効とするものもあり（太平洋運輸事件・名古屋地判昭60・9・11判タ611号38頁〔27613367〕、常盤基礎事件・東京地判昭61・3・27労働判例472号42頁〔27803726〕、日本コンベンションサービス（割増賃金請求）事件・大阪高判平成12・6・30労働判例792号103頁〔28060171〕等）、学説にも、実質的周知と届出のいずれか一方で足りるとするものがある（荒木・労働法〈第5版〉403頁）。

次に、契約内容規律効のうち、契約補充効については、労働者への周知を就業規則の拘束力の発生要件としたフジ興産事件最高裁判決（最二小判平成15・10・10判タ1138号71頁〔28082706〕）を踏まえ、労契法7条が周知（実質的周知）を効力発生要件として明文化している。（実質的）周知以外では、労基法上の手続（同法89、90条）について補充効の発生要件としないのが裁判例の大勢である（詳細は、注釈労基法下〔荒木尚志〕1027頁以下）。

契約変更効については、労契法制定前は周知のみを要求する裁判例が多く（NTT西日本事件・京都地判平成13・3・30労働判例804号19頁〔28061505〕、クリスタル観光バス（賃金減額）事件・大阪高判平成19・1・19労働判例937号135頁〔28131765〕、学校法人実務学園・日建千葉学園事件・千葉地判平成20・5・21労働判例967号19頁〔28142292〕等）、労契法制定後も同法10条が周知のみを効力発生要件として挙げているため、実質的周知のみ必要と解する見解が一般的である（荒木=菅野=山川・詳説労契法〈第2版〉136頁以下、荒木・労働法〈第5版〉440頁以下等）。もっとも、労契法は、意見聴取及び届出について別個の条文（同法11条）で労基法の定めによる旨を定めているため、意見聴取及び届出を行ったかが労契法10条の合理性判

断において考慮されるとの見解が一般的である（荒木＝菅野＝山川・詳説労契法〈第2版〉138頁、荒木・労働法〈第5版〉441頁以下等）。これに対し、契約補充効との関係では、意見聴取及び届出について労契法上何ら言及がなく、同法7条の合理性判断の要素としても予定されていないと考えられている（荒木＝菅野＝山川・詳説労契法〈第2版〉112頁）。

　なお、就業規則の制定又は変更について労働者代表との協議又は同意を義務付ける協約条項がある場合に、それに反して一方的に制定・変更された就業規則は無効とするのが行政解釈である（コンメ労基法下〈令3〉1017頁）。これに対し、かかる協議又は同意条項が労働協約ではなく就業規則に設けられていた場合については、就業規則変更の効力に影響を与えないとするのが裁判例である（理化学興業事件・東京地決昭和25・12・28労働民例集1巻6号1078頁〔27610342〕、三井造船玉野分会就業規則変更事件・最二小決昭和27・7・4民集6巻7号635頁〔27003398〕、豊田工機退職金請求事件・名古屋地判昭和36・5・31労働民例集12巻3号484頁〔27611287〕）。

事例

　行政官庁への届出はなかったが、税務署に提出され、取締役により全従業員に周知されていた就業規則の最低基準効を認めたものとして、前掲インフォーマテック事件がある。他方で、行政官庁への届出があった事案で、周知や過半数代表の意見聴取の有無にかかわらず就業規則の最低基準効を認めたものとして、前掲太平洋運輸事件、前掲常盤基礎事件、前掲日本コンベンションサービス（割増賃金請求）事件がある。

　契約補充効については、前掲フジ興産事件最高裁判決において、懲戒制度を定める就業規則に関し、労働者代表の同意を得て作成され、行政官庁に届け出られている事実を確定したのみで、労働者への周知の有無を認定せずに就業規則の拘束力を認めた原審が破棄・差し戻された。契約変更効についても、実質的周知を欠く場合には効力発生が否定されている（中部カラー事件・東京高判平成19・10・30判時1992号137頁〔28140602〕等）。なお、就業規則の不利益変更において労基法上の届出や意見聴取の義務を尽くしていないことを合理性審査において消極的に評価したものとして、芝電化事件（東京地判平成22・6・25労働判例1016号46頁〔28170255〕）、日本機電事件（大阪地判平成24・3・9労働判例1052号70頁〔28182085〕）等がある。

　労働協約における労働組合等との協議又は同意条項に反して制定・変更された就業規則については、これを有効とするもの（東京出版販売懲戒解雇事件・東京地決昭和30・7・19判時57号23頁〔27610727〕）と無効とするもの（前掲豊田工機退職金請求事件、朝日新聞社の原稿係の若年停年制事件・大阪地判昭和36・7・19判時270号11頁〔2761

III 労働条件の決定・変更

1297〕）に分かれている。

論点 ❷　労契法7、10条と周知

　労契法7条は、就業規則の拘束力発生のためには労働者への周知が必要としたフジ興産事件最高裁判決（最二小判平成15・10・10判タ1138号71頁〔28082706〕）を受けて、また同法10条は、労働条件の不利益変更についてこれと同様に解する裁判例（クリスタル観光バス（賃金減額）事件・大阪高判平成19・1・19労働判例937号135頁〔28131765〕、社会福祉法人八雲会事件・札幌高判平成19・3・23労働判例939号12頁〔28131240〕等）を受けて周知を要件として規定している。

　労契法7条では、「労働契約を締結する場合において」「労働者に周知させていた」ことを必要とする。「労働契約を締結する場合において」とは「労働者の採用時に」という意味であり、労働契約締結後に新たに就業規則が作成された場合は、既に就労している労働者との関係では、就業規則による労働条件設定の問題（同法7条）ではなく労働条件変更の問題（同法8～10条）になる。「労働者に周知させていた」は過去形表現であるが、当該労働者との労働契約締結前に周知させていた場合だけでなく、当該労働者との労働契約締結と同時に、当該労働者を含む事業場の労働者に周知した場合でもよいとされている（「労働契約法の施行について」（平成24・8・10基発0810第2号）第3の2(2)イ(カ)）。

　労契法7条及び10条にいう周知は、労基法106条1項及び労基則52条の2が定める周知方法（各作業場の見やすい場所への常時掲示等）に限られず、就業規則が契約内容となって当事者を拘束する前提となる実質的な周知（労働者が知ろうと思えば知り得る状態に置かれていたこと）で足りると解されている（メッセ事件・東京地判平成22・11・10労働判例1019号13頁〔28171047〕等。荒木=菅野=山川・詳説労契法〈第2版〉113、136頁）。実質的周知があれば、労働者がその内容を知らなくとも、また労契法10条に関しては労働者が反対していても、その他の要件を満たせば当該就業規則規定に拘束される。

　実質的周知の具体的内容については、労契法4条1項が労働条件、労働契約内容について労働者の理解を深めるよう要請していることを踏まえ、就業規則の制定及び変更について、必要な情報をすべて、適切・的確に示すことが要請

されると指摘されている（荒木=菅野=山川・詳説労契法〈第 2 版〉114頁）。この点について、近時の裁判例には、同法10条が定める周知に関して、単に情報へのアクセスを可能とするだけでなく、内容の認識や理解を可能とするような具体的な説明の努力を求めるものがある（中部カラー事件・東京高判平成19・10・30判時1992号137頁〔28140602〕）。

事例

　実質的周知ありとされた例として、自由に出入りできる経理室の机上に回転書棚を置き、これに「就業規則」というラベルを添付したファイルを乗せ、その中に就業規則の写しを入れて常置していた事案（前掲メッセ事件）、鍵のかかっていない書棚のファイルの中に入れておき、従業員がそのファイルの存在を認識していた事案（日音退職金請求事件・東京地判平成18・1・25判タ1234号125頁〔28110834〕）、使用者から支給される「業務インセンティブ」の改定及びその計算方法の説明を社内イントラネットに掲載し、閲覧できる状態にしていた事案（ヤマト運輸事件・大津地判平成23・1・27労働判例1035号150頁〔28180077〕）等がある。

　実質的周知なしとされた例として、使用者が就業規則の全部を明らかにすることを拒んでいた事案（丸林運輸事件・東京地決平成18・5・17判タ1216号139頁〔28111485〕）がある。また、労働条件を不利益に変更する就業規則が、労基法106条 1 項が求める「各作業場」ではなく休憩室の壁に掛けてあった事案で、退職金の減額が朝礼で言及されただけで、どのように減額されるのかの具体的説明がなく、退職手当の具体的決定・計算方法に関する規定の添付もない以上、実質的周知がされたとは認められないとされたものがある（前掲中部カラー事件）。

論点 ③　労契法 7、10条と合理性

　労契法 7 条及び10条は、秋北バス事件最高裁判決（最大判昭和43・12・25民集22巻13号3459頁〔27000859〕）以降の判例の立場を受け、就業規則の契約内容規律効の発生に合理性を要求している。もっとも、両条文における合理性の意義及び判断基準は異なる。

　まず、労契法 7 条については、当該就業規則規定に企業経営・人事管理上の必要性があり、労働者の権利・利益を不相当に制限するものでないかという点を中心に合理性が判断される（水町・労働法〈第10版〉83頁）。この点、近時の裁判例には、（労契法 7 条の）合理性は、当該使用者と労働者の置かれた具体的な状

況の中で、労働契約を規律する雇用関係についての私法秩序に適合している労働条件を定めていることをいうと述べるものがある（協和出版販売事件・東京高判平成19・10・30労働判例963号54頁〔28141959〕）。

労契法7条では同法10条の労働条件変更の場合と異なり比較対象がないので、強行法規や公序（民法90条）に違反する場合を除き、合理性が比較的容易に認められる傾向にある（電電公社帯広局事件・最一小判昭和61・3・13労働判例470号6頁〔27803721〕、日立製作所事件・最一小判平成3・11・28民集45巻8号1270頁〔27810301〕）。その一方で、判例は、具体的事案において就業規則規定を限定解釈したり（目黒電報電話局事件・最三小判昭和52・12・13民集31巻7号974頁〔27000264〕、倉田学園事件・最三小判平成6・12・20民集48巻8号1496頁〔27826271〕等）、権利濫用法理を柔軟に適用する（ネスレ日本（懲戒解雇）事件・最二小判平成18・10・6判タ1228号128頁〔28112114〕等）ことで労働者保護を図っている。

次に、労契法10条の合理性については判例の蓄積があり、判断基準が第四銀行事件最高裁判決（最二小判平成9・2・28民集51巻2号705頁〔28020596〕）で集大成された。それによると、不利益変更の合理性は、①労働者の不利益の程度、②変更の必要性の内容・程度、③変更後の就業規則内容の相当性、④代償措置その他関連する他の労働条件の改善状況、⑤労働組合等との交渉経緯、⑥他の労働組合又は他の従業員の対応、⑦同種事項に関する我が国社会における一般的状況等が総合考慮される。これとの比較で、労契法10条は、(a)労働者の不利益の程度、(b)変更の必要性、(c)変更後の就業規則内容の相当性、(d)労働組合等との交渉状況、(e)その他の就業規則の変更に係る事情、の5項目に整理している。同条では前掲第四銀行事件で示された要素のすべてが列挙されていないが、労契法は従来の判例に修正を加えずにそのまま立法化されたものであるため、同法10条で列挙されていない要素（④⑥⑦）も排除されない（菅野＝山川・労働法〈第13版〉243頁）。

なお、労契法10条は従来判例で考慮されてきた諸要素（の一部）を列挙するのみであり、その相互関係や各要素の比重については、労契法が制定された現在においても解釈問題として残っている。特に多数組合との合意の意義について、Ⅲ2(1)「就業規則による労働条件変更」参照。

事例

　就業規則において、三六協定の範囲内で業務上の事由があれば時間外労働させ得る旨を定め、三六協定で時間外労働の時間を月40時間以内に限定し、かつ、「業務の内容によりやむを得ない場合」という概括的な事由を含む7つの事由を規定していた事案で、当該就業規則規定の合理性を認めた例がある（前掲日立製作所事件）。また、健康管理上必要な事項について健康管理従事者の指示・指導に従う義務を定めた就業規則規定についても、合理性が肯定されている（前掲電電公社帯広局事件）。

　なお、労契法制定前の事案で、高年齢者雇用安定法の改正（平成6年）に伴い、就業規則上、定年年齢を引き上げ（55歳から60歳）、同時に55歳以降の賃金をそれ以前よりも約30〜40％低く設定したことにつき、就業規則の不利益変更ではなく労働条件の設定（現行労契法7条）の問題ととらえて、当該事案における55歳以降の労働条件は極めて過酷とはいえず、雇用関係についての私法秩序に反するとまではいえないとして合理性が肯定された例がある（前掲協和出版販売事件）。

　また、労契法18条1項に基づく無期転換前に無期転換後の労働条件を就業規則で定めていた事案において、当該就業規則規定は、労契法7条の適用又は10条の類推適用により合理性を欠き無効とする主張がいずれも斥けられた事例がある（ハマキョウレックス（無期契約社員）事件・大阪地判令和2・11・25判時2487号97頁〔28284173〕）。

論点 ④　合意の優先

　労契法は、就業規則の契約補充効及び契約変更効について労使間の合意の優先を定め、労働関係において合意原則が機能する領域を確保している。

　まず、労契法7条は、そのただし書において、労使が就業規則と異なる合意をしていた部分では契約補充効は発生しないことを定めている。この合意が就業規則よりも不利な場合は就業規則の最低基準効により無効となる（労契法12条）ため、当該合意は就業規則よりも有利でなければならない。有利な個別合意の具体例としては、就業規則上の広域配転条項に対し、勤務地を限定する合意が挙げられる（荒木=菅野=山川・詳説労契法〈第2版〉120頁、Ⅲ1(2)「労働契約」【論点1】参照）。同法7条ただし書にいう合意は労働契約締結時に成立したものに限られず、労働契約締結後に成立したものも含まれる。なお、労働者が特定の就業規則規定に明示的に異議を唱えたが、明確にそれと異なる（有利な）合意を行わなかった場合は、当該就業規則規定が適用されるわけではなく、労

使間で当該就業規則規定の適用を排除する黙示の合意があったと認定し、当該就業規則規定の契約補充効が生じないとの解釈が可能である（荒木=菅野=山川・詳説労契法〈第2版〉119頁）。

　次に、労契法10条ただし書は、労使が就業規則の変更によっては変更されない労働条件として労働契約上合意していた部分については、就業規則の契約変更効が及ばないことを規定している。就業規則変更が従前よりも有利な労働条件を定める場合には、それを下回る合意は変更後の就業規則の最低基準効によって無効となる（同法12条）ので、同法10条ただし書にいう合意は、変更後の就業規則よりも有利なものでなければならない。そして、就業規則の変更によっては変更されない労働条件を定めた合意がある場合には、労働者の同意なしには当該労働条件を変更することはできない。このような合意（特約）には、職種や勤務地を限定する特約、契約形態に関する特約（例えば無期契約を有期契約に変更しないこと）、賃金に関する特約（例えば年俸額を年途中で変更しないこと）、労働時間に関する特約（例えば勤務時間限定の特約）、定年制不適用の特約等があり得る（水町・労働法〈第10版〉94頁）。

　なお、労契法10条ただし書は労働条件の性質（集団的労働条件か個別的労働条件か）によって取扱いを異にするものではなく、不変更の合意の有無に着目するものである。したがって、集団的に設定された労働条件（例えば労使慣行として法的効力が認められる集団的取扱い）であっても、その条件を個別特約で就業規則変更の対象外と合意すれば、同条ただし書は適用されるとの見解が一般的である（荒木=菅野=山川・詳説労契法〈第2版〉144頁等。Ⅲ1(5)「労使慣行」【論点2】参照）。

　以上で述べたことを整理するために、労契法7条ただし書と10条ただし書の合意の異同をまとめると次のようになる（荒木・労働法〈第5版〉449頁、荒木=菅野=山川・詳説労契法〈第2版〉145頁）。第1に、同法7条ただし書の合意は就業規則と異なる労働条件であることが必要（例えば就業規則上の広域配転条項に対する勤務地限定合意）であるが、同法10条ただし書の合意は、就業規則と同一内容であってもよく、ただ、就業規則では変更されない旨の特約（例えば就業規則上の賞与算定率を就業規則変更で引き下げない旨の合意）である必要がある。第2に、

同法 7 条ただし書の合意は、今後就業規則によって変更されるか否かに関係なく成立し得るものなので、同法 7 条ただし書にいう合意に該当しても、同法10条ただし書にいう合意（不変更の合意）に該当するとは限らない。同法10条ただし書にいう不変更の合意に該当しなければ、より有利な個別合意であっても、就業規則変更によって不利益に変更され得る（同法10条本文）。

【事例】

就業規則上は月給30万円とされる労働者につき、月給32万円の個別合意が認定されれば、当該労働者との関係では32万円が労働契約上の月給となる（労契法 7 条ただし書）。もっとも、この月給32万円が、当該労働者に対する最低保障額としてではなく、就業規則による変更もあり得る前提で合意されていたと評価される場合には、当該合意は労契法10条ただし書にいう不変更の合意には該当しない。したがって、その後就業規則上の賃金規定が月給28万円に変更された場合には、同法10条本文が適用され、当該労働者の賃金は月給28万円に変更され得る（以上、水町・労働法〈第10版〉94頁）。

【参考文献】

荒木尚志『雇用システムと労働条件変更法理』有斐閣（2001年）240頁以下、唐津博『労働契約と就業規則の法理論』日本評論社（2010年）113頁以下

(4) 労働協約

【概要】

労働組合と使用者又は使用者団体との間で結ばれ、書面化されて署名又は記名押印された合意を労働協約という（労組法14条）。日本の労働組合は企業別に組織されることがほとんどであるため、労働協約も企業別に締結されるのが一般的である。

労働協約はその全体について契約としての効力（債務的効力）が生ずるが、一定の事項については当該組合の組合員の労働契約を規律する効力（規範的効力）が認められている（労組法16条）。労働条件の決定及び変更においては労働協約の規範的効力が重要な意味を持ち、その内容及び法的性質が問題となる。

憲法28条は労働組合が労働協約を締結する自由（協約自治）を保障していると解されているが、労働組合の協約締結権限には限界が存在し、司法審査が及ぶことが認められ

ている。その具体的な場面と司法審査の内容・程度は判例の蓄積によって明らかにされている。

なお、労働協約の規範的効力は当該協約を締結した労働組合の組合員にのみ及ぶのが原則である（労組法6条参照）が、労組法は事業場単位（同法17条）と地域単位（同法18条）の効力拡張適用制度を定めている。拡張適用される労働協約の効力を一般的拘束力という。日本で問題となるのは主に事業場単位の拡張適用であるが、最近では地域単位での拡張適用例も出てきている。

ところで、労働協約と異なる概念として労使協定がある。労使協定とは、使用者と事業場の過半数代表（過半数組合又は過半数代表者）との間で締結される合意書面であり、法所定の事項について、労基法等の法規制から逸脱する取扱いを可能とする効力が認められる。しかし、労働協約とは異なり、原則として労働契約を規律する私法上の効力は持たないと考えられている（労使協定制度の詳細は、Ⅲ1(1)「法令」【論点1】参照）。

【関係法令】
労組法14、16〜18条

•••••• 論　　点 ••••••

1　労働協約の効力の基本概念
2　規範的効力の内容と限界

論点 1　労働協約の効力の基本概念

労働協約のうち、協約当事者たる労働組合と使用者（団体）を拘束する債務的効力に加え、組合員に対する規範的効力が認められる部分を規範的部分、債務的効力のみ生じる部分を債務的部分と呼ぶ。規範的部分に該当するのは「労働条件その他の労働者の待遇に関する基準」であり（労組法16条）、賃金、労働時間、安全衛生、労災補償、職場環境、人事考課、人事異動、懲戒、採用・解雇等に該当する労働者の個別的又は集団的取扱いが広く含まれる。これに対し、債務的部分に該当するのは、組合員の範囲、ユニオン・ショップ、便宜供与、団体交渉・労使協議のルール、争議行為の手続等である。

労働協約の規範的効力をめぐっては、これを法律と同様の「法規範」とみる立場（法規範説）と、労働組合と使用者（又は使用者団体）の間の契約に労組法が特別な効力を付与したものとみる立場（契約説）等に分かれる（学説の詳細は、

中窪裕也「文献研究-12-労働協約の規範的効力」季刊労働法172号（1994年）94頁以下、西谷・労組法326頁以下）。通説は契約説である（菅野=山川・労働法〈第13版〉1036頁、西谷・労組法328頁、荒木・労働法〈第5版〉700頁等）。そして、契約説の立場からは、労働協約の規範的効力は労働契約の内容となる効力ではなく、労働契約を外から規律する効力と説明される（外部規律説。菅野=山川・労働法〈第13版〉1044頁、荒木・労働法〈第5版〉700頁等）。これによると、労働協約が失効した場合又は労働者が労働組合を脱退した場合は労働契約を外部から規律する効力が失われるため、当該労働者は労働協約上の労働条件を当然には主張できなくなる。この場合に、労働契約当事者が、労働協約終了後又は労働組合脱退後も当該協約基準に依拠する意思ありと認定されれば、従前の協約に定める基準が労働契約の内容に取り込まれ、労働契約の効力として労働関係を規律し続けることになる（安田生命保険事件・東京地判平成7・5・17労働判例677号17頁〔28020697〕等）。

\事例/
　労働協約の規範的効力について外部規律説に立ちつつ、労働協約失効後も労働契約当事者が従来の協約基準を適用する意思を有していると解釈し、当該協約基準と同様の労働条件による請求を認容した例として、朝日タクシー事件（福岡地小倉支判昭和48・4・8判タ298号335頁〔27404043〕）、鈴蘭交通事件（札幌地判平成11・8・30判タ1037号159頁〔28051336〕）等がある。なお、香港上海銀行事件（最一小判平成元・9・7判タ757号122頁〔27808441〕）では、当該事案においては協約失効後も同基準が就業規則を通じて労働関係を規律し続けると解するのが相当とされた。

論点 ② 規範的効力の内容と限界

　労働協約は、「労働条件その他の労働者の待遇に関する基準」を定める部分について、当該基準を下回る労働契約を無効とし（強行的効力）、無効となった契約部分を労働協約基準で埋める効力（直律的効力）を有する（労組法16条）。この2つの効力を併せて労働協約の規範的効力という。

　労働組合の協約締結権限には一定の限界が存在する。第1に、労働協約は強行法規や公序良俗（民法90条）に違反することは許されず、労基法や労組法で保障された権利行使を抑制し、権利保障の趣旨を実質的に失わせる協約規定は、公序に反するものとして無効となる（日本シーリング事件・最一小判平成元・12・

14民集43巻12号1895頁〔27805324〕)。

　第2に、既に具体的に発生した個人の権利の処分(香港上海銀行事件・最一小判平成元・9・7判夕757号122頁〔27808441〕、朝日火災海上保険事件・最三小判平成8・3・26民集50巻4号1008頁〔28010249〕、平尾事件・最一小判平成31・4・25労働判例1208号5頁〔28271745〕)や、組合員を退職させる取決め(北港タクシー事件・大阪地判昭和55・12・19判時1001号121頁〔27613020〕)等、組合員個人の権利性が強いものを労働協約で規律することはできない。同様に、雇用契約の成立(採用)についても、労働協約で集団的に決定・処分することはできないと解されている(荒木・労働法〈第5版〉703頁)。

　第3に、従前の労働条件を不利益に変更する労働協約にも原則として規範的効力が認められるが、当該協約が特定の又は一部の組合員を殊更不利益に取り扱うことを目的とする等、労働組合の目的を逸脱して締結されたと評価される場合には、例外的に規範的効力は生じないとするのが判例である(朝日火災海上保険(石堂)事件・最一小判平成9・3・27判夕944号100頁〔28020805〕)。また、事業場単位の拡張適用(労組法17条)においては、未組織労働者の労働条件を不利益に変更することも原則として可能であるが、当該労働協約を特定の未組織労働者に適用することが著しく不合理であると認められる特段の事情があるときには、労働協約の規範的効力を当該労働者に及ぼし得ないとされる(前掲朝日火災海上保険事件)。なお、労組法17条では労働協約の拡張適用が及ぶのは未組織労働者だけであり、別組合員(少数組合員)には及ばないと解されている(西谷・労組法382頁、菅野=山川・労働法〈第13版〉1063頁、荒木・労働法〈第5版〉715頁)。

　他方で、地域単位の拡張適用については、令和3年に約32年ぶりに拡張適用の決定が出され(厚生労働大臣決定・令和3・9・22中央労働時報1284号67頁)、大きな注目を浴びた。しかし、労組法18条については学説上の議論が乏しく、行政機関(労働委員会又は厚生労働大臣・都道府県知事)ないし裁判所により、協約外の者に重大な不利益が及ぶ場合に拡張適用を否定する余地があるのかが明らかでない(桑村裕美子「労働法における集団の意義・再考」日本労働研究雑誌747号(2022年) 28-29頁参照)。

　労働協約による労働条件不利益変更の詳細は、Ⅲ2(2)「労働協約による労働

条件変更」参照。

> **事例**
>
> 　前年の稼働率が80％以下の者を翌年度の賃上げ対象者から除外する旨の労働協約のうち、年次有給休暇や生理休暇によるもの等、労基法又は労組法上の権利に基づく不就労を稼働率算定の基礎としている部分を公序に反し無効としたものがある（前掲日本シェーリング事件）。
>
> 　また、既に発生していた賃金請求権を奪う労働協約（前掲香港上海銀行事件〈退職金〉、前掲朝日火災海上保険事件〈基本給〉）、既に発生していた賃金の支払を猶予する労働協約（前掲平尾事件）、定年制不適用とされていた者に定年を適用して退職させる労働協約（前掲北港タクシー事件）、工場廃止を受けて組合員全員を退職させる旨定めた労働協約（松崎建設工業事件・東京高判昭28・3・23労働民例集4巻3号26頁〔27610524〕）について、規範的効力が否定されている。

【参考文献】

荒木尚志『雇用システムと労働条件変更法理』有斐閣（2001年）269頁以下、浜村彰「労働協約の規範的効力と一般的拘束力」根本到＝奥田香子＝緒方桂子＝米津孝司編『労働法と現代法の理論：西谷敏先生古稀記念論集（下）』日本評論社（2013年）63頁、桑村裕美子「労働協約の規範的効力」日本労働法学会編『講座労働法の再生(5)労使関係法の理論課題』日本評論社（2017年）105頁

(5) 労使慣行

【概要】

　職場において長期間にわたり反復継続された取扱いを労使慣行という。労使慣行が法的に意味を持つのは以下の3つの場面である（菅野＝山川・労働法〈第13版〉192頁以下、荒木・労働法〈第5版〉36頁以下）。

　第1に、労使慣行は、労働契約の内容となり、労働契約の効力として労使を拘束することがある。ここでは、①具体的にいかなる場合に労働契約内容になるのか（【論点1】）、②労働契約の内容となった場合に、これを就業規則の変更によって破棄することができるか（【論点2】）が問題となる。

　第2に、労使慣行は、それに反する権利行使を権利濫用として無効にする効果を持つ

ことがある。例えば、一定の規律違反行為（30分以内の遅刻等）を黙認し放置する取扱いが長年続いていた場合に、突如としてその行為を懲戒処分に付すことは、懲戒権の濫用（労契法15条）と評価される可能性が高い。

第3に、労働契約、就業規則、労働協約に不明確な規定がある場合に、労使慣行がその解釈基準として参照され、具体的な意味を与えることがある。例えば、就業規則上「始業時刻9時、タイムカードで確認」とだけあり、確認地点を定めていない規定について、建物入館時点でのタイムカード打刻で判断するとの取扱いが長年継続されてきた場合には、その労使慣行を参照して当該就業規則規定の内容が確定されることになる。

【関係法令】
民法92条、労契法10条

•••••• 論　点 ••••••

1　労使慣行の効力
2　労使慣行の破棄

論点 ❶　労使慣行の効力

裁判例（商大八戸ノ里ドライビングスクール事件・大阪高判平成5・6・25労働判例679号32頁〔28172928〕。最一小判平成7・3・9労働判例679号30頁〔28021595〕で上告棄却）は、①長期間にわたって反復継続して行われ、②労使双方がこれを明示的に排除しておらず、③当該慣行が労使双方（使用者側は当該労働条件について決定権又は裁量権を有する者）の規範意識によって支えられている場合には、事実たる慣習（民法92条）として法的効力が認められるとしている。この判例の趣旨は、①〜③の要件を満たす労使慣行は、それ自体から特別な効力が生じるわけではなく、労働契約の内容となって当事者を拘束するというものである。

これに対し、学説では、前掲裁判例の3要件ではなく、一定の事項について両当事者がこれによるという意思をもって行動し、この点につき両者の意思の合致がある場合には、黙示の合意が成立したとして法的効力を認める構成が主張されている（水町・詳解労働法〈第2版〉240頁、荒木・労働法〈第5版〉36頁も参照）。

なお、労働協約に反する、又は就業規則よりも労働者に不利な取扱いは、労働協約の規範的効力（労組法16条）ないし就業規則の最低基準効（労契法12条）

によって労働契約上の効力が否定される（菅野=山川・労働法〈第13版〉193頁）。

事例

労使慣行が労働契約の内容になっているとしてその効力が認められた例として、全日本検数協会大阪支部事件（大阪地判昭和53・8・9判タ366号157頁〔27612808〕〈就業時間中の組合活動に関する賃金保障〉）、日本大学（定年）事件（東京地決平成13・7・25労働判例818号46頁〔28070463〕〈65歳定年を70歳定年まで延長する取扱い〉）、立命館（未払一時金）事件（京都地判平成24・3・29労働判例1053号38頁〔28182312〕〈年6か月分の一時金支給〉）がある。

認められなかった例として、国鉄蒲田電車区事件（東京地判昭和63・2・24判タ676号97頁〔27806329〕〈勤務時間内の入浴慣行〉）、東京中央郵便局事件（東京地判平成3・8・7判タ769号169頁〔27809768〕〈労働協約、就業規則等よりも有利な休息時間〉）、前掲商大八戸ノ里ドライビングスクール事件高裁判決及び同最高裁判決〈特定休日手当の支払い〉、広島県・広島県労働委員会ほか（県教育委員会・組合年休）事件（広島地判平成20・5・21労働判例978号66頁〔28151415〕〈勤務時間中の組合活動のための年休〉）、エクソンモービル事件（東京地判平成21・1・28労働判例1057号128頁〔28210094〕〈一般職の一時金を総合職と同一の基準で支払う取扱い〉）等がある。

論点 ❷　労使慣行の破棄

労使慣行が労働契約内容になっていると解される場合、これを就業規則の変更によって破棄することができるか。

労契法10条は、就業規則によっては変更されないとの合意（不変更の合意）がない限り、就業規則よりも有利な労働契約部分も就業規則によって変更され得るとの枠組みを設定している（Ⅲ1(3)「就業規則」【論点4】参照）。したがって、就業規則より有利な労使慣行が就業規則により破棄され得るかという問題は、同条ただし書が定める「就業規則の変更によっては変更されない労働条件」に、労使慣行のような集団的取扱いも含まれるかという問題となる。この点について、学説には、同条ただし書は労働条件の性質（集団的労働条件か個別的労働条件か）によって取扱いを異にするという見解もある（根本到「特集　労働契約法逐条解説」労働法律旬報1669号（2008年）44頁）。しかし、同規定は不変更の合意の有無に着目するものであるので、労使慣行のように集団的に設定された労働条件であっても、その条件を個別特約で就業規則変更の対象外と合意すれば、

不変更の合意が認められる（荒木・労働法〈第5版〉448頁、荒木=菅野=山川・詳説労契法〈第2版〉144頁）、あるいは、不変更の合意には集団的合意も含まれる（水町・労働法〈第10版〉94頁）として、同条ただし書の適用を認めるのが一般的である。

　他方で、この一般的見解によると、労使慣行が労働契約内容となっている場合も、労契法10条ただし書にいう不変更の合意がなければ、本文の原則に戻り、就業規則変更が周知され合理的であれば、有効に成立していた労使慣行も破棄され得ることになる（労契法制定前の事案でこれに反対するものとして、全日本検数協会大阪支部事件・大阪地判昭和53・8・9判タ366号157頁〔27612808〕）。そして、不変更の合意の有無や就業規則変更の合理性判断においては、労使慣行の成立や破棄に至る経緯・手続等の諸事情が重視される（水町・労働法〈第10版〉98頁）。

＼事例／

　使用者が労使慣行を一方的に不利益変更した事案で就業規則の不利益変更類似の合理性を要求し、結論として合理性を否定して労使慣行に基づく権利請求を認容した例として、立命館（未払一時金）事件（京都地判平成24・3・29労働判例1053号38頁〔28182312〕）がある。

　労使慣行を就業規則によって不利益変更した事案には、当該変更の合理性を認めて変更の効力を肯定した例（ソニー・ソニーマグネプロダクツ事件・東京地判昭和58・2・24判時1079号106頁〔27613161〕）がある一方で、労使慣行が労働契約内容になっている以上、その変更には原則として従業員全員の承諾がなければならないとし、結論として不利益変更の効力を否定した例（前掲全日本検数協会大阪支部事件）もある。

【参考文献】

山口浩一郎「労使慣行と破棄の法理」季刊労働法133号（1984年）61頁

(6) 労働条件を決定する規律間の効力関係

【概要】

　労働関係を規律する上記4つの法源の序列は、高い順に、①法令（強行法規）、②労

働協約、③就業規則、④労働契約となる。法所定の例外に該当しない限り、下位の法源は上位の法源を下回ってはならないというのが基本原則である。強行法規については労基法13条が、就業規則については労契法12条が、その基準を下回る労働条件を無効とし、無効となった部分を当該基準で補充する効力（最低基準効）を規定している。労働協約についても、労組法16条で同様の効力（規範的効力）が承認されている。もっとも、判例・裁判例においては、労働者の同意があれば、強行法規又は就業規則よりも不利な労働条件を設定することを肯定するものがあり、その当否が議論されている。

なお、最低基準効を有する強行法規と就業規則については、それよりも有利な合意は有効であることは明らかであるが、労働協約については、それよりも有利な労働条件設定を認めるべきか否か（有利原則の存否）が問題となる。

【関係法令】
労基法13、92、93条、労組法16条、労契法12条

•••••• 論　　点 ••••••

1　労基法の最低基準効と労使合意
2　就業規則の最低基準効と労使合意
3　労働協約と有利原則

論点 ❶　労基法の最低基準効と労使合意

労基法には最低基準効（同法13条）が付与されているため、法律が特別に許容していない限り、同法を下回ることは許されないはずである。しかし判例は、同法24条1項の賃金全額払原則について、一定の場合に同原則から不利に逸脱する労使合意の効力を認めている。

賃金全額払原則は、労働者に賃金を確実に受領させることにより労働者の経済生活の安定を確保することを目的としており、使用者による相殺禁止の趣旨も含むと解されている（関西精機事件・最二小判昭31・11・2民集10巻11号1413頁〔27002869〕）。しかし最高裁は、まずは調整的相殺（ある賃金計算期間に生じた賃金の過払いを後の期間の賃金から控除すること）について、法定の例外事由（法令の別段の定め又は労使協定の締結—労基法24条1項ただし書）に該当しない場合でも、その時期、方法、金額等からみて労働者の経済生活の安定を脅かすおそれのない場合には、全額払原則に反しないとの立場をとった（福島県教組事件・最一小

判昭和44・12・18民集23巻12号2495頁〔27000752〕）。そしてその後、労働者の同意に基づく（使用者による）相殺の効力が問題となった日新製鋼事件（最二小判平成2・11・26民集44巻8号1085頁〔27807551〕）において、同意が労働者の自由意思に基づくものと認めるに足りる合理的な理由が客観的に存在するときは、同意を得てした相殺は許容されるとした。さらに、無効な解雇期間中の賃金からの中間収入の控除については、平均賃金の6割を超える部分の相殺であれば、全額払原則に反しないとしている（あけぼのタクシー事件・最一小判昭和62・4・2判タ644号94頁〔27800225〕）。

これら3種類の最高裁判決については、賃金全額払原則の趣旨である労働者の経済生活の安定を脅かすおそれがないとして理解を示すものもある（水町・労働法〈第10版〉252頁）が、理論的には労基法に解釈上の例外が存在することを認めるものであり、労働者の自由意思の有無にかかわらず一律に適用されるという同法の建前に反するとして批判も強い（島田陽一「労働者の個別労働関係法上の権利を放棄または制限する合意は有効か」日本労働研究雑誌501号（2002年）67頁、菅野＝山川・労働法〈第13版〉378頁以下、荒木・労働法〈第5版〉166頁以下）。

さらに最近では、労基法37条1項の割増賃金規制について、基本給に超過勤務手当が含まれる旨の黙示の個別合意を認定し、その効力を認めた下級審裁判例がある（モルガン・スタンレー・ジャパン（超過勤務手当）事件・東京地判平成17・10・19判タ1200号196頁〔28102276〕）。これは、労働時間の管理を受けずに高額の報酬を得て自己裁量で働く専門的労働者について、実質的に割増賃金規制の適用除外を認めるものであり、現行制度上は許容されないとして批判が強かった（橋本陽子「判批」ジュリスト1315号（2006年）210頁等）。その後最高裁は、同種の事案で、労基法37条の趣旨は時間外労働の抑制と労働者への補償にあるとして、労働者の報酬が高額である事案でもその点に言及せず、労基法37条の要件に則って割増賃金の定額払制の可否を判断した（医療法人康心会事件・最二小判平成29・7・7労働判例1168号49頁〔28252090〕）。

\事例

前掲日新製鋼事件では、使用者が行った住宅資金としての貸金債権と退職金債権の相殺について、労働者の自由意思によると認めるに足りる合理的理由が客観的に存在

していたとして全額払原則に反しないと判断された。その後、同最高裁判決に依拠しつつ、労働者の同意に基づく使用者による相殺を適法とした下級審裁判例として、外国人労働者に対する立替渡航費用返還債権と賃金債権の相殺（本譲事件・神戸地姫路支判平成9・12・3労働判例730号40頁〔28030497〕）、自社株融資制度による株購入代金の貸金債権と退職金債権の相殺（山一證券破産管財人事件・東京地判平成13・2・27労働判例804号33頁〔28061506〕）、不動産購入のための貸金債権と賃金・一時金債権の相殺（全日本空輸事件・東京地判平成20・3・24労働判例963号47頁〔28141958〕）がある。

論点 ❷　就業規則の最低基準効と労使合意

就業規則の最低基準効（労契法12条）によれば、就業規則よりも労働者に不利益な労働条件は、それを導入する企業経営上の必要性があり、個々の労働者が真意に基づき同意している場合でも無効であり、就業規則の基準が労働契約内容を規律するはずである。しかし、裁判例の中には、このことを十分に理解せず、就業規則を下回る合意の効力を認めるものがある。

例えば、下級審裁判例には、就業規則の基準を引き下げる黙示の労働契約の成立を認め、その契約を有効としたものがある（有限会社野本商店事件・東京地判平成9・3・25労働判例718号44頁〔28022363〕）。また、最高裁判決の中にも、退職金の算定基礎額に賃上げ額を算入しない旨の、実質的に就業規則よりも不利な内容の合意（口頭の合意）が労働組合と使用者間で成立していた事案で、当該合意が労働者に周知されることによって労働契約の内容になったとすれば、就業規則上の算定基礎で計算した額との差額請求は棄却されると判断し、この点の審理不尽を理由に原審に差し戻したものがある（朝日火災海上保険事件・最二小判平成6・1・31労働判例648号12頁〔27970525〕）。しかし、いずれの事案においても、当該合意は就業規則の最低基準効により無効となるべきものである（荒木尚志『雇用システムと労働条件変更法理』有斐閣（2001年）219頁）。

論点 ❸　労働協約と有利原則

労働協約の基準を下回る労働契約が無効であることは当然であるが、協約基準を上回る労働条件の効力については争いがある。労働協約よりも有利な合意

の効力を認める考え方を有利原則という。現行法は、就業規則については就業規則の「基準に達しない」労働契約部分を無効と定める（労契法12条）のに対し、労働協約については労働協約の「基準に違反する」労働契約部分を無効と定めており（労組法16条）、文言を使い分けているようにみえる。しかし、有利原則の存否は法律上明らかでなく、解釈問題として議論されている。

　学説では、一方で、労働協約は労働条件の維持改善を図るための手段であるから、労働協約よりも労働者に有利な領域では契約自由を認めるべきとして、有利原則を肯定する見解がある（花見忠「労働協約と私的自治―労働協約論の再検討のために」労働法21号（1963年）40頁以下）。しかし他方で、企業ごとに締結される日本の労働協約は、ヨーロッパ諸国のそれとは異なり、通常は労働条件の最低基準の設定ではなく、労働条件を直接決定することを意図していること、有利原則を認めると団結が乱され労働組合の統制に影響が出ること等から、有利原則を否定する見解も多い（沼田稲次郎『労働法実務大系⑺労働協約の締結と運用』総合労働研究所（1970年）212頁以下、外尾・労働団体法638頁等）。もっとも最近では、有利原則の存否を理論的に決着させるべき問題ととらえるのではなく、現行法が有利原則についていわば白紙の立場をとっている以上、その存否は個々の労働協約の趣旨に委ねられていると解するのが妥当と述べるものが有力である（菅野＝山川・労働法〈第13版〉1046頁、荒木・労働法〈第5版〉701-702頁、水町・労働法〈第10版〉423-424頁）。これによると、日本の企業別協約は実体的労働条件を決定するために締結されることが多いため、通常は有利な合意の効力を認めない趣旨と解されるが、当該企業における最低賃金の定めのように最低基準の設定もあり得るのであり、あくまで事案ごとの判断になる（菅野＝山川・労働法〈第13版〉1046頁）。裁判例においても、当該事案における労働協約の趣旨を探求して協約よりも有利な合意の効力を決するものが多くみられる。

\ 事例 /

　転籍時に基本給の最低額を保障する特約がなされておりそれを減額する労働協約は無効であると労働者が主張した事案において、当該協約はそのルールを尊重することが最善であるとの結論に達して合意されたものであり、適用除外規定もないことから転籍労働者にも適用されるとした例がある（日本通運（日通淀川運輸）事件・大阪高

判平成21・12・16労働判例997号14頁〔28160388〕)。他方で、協約基準よりもはるかに高い基本給を受けていた労働者が労働組合に加入した事案において、当該組合はその基本給を承認しており、それを認めても組合の統制と団結に全く影響を与えないとして、当該労働者の組合加入後も労働契約中の基本給を定めた部分を有効とした例がある(ネッスル事件・大阪高判昭和63・3・28判タ676号85頁〔27802473〕)。

【参考文献】
諏訪康雄「労働協約の規範的効力をめぐる一考察―有利原則の再検討を中心として」下井隆史=浜田富士郎編『労働組合法の理論課題：久保敬治教授還暦記念論文集』世界思想社(1980年)179頁以下、菅野和夫=諏訪康雄『判例で学ぶ雇用関係の法理』総合労働研究所(1994年)247頁以下、桑村裕美子「労働協約の規範的効力」日本労働法学会編『講座労働法の再生(5)労使関係法の理論課題』日本評論社(2017年)111頁以下

(桑村裕美子)

2 労働条件の変更

(1) 就業規則による労働条件変更

【概要】
　労契法9条は、使用者が労働者と合意することなく、就業規則の変更により労働者の不利益に労働条件を変更することはできないと規定する。そして同条はただし書で、同法10条の場合には例外的に、使用者が、労働者と合意することなく、就業規則の変更により労働条件を変更できるとしている。同法10条は、変更後の就業規則を労働者に周知させ、かつ就業規則の変更が合理的なものであるときという要件を規定する。これらの2つの要件を満たせば、労働者は使用者が一方的に変更した就業規則の内容に拘束されるとするのである。ただし労働契約において、労働者と使用者が就業規則の変更によっては変更されない労働条件として合意していた部分については、同法12条に該当する場合を除き、例外である。

【関係法令】
労契法9、10条

****** 論　　点 ******

1　労契法9条と合理性
2　労契法10条の就業規則の変更の手続
3　労契法10条の合理性判断における多数組合の合意

論点 ❶　労契法9条と合理性

　労契法9条は、使用者が労働者と合意することなく、就業規則の変更により労働者の不利益に労働条件を変更することはできないと規定する。これは就業規則の変更による労働条件の変更についても、合意原則が妥当することを明らかにしており、使用者は労働者と合意をすれば、就業規則の変更により労働条件を変更できる。この場合、次に述べる同法10条が就業規則による労働条件変更に関して「合理性」を要件としているのとは異なり、「合理性」が要求されていない（荒木=菅野=山川・詳説労契法〈第2版〉128頁）。

2 労働条件の変更

学説においては、就業規則の不利益変更につき、変更の合理性が認められなくても、労働者が合意をすれば拘束されるとする考え方（合意基準説（菅野=山川・労働法〈第13版〉238頁、山川隆一「労働契約法の制定―意義と課題」日本労働研究雑誌576号（2008年）11頁、大内伸哉「労働契約法の課題―合意原則と債権法改正」日本労働法学会誌115号（2010年）79頁、水町・詳解労働法〈第3版〉207-208頁等））と、労働者が合意をしても、就業規則変更に合理性がなければ当該労働者を拘束しないとする考え方（合理性基準説（渡辺・講義上205頁、淺野高宏「就業規則の最低基準効と労働条件変更（賃金減額）の問題について」山口浩一郎=中嶋士元也=渡邊岳=菅野和夫編『安西愈先生古稀記念論文集・経営と労働法務の理論と実務』中央経済社（2009年）307、323頁、唐津博「就業規則と労働者の同意」法学セミナー671号（2010年）20頁、吉田美喜夫=名古道功=根本到編『労働法Ⅱ〈第2版〉』法律文化社（2013年）84頁、勝亦啓文「就業規則の不利益変更に対する労働者の同意の効力」法律時報84巻4号（2012年）118頁以下等））が対立している。判例法理とその条文化である労契法は合意基準説に分類される。労契法立法過程で、労働条件変更に対する合意があればそれによって変更の拘束力が生じるとされていた（荒木・労働法〈第5版〉434頁）。

学説では同意の認定は慎重になされるべきとの主張がなされており（水町・詳解労働法〈第3版〉210頁）、裁判例においても同様の考え方に立ち、労働者が自らの自由な意思に基づいて明確に合意した場合でなければ「労働者の合意」があったとは認められないとするものが現れている。近時の最高裁判決は、賃金や退職金に関する変更に対する労働者の同意の有無については、変更を受け入れる旨の同意書への署名押印等の行為の有無だけではなく、その行為が労働者の自由な意思に基づいてされたものと認めるに足りる合理的な理由が客観的に存在するか否かという観点からも判断されるべきとした（山梨県民信用組合事件・最二小判平成28・2・19民集70巻2号123頁〔28240633〕）。

事例

退職金を廃止する就業規則の変更に関し、「曲がりなりにも存続していた退職金制度を完全に廃止するという従業員に重大な不利益を強いる改定について、単に異議がでなかったということで同意があったものと推認することはできない。従業員におい

てそのような不利益な変更を受け入れざるを得ない客観的かつ合理的な事情があり、従業員から異議が出ないことが従業員において不利益な変更に真に同意していることを示しているとみることができるような場合でない限り、従業員の同意があったとはいえないというべきである」として、合意の存在を否定する裁判例がある（協愛事件・大阪高判平成22・3・18労働判例1015号83頁〔28170189〕）。同事件の第1審判決（大阪地判平成21・3・19労働判例989号80頁〔28153932〕）は合理性基準説に親和的な立場に立つ。

論点 2　労契法10条の就業規則の変更の手続

　労契法制定前は、同法10条の就業規則による労働条件変更の手続的要件に、周知と並んで、労基法上要求されている意見聴取・届出も挙げるべきではないかとの学説が有力に主張されていた。しかし、労契法制定過程では、意見聴取・届出を同法10条の合理性審査の入口要件とせず、周知された就業規則変更を広く合理性審査のルートに乗せ、意見聴取・届出については合理性審査の考慮事項と位置付けるという政策判断がなされた（荒木・労働法〈第5版〉441頁）。これを支持する学説（岩出誠『早わかり労働契約法』労務行政研究所（2008年）44頁）と、批判する学説（土田道夫「労働契約法の解釈」季刊労働法221号（2008年）19頁、西谷・労働法195頁以下）の対立がある。

論点 3　労契法10条の合理性判断における多数組合の合意

　就業規則の変更の合理性の判断は、「労働者の受ける不利益の程度、労働条件の変更の必要性、変更後の就業規則の内容の相当性、労働組合等との交渉の状況その他の就業規則の変更に係る事情に照らして」（労契法10条）行われる。これらの判断要素は、従来の判例法理が合理性を判断する際に着目していた判断要素に対応している。

　このように、労契法10条の合理性判断においては、労働組合等との交渉状況全般が、判断要素の1つと位置付けられている。

　しかし、第四銀行事件最高裁判決（最二小判平成9・2・28民集51巻2号705頁〔28020596〕）は、多数組合との合意があることから「変更後の就業規則の内容は労使間の利益調整がされた結果としての合理的なものであると一応推測すること

ができ」ると判示し、学説上も、考慮事項を総合判断するに当たり多数組合との交渉状況を重視した判断がなされることは大いにあり得、集団的統一的労働条件の変更が問題とされている以上、集団的労使関係において当該変更がどのように受け止められたかに着目した総合判断がなされることは当然との説が有力に主張されている（菅野=山川・労働法〈第13版〉244頁、荒木・労働法〈第5版〉444頁、菅野和夫「就業規則変更と労使交渉―判例法理の発展のために」労働判例718号（1997年）6頁以下）。

　最高裁判決の中には、多数組合の合意があるにもかかわらず合理性を否定した例もあり（みちのく銀行事件・最一小判平成12・9・7民集54巻7号2075頁〔28051938〕）、この判決を受けて、最高裁は多数組合の合意を重視する立場を採っていないことが明らかになったとする学説も唱えられた。しかし、同判決は、変更の必要性は認められるものの労働者らの被る不利益が大き過ぎ、高齢の特定層にのみそのような不利益を受忍させることは相当でなく、「不利益性の程度や内容を勘案すると」多数組合との合意も大きな考慮要素とすることはできない、と述べていることから、前掲第四銀行事件判決で想定されていた多数決によって合理性を推測できない例外的場合に該当した事案と位置付けることができ、多数組合の合意を重視する立場が覆されたわけではないとする学説の指摘もある（荒木尚志「判批」菅野和夫=西谷敏=荒木尚志編『労働判例百選〈第7版〉』有斐閣（2002年）58頁、土田・労働契約法〈第2版〉577頁）。

事例

・定年が55歳で、健康であれば58歳まで再雇用が確実であった銀行が、高齢化が進む日本社会の定年延長の動きに連動して就業規則の変更により定年を60歳まで延長し、その定年延長による人件費拡大に対する対応策として、55歳以降の月例給与・賞与を切り下げ、多数組合と労働協約を結んだうえで就業規則を変更した事例で、当時54歳だった労働者からの従前の賃金基準による月例給与・賞与と新定年制下でのそれとの差額の請求につき、最高裁は、労働条件の変更の必要性、労働者の受ける不利益の程度、代償措置の有無、労働組合等との交渉の状況等の事情に照らし、「不利益を法的に受忍させることもやむを得ない程度の高度の必要性に基づいた合理的な内容のものであると認めることができないものではない」として就業規則の変更は合理的であると判断したが、その中で、多数組合との合意があることから変更後の就業規則の内容

は労使間の利益調整がされた結果としての合理的なものであると一応推測することができると判示した（前掲第四銀行事件）。
・経営が低迷している地方銀行が満55歳以上の管理職を専任職に移行させ、業績給の削減、専任職手当の廃止等を内容とする就業規則改定を行い、その結果、これらの労働者の賃金額を33～46％引き下げた事案で、最高裁は、変更の必要性は認められるものの労働者らの被る不利益が大き過ぎ、高齢の特定層にのみそのような不利益を受忍させることは相当でなく、多数組合との合意も大きな考慮要素とすることはできないとして合理性を否定した（前掲みちのく銀行事件）。
・タクシー会社が行った、就業規則の変更により賞与を廃止して月例給に一本化するとともに、年功給を廃止してそれに代わる奨励給を新設した措置が問題となった事案で、高裁は、同業他社との競争や経営体質の強化という点から変更の高度の必要性が認められること、新たな労働条件は生産性に比例した公平で合理的な賃金を実現するなどの点で合理性と相当性を有すること、奨励給の新設という代償措置がとられていること、賃金制度改正につき労働組合に協議を申し入れたが組合はこれを拒否し、組合員以外の従業員は改正に賛成していることなどから、上記就業規則の変更には合理性が認められるとして、組合所属の従業員による変更前の賃金との差額請求を棄却した（県南交通事件・東京高判平成15・2・6判時1812号146頁〔28081111〕）。
・私立大学の教員の定年を72歳（一部の原告については70歳）から65歳に引き下げる就業規則の改定が問題となった事案について、高裁は、年齢アンバランスの解消や人件費の負担削減など定年引下げの必要性は相当高いものと認められ、変更後の就業規則の内容も相当性を有しており、それに伴い実施された退職金加給や新優遇制度等も代償措置として不十分であるとはいえ、組合との間でも合意には至らなかったものの適切な手続を踏んでいることから、その不利益を労働者に法的に受忍させることを許容することができるだけの高度の必要性に基づいた合理的な内容のものであり、これに反対する労働者に対しても効力を生ずるとした（芝浦工業大学（定年引下げ）事件・東京高判平成17・3・30労働判例897号72頁〔28101807〕）。
・30分の遅刻を容認する条項を含む労働協約を解約するとともに新就業規則で遅刻について遅刻届の提出と賃金カットを明記した措置が問題となった事案で、高裁は、当該措置は労働条件の不利益変更に当たるが、その変更には社会的相当性があり、遅刻しても賃金の減額を受けないという利益が正当なものとは言い難く、組合との協議が十分なものであったとはいい難いことなどを考慮しても、合理的な内容であり、反対する労働者に対しても効力を生ずるとして、カットされた賃金額の請求を棄却した（黒川乳業事件・大阪高判平成18・2・10労働判例924号124頁〔28130133〕）。
・債務超過に陥り経営再建中であった会社が就業規則の改定により退職金を削減した事案で、高裁は、従業員の被る不利益の程度は、退職後の生活設計の基礎となる退職

金の50％の削減という大きいものであるが、メインバンクの承諾を得られるよう再建計画を速やかに遂行する以外に倒産を回避すべき方策がなかった会社においては、本件就業規則の改定の必要性は極めて高かったこと、本件就業規則改定が行われずに倒産に至った場合には、従業員はより少額の配当を受けるにとどまるばかりか職を失うおそれがあったこと、倒産の危機に瀕した会社が倒産を回避するための経営再建策の1つとして退職金の減額を行うことは、我が国の企業において一般的に検討され得る措置であり、通常の景況にある会社の一般的な退職金水準との比較を論ずることは当を得ていないこと、会社と労働組合との交渉について手続上の瑕疵は認められないことなどから、就業規則改定の合理性を認めた（日刊工業新聞社事件・東京高判平成20・2・13労働判例956号85頁〔28140640〕）。

【参考文献】

山川隆一「労働条件変更における同意の認定」荒木尚志=岩村正彦=山川隆一編『菅野和夫先生古稀記念論集・労働法学の展望』有斐閣（2013年）277頁、土田道夫「労働条件の不利益変更と労働者の同意」根本到=奥田香子=緒方桂子=米津孝司編『労働法と現代法の理論：西谷敏先生古稀記念論集（上）』日本評論社（2013年）349頁、唐津博「労契法9条の反対解釈・再論」同書369頁以下、荒木尚志「就業規則の不利益変更と労働者の合意」法曹時報64巻9号（2012年）12頁、村中孝史「労働契約法制定の意義と課題」ジュリスト1351号（2008年）45頁、毛塚勝利「労働契約変更法理再論」『水野勝先生古稀記念論集・労働保護法の再生』信山社出版（2005年）3頁、王能君『就業規則判例法理の研究〔その形成・発展・妥当性・改善〕』信山社（2003年）13頁

(2) 労働協約による労働条件変更

【概要】

労組法16条は、労働組合と使用者とで締結する労働協約により、組合員の労働条件その他の待遇に関する基準が定められた場合、それに違反する労働契約の部分を無効とする強行的効力と、当該無効となった労働契約の部分及び労働契約に定めがない部分を労働協約の基準により規律する直律的効力からなる規範的効力を規定している。また、労基法92条は、就業規則は当該事業場について適用される労働協約に反してはならないと規定している。

III 労働条件の決定・変更

　これらによれば、組合員の労働契約は、労働協約により規律されるといえるが、労働協約の定める労働条件が労働契約の内容よりも不利であっても規律されるのであろうか。また、個々の労働者の労働契約の終了のように当該労働者自身で処分すべきと考えられる事項についても労働協約により規律されるのであろうか。協約自治の限界について検討する必要がある。

【関係法令】
労組法16条、労基法92条

・・・・・・ 論　　　点 ・・・・・・

1　不利な協約の締結権限
2　労働協約による労働条件の不利益変更が許されない場合

論点 ❶　不利な協約の締結権限

　労働組合は、労働協約の締結により、組合員の労働条件を不利益に変更できるのだろうか。

　労組法2条が労働組合につき「労働条件の維持改善その他経済的地位の向上を図ることを主たる目的として組織する団体」としていることから、組合員の労働条件を不利益に変更する労働協約には拘束力がないとする裁判例もかつては存在した（大阪白急タクシー事件・大阪地決昭和53・3・1労働判例298号73頁〔27813971〕、北港タクシー事件・大阪地判昭和55・12・19判時1001号121頁〔27613020〕）。

　しかし、労働協約がギブ・アンド・テイクの取引である団体交渉の結果として締結されるものであることに鑑みれば、そのような労働協約の拘束力を否定することは憲法28条、労組法の予定する労使自治の理念に照らし、妥当ではない（菅野和夫『労働法〈初版〉』弘文堂（1985年）448頁）。最高裁は、組合員の労働条件を引き下げる労働協約の効力を承認し（朝日火災海上保険（石堂）事件・最一小判平成9・3・27判タ944号100頁〔28020805〕。なお、朝日火災海上保険事件・最三小判平成8・3・26民集50巻4号1008頁〔28010249〕も参照）、それが通説となっている（荒木・労働法〈第5版〉702頁、水町・詳解労働法〈第3版〉152頁）。

事例

　企業合併後、合併前の２社の労働条件を統一するために行われた、定年年齢・退職金算定方法に関する労働協約による労働条件の不利益変更の効力が争われた事案で、最高裁は、「これにより上告人が受ける不利益は決して小さいものではないが、同協約が締結されるに至った以上の経緯、当時の被上告会社の経営状態、同協約に定められた基準の全体としての合理性に照らせば、同協約が特定の又は一部の組合員を殊更不利益に取り扱うことを目的として締結されたなど労働組合の目的を逸脱して締結されたものとはいえず、その規範的効力を否定すべき理由はない」とした（前掲朝日火災海上保険（石堂）事件）。

論点 ❷　労働協約による労働条件の不利益変更が許されない場合

　第１に、強行法規や公序良俗に反する不利益変更は許されない。例えば、労基法や労組法で保障された権利行使を抑制し、権利保障の趣旨を実質的に失わせる変更は、公序良俗に違反し無効である（日本シェーリング事件・最一小判平成元・12・14民集43巻12号1895頁〔27805324〕）。

　第２に、既に発生した個人の債権（朝日火災海上保険事件・最三小判平成8・3・26民集50巻4号1008頁〔28010249〕）や、個々の労働者の雇用契約の成立と終了は、労働者自身の処分に委ねられるべきであり、労働協約により不利益に変更することは許されない。

　第３に、従前の労働協約の定める労働条件を新たな労働協約により不利益に変更できるかについては、労働協約による労働条件の不利益変更が原則として可能であっても、例外的に「同協約が特定の又は一部の組合員を殊更不利益に取り扱うことを目的として締結されたなど労働組合の目的を逸脱して締結されたもの」（朝日火災海上保険（石堂）事件・最一小判平成9・3・27判タ944号100頁〔28020805〕、中央建設国民健康保険組合事件・東京高判平成20・4・23労働判例960号25頁〔28141820〕）である場合には、その規範的効力が否定される。労働協約の締結に手続的瑕疵がある場合も、労働協約の拘束力は否定される（中根製作所事件・東京高判平成12・7・26労働判例789号6頁〔28052368〕〈最三小決平成12・11・28労働判例797号12頁〔28060621〕で維持〉、鞆鉄道事件・広島高判平成16・4・15労働判例879号82頁〔28092896〕〈最二小決平成17・10・28平成16年(オ)1170号公刊物未登載〔28171436〕で上告不

受理)。なお、組合規約上、執行委員長には労働協約締結権限が当然には与えられておらず、そうした権限を与える然るべき手続も取られていないとして、規範的効力を否定した事例として山梨県民信用組合事件・最二小判平成28・2・19民集70巻2号123頁〔28240633〕及び同事件差戻審・東京高判平成28・11・24労働判例1153号5頁〔28251430〕。荒木・労働法〈第5版〉704-705頁)。

> **事例**

・会社と労働組合とが締結した賃金引上げに関する協定中の、賃金引上げ対象者から前年の稼働率が80％以下の者を除外するという趣旨の80％条項において、稼働率算定の基礎となる不就労に当たるものとして、労基法又は労組法上の権利に基づく不就労も含めていることが問題となった事案において、最高裁は、80％条項に該当した者につき除外される賃金引上げにはベースアップ分も含まれており、しかも、賃金引上げ額は、毎年前年度の基本給額を基礎として決められるから、賃金引上げ対象者から除外されていったん生じた不利益は後続年度の賃金において残存し、ひいては退職金額にも影響するものと考えられ、また、80％という稼働率の数値は、従業員が、産前産後の休業、労働災害による休業などの比較的長期間の不就労を余儀なくされたような場合には、それだけで、あるいはそれに加えてわずかの日数の年次有給休暇を取るだけで同条項に該当し、翌年度の賃金引上げ対象者から除外されることも十分考えられるため、80％条項の制度の下では、一般的に労基法又は労組法上の権利の行使をなるべく差し控えようとする機運を生じさせるものであり、その権利行使に対する事実上の抑制力は相当強いといえることから、この80％条項において、労基法又は労組法上の権利に基づく不就労を稼働率算定の基礎としている点は、労基法又は労組法上の権利を行使したことにより経済的利益を得られないこととすることによって権利の行使を抑制し、ひいては、上記各法が労働者に各権利を保障した趣旨を実質的に失わせるものというべきであるから、公序に反し無効であると判断した（前掲日本シェーリング事件)。

・退職金を大幅に減額する労働協約の規範的効力が問題となった事案において、高裁は、労働協約が締結されるに至るまでの職場集会の回数と出席率、職場集会の結果を踏まえての団体交渉の回数、臨時大会における執行部案の賛成多数による可決等の経緯からして、職員組合における意思決定過程の公正さを疑うに足りる事情はなく、また、経営状況に照らして退職金規程を見直す必要性はあったといえ、さらに、労働協約に定められた基準の内容についても、退職金支給月数は、東京都や国の公務員と比較すると改定前で約16か月分、改定後でも約4か月分上回っていること等を指摘し、これらの事情に照らせば、労働協約が従前の労働条件に比較して労働者に不利なものであることを考慮しても、職員組合としては、民主的な手続によって確認された組合

員の意思に基づき、当時の状況の中で労働協約の内容を是としたものであって、本件労働協約が特定の又は一部の組合員をことさら不利益に取り扱うことを目的として締結されたなど労働組合の目的を逸脱して締結されたものと認めるに足りないというべきであり、その規範的効力を否定することはできないと判断した（前掲中央建設国民健康保険組合事件）。

・定年年齢と退職金に関する労働協約による労働条件変更の効力が生じるまでの間、従前どおりの社員の地位にある者として労働に従事し、その対償として従来の基準に従って算出された賃金請求権を既に取得していた労働者からの、賃金請求の事案につき、最高裁は、香港上海銀行事件（最一小判平成元・9・7判タ757号122頁〔27808441〕）を参照しつつ「具体的に発生した賃金請求権を事後に締結された労働協約や事後に変更された就業規則の遡及適用により処分又は変更することは許されない」とした（前掲朝日火災海上保険事件）。

【参考文献】
菅野和夫「就業規則変更と労使交渉―判例法理の発展のために」労働判例718号（1997年）6頁、下井隆史「労働協約の規範的効力の限界―『有利性の原則』、『協約自治の限界』等の問題に関する若干の考察」甲南法学30巻3=4号（1990年）359頁、土田道夫『労務指揮権の現代的展開―労働契約における一方的決定と合意決定との相克―』信山社出版（1999年）344頁

(3) 労働契約の変更

【概要】
　労契法8条は、労働者と使用者が、その合意により労働契約の内容である労働条件を変更できると定めている。労働契約の内容である労働条件とは、労働者と使用者の合意により労働契約の内容となった労働条件に加え、同法7条及び10条により就業規則の定める労働条件が労働契約の内容となった場合も含まれる。
　しばしば問題となるのは、労働者の合意があったといえるか否かである。合意があったと認められれば、その内容の合理性が審査されることなく、変更の拘束力が生じる。

【関係法令】
労契法 8 条

•••••• 論　点　••••••

1　同意の有無

論点 ❶　同意の有無

　詐欺・錯誤（騒々堂事件・大阪高判平成10・7・22労働判例748号98頁〔28040179〕、東武スポーツ（宮の森カントリー倶楽部・労働条件変更）事件・宇都宮地判平成19・2・1判タ1250号173頁〔28131184〕）・強迫等による意思表示につき民法の規定が適用される。

　労働者が使用者から提示された変更を断りたいと考えていても、言葉にできずに押し切られることをどう考えるかについては裁判例も分かれている。

　裁判例は、黙示の同意の認定を認めることに慎重な立場に立つものがある（例えば、京都広告事件・大阪高判平成3・12・25判タ786号195頁〔27811596〕、山翔事件・東京地判平成7・3・29労働判例685号106頁、アーク証券（本訴）事件・東京地判平成12・1・31判タ1057号161頁〔28051953〕、中根製作所事件・東京高判平成12・7・26労働判例789号6頁〔28052368〕、日本構造技術事件・東京地判平成20・1・25労働判例961号56頁〔28141834〕）。それに対し、黙示の同意の有無を緩やかにとらえるものもある（有限会社野本商店事件・東京地判平成9・3・25労働判例718号44頁〔28022363〕、ティーエム事件・大阪地判平成9・5・28労経速報1641号22頁〔28021866〕、エイバック事件・東京地判平成11・1・19労働判例764号87頁）。

　条文においては、変更に際して文書を提示することは要求されていない。しかし、労契法 4 条が労働条件に関する紛争の防止のために労働契約内容の理解促進の努力義務を定めたことに鑑みれば、十分な説明がなければ理解できない内容の変更をする際には、文書提示等の工夫がなされるべきであると解されよう（荒木・労働法〈第 5 版〉431頁）。

事例

・賃金減額に関する労働者の合意の有無が問題とされた事案で、説明会等を通じて職員に対して賃金減額の趣旨を説明していてその席で質問などが出ていないことや後に

も反対意思を表明してきた者がいないとして、意思確認を十分行ったとする使用者に対し、裁判所は、「賃金の減額という事実に照らした場合に、会社から一方的に通知なり告知して特段の異論なり反対がないから合意が確定的に成立しているというのはあまりに身勝手な受け止め方といわざるを得ない。このような重要な労働条件の変更には、上記のような多数組合なり労働者の過半数代表者との書面による合意、あるいは労働者各人からの同意書なりを徴求することによって意思表示の確実を期さなければ確定的な合意があったとは経験則上認めることは難しい」と述べて合意の存在を否定した（前掲日本構造技術事件）。

・労契法制定前の事件ではあるが、多岐にわたる労働条件変更の内容を資料を配付せずに数分の社長の説明、個別面談の口頭説明、質問への不十分な返答のみで変更を提案した事例につき、変更内容の特定が不十分であるとして、労働条件変更の合意を否定したものがある（東武スポーツ（宮の森カントリー倶楽部・労働条件変更）事件・東京高判平成20・3・25労働判例959号61頁〔28141351〕）。

【参考文献】
荒木尚志『雇用システムと労働条件変更法理』有斐閣（2001年）288頁

（小畑史子）

3 労働条件不利益変更有効性判断の具体例

(1) 賃金

【概要】

　労働条件のうち、労働者にとって最も基本的かつ重要な労働条件とされるのが賃金である（大曲市農業協同組合事件・最三小判昭和63・2・16民集42巻2号60頁〔27100073〕等）。賃金は、労基法11条において「賃金、給料、手当、賞与その他名称の如何を問わず、労働の対償として使用者が労働者に支払うすべてのものをいう」と定義される。いわゆる基本給や賞与だけでなく、退職金規程などによって支給条件が明確である退職手当（退職金）も賃金に含まれる（昭和22・9・13発基17号）。

　就業規則の変更によって賃金の支給額についてこれを労働者にとって不利益に変更する場合、裁判例上労働者の受ける不利益の程度は、その他の労働条件の不利益変更に比して大きいとされており、「実質的な不利益を及ぼす就業規則の作成又は変更については、当該条項が、そのような不利益を労働者に法的に受忍させることを許容することができるだけの高度の必要性に基づいた合理的な内容のものである場合において、その効力を生ずるものというべきである」とされている（前掲大曲市農業協同組合事件、第四銀行事件・最二小判平成9・2・28民集51巻2号705頁〔28020596〕等）。

【関係法令】
労契法10条

•••••• 論　点 ••••••

1　賃金に関わる労働条件の不利益変更について最高裁判決はどのように判示しているか
2　賃金に関わる労働条件の不利益変更に対する労働者の合意について最高裁判決及び下級審裁判例はどのように判示しているか
3　賃金に関わる労働条件の不利益変更に必要となる高度の必要性とは何か
4　賃金を削減する労働条件変更と労働者の受ける不利益性の程度について、下級審裁判例でどのように判断されるか
5　個別の賃金の削減の事例について
6　賃金制度の変更について

論点 ❶ 賃金に関わる労働条件の不利益変更について最高裁判決はどのように判示しているか

既に述べたとおり、労働条件の不利益変更は、労働者の受ける不利益性、変更の必要性、内容の合理性、変更手続の適正さ等を総合考慮してその有効性が判断される。

下記では、賃金に関する不利益変更の最高裁判決について、事案の概要とともに、各要素がどのように判断されているかを概観する。

1　御国ハイヤー事件（最二小判昭和58・7・15判タ515号117頁〔27613194〕）

　　変更の効力を否定

(1)　変更の内容

退職金の不利益変更の事案。具体的には、変更実施日以降の就労期間は、退職金算定の基礎勤続年数に算入しないこととなった。

(2)　変更の必要性

使用者側で、変更の必要性の立証が何らなされなかった。判決においても、不利益変更を是認させるような特別の事情も認められない、とされた。

(3)　労働者の受ける不利益

特段の判示がないが、代償となる労働条件も何ら提示されていない、と述べる。

(4)　その他の事情

上記のとおり、何ら代償措置がなされておらず、また原審の判示によれば、労使間でも議題に上ったことはない。

(5)　本判例の意義

使用者側で必要性の立証がなされなかった事案であり、その点で事例判決というべきであろう。

2　大曲市農業協同組合事件（最三小判昭和63・2・16民集42巻2号60頁〔27100073〕）

　　変更を有効と判断

(1)　変更の内容

農協の合併に伴い、労働条件を統一するに当たり、一部の労働者について退職金の支給倍率が低減された事案。

(2) 変更の必要性

賃金、退職金などの労働者によって重要な権利、労働条件についてこれを不利益に変更するには、高度の必要性に基づいた合理的な内容でなければならないとの一般論を初めて確立した。

そのうえで、本件では、労働条件の統一的、画一的処理の要請があり、旧組織から引き継いだ従業員相互の格差を是正し、単一の就業規則を作成、適用すべき必要性はいうまでもない、とした。

(3) 労働者の受ける不利益

新規程の変更により確かに支給倍率は低減されたが、その反面、合併に伴う給与調整などによって、実際に退職する際、基本月俸額に所定の支給倍率を乗じて計算される退職金額としては、支給倍率の低減による見かけほどは低下していないとして、金銭的に評価し得る不利益はそれほど大きなものではない（原判決はこの点を大きな不利益としている）、と判示した。

(4) その他の事情

新規程への変更に伴い、給与調整が行われ、また、休日・休職や諸手当、旅費などの面において有利な取扱いを受け、定年も延長されている。支給倍率の低減に対する直接の見返り又は代償ではないものの、本件合併に伴う格差是正措置の一環として、変更の合理性に関し考慮することができる事情になると判示した。

(5) 本判決の意義

第1に賃金などの重要な労働条件についてこれを不利益に変更するためには高度の必要性が必要と判示した点、第2に合併に伴う労働条件の統一という目的に高度の必要性を認めた点、第3に必ずしも直接的な代償措置ではなく、関連するその他の労働条件を有利にする措置であっても、合理性を肯定する方向に考慮されることを判示した点、以上3点について重要な判示を行った最高裁判決である。

3　第一小型ハイヤー事件（最二小判平成4・7・13判タ797号42頁〔27811661〕）
　　変更を有効と判断

(1) 変更の内容

タクシー運賃の改定（運賃値上げ）が認可されたことに伴い、歩合給の算定方法を変更した事案。なお、歩合給は、運賃の売上額から固定額（これを「足切額」という）を控除後、支給率を乗じて算出されるところ、変更によって足切額を27万円から29万円に上げ、支給率を35％から33％に減少した。

(2) 変更の必要性

歩合給の額は、運賃収入の額を基に計算され、タクシー運賃の改定によって歩合給の額が変動する性格を有しているところ、計算方法が変更されないとするのであれば、運賃値上げにより確保されるべき事業者の適正利益が侵害されると判示した。

ただし、これが「高度の必要性」に該当するとは説示していない（この点について、千葉勝美「判批」ジュリスト1014号（1992年）101頁は、歩合給の計算方法自体、運賃改定がされた場合は再協議し変更することが最初から予定されており、その意味で通常の賃金とは異なり、労働者にとって純然たる既得権というべきものではないことから、当然その変更には「高度の必要性」があったとみたのか、あるいは通常の賃金等とは異なるという点を示そうとしたものとする）。

(3) 労働者の受ける不利益

上記のとおり、本件では足切額が上昇し支給率が減少したものの、運賃額も値上げされており、実際に労働者の賃金が減少したかどうかについては明らかではない。最高裁は特段の理由を述べないが、このような場合でも不利益変更には該当すると判断しているようである。

(4) その他

被上告人である労働者が所属する組合との間では、団体交渉が3回行われたものの、妥結には至らなかった。なお、上記組合とは別組合も存在したところ、別組合とは本件変更に関わる労働協約を締結している。

(5) 本判決の意義

業界の特徴として、運賃の値上げは認可制であり、値上げが認可されたとしても歩合給の計算方法によっては値上げ分が労働者の給与に反映される割合が高くなる可能性があり、経営改善などの理由から値上げを実現しても必ずしも効果が経営に反映されない場合もある。このような事情をもって、値上げに

よって確保されるべき事業者の適正利益を不利益変更の必要性として肯定したものと思われる。また、他組合との合意について、計算方法は、会社と別組合との間の団体交渉により決められたものであることから、「通常は使用者と労働者の利益が調整された内容のものであるという推測が可能である」とする判示が合理性判断の指標として注目された。

4　朝日火災海上保険事件（最三小判平成8・3・26民集50巻4号1008頁〔28010249〕）
　　変更の効力を否定
　(1)　変更の内容

定年の引下げ（ただし、定年の引下げの効力については上告がなされていない）と退職金の支給率を勤続30年で70か月から51か月に変更する労働協約締結及び就業規則の変更を行った事案。なお、労働協約締結及び就業規則変更の際、既に新定年を過ぎていた労働者（非組合員）について、遡って定年退職扱いとして退職金を支給した事案である。

労働協約の効力として、労働者の労働条件を不利益に変更する労働協約にも一般的拘束力を認める一方、例外として一般的拘束力が否定される場合もあること、実際に一般的拘束力を否定した点などにおいても、非常に重要な判示を行った最高裁判決である。

　(2)　変更の必要性

経営の悪化を回避するため（大蔵省の検査の際、このままの退職金の支給額が続くようであれば退職金倒産に至るであろうと指摘されている）に退職金規程の変更を行った点には高度の必要性があるとした。

　(3)　労働者の受ける不利益

労働協約の一般的拘束力に関する判示において、労働者である被上告人は、本件労働協約の効力発生と同時に定年に達していたことになり、さらに減額した退職金の支給を受けるというのでは、専ら大きな不利益だけを受ける立場にあると判示した。そして、就業規則の不利益変更においても、おおむね同様の観点から、不利益性が大きく、その内容において法的規範性を是認することができるだけの合理性を有するものとは認め難いと判断した。

　(4)　その他

本件は組合の合意を得て労働協約を締結している事案である。
　⑸　本判決の意義
　前掲第一小型ハイヤー事件では不利益変更の判断において、組合との合意が合理性を推認させるとの言及がなされたが、本件では労働者の不利益の程度が著しい事案であったためか、組合との合意をもってしてもその合理性を否定された点に意義を有する。
5　第四銀行事件（最二小判平成9・2・28民集51巻2号705頁〔28020596〕）
　　変更を有効と判断
　⑴　変更の内容
　55歳定年後に3年の再雇用期間という制度から、60歳定年制への変更に伴い、55歳以降の賃金を大幅に減額（55歳以降の年間賃金は54歳時に比べて63〜67％）した事案。なお、旧制度における55〜58歳までの賃金合計額と、新制度における55〜60歳までの賃金合計額を一致させるように減額を行ったため、上記減額となった。
　⑵　変更の必要性
　定年延長は社会的な要請である一方、人件費の負担増加を伴い、中高年齢労働者の役職不足を深刻化し、企業活力を停滞させる要因ともなり得るとしたうえで、人件費の増大、人事の停滞を抑えることは経営上必要であるとした。
　さらに、他の地方銀行と比べても、中高年齢労働者の比率が高い一方、経営効率及び収益力が十分とはいえない状況にあったのであるから、その必要性は高度であるとした。
　⑶　労働者の受ける不利益
　上記のとおり、旧制度における55〜58歳までの賃金合計額と、新制度における55〜60歳までの賃金合計額を一致させるように減額を行ったのであるから、2年長く働いて当初期待していた金額をようやく得ることができる点において、2年長く働かないと得られない不利益は大きいとしながら、従前の55歳以降の労働条件は既得権とはいえず、また変更後の労働条件は他の地方銀行の水準とほぼ同一であること、定年が延長され60歳まで安定した雇用が確保される利益は小さくないこと、福利厚生制度の適用延長や拡充など、直接の代償措置では

ないものの関連する不利益緩和措置は行われているとした。

(4) その他

全行員の90％を組織する労働組合との合意及び労働協約を得ている。この点は、「変更後の就業規則の内容は労使間の利益調整がされた結果としての合理的なものであると一応推測することができ」、本件就業規則による一体的な変更を図ることの必要性及び相当性を肯定する要素とされた。

なお、本件について、経過措置を設けた方が望ましいものの、経過措置が存在しないことで結論は異ならないとした。

(5) 本判決の意義

判決の結論は「合理的な内容のものであると認めることができないものではない」と消極的な表現を用いており、これは本件の変更が、何ら問題がないものと評価しているわけではなく、従前の定年年齢を目前に控えた行員の被る実質的な不利益に対してはさらなる配慮が望まれることが示唆されていると解説されている（『最高裁判所判例解説民事篇〈平成9年度〉』法曹会〔川神裕〕355頁）。

また、本判決には、経過措置のないことを重視し、その合理性を否定する反対意見が付されており、いずれにせよこの種の不利益変更の限界事例とみることができよう。

6 みちのく銀行事件（最一小判平成12・9・7民集54巻7号2075頁〔28051938〕）

変更の効力を否定

(1) 変更の内容

55歳以降の賃金について、経過措置の経過後には40〜50％減となる不利益変更を行った事案。その一方で、中堅層の労働条件の改善を図った。

(2) 変更の必要性

定年を60歳とする年功序列制度の下で、行員の高年齢化、他行との比較、経営効率が全国の地銀の中で下位に低迷していたこと、金融機関間の競争が進展しつつあったこと等の事情から、賃金減額の経営上の高度の必要性は肯定した。

しかし、その一方で、中堅層の労働条件の改善も同時に図っていることからも、経営上差し迫った必要性に基づく賃金コストの削減の必要はなかったとした。

(3) 労働者の受ける不利益

　上記のとおり55歳以降の賃金について、経過措置の経過後には40〜50％減となる。代償措置として、退職金の増額措置が存したが、これは早期退職する場合に適用になるにすぎないこと、企業年金の会社負担分が増額されているがこれは賃金の低下による厚生年金の水準低下の一部を補うにすぎず賃金減額の代償措置とはならないこと、特別融資制度や住宅融資に関する措置は代償措置ではあるが不十分であることから、不利益は極めて重大である、とした。

(4) その他

　多数組合との合意が存在した。

(5) 本判決の意義

　前掲第四銀行事件と比較される最高裁判例である。第四銀行事件では不利益変更の効力が認められ、本判決では否定されているが、いずれの判決も類似の要素を挙げて高度の必要性を肯定していることから、結論を分けたのは主として労働者の受ける不利益の程度の差異であると思われる。

　なお、多数組合との合意が存在したにもかかわらず不利益変更の効力を否定しており、多数組合との合意の存在は、合理性判断の1つの考慮要素ではあるが、必ずしも決定的なものではないことが示されている（『最高裁判所判例解説民事篇〈平成12年度〉（下）』法曹会〔菅野博之〕772頁）。

7　富山県医師国民健保組合事件（最一小判平成16・1・15判時1898号47頁〔28230046〕）

　　変更の効力を否定（破棄差戻し）

(1) 変更の内容

　嘱託社員に対する退職金の支給を廃止した事案。なお、就業規則に付随する退職金規程は、6年間に3回改正され、1回目は嘱託社員への退職金支給を廃止する変更、2回目は非常勤嘱託社員への退職金は支給しない（すなわち常勤嘱託社員については退職金を支給する）とする変更（退職金支給対象者規程として規定）、3回目に再度嘱託社員への退職金の支給は行わない旨の変更がなされ（退職金支給対象者規程を変更）、当該3回目の変更の効力について、常勤嘱託社員を退職した労働者が争った事案である。

(2) 変更の必要性

嘱託社員は一般職を定年退職後に再雇用されているところ、退職時に一度退職金を支給されていること、期間雇用者は通常退職金が支給されない扱いが社会一般的であること、の理由のみでは、高度の必要性を欠くと判示した。

なお、被上告人健康保険組合の各関連団体は、申合せにより人事上の取扱いを統一することとしていたところ、上記2回目の変更は、各関連団体との取決めに反することも3回目の変更の必要性として主張されており、わざわざ2回目の変更がなされた理由、常勤嘱託社員の勤務状況、退職状況、退職金支給状況などの具体的事実の認定がなければ、高度の必要性が存するとはいえないとした。

(3) 労働者の受ける不利益

詳細には判示していないが、重要な労働条件に実質的に不利益を及ぼす、と判示した。

(4) その他

本判決は、上記必要性に関する判断が主であり、その他の要素が判断に影響したかは不明である。

(5) 本判決の意義

既に退職金を取得した者が再雇用されその退職時に再度退職金を支給されるのは不合理であること、1年以内の有期雇用労働者に退職金を支給することは社会的相当性を欠くこと、という一般的な必要性のみでは就業規則変更のための「高度の必要性」を認めるに足らないことを判示した点が重要であろう。

論点 2 賃金に関わる労働条件の不利益変更に対する労働者の合意について最高裁判決及び下級審裁判例はどのように判示しているか

労契法8条は、使用者と労働者の合意によれば労働条件を変更することができると規定しており、合意によって不利益にも変更できると一般的には解されているため、実務上も労働条件の不利益変更に当たって労働者の合意を得て行うケースが多い。

従来、賃金などの重要な労働条件についてこれを不利益に変更又は当該権利を放棄する場合には、労働者がこれら債権を放棄する意思表示につき、当該意思表示が労働者の自由な意思に基づいてされたものであると認めるに足りる合理的な理由が客観的に存在することを要するとされてきた（シンガー・ソーイング・メシーン事件・最二小判昭和48・1・19民集27巻1号27頁〔27000514〕など）。加えて、労働条件の不利益変更について使用者が労働者の合意を求めるに当たっては、指揮命令下に置かれているという立場の優劣があり、また不利益変更となる内容についてより正確な情報は使用者のみが一次的に知り得る関係にある事情を考慮し、形式的外形的に同意とみられる行為、例えば書面による合意があったとしても、その効力については慎重に検討するべきであると明らかにした最高裁判決が山梨県民信用組合事件（最二小判平成28・2・19民集70巻2号123頁〔28240633〕）である。

　同判決における労働条件の変更内容は、A組合が経営破綻を防ぐためにY組合と合併することとしたところ、その際合併後の退職金の扱いについて、支給基準が変更されて2分の1になり、厚生年金給付額や企業年金給付額は控除されるという扱いは継続する（合併前にY組合に所属していた従業員についてはかような扱いは採られていなかったため、結果的に合併後はこれらの者との間では不均衡が生じることとなった）、との新規程に変更することであった。なお、自己都合退職の場合は退職金が0になる可能性が高い変更となり、不利益性は著しい変更であったが、管理職らは当該変更について事前に合意書に署名押印していた。

　この合意について同判決は、就業規則変更による賃金や退職金に関する不利益変更について、同意書への署名押印をするなど当該変更を受け入れる旨の労働者の行為があるとしてもこれをもって直ちに労働者の同意があったものとみることは相当でなく、当該変更に対する労働者の同意の有無についての判断は慎重にされるべきとして、当該行為が労働者の自由な意思に基づいてされたものと認めるに足りる合理的な理由が客観的に存在するか否かを検討すべきとした。具体的には、当該変更により労働者にもたらされる不利益の内容及び程度、労働者により当該変更を受け入れる旨の行為がされるに至った経緯及びその態様、当該行為に先立つ労働者への情報提供又は説明の内容等、という考慮要素

を検討すると明らかにした。

そして本件では、不利益の程度は著しく、また経営破綻を防ぐために応じざるを得ない一面があった事情があること、それに先立つ説明会においても事実と異なる説明（合併前にY組合に所属していた従業員と同程度の水準との説明があったが、実際は上記のとおり異なる水準となった）があったこと、その点について情報提供や説明がなかったなどの経緯を挙げ、同意の効力を否定した。

同判決は、労働条件の不利益変更に関する判決ではあるが、退職合意等重要な労働条件に関する合意の有効性判断に関する裁判例においても、同判決が引用されて判断されている。労働者の合意の有効性一般について非常に重要な意義を有する判決である。

その後の下級審裁判例では、年功制に基づく給与体系で減額が想定されていなかった制度であったところ、年功部分である勤続給の昇給について上限を設け、基本給・役職給・勤続給・給与手当等が会社の権限により減額することもあり得る制度にした変更及び退職金を廃止する変更について、誓約書による合意があったものの、誓約書で誓約した労働条件の変更においては不利益の程度が大きい一方、情報提供や個別具体的説明を行った形跡がなく、誓約書への署名押印という行為が自由な意思に基づいてされたものと認めるに足りる合理的な理由が客観的に存在するとはおおよそ認められないとして、誓約書の合意の効力を否定したケイエムティコーポレーション事件（大阪地判平成29・2・16平成27年(ワ)4072号公刊物未登載）、退職金を廃止し、一時金とストックオプションを付与する制度とする変更について、署名押印した同意書などが存在するものの、複数の同意書がありその内容に矛盾があり（一時金の支給対象となる評価時期など）、また署名を拒んだ同意書もあったこと、退職金規定の廃止に関して十分な説明がなされている形跡も見当たらないことから、自由な意思に基づいて同意したと認めるに足りる合理的な理由が客観的に存在するとは認め難いとした東京地判平成29・3・28平成29年(ワ)5490号公刊物未登載〔29046679〕、退職金制度の廃止について、書面の合意はなかったものの、説明の際異議を述べなかったこと、退職金支払のための積立型保険の解約返戻金を受領したこと等の事情もあったが、退職金制度の廃止という重大な問題について労働者が同意するとは

考え難く、自由な意思に基づいてなされたものと認めるに足りる合理的な理由はないとした東神金商事件（大阪地判令和2・10・29労働判例1245号41頁〔28292736〕）、共済掛金負担金の廃止という不利益変更について説明をしたとも認められないから、その後訴訟提起まで異議を述べなかっただけでは足りないとした学校法人Y大学（勤続手当等）事件（大阪地判平成31・4・24労働判例1221号67頁〔28282173〕）、同事件控訴審（大阪高判令和2・5・27令和元年(ネ)1471号公刊物未登載〔28321986〕）などがある。また、無期雇用契約から有期雇用契約への変更というやや特異なケースにおいて、署名押印がなされた有期雇用契約書の合意の効力を否定した、札幌地判令和5・3・28令和3年(ワ)1311号公刊物未登載〔28321982〕もある（前掲山梨県民信用組合最高裁判決を引用のうえ、有期雇用契約へ変更となることはその地位が不安定になることから極めて高い不利益があるにもかかわらず何ら代償措置がないこと、有期雇用契約になることについて説明をした旨は立証できていないことなどから、自由な意思に基づいて同意したと認めるに足りる合理的な理由が客観的に存するとは認められないとした）。

　一方、必ずしも不利益変更とはいえない変更（年俸額を12分割し、月額基本給として支払う一方で、固定賞与名目の支払を廃止。年俸額は変わらなかった）について、労働者が固定賞与の支払はなくなる旨が明記されたメールを受け取ったうえで、給与について具体額が明記された使用者作成の書面に署名捺印した合意の効力について、「皆さんへの影響は何もありません。（メリットもデメリットも。）」との説明も事実に反しないことなどから、労働者の合意の効力を肯定した例もある（セルトリオン・ヘルスケア・ジャパン事件・東京高判令和4・11・16労働判例1288号81頁〔28311224〕、東京地判令和4・3・30労経速報2490号3頁〔29069913〕）。

　不利益変更を行うに当たっては、書面での合意は当然として、変更する労働条件の不利益の程度に応じ、正確で理解を促進するような変更内容の説明、生じる不利益については具体的かつ詳らかに説明をしたうえで、同意を得ることが実務上重要といえよう（なお、固定残業代を導入する際に労働者の合意の効力が問題となった裁判例については、第3巻Ⅱ6(1)「割増賃金の算定方法（固定割増賃金等）」で述べる）。

論点 ❸ 賃金に関わる労働条件の不利益変更に必要となる高度の必要性とは何か

【概要】において述べたとおり、賃金は重要な労働条件であるため、これを不利益に変更する場合には高度の必要性が必要となる。では、高度の必要性とはいかなる程度を指すのか。

1 高度の必要性が肯定された例

裁判例を概観すると、経営上の必要性に関して、倒産の危機があるような場合や、経常赤字を計上しているほど明確に経営状況が悪化している場合には、当然に人件費抑制の高度の必要性が肯定される（会社更生手続の事案として、日魯造船事件・仙台地判平成2・10・15労働民例集41巻5号846頁〔27808994〕、更生会社新潟鐵工所事件・東京地判平成16・3・9労働判例875号33頁〔28091454〕、連鎖倒産を避けるために不利益変更を行った例として、中谷倉庫事件・大阪地判平成19・4・19労働判例948号50頁〔28140372〕等）。そこまでの状態でなくても、企業として合理的に説明できる必要性があれば、一応高度の必要性が肯定される例が多い（業界全体で運賃値上げの改定があったために事業者として適正利益を確保するため、歩合給の計算方法の改定を行った例として第一小型ハイヤー事件・最二小判平成4・7・13判タ797号42頁〔27811661〕、黒字決算ではあるが企業評価は依然低下しており、株価低迷（額面割れ）及び格付けの低評価（2段階低下）による資金調達の支障が生じる事態を避けるため（なお結果的には具体的な支障は生じなかった）、2年間の限定で賃金を削減した事案として住友重機械工業事件・東京地判平成19・2・14労働判例938号39頁〔28131109〕、旧来の年功序列の賃金制度を変更し職能資格制度とすることで各従業員に業務に対するモチベーションを与え、出版不況と技術革新に対応する必要性を肯定した三晃印刷事件・東京高判平成24・12・26労経速報2171号3頁〔28211582〕、人件費の総原資の減少を伴うキャリアコース別の新賃金制度導入について、経営状況は好転していたが、公的資金の注入を受けた銀行としてその返済義務は法的には存在しないものの事実上返済責任があること、整理回収機構の引受けに係る優先株式を消却できないまま一斉転換する期限が迫っていたこと、仮にこれらの優先株式が普通株式に転換されれば、株価が下落し、公的資金の返済が困難になること、かかる一斉転換期限を延長するための見返りとしての経営合理化策として導入された賃金制度であることなどを理由に、人件費を抑制すべき高度の必要性を認めたX銀行事件・東京地判平成25・2・26労経速報2185号14頁〔28213203〕、

給与規程の改定により基本給が削減されたことに連動して退職金が減額となり、その結果84.5%～89.6%の支給率となった変更が争われた事案について、経営状況の悪化（消費収支は9年連続赤字で、帰属収支でみても8年連続赤字）、金融機関から融資を受けることが困難な状況にあったうえ、合計債務額は8億388万円、平成24年度は元利金合計1億2466万7867円の支払負担があったなどの負債の状況からすれば経営状態が危機的なものでなかったといえるものではないこと、生徒数の減少及び回復の見込みがないこと（本件変更後、実際には生徒は増加した事実があったが、変更後の事情であり考慮できないとした）、役員報酬の減額や希望退職の募集を行ったものの人件費が多いためこれを削減する必要があること等から、変更の高度の必要性を認めた学校法人早稲田大阪学園事件（大阪高判平成29・4・20労経速報2328号3頁〔28260013〕、大阪地判平成28・10・25判時2340号106頁〔28250174〕）、就業規則等の変更により高年齢者層のスタッフ職について賞与が原則として支給されなくなり、定期昇給も実施されなくなったところ、経常収支において2期連続の赤字であったが恒常化まではしていなかったものの、高年齢層の人件費が被控訴人の事業収支を圧迫しており、高年齢の人件費を削減せず問題を先送りにすれば早晩事業経営に行き詰まることが予想されたこと等から高度の必要性を認めた紀北川上農業協同組合事件（大阪高判平成30・2・27労経速報2349号9頁〔28263665〕、大阪地判平成29・4・10労働判例1165号5頁〔28254516〕。控訴審において高度の必要性を認定）、教習所の教習指導員について、就業規則等の変更により平均して約8.1%賃金が減額し、連動して退職金も減額となった事案において、自動車教習業界が構造的な不況業種であること、赤字状況や借入れ状況から経営破綻の可能性も否定できないこと、7割を占める人件費抑制の必要があること等から必要性の程度は高いとしたシオン学園（三共自動車学校・賃金体系等変更）事件（東京高判平成26・2・26労働判例1098号46頁〔28224444〕、横浜地判平成25・6・20労働判例1098号56頁〔28224448〕）、平成16年度以降、継続して十分な消費収入超過額を確保することができていない財務状況にあったうえ、平成14年頃から私学教員の給与水準引下げの必要性が指摘されていたため、第1審被告が雇用する教職員の給与体系の見直しを行う必要があったこと、勤続手当を設けた目的が平成18年頃までには達成されていたこと、勤続手当は必ずしも多額ではないことを考慮すれば、平成19年変更による勤続手当の凍結については、大曲市農業協同組合事件（最三小判昭和63・2・16民集42巻2号60頁〔27100073〕）判決にいう、そのような不利益を労働者に法的に受忍させることを許容できるだけの高度の必要性が認められるというべきとした学校法人Y大学（勤続手当等）事件（大阪高判令和2・5・27令和

元年㈱1471号公刊物未登載〔28321986〕、大阪地判平成31・4・24労働判例1221号67頁〔28282173〕）等。いずれも不利益変更を有効と判断した）。

　また、合併などによる労働条件統一のために不利益変更を行う場合、高度の必要性は一応肯定される（前掲大曲市農業協同組合事件、最近の下級審裁判例として首都高トールサービス西東京事件・東京地判平成23・1・26労経速報2103号17頁〔28172029〕。段階的減額及び退職金の増額等を伴う約6％の月額賃金減額を有効と判断）。

　なお、いわゆる同一労働同一賃金に関するパートタイム労働法の改正を契機として、正規職員と非正規職員との間で不合理と評価され得る格差を是正するに当たり、正規職員に支給されていた扶養手当が廃止、一部の住宅手当について廃止・削減する規程の不利益変更について（なお、併せて非正規職員については手当支給範囲の拡大など労働条件を利益に変更した）、変更の目的は専ら人件費削減を目的とするものではなく、手当の支給目的を明確化することにその目的があったと認定したうえで、高度の必要性に基づいた合理的内容か否かについては諸般の事情を総合的に考慮して判断されなければならず、またその必要性は財政上の理由に限られないとし、手当の支給目的の明確化のためにその目的に適合する職員に手当が支給されるように変更することには必要性があること、不利益の程度も低いこと（年収の減額率は多くても数％で5％を下回る）、目的と変更内容の間には関連性があること、等を理由に変更を有効とした社会福祉法人B事件（山口地判令和5・5・24労働判例1293号5頁〔28312796〕）もある。

2　高度の必要性が否定された例

　必要性が否定された最高裁判決としては、御国ハイヤー事件（最二小判昭和58・7・15判タ515号117頁〔27613194〕）や、常勤嘱託社員に対する退職金の廃止の理由が、嘱託社員は一般職を定年退職後に再雇用されており、退職時に一度退職金を支給されていること、期間雇用者は通常退職金が支給されないこと、にすぎない場合には高度の必要性が足りないとした富山県医師国民健保組合事件（最一小判平成16・1・15判時1898号47頁〔28230046〕）がある。下級審裁判例としては、新たな等級を適用すると同時に諸手当の減額等を行い、少なくとも1割、人によっては2割を超える年収の減額が生ずる等の賃金制度の変更について、

3 労働条件不利益変更有効性判断の具体例　*407*

平成24年度から平成27年度まで約1億円から2億円の赤字を毎年計上しており何らかの対策を講じる必要があったことを認めつつ、学生生徒等納付金の額は増加しその増加額も相当程度あったこと、現金に換金可能な金融資産が多く、有利子負債が少なく、資産合計に占める純資産の割合が高かったことから、資金繰りに問題が生じ得るような危機的な状況ではなかったとして高度の必要性を否定した梅光学院事件（山口地下関支判令和3・2・2労働判例1249号5頁〔28293232〕。なお、類似事案として、山口地下関支判令和4・10・11令和3年(ワ)145号公刊物未登載〔28310145〕）、入試手当の廃止によって入試業務1つ当たり数千円から1万数千円の入試手当の支給が受けられなくなるという不利益について、人件費抑制を行う必要性があったと認める証拠がなく、そのような不利益を労働者に法的に受忍させることを許容することができるだけの必要性を認めることはできないとした上野学園事件（東京地判令和3・8・5労働判例1271号76頁〔29066087〕。なお、変更後に在籍することとなった者には、変更後の労働契約が及ぶとした）、労働組合の合併に伴い職員に対して年間で3割近い賃金減額、所定労働時間も30分延長するなどの変更について、財政状況を理由に正当化することはできず、また他の職員との均衡などについても、甚大な不利益を受忍させることができるだけの高度の必要性があると認めることはできないとしたジブラルタ生命労働組合（旧エジソン労働組合）事件（東京高判平成30・1・16平成29年(ネ)1911号公刊物未登載〔28260639〕、東京地判平成29・3・28労働判例1180号73頁〔28260637〕）、一時金を年6か月分支給する労使慣行が存在したところ、賞与支給を社会的水準に合わせるためこれを0.9か月分から10万円を引いた額分減額する変更について、高度の必要性があったとはいえないと判示した立命館（未払一時金）事件（京都地判平成24・3・29労働判例1053号38頁〔28182312〕）、年間休日の4日の削減を行い労働日を増加させる一方、賃金を据え置いたために実質的に約2％の賃金カットと同様の効果が生じた事案において、リーマンショックによる業績悪化から経費削減の必要性は認めたものの、本件変更前に別の経費削減策を実施していること、変更後直ちに業績が回復していること、企業防衛的な施策にすぎないことからすれば、高度の必要性は認められないとしたフェデラルエクスプレスコーポレーション事件（東京地判平成24・3・21労働判例1051号71頁〔28181960〕。なお、本事

件では、就業規則改正時の事情を主に検討すべきであるとしながらも、変更後の業績の回復状況やその要因といった事情も、変更時の必要性の有無を推認させるとする)、近年の交通機関の発達に伴い出張に要する時間が減少したこと等から、出張日当の支給要件を厳格に変更した事案において、現在の交通事情に対応させるため、出張日当を調整することには必要性を認めながらも、現在の交通事情に合わせて変更したとするには過度に支給要件を限定しすぎであると判示した日本ロール製造事件(東京地判平成14・5・29労働判例832号36頁〔28072541〕)、出向先との労働条件のバランスをとるという理由では退職金の半減の理由にはならないとしたアスカ事件(東京地判平成12・12・18労働判例807号52頁〔28061887〕)等がある。これらの裁判例のように、単に社会的相当性に反すること、社会的水準等に合わせるなどの一般的な理由しか存しない場合や、削減の理由を超えた過度の不利益変更を行う場合などにおいて、重要な労働条件である賃金の減額を容認できるような「高度の必要性」は否定されている。

論点 ④ 賃金を削減する労働条件変更と労働者の受ける不利益性の程度について、下級審裁判例でどのように判断されるか

不利益変更の有効性判断は、上記のとおり総合考慮となり、また裁判例も多岐にわたる。下記では労働者の受ける不利益性の程度という観点から、下級審裁判例を概観する。

1 不利益性が大きくないと判断された事案について

不利益性が大きくないと判断された事案においては、当然のことであるが労働条件の不利益変更が有効と解される傾向が強い。

最近の裁判例では、勤続手当(支給月額が勤務年数に応じて月額0円から最大2万200円まで増えていく手当)の支給額凍結(平成18年4月時点で凍結しその後勤務しても増額しない)について、支給そのものを廃止したわけではなく現在の給与額が減るわけではないこと、支給額は必ずしも多額とはいえないこと、当該手当については手当が設けられた経緯からその支給の必要性が失われていること等から、不利益は必ずしも大きいとはいえないとした学校法人Y大学(勤続手当等)事件(大阪高判令和2・5・27令和元年(ネ)1471号公刊物未登載〔28321986〕、大阪地

判平成31・4・24労働判例1221号67頁〔28282173〕)、配転命令の範囲を限定する代わりに賃金が5％又は15％減少となり、さらにそれに伴い、退職金や年金の減少が生じる新たな人事コースを設定し、従来と同じコースも含めてこれを従業員に任意で選ばせる制度を導入した結果、新コースの選択によって賃金が減額になった従業員からの賃金減額分等の請求について、配転命令を受けない利益を考慮すれば賃金の減額等について不利益はないか、仮にあったとしても大きなものではない等として就業規則の変更に合理性を認めた杏林製薬事件(東京地判平成25・3・26平成24年(ワ)13606号公刊物未登載〔29027292〕)、タクシー会社における新賃金制度導入によって仮定賃金が約1～4％減少するなどした例について、減少割合からすれば大きな不利益とはいえないとしたうえ、賃金制度を見直す必要性があったこと、別組合との合意があったこと等を理由に合理性を認めた初雁交通事件(さいたま地川越支判平成20・10・23労働判例972号5頁〔28142276〕)、経営悪化及び競争激化に対応するため、複線型コース別人事制度を導入した結果、5.6～7.9％賃金が減額することとなった50歳代の社員について、不利益性はさほど大きいものとはいえないとしたうえで、組合との合意があることも考慮して合理性を認めた第三銀行(複線型コース別制度)事件(津地判平成16・10・28労働判例883号5頁〔28100347〕)がある。なお、これらの裁判例と同じ程度の賃金の減額幅について、不利益性は看過し得ないほどであると判示する裁判例もある(首都高トールサービス西東京事件・東京地判平成23・1・26労経速報2103号17頁〔28172029〕。約6％の賃金減額につき、労働条件の統一の必要性等から結論としては不利益変更の合理性を肯定)。

　また、賃金の減額の事案ではないが賃金に関して不利益な扱いに変更した事案として、電車遅延時の遅延時間分や業務中の通院時間分について賃金を非控除とする労働者に有利な扱いをしていたところ、これを廃止する就業規則の変更は、不利益変更に該当するとしつつも、従業員に有利に恩恵的に支払ってきた扱いであって本来的な賃金の支払のあり方に変更するものにすぎないこと、実際に過去に当該非控除が適用された実績を見ると少なかったこと、したがって不利益の程度は相当程度低いこと、事務処理の効率化のためグループ会社間において扱いを統一する必要があったこと、非控除とする扱いをしていたグ

ループ会社が相当少数であったことから、非控除廃止の方向に統一するのは相当であること、廃止の方向性としても本来が労務の提供を欠くために支払う必要のない賃金についてノーワーク・ノーペイの原則に合致させる方向での変更であることからその内容の相当性が認められること、不利益性が小さいにもかかわらず2年間にわたる経過措置も実施していることなどから、廃止の効力を認めたパーソルテンプスタッフ事件（東京高判令和3・3・30令和2年㈱2746号公刊物未登載〔28321434〕、東京地判令和2・6・19平成31年㈹9006号公刊物未登載〔29060315〕）もある。

2 不利益性が大きいと判断された事案について

不利益性が大きいと判断された事案では、高度の必要性（差し迫った必要性）や代償措置、経過措置などがより求められる。また、結論として合理性も否定されるケースが多い。

不利益性が大きいにもかかわらず変更の合理性が認められる例として、企業が倒産の危機に瀕している等、変更の必要性が著しい場合がある。

主な具体例として、更生計画遂行中の造船会社が、退職金を最高15.6％減額して15年間の分割払とした事案において、近い将来再び倒産することが高度の蓋然性をもって予測されており、これを回避するために更生計画の変更が必要だったこと、功労金の加給や労働組合の賛成も得ていることなどを理由に不利益変更を有効とした日魯造船事件（仙台地判平成2・10・15労働民例集41巻5号846頁〔27808994〕）、会社更生手続中の会社において、退職手当の支給原資が足りず、退職手当の未払が生じれば破産手続に移行せざるを得なかった事案において、退職金手当を大幅に減額することには、雇用喪失と退職金不払という最悪の事態を回避するための高度の必要性があり、破産手続に移行すれば退職手当はほぼ全く支給されないという状況の下で退職金支給率を20％と変更した不利益変更を有効とした更生会社新潟鐵工所事件（東京地判平成16・3・9労働判例875号33頁〔28091454〕）がある。また、大口取引先の倒産に伴い、売上げの大幅減が生じ、連鎖倒産を避けるために退職金規程の改定を行った事案において、改定の必要性を肯定し、退職金の支給をほぼ半減するなどの労働条件変更を有効とした例として、中谷倉庫事件（大阪地判平成19・4・19労働判例948号50頁〔28140372〕）があ

る。さらに、債務超過に陥った会社において、経営再建のために再建計画が検討され、銀行からの支援を受けるためにも退職金の5割削減等を内容とする退職金規程の変更が必要であった事案について、倒産することもあり得たのであるから高度の必要性があり、また仮に倒産に至った場合には、少額の配当を受けるにとどまったこと等から、退職金規程の変更を有効とした日刊工業新聞社事件（東京地判平成19・5・25労働判例949号55頁〔28131912〕）がある。このように、倒産の具体的危険性が必要性として立証されている事案においては、大幅な不利益変更も有効と解される傾向がある。また、前掲中谷倉庫事件及び前掲日刊工業新聞社事件では、代償措置などの緩和措置について特段の措置がとられた形跡がないが、不利益変更が有効と解されている（そもそもこのような場合では、代償措置を講ずる余地がないと判断されていると思われる）。上記のとおり、倒産の可能性があるケースでは非常に高度の差し迫った必要性が認められ、結果として大幅な労働条件の不利益変更も有効と解されるケースが多い。

　一方、不利益性がかなり大きく合理性が否定された裁判例は多数に上る。主な具体例を挙げれば、大学の期限付雇用契約教職員の給与等の取扱基準（就業規則や給与規程とは別に定められていた）を変更し、60歳を超えた教員の年俸を60歳に達した日を含む契約期間の80％とした事案について、実質的には期限の定めのない雇用契約と同一であることを前提に、当該基準変更までの間給与は据え置かれ減額された例がなかったことから60歳を超えても減額されないとの期待には合理性が認められ、実質的には就業規則の不利益変更に当たるため労契法10条にいう合理的なものといえる場合に限り不利益変更が有効となるとしたうえで、経営危機に陥る可能性があるなど高度の必要性までは認められないものの人件費削減の必要性は相当程度高いとしながら、その一方で実質的な不利益は大きいこと、代償措置や経過措置もとられていないこと、教員間に不均衡を生じさせていること等から、変更に合理性を認めた原審を覆して不利益変更の効力を認めなかった学校法人宮崎学園事件（福岡高宮崎支判令和3・12・8労働判例1284号78頁〔28300025〕）、65歳以上の勤務延長者に対する賃金を4割削減する給与内規変更を行った事案について、変更の高度の必要性は認めつつも、その不利益の程度は重大であり、しかも当該変更に先立って既に大幅な年俸額の減

額が同意のうえ実施された経緯があったこと、経過措置、代償措置及び他の労働条件の改善も講じられていないこと、運営資金の調達に困難を来すなど数年以内に破産する危機に瀕するほどの経営状況にはなかったことなどから、変更の効力を否定した学校法人札幌大学（給与支給内規変更）事件（札幌高判平成29・10・4労働判例1174号5頁〔28253871〕、札幌地判平成29・3・30判時2363号91頁〔28251862〕）、役職ごとに定められた役職定年に達した後、役職定年後の給与については55歳に到達後60歳で定年を迎えるまでの間、年10％の割合で削減されていく制度への変更を行い、その結果定年時点においては50％減にまで達する不利益について、2年間の緩和措置があっても生活設計を根本的に揺るがし得る不利益の程度が非常に大きいとしたうえで、経済状況が継続的に悪化していく状況にあり、かつ他の信用金庫と比べて経費率が高くこれを削減する必要性があったこと、経費削減の試みを行っていたが経営状況が改善されず将来において破綻の危険が具体的に生じるおそれがあったこと、それを回避するためには、職員の賃金を削減する必要性は一定程度あったとしつつも、近い将来における破綻や合併等の危機が具体的に迫っているような状況であったとはいえないとして、変更を認めなかった熊本信用金庫事件（熊本地判平成26・1・24労働判例1092号62頁〔28223324〕）、給与規程の変更により結果として退職金が約130万円（約9.5％）減額された事案について、変更をしない場合には退職金資金の充足率が36.4％にまで減少し、退職金制度が破綻するおそれがあったとの使用者の主張に対し、そのような想定は、一度にすべての労働者が退職するような、おおよそ生じ得ない事態を想定したものにすぎないこと、変更の必要性それ自体は認められるが減額の幅が相当でないこと、代償措置も減額に対応しておらず、労働者の反対を押し切ってなされたことなどから変更の効力を否定した大分県商工会連合会事件（福岡高判平成23・9・27判タ1369号192頁〔28180235〕）、退職金の支給額を直近の合意ある削減内容からさらに総合職で75％、一般職で45％まで削減する平成10年の変更、さらに退職金制度を全廃するとした平成15年の変更について、使用者側が主張するような労働者の合意は認められず、また経営状態が危機的状況にあったとの立証がなされていないとして、いずれの変更も合理性がないとした協愛事件（大阪高判平成22・3・18労働判例1015号83頁

〔28170189〕)、タクシーの増加による競争の激化や燃料費の高騰などの外部的要因などから、売上げの減少により資金繰りが悪化し、近い将来人件費を支払うことも困難な状況に陥ることが推認される会社において、親会社からの支援も打ち切られる可能性が高い状況であったことから、新賃金制度導入の高度の必要性は肯定したものの、特定の月の月給が20％を超える減額となる場合には、代償措置や必要性を考慮してもなおその限りで変更に合理性がないとした大阪京阪タクシー事件（大阪地判平成22・2・3労働判例1014号47頁〔28170126〕)、キャディー職の賃金減額率を全体で26.99％とし、さらに退職金制度を廃止した事案において、賃金の約4分の1もの減少を受忍させるほどの必要性はないとした東武スポーツ（宮の森カントリー倶楽部・労働条件変更）事件（東京高判平成20・3・25労働判例959号61頁〔28141351〕、最一小決平成21・7・2平成20年(受)1363号公刊物未登載〔28283943〕)、新制度の導入によって1時間当たりの実質賃金は約19％減となり、さらに住宅補助の削除なども併せると年収の減額幅が30％以上に及ぶ不利益変更について、賃金総額の減少が主目的ではなく年功序列型の賃金を成果主義型の賃金体系に直す目的が主眼であったことに照らせば、有効な代償措置や経過措置も講ずることなく不利益変更を行う差し迫った必要性は認められず、変更の合理性を否定した例としてクリスタル観光バス（賃金減額）事件（大阪高判平成19・1・19労働判例937号135頁〔28131765〕)、賃金を10.8％以上、退職金を約70％近く減額する改正について、その目的は存続の危機や雇用調整の危機を回避しようとするようなものではなく、自助努力の姿勢を示すためのものにすぎなかったとして合理性を否定した名古屋国際芸術文化交流財団事件（名古屋高判平成17・6・23労働判例951号74頁〔28101678〕)、阪神淡路大震災の影響で神戸の事業所に勤務する従業員についてのみ3年間基準内賃金を5割引き下げた改正について、家計に破綻を来たすことは明らかであり、不利益はあまりに大きく、また神戸の従業員のみに過大な負担を強いる理由はないことから、合理性が認められないとした全日本検数協会（賃金減額）事件（神戸地判平成14・8・23労働判例836号65頁〔28080015〕)、退職金の支給及びその額を取締役会の決議に委ねる規程を設ける改正について、恣意的運用を許すなどの理由から不利益性は甚大で社会的妥当性も欠き、改正の効力を否定したドラール事件（札幌地判平成14・

2・15労働判例837号66頁〔28071469〕)、退職金が一律に20％減額されたうえ、支給比率も削減されることとなったため、原告についてみれば変更後の退職金は約53％となる就業規則の変更において、経営状態は芳しくないものの倒産の危機に瀕しているとまではいえず、変更は合理的とはいえないとした月島サマリア病院事件（東京地判平成13・7・17労働判例816号63頁〔28070313〕）等がある。

　実際に大きな賃金等の削減が行われる場合、経営状況の悪化など一定程度の変更の必要性が存在する場合が多いであろう。ただ、上記のとおり、近い将来に倒産の危機や経営破綻のおそれまでは存しなかったことから、変更の効力を否定した例が複数みられる。

　ただ、不利益は大きいとしながら、倒産の具体的危険性まではなくとも不利益変更を有効とする例もある。例えば学校法人早稲田大阪学園事件（大阪高判平成29・4・20労経速報2328号3頁〔28260013〕、大阪地判平成28・10・25判時2340号106頁〔28250174〕）では、退職金の約10〜15％削減について、不利益の程度は大きいとの認定の下、経営状態が悪化したからといって直ちに労働条件を不利益に変更することが許されるものではないとの一般論を述べた後、経営状態の悪化により末期的な状況にならない限り労働条件の改正に着手することが許されないとは解されないとし、むしろ末期的な状況になってからでは遅いともいえるとの指摘をしている。そして、複数年にわたって赤字経営が続き改善の見込みもなく、潤沢な余剰資産があるわけでもないというような状況下においては、破綻を回避するために労働条件を不利益に変更することもやむを得ない、としている。

論点 5　個別の賃金の削減の事例について

1　一時金（賞与）の減額について

　賞与は法律上当然に支給義務が存するわけではなく、就業規則などで定める支給額の決定手続により、支給額が確定することによってはじめて請求権が発生する（福岡雙葉学園事件・最三小判平成19・12・18判タ1261号150頁〔28140182〕等）。したがって、就業規則などに、「年2回業績に応じて支給する」等の規定が定められているのみであれば、業績不振などを理由とする賞与の削減を行ったと

しても、労働条件の不利益変更ではない。一方、就業規則に「○か月分賞与として支給する」との具体的な定めが存在する場合や、労使慣行によって一定の額の賞与請求権が確定している場合には、これを減額することは労働条件の不利益変更の問題となる。賞与に関する裁判例として、一時金を年6か月分支給する労使慣行が存在したところ、これを0.9か月分から10万円を引いた額分減額する変更を行い、その目的は賞与支給を社会的水準に合わせるためであったとの事案では、労働条件不利益変更の法理を適用し、高度の必要性があったとはいえないとした立命館（未払一時金）事件（京都地判平成24・3・29労働判例1053号38頁〔28182312〕）がある。また、給与規程に、賞与の支給及び定期昇給を実施することができると規定していたところ、高年齢者層の雇用延長者について賞与の支給及び定期昇給の実施は原則としてないとの変更について、不利益変更には該当するものの、変更前も具体的な権利として定められていなかったことから不利益の程度は小さいとして、変更を有効とした紀北川上農業協同組合事件（大阪高判平成30・2・27労経速報2349号9頁〔28263665〕、大阪地判平成29・4・10労働判例1165号5頁〔28254516〕）がある。

2　退職金制度の変更について

　労働協約によって退職金制度を変更する場合には、労働協約の規範的効力が不利益に変更する場合にも及ぶことから、原則として大幅な退職金減額も可能である（朝日火災海上保険（石堂）事件・最一小判平成9・3・27判タ944号100頁〔28020805〕）。規範的効力の例外については後述する（Ⅲ3⑹「その他」参照）。

　就業規則により退職金制度を不利益変更する場合には、労働条件の不利益変更の法理（労契法10条）に従うこととなる。

　変更を有効と解した裁判例には、大曲市農業協同組合事件（最三小判昭和63・2・16民集42巻2号60頁〔27100073〕）、学校法人早稲田大阪学園事件（大阪高判平成29・4・20労経速報2328号3頁〔28260013〕、大阪地判平成28・10・25判時2340号106頁〔28250174〕。なお、退職金の減額が争われた事案であるものの、同時に削減された基本給に対する減額保障（3年間にわたって減額された額の一部を保障し、減額幅に上限を設けることとなる激変緩和措置）であっても、退職金減額の不利益変更の有効性判断において考慮できるとした。退職金減額による不利益は専ら経済的なものであるから、

退職金の点だけでなく本件変更の全体によって被控訴人から支給を受ける額がどう変わるのかを判断すべきことを理由とする）、更生計画遂行中の造船会社が、退職金を最高15.6％減額して15年間の分割払とした事案において、近い将来再び倒産することが高度の蓋然性をもって予測されており、これを回避するためには更生計画の変更が必要だったこと、功労金の加給や労働組合の賛成も得ていることなどを理由に不利益変更を有効とした日魯造船事件（仙台地判平成2・10・15労働民例集41巻5号846頁〔27808994〕）、退職手当額の計算方法の変更により生じた退職金の減少という不利益は、変更後の一定の短期間に限って生じるにすぎないものであり、さらに一体となった給与規程の改正により、給与が大幅に増額されていることからも不利益の程度もわずかである一方、給与制度変更及び定年延長に必要な変更であったことが認められること等から変更を有効とした空港環境整備協会事件（東京地判平成6・3・31判タ853号184頁〔27825485〕）、会社更生手続中の会社において、退職手当の支給原資が足りず、退職手当の未払が生じれば破産手続に移行せざるを得なかった事案において、退職金手当を大幅に減額することには、雇用喪失と退職金不払という最悪の事態を回避するための高度の必要性があり、破産手続に移行すれば退職手当はほぼ全く支給されないという状況の下で退職金支給率を20％と変更した不利益変更を有効とした更生会社新潟鐵工所事件（東京地判平成16・3・9労働判例875号33頁〔28091454〕）、債務超過に陥った会社において、経営再建のために再建計画が検討され、銀行からの支援を受けるためにも退職金の5割削減等を内容とする退職金規程の変更が必要であった事案について、倒産することもあり得たのであるから高度の必要性があり、また仮に倒産に至った場合には、少額の配当を受けるにとどまったこと等から、退職金規程の変更を有効とした日刊工業新聞社事件（東京地判平成19・5・25労働判例949号55頁〔28131912〕、東京高判平成20・2・13労働判例956号85頁〔28140640〕）がある。なお、退職金そのものの減額ではないが、退職金不支給条件を追加することも不利益変更となるところ、かような変更を有効と判断した裁判例として、競業他社への転職によって退職金の支給を5割カットする旨の変更は、競業制限を受ける従業員の範囲が限定されていること、期間も退職後1年間に限定していること、要職にある従業員が大量に競業他社に就職すれ

ば、企業の存続にも重大な影響があることからも変更の必要性がある等から変更を有効とした東京ゼネラル事件(東京地判平成12・1・21労経速報1751号7頁〔28060225〕)、新たに懲戒解雇相当者及び競業他社への転職者について、それぞれ退職金不支給・減額条項を設けた不利益変更について、前者については、実際に懲戒解雇された者と懲戒解雇相当の者を比較すれば、それまでの勤続の功を抹消するほどの背信行為があったという点では何ら異ならないこと、一般的に同様の規定を設けている企業は多数に及ぶこと、後者については、それまでの勤続の功を抹消ないし減殺する程度の背信性ある同業他社への転職の場合に限って退職金半額支給とする趣旨のものと解する限度でその効力を認めるものであること、同じく同様の規定を設ける企業は多数であることなどから変更を有効と解したキャンシステム事件(東京地判平成21・10・28労働判例997号55頁〔28160911〕)等がある。

　一方、変更の効力を否定した裁判例として、退職金規程に、規程に定めのない事項について特定の地方公共団体の条例を準用する、との定めを置く変更において、調整率や種々の事項に関して団体交渉の機会を制約する規定といえ不利益変更に該当するとしたうえで、条例を準用するとまでの条文を設ける必要性がないこと、就業規則変更手続にも問題があったことなどを理由として、退職金規程の変更の効力を否定したT大学事件(東京高判平成27・10・28労経速報2268号3頁〔28241108〕、東京地立川支判平成27・4・16労経速報2268号11頁〔28241109〕。上告不受理及び棄却で確定。最三小決平成28・6・28平成28年(オ)241号等公刊物未登載〔28260493〕)、退職金の支給基準などが明確に定められていた規定について、退職金を支給することがある、その額についてはその都度定める等とした変更について、退職金が実質的には廃止され会社の自由裁量による恩恵的な措置になるという極めて大きな不利益を被る一方、代償措置も認められず段階的減額もないことから、その不利益は過酷であるとして変更の効力を否定したエムズコーポレーション事件(大阪地判平成27・1・27平成25年(ワ)30028号公刊物未登載〔28321903〕)、退職年金制度を廃止することに伴って退職慰労金制度まで廃止した事案について、同制度まで廃止する合理的な理由は見いだし難く、また退職年金の解約返戻金の支払をもって、退職慰労金規定廃止に係る合理性を基礎

付けるものであるとは解されず、退職慰労金規定の廃止の効力を否定した日本機電事件（大阪地判平成24・3・9労働判例1052号70頁〔28182085〕）、給与規程の変更により結果として退職金が約130万円（約9.5％）減額した事案について、変更をしない場合には退職金資金の充足率が36.4％にまで減少し、退職金制度が破綻するおそれがあったとの使用者の主張に対し、そのような想定は、一度にすべての労働者が退職するような、おおよそ生じ得ない事態を想定したものにすぎないこと、変更の必要性それ自体は認められるが減額の幅が相当でないこと、代償措置も減額に対応しておらず、労働者の反対を押し切ってなされたことなどから変更の効力を否定した大分県商工会連合会事件（福岡高判平成23・9・27判タ1369号192頁〔28180235〕）、退職金の支給額を直近の合意ある削減内容からさらに総合職で75％、一般職で45％まで削減する平成10年の変更、さらに退職金制度を全廃するとした平成15年の変更について、使用者側が主張するような労働者の合意は認められず、また経営状態が危機的状況にあったとの立証がなされていないとして、いずれの変更も高度の合理性がないとした協愛事件（大阪高判平成22・3・18労働判例1015号83頁〔28170189〕）、キャディー職の賃金減額率を全体で26.99％とし、さらに退職金制度を廃止した事案において、賃金の約4分の1もの減少を受忍させ、さらに退職金制度を廃止するほどの高度の必要性はないとした東武スポーツ（宮の森カントリー倶楽部・労働条件変更）事件（東京高判平成20・3・25労働判例959号61頁〔28141351〕、最一小決平成21・7・2平成20年㈹1363号公刊物未登載〔28283943〕、最一小決平成21・7・2平成20年(オ)1123号等公刊物未登載〔28283941〕）、退職金を約70％以上減額する等とした改正について、その目的は存続の危機や雇用調整の危機を回避しようとするようなものではなく、自助努力の姿勢を示すためのものにすぎなかったとして高度の必要性を否定した名古屋国際芸術文化交流財団事件（名古屋高判平成17・6・23労働判例951号74頁〔28101678〕）、退職金の支給及びその額を取締役会の決議に委ねる規程を設ける改正について、恣意的運用を許すなどの理由から不利益性は甚大で社会的妥当性も欠き、改正の効力を否定したドラール事件（札幌地判平成14・2・15労働判例837号66頁〔28071469〕）、退職金が一律に20％減額されたうえ、支給比率も削減されることとなったため、原告についてみれば変更後の退職金は約53％となる

就業規則の変更において、経営状態は芳しくないものの倒産の危機に瀕しているとまではいえず、変更は合理的とはいえないとした月島サマリア病院事件（東京地判平成13・7・17労働判例816号63頁〔28070313〕）、退職金の支給が従来の3分の2から2分の1になる退職金制度の変更について、出向先とのバランスをとるためという理由では高度の必要性が認められないとしたアスカ事件（東京地判平成12・12・18労働判例807号52頁〔28061887〕）、前掲朝日火災海上保険（石堂）事件、業績悪化を理由に退職金制度を変更し約200万円近い減額を受けた労働者からの退職金支払請求について、使用者が理由として挙げる経営悪化が実際生じていたかは疑問であること、改訂手続として改訂条項に定める従業員代表者との協議を経たかも疑問であること等から変更の効力を否定した三協事件（東京地判平成7・3・7判夕877号194頁〔27827333〕）がある。

3 退職年金の減額について

退職年金の減額に当たっては、在籍中の労働者に対する減額と、既に退職した労働者に対する減額を区別して検討する必要がある。

在籍中の労働者に対する減額の不利益変更については、これが就業規則などに定められていれば当然に当該規則の不利益変更の問題となる。裁判例としては、退職年金として退職金規程に定める3倍の額が支給されていたため、退職年金の支給額を退職金規程に定める額に一方的に減額した変更について、本件退職年金は功労報償的性格が強いこと、退職金規程に規定する額を上回る部分は恩恵給付的性格が強いこと、2年連続で損失を計上していること、退職年金の受給者は増加して経営を圧迫することは明らかであること等から変更を有効とした幸福銀行事件（大阪地判平成10・4・13判夕987号207頁〔28033127〕）、経営悪化に伴う年金制度の廃止を内容とする就業規則の変更について、財政ひっ迫状況からすればその必要性は明らかであること、代償措置が講じられていることなどから、変更を有効とした名古屋学院事件（名古屋高判平成7・7・19労働判例700号95頁〔28010238〕）がある。

一方、既に退職した労働者に対する退職年金の支給減額は、就業規則の適用対象外となるため、労働条件不利益変更の法理を直接適用することはできない。しかし、裁判例は、退職者の退職年金受給権について、既得権であるからこれ

を減額することは一切認めないとの硬直的な解釈はとらず、様々な理論構成をとりながら、受益者の利益と当該年金制度長期継続の利益の調整を図っている。代表的な裁判例を挙げると、当該年金制度は教職員に対する福利厚生や功労報償の性格が強く、賃金の後払の要素は当該年金制度の基本的な性格に影響を与えるほどではないとしたうえで、計算基礎率に著しい変動があった場合にその変動に応じて合理的と考えられる範囲内で年金給付額を変更することができるとの規定に基づく減額について、死亡率の変動、予定利率の引下げによる再設計債務の発生が生じる状況にあったことに加え、当該再設計債務を含む未償却過去勤務債務を有期償却する必要性があったことなどから変更に関する要件該当性を認め、その減額幅についても合理的な範囲内であることを理由に減額を認めた法政大学事件（東京高判平成30・6・19平成29年(ネ)3721号公刊物未登載〔28263198〕、東京地判平成29・7・6判時2351号99頁〔28260114〕）、減額規定が存在し、給付利率の変更を行う必要性と変更後の利率の相当性を考慮して、減額を認めた松下電器産業グループ事件（大阪高判平成18・11・28判タ1267号224頁〔28131101〕）、規程上改定権が存しないが、年金制度は当該学校法人の存続が当然に前提となる制度であるから、やむを得ない事情があり受給権者に対しても相当な手続が講じられた場合には年金支給額を減額することにも黙示の同意を行っていたと解すべきであるとした早稲田大学（年金減額）事件（東京地判平成19・1・26判タ1264号327頁〔28131943〕）、黙示の同意という構成を採用せず、本件年金契約を集団的な互助的組織契約ととらえ、年金制度維持のための必要性と合理性があれば支給額の減額を許容していることを前提に、規約改正の手続や受給権者の3分の2の合意を得たことを理由に減額を有効とした同事件控訴審（東京高判平成21・10・29判時2071号129頁〔28160638〕）等がある。いずれの法的構成によっても、減額の必要性、相当性、改正の手続の履践、退職者の同意の有無・程度などが重要な判断要素となるといえよう。

なお、法令に基づく厚生年金基金については、給付減額について厚生労働大臣の許可が必要となっていた（旧厚生年金保険法115条2項（平成17年4月1日施行））。かような許可を得た後の給付減額の有効性が問題となった、りそな企業年金基金事件（東京高判平成21・3・25労働判例985号58頁〔28151441〕）では、事情変

更に伴う年金支給額の減額は厚生年金制度において予定されており、規約変更の効果は団体的意思決定に参加できない加入者であった者にも及ぶとしたうえで、不利益の内容・程度、代償措置の有無、内容変更の必要性、他の受給者又は受給者となるべき者との均衡、これらの事情に対する受給者への説明、不利益を受けることとなる受給者集団の同意の有無・程度を勘案して、受給者の不利益を考慮しても合理的な変更であると判断された。また、確定給付企業年金においても基金型では厚生労働大臣の許可、規約型では承認が必要となるところ、規約型の年金規約変更不承認の是非が争われたNTTグループ企業事件（東京高判平成20・7・9労働判例964号5頁〔28142027〕）は、確定給付企業年金法施行規則5条2号にいう経営状況の悪化とは、企業年金を廃止するという事態を避けるための次善の策として減額することがやむを得ない場合をいうとしたうえで、当期利益を計上し続けていた状況に鑑みれば、経営状況が悪化したとの要件を満たさず、不承認処分は有効（減額の効力を否定）であると判断された。

論点 6　賃金制度の変更について

1　成果主義型賃金制度の導入について

　賃金体系を成果主義型に変更するなどして、その結果一部の労働者について賃金の減少等の可能性が生じる場合、労働条件の不利益変更となる。

　ところで、新賃金制度の導入に当たり、総賃金原資の減少を伴う場合は、経費削減型の賃金変更という側面があり、既に述べた賃金の減額に関する判例法理が妥当する。一方、総賃金原資の減少を伴わない場合、労働者全体として把握すれば不利益は小さいといえ、変更後の内容に相当性が認められ、ひいては合理性を肯定する要素となり得る（例えば、アイフル（旧ライフ）事件・大阪高判平成24・12・13労働判例1072号55頁〔28212780〕）。一方、変更の必要性に限ってみれば、総賃金原資を削減しなくて済むのであるから賃金を削減すべき差し迫った必要性はなかったのではないかとも考えられ、変更の必要性を減ずる方向にも働き得るといえるが、近年では、総原資の減少がない能力重視型への賃金制度の変更については、変更後の人事評価制度に適正公平さが担保されているかどうかという点を特に重視し、その合理性を判断する裁判例がみられる。

まず、成果主義型賃金制度の導入について、効力を否定した例として、業績を評価した職能等級と年齢による号俸を組み合わせた新たな等級を適用すると同時に、諸手当の廃止減額、賞与の算定基礎額の対象となる手当を一部削減、年間の賞与支給率を減額、退職金については本俸のみの俸給月額に基づいて計算するなどの変更を行い、結果、少なくとも1割、人によっては2割を超える年収の減額が生ずることとなった事案において、手当までも減額廃止する必要性を否定し、また能力主義の採用の帰結として算定の基礎となる給与の範囲を本俸のみに限定する合理的な理由は見いだせず、そのような限定に対する格別の代償措置が講じられているともいえないとして変更の効力を否定した梅光学園事件（広島高判平成31・4・18労働判例1204号5頁〔28273595〕）。なお、類似事案として、山口地下関支判令和3・2・2労働判例1249号5頁〔28293232〕。業績重視型の賃金体系の導入により月給が約15%減少することとなった労働者について、従業員間の賃金格差是正の経営上の必要性は認めつつ、総賃金コストの削減を図ったものではないこと（コスト削減の必要性まではなかったこと）、当該労働者の受ける不利益は大きいことから賃金体系の変更の効力を否定したキョーイクソフト事件（東京高判平成15・4・24労働判例851号48頁〔28082192〕)、新制度の導入によって1時間当たりの実質賃金は約19%減になり、さらに住宅補助の削除なども併せると年収の減額幅が30%以上に及ぶ不利益変更について、賃金総額の減少が主目的ではなく年功序列型の賃金を成果主義型の賃金体系に直す目的であることに照らせば、有効な代償措置も経過措置も講ずることなく不利益変更を行う差し迫った必要性は認められず、変更の合理性を否定したクリスタル観光バス（賃金減額）事件（大阪高判平成19・1・19労働判例937号135頁〔28131765〕）がある。

一方、変更を有効とした裁判例として、新たに職務遂行能力を基準とした資格等級が設けられ、同時に家族手当や地域手当の減額がなされた事案において、黒字経営だったが個々の能力や成果等を人事制度及び給与制度に反映させ、労働生産性を高める経営上の必要性があったことを認めたうえで、旧賃金体系における基本給額が当該従業員の資格等級内の上限号俸を超えることにより生じた差額分及び家族手当と新賃金規定により支給される家族手当の差額分などを

5年間保障していること、これらの移行措置を踏まえると退職までの間の賃金の総支給額における減額割合は大きい者であっても2％を超えなかったこと（いくつかのグループに分けて具体的不利益性を検討）などから不利益は大きなものではなかったと認定し、制度の合理性については、人事考課規定において複数名で評価が行われその結果は点数化され、基準により昇給昇格に反映されること等が具体的に定められていることなどからこれを認め、また手当の削減についても、家族手当及び地域手当が過大であると、能力給部分の割合が相対的に低下し従業員個人の能力や成果を適切に給与に反映しにくくなること、かような賃金制度の合理化の目的からすればこれらの手当の削減について相当性を肯定することができるとして、変更を有効としたリオン事件（東京高判平成30・1・25平成29年㈱1158号公刊物未登載〔28261143〕、東京地立川支判平成29・2・9労働判例1167号20頁〔28260173〕）、2億9900万円もの人件費の総原資の減少を伴うキャリアコース別の新賃金制度を導入し、より業績成果主義を強化する変更について、経営状況は好転していたが、公的資金の注入を受けた銀行としてその返済義務は法的には存在しないものの事実上は返済義務があること、整理回収機構の引受けに係る優先株式を消却できないまま一斉転換する期限が迫っていたこと、仮にこれらの優先株式が普通株式に転換されれば、株価が下落し、公的資金の返済が困難になること、かかる一斉転換期限を延長するための見返りとしての経営合理化策として導入された賃金制度であること、人件費を抑制すべき高度の必要性を認めたうえで、10％を超える減額となった部分には経過措置をとったこと、労働組合も就業規則変更後にこれに同意する意思表示をしたこと等から、変更を有効としたX銀行事件（東京地判平成25・2・26労経速報2185号14頁〔28213203〕）、旧来の年功序列の賃金制度を変更し職能資格制度とすることで各従業員に業務に対するモチベーションを与え、出版不況と技術革新に対応するためであるから制度変更の必要性を肯定し、また激変緩和措置として給与が減少する社員に対し減少額を補填する手当である6年間の調整手当の支給を行ったこと、当初調整手当を支給されたもののほとんどは昇給・昇格により職能給が増額していること、調整手当の支給が削減された後も、当該削減分は昇給やベースアップなどの原資に充てられており、会社の人件費は削減されてい

ないこと等も考慮して、最大で月額給与の33％を減額することとなる（ただし、上記のとおり、減額分はそのまま調整手当として一定期間補填されていた）変更を有効とした三晃印刷事件（東京高判平成24・12・26労経速報2171号3頁〔28211582〕）、成果主義的賃金制度の導入は、年功的運用のゆがみに起因する報酬水準の逆転現象などによるモチベーション低下を防ぎ人事制度の抜本的改革を行うためであるから改定の必要性を認め、新制度導入により業界内ではトップ水準の支給率になること、賃金原資を減少するものではないこと、最大3年間の調整給が支給されること、従業員から反対の意思表示はなかったことを理由に賃金制度の変更を有効と解した前掲アイフル（旧ライフ）事件、職務の等級の格付けを行い職務給を支給する制度への変更について、主力製品の競争が激化した経営環境の中で従業員の労働生産性を高めるための高度の必要性を認め、新制度の下での人事評価制度には最低限度の合理性が備わっていること、経過措置の存在、労使の交渉の経緯等を総合考慮した結果、変更を有効と解したノイズ研究所事件（東京高判平成18・6・22労働判例920号5頁〔28111389〕）等がある。

　また、上述したとおり、近年変更後の制度についての評価の適正公正さが担保されているかを特に重視する裁判例がある。評価次第で賃金の増額・減額の双方の可能性があり、またその評価についての適正公平性が担保されているのであれば、特に賃金の原資総額の減少を含まない賃金制度の変更は、変更による減額幅を制度変更の合理性の判断において重視するのは相当ではなく、変更の必要性も経営難などの状況を必ずしも必要としないとの考え方に基づくものと思われる。

　例えば、賃金支給総額を維持したまま、職員の能力や成果を適正に評価し、評価に応じた報酬を支給することを目的として賃金の配分の仕方を見直した性格の強い賃金体系の変更について、賃金体系をどのようなものにするかは経営判断に委ねられている部分が大きいとしたうえで、制度導入が認められるためには人事評価が適正になされ、等級への格付けや昇給、降給の判断が適切になされることが必要であるとし、具体的には、被考課者が考課者と面談して策定した成果目標等を目安としつつ、その達成度を考課者が被考課者の自己評価も踏まえて評価していること、現等級以上の役割を果たしているかが数値化して

検討できるようになっていること、結果が被考課者に開示され、異議申立てもできる仕組みがあることなどを理由に変更を有効とした東京商工会議所（給与規程変更）事件（東京地判平成29・5・8労働判例1187号70頁〔29047339〕）がある。

さらに、トライグループ事件（東京地判平成30・2・22労経速報2349号24頁〔29048134〕）では、同じく賃金原資総額が減少しない下で年功序列的な賃金制度を人事考課査定に基づく成果主義・能力主義型の賃金制度への変更について、原資総額の減少がない場合に個々の労働者の賃金が減少するのは賃金制度変更の結果そのものではなく当該労働者についての人事評価の結果であるとして、賃金の原資総額が減少する場合と、原資総額は減少せず労働者全体でみれば従前と比較して不利益となるわけではなく、ただ個々の労働者の賃金の増額と減額が人事評価の結果として生ずる場合とでは、就業規則変更の合理性の判断枠組みを異にするとして、原資総額の変動がない場合の労働者の不利益の程度及び変更後の就業規則の内容の合理性を判断するに当たっては、給与等級や業務内容等が共通する従業員の間で人事評価の基準や評価の結果に基づく昇給、昇格、降給及び降格の結果についての平等性が確保されているか否か、評価の主体、評価の方法及び評価の基準、評価の開示等について、人事評価における使用者の裁量の逸脱、濫用を防止する一定の制度的な担保がされているか否かなどの事情を総合的に考慮し、就業規則変更の必要性や変更に係る事情等も併せ考慮して判断すべき、との規範を立てた。そして具体的には、複数の評価者が事前に定められた評価項目に従って評価すること、評価結果が被評価者に対して還元されることなどから、制度変更について経過措置や緩和措置を行った形跡がみられず、また就業規則変更に当たって従業員代表者の選出手続に問題があった（正社員しか代表者に選出されない仕組みであったが適用対象者は正社員であり当該手続の瑕疵は軽微であるとされた）にもかかわらず、変更を有効と解している。

人事制度の恣意的運用の可能性について言及したうえ変更の効力を否定した裁判例としては、名古屋地岡崎支判平成30・4・27判時2407号97頁〔28272961〕がある（新制度における評価において最低のD評価をとった場合約4％の給与減になり、その減額の効果が次年度以降にも継続し、降格の詮議対象となる可能性も生じるところ、具体的にどのような場合にD評価の符号が付されるかは明らかではなかったこと、第一

次評価者と第二次評価者とが同一になる可能性もあり得るような制度であったこと、フィードバック面談制度はあったものの再評価を求める手続がなかったことなどから、恣意的な運用のおそれもあり合理性を欠くとした）。

　裁判例では旧来型の年功型賃金制度から成果主義型賃金制度に移行することそれ自体に一定の合理性を認める傾向にある。なお、総賃金原資の減少を伴わない賃金制度変更の場合には、経営危機など差し迫った必要性までは認められないケースともいえることから、新制度導入によって賃金が減少する労働者に対し、調整給などを支給する緩和措置（経過措置）を講じることが不利益変更の有効性判断における1つのポイントといえようが、前掲トライグループ事件等においては、賃金総原資の減少のない制度変更は使用者の経営上の裁量の問題であるとの整理の下、むしろ評価制度の公正公平性がいかに担保されているかがより重要なポイントとなっているといえようか。

　なお、これまでの成果主義的な賃金制度導入の例とはむしろ逆の方向への変更の事案として、従業員の定着率を上げるために営業成績給を廃止し、それを月例賃金や賞与等の原資とするなどの支給額が安定的な給与制度を導入した事案について、上記裁判例等と同様総原資の減少がなく経営判断の問題であることに言及してその効力を肯定した野村不動産アーバンネット事件（東京地判令和2・2・27労働判例1238号74頁〔28283814〕）もある（営業成績給が廃止される結果1割以上賃金が減少したことについて、不利益の程度は小さくないとしながら、当該役割に応じた給与を安定的に支給する制度であること、その不利益についても高い役割を果たすようになれば給与支給額が増額すること、本件人事制度の導入直後の不利益は将来にわたって固定化されるものではなく今後の昇進等により減少ないし消滅し得るものであるとした。変更の必要性については、賃金の総原資を減少させるものではなかったことから人事制度の設計の問題であり、使用者側の経営判断に委ねられる部分が大きいこと、一般的に不動産仲介業ではインセンティブにおいて実績主義の傾向が強いこと等からコンプライアンスに抵触する事案が生じやすいこと、安定した固定給によって継続的な新卒者の採用が可能となり実績を上げている例がある旨の指摘があること等からすれば、経営判断として合理性があると必要性も肯定している。さらに、変更後の人事制度について、役割に基づいた項目の達成度や業績の難易度及び達成度等によって、本人及び社内の研修を受けた評定者2名が行う評定に基づくものであったこと、従業員本人に対し

て振返り面談が行われる制度であったことから、評定制度の恣意的な運用を避ける制度的な担保があると述べ、制度の公平性も認定して内容の合理性も認めた）。

2　年俸制の導入について

　年俸制とは、個人の能力業績に応じ、年単位で賃金の総額を変動させる賃金制度をいう。年俸制の導入により、賃金が適用上不利に扱われる労働者については、不利益変更の問題となる（年俸制と成果主義賃金制度の導入について合理性を否定した事案として、学校法人実務学園・日建千葉学園事件・千葉地判平成20・5・21労働判例967号19頁〔28142292〕）。

　ところで、一度決定した年俸額について、業績の悪化などを理由にこれを変更することは可能であろうか。シーエーアイ事件（東京地判平成12・2・8労働判例787号58頁〔28052136〕）では、一度決定した年俸額について、期間途中で就業規則を変更してこれを減額する措置は効力を有しないと判示された。同事件は、一度決定した年俸額について、就業規則の変更によっても変更することのできない特約としての効力を認めたと解釈できよう。

　また、翌年の年俸額の決定について決定方法の定めがない場合に、当該労働者と合意ができなかったらどうなるのであろうか。この点について裁判例は分かれており、当該年度において双方に適用のある最低賃金の限度内での賃金請求権しか発生しないとするデイエフアイ西友事件（東京地決平成9・1・24判時1592号137頁〔28020643〕）、年俸額の協議が整わない場合には、会社が協議を打ち切って裁量で決定でき、労働者はその裁量が逸脱しているかどうかを争うことができるとしたうえで、会社が決定もせず、協議を継続する場合には、当該協議において会社が提案した金額を最低限とする旨の合意が成立しているとした中山書店事件（東京地判平成19・3・26労働判例943号41頁〔28131769〕）、合意が成立しない場合、年俸額決定のための評価基準、決定手続、減額の限界の有無、不服申立手続などが就業規則などに明示されており、かつその内容が公正な場合に限り、使用者に評価決定権限があるとしたうえで、このような要件が満たされていない場合には、前年度の年俸額を請求することができるとした日本システム開発研究所事件（東京高判平成20・4・9労働判例959号6頁〔28141696〕）がある。その他、年俸について使用者による一方的な減額が無効とされた例としては、

就業規則には年俸額について個別契約による、との記載があったのみで（内規は存在したが減額当時は公開されていなかった）具体的決定方法についての定めがなく、また年俸の決定方法に関して個別の合意があったものの、昇給率の算定方法について、極めて抽象的にしか定めていなかったとの事実関係の下において、賃金が労働条件の中でも最も重要なものの1つであることから、このような労働条件は、労働者及び使用者が対等の立場で合意して決めるべき事項であることに照らすと、上記個別合意の定めは、被告と原告らが客観的で合理的な昇給率の定め方を合意した場合に、これに従って被告に原告らの年俸額を査定決定する権限を付与することを合意したものと解するのが相当であるとしたうえで、使用者による一方的な年俸の減額は無効と判示した学究社事件（東京地判令和4・2・8労働判例1265号5頁〔28301757〕）などがある。一方、減額を認めた例として、資格によって決定する基本年俸、前年度の実績評価により決定する実績年俸、当年度の役割・目標設定度により決定する役割年俸及び前年度の事業部業績評価により決定する事業部年俸の4項目によって構成される年俸について、年俸規程においてそれぞれの決定方法が定められ、そのいずれも合理的な賃金決定方法であったとの認定の下、かような労働契約の内容となっている年俸規程に基づき、合理的に原告の役割・目標設定及び実績評価並びに事業部の指標評価を行い、合理的な支払基準を当てはめて決定されたものであるから、使用者による一方的な減額を認めた東京地判令和3・12・23平成30年(ワ)30764号公刊物未登載〔29068365〕、減額根拠となった各評価について、時事に基づかないであるとか評価を誤ったものとはいえず、また年俸制や評価制度と関係ない目的や動機で評価が行われたともいえないことを理由に減額を認めた国立研究開発法人国立精神・神経医療研究センターほか事件（東京地判平成28・2・22労働判例1141号56頁〔29016999〕）などがある。

　さらに、固定残業代が含まれた年俸制について合意があったところ、当該固定残業代部分について一方的に減額した措置について、固定残業代の廃止や減額は通常の賃金の減額とは異なるものであるから労働者の合意は不要であること、使用者の年俸額決定権限の行使ではないこと等を理由として変更を有効とした原判決（東京地判令和3・11・9労働判例1291号18頁〔29067810〕）を破棄し、当該

固定残業代部分は年俸の一部を構成するものと位置付けられていたことからすれば、基本給の一部を構成する場合と同様にとらえられるにもかかわらず、使用者は合理性・透明性に欠ける手続で、公正性・客観性に乏しい判断の下で、年俸決定権限を濫用して減額を行ったものであるから、このような一方的な減額は、許されないと判示したインテリム事件（東京高判令和4・6・29労働判例1291号5頁〔28310816〕）もある。年俸制と固定残業代制がともに論点になった事案として参考になろう。

3　固定残業代制度の導入

　ここで固定残業代制度とは、時間外労働等の有無にかかわらず、一定範囲の労働時間に対する割増賃金込みの定額賃金を支給する制度をいう。定額払による割増賃金の支払が有効かについては、複数の最高裁判例が存在するところ（医療法人康心会事件・最二小判平成29・7・7労働判例1168号49頁〔28252090〕、日本ケミカル事件・最一小判平成30・7・19裁判集民259号77頁〔28263272〕、国際自動車（差戻審）事件／国際自動車（第二次上告審）事件／国際自動車（第一）事件・最一小判令和2・3・30民集74巻3号549頁〔28281147〕、熊本総合運輸事件・最二小判令和5・3・10判タ1510号150頁〔28310649〕）、固定残業代制度を導入する就業規則等の変更について、労働条件の不利益変更の観点から、必要性、不利益性、合理性などを検討した裁判例がある（なお、上記最高裁判決との関係で、各裁判例の事案において固定残業代支払の有効性が認められるかについてはここでは言及しない（第3巻Ⅱ6(1)「割増賃金の算定方法（固定割増賃金等）」））。

　業務手当を時間外勤務56時間ないし42時間分相当の固定割増賃金として支給する旨記載した規程変更をした事案において、前掲医療法人康心会事件を引用して割増賃金部分は区別できるとしたうえで、賃金総額は月額2万円程度の手取り給与の増額しかなく、その一方で56時間ないし42時間分の割増賃金を別途請求することができなくなること、業務手当が時間外勤務手当となり割増賃金の算定基礎から除外されること等から、労働者の受ける不利益は重大である一方、変更のための高度の必要性もなく、また当該制度導入に当たっては一方的な説明しかしなかったことを理由に変更の効力を否定したインターメディア事件（東京地判令和4・3・2令和2年(ワ)12921号公刊物未登載〔29069899〕）がある。

次に、歩合給等を廃止し、割増賃金の固定残業代（運行時間外手当）を創設して組み変えたところ、基本給については平均約30％の減額となり、固定残業代込みでも約4.6％から約11.9％の減額となる変更について、前掲日本ケミカル事件を引用して固定残業代としての要件は満たすとしながら、基本給減額の不利益は著しいだけでなく、本件変更前は歩合給のほかに時間外労働が少しでも発生すれば割増賃金の支給を受けられたところ、本件変更後は運行時間外手当の売上基準額を超える売上が発生するまでは運行時間外手当のほかに別途割増賃金の支給を受けることができない制度となることから、第1審原告らの受ける不利益はなお大きい一方、利益を上げており高度の必要性は認められず、代償措置もないことからすれば、7割近い従業員が変更に同意しており、さらに変更後に裁判当事者である第1審原告以外の全員が同意に至ったとの事情を踏まえても、変更は認められないと判示した栗田運輸事件（東京高判令和3・7・7労働判例1270号54頁〔28302615〕、東京地判令和2・6・24労働判例1270号58頁〔29060409〕）がある。

就業規則変更前と後の比較において、全体の支給額にほとんど変更がないまま割増賃金部分を分けようすると、割増賃金以外の賃金部分同士を比較すれば、変更前と比べ基本給などが割増賃金分減少することとなる。また変更前に比べ、割増賃金の算定基礎額も減少する。したがって、そのような場合、不利益性は非常に大きいと判断される。

ところで、上記のような大きな不利益性からすれば、変更を有効とするためには労働者の合意を得て変更することが確実と思われるが、その合意について、否定される例がある。

歩合給の中の割増賃金部分を区別して、歩合給の中には一定時間分の割増賃金を含むものとし、これを時間外労働手当として支払うことなどを内容とする賃金規程の改定を行い、労働者が、給与規定の内容を確認のうえ同意しました、との趣旨の不動文字が記載されている同意書に署名・押印した事案において、山梨県民信用組合事件（最二小判平成28・2・19民集70巻2号123頁〔28240633〕）と同じ規範を引用し、規程自体が複雑でありそれゆえ労働者が理解できなかった可能性があるものの60時間分の割増賃金を含むとの説明が説明会でなされたとまでは認定できないこと、60時間分の固定残業代によって今後割増賃金の請求は

ほぼできなくなること、常時月70ないし80時間の時間外労働が生じている実態においてそのすべてを固定残業代で賄うような賃金規程は一般的にみて労働基準法の法意に沿ったものとは言い難いこと等から、労働者の不利益も重大であり同意が自由な意思に基づくものであったということはできないとした南大阪センコー運輸整備株式会社事件（大阪地判平成28・4・28平成25年(ワ)11973号公刊物未登載）、固定残業代込みで基本給を払う合意が存在していたと会社が認識しその認識に従って従来運用していたところ、法的な要件に合致させるべく従来の基本給を基本給と固定残業代に明確に分ける就業規則等の変更を行うこととし、その結果基本給部分が11万円減少することとなった事案に関し（労働者が説明会を経て雇用契約書を作成した）、そもそも変更前は基本給の中に割増賃金が含まれていたと認めることはできず、本件変更は基本給の切下げとなる不利益変更に当たるとしたうえで、変更前は全てが基本給であるから時間外労働を行った場合当該基本給に応じた割増賃金が支払われるべきであったところ、説明会においては、漠然と従前の賃金体系又は割増賃金が支払われていないことが違法である可能性があることの説明がされたのみであったこと、本来当該基本給に応じた割増賃金が支払われるはずであったことについて明確に説明がされたとはいえないこと、基本給が減額になるにもかかわらず、本件固定残業制度の採用に伴う基本給の減少が形式的なものにとどまり総額としては支給される額は変わらないとの説明がされていること等からすれば、従前の制度に関する誤った理解を前提とした説明を行っていたにすぎず、受ける不利益の程度について正確かつ十分な情報を提供したとはいえないことから、自由な意思に基づいてされたものと認めるに足りる合理的な理由が客観的に存在したとはいえず合意の効力を否定したビーダッシュ事件（東京地判平成30・5・30労経速報2360号21頁〔28265189〕）、2回の賃金規程の変更を経て2つの固定残業代（特殊業務手当及び勤務外手当）を組み合わせた制度を導入した事案において、1回目の変更後の賃金規程の特殊業務手当は固定残業代としての性格が認められないとして、時間外労働等に係る割増賃金の内払となる状態に変更される2回目の賃金規程の変更は不利益変更になると認定したうえで（2回目の変更は現状を変更するものではないとの使用者の主張を排斥）、通常の法定時間内の労働に係る賃金だった月額

19万円又は13万円に上る特殊業務手当が時間外労働等に係る割増賃金の内払となる状態に変更されるのであるから、その不利益の程度は大きいこと、2回目の賃金規程変更に当たり労働者から提出された確認書があるが、特殊業務手当は通常の労働時間の賃金に当たる部分と判別されて割増賃金に当たる部分であるかどうかについて齟齬する記載内容となっており、その性質が判然とせず労働者における理解を困難にする体裁になっていたこと、また勤務外手当についても、確認書上同手当が直接的に時間外労働等の時間に関わる性質のものであることが一切示されず、賃金規程の内容とは異なった内容となっていること等の事情の下では、特殊業務手当及び勤務外手当につき時間外労働等に係る割増賃金の趣旨と理解したうえで合意して本件確認書に自署したものと解することはできないとして合意の効力を否定した東京高判令和元・11・6平成31年(ネ)1044号公刊物未登載〔28321440〕(上告不受理等で確定。最一小決令和2・9・10令和2年(受)653号公刊物未登載〔28321442〕)、2トントラックの運転手として勤務していたドライバーについて、基本給12万円、残業手当12万との条件で雇用され、その後幾度かの改定を経て基本給16万円、残業手当26万円となった変更について(なお、変更に当たって雇用契約書や労働条件通知書は作成されていない)、説明がなされたかどうかも明らかでないうえ、契約書なども作成されていないこと、トラック配送の範囲が関東一円から長距離に拡大され責任や負担が軽くなることはなく重くなったにすぎないこと、残業手当名目の賃金は時間外労働としての対価を欠くことから、合意が自由な意思でなされたと認めるに足りる合理的な理由が客観的に存在するともいえないとした染谷梱包事件(東京地判令和5・3・29労経速報2536号28頁〔28320442〕)がある。

(2) 労働時間

【概要】
　始業時間及び終業時間は、就業規則の必要的記載事項とされており(労基法89条1号)、労働時間について使用者が恣意的にこれを変更することは原則としてできない

（下記で検討するように、業務上の必要性によって時間変更を認める規定は有効と解される余地がある）。

労働時間を単に延長する場合、総労働時間の延長という労働者の不利益が存する。さらに加えて、当然のことながら、所定労働時間を延長して賃金を据え置く場合は、実質的には賃金の削減となり（時間外割増賃金の単価計算も労働者に不利益になる）、高度の必要性が要求される。なお、所定労働時間を延長しその分について賃金を支払うものの、延長した分が法定内時間外労働時間に吸収されてしまう場合、延長前は時間外手当支給分が得られたが延長後は時間外手当支給分が得られないこととなるので、この点においても労働条件の不利益変更となり得るとも思える。しかし、最高裁判例では、そもそも時間外労働を命じる権限は使用者の裁量であり不利益性を主張する合理的根拠を欠くと判示している（羽後銀行事件・最三小判平成12・9・12労働判例788号23頁〔28051937〕等）。

また、それ以外でも、例えば就業時間を必要に応じて会社が変更可能な旨の就業規則等の変更を行う場合、変形時間労働制における労働時間の変更を可能にする旨の就業規則等の変更などの効力が争われる場合がある。

•••••• 論　　点 ••••••

1　労働時間の不利益変更に関する裁判例はどのようなものがあるか
2　就業時間の変更を可能にする就業規則等の変更の効力について

論点 ❶ 労働時間の不利益変更に関する裁判例はどのようなものがあるか

1　最高裁判例について

週休2日制の導入に伴い、所定労働時間を10〜60分延長した事案として羽後銀行事件（最三小判平成12・9・12労働判例788号23頁〔28051937〕）、同じく所定労働時間を25分延長した事案として函館信用金庫事件（最二小判平成12・9・22労働判例788号17頁〔28052026〕）がある。両判決はほぼ同じ判示を行っており、社会的要請から週休2日制を導入するに当たり、平日の所定労働時間を不変とした場合には総労働時間が不足し、営業活動の縮小やサービスの低下に繋がること、総賃金コストを変更しない範囲での平日の労働時間延長は通常想定される措置であること、他の金融機関と同じ程度の競争力を維持する必要があることなどから、変更の必要性を肯定している。一方、労働者の受ける不利益については、

残業時間の減少が考えられるが、残業を命じるか否かについては使用者の裁量であることからすれば、これをもって不利益性を論じるのは合理的根拠を欠くと判示している。また、週休2日制により、完全に労働から解放される休日が増加し、しかもそれが連続しているという利益は大きいことからも、労働者の受ける不利益は必ずしも大きなものではないと判示した。

休日が増加することの利益、残業時間が減少することの不利益などについて、最高裁が上記のとおり評価したことは、同種事案の判断に参考となろう。

2　下級審裁判例について

労働時間の延長・変更に関する下級審裁判例において、変更を有効と解した例として、始業時間を30分繰り上げた変更について、30分以内の遅刻早退には賃金カットを行わない運用をして賃金面での不利益を生じないようにするなど不利益性が極めて小さく、会員社からの批判を受けて行った始業時間の繰上げには必要性があること、組合との交渉も誠実に行ったことから変更を有効とした日本書籍出版協会事件（東京地判平成2・10・29判タ758号189頁〔27808953〕）、週休2日制の導入に伴い勤務時間を10分延長した変更について、労働者の不利益性は休日の増加及びそれに伴う時間外手当の時間単価の増加（休日の増加により、1日の所定労働時間数の増加にもかかわらず、総所定労働時間数は短縮された。その一方で、賃金は維持されていたため、時間単価は増額する結果となった）を考慮すれば大きいとはいえず、経営環境、経営規模、休日増による経営負担、将来の経営見通しなども含めて検討すれば変更に合理性があるとした伊達信金事件（札幌地室蘭支判平成7・3・27判タ891号120頁〔27828474〕）、深夜帯で勤務する時間数が増加し連続指定が可能になったこと、休息時間が短縮されたこと、勤務時間の短縮措置が廃止されたこと、夜勤明けの休息日が廃止されたこと、深夜帯勤務の回数制限が廃止されたことなどを含む運用細則改訂について、経営上又は労務管理上高度の必要性が認められるとしたうえで、代償措置を行っていること、合計で8割以上を要する2組合と同意していること、深夜業に関する我が国の一般的状況からすれば特別加重ではないことを理由に高度の合理性があるとした日本郵政公社事件（東京地判平成18・5・29判タ1227号249頁〔28112468〕）、同様の判断として郵政事業事件（東京高判平成23・1・20労経速報2099号3頁〔28171071〕）、東

京地判平成21・5・18労働判例991号120頁〔28160124〕)、所定労働時間を増加（所定労働時間を7時間25分から8時間に変更）させる変更について、グループ内の就業時間を統一し、報酬体系を統一する必要性を認めたうえで、調整給の支給もあること、休日増加という代償措置も存在すること、従業員から反対意見が出た形跡がないことを考慮して変更を有効としたアイフル（旧ライフ）事件（大阪高判平成24・12・13労働判例1072号55頁〔28212780〕）がある。

　一方、変更の効力を否定した裁判例として、1日の所定労働時間を30分延長し、7時間30分とするが、月例賃金を据え置く就業規則の変更について、業界の一般的水準に照らして延長したにすぎず、労働時間を延長しなければ経営状況が悪化するような必要性は認められないこと、不利益が大きいことに比して、年間休日が2～3日増加するにとどまる代償措置では、会社の業績が良好であることを考慮すると高度の必要性を欠き、変更は効力を有しないとしたサンドビック事件（神戸地判平成17・2・23平成15年(ワ)1865号公刊物未登載〔28320955〕。なお、労務行政研究所編『年間労働判例命令要旨集　平成18年版』労務行政研究所（2006年）172頁で紹介されている）がある。同事件は、労働時間延長に伴い賃金を据え置いた事案であり、実質的には賃金の削減の事案と評価できる（その意味で、高度の必要性の有無を判断したものと思われる）。

　前掲の判例の傾向からすれば、単に労働時間を延長するにすぎない場合（所定賃金も労働時間に応じて増加する場合）には、休日の増加などの代償措置を設けることで、労働条件変更の合理性が認められる余地が大きいといえよう。

論点 ❷　就業時間の変更を可能にする就業規則等の変更の効力について

　就業時間について、「業務上の必要性があればこれを変更することがある」等のように、使用者が始業・終業時間に関する変更留保権を有する旨の条項を就業規則に設ける変更を行う場合、一般条項であることからすればその変更は有効となると思われる。ただし、具体的適用において権利濫用と評価される場合はあり得る（阪神交通管理事件・大阪地決平成3・6・17労働判例592号23頁〔27813089〕等）。

ところで、上記のような所定労働時間変更の条項を、1か月単位の変形労働時間制（労基法32条の2）の下において設けることは認められるのであろうか。1か月単位の変形労働時間制においては、労働時間の事前特定が強く要請されており（大星ビル管理事件・最一小判平成14・2・28民集56巻2号361頁〔28070468〕）、これを否定する説も存した（通達も同説に立つ。平成3・1・1基発1号）。裁判例は、例外的限定的な場合には就業規則の変更留保規定によって労働時間を変更することが許されるとする限定有効説に立っている。限定有効説に立った裁判例としては、労基法32条の2が労働時間の事前特定を求めた趣旨を、労働者の生活に与える不利益を最小限にとどめようとした趣旨であるとしたうえで、労働者の生活に大きな不利益を及ぼすことのないような変更条項を認めることは同趣旨に反しないとしたものの、どのような場合に労働時間の変更が可能かについて具体的に規定する必要があるとしたうえで、「業務上の必要がある場合、指定した勤務を変更する」との定めでは予測可能性に欠けるとして、規定の効力を否定したJR東日本事件（東京地判平成12・4・27判タ1079号221頁〔28051571〕）及びJR西日本事件（広島高判平成14・6・25労働判例835号43頁〔28072874〕）、事前特定の趣旨について同様の判断をしたうえで、「季節または業務の都合」で変更することができるとした条項の効力を否定した岩手第一事件（仙台高判平成13・8・29労働判例810号11頁〔28062182〕）がある。

(3) 休日・休暇

【概要】

　法律上定められた年次有給休暇以外に、労働契約の内容として使用者が休日及び休暇を定めていた場合、これを削減又は有給扱いであった休日を無給とする扱いは、当然に労働者にとって不利益変更となる。

　ところで、一時的に休日を変更する場合（休日の振替と呼ばれる）、労基法上は休日を毎週1回、4週間を通じて4回与えることを定めるのみで（同法35条）、具体的に休日を特定することまでは求められていないことから、業務上の必要性がある場合には休日

を他の日に振り替えることができる旨の振替規定も、有効と解されている（ほるぷ事件・東京地判平成9・8・1判夕957号196頁〔28021882〕）。ただし、恣意的な変更は許されず、あくまで業務上の必要性がある場合に限られる（三菱重工業事件・横浜地判昭和55・3・28判時971号120頁〔27612967〕））。一方、不利益変更の問題として議論されるのは、休日に関する扱いを、一時的ではなく、一律に変更する場合である。

•••••• 論　　点 ••••••
1　所定休日を変更する場合に不利益変更となるか
2　休日・休暇を削減した裁判例について
3　休日・休暇の有給率を減少させた裁判例について

論点 ❶　所定休日を変更する場合に不利益変更となるか

　定められた休日を一律に変更する場合（例えば所定休日を日曜日から月曜日に変更する場合）にこれが不利益変更となるかについて、九州自動車学校事件（福岡地小倉支判平成13・8・9判時1759号141頁〔28062404〕）は、日曜日が休日でなくなることにつき不利益性を認めている（結論としては、不利益ではあるもののその程度は低いことから、日曜日に営業及び教習を行うための当該変更の効力を認めた）。

　賃金、労働時間などにおいて何ら不利益はなく、所定休日を日曜日から他の日に変更することについて、そもそも不利益変更か否かという問題もあるが、裁判例は、差し当たり当該変更が不利益変更であるかという入口では厳格に解釈せず、抽象的であっても不利益と認められる要素があれば不利益変更の法理（労契法10条）を適用し、不利益性が小さいことは、合理性の判断において斟酌しているものと思われる。

論点 ❷　休日・休暇を削減した裁判例について

　休日そのものを削減する変更に関する裁判例としては、変更の効力を否定した事案として、フェデラルエクスプレスコーポレーション事件（東京地判平成24・3・21労働判例1051号71頁〔28181960〕）がある。同事件は、会社が就業規則で定める休日4日間を削減した事案であるが、休日の削減によって労働日が増加する一方、賃金は据え置かれたままであったので、実質的に約2％の賃金カット

となっていた。そのため、必要性として「高度の必要性」を要求し、リーマンショックによる経費削減施策の必要性は認めたものの、休日削減の就業規則変更を実施したのは平成21年6月であるところ同年の後半にはもう既に業績が回復していること、企業防衛的な施策にすぎないことからすれば、高度の必要性は認められず、代償措置もないこと等を理由に変更は効力を有しないと判示した。なお、年次有給休暇を取得して削減された休日に充てれば、実質的に労働者に不利益を与えないと会社が主張したことに対し、従業員のほとんどが年次有給休暇を毎年4日間以上消滅させていれば格別そのような事実は認定できないこと、いつ有給休暇を取得するかは労働者の自由であることからすれば、年次有給休暇の存在を理由に不利益がないと考えるのは妥当でないと判示している点は、休日の削減を行う場合に参考となろう。

本件のように休日削減に伴い実質的に賃金削減となる場合には「高度の必要性」が求められることに留意すべきである。

論点 3 休日・休暇の有給率を減少させた裁判例について

有給となっていた休暇について、これを無給とする変更又は有給率を削減する変更を有効と解した裁判例としては、生理休暇を毎月必要なだけ取得することができ、年間24日は有給とする（基本給の100％を支給するとの明文は存在しなかったが、実際は100％支給していた）との規定を、生理休暇を毎月必要なだけ取得することができるが、有給となるのは月2日を限度とし、その有給率は68％とする旨の規定に変更した事案において、全社的に生理休暇取得濫用の実態があり、その実態調査も生理休暇の性質上困難であったことから、社内規律維持及び従業員の公平な処遇維持のために必要であったとしたうえで、有給率の減少は確かに不利益ではあるが、それまで支給率が明文化されていなかったのが明文化された点では利益ともいえること、基礎となる賃金が大幅に増加されており、実際の不利益は微少であること、生理休暇の取得日数を月2日と限定した措置についても実際に不利益が生じるのはごく例外的な場合にすぎないとして、変更を有効としたタケダシステム事件（最二小判昭和58・11・25判タ515号108頁〔27613221〕、差戻審として東京高判昭和62・2・26判タ630号259頁〔27613475〕）がある。

同事件では、その後の大幅な基本給の増加により実質的に不利益がほとんど生じなかった事情があるものの、生理休暇取得の濫用を防止する手段として有給率の削減の必要性が肯定された点が注目される。

なお、厳密には休日・休暇の有給率削減とはいえない事案ではあるが、公民権行使のため遅刻又は早退した場合には、届出により遅刻早退扱いとしない、との就業規則の条文が存在したがこれを削除したところ、公民権行使（労働委員会への証人出廷）により賃金等をカットされた労働者から賃金等支払請求がなされた事案について、公民権行使の場合は有給で労働義務が免除される旨の規定であったと認定したうえで、本件で労働者が被る不利益は、単に削減される賃金にとどまらず、実質的に有給扱いという待遇によって公民権の行使などの公的活動に容易に参画し得る地位ないし権利が消滅したのであり、その不利益の程度はかなり大きく、また不要な賃金の支出を削減する高度の必要性が存するとしても、当該公民権の行使についてこれを有給扱いとする労働条件を変更した場合に人件費の抑制に有用であるとは認められないこと等を理由に、就業規則の変更の効力を否定した全日本手をつなぐ育成会事件（東京地判平成23・7・15労働判例1035号105頁〔28180035〕）がある。本事案は、削減された賃金の額が些少であることは認めつつも、「有給扱いという待遇の下、公民権の行使等の公的活動に容易に参画し得る地位ないし権利」を重視して、これを不利益に変更するには高度の経営上の必要性を要求した点に特色がある。

(4) 福利厚生

【概要】

福利厚生給付とは、使用者が労働の対償としてではなく、労働者の福利厚生のために支給する利益又は費用を指し、概念上労働の対価である賃金とは区別される（菅野=山川・労働法〈第13版〉340頁）。具体的には、資金貸付け、社宅の供与などである（なお、住宅手当、家族手当などが就業規則などで明文化された場合、労基法上の賃金に該当する）。

このようないわゆる福利厚生に関する規定も、労働契約関係における労働者の待遇である以上、広義の労働条件をなす。したがって、福利厚生について、その扱いを労働者にとって不利益に変更する場合には、不利益変更の法理に従うこととなる。

•••••• 論　　点 ••••••
1　福利厚生に関する不利益変更の裁判例について

論点 ❶　福利厚生に関する不利益変更の裁判例について

　福利厚生に関する労働条件の不利益変更の事案として、新規採用者のために寮の需給がひっ迫することが予想される中、一部特定の社員のみが長期に居住する事態は寮設置の目的にそぐわないことを理由に、社宅の居住期間について年齢制限を設け、35歳までとした事案について、当初は年齢制限はなかったものの、いずれ年齢制限を設けることは予定されていたこと、福利厚生費の効率的公平な支弁を企図したことが改正の目的であること、居住制限期間は世間一般の水準からすれば妥当であること、経過期間が設けられていること等の事情から、改正の効力を肯定したJR東日本事件（東京地判平成9・6・23労働判例719号25頁〔28021562〕）がある。

　福利厚生は労働の対価ではなく、賃金に該当するものではないため、本来その不利益変更については「高度の必要性」までが要請されるわけではない。

　しかし、その内容が手当等として就業規則等で明文化されれば、労基法上の賃金となり、その不利益変更については「高度の必要性」が求められることになる（アルプス電気事件・仙台高判平成21・6・25労働判例992号70頁〔28160185〕は念のため検討するとしながら、就業規則上の権利となっている別居手当、単身赴任用社宅費、留守宅帰宅旅費の打切変更について、高度の必要性を欠き変更の効力を否定する）。

(5) 降格規定の新設など労働者の地位に関わる変更

【概要】
　降格規定が存在しない場合に降格規定を新設する、それまで管理監督者に分類されていた労働者を規程変更により管理監督者から外し、併せて職位などの再編成を行う場合など、規程の変更により労働者の地位に変動を及ぼす又は及ぼす可能性のある就業規則等の変更について、その有効性を判断した裁判例が存する。これらが争われるのは、規程の変更後実際に当該規程を適用して降格等の処分を受けた者が、具体的処分の妥当性を争うに際し、併せてそもそも降格規定を設けた変更が効力を有しないとの主張をする場面で就業規則の不利益変更として検討されるケースがあるため、下記で検討する。

・・・・・・ 論　　点 ・・・・・・
1　降格規定の新設について
2　管理監督者の範囲を変える変更について

論点 ❶　降格規定の新設について

　一定の要件の下に労働者を降格することができる旨の規定を設けることは、労働者にとって降格処分を受ける可能性を生じせしめるものであり、その地位を不利益に変更する可能性のある制度とすることから、不利益変更といえる。しかし、降格制度が全く存在しないとすれば、労働者の士気は逆に低下する恐れもあるのであって、その導入は合理的と考えられる一方、降格規定の存在によっても降格するか否かはその後の人事評価次第なのであって、不利益が直ちに顕在化するものではない。したがって、かような変更は人事評価制度等が公平性を有している限り、原則として広く認められるべきであろう。

　裁判例としては、スタッフからジュニアスタッフへの降格を新設した変更について、職務遂行状況のいかんにかかわらず降格されることがないのであればスタッフの職位が既得権化し、職員の向上心を低下させ、職員全体の士気の低下を招く可能性もあったことから変更の必要性を認め、その一方で降格の可能性があることを定めたにとどまり、一律にスタッフをジュニアスタッフに降格するものではないことから不利益の程度は低いこと、降格に当たっては慎重な

判定を経ることとしていることから合理性も認められるとして変更を有効とした有限責任監査法人トーマツ事件（東京地判平成30・10・18労経速報2375号14頁〔28272042〕）、専門管理職の業務の遂行に必要な能力を有していない者を一般社員に降格可能にするという就業規則の変更について、専門管理職として通常の勤務状態を維持し、通常期待される役割を果たしていれば降格の検討対象となることはないこと、評価ランクの分布比率を固定して必ず降格検討対象者が出るという仕組みにはなっていないこと、多くても全体の6％程度の専門管理職が降格や減給の対象となる可能性があるにすぎないこと、降格制度は適正な評価がなされる限り、職務遂行状況と無関係な既得権といったものを否定する意味では衡平に適う面があり、会社を活性化する合理的な制度であること、新評価制度及び降格のルールは合理的なものであることなどから、変更の効力を認めたファイザー事件（東京高判平成28・11・16労経速報2298号22頁〔28244499〕、東京地判平成28・5・31労経速報2288号3頁〔29018465〕）がある。

両裁判例とも、降格に当たっての判定や評価などをする仕組みに合理性があるかを検討しており、降格制度設計に当たってのポイントと考えられる。

論点 ❷ 管理監督者の範囲を変える変更について

どの範囲の労働者が管理監督者に該当するかについては就業規則などで定めを置くこととなるが、当該範囲を変更することで、それまで管理監督者であった者がその地位を外れることになる。一般に、管理職には管理職手当などが支給されており、当該身分の変更によって手当も減額されることになり、不利益を受けた者が当該就業規則の変更を争うことがある。

大阪産業技術研究所事件（大阪地判令和元・12・25平成29年(ﾜ)2263号公刊物未登載〔28321981〕）は、就業規則等の変更によって研究室長を管理職から非管理職、職務給も下げる変更を行った事案であり、変更を有効と判断した。まず、不利益の程度については、非管理職になったことで管理職手当（当時月額6万2700円）が失われたが、その一方で超過勤務をした場合、超過勤務手当の支給を受けられるようになったこと、変更後実際に同程度の時間数の時間外勤務を行っているため、原告らの半数以上が上記管理職手当の額を上回る超過勤務手当を

受給していること等から、超過勤務手当の支給により実質的にはないか、相当程度軽減されているとした。また、降格については現給保障（職務の級及び号給の切替えによって新号級の給料月額が施行日の前日における給料月額に達しない場合、給料月額が施行日前の給料月額に達するまでの間当該額が支給される）がされており、この点の不利益も実質的にはないか、相当程度軽減されているとした。さらに、事実上昇給が停止することとなったとの主張に対しては、少なくとも本件規則変更の時点においては、将来的に発生する可能性のある不利益にすぎないことなどを理由に実質的には大きなものでないとした。

　変更の必要性については、大阪市が定める勤務条件を上回ることはあり得ない旨大阪市から伝えられたことなどから、大阪市から運営費交付金の交付を受けている以上本件規則変更をするほかないと判断するに至った事情の下では、相当程度高い必要性があるとした。

　さらに相当性については、地方独立行政法人において職員のうちどの範囲の者を管理職として扱うべきかなどについて明確な基準があるわけではなく、研究室長の職務内容を考慮すれば、直ちに研究室長を非管理職とすることが不相当であるということはできない、とした。

　なお、労働組合等との協議の期間が短く、労組が反対の意思表示をし、さらに個別の同意も得ないまま規則変更を行った事情もあるが、結論に影響を与えないとした。

　非管理職になった後の割増賃金分によって多くの者が管理職手当を上回る支給を受けることができたこと（なお、かような実態ではそもそも管理監督者としての適法性を備えるか疑問なしとしないがその点はさておく）や現給保障措置などによって、不利益が大きくないと評価された点が参考になろう。

(6) その他

【概要】
　前述した以外にも、労働条件の変更が問題となった裁判例が存し、高年齢者の処遇に関する労働条件変更として、定年制の導入、定年後再雇用制度に関する労働条件などの事例がある。
　なお、これまでは主に就業規則による労働条件の変更の場面を検討してきたが、労働協約による労働条件の変更についても重要な裁判例が存するため、本項で概観することとする。
　その他、就業規則変更の手続や労働条件変更の手法（就業規則によらない変更）等、手続面が問題になった裁判例や、労契法7条と10条の合理性の違いなどが問題となった裁判例があるので、併せて紹介する。

・・・・・・ 論　点 ・・・・・・

1　労働協約や労働組合との交渉等が論点となった裁判例について
2　定年制に関わる労働条件の変更について
3　労契法7条と労契法10条をめぐる問題について
4　就業規則変更の手続や労働条件変更の手法が問題となった裁判例について

論点 ❶　労働協約や労働組合との交渉等が論点となった裁判例について

1　労働協約による規範的効力とその例外に関する裁判例について

　労働協約とは、労組法14条に従い、労働組合と使用者又はその団体との間の労働条件その他に関する協定であって、書面によって作成され、両当事者が署名又は記名押印したものをいう。その効力として、同法16条に定めるとおり、労働協約で定める労働条件その他労働者の待遇に関する基準に違反する労働契約は無効となり（強行的効力）、無効となった部分は協約の定めるとおりとなる（直律的効力）。強行的効力と直律的効力を併せて、規範的効力という。
　労働協約によって組合員の労働条件を不利益に変更することができるかという点について、最高裁は、個別の組合員の組合への授権や合意がなくても、労

働協約によって労使が合意した場合は、協約に定める労働条件は、たとえこれを不利益に変更するものであったとしても、規範的効力が及ぶと判示したが、同時に、特定又は一部の組合員をことさらに不利益に扱うことを目的として締結されたなど、労働組合の目的を逸脱して締結された場合には、規範的効力が及ばないと判示された（朝日火災海上保険（石堂）事件・最一小判平成9・3・27判タ944号100頁〔28020805〕）。

したがって、労働条件を不利益に変更する労働協約について組合と合意し、無事締結された場合、その効力が組合員に及ぶか否かについては、専ら労働組合の目的を逸脱して締結された協約といえるかが問題となる。

前掲朝日火災海上保険（石堂）事件以後の下級審裁判例では、労働協約によって55歳以上の組合員の賃金を約3万円減額した事案において、労働組合の目的を逸脱して締結されたかどうかの判断について、不利益の程度、協約の全体の合理性、必要性、締結までの交渉経緯、組合員の意見が反映されたかなどを総合考慮するとしたうえで、若年・中堅層の待遇改善の目的は正当であり、減額幅及び経過措置などからも、ことさらに55歳以上の組合員を不利益に扱う目的で締結されたとはいえないとして、規範的効力を肯定した日本鋼管事件（横浜地判平成12・7・17判タ1091号240頁〔28060170〕）、労働協約によって53歳以上の組合員の基本給を段階的に減額し、その減額の程度は53歳の労働者であれば53歳時の基本給を基準として最高21.7％、58歳の労働者であれば直ちに23％に及ぶものであったところ、組合規約において労働協約の締結は組合大会での決議事項とされていたにもかかわらず、これを経ていなかった事案について、労働組合の協約締結権に瑕疵があるため労働協約は無効とした中根製作所事件（東京高判平成12・7・26労働判例789号6頁〔28052368〕）、希望退職に応じない56歳以上の従業員の基本給を30％減額した労働協約について、同協約による経済的打撃は尋常でないうえ、その内容も不合理でこれを正当化する理由がないこと、かような重大な内容の協約であるにもかかわらず組合大会で決議されていないこと（決議事項とされている）等から、規範的効力を否定した鞆鉄道事件（広島高判平成16・4・15労働判例879号82頁〔28092896〕、最二小決平成17・10・28平成16年(オ)1170号公刊物未登載〔28171436〕。さらに、当時組合の分会長であった労働者の減額分

の支払請求も認容されている（鞆鉄道（第2）事件・広島高判平成20・11・28労働判例994号69頁〔28160456〕））、賞与のカットや不動産の売却などによっても経営状況が好転せず、乗合バス事業の分社化、希望退職者の募集、退職金の大幅な減額、能力主義業績主義賃金制度の導入、1日の労働時間を8時間として割増賃金の支給率を減少させる等の労働条件の不利益変更を含む抜本的な会社再建策が提案され、労働条件について労働協約が締結された事案において、会社再建策の実施には経営上高度の必要性があったこと、組合規約上の手続違反（大会での決議が必要であったところ、これを経ないで労働協約を締結した違反）は存するものの、45年間慣例として中央委員会での決議によって意思決定を行っていたこと、中央委員会での事前決議は存すること、中央委員会での決議前に職場における意見聴取の機会が多数設けられていたこと、事後的に定期大会での決議を経ていることなどから、規範的効力を肯定した箱根登山鉄道事件（東京高判平成17・9・29労働判例903号17頁〔28110177〕）、労働協約による退職金指数改訂によって退職金が約538万円減額となった組合員が提訴した事案において、組合内部の議論の過程において意見を言う機会が保障されていたこと、経費削減の検討が不可避の状態であったこと、当該組合員の支給月数の減額後も東京都や国の公務員の支給を上回ること、減額によって母体組織の水準と等しくなったにすぎないこと等の事情に照らせば、民主的な手続によって確認された組合員の意思に基づき労働協約の内容が是とされたものであり、労働組合の目的を逸脱したとは認められないとして規範的効力を認めた中央建設国民健康保険組合事件（東京高判平成20・4・23労働判例960号25頁〔28141820〕。なお、原審（東京地判平成19・10・5労働判例950号19頁〔28140532〕）は規範的効力を否定していたところ、これを取り消した）、車両手当、待機手当、車両清掃手当、精勤手当、乗務手当などの手当を廃止・減額する労働協約の締結に当たり、組合規約に定める大会の決議を経ていなかった事案について、賃金減額を伴う労働協約である以上、軽々に明文の規定に反して組合決議を不要と解することはできず、また組合決議が不要である慣行も存しないとして、労働協約は適正な授権を欠き無効とした（朝日自動車（未払賃金）事件・東京地判平成23・11・11労働判例1061号94頁）等がある。

前掲裁判例を概観すると、協約締結の過程などを考慮して労働組合の目的を

逸脱したといえるかを判断する枠組み（総合判断型）と、大会決議の欠缺など、手続的要件に瑕疵があるかどうかを判断する枠組み（手続審査型）が存在する（水町勇一郎「労働判例研究」ジュリスト1357号（2008年）172頁参照）。ところで、後者の手続的瑕疵が問題となる場面では、使用者側からすれば関与し得ない組合内部の問題であり、かように自らが関与し得ない事情によって、協約の効力が否定されることに異論もあり得る（この点を指摘する裁判例として、茨木高槻交通事件・大阪地判平成11・4・28労働判例765号29頁〔28042434〕参照）。しかし、裁判例は組合規約違反の手続的瑕疵については厳格な立場をとる傾向が強い（なお、前掲朝日自動車（未払賃金）事件は、事後的に組合大会決議で協約変更が追認されたとしても、既に変更前の協約によって具体的賃金請求権が発生しており、その帰すうに影響はないとしている）。なお、使用者が、相手方組合が協約の締結について無権限であることについて善意無過失である場合、民法の表見代理の規定の適用があるかどうかについて、裁判例は分かれている（肯定説として昭光化学工業事件・横浜地判昭和55・3・28労働判例342号46頁〔27612968〕、否定説として大阪白急タクシー事件・大阪地判昭和56・2・16判夕450号137頁〔27442135〕、前掲中根製作所事件等）。

2　その他労働協約など組合との関係が論点となった裁判例について

　その他、労働協約について論点となった裁判例としては、賃金14％減額を内容とする労働協約について、上部組織である支部が協定を内容に含む確認書を作成した時点において、労働協約としての効力を認めるのが相当である（分会運営規則によれば、分会は支部から委譲された場合を除き交渉権を保持しないとされているから、交渉権を有するのは支部であると認定）としたうえで、脱退組合員には当該協約の効力が及ばないことなどを判示した永尾運送事件（大阪高判平成28・10・26判時2333号110頁〔28252383〕、大阪地判平成27・11・5判時2333号114頁〔28252384〕、上告棄却不受理で確定。最一小決平成29・6・15平成29年(オ)343号等公刊物未登載〔28253187〕）、勤続手当の増額凍結及び共済掛金負担金の廃止を合意した労働協約について、組合側において労働協約調印後に総会の承認を得るとの運用が定着していたところ、組合規約において労働協約の締結が総会の決議事項であると明確に規定されていること、労働協約の規範的効力（労組法16条）が組合員の労働条件に与える影響に照らすと労働協約についての締結権限の委任は明

確なものであることを要するべきであるが、上記のような運用によって一律に労働協約の締結を執行委員長に委ねたといえるかは明確でないこと等から協約締結時に執行委員長に労働協約の締結に関する権限があったとはいえないとしたが、その後総会において、十分な情報提供を受け意見を述べる機会が与えられていたにもかかわらず組合員から意見や異議がなく総会決議がなされたことをもって、組合が追認する意思表示をしたものとして労働協約の効力を認めた学校法人Y大学（勤続手当等）事件（大阪地判平成31・4・24労働判例1221号67頁〔28282173〕、同事件控訴審（大阪高判令和2・5・27令和元年㈱1471号公刊物未登載〔28321986〕）。なお、控訴審は、労働協約については民法の追認の法理が妥当しないから、締結権限のない執行委員長が締結した協約が組合総会の決議で追認される余地はないとの第1審原告の主張について、協約締結権限のある総会の決議を以てしても追認が許されないと解する理由はない、としてこの主張を排斥している）がある。

　また、労働組合との交渉過程が論点となった裁判例として、労働組合との交渉の過程において使用者側が3年余りにわたり労働組合らに対して資料を用いて賃金減額の必要性を客観的に裏付ける多くの資料を示すなどし、使用者側から譲歩案も提示していたにもかかわらず、労働組合側が妥協する姿勢をみせなかったため、協約を破棄して労働条件の変更を行うこととなったのであるから、その不利益は受忍すべきである等の趣旨の使用者の主張に対し、使用者が労働組合に対して具体的な提案をして団体交渉を継続していた減額案は、実際の変更案とは全く異なり、実際に使用者は従前の提案を撤回し、従前の提案額をはるかに下回る額へと減額することを内容とする内規変更を行うことを決定したとの事実関係の下では、改めて本件内規変更の必要性及び合理性について労働者に対して十分な説明をする必要があったというべき等として、使用者の主張を排斥した学校法人札幌大学（給与支給内規変更）事件（札幌高判平成29・10・4労働判例1174号5頁〔28253871〕、札幌地判平成29・3・30判時2363号91頁〔28251862〕）がある。なお、同事件では、交渉の過程で労働組合側から提案された案が存在するところ、少なくともその案については労働組合も受け入れる意思があったのだから、その限りにおいて不利益変更は有効であるとの使用者の主張もされたが、就業規則の不利益変更は、その全体につき合理性・有効性を判断するのが原則であ

るから、全体としては合理性を欠くものの部分的に変更の合理性が承認できるとして当該部分のみを有効と認めることには慎重であるべきであること、仮にこれが認められるためには、少なくとも一部有効と判断される部分をもって労働者と使用者との間の新たな労働条件として労使間の法律関係を規律するものとすることが客観的に相当であると判断でき、かつそれが当事者の合理的意思にも反するものではないと評価できることが必要であるとの一般論を述べたうえで、不利益を減少させる方法は単に削減額の減少だけにとどまらず緩和措置の設定など様々考えられ、どれを選択するかは自主的な交渉に委ねられて諸般の事情によって決まるものであること、部分的に合理性を承認し得るものであったとしても、一部有効とする部分を労使間の法律関係を規律するのに相当なものとして特定するための客観的基準は存在しないこと、また組合側の案についても、労使交渉において提示された1つの提案にすぎず交渉過程における1つのやりとりにすぎないとして使用者の主張が排斥された。

論点 2 定年制に関わる労働条件の変更について

1 定年制の導入、変更について

定年制とは、一定の年齢の到達をもって、自動的に労働契約を解消する旨の制度をいう。現在は、高年齢者雇用安定法8条の規定により、定年年齢は60歳を下回ることができない。

定年年齢を延長する措置は労働者の利益になるため、不利益変更の問題とはならない（延長部分の労働条件に関する問題については後述する）。一方、定年制の導入や定年年齢の引下げは労働条件の不利益変更の問題となる。

定年制導入のリーディングケースは、秋北バス事件（最大判昭和43・12・25民集22巻13号3459頁〔27000859〕）である。定年制度について、人事の刷新、経営の改善、企業の組織及び運営の適正化のための制度であって、不合理な制度ということはできない、と判示した。

その後の下級審裁判例においても、肯定例として、67歳定年制度導入について有効とした工学院大学事件（東京地判平成元・7・10労働判例543号40頁〔27807168〕）、60歳定年制度導入について有効とした住道美容事件（大阪地決平成8・9・

9労働判例703号29頁〔28011506〕）がある。一方、否定例としては、60歳定年制が法定化される前年に57歳定年制を導入した事案について、期間の定めのない従業員がほとんどおらず、年功的賃金体系と長期雇用体制が確立しているとは言い難い状況において、60歳定年制が法定化される直前にわざわざ57歳定年制を導入する必要性がないこと、高賃金で雇い入れた特定の労働者を狙い撃ちした疑いが強いとして、無効としたヤマゲンパッケージ事件（大阪地決平成9・11・4労働判例738号55頁〔28030704〕）、55歳定年制の導入に当たり合理性の立証がないことを理由に効力を否定した関西定温運輸事件（大阪地判平成10・9・7労働判例748号86頁〔28041166〕）、60歳定年制の導入について具体的必要性は認められず、他方、その直後に満60歳を迎える元従業員は、60歳定年制の導入によって雇用契約上の地位を失うことになるという大きな不利益を受け、不当労働行為意思が認められる等として効力を否定したラピュタ事件（東京地判平成24・6・28平成23年㈠22232号公刊物未登載〔28321443〕）がある。また、定年年齢の引下げについては、63歳から60歳への定年年齢の引下げの効力を否定した大阪府精神薄弱者コロニー事業団事件（大阪地堺支判平成7・7・12労働判例682号64頁〔28011578〕）、72歳又は70歳から65歳への定年年齢引下げについて、高度の必要性があり、退職金加給、新優遇制度、シニア教職員制度など定年年齢引下げの代償措置として不十分とはいえず変更は有効とした芝浦工業大学（定年引下げ）事件（東京高判平成17・3・30労働判例897号72頁〔28101807〕）、70歳から67歳への定年年齢引下げについて、必要性は認められるが、労働者側の不利益が大きくこれに対する代償措置等が十分尽くされていないとして変更の効力を否定した大阪経済法律学園（定年年齢引下げ）事件（大阪地判平成25・2・15労働判例1072号38頁〔28212779〕）がある。

2 役職定年制について

役職定年制（一定年齢になると管理職の役職を解かれる制度）については、不利益変更となるかどうか疑義がある（管理職であれば支給される役職手当が減額されるが、同時に職責も軽くなるため）。裁判例は何らかのマイナス面が存在する場合には不利益変更の法理に従って判断しており、役職定年制についても同様に、不利益変更の問題として判断している。例えば、55歳に達した者を専任職へ移

行させる就業規則の変更について、これが不利益変更であることは認めつつ、労働者を職制上いかなる地位につけるかについては使用者が自由に決定できるところ、人事の停滞及び企業活力の低下を防ぐ必要があること、就業規則上いったん管理職になれば降格はないとの解釈はできないことなどから、専任職の創設によって労働者が受ける不利益はさほど大きいものとはいえないことを理由に、効力を認めたみちのく銀行事件（青森地判平成5・3・30判タ819号119頁〔27815673〕）、55歳に達すると専任職へ移行し、定例給与が減額されることとなる事案において、重要な労働条件の不利益変更としつつ、経営改善の必要性、競争の激化などから変更の高度の必要性があるとして、変更を有効と解した第三銀行（複線型コース別制度）事件（津地判平成16・10・28労働判例883号5頁〔28100347〕）等がある。

3 定年延長に伴う労働条件の設定について

　例えば、従来60歳であった定年年齢を63歳に延長する場合、従来は60～63歳までの労働条件が存在しなかったのであるから、この期間に関する労働条件を設定することは直接労働条件の不利益変更の問題とはならないと考えられる。例えば、協和出版販売事件（東京高判平成19・10・30労働判例963号54頁〔28141959〕）は、不利益変更の法理の適用を否定した。ただし、どのような内容の労働条件であっても許されるわけではないと述べたうえで、必要最小限の合理性が存するので就業規則の変更を有効と解した。

　一方で、裁判例には、定年年齢延長部分の労働条件の設定について、就業規則の不利益変更の法理を類推適用する見解もみられる（日本貨物鉄道（定年時差別）事件・名古屋地判平成11・12・27労働判例780号45頁〔28051521〕、協和出版販売事件第1審・東京地判平成18・3・24労働判例917号79頁〔28111832〕）。なお、55歳定年を60歳定年に延長し、延長部分の基本給を58歳以降について57歳時の85％とした事案について、就業規則の整備がなされていなかったことを理由に減額の効力を否定とした裁判例として、一橋出版事件（東京地判平成15・4・21労働判例850号38頁〔28082053〕）がある。

　定年年齢延長に伴い、延長部分の労働条件を変更するにとどまらず、人件費の増加を抑制するために旧定年に達する以前の労働条件を引き下げる又は退職

金を減額する場合には、賃金の減額と同様、まさに労働条件の不利益変更の問題が生じる。参考となる裁判例として、賃金の箇所で述べた第四銀行事件最高裁判決（最二小判平成9・2・28民集51巻2号705頁〔28020596〕）がある。

論点 3　労契法7条と労契法10条をめぐる問題について

　労契法7条は、労働契約を締結する時点で周知された就業規則が合理的な内容である場合に、労働契約への規律効等を認めた条文である。ここでいう合理性については、同法10条の場面、すなわち就業規則変更の内容とプロセスなどに求められる合理性とは異なると理解されてきた。この点について、就業規則の変更前から労働者であった者と、その後採用された者それぞれについて、労働契約を規律する効力が及ぶかについて言及した例と、登録型派遣労働者（添乗員）について実質的に同法10条の適用をしたと思われる例がある。

　上野学園事件（東京地判令和3・8・5労働判例1271号76頁〔29066087〕）は、上記で述べたとおり就業規則の変更に必要な合理性について否定したが、就業規則としての拘束力が否定されるのは変更当時に在籍していた労働者との関係であり、就業規則それ自体が不存在・無効になるわけではないとして、変更後の就業規則記載の労働条件に合理性があれば、変更後に採用された労働者との関係では労働契約の内容を規律する効力があると判示し、変更後の就業規則に定める労働条件の合理性は肯定したうえで、変更後の労働者に対する適用を認めた。

　労契法10条の合理性が否定されたとしても、別の就業規則の効力である補充効や最低基準効までも否定されるわけではないとした点、同法7条と同法10条の合理性判断は異なることを認めたと解される点において、従来の見解に沿う判断であろう。

　また、登録型派遣労働者は、派遣元と派遣先の間の労働者派遣契約に応じて労働条件が異なり、新たな派遣先に派遣される都度労働契約が異なるとも思われる。このことから、派遣元の就業規則を変更した場合、その適用に際しては労契法10条によってその合理性審査を行うべきか、あるいは同法7条によって合理性審査を行うべきか、という論点がある。

　この点について、阪急トラベルサポート（就業規則変更ほか）事件／阪急トラ

ベルサポート（派遣添乗員・就業規則変更）事件（東京高判平成30・11・15労働判例1194号13頁〔28265491〕）は、就業規則や労働条件の変更という概念そのものには当たらないとしつつ、相当期間にわたって同一の労働条件で労働契約の締結を繰り返してきたこと、就業規則に定めがある事項についてこれと異なる内容で個別の労働契約が締結されることは想定されていないこと等からすれば、登録派遣添乗員に適用される就業規則は、常用の労働契約における就業規則と同様に、一定期間継続して登録派遣添乗員との間の労働契約の内容を一律に規律する効力を果たしている実情にあると認定した。その帰結として、本件においても、労契法9条及び10条の趣旨に照らし、登録派遣添乗員の受ける不利益の程度、労働条件の変更の必要性、変更後の就業規則の内容の相当性、労働組合等との交渉の状況その他の就業規則の変更に係る事情を総合考慮し、就業規則の変更が合理的なものであるときは、同変更は登録派遣添乗員に対して効力を有すると解するのが相当と規範を立てている（日当制から時給制への変更等（賃金額はおおむね変わらないよう設計）について合理性を認めた）。

　第1審判決（東京地判平成30・3・22労働判例1194号25頁〔28264532〕）は労契法10条の場面ではない旨を言及していたが、控訴審では上記のとおり、一般的に就業規則変更で考慮される要素をすべて掲げており、実質的に同条による合理性判断をする旨判示したと考えてよいだろう。

論点 ❹ 就業規則変更の手続や労働条件変更の手法が問題となった裁判例について

　就業規則を変更する場合には、従業員代表から意見を聴取し、労基署へ届出を行い、周知する、という手続が求められている。一般に周知は就業規則の契約規律効の効力発生要件とされている（労契法7条）が、その他は必ずしも就業規則変更の効力発生には影響しないとされている。こうした就業規則変更の手続面について言及し、就業規則変更の効力を否定した裁判例がある。

　T大学事件（東京高判平成27・10・28労経速報2268号3頁〔28241108〕、東京地立川支判平成27・4・16労経速報2268号11頁〔28241109〕）は、意見聴取手続その他変更についての手続を行わなかったこと、ホームページ上に変更後の規程を掲載したが

変更の存在が明らかになっていなかったこと、組合や教職員に対する説明もなく他に変更を加えた旨を周知したというべき事情もないこと等から改正手続が適正になされたと認めることはできず、退職金規程の変更の効力を否定した。意見聴取手続は就業規則の効力に影響を及ぼさないとの使用者側の主張がなされたが、他の事情にも鑑みれば結論は変わらないとして主張が排斥されている。

　また、その他労働条件変更の手法について言及した裁判例として、社内報による周知により賃金改定を行う労使関係があるとの使用者の主張について、成文の規範であり所定の手続が必要とされる就業規則の変更の効力が労使慣行により直ちに生じるものとは認め難いとして主張を排斥した永尾運送事件（大阪高判平成28・10・26判時2333号110頁〔28252383〕、大阪地判平成27・11・5判時2333号114頁〔28252384〕）がある。

（中町誠・仁野周平）

IV 労働契約の成立・開始

1 労働契約の締結過程

(1) 募集に係る規律

【概要】
　日本的雇用システムの一側面である長期雇用慣行を背景として、日本では、職業選択の自由・営業の自由（憲法22条1項）、財産権（同法29条）を根拠に、使用者に広汎な採用の自由が認められている。この採用の自由は、一般に、①募集方法の自由、②調査・選択の自由、③契約締結の自由があるとされるが、募集過程においては、特に①が問題となる。基本的には自由が認められているものの、労働市場の適正化・求職者の保護の観点から、制定法・判例法理による保護がみられる。
1　制定法上、職業紹介事業等に関する規制として、中間搾取の排除（労基法6条）、職業紹介事業の許可制（職安法30、33条）、有償委託募集の許可制（同法36条1項）、無料委託募集の届出制（同法36条3項）等の規制が、また労働者供給事業に関する規制として、労働者供給事業の原則禁止・労組による無料の労働者供給事業の許可（同法44、45条）が存する。これらの規制の射程について問題とされた事例が若干散見される。
2　制定法上の募集方法に関する規制として、募集における労働条件等の明示（職安法5条の3）、報酬受領の禁止（同法39条）等が挙げられる。裁判例では、募集段階で求人者が求職者に、現実の労働条件と異なる労働条件を明示した場合、それが労働契約内容となるか否かが争われた事例がみられる。
3　判例においては、2とも関係するが、労働契約の締結過程において、求人者が求職者に労働条件について誤導的・不誠実な説明を行ったり、雇用の可能性について説明を十分に尽くさなかったため、求職者（労働者）が期待していた処遇を得られなかったり、あるいは結局採用拒否されて雇用が実現しなかったりする場合、不法行為に基づく損害賠償請求等の救済を求める事例がみられる。
4　また、制定法上の募集に関する差別禁止規制として、性差別・年齢差別（雇用機会均等法5条、労働施策総合推進法9条）が挙げられる。ただし、募集段階について争われた事例はほとんどみられない。

456　Ⅳ　労働契約の成立・開始

　以下では、上記のうち特に1～3に関する判例法理の状態を概観する。4については、Ⅳ1(2)「採用選考過程に係る規律」で述べることとする（なお、募集に関する規制の全体像について、菅野＝山川・労働法〈第13版〉82頁以下、荒木・労働法〈第5版〉376頁以下、野川・新訂労働法277頁以下、水町・労働法〈第10版〉155頁以下及び473頁以下、水町・詳解労働法〈第2版〉445頁以下）。

【関係法令】
職安法4、5条3項、30、33、36条、労契法4条

••••••　論　　点　••••••
1　職安法・労基法上の職業紹介・有償委託募集に対する規制の射程
2　募集時の労働条件の明示と成立した労働契約の内容
3　いわゆる「契約締結上の過失」

論点 ①　職安法・労基法上の職業紹介・有償委託募集に対する規制の射程

　職安法・労基法上、職業紹介・有償の募集委託等に関する規制が置かれており、これらの規制の射程が問題となる。
　まず職安法上、公的職業紹介機関（公共職業紹介所）以外の者による「業として」の「職業紹介」については、有料職業紹介事業は許可制とされ（同法30条）、無料職業紹介事業も、学校等の行う場合等を除き、原則として許可制（同法33条）とされており、また労基法上も、他人（自己の雇用しない者）の就業への介入による中間搾取の排除が規定されている（同法6条）。
　職安法上の「職業紹介」とは、「求人及び求職の申込みを受け、求人者と求職者との間における雇用関係の成立をあつせんすること」とされている（同法4条1項）。
　判例上、職安法4条1項にいうあっせんとは、「求人者と求職者との間における雇用関係成立のための便宜を図り、その成立を容易にさせる行為一般を指称するもの」とされ、求人者・求職者とを引き合わせる行為だけでなく、「求人者に紹介するために求職者を探索し、求人者に就職するよう求職者に勧奨するいわゆるスカウト行為」も含まれる（東京エグゼクティブ・サーチ事件・最二小

判平成6・4・22民集48巻3号944頁〔27818523〕)。なお判例は、「職業紹介」は「雇傭関係の成立について媒介又は周旋をなす等其の雇傭関係について何らかの因果関係を有する関与」をなすことであり、雇用契約の成否は「職業紹介」該当性に影響しないとする（最三小決昭和35・4・26刑集14巻6号768頁〔27611177〕）。

同項の「雇用関係」についても、民法623条の雇用契約関係とは異なり、「広く社会通念上被用者が有形無形の経済的利益を得て一定の条件の下に使用者に対し肉体的精神的労務を供給する関係にあれば足りる」とされる（最一小判昭和29・3・11刑集8巻3号240頁〔27680528〕）。

許可制に服するのは「事業」すなわち業（業務）として行った場合であるが、業務とは人が社会生活上の地位に基づき反復継続して行う事業又は事務を指すので、事業か否かは「同種の行為を将来にわたって反覆継続する意思」か否かにより判断される（東京高判昭和47・7・31判タ288号383頁〔27612310〕等）。

労基法6条は、法令で許された場合のほか「他人の就業に介入して利益を得」ることを禁止している。他人の就業に介入すること（就業介入）は、「職業紹介」と同義とされる（前掲昭和35年最三小決）。同条の「業として」も上記の「事業」と同様であり、「業として利益を得る」とは、営利を目的として同種の行為を反復継続して行うことを指す（昭和23・3・2基発381号）。

次に、求人企業等が、その被用者以外の者に報酬を与えて「労働者の募集」に従事させること（有償の募集委託）については許可制とされている（職安法36条以下）。

この「労働者の募集」とは、「労働者を雇用しようとする者が、自ら又は他人に委託して、労働者となろうとする者に対し、その被用者となることを勧誘すること」と定義されている（職安法4条5項）。「勧誘」すなわち何らかの「働きかけ」が必要であり、「契約締結の際における単なる面接や雇用（労働）条件の告知など労働契約締結に当然伴う行為」は、求職者等の意思決定に事実上影響を及ぼすとしても「勧誘」には当たらない（リッチドール事件・大阪高判平成3・5・9判タ774号269頁〔27814683〕）。また、平成29（2017）年改正により、新たに「募集情報等提供事業者」（典型的には求人誌、求人サイト等）について規制が及ぶこととなり、令和4（2022）年改正により、求職者に関する情報を収集

している「特定募集情報等提供事業者」につき届出制とされ、的確表示など一定の義務付けがされるに至っている。

論点 ❷ 募集時の労働条件の明示と成立した労働契約の内容

　労働者の募集を行う者等は、職業紹介、労働者の募集等に当たり、求職者等に対する労働条件の明示義務を負う（職安法5条の3）。また、労基法15条により、使用者は労働契約の締結に際し、労働者に対し賃金、労働時間その他の労働条件の明示義務を負い、賃金、労働時間等一定の事項については労基則所定の方式で明示しなければならない（労基法15条1項、労基則5条。なお近時の労基則改正（令和6年4月1日施行）により、労働契約締結時の明示事項に関し、就業の場所及び従事すべき業務の変更の範囲を明示すべきこと（労基則5条1項1号の3）、有期労働契約の締結・更新時の明示事項に関し、通算契約期間又は（更新回数に上限がある場合）更新回数の上限を明示すべきこと（同項1号の2）が新たに規定されている）。労基法15条による労働条件の明示がなされず、実際の就労後の労働条件が募集時の労働条件と相違する場合、職業紹介・募集時の労働条件が労働契約となるか否かが争われる事例がみられる（なお、このような募集段階で示された労働条件と実際の労働条件とを相違させる、いわゆる「求人詐欺」「虚偽求人」問題への対応として、平成29（2017）年改正により、当初（募集時）に明示された労働条件を労働契約締結時までに変更等する場合には、労働者の募集を行う者等は、変更事項等を新たに明示しなければならないとされた（職安法5条の3第3項、4項））。

　基本的には当事者の合理的意思の解釈問題と学説では解されているが（菅野=山川・労働法〈第13版〉261頁（見込額か、最低保障としての実績額か）、荒木・労働法〈第5版〉384頁（単なる見込みか、変更可能性がある労働条件が変更されず労働契約内容となるか）、野川・新訂労働法284頁（見込額か、一般的には支給額と考えられるものか））、その合理的意思の解釈に関する具体的な裁判例の判断傾向は、以下のとおりである。

　第1に、求人票や求人広告に記載され、募集時に明示された労働条件のうち、賞与・昇給等（後掲八洲測量事件のような、「見込額」として提示された経済変動期の新卒者の初任給も含む）は、事業の業績や物価動向等の経済情勢の変動に左右さ

れやすいため、それらが直ちに労働契約の内容となるものでないが、著しく異なる場合は信義則上の責任を生じさせ得る（八洲測量事件・東京高判昭和58・12・19判タ521号241頁〔27613228〕、安部一級土木施工監理事務所事件・東京地判昭和62・3・27労働判例495号16頁〔27613490〕）。募集段階での職務・勤務地の明示も同様であり、正社員については職種限定・勤務地限定を否定する裁判例が多い。

　第2に、定年制や契約期間の定めの有無や、退職金の有無等の一時の経済情勢の変動に左右されるべきでない労働条件が具体的に明示された場合は、当事者が労働契約段階でそれと異なる別段の合意をしない限りは、雇用契約の内容になると解される（丸一商店事件・大阪地判平成10・10・30労働判例750号29頁〔28040346〕）。このように雇用契約の内容とされた重要な労働条件を、その後に労働者の同意（異なる労働条件を記した労働条件通知書への労働者の押印等）により使用者が変更しようとする事例もみられるが、そのような変更への同意の有無については、労働者の形式的な同意の行為の有無だけでなく、変更による労働者の不利益の内容・程度、当該行為の経緯・態様、行為に先立つ労働者への情報提供又は説明内容等に照らし、当該行為が労働者の自由な意思に基づいてされたものと認めるに足りる合理的な理由が客観的に存在するか否かという観点から、慎重に判断されるべきである（後掲デイサービスA社事件、後掲Apocalypse事件）。

▶事例

　募集時の賞与・昇給等の明示について、労働契約の内容となることを認めなかった事例として、前掲八洲測量事件、前掲安部一級土木施工監理事務所事件等がある。

　募集時に明示された労働条件と現実の労働条件の差異について、信義則違反・労基法15条違反を認めた事例として、東亜交通事件（大阪高判平成22・4・22労働判例1008号15頁〔28162999〕。また後掲の日新火災海上保険事件・東京高判平成12・4・19労働判例787号35頁〔28052133〕も参照）がある。

　職種限定を否定する事例として、エバークリーン事件（千葉地松戸支判平成24・5・24労経速報2150号3頁〔28182114〕）、協同商事事件（さいたま地川越支判平成19・6・28労働判例944号5頁〔28132338〕）、ソニーマーケティング事件（大阪地決平成10・4・27労経速報1676号8頁〔28033288〕）等がある。

　募集時の期間の定め・退職金等に係る明示された労働条件が、雇用契約の内容になるとされた事例として、千代田工業事件（大阪高判平成2・3・8判タ737号141頁

〔27807274〕〈期間の定めの有無〉)、前掲丸一商店事件〈退職金支給の有無〉、イング事件（大阪地判平成13・8・16労経速報1784号14頁〔28070111〕〈期間の定めの有無〉)、東京港運送事件（東京地判平成29・5・19労働判例1184号37頁〔29047238〕〈賃金の金額・算定方式〉)、デイサービスA社事件（京都地判平成29・3・30判時2355号90頁〔28254254〕〈期間の定めの有無、定年制の適用の有無〉)、Apocalypse事件（東京地判平成30・3・9労経速報2359号26頁〔29049390〕〈賃金の金額・計算方法〉) 等がある。なお、有期契約であることの明示がなく、「常用」「長期」等の条件で募集・採用した場合、無期の契約が成立したと判断される可能性がある（千代田工業事件・大阪高判平成2・3・8判タ737号141頁〔27807274〕、ディグロス事件・東京地判平成30・3・29平成29年㈦14767号公刊物未登載〔29049628〕等）。

労働契約締結段階で異なる労働条件が提示されたため、募集時の労働条件が雇用契約の内容にならないとされた（「別段の合意」が認められた）事例として、未払賃金等請求事件（東京地判令和元・6・14平成29年㈦35586号公刊物未登載〔29057252〕)、藍澤證券事件（東京高判平成22・5・27労働判例1011号20頁〔28162017〕) がある。

論点 ❸　いわゆる「契約締結上の過失」

労働契約締結過程において、①求人広告・会社説明会等で提供された、入社後の処遇についての誤導的な情報を信じて入社した労働者が、実際には説明と異なる処遇しか得られなかった、あるいは、②雇用の実現についての見通しに不確定要素があることを十分に説明せず、結果として雇用されなかったという場合にいかなる救済を得られるかが問題となる。

裁判例においては、このような類型について、求人者の契約締結上の信義則違反を認定し、不法行為に基づく損害賠償を認める事例がみられる。

①の類型では、中途採用者の処遇についての誤導的説明につき、労基法15条1項違反・雇用契約締結に至る過程における信義則違反と判断され、不法行為に基づく損害賠償が認められた（日新火災海上保険事件・東京高判平成12・4・19労働判例787号35頁〔28052133〕)。

②の類型については、例えば不採用の可能性を認識しつつも求職者にその情報を提供せず、結果として元の勤務先での雇用を喪失させたり、他社への就職の機会を失わせたりした場合については、信義則上の注意義務違反を理由に不法行為に基づく損害賠償を認められている（わいわいランド（解雇）事件・大阪高

判平成13・3・6労働判例818号73頁〔28070465〕）。

> **事例**
> 　使用者も了知し得る、労働者の関心ごとである長期の雇用継続の支障となり得る事情について十分な説明をしておくべき信義則上の義務違反があったとして研修費相当額の損害責任を認めた事例として、シロノクリニック事件（東京地判平成31・3・8労経速報2389号23頁〔28274008〕）がある。
> 　大学教員が教員審査を経て、教員就任承諾書まで提出したにもかかわらず、労働契約の内定に至らず、新設学部に採用されなかったことにつき、信義則違反の不法行為賠償責任を大学に認めた事例として、学校法人東京純心女子学園事件（東京地判平成29・4・21労働判例1172号70頁〔28252659〕）、経営状況の悪化による不採用の可能性を認識しながらも新卒の求職者に内々定取消しの可能性を告げず、内定直前に内々定取消しを行ったことにつき、労働契約締結過程における信義則違反を理由とする不法行為に基づく損害賠償責任を認めた事例として、コーセーアールイー（第2）事件（福岡高判平成23・3・10労働判例1020号82頁〔28171561〕）、転職要請に応じて元の勤務先を退職した者を採用拒否したことにつき、契約締結過程における信義則違反を肯定し、不法行為に基づく損害賠償責任を認めた事例として、ユタカ精工事件（大阪地判平成17・9・9労働判例906号60頁〔28110439〕）、雇用実現の見込みが不確定だったにもかかわらずこれを説明せず、前職を退職した者の雇用を拒否したことにつき、雇用実現・雇用継続ができるよう配慮すべき信義則上の注意義務違反、雇用の実現・継続に関係する客観的な事情の説明義務違反の不法行為に基づく損害賠償責任を認めた事例として、前掲わいわいランド（解雇）事件、雇用方針について求人者が的確な情報を提供せず、前職を退職した採用候補者を採用拒否したことにつき、契約締結準備段階において要求される信義則違反を理由として不法行為に基づく損害賠償責任を認めた事例として、かなざわ総本舗事件（東京高判昭和61・10・14金融商事767号21頁〔27802040〕）がある。

(2) 採用選考過程に係る規律

【概要】
　使用者の有する採用の自由（①募集方法の自由、②調査・選択の自由、③契約締結の自由）のうち、採用選考過程においては、特に②が問題となる。判例は、憲法22条1項

の職業選択の自由・同法29条2項の財産権の保障等の経済活動の自由から、使用者に認められる採用の自由を重視し、思想・信条を理由とする雇入れ拒否も違憲・違法ではないと判断していた（三菱樹脂事件・最大判昭和48・12・12民集27巻11号1536頁〔27000458〕）。しかし、近年の長期雇用慣行の揺らぎ、人権・プライバシーの保護意識の伸長を背景に、調査・選択の自由には近年、立法・判例法理の双方から、制約がなされるようになってきている。

1 制定法上の採用選考への規制として、募集・採用時をも射程とする差別禁止規定の立法が挙げられる（雇用機会均等法5条、労働施策総合推進法9条、障害者雇用促進法34条、労組法7条1号）。
2 判例法理による採用選考への規制として、プライバシーの観点からの労働者のセンシティブな情報の取得の規制が挙げられる。裁判例上は、例えばB型肝炎やHIVの感染検査につき、高い必要性もなく、本人の同意もない相当性を欠く態様で求職者を検査したことが違法と判断され、不法行為に基づく損害賠償等が認容されている。

先の1の差別禁止からの規制が、専ら人権的な根拠に立つものであり、外見等でも明らかな差別禁止事由が主な射程となるのに対し、2のプライバシー保護のアプローチは、外見等から不明な情報を保護しようというものであるが、射程としては重なっており、1のアプローチの射程外でも、2のアプローチによる救済が認められる余地がある。

不当な採用拒否への救済として、不法行為に基づく損害賠償は可能であるが、雇用契約上の地位確認は認められないと考えられている（その他、選択・調査の自由とその制限の全容については、菅野=山川・労働法〈第13版〉255頁以下、荒木・労働法〈第5版〉378頁以下、野川・新訂労働法277頁以下、水町・労働法〈第10版〉156頁以下を参照）。

【関係法令】
雇用機会均等法5、7条、労働施策総合推進法9条、労組法7条1号、憲法14条、職安法5条の4

****** 論　点 ******
1　差別禁止の観点からの調査・選択の自由への規制
2　プライバシー保護の観点からの調査・選択の自由への規制

論点 1　差別禁止の観点からの調査・選択の自由への規制

募集・採用等への差別禁止を定めた明文の規制をみると、まず、雇用機会均等法5条により、募集・採用時の性差別が禁止され、また同法7条により、形

式的には性中立的だが、実質的に性別を理由とする差別となるおそれがある措置を合理的な理由なくとること（間接差別）も禁止される。また労働施策総合推進法9条により、募集・採用時の年齢差別の禁止が規定されている。また、障害者雇用促進法34条により、採用時の障害者差別も禁止される（障害者への差別のみを禁止する片面的差別禁止であり、非障害者の逆差別は禁止されない）。

性による採用差別（直接差別）については、ポジティブ・アクション（雇用機会均等法8条）、及び業務遂行上、一方の性に属することが不可欠である場合（「労働者に対する性別を理由とする差別の禁止等に関する規定に定める事項に関し、事業主が適切に対処するための指針」（平成18年厚労告614号）第2・14・(2)。いわゆるBFOQ（Bona Fide Occupational Qualification）、真正職業要件）について、正当化が認められている。また、年齢についても、日本の長期雇用慣行に配慮して、広汎な例外が認められている（労働施策総合推進法施行規則1条の3）。障害者雇用促進法についても、ポジティブ・アクション、合理的配慮提供のうえで適正に評価された労働能力等に応じた取扱い、合理的配慮提供、正当な目的・方法による障害の状況の確認について、差別禁止に当たらないとされている（「障害者に対する差別の禁止に関する規定に定める事項に関し、事業主が適切に対処するための指針」（平成27年厚労告116号）第3・14）。

次に、明文での採用差別禁止規定がない事由による採用差別についてみる。第1に、思想・信条、国籍、社会的身分については、労基法3条により、これらの事由を理由とする雇用関係成立後の労働条件における差別的取扱いは禁止されているが、判例は、採用は同条の直接の射程外であるとし、使用者の採用の自由を重視して、思想・信条を理由とする採用拒否は、法律上には禁止規定がなく違法でない以上、労働者の採否決定のための思想・信条の調査、関連事項の申告を求めることも違法でないと判断している（三菱樹脂事件・最大判昭和48・12・12民集27巻11号1536頁〔27000458〕）。ただし、下級審には、判例の立場を前提としつつも、思想・信条が「採用を拒否したことの直接、決定的な理由となつている場合であつて、当該行為の態様、程度等が社会的に許容される限度を超えるものと認められる場合」には、（採用拒否を違法とする）公権的判断がなし得ると述べるものもみられる（慶応義塾事件・東京高判昭和50・12・22判時815号87

頁〔27404485〕)。また、国籍や社会的身分による採用拒否は違法でないとしつつ、これらに関して虚偽を述べたことを理由とする採用取消しは違法無効であるとする裁判例も存する(日立製作所事件・横浜地判昭和49・6・19判タ311号109頁〔27612465〕。なお前掲三菱樹脂事件も試用期間満了後の本採用拒否には慎重な姿勢を示す)。

　労働組合員であることについては、労組法7条1号後段が「労働者が労働組合に加入せず、若しくは労働組合から脱退することを雇用条件とすること」(いわゆる黄犬契約)を、禁止される不当労働行為として挙げている。判例は同号前段が採用後の不利益取扱いを、同号後段が採用時の不利益取扱いを禁止しており、後段の採用時の不利益取扱いとして禁止されているのは黄犬契約のみであるとの文理解釈を行い、これに該当しない採用拒否は、それが従前の雇用契約関係における不利益な取扱いとして不当労働行為に該当する等の特段の事情がない限りは、同号の不当労働行為・同条3号の支配介入に該当しないと判断した(JR北海道・日本貨物鉄道事件・最一小判平成15・12・22民集57巻11号2335頁〔28090325〕)。しかし学説の多数はこの解釈に反対している(菅野=山川・労働法〈第13版〉1148頁、荒木・労働法〈第5版〉770頁、野川・新訂労働法985頁、水町・労働法〈第10版〉449頁、西谷・労働法159頁、641頁)。なお判例のいう「特段の事情」とは、例えば有期契約労働者の再雇用拒否(雇止め)や、譲渡人・譲受人の間で労働契約を原則として譲り受ける合意がある事業譲渡における雇用拒否等が該当するものと考えられる(例えば、ウィシュ・神戸すくすく保育園事件・神戸地判平成17・10・12労働判例906号5頁〔28110476〕〈雇止め〉、社会福祉法人佐賀春光園事件・福岡高判令和3・5・27労経速報2460号9頁〔28293478〕)。

　最後に、短時間労働者であること、有期契約労働者であること、派遣労働者であること等の雇用形態そのもの(短時間、有期、派遣という採用形態自体)が許されない差別として争われた事例は見当たらない(採用後の処遇の相違は平成30年法律71号改正前の労契法20条、同号改正後のパート有期法8条等について争われている)。ただし採用条件自体が、性による間接差別に該当する可能性は存する(雇用機会均等法7条)。

　仮に不当な差別があった場合の司法救済について、学説では、新規採用にお

いて違法な差別があったとしても、採用の自由の観点から、採用強制までは認められず、不法行為として損害賠償を認め得るにとどまると考えられている（菅野=山川・労働法〈第13版〉257頁、荒木・労働法〈第5版〉278頁、562頁、野川・新訂労働法278頁以下、562頁以下、水町・労働法〈第10版〉160頁）。

論点 2　プライバシー保護の観点からの調査・選択の自由への規制

次に、明文の採用差別禁止規定の存しない差別事由のうち、思想・信条、社会的身分、健康情報等の、表面上は明らかでないセンシティブな情報等を調査してよいか（また、採用選考において考慮してよいか）という問題が存する。

思想・信条について、最高裁は、【論点1】にも挙げた三菱樹脂事件（最大判昭和48・12・12民集27巻11号1536頁〔27000458〕）において、採用の自由から、思想・信条を理由とする採用拒否が違法でない以上、思想・信条の調査も違法でないと判断した。ただし下記のとおり、現在ではプライバシーの権利が重視されるようになり、個人情報保護法等による規制が施行されている。

他方、健康情報について、裁判例は、正当な目的ないし業務上の必要性がなく、求職者等の承諾を得ずに求人者等により行われたHIV検査・B型肝炎ウイルス検査は、求職者等のプライバシーの侵害であるとして、不法行為に基づく損害賠償請求を認めている（B金融公庫事件・東京地判平成15・6・20労働判例854号5頁〔28082582〕、東京都（警察学校・警察病院HIV検査）事件・東京地判平成15・5・28判タ1136号114頁〔28082310〕）。

この点、「ある事由を理由とする採用拒否が違法でない以上、その事由の調査も違法でない」という前掲三菱樹脂事件最高裁判決の論理は、プライバシー権が尊重されるようになった現在では必ずしも妥当しない可能性がある。また下記のとおり、立法においても、募集・採用段階での求職者の情報の取得に一定の規制を設けられるようになっている。

既に平成5年5月10日付けの労働省の事務連絡「採用選考時の健康診断について」において、採用選考時の応募者の適性・能力判断に必要といえない一律の血液検査実施について否定的な見解が示されている（平成13年4月24日付けの厚生労働省の事務連絡「採用選考時の健康診断に係る留意事項について」も同様）。

さらに平成11年の法改正（平成11年法律85号）により、職安法5条の5は、公共職業安定所等（公共職業安定所、特定地方公共団体、職業紹介事業者及び求人者、労働者の募集を行う者及び募集受託者、特定募集情報等提供事業者並びに労働者供給事業者及び労働者供給を受けようとする者）が、求職者等（求職者、募集に応じて労働者になろうとする者又は供給される労働者）の個人情報を収集し、保管し、又は使用するに当たり、本人の同意がある場合その他正当な事由がある場合を除き、その業務の目的の達成に必要な範囲内で、省令の定めに沿って当該目的を明らかにして求職者等の個人情報を収集し、並びに当該収集の目的の範囲内でこれを保管し、及び使用しなければならないことと規定している。そして同条の解釈として、「職業紹介事業者、求人者、労働者の募集を行う者、募集受託者、募集情報等提供事業を行う者、労働者供給事業者、労働者供給を受けようとする者等がその責務等に関して適切に対処するための指針」（平成11年労告141号（令和4年厚労告198号改正）が、詳細に解釈を示しており、その中で）は、職業紹介事業者等（職業紹介事業者、求人者、労働者の募集を行う者、募集受託者、特定募集情報等提供事業者、労働者供給事業者及び労働者供給を受けようとする者）は、「その業務の目的の達成に必要な範囲内で当該目的を明らかにして個人情報を収集することとし、次に掲げる個人情報を収集してはならないこと。ただし、特別な職業上の必要性が存在することその他業務の目的の達成に必要不可欠であって、収集目的を示して本人から収集する場合はこの限りでないこと」とし、(イ)人種、民族、社会的身分、門地、本籍、出生地その他社会的差別の原因となるおそれのある事項、(ロ)思想及び信条、(ハ)労働組合への加入状況を挙げている（同指針第5・一(二)）。同条違反に罰則は定められていないが、不法行為における違法性の判断において参照され得るものと考えられる。

さらに、平成15年立法の個人情報保護法（平成15年法律57号）において、個人情報取扱事業者（求人を行い、求職者の情報等を管理する企業も個人情報保護法2条3項に該当する場合は、これに含まれる）の個人情報の取得・管理等に関する規制が定められている。また、労働者の個人情報保護に関する行動指針として、「雇用管理分野における個人情報保護に関するガイドライン」（平成24年厚労告357号）、「雇用管理に関する個人情報のうち健康情報を取り扱うに当たっての

留意事項について」(平成24・6・11基発0611第1号) も定められている。

(富永晃一)

2 採用

(1) 採用の自由とその限界

【概要】

　労働契約も民事上の契約類型の1つであるから、別段の規定がない限り、契約一般に適用される原則が適用される。契約の自由という基本原則は、相手方選択の自由を含み、これは労働契約に関しては、労働者にとってはどの雇用口を選ぶかの自由を意味するし、使用者にとっては労働者を採用するか否かについての自由を意味する。これらは憲法22条や29条で保障された経済活動の自由や財産権に立脚し、市場経済システムを採用する日本において重要な原則の1つと位置付けられる。労契法は、この原則を6条において、労働契約は労働者と使用者との合意によって成立することを明記する形で確認している。このうち、労働者にとっての相手方選択の自由については特に重要な法的問題は生じ得ないが、使用者側の採用の自由については紛争が生じ得る。使用者は労働者の採用に当たって、単なる労働能力だけではなく経歴や思想なども含めて全人格的な要素を採否の基準とすることが多いからである。使用者としては、契約自由原則の一端である採用の自由を最も広く考えるなら、どのような思想・信条を有するか、あるいはどのような人生を送ってきた者であるか等も採否の決定基準とすることができるはずであると判断するであろう。

　民法521条は契約締結の自由を明記している。しかし、契約の自由も公共の福祉をはじめとする他の憲法規範との調整において尊重されるべき原理であることはいうまでもなく、その一端である採用の自由も全く制限を受けないわけではない。特に労働法の世界においては、一般原理としての公共の福祉（憲法22条）に加えて、憲法27条の勤労権や同法28条の団結権など、採用の自由と抵触し得る規範が含まれているし、思想・良心の自由（同法19条）や集会・結社の自由（同法21条）などは、たびたび企業の経営姿勢と対立する場合があり、実際に紛争を引き起こしてきた。

　採用の自由に関する従来の司法の見解を凝縮していたのが三菱樹脂事件最高裁大法廷判決（最大判昭和48・12・12民集27巻11号1536頁〔27000458〕）である。大法廷は、「憲法は、（中略）財産権の行使、営業その他広く経済活動の自由をも基本的人権として保障している。それゆえ、企業者は、かような経済活動の一環としてする契約締結の自由を有し、自己の営業のために労働者を雇傭するにあたり、いかなる者を雇い入れるか、いかなる条件でこれを雇うかについて、法律その他による特別の制限がない限り、原則として自由にこれを決定することができる」と述べ、企業の採用の自由を幅広く認めると

ともに、法律その他による特別の制限があり得ることも指摘していた。

　この判決が出た当時は、採用の自由を制約する「法律その他」に該当する規範としては、黄犬契約が不当労働行為となるとする労組法7条などごく限られたものしかなかったが、その後は事情が大きく変わり、男女差別採用の禁止（雇用機会均等法5条）、年齢を理由とする採否基準の制限（労働施策総合推進法9条）、また障害者雇用促進法による障害者雇用率、さらには労契法18条による無期転換権の創設、同法19条の雇止め法理による更新強制、様々な要件による派遣先と派遣労働者との労働契約の成立認定規定（派遣法40条の2以下の枝番号条文）、労働契約承継法による承継先会社と労働者の労働契約締結みなし制度など、採用の自由を制約する法規範が拡大する傾向にある。また、前掲三菱樹脂事件判決は、採否の決定段階における選択の自由に関する判断であり、問題となったのは労働者の思想・信条の自由と企業の採用の自由との関係であったが、採用の自由をめぐっては、採否決定の前段階としての調査の自由に関する問題もあり、健康状態など労働者の個人情報を取得する企業の行為の適法性が争われることも少なくない。

【関係法令】
憲法19、22条、労基法3条、労契法6条、民法90条

・・・・・・ 論　　点 ・・・・・・
1　採用の自由と思想・信条の自由
2　調査の自由

論点 ❶　採用の自由と思想・信条の自由

　採用の自由が憲法の経済活動の自由に立脚した原理であるのと同様に、思想・信条の自由も憲法に保障された重要な法原理の1つである。そこで、企業が労働者と労働契約を締結するか否かを判断するに当たって、労働者が企業にとって好ましくない思想や信条の持ち主であることを労働契約締結拒否（採用拒否）の理由とすることは適法かという問題が生じ得る。確かに、憲法が思想・信条の自由を保障しているのみならず、労基法もその3条において労働者を思想・信条のゆえに労働条件について差別することを禁じている。ただ、憲法の人権規定が私人間の準則として直ちに適用されるかについては否定的な見解が強く（現在は変化の兆しもある。大石眞=石川健治編『新・法律学の争点シリーズ

(3)憲法の争点』有斐閣（2008年）〔小山剛〕86頁以下参照）、労基法3条は労働契約が締結されて以降について適用される規定であって採用の自由を制限する趣旨は含まれないと考えられている（注釈労基法上〔両角道代〕94頁）。したがって、これらの法原理が採用の自由を制約するとしても、直接の適用ではなく民事上の一般条項を用いた間接的な趣旨の反映という形で影響することになる。

事例

　国立大学を出てY社に就職した労働者Xは、学生時代に生協の委員などを歴任し、政治的なデモに参加したり、デモを企画したりしたことがあったが、採用過程におけるY社との面接などのやりとりでは、そのような事実を秘匿していた。ところがY社は、試用期間中における調査を通してXがそのような活動をしていたことを知り、試用期間満了後にXを本採用しないと通告した。本採用拒否の違法性を争ったXは、まず思想・信条による採否の決定自体を違法と主張したが、最高裁は、上記【概要】に記したような論理をもってこれを斥けた（三菱樹脂事件・最大判昭和48・12・12民集27巻11号1536頁〔27000458〕）。この後、大学医学部付属の看護師（当時は「看護婦」）養成を目的とする学校が、卒業生の思想・信条等を採否判断の1つの要素若しくは間接の理由として同医学部付属病院への雇入れを拒否したことが争われた事案において、思想・信条を採否判断の理由の1つとして不採用とする使用者の判断自体は適法であるが、「思想、信条等が、企業等において人員の採否を決するについて裁量判断の基礎とすることが許される（中略）広汎な諸要素のうちの1つの、若しくは間接の（思想、信条等が外形に現われた諸活動の原因となっているという意味において）原因となっているということだけでは足りず、それが採用を拒否したことの直接、決定的な理由となっている場合であって、当該行為の態様、程度等が社会的に許容される限度を超えるものと認められる場合」には違法であるとの判断が示された（慶応義塾事件・東京高判昭和50・12・22判時815号87頁〔27404485〕）。

　この判断は限定された範囲内では思想・信条の自由を侵害する採用拒否が違法となり得ることを認めた点で注目されたが、上告審（最三小判昭和51・12・24労経速報937号6頁〔28271350〕）では、思想・信条の自由や表現の自由等の憲法規定は私人間に直接的にも間接的にも適用されないとしてこの考え方を否定している。しかし、こうした憲法の人権規定の私人間適用を否定する考え方に変化が生じていることや、採用の自由を制約する法令等が拡大している現実を踏まえると、これら裁判例と同様の事案において、今後もこれまでと全く同様の判断が続くか否かは明らかではない。

論点 ❷　調査の自由

　一般に採用の自由は、雇入れ人数決定の自由、募集方法の自由、選択の自由、契約締結の自由、調査の自由にブレイクダウンすることができる（菅野＝山川・労働法〈第13版〉254頁以下）。このうち裁判例において論点となったのは、上記のように思想・信条を理由とする採否の決定という選択の自由に関わる問題と、採用候補者である者に関する情報を取得するための調査の自由に関わる問題である。

　この点、入校が内定していた警察学校応募者本人の承諾を得ることなく、独断で行われたHIV抗体検査により、HIVウイルスのキャリアであることが判明したことを理由に、応募者にその旨を告げて警察学校への入校辞退を誘導したことは、プライバシー侵害などの違法行為に当たるとされ（東京都（警察学校・警察病院HIV検査）事件・東京地判平成15・5・28判タ1136号114頁〔28082310〕）、また、本人の同意を得ることなく行われたB型肝炎ウイルス感染検査は、応募者の能力や適性を判断するためにB型肝炎ウイルス感染の有無を検査する必要性は乏しく、調査すべき特段の事情があるとはいえず、また、目的や必要性について何ら説明することなく同意を得ないで行われたものであるから、プライバシー権の侵害に当たるとしてこれも違法とされている（B金融公庫事件・東京地判平成15・6・20労働判例854号5頁〔28082582〕）。結局、企業が採用の自由の一環として保有している調査の自由は、労働能力や企業の従業員としての適格性に関する限定された内容にとどまるということになる。

(2) 採用内定

【概要】

　日本は欧米の多くの先進国と異なり、企業と新規の学校卒業者との間の労働契約については、多くの学校において大学4年生、あるいは高校3年生が終わる3月に「一斉に卒業する」システムがとられているのに合わせて、その直後の4月1日に企業が一斉に

雇い入れるという方法が慣行となってきた。そのために、企業の採用活動はかなり早くから長期間をかけて行われ、人材確保の観点から相当に早い時点（通常は最終学年の初頭から中盤まで）に「採用内定」という意思表示がなされることが一般化している。この「採用内定」は、労働契約の締結という形式をとらず、企業からの「あなたの採用を内定した」という通知と学生の側の「必ず貴社に就職いたします」という趣旨の回答とによって行われるのが通常である。したがって、採用内定から実際に就労するまでかなりの期間が空くこととなる。このような実態は、採用内定という仕組みと労働契約の成立とはどのような関係に立つのかという基本問題を生じさせているほか、この採用内定を「取り消す」という意思表示が企業からなされた場合、それがどのような法的意味を有するのか、採用内定期間中、企業と学生にはそれぞれどのような権利義務が生じるのか、など様々な法的課題を生んでいる（採用内定全体について、菅野=山川・労働法〈第13版〉262頁以下、荒木・労働法〈第5版〉387頁以下、野川忍『労働法』日本評論社（2018年）287頁以下、水町・詳解労働法〈第2版〉468頁以下、注釈労基法労契法2〔緒方桂子〕345頁）。

【関係法令】
労契法6条

•••••• 論　　点 ••••••

1　採用内定の法的性質
2　労働契約（採用内定）の成立時期
3　採用内定の取消事由の判断基準
4　採用内々定の法的意義

論点 1　採用内定の法的性質

　採用内定の法的性質については、当初予約説、契約締結過程説などが有力に主張されたが、これらの見解では、内定が一方的に取り消されても労働契約上の地位の確認を請求することができない。そこで、昭和40年代から50年代にかけて、学説、判例とも採用内定を労働契約の成立と結び付けて理解する見解が定着していった（森尾電機事件・東京高判昭和47・3・31判タ276号186頁〔27612276〕、電電公社近畿電通局（藤野）事件・大阪地判昭和49・11・1判時760号100頁〔27612492〕、日立製作所事件・横浜地判昭和49・6・19判タ311号109頁〔27612465〕、五洋建設事件・広島地呉支判昭和49・11・11判タ322号272頁〔27404274〕等。学説の展開は、山口浩一郎

「試用期間と採用内定」労働法文献研究会編『文献研究労働法学』総合労働研究所（1978年）2頁以下、講座21世紀4〔水町勇一郎〕41頁以下参照）。

このような経過の後、最高裁は、大日本印刷事件（最二小判昭和54・7・20民集33巻5号582頁〔27000194〕）において、労働契約がいつ成立するのかについては、あくまでも当事者が決めるのが基本であることを踏まえたうえで企業と学生との間で「契約成立の日をこの日とする」という明確な合意をするという慣行のない日本の場合については、学生と企業が出会ってから入社するまでのプロセスを総合的に検討し、企業の募集が労働契約締結申込みの誘因であり、学生の応募が契約締結の申込みであって、採用内定通知はこれに対する承諾で、学生側の誓約書等の提出と相まって労働契約は成立するとみなすべきであるという判断を示した。そのうえで最高裁は、採用内定段階で成立している労働契約は、いわば「箱」にすぎず中身がないという、特殊な労働契約であるとして、これを解約権留保付始期付労働契約とみなしたのである。具体的には、採用内定通知に示された解約事由に対して応募者側が誓約書において同意することにより、当該解約事由に基づく解約権が使用者に留保されており、かつ就労の始期が4月1日など将来の一定期日に定められている特殊な労働契約が、内定通知とその受諾によって成立しているとした。

事例

公務員については、辞令の交付による任用行為があってはじめて採用がなされるとの前提の下に、採用内定通知は正式な採用を発令するための準備行為にすぎないと考えられる（東京都建設局事件・最一小判昭和57・5・27民集36巻5号777頁〔27000086〕）。また、解約権留保付始期付労働契約の成立が認められるが、その「始期」は就労の始期ではなく効力発生の始期であるとされている（電電公社電気通信局（中川）事件・最二小判昭和55・5・30民集34巻3号464頁〔27000174〕、パソナ（ヨドバシカメラ）事件・大阪地判平成16・6・9労働判例878号20頁〔28092765〕）。

論点 2　労働契約（採用内定）の成立時期

以上の判例によれば、労働契約の成立時期は、当事者間に別段の合意がある場合や公務員の場合などを除いて、採用内定通知の到達によることになる（大日本印刷事件・最二小判昭和54・7・20民集33巻5号582頁〔27000194〕）。ただ、これも具体

的な採用内定行為の性格や意義によって個別に解釈されるべきであり（渡辺・講義上490頁）、一義的に判断されることはない。判例も、それぞれの事案ごとに、「控訴人から被控訴人にあてられた『採用決定のお知らせ』（中略）が右申込に対する承諾であつて、(中略)これによって被控訴人が学校を卒業できないときは、被控訴人において解約し得ることとした労働契約の成立があつたものと解すべきであり（中略）、昭和42年1月20日に成立したものというべきである。すなわち、この日に控訴人の雇傭する意思と被控訴人の就労する意思との合致があって、契約が成立したものである」（森尾電機事件・東京高判昭和47・3・31判タ276号186頁〔27612276〕）、「原告らが被告の求めに応じて前記出社勤務約定書に署名捺印のうえこれを被告に提出し、翌春の卒業と同時に出社して勤務すること及びそれまでの間に入社取消等の行為をしないことを約した時点において各原告と被告間に労働契約が成立したものと解する」（八洲測量事件・東京地判昭和54・10・29判タ404号107頁〔27612914〕）などとして労働契約の成立の時期を個別に特定している。

論点 3　採用内定の取消事由の判断基準

　採用内定の取消しは、前掲の予約説や契約締結過程説によれば単なる事実行為であって、これに不服な労働者は損害賠償の請求を行うことは可能でも、労働契約上の地位の確認は請求できないことになる。しかし、現在の判例・学説は採用内定によって労働契約が成立すると考えているので、採用内定の取消しはいったん成立した労働契約の解約ということになる。ただ、この解約は、いまだ労務の給付と賃金の支払という労働契約の債務の履行がなされていない段階での解約なので、「解雇」とは異なる。具体的には、採用内定者固有の事情により解約が可能になるのであって、通常は、採用内定段階で労働者に明示される解約事由が生じた場合にはこれに従って解約が行われる。「卒業できなかった場合」「健康上の理由により就労が困難と認められる場合」などが解約事由の典型であり、判例が採用内定段階で成立している労働契約を「解約権留保付」とするのもここに根拠がある。問題となるのは、この解約事由にある「その他前各号に準ずる事由が生じた場合」などの一般条項に基づいて内定取消しが行われた場合や、そもそも解約事由が具体的に明示されていなかった場

合の内定取消しをどう判断するかである。

　これにつき判例は、「採用内定の取消事由は、採用内定当時知ることができず、また知ることが期待できないような事実であつて、これを理由として採用内定を取消すことが解約権留保の趣旨、目的に照らして客観的に合理的と認められ社会通念上相当として是認することができるものに限られると解する」（大日本印刷事件・最二小判昭和54・7・20民集33巻5号582頁〔27000194〕）との判断基準を示しており、これが定着している。この判断基準から、例えば取消事由として「提出書類への虚偽記入」が明示されていても、その具体的内容が従業員としての不適格性を示すものであるか否かが、実際になされた採用内定取消しの適法性を判断する指標となる（日立製作所事件・横浜地判昭和49・6・19判タ311号109頁〔27612465〕）など、裁判所は取消事由の適用それ自体を慎重に判断する傾向にある。

事例

　中途採用者の採用内定についても、解約権留保付労働契約の成立が認められ、採用内定の取消しに当たっての判断基準も前掲大日本印刷事件と基本的な判断枠組みは同じであるとされる（インフォミックス事件・東京地決平成9・10・31判タ964号150頁〔28030016〕、オプトエレクトロニクス事件・東京地判平成16・6・23判タ1163号226頁〔28092633〕）。採用内定取消しが不法行為や債務不履行の要件を満たす場合には、損害賠償が認められることもある（パソナ（ヨドバシカメラ）事件・大阪地判平成16・6・9労働判例878号20頁〔28092765〕）。また内定期間中の研修に参加しなかったことを理由とする内定取消しについて、内定期間中は研修を業務命令として命じることはできないとして損害賠償を命じられた例もある（宣伝会議事件・東京地判平成17・1・28労働判例890号5頁〔28100992〕）。

論点 4　採用内々定の法的意義

　採用内定は、通常書面の交付により正式な手続として行われるが、一般的にはこれより以前に口頭若しくは書面により、採用内定がなされるであろうことが通告されることがある。いわゆる「採用内々定」である（注釈労基法上〔中窪裕也〕214頁）が、この内々定の法的意義については、採用内定という手続が事後にあることを前提としたものであって労働契約関係が成立することまで意図

されたものとは考えられないので、これにより労働契約が成立したと認められる可能性は小さい（新日本製鐵事件・東京高判平成16・1・22労経速報1876号24頁〔28092336〕）。しかし、内々定も内定と同様に事実上の手続であるので、具体的事情によってその評価は異なり得る。場合によっては労働契約の成立が認められることもあり得るほか、労働契約締結過程における信義則違反が問われて損害賠償責任を生じることもある（安西愈「複数企業内定時代の採用内定の法理の再検討」季刊労働法155号（1990年）131頁）。

\事例/

内々定について始期付解約権留保付労働契約の成立を否定しつつ、本人の承諾を得ずにB型肝炎ウイルスの検査を行い、感染の事実を理由に内々定を取り消したことが不法行為に当たるとして損害賠償を認めた例として、B金融公庫事件（東京地判平成15・6・20労働判例854号5頁〔28082582〕）がある。また、内々定についてやはり始期付解約権留保付労働契約の成立を否定しながら、その取消しについては、役員の発言などを重視して信義則違反を認め、取消企業に損害賠償を命じた例もある（コーセーアールイー（第2）事件・福岡高判平成23・3・10労働判例1020号82頁〔28171561〕）。

【参考文献】

東京大学労働法研究会編『注釈労働基準法（上）』有斐閣（2003年）92頁、西谷敏＝野田進＝和田肇＝奥田香子編『新基本法コンメンタール　労働基準法・労働契約法〈第2版〉』日本評論社（2020年）372頁、荒木尚志＝岩村正彦＝村中孝史＝山川隆一編『注釈労働基準法・労働契約法　第2巻―労働基準法(2)・労働契約法』有斐閣（2023年）345頁以下

(3) その他

【概要】

労働契約の締結過程においては、労基法上の労働条件明示義務（同法15条）をはじめとする公的な規制がかけられている。また、かつてほど一般的ではなくなったが、労働者を採用する際に使用者は、身元保証人をつけることを求める場合がある。一連のこのような事情において法的紛争が生じることがある。

まず、労基法15条の労働条件明示義務は、刑罰を担保として、労働時間や賃金など主

要な労働条件を雇入れに際して労働者に明示することを義務付けるものであり、労基則5条により、明示すべき具体的な労働条件が列挙され、そのうち特に重要なものについては書面によって明示しなければならないとされている。労働契約の明確化等の必要性から、明示事項が増加しており、労基法89条に列挙された就業規則の必要的記載事項に加えて、①労働契約の期間、②有期労働契約の更新の基準、③就業の場所と就業すべき業務、④所定労働時間を超える労働の有無、⑤休職に関する事項が付加されている。また書面明示事項も、上記①〜③などが付加された。明示された労働条件が実際と異なる場合には、労働者は労働契約を解除することができ（労基法15条2項）、使用者はその労働者に対して帰郷旅費を支給しなければならない（同条3項）。この規定は、労働契約の締結に当たってあらかじめ労働条件を明確にさせ、紛争を未然に防ぐことが目的なので、直ちに民事的効力を有するわけではない。しかし、仮にも労働条件の明示がなされていれば、その内容が労働契約の内容になるとの推定が働くことは当然であるし、逆に労働契約が成立していれば、合意された労働条件は労基法15条に基づいて明示された労働条件となるのが自然であろう。また、労契法4条では、労使が労働契約を締結する際に、使用者はあらかじめ労働条件について説明することを要請されており、できるだけ書面を用いることが労使に求められているが、これも直接の民事的効力は認められないものの、労働契約の具体的内容の確定に当たって参考とされる規定であることは間違いない。

　身元保証については、労働者との人的な信頼関係によって身元保証人になった者が、労働者によって生じた巨額の損害について責任を負わされる事態を防ぐために「身元保証ニ関スル法律」（昭和8年法律42号）が制定されている。これによれば身元保証の期間は最大でも5年に限定される（同法1、2条）、労働者本人に不誠実な事跡等があって身元保証人の責任が加重され、又は監督を困難にするような場合は身元保証契約を解除することができる（同法3、4条）、また裁判所は身元保証人が負うべき損害賠償の範囲や額について、一切の事情を斟酌してこれを決定することができる（同法5条）などとされている。

【関係法令】
労基法15条、労契法4条、身元保証ニ関スル法律

•••••• 論　　点 ••••••
1　労働条件明示義務と労働契約
2　身元保証契約の扱い

IV 労働契約の成立・開始

論点 ① 労働条件明示義務と労働契約

　労働条件明示義務は、直接に民事的効力をもたらすものではなく、この義務に違反しても公法上の制裁があることはともかくとして、労働契約自体は有効に成立し得る。

　それでは、労働条件明示義務に違反した場合の民事上の効果とはどのようなものであろうか。仮に明示された労働条件によることが労働契約の内容になっているのであれば、それと異なる労働条件は契約違反であって、労働者は契約内容どおりの労働条件を求めることが可能となるが、単に労働契約を締結するための一応の見込みとして提示された労働条件については、その変更が留保されていることになるので直ちには労働契約の内容とならない。しかし、示された労働条件が労働契約の内容になることについて労働者側がそう信じることに合理的な理由があるなどの事情が認められれば、極端に異なる労働条件による取扱いは不法行為となることがあり得る。また、具体的ではない労働条件の説明があって、その後実際に示されたのはあらかじめ説明された内容から合理的に解釈し得る範囲を著しく超えるような低い労働条件であったというような場合は、期待的利益を侵害したものとして不法行為が成立し、損害賠償の対象となり得る。

事例

　まず、求人票や募集広告の表示と実際の労働条件との相違について、求人票には「常用」と記載されていたが、使用者の真意としては期間の定めのある労働者を雇用するつもりであったという場合、一般に常用といえば期間の定めのない雇用を想定させるので、常用としつつ期間の定めが記載されていたなど、その他期間の定めのある労働契約が求められていることが推定し得るような特段の事情がない限りは求人票の表現どおりの条件で労働契約が締結されたものと認められる（千代田工業事件・大阪高判平成2・3・8判タ737号141頁〔27807274〕、デイサービスA社事件・京都地判平成29・3・30判時2355号90頁〔28254254〕）。同様に例えば賞与や昇給についても（安部一級土木施工監理事務所事件・東京地判昭和62・3・27労働判例495号16頁〔27613490〕）、また退職金についても（丸一商店事件・大阪地判平成10・10・30労働判例750号29頁〔28040346〕）、確定的な労働条件が既に示されていたと認められる事情がある場合には、労働者はその労働条件による取扱いを求めることができる（ほかに、賃金総額に残業代が含まれているとの説明がなされていなかったことなどから、労働契約は賃金

総額に残業代を含まないものとして締結されたとされたApocalypse事件・東京地判平成30・3・9労経速報2359号26頁〔29049390〕等）。さらに、賃金については、確かに求人の段階で確定的な額を明示することは困難であるが、特定額が「見込額」として定められている場合には、そこから合理的な理由もないのに引き下げることは不法行為を成立させることがある（八洲測量事件・東京高判昭和58・12・19判タ521号241頁〔27613228〕）。

　これに対し、労働条件が抽象的にのみ示された場合に、実際には労働者が想定していた内容と異なる労働条件が適用されたという場合の処理も問題となり得る。この点、会社が中途採用者に対して、求人広告や説明会においては「同期新卒採用者の平均的給与と同等に処遇する」という趣旨の説明をしていたにもかかわらず、実際には中途採用者の給与については同期新卒採用者の給与の最低限の格付けをしてこれにより給与を支払ったため、具体的な支給額が同期新卒採用者を下回ってしまったという事案において、裁判所は、同期新卒採用者の平均的給与と同等という趣旨は具体的な給与額の提示とはいえないので、同期新卒採用者の平均給与額との差額までは請求できないが、労働者に精神的衝撃を与え、労働条件明示義務にも反し、信義則に反するとして不法行為の成立が認められている（日新火災海上保険事件・東京高判平成12・4・19労働判例787号35頁〔28052133〕）。

論点 2　身元保証契約の扱い

　身元保証契約については、上記のように身元保証ニ関スル法律によって規制されており、現在では労働法上の問題を生じることはあまりない。しかし、身元保証契約に基づいて実際に請求がなされる場合は過酷になることがあり、裁判所は請求の認容には慎重である。

事例

　身元保証契約に基づく保証人への請求につき、労働者が会社に損害を与えたことを踏まえて、雇用を維持する代わりに労働者がさらに不祥事を起こしたり無断欠勤したりすることを停止条件とする身元保証契約を親族が締結したという事情の下で、当該労働者がさらに横領行為に及び、会社が保証債務の履行を求めた事案では、本件身元保証契約が公序に反して無効であるとした原審（福岡地小倉支判平成18・3・29判時1981号35頁〔28132411〕）が覆され、高裁は、公序違反を否定しつつ、身元保証ニ関スル法律5条の趣旨に従って大幅に支払額を減額したうえで請求を一部認容した（足場設置業者（身元保証）事件・福岡高判平成18・11・9判タ1255号255頁〔28130058〕）。このように、身元保証契約自体は保証人の責任を極めて重く定めていても、裁判所は、

身元保証ニ関スル法律の解釈など様々な手法を通じて具体的保証額を限定することによって、契約自体を無効とすることは避ける傾向にある（静岡相互銀行事件・最二小判昭和34・12・28民集13巻13号1678頁〔27002510〕）。また、労働契約が終了すれば、身元保証契約の有効期間内であっても、身元保証人はそれ以降の責任を負わないことも判例法理として定着している（A運送事件・東京地判平成14・9・2平成13年(ワ)25246号裁判所HP〔28072723〕、スズキ自販神奈川事件・横浜地判平成11・5・31判タ1037号227頁〔28052056〕）。なお、セクシュアル・ハラスメント事件を引き起こして退職し、その後2年経過して結局労働者に損害賠償請求がなされなかった事案において、裁判所は、「身元保証の主債務となるべき（中略）損害賠償債務は存在しないものと推認される。したがって、身元保証契約に基づく債務の不発生が確実となったことにより、民法487条の趣旨に照らして、身元保証人（中略）は、身元保証書の返還を求めることができる」としている（東京セクハラ（出版社D）事件・東京地判平成15・7・7労働判例860号64頁〔28090350〕）。

【参考文献】
西村信雄『身元保証の研究』有斐閣（1965年）、荒木尚志=岩村正彦=村中孝史=山川隆一編『注釈労働基準法・労働契約法 第2巻—労働基準法(2)・労働契約法』有斐閣（2023年）345頁以下

（野川忍）

3　試用期間

【概要】
　募集・採用の過程で、使用者は、様々な選考を行って応募者の能力や資質を評価し、適切と認めた者との間に労働契約を締結する。しかし、実際に働かせてみなければわからないこともあるため、多くの企業が、試用期間を設けている。採用後しばらくの間は労働者を「試用」という特別の地位に置き、そこで問題がないことを確認したうえで、正社員とするのである（しばしば「本採用」と呼ばれる）。
　試用期間の長さは企業によって異なるが、ほとんどが1か月から6か月の間であり、3か月とするものが最も多いといわれる。この間に問題があり不適格と判断された労働者は、試用期間の満了時に本採用を拒否されるか、あるいは、試用期間の途中で解雇され、その時点で雇用が終了することになる。
　このような試用期間の法的性質につき、多くの判例は、期間の定めなく締結された労働契約における、解約権留保期間と解している。つまり、使用者が留保した解約権を行使しない限り、労働契約はそのまま継続し、試用期間の満了とともに、労働者は本採用後の地位に移行する。他方、解約権が行使された場合は解雇に該当し、制度の趣旨・目的に照らして客観的に合理的な理由があり、社会通念上も相当といえるかどうかが吟味される。それが肯定されない場合には、解約の効果は生じないこととなる。
　これまでの我が国における一般的な正社員に関しては、実際上、試用段階で排除される労働者はごく少数にとどまり、ほとんどの者がそのまま本採用されてきた。これを反映して、解約権の行使に対する裁判例の態度も、かなり厳格である。ただ、近年は中途採用の事案も多く、即戦力として当初から高い能力が求められることを明確にしたうえで採用されていれば、解約権の行使が認められる余地も広がることになる（試用期間に関する文献として、菅野=山川・労働法〈第13版〉270頁以下、土田・労働契約法〈第2版〉225頁以下、小宮文人「内定・試用法理の再検討」山田省三ほか編『毛塚勝利先生古稀記念・労働法理論　変革への模索』信山社（2015年）89頁、注釈労基法労契法2〔根本到=矢野昌宏〕350頁以下）。

【関係法令】
労契法6、16条

……　論　点　……

1　試用期間の趣旨と性質

2　留保解約権の範囲
　　3　解約権行使の判断
　　4　試用期間の長さ、延長の可否
　　5　試用期間の存否、有期労働契約との関係

論点❶　試用期間の趣旨と性質

　試用期間は、上記のように、採用した労働者を実際に就労させ、問題がないかどうかを判定するために設けられる。その長さや、本採用のための手続、不適格者排除の方法などの具体的な内容は、それぞれの企業によって異なる（ちなみに、企業によっては、上記とは別の意味で「試用期間」を設けることもある。勤務状況が悪い労働者に対して、具体的な改善点を指示したうえで、2か月の試用期間（観察期間）を設け、その間に十分に改善されない場合には解雇もあり得る旨の警告書を発した事例として、ゴールドマン・サックス・ジャパン・リミテッド事件・東京地判平成10・12・25労経速報1701号3頁〔28041355〕）。

　試用期間の法的性質について、かつての学説では、本採用によりはじめて期間の定めのない労働契約が締結されるとの理解を前提に、試用契約は、それとは別個の特殊な労働契約（あるいは無名契約）だとする見解もあった（山口浩一郎「試用期間と採用内定」労働法文献研究会編『文献研究労働法学』総合労働研究所（1978年）2頁）。しかし、裁判例はかなり早い時期から、労働契約は当初より期間の定めのない契約として成立し、試用期間中はこれに対する特別の解約権が留保されるにすぎない、と解するものがほとんどであった（東京コンクリート事件・東京地決昭和32・9・21判時132号24頁〔27610942〕、マルキチタクシー事件・長野地松本支決昭和39・3・27労働民例集15巻2号182頁〔27611503〕、神戸船渠事件・神戸地判昭和39・7・18労働民例集15巻4号861頁〔27611534〕、東洋敷物事件・大阪地決昭和40・10・14労働民例集16巻5号697頁〔27440908〕、石川島播磨重工業事件・横浜地判昭和44・6・11判時569号85頁〔27612016〕、岩手観光バス事件・盛岡地決昭和44・8・14判時569号88頁〔27612032〕、学校法人麹町学園事件・東京地判昭和46・7・19判タ266号210頁〔27612217〕等。なお、試用採用により、期間2か月の試用契約と、本採用を妨げる合理的根拠のない限り本採用の決定がなされることを停止条件とする、期間の定めのない労働契約が締結されたと解した判決として、山武ハネウエル事件・東京地決昭和32・7・

20判時120号25頁〔27440324〕)。

　最高裁も、三菱樹脂事件(最大判昭和48・12・12民集27巻11号1536頁〔27000458〕)で、この見解を採用した。本件は、3か月の試用期間が満了する直前に、本採用の拒否が告知されたものである。使用者の側は、試用契約と本採用後の労働契約とはそれぞれ別個のものだと主張したが、最高裁はこれを斥け、労働契約の効力は当初から確定的に発生し、試用期間中は解約権が留保されているにすぎない、とする原判決を支持した。そのうえで、「本件本採用の拒否は、留保解約権の行使、すなわち雇入れ後における解雇にあたり、これを通常の雇入れの拒否の場合と同視することはできない」と述べている。

　注意を要するのは、この判決が、「試用契約の性質をどう判断するかについては、就業規則の規定の文言のみならず、当該企業内において試用契約の下に雇傭された者に対する処遇の実情、とくに本採用との関係における取扱についての事実上の慣行のいかんをも重視すべきものである」と述べている点である。本件では、就業規則の規定のほか、大学卒業の新規採用者を試用期間終了後に本採用しなかった事例はかつてなかったこと、本採用に当たり別段の契約書は作成せず、辞令を交付するにとどめていたことなど、当該企業の慣行的実態に関する事実認定が特に指摘されており、それを前提にした判断となっている。とはいえ、試用期間に関するこのような実態は、他の多くの企業でも共通するところであり、現に以後の裁判例でも、解約権留保期間という解釈が、ほぼ完全に踏襲されている。

事例

・ケイズ事件(大阪地判平成16・3・11労経速報1870号24頁〔28091836〕)

　Yは、求人票により縫製業務に携わる労働者を募集した。Xは、Yの求人票を持ってYを訪れ、面接を受けた。求人票には記載がなかったが、Yでは、縫製工としての適性や能力をみるために試用期間を設けており、Xは、Yから、2か月の試用期間があるとの説明を受けた。Xは、Yに採用されて勤務を始め、試用期間のついていない労働者を含む他の従業員と一緒に、ミシンを用いた帽子の縫製の仕事に従事したが、その後、3週間余りのところで解雇された。

＜判旨＞

　「試用期間付雇用契約の法的性質については、試用期間中の労働者に対する処遇の

実情や試用期間満了時の本採用手続の実態等に照らしてこれを判断するほかないところ、試用期間中の労働者が試用期間の付いていない労働者と同じ職場で同じ職務に従事し、使用者の取扱いにも格段変わったところはなく、また、試用期間満了時に再雇用（すなわち本採用）に関する契約書作成の手続が採られていないような場合には、他に特段の事情が認められない限り、これを解約権留保付雇用契約であると解するのが相当である。

これを本件についてみるに、前記認定事実によれば、原告Xは、試用期間の付いていない労働者と同じ職場で同じ職務に従事し、使用者の取扱いにも格段変わったところはなかったと認められる。試用期間満了時に再雇用（本採用）に関する契約書作成の手続が採られていたとは認められないし、他に特段の事情も認められないから、本件雇用契約は、解約権留保付雇用契約であると解するのが相当である」

論点 ❷　留保解約権の範囲

前掲の三菱樹脂事件（最大判昭和48・12・12民集27巻11号1536頁〔27000458〕）は、管理職要員として採用された大学卒業者の事案であった。最高裁は、使用者において試用期間中に同人が管理職要員として不適格であると認めたときは解約できる旨の「特約上の解約権」が留保されているとしたうえで、その解約権の内容について、次のように述べている。

① 「このような解約権の留保は、大学卒業者の新規採用にあたり、採否決定の当初においては、その者の資質、性格、能力その他（中略）いわゆる管理職要員としての適格性の有無に関連する事項について必要な調査を行ない、適切な判定資料を十分に蒐集することができないため、後日における調査や観察に基づく最終的決定を留保する趣旨でされるものと解される」

② 「それゆえ、右の留保解約権に基づく解雇は、これを通常の解雇と全く同一に論ずることはできず、前者については、後者の場合よりも広い範囲における解雇の自由が認められてしかるべきものといわなければならない」

③ 「しかしながら、（中略）前記留保解約権の行使は、上述した解約権留保の趣旨、目的に照らして、客観的に合理的な理由が存し社会通念上相当として是認されうる場合にのみ許されるものと解するのが相当である」

④ 「換言すれば、企業者が、採用決定後における調査の結果により、または試用中の勤務状態等により、当初知ることができず、また知ることが期待できないような事実を知るに至つた場合において、そのような事実に照らしその者を引き続き当該企業に雇傭しておくのが適当でないと判断することが、上記解約権留保の趣旨、目的に徴して、客観的に相当であると認められる場合には、さきに留保した解約権を行使することができるが、その程度に至らない場合には、これを行使することはできないと解すべきである」

上記②がいう、通常の解雇の場合よりも広い範囲で解約が認められるという点は、以後の裁判例でも繰り返し引用され、確認されている。内定期間中、使用者が特に解約権を留保する意味は、そこにあるといえよう（もっとも、労働者の能力や適格性の欠如が明らかで、当該解雇が「試用期間中のものであることを考慮するまでもなく」有効とされた事案として、三井倉庫事件・東京地判平成13・7・2労経速報1784号3頁〔28070110〕）。就業規則上、それが通常の解雇と一体化して規定されている場合もあれば、区別されている場合もある（前者の例として、ライトスタッフ事件・東京地判平成24・8・23労働判例1061号28頁〔28210015〕。また、菅野=山川・労働法〈第13版〉273頁も参照）。

解約権留保の実質的な根拠となるのが、上記①である。使用者としては、労働者の適格性につき、当初の採否決定の段階では十分な判定資料を収集することができないので、後日の調査や観察に基づき最終的決定を行うために、解約権を留保するのである。上記引用では省略したが、この判決は、「今日における雇傭の実情にかんがみるときは、一定の合理的期間の限定の下にこのような留保約款を設けることも、合理性をもつものとしてその効力を肯定することができる」と述べている。

しかし、上記③が指摘するように、そのような「解約権留保の趣旨、目的」が、使用者による解約権の行使を制約する枠ともなり、趣旨・目的に照らして「客観的に合理的な理由が存し社会通念上相当として是認されうる場合」でなければ、解約は許されない（そう解すべき理由として、上記引用では省略したが、「法が企業者の雇傭の自由について雇入れの段階と雇入れ後の段階とで区別を設けてい

る」こと、「雇傭契約の締結に際しては企業者が一般的には個々の労働者に対して社会的に優越した地位にある」こと、「いったん特定企業との間に一定の試用期間を付した雇傭関係に入った者は、本採用、すなわち当該企業との雇傭関係の継続についての期待の下に、他企業への就職の機会と可能性を放棄したものである」こと、という3点が指摘されている)。この点も、上記②と並んで、以後の裁判例で繰り返し確認されているところである。

　解約権行使の要件を、より具体化したのが、上記④である。「当初知ることができず、また知ることが期待できないような事実」が発見され、かつ、その内容が相当程度に重大で、「そのような事実に照らしその者を引き続き当該企業に雇傭しておくのが適当でないと判断することが、上記解約権留保の趣旨、目的に徴して、客観的に相当であると認められる場合」に、解約権の行使が認められる。試用中の勤務状態に関し、いわゆる新卒者の場合には一般に必ずしも高い職務遂行能力は求められないが、即戦力として中途採用されて高い給与を支払われている場合には、求められる水準も高くならざるを得ない（ゴールドマン・サックス・ジャパン・ホールディングス事件・東京地判平成31・2・25労働判例1212号69頁〔29054163〕、日本オラクル事件・東京地判令和3・11・12労経速報2478号18頁〔29067832〕など)。

　なお、上記①についても同様であるが、④が「採用決定後における調査の結果により、または試用中の勤務状態等により」と述べている点には、異論もある。労働者の身元調査は、内定を含む当初の採用段階で済ませるべきで、試用期間を補充的な調査期間として利用するのは不当であり、考慮の対象は、試用期間中における勤務態度や能力などに限定すべきだと主張されている（色川幸太郎=石川吉右衛門編『最高裁労働判例批評2（民事篇)』有斐閣（1976年)〔山口浩一郎〕463頁、菅野=山川・労働法〈第13版〉272-273頁)。しかし、最高裁は、上記のように調査結果の考慮も認めており、④に続く箇所で、入社試験に際して労働者が一定の事項を秘匿していた場合には、「秘匿等の行為および秘匿等にかかる事実が同人の入社後における行動、態度の予測やその人物評価等に及ぼす影響を検討し、それが企業者の採否決定につき有する意義と重要性を勘案し、これらを総合して上記の合理的理由の有無を判断しなければならない」と述べてい

る。

　したがって、試用期間中に重大な経歴詐称が発覚したような場合には、解約権行使の合理的理由となり得るというのが、判例の立場である。ただ、詐称の内容や程度がさほど重大でなければ、結果的に解約権の行使が否定されることも当然あり得る（例えば、小太郎漢方製薬事件・大阪地決昭和52・6・27判タ349号150頁〔27612711〕、三愛作業事件・名古屋地決昭和55・8・6判時983号122頁〔27612995〕、三洋海運事件・福島地いわき支判昭和59・3・31判時1120号133頁〔27613264〕）。

事例

・前掲ゴールドマン・サックス・ジャパン・ホールディングス事件
　XはY会社に年俸制で中途採用され、証券会社のオペレーション部門でアナリストとして勤務したが、重大なミスを繰り返したため、3か月の試用期間の途中で解雇された。
　＜判旨＞
　「Xは、上記（中略）において認定したとおりの年齢であり、及び経歴を有する者であり、本件オペレーションズ部門への中途採用を希望して応募したものであるところ、Yの募集要項も、汎用的で様々な部署に配置されることがある正社員を一般的に募集するというものではなく、本件オペレーションズ部門のレギュラトリー・オペレーションズ部という特定の部門において、当局宛ての報告書の作成や正確性の確認業務等といった特定の専門的な業務を担当することを前提とし、その旨を明示した内容であったものであり、その対象者に求められる基本的資質としても、大学卒業以上という一般的な基準だけでなく、金融業務における5年以上の実務経験、複雑な金融商品・機能に関するデータ分析等の業務経験を有していること等が内容とされていたものである。加えて、Xが上記の経歴を記載した履歴書を提出して応募していること等をも考慮すると、Xは、いわゆる大学新卒者の新規採用等とは異なり、その職務経験歴等を生かした業務の遂行が期待され、Yの求める人材の要件を満たす経験者として、いわば即戦力として採用されたものと認めるのが相当であり、かつ、Xもその採用の趣旨を理解していたものというべきである。

　そして、上記（中略）において認定した本件就業規則第7条1及び同条2の定めの内容をも併せて考えると、当該定めによって留保された上記（中略）の解約権は、試用期間中の執務状況等についての観察等に基づく採否の最終決定権を留保する趣旨のものであると解されるから、その解約権の行使の効力を考えるに当たっては、上記のようなXに係る採用の趣旨を前提とした上で、当該観察等によってYが知悉した事実に照らしてXを引き続き雇用しておくことが適当でないと判断することがこの最終決

定権の留保の趣旨に徴して客観的に合理的理由を欠くものかどうか、社会通念上相当であると認められないものかどうかを検討すべきことになる。」
（結論として、本件解雇は権利の濫用に当たらず有効とされた）

論点 ❸ 解約権行使の判断

　具体的な事案における解約権行使の適否の判断は、当然ながら、それぞれの事実関係に即して行われる。解約権の行使が認められた事例もあれば、否定された事例もあり、一般論は難しいが、能力や勤務態度が問題となった最近の裁判例を中心に、いくつか紹介してみよう。事案としては中途採用のものが多く、新卒者のものは少ない。

1　解約が認められた事例

　まず、解約権の行使が認められたものでは、建設コンサルタント、地質調査などを行う会社に、技術社員として採用された新卒者が、6か月の試用期間の途中で解雇された事例で、同人は入社当初の全体研修の時から安全に関わる危険な行為を繰り返したうえ、以後もミスが多く、寝坊や居眠り、集中力の欠如、勝手な作業など多くの問題があったとして、解雇は有効と判断された（日本基礎技術事件・大阪高判平成24・2・10労働判例1045号5頁〔28181248〕）。

　また、マンション管理会社に採用された者が、仕事上のミスが多いうえに、注意に対して言い訳、反発、同僚の非難をしたという事例（ダイヤモンドコミュニティ事件・東京地判平成11・3・12労経速報1712号9頁〔28042678〕〈試用期間3か月〉）、医療材料・機器の製造販売を行う会社の営業補助の業務に採用された者が、業務指示に速やかに応じない、パソコンからのファックス送信業務を満足に行えない等の問題があったという事例（ブレーンベース事件・東京地判平成13・12・25労経速報1789号22頁〔28070438〕〈試用期間3か月〉）、ソフトウェア開発会社の広報担当に採用された者が、上司の了解を得ない独断のメール送信や、配慮を欠いた言動により取引先や同僚を困惑させ、指導や注意にも従わなかったという事例（まぐまぐ事件・東京地判平成28・9・21労経速報2305号13頁〔29020289〕〈試用期間6か月〉）、製造会社の経営企画室IT管理者（係長）として採用された者が、協調性に欠け、配慮を欠いた言動等によって社内や取引先に軋轢を生じさせ、管理職

としての適格性に疑問があるとされた事例（ヤマダコーポレーション事件・東京地判令和元・9・18労経速報2405号3頁〔29056897〕〈試用期間3か月〉）でも、解約権の行使が認められた。

さらに、自動車の輸入・販売会社で役員に次ぐ地位である管理部のシニアマネージャーとして採用された者が、単純作業も適切に行うことができないなど基本的な業務遂行能力が乏しく、管理職としての適格性に疑問を抱かせる態度もあったとして、3か月の試用期間の途中での解約が認められた事例（キングスオート事件・東京地判平成27・10・9労経速報2270号17頁〔29014425〕）、社会福祉法人の部長として採用された者が、高いマネジメント能力が期待されていたにもかかわらず、高圧的・威圧的な態度で協調性を欠き、事実とは認められない不正行為について記者会見をして一般に摘示し、履歴書にも事実と異なる記載があったとして、3か月の試用期間の終了時の解約が有効とされた事例（社会福祉法人どろんこ会事件・東京地判平成31・1・11労働判例1204号62頁〔28272613〕）、金融機関のオペレーションズ部門に採用された者が、監督官庁や取引所に提出する報告書の作成に当たって多数のミスを繰り返し、多数回の指導によっても改善がみられなかったことから、3か月の試用期間の終了時の解約が有効とされた事例（ゴールドマン・サックス・ジャパン・ホールディングス事件・東京地判平成31・2・25労働判例1212号69頁〔29054163〕）、証券会社の拠点のアセットサービス課の責任者として中途採用された者が、他者への理解や配慮なく自らの見解を一方的に主張する性向があり、上司の指導によっても改まらず、管理職として資質を欠くというほかないとして、3か月の試用期間の満了時の解約が有効とされた事例（シティグループ証券事件・東京地判令和4・5・17労経速報2500号29頁〔29071113〕）もある。

そのほか、ソフトウェア開発を行う外資系企業で通信業界の専門家（テレコム・イノベーター）として高給で採用された者が、3か月の試用期間の終了時に解雇された事例でも、顧客とのコミュニケーション能力が求められる水準に達しておらず、使用者は採用面接においてその点を知ることもできなかったとして、解約が有効と判断された事例（日本オラクル事件・東京地判令和3・11・12労経速報2478号18頁〔29067832〕）もある。なお、この事案では、解雇の効力発生日が

試用期間の満了日の2か月先とされていたが、試用期間内に解約の意思表示が確定的になされており、その目的や期間からみて労働者の地位を不当に不安定にしないので、留保解約権の行使として認められると判断された。

2 解約が認められなかった事例

解約が認められるためには、当該労働者の不適格性を示す事実が存在し、かつ、それが解約を正当化するほど重大である必要がある。例えば、獣医師が6か月の試用期間満了で解雇された事案では、診療や請求のミスは重大なものとはいえず、学科試験の成績や勉強会の出席状況が必ずしも十分ではなくても、獣医師として能力不足で改善の余地がないとはいえないとして、解約権の濫用と判断された（ファニメディック事件・東京地判平成25・7・23労働判例1080号5頁〔28213376〕）。社会保険労務士法人に雇用された社会保険労務士が、3か月の試用期間の途中で能力不足を理由に解雇された事案では、同人が実務経験に乏しい初心者であることを前提に採用されたことを考慮すると、手続に当たり顧客に事前確認しなかったことや、コミュニケーション不足の面がうかがわれるとしても、解約権の行使は認められないとされた（パートナーズ事件・福岡地判平成25・9・19労働判例1086号87頁〔28221899〕）。土木工事の設計管理等を行う会社で設計図面の作成業務に採用された者が3か月の試用期間の満了少し前に解約された事案でも、同人の作成した図面に問題があったことはあるが、基本的な設計図面の作成能力や適性を欠いていたとはいえず、勤務態度も不良とはいえなかったとして、解約権の行使が否定された（有限会社X設計事件・東京地判平成27・1・28労経速報2241号19頁〔28232106〕）。

また、使用者の主張する事実が立証されないことも少なくなく、例えば、社内ナンバー3の事業開発部長として中途採用された者が、3か月の試用期間中に解雇された事案では、使用者が主張する、業務遂行状況の不良、適性の欠如、履歴書の不実記載等の事由が、いずれも認められないとして、解約の効力が否定された（オープンタイドジャパン事件・東京地判平成14・8・9労働判例836号94頁〔28080016〕）。航空会社の従業員が、代表者に挨拶をしない、勤務時間中に私用メールをしばしば行った等の理由で、試用期間中に解雇された事案でも、それらの事実について、証拠がないとされた（レキオス航空事件・東京地判平成15・

11・28労経速報1860号25頁〔28090754〕）。また、試用期間中の者が、課長への傷害を理由として懲戒解雇された事案では、当該事実の立証が不十分で懲戒解雇事由とは認められないと判断されたが、留保解約権との関係でも、やはり証明不十分で理由にならないとされた（博誠会事件・東京地判平成15・11・11労経速報1860号21頁〔28090753〕）。

なお、能力や適格性の評価に関しては、解約権行使の時期も、重要な要素となり得る。証券会社の中途採用の営業職が、6か月の試用期間の途中、3か月強のところで手数料収入が少なく不適格として解雇された事案では、まだ本人に改善の見込みがないとはいえず、解約には合理性がないと判断された（ニュース証券事件・東京地判平成21・1・30労働判例980号18頁〔28151026〕）。この事件の控訴審も、その結論を支持したが、適性を判断するために6か月の試用期間に合意しておきながら、それに反して同意なく試用期間を短縮するに等しいとの指摘もなされている（同事件控訴審・東京高判平成21・9・15労働判例991号153頁〔28160125〕）。また、病院の事務総合職に中途採用された者について、ミスや不手際が多くマイナス評価されることはやむを得ないが、他方で一定の改善がみられ、上司と面接をしてさらに見極めることになったのに、その2週間余り後、3か月の試用期間満了まで20日程度を残す時点において解雇されたのは、「解雇すべき時期の選択を誤ったもの」で、無効と判断された（医療法人財団健和会事件・東京地判平成21・10・15労働判例999号54頁〔28161197〕）。

その一方で、事案によっては、能力や適格性とは別に、より積極的に不適当な要素の介在が推測されることもある。例えば、ベンチャーキャピタルの業務人員として中途採用された者が、3か月の試用期間の途中で採用取消しとなった事例では、使用者は職務上の問題を挙げたが、親会社の会長が事務所を訪れた時に声を出して挨拶しなかったことが真の理由であり、権利濫用に当たると判断された（テーダブルジェー事件・東京地判平成13・2・27労働判例809号74頁〔28061415〕）。また、印刷会社に採用された者が3か月の試用期間の満了時に本採用を拒否された事案では、同人は営業の即戦力との期待に十分ではなかったものの、経歴を偽ったとはいえず、おおむね営業職として誠実に職務を遂行していたと認められ、若干の問題行動も、使用者による給与の遅配が背景にあったも

ので、上司から幾度も組合加入の有無を質問されていたことも考慮すれば、解約は合理的で社会通念上相当とはいえず、無効とされた（新光美術事件・大阪地判平成12・8・18労働判例793号25頁〔28060227〕）。

さらに、中途採用の保険外交員が、3か月の試用期間の途中、受動喫煙のために体調が悪化して休職し、自主退職を求められたのを拒否すると本採用拒否の解雇通知を受けた事例（ライトスタッフ事件・東京地判平成24・8・23労働判例1061号28頁〔28210015〕）では、使用者が主張した成績不良及び非協調的な言動は、いずれも認められないが、本人の休職合意を無視するような態度は、使用者との信頼関係を失わせ、協調性や基本的コミュニケーション能力にも疑念を生じさせるものであり、「社員として不適格」として解約の合理的理由に当たる、と指摘されている。しかし、本件の経緯や実態等からいえば、受動喫煙の問題をめぐって社長との確執があり、社長が同人を疎ましく思って強引な退職勧奨や締出し等を行ったことが、本人の対応を惹起させる原因の1つとなり、保険営業マンとしての資質、能力等に大きな問題を有していたことを必ずしも十分に推認させないとして、解約事由として重大なレベルに達していたと認めるには十分ではなく、労働者には宥恕すべき一定の理由もあり、解約は社会通念上相当ということはできず無効とされた。

ちなみに、試用期間途中での解約が無効とされた場合に、試用期間の残りの部分における労働契約上の地位を保全した事例もあるが（三愛作業事件・名古屋高決昭和55・12・4労働民例集31巻6号1172頁〔27613016〕）、試用期間中に適法な解約権の行使がなされなかった以上、本採用者としての地位を確認・保全するのが原則となるべきであろう（菅野=山川・労働法〈第13版〉277頁）。

事例

・前掲ファニメディック事件
　Xは獣医師であり、動物病院等を経営するY会社に雇用されたが、臨床能力の不足、協調性の乏しさ等の理由により、6か月の試用期間の満了をもって解雇された。
＜判旨＞
　「ア　本件解雇は、試用期間中の労働者に対する解雇であるところ、試用期間中の労働契約は、試用期間中に業務適格性が否定された場合には解約しうる旨の解約権が留保された契約であると解されるから、使用者は、留保した解約権を通常の解雇より

も広い範囲で行使することが可能であるが、他方、その行使は、解約権留保の趣旨・目的に照らして、客観的に合理的な理由が存し、社会通念上相当として是認されうる場合でなければならないというべきである（最高裁判所昭和48年12月12日大法廷判決・民集27巻11号1536頁）。

　イ　前記(1)の認定事実によれば、被告Yは、原告Xに対する親近感の他、著名な外科医の所属する大学で勤務した経験があることを重視し、診療能力や外科手術の手技に長けた人材であることを期待して採用したこと、しかしながら、Xの診療には細かいミスが散見され、学科試験の成績や勉強会への出席状況、診療件数等についても、Yからみて非常に不満足な状況にあったこと等の事情がうかがわれる。

　しかし、請求金額のミス（中略）は不注意の域を出ず、カルテの記載が不十分だった点（中略）も、その後に繰り返されているわけではないから過大に評価すべきではない。猫にケトコナゾールを処方した点（中略）については、Yが提出する文献においても「使用しない方が良い」という程度の記載であるから（書証略）、致命的なミスとはいえない。また、院内での学科試験についても、Y内の基準に沿わない場合は減点されていることがうかがわれるから、勉強会を受講できなかった回や、Xの回答が医学的に誤りとまではいえない部分については一定の配慮があってしかるべきである。これらの点にかんがみれば、以上の諸事実をもって、Xが獣医師として能力不足であって改善の余地がないとまでいうことはできない。

　また、Xの診療及び再診件数は確かに多くはないが、患畜が多い土曜日及び日曜日に勤務していないXが、土曜日又は日曜日も勤務している他の獣医師よりも診療及び再診件数が少ないのは致し方ない面もあるし、再診に訪れるか否かは、担当する患畜の状況や飼主の考え方によるところもある。半年の間に勤務場所の移動があったことも併せ考えれば、診療及び再診件数を能力の判断基準とするのは酷な面があることも否めない。

　そして、Xが院内勉強会に対して必ずしも熱心ではなかったことはうかがわれるものの、他の勉強方法を一切認めないというのは狭きに失するし、院内勉強会への出席について明確な業務指示を出したとは認めがたい本件において、院内勉強会への出席状況を勤務態度の評価に反映することには抑制的であるべきである。

　加えて、協調性の欠如については、具体的な事実関係を認定するに足りる的確な証拠がない。

　ウ　以上の諸事情を併せ考えれば、本件解雇は、留保解約権の行使としても、客観的に合理的な理由があり、社会通念上相当として是認されうる場合に当たるとはいい難く、弁明の機会が付与されたか否かについて判断するまでもなく、留保解約権の濫用として無効というべきである」

論点 ❹　試用期間の長さ、延長の可否

　試用期間の長さは、冒頭に述べたように、3か月とするものが最も多く、長くても6か月程度といわれるが、法律上、特段の規制はない。【論点5】で取り扱う、労働契約そのものの存続期間との区別について述べた最高裁判決（神戸弘陵学園事件・最三小判平成2・6・5民集44巻4号668頁〔27806502〕）でも、1年という試用期間が有効と考えられている。ただ、適格性判定のための必要性に鑑みて、試用期間があまりに長期に及ぶ場合には、労働者の地位を不安定にし過ぎるため、その効力が否定される可能性もある（この場合には、留保された解約権は行使することができず、通常の解雇として扱われることになる）。

　裁判例では、中途採用者を「見習社員」として採用し、勤務成績と登用試験により6か月から1年余りの間に「試用社員」に登用し、さらに6か月ないし1年の勤務成績と登用試験を経て正社員に登用する制度につき、労働能力や勤務態度等についての判断を行うのに必要な合理的範囲を超えて試用期間を定めたもので、「試用社員」としての試用期間は、その全体が公序良俗に反し無効と判断したものがある（ブラザー工業事件・名古屋地判昭59・3・23判タ538号180頁〔27490772〕）。また、タクシー会社で嘱託運転手として1年契約を2回更新して勤務してきた者が、雇用期間の定めのない正社員の乗務員となった際に、1か月の試用期間が設けられた事例では、同じ運転手として雇用は継続しているので許されないとして、試用期間の効力が否定された（ヒノヤタクシー事件・盛岡地判平成元・8・16労働判例549号39頁〔27808437〕）。

　試用期間の延長についても、上記と同じ問題が生じるが、そもそも、延長を行うことが可能かという点も問われることになる。裁判例では、労働契約、就業規則等に試用期間が延長されることがある旨と、延長の事由、期間、回数等について定められているなどの事情がない限り、延長は認められないとして、使用者の通告による延長を否定した事例がある（サッスーン（ユナイテッドキングダム）リミテッド事件・東京地決昭63・12・5労働民例集39巻6号658頁〔27807408〕）。

　他方で、就業規則に例外として延長を認める規定があった場合に、試用期間の満了に当たり、①本人が不適格ではあるが即時に不採用とせずに試用の延長をすることは、労働者に恩恵的であって合理的であり、②本人が適格か不適格

か疑問が残るのでなお選考の期間として試用の延長をするのも、不当とすべき理由はないとして、1年の試用期間の延長を認めた事例もある（大阪読売新聞社事件・大阪高判昭和45・7・10判時609号86頁〔27612119〕）。

　就業規則に定めがなかった事案でも、試用期間の満了時に一応職務不適格と判断された者について、直ちに解雇の措置をとるのでなく、さらに職務適格性を見いだすために、試用期間を引き続き一定の期間延長することは許されるとして1回目の延長の効力が認められたが、2回目の延長は満了日までに延長がなされず、延長する期間も定められなかったので不相当とされた（雅叙園観光事件・東京地判昭和60・11・20労働判例464号17頁〔27613376〕）。また、就業規則に規定がなくても、労働者の利益のためにさらに調査を尽くして職務能力や適格性を見極める必要がある等のやむを得ない事情があれば、労働者の同意を得たうえで、必要最小限の期間について延長することも許されると述べた事例でも、当該事案においてはやむを得ない事情があったとはいえないとして、複数回の延長の効果がすべて否定され、当初の試用期間の満了時から解約権留保のない労働契約に移行したと判断された（明治機械事件・東京地判令和2・9・28判時2493号103頁〔29061047〕）。

　そのほか、試用期間の始期がどこかが争われた事案もあり、使用者が、3か月の試用期間は当該労働者の勤務開始から数日後の月初めからで、それまでの4日の勤務はアルバイトにすぎないと主張したのに対し、これを斥けて、採用された者は直ちに試用期間に入る（したがって、解雇された時点では、試用期間が満了して本採用となっていた）と判断された（大森精工事件・東京地判昭和60・1・30判タ565号137頁〔27613325〕）。

　試用期間の長さ等に関するその他の裁判例として、障害者の雇用枠に関し、最初の6か月間を「嘱託契約期間」とし、業務への適性等を見極めたうえで正社員に移行する制度が設けられた事案では、障害者ごとに個別に長さを定めることは困難なので、一律に6か月という期間としても不合理ではないと判断されている（日本曹達事件・東京地判平成18・4・25労働判例924号112頁〔28130132〕）。

　他方、1年契約で雇用された証券アナリストについて、雇用期間の半分に当たる6か月の試用期間を定めることは不合理であるとして、3か月の限度での

み有効とされた事案もある（リーディング証券事件・東京地判平成25・1・31労経速報2180号3頁〔28212569〕）。ただ、有期労働契約における「強行法規的雇用保障性」という独自の論理が用いられ、かつ、結論的にその間における解約が有効とされているので、その意義については慎重な検討が必要であろう。

事例

・前掲明治機械事件

Xは機械の製作・販売等を行うY会社に雇用され、研修の後に営業等の業務を行っていたが、3か月の試用期間の終了時に、試用期間を1か月延長することを通知され、署名・押印によって同意した。以後、2回目、3回目と、同様に1か月の延長が通知され、Xも同意したが、3回目の延長による試用期間の満了時に、能力が不足し適切な配属先がなく正社員として採用することは困難として、解雇された。

＜判旨＞

「試用期間を延長することは、労働者を不安定な地位に置くことになるから、根拠が必要と解すべきであるが、就業規則のほか労働者の同意も上記根拠に当たると解すべきであり、就業規則の最低基準効（労働契約法12条）に反しない限り、使用者が労働者の同意を得た上で試用期間を延長することは許される。

そして、就業規則に試用期間延長の可能性及び期間が定められていない場合であっても、職務能力や適格性について調査を尽くして解約権行使を検討すべき程度の問題があるとの判断に至ったものの労働者の利益のため更に調査を尽くして職務能力や適格性を見出すことができるかを見極める必要がある場合等のやむを得ない事情があると認められる場合に、そのような調査を尽くす目的から、労働者の同意を得た上で必要最小限度の期間を設定して試用期間を延長することを就業規則が禁止しているとは解されないから、上記のようなやむを得ない事情があると認められる場合に調査を尽くす目的から労働者の同意を得た上で必要最小限度の期間を設定して試用期間を延長しても就業規則の最低基準効に反しないが、上記のやむを得ない事情、調査を尽くす目的、必要最小限度の期間について認められない場合、労働者の同意を得たとしても就業規則の最低基準効に反し、延長は無効になると解すべきである。」

本件では、「Yが当初の試用期間中にXの職務能力や適格性について解約権行使を検討すべき程度の問題があると判断したとしても、調査を尽くした上での判断といえない」うえに、「Yが本件雇用契約の試用期間を繰り返し延長した（中略）目的は、主として退職勧奨に応じさせることにあったと推認され、（中略）Xの職務能力や適格性について更に調査を尽くして適切な配属部署があるかを検討するというY主張の目的があったと認めることはできない」。したがって、「1回目の延長は、やむを得ない事情があったとも、調査を尽くす目的があったとも、認められず、就業規則の最低基準効

に反することから無効であり、1回目の延長が有効であることを前提とする2回目の延長及び3回目の延長も無効であるから、本件雇用契約は、試用期間の満了日である平成30年6月30日の経過により、解約権留保のない労働契約に移行したと認められる。」

論点 ⑤　試用期間の存否、有期労働契約との関係

　裁判例の中には、試用期間が定められていたのか否かが争われた事案もある。例えば、学習塾を経営する会社が、以前にそこで講師をしていた者を教務部長として雇い入れた事案では、使用者の主張する試用期間の存在が否定され、同人の適格性欠如と秩序びん乱を理由とする解雇は、留保解約権の行使ではなく、通常の普通解雇として有効性が判断された（大阪進学スクール事件・大阪地決平成6・9・22労働判例674号96頁〔28020691〕。解雇は有効）。

　しかし、実際に多いのは、有期労働契約で雇用されたようにみえる労働者が、それは契約の存続期間ではなく試用期間の定めだと主張する事案である。これに関しては、平成2年の最高裁判決（神戸弘陵学園事件・最三小判平成2・6・5民集44巻4号668頁〔27806502〕）が、「使用者が労働者を新規に採用するに当たり、その雇用契約に期間を設けた場合において、その設けた趣旨・目的が労働者の適性を評価・判断するためのものであるときは、右期間の満了により右雇用契約が当然に終了する旨の明確な合意が当事者間に成立しているなどの特段の事情が認められる場合を除き、右期間は契約の存続期間ではなく、試用期間であると解するのが相当である」という論理を示した。普通であれば、「雇用契約に期間を設けた」という以上、有期労働契約と解する方が自然なようにも思われる。しかし、期間を設けた趣旨・目的が、労働者を新規に採用するに当たり、その適性を評価・判断することにあるならば、これを逆転させて、「特段の事情」がない限り試用期間と解するものであり、かなり大胆な論理といえる。

　そのうえで同判決は、「試用期間付雇用契約の法的性質については、試用期間中の労働者に対する処遇の実情や試用期間満了時の本採用手続の実態等に照らしてこれを判断するほかないところ、試用期間中の労働者が試用期間の付いていない労働者と同じ職場で同じ職務に従事し、使用者の取扱いにも格段変

わったところはなく、また、試用期間満了時に再雇用（すなわち本採用）に関する契約書作成の手続が採られていないような場合には、他に特段の事情が認められない限り、これを解約権留保付雇用契約であると解するのが相当である」と述べている。つまり、多くの場合には、期間の定めのない契約における解約権留保の期間という、三菱樹脂事件（最大判昭和48・12・12民集27巻11号1536頁〔27000458〕）判決の論理が適用されることになり、解約権の行使に当たっては、「解約権留保の趣旨、目的に照らして、客観的に合理的な理由が存し社会通念上相当として是認されうる場合」という制約がかかってくる。

　このような判例法理に対しては批判もあるが（菅野=山川・労働法〈第13版〉275頁）、以後の裁判例では、この枠組みに従って、契約の存続期間か、それとも試用期間（解約権留保期間）か、という点が問題とされている。期間の定めのない契約における試用期間と認めたうえで、解約権行使の可否を判断した事例もあれば（学校法人聖パウロ学園事件・大阪高判平成8・9・18労判935号119頁〔28020890〕、滝沢学館事件・盛岡地判平成13・2・2労働判例803号26頁〔28061383〕、愛徳姉妹会事件・大阪地判平成15・4・25労働判例850号27頁〔28082052〕。いずれも結論的に解約を否定）、試用期間ではなく有期労働契約であったと認めた事例もある（日欧産業協力センター事件・東京地判平成15・10・31労働判例862号24頁〔28090559〕、東奥学園事件・仙台高判平成22・3・19労働判例1009号61頁〔28163188〕、梅光学院事件・広島高判平成31・4・18労働判例1204号5頁〔28273595〕、明治安田生命保険事件・東京地判令和5・2・8労経速報2515号3頁〔28312374〕）。また、有期労働契約ではあるが、試用目的であり、期間満了により契約が当然に終了する旨の明確な合意が成立していたとはいえないので、雇止めには適格性判断の観点から客観的に合理的で社会通念上相当な理由が必要と述べたものもある（久留米信愛女学院事件・福岡地久留米支判平成13・4・27判夕1123号151頁〔28062103〕）。

　やや特殊な事例として、期間の定めのある「副社員」が、正社員登用を目的とする試雇社員と定義されていることから、正社員の試用期間に当たると認められ、解約権が行使されないまま1年の期間が経過したことにより、正社員の地位を獲得したと判断されたものもある（京都ヤマト運輸事件・大阪地判平成11・9・3労働判例775号56頁〔28050789〕）。

他方、短大の講師が1年の有期労働契約で採用され、2回の更新の後、当初の雇入れから3年が経過したところで期間の定めのない専任教員への移行が認められていた事案で、原審は、この3年は試用期間であり、特段の事情がない限り無期労働契約に移行すると判断したが、最高裁は、当然に無期労働契約になるわけではなく、本人の勤務成績を考慮して行う使用者の判断に委ねられていたとして破棄した（福原学園事件・最一小判平成28・12・1労働判例1156号5頁〔28244364〕）。

そのほか、有期労働契約との関係では、期間の定めのある労働契約の中に、解約権を留保した試用期間が設けられる場合もある。1年契約で採用された証券アナリストが、試用期間中である2か月余りのところで不適格として解雇された事案では、解約権の行使は有効とされた（リーディング証券事件・東京地判平成25・1・31労経速報2180号3頁〔28212569〕）。解約権行使のためには、労契法16条の要件に加えて、同法17条1項の「やむを得ない事由」も必要と述べている点は、判決が自ら指摘しているように、留保解約権の趣旨に照らして議論の余地もあるように思われるが、少なくともこの事案では、「やむを得ない事由」にも該当すると判断がなされた。また、6か月契約で雇用された介護施設の労働者が、入居者や同僚に不適切な言動を繰り返したため3か月の試用期間の途中で解雇された事案では、解雇にはやむを得ない事由があり有効と判断された（メディカル・ケア・サービス事件・東京地判令和2・3・27労経速報2425号31頁〔28283519〕）。さらに、「新たに採用された従業員」について3か月の試用期間を定めた就業規則が、1年の有期契約で採用された労働者にも適用されると解したうえで、当人の勤務態度、営業成績、勤怠等に照らして営業職への適性が認められず、試用期間満了時の解雇はやむを得ない事由に該当する、と判断した事案もある（柏書房事件・さいたま地判令和4・4・19労経速報2494号24頁〔28302915〕）。

他方、試用期間中に解約がなされず、労働者が、試用期間の満了後は期間の定めのない労働契約になったと主張した事例では、有期労働契約に試用期間を設けることも可能であり、試用期間が経過したからといって当然に期間の定めのない契約になるわけではないとして、斥けられた（アデコ事件・大阪地判平成

19・6・29労働判例962号70頁〔28132244〕、藍澤證券事件・東京地判平成21・9・28労働判例1011号27頁〔28160579〕)。これらの事案では、結局、契約期間の満了による雇止めの効力が認められている。

事例

・前掲京都ヤマト運輸事件

　Y会社の就業規則では、副社員とは、「正社員登用を前提として1年以内の期間を設け、人物・職務遂行能力・勤務状況等を観察中の試雇社員」とされていた。Xは、Y会社に、当初はアルバイトとして雇用され、その後、明確な期間を定めないまま副社員となったが、1年以上を経過しても副社員のままであったので、正社員であることの確認を求めた。

＜判旨＞

　「副社員は、単なる期間雇用と異なり、正社員登用を目的とする試雇社員と定義されていること、現実の運用上も、副社員は、社員としての種別であることが明らかな準社員や契約社員などと異なり、勤務内容等や月例賃金は正社員と同等であること、正社員登用時には正社員採用通知書が交付されるといっても、他に格別の手続がなされるものではなく、提出書類も副社員採用時のものがそのまま流用されており、そうすると右通知書の交付も、その時点で新たに副社員とは異種の正社員としての雇用契約を締結したことを証するものというよりは、Yが一方的に労働条件の変更を通知するだけの辞令にすぎないと認められること、副社員就業規則制定後の正社員の採用は、副社員雇用契約を経由して行うことが一般的となっていることなどからすると、副社員が、正社員採用のための試用期間であることは明らかというべきであり、副社員と正社員とが全く種別の異なる社員であるとすることはできず、むしろ、正社員として登用された場合の従業員の地位はその前後で連続性を有するものと解される。(中略)

　そうすると、副社員は、期間の定めがない雇用契約であることを前提に、Yにおいて広い裁量権のある解約権を留保する趣旨のものであると解するのが相当であり、正社員とは別種の従業員であるというYの主張は採用できない。

　そして、右のように解するときは、留保された解約権が行使されたと認められない限り、試雇期間の経過によって解約権は消滅し、Yと副社員との雇用契約は、解約権留保の存しない雇用契約である正社員としての雇用契約に移行するものというべきである」

　(本件では、Yが解約権を行使したとは認められず、副社員採用から1年が経過した日に、Xは正社員たる地位を取得した)

(中窪裕也)

事項索引
(五十音順)

あ 行

IPメッセンジャー ……………189
あっせん………………………456
安全配慮義務……………45, 147, 151
育児休業給付金………………263
異常な私的利用………………180
一時金(賞与)…………………414
一定時間以上の残業の免除請求権……271
一般的な新入社員研修………170
医療者…………………………199
インターネットの私的利用……122
受入れ企業の使用者性………34
請負……………………………30
営業秘密…………………131, 132
　　──の保護態勢の整備……180
HIV(エイズ・ウイルス)感染……198
　　──に関する情報…………199
HIV感染情報不当開示………198
HIV検査………………………465
　　──への事前告知…………200
黄犬契約………………………464
公の職務………………………177
OJT(On-the-Job Training)……166
親会社の使用者性……………36
お礼奉公………………………178

か 行

海外留学の学費・渡航費の返還………169
外国人研修生…………………11
外国人差別の禁止……………157
外国人実習生…………………159
解雇権濫用法理………………119
解約権の行使…………………488

解約権留保……………………483
過半数代表…………………353, 359
過半数代表者…………………354
看護婦等修学資金貸与契約…171
看護婦見習……………………178
監査役……………………………8, 26
間接……………………………152
間接差別………………………463
　　──の禁止…………………206
間接適用……………………152, 153
勧誘……………………………457
期間の定めがあることによる不合理な労働条件相違の禁止………………115
企業施設の私的利用禁止規定……185
企業内の複数組合併存における使用者の中立………………………273
危険責任原則…………………127
季節労働者……………………39
偽装請負………………………176
偽装解散………………………43
規範的効力…………………368, 385
規範的部分……………………368
逆求償…………………………128
休日・休暇……………………436
90％条項………………………279
給与額と日当相当額との差額……177
教育訓練・能力開発の受講義務……125
競業行為の差止め……………135
競業避止義務…………………133, 134
強行規定………………………162
強行法規………………………353
行政解釈………………………353
行政監督………………………353
行政機関

──以外の機関への通報…………138
──への通報………………………138
強制労働の禁止……………………162
業務性を有する研修費用…………170
業務命令……………………………123
業務用パソコンの私的利用………187
均衡…………………………………157
──の理念………………………114
均衡考慮の原則……………114, 161
勤続奨励手当………………………166
均等待遇の原則……………………157
勤務時間短縮（等）………269, 270
勤務時間短縮措置からフルタイムへの復
　帰の権利の有無………………270
勤務地限定合意……………………358
芸能人…………………………10, 12
契約
　──の自由……………………468
　──の存続期間………………497
契約期間の制限……………………163
契約締結上の過失…………………460
契約締結の自由……………455, 471
現実的かつ具体的な可能性……… 39
研修医……………………………… 10
研修参加についての自主性と自由な意思
　の確保…………………………175
兼職…………………………………130
兼職許可制…………………………130
憲法14条の平等原則………………206
憲法の人権規定……………………152
権利（の）濫用……………………122
　──の禁止……………………118
合意原則……………………………110
公益通報者の保護…………………139
公益通報対応体制整備義務………140
公益通報労働者の保護……………137
降格命令権の濫用…………………119
公権力の行使に当たる行為………153

公序……………………………116, 134
交信の回数の多寡…………………188
コース別人事管理…………………214
コース別人事制度…………………209
コース別賃金制度…………………214
公正評価義務違反…………………214
降任処分……………………………188
高頻度のみの私的メールへの規制の緩和
　化………………………………188
公民権行使の保護…………………176
公民権保障の限界…………………178
公民としての権利…………………176
合理性
　労働契約法7条の──………363
　労働契約法10条の──………364
合理的意思解釈……………………270
合理的な裁量判断の限界…………154
功労報償……………………………165
告知…………………………………199
告知義務……………………………199
国民審査……………………………177
国民投票……………………………177
個人請負・委任型就業者………5, 22
個人情報の管理……………………204
個人情報保護………………………466
個人の尊重・幸福追求の権利……152
国家斉唱……………………………153
雇用保険法上の労働者…………… 27

さ 行

サイニングボーナス………………166
裁判員休暇制度における日当……177
裁判員の職務………………………177
債務
　──の本旨に従った労務の受領を拒
　　絶……………………………272
　──の本旨に従った労務の提供…272
債務的効力…………………………368

債務的部分……………………………368
採用………………………………………468
　　──の自由…………………468, 469
採用拒否………………………………469
差別禁止………………………………462
差別的言動禁止・差別的思想醸成避止義
　務………………………………………149
差別なき地位の確認…………………207
産前産後休業・育児休業取得後になされ
　た降格…………………………………225
時間外・休日労働命令権の濫用……119
時間外労働義務………………………117
指揮命令権……………………118, 121
　　──の濫用……………………119
事業場単位の拡張適用………………370
事業主……………………………30, 31
仕事と生活の調和への配慮の原則……116
支持政党、宗教等による差別………152
私生活上の平穏………………………204
事前告知………………………………200
思想・信条の自由………………152, 469
思想・信条の調査……………………463
支度金の返還…………………………165
執行役員………………………………8, 25
実際に発生した損害…………………163
実際の出勤率に応じた減額…………279
実質的周知………………………360, 362
疾病……………………………………199
執務時間中の離席……………………187
私的生活領域…………………………197
私的メール……………………………188
　　──交信の頻度………………188
　　──の頻度及び内容面での濫用度
　　………………………………………186
　　──利用中の業務懈怠による懈怠時
　　　間相当分の賃金……………189
　　高頻度のみの──への規制の緩和
　　………………………………………188

多量の──利用………………………181
私的利用禁止規定……………………185
支配力説…………………………………33
社会的身分……………………………160
社内コンピュータ・ネットワークへのモ
　ニタリング……………………………180
社内ネットワークシステム…………203
社内の誹謗中傷メール………………181
就業が著しく困難……………………210
就業環境相談対応義務………………149
就業規則………………………………358
　　──と合意の優先……………365
　　──の意見聴取義務…………359
　　──の契約内容規律効…………359
　　──の契約変更効……………359
　　──の契約補充効……………359
　　──の合理性…………………359
　　──の効力発生要件…………359
　　──の最低基準効……………358
　　──の作成……………………359
　　──の周知……………………359
　　──の周知義務………………359
　　──の届出義務………………359
　　──の不利益変更……………365
　　──の変更……………………380
　　──の変更の合理性…………382
就業の場所の変更を伴う場合の配慮義務
　………………………………………285
集合住宅の共用部分…………………197
周知………………………………362, 382
住民投票………………………………177
住民の直接請求………………………177
就労請求権……………………………141
出向命令権の濫用……………………119
守秘義務…………………………131, 132
昇格性差別……………………………212
試用期間………………………………481
　　──の延長……………………494

昇給・昇格の要件 …………………211
消極的意味でのプライバシーの保持義務
　………………………………………199
消極的な育児介護環境整備のための異動
　義務の否定要素 ………………286
常勤的地方議会議員等への就任 ………178
上司に対する不穏当な批判 ……………188
使用者 …………………………………30, 33
　　──によるDVD・VTR等による撮
　　影 ……………………………………197
　　　労働組合法7条の── ……………33
　　　労働契約上の── ……………… 30
使用者概念の時間的拡張 ……………… 33
使用者責任 ………………………………128
昇進差別 …………………………………211
肖像権侵害 ………………………………197
私用電話の制限 …………………………203
私用メール ………………………………181
賞与支給欠格要件 ………………………279
職安法上の雇用関係 …………………… 29
職員服務規程 ……………………………188
処遇面での男女差別の禁止 ……………207
職業紹介 …………………………………456
職業紹介事業の許可制 …………………455
職業選択の自由 ……………………130, 134
職種限定合意 ……………………………357
職掌別人事制度 …………………………216
職能等級の昇格 …………………………217
職場環境配慮義務 ……………148, 149, 151
職務専念義務 ………………………122, 186
職務発明 …………………………………143
所持品検査 ………………………………194
所持品検査拒否 …………………………195
女性労働者の結婚・妊娠・出産退職制等
　の禁止 …………………………………224
女性労働者の保護 ………………………206
所定外労働の制限 …………………269, 270
所定労働時間短縮等 ……………………269

シルバー人材センター ………………… 12
人格権 ……………………………………122
人格的自律 ………………………………204
人格的利益を尊重する義務 ……………146
信義誠実の原則（信義則）
　………………………117, 120, 127, 129,
　　　　　　　　　　131, 133, 147, 280
人材開発 …………………………………167
人材開発投資 ………………………166, 167
人事考課による昇進の差異 ……………214
真実解散 ………………………………… 43
真実相当性 ………………………………136
人種差別 ……………………………157, 160
人種差別的文書の配布行為 ……………160
信条自体と外部への働きかけ …………162
深夜業制限の請求に対応した異動・シフ
　ト調整の要否・程度 …………………272
診療情報不正閲覧 ………………………200
推定的同意 ………………………………204
成果主義型賃金制度 ……………………421
誠実義務 …………………………………129
誠実労働義務 ……………………………122
精神的自由 ………………………………162
性的差別禁止法 …………………………206
性的自己決定権 …………………………340
性的自由 …………………………………340
生理休暇中の賃金 ………………………210
生理休暇保障の趣旨 ……………………211
生理日の就業が著しく困難な女性 ……210
　　──に対する措置 …………………210
積極的な育児環境整備のための異動義務
　………………………………………286
選挙権 ……………………………………177
選挙人名簿の登録の申出 ………………177
センシティブな情報 ……………………465
選択の使用者原始帰属 ……………143, 145
選択の自由 ………………………………471
創作者主義 ………………………………143

相当の対価……………………144
相当の利益…………………144, 145
訴権の行使……………………177
損害賠償額を予定する契約………163

た 行

対向関係説……………………33
退職慣行………………………225
退職金…………………………415
退職後の職業選択の自由………164
退職時の研修・留学費用等の返還問題
　　………………………………166
退職年金………………………419
退職の自由…………………169, 171
第2種免許取得に係る研修費用返還条項
　　………………………………169
多量の私的メール利用…………181
短時間勤務からフルタイムへの復帰…270
男女コース別管理………………216
男女コース別採用・処遇制度……214, 216
男女差別賃金…………………206
男女賃金差別の禁止……………207
男女の処遇差…………………214
男女別賃金表による差別………207
男女別定年制…………………224
男性に対する差別的取扱い……154
地域単位の拡張適用……………370
チャット………………………188
中間搾取の排除………………175, 455
中間収入の控除………………376
懲戒権の濫用…………………119
長期の生理休暇………………210
調査・選択の自由……………455
調査の自由……………………471
調整的相殺……………………375
直雇用化………………………39
直接……………………………152
直接雇用申込み義務……………39

直接適用………………………153
出会い系サイト等への投稿……186
定年制…………………………449
DVD・VTR等による撮影・録音……196
適正・公正な業務の調整義務………271
デジタルフォレンジック…………183
デジタルプラットフォーム………81
転換制度………………………216
電子メール閲読行為……………204
　　——の相当性………………180
電子メール管理規定等の未整備………187
電子メール等の私的利用制限………179
同意を得て収集した情報を含む管理及び
　使用……………………………200
同僚の証言等…………………210
特別加入………………………104
取締役………………………8, 25

な 行

内部告発………………………136
内部通報……………………137, 140
内部通報制度…………………139
内部通報前置………………136, 140
内容の真実性…………………136
ナビシステム………………198, 204
二重就労………………………197
入社前研修……………………169
年俸制………………………111, 427
能力主義的人事………………212

は 行

賠償予定の禁止……………163, 165
　　——の退職後への規制………164
配転……………………………110
配転命令権の濫用……………119
配転命令の権利濫用……………287
派遣法40条の6第1項のみなし申込み
　　………………………………90

――に対する承諾……………… 92
派遣労働者の直雇用化………38, 39
パソコンの取扱規則……………188
パワハラ3要素…………………299
B型肝炎ウイルス検査………200, 465
被告の調査方法の公正性………187
被選挙権…………………………177
ビデオカメラ、コンピュータ等によるモニタリング……………………183
一人親方………………………………6
日雇労働者……………………… 39
病気休暇…………………………210
平等原則…………………………154
副業………………………………130
副業・兼業……………………… 93
　　――と社会保障………………103
　　――と労働時間の通算……… 97
　　――に従事する労働者に対する安全配慮義務……………… 99
　　――の制限………………… 94
　　――の促進に関するガイドライン………………………98, 99
複数就業者………………………103
福利厚生…………………………439
侮辱的表現………………………188
付随義務……………………127, 129
物品持込み禁止措置の適法要件……195
不当な人身拘束の禁止…………162
部分的使用者性………………… 33
不変更の合意……………… 367, 373
不法行為………………115, 122, 135
プライバシー……………………465
プライバシー侵害………………203
プライバシー漏えい……………198
プラットフォーム……………… 30
プラットフォーム就業者……82, 84
プラットフォームワーカー…… 37
フリーランス…………………… 82
不利益変更の合理性……………364
返還に関する自発的かつ合理的で明確な規定……………………175
報償責任原則……………………127
法人格
　　――の形骸化………………… 42
　　――の濫用………………… 42
法人格否認の法理……………37, 41
法定時間外・休日労働義務……124
法定内時間外労働・法定外休日労働義務………………………………124
ポジティブ・アクション………463
募集方法の自由……………455, 471

ま 行

身元調査…………………………486
民法536条2項の帰責事由………273
民法上の雇用契約……………… 21
無期雇用労働者…………………116
無期転換申込権…………………356
無料委託募集の届出制…………455
無料職業紹介事業………………456
免許取得費用返還………………169
免除特約付消費貸借契約………169
黙示の同意………………………390
黙示の労働契約の成立………… 41
目的の公益性……………………136
モニタリング……………………179
　　――の事前告知……………182

や 行

役職定年制………………………450
雇入れ人数決定の自由…………471
有期契約労働者への不合理な差別……157
有期雇用労働者…………………116
有給率制限の合理性……………211
有期労働契約……………………497
有期労働を理由とする不合理な差別の禁

事項索引　507

　　止…………………………………161
有償委託募集の許可制……………455
有利原則……………………………378
有料職業紹介事業…………………456
傭車運転手……………………………6
予定する定め………………………224

ら　行

リ・スキリング……………………126
留保解約権…………………………484
両罰規定………………………………31
労使委員会…………………………353
労使慣行………………………215, 371
　　──の効力……………………372
　　──の破棄……………………372
労使協定………………………354, 368
労使自治……………………………386
労働基準法の最低基準効…………354
労働基準法4条の男女同一賃金の原則
　　………………………………206
労働義務…………………121-123, 127
労働協約……………………………367
　　──と有利原則……………375
　　──による労働条件不利益変更…370
　　──の一般的拘束力…………368
　　──の規範的効力……………369
　　──の効力……………………368
　　──の法的性質………………367
労働組合
　　──による乗務員の個人情報の収集
　　　……………………………200, 204
　　──による非公式な個人情報の収集
　　　……………………………204
　　──によるプライバシー侵害……200
労働組合による無料の労働者供給事業
　　………………………………455
労働組合法7条の使用者……………33
労働契約……………109, 110, 117, 120, 356

　　──の展開過程………………164
　　──の展開過程での不当な人身拘束
　　　……………………………164
　　──の不履行…………………164
労働契約関係終了後の関係………164
労働契約基準説…………………33, 35
労働契約基本説………………………35
労働契約上の使用者…………………30
労働契約不履行の違約金…………163
労働契約法7条の合理性…………363
労働契約法10条の合理性…………364
労働三権……………………………152
労働時間……………………………432
労働者
　　──による職場でのICレコーダー
　　　による録音………………202
　　──による録音・撮影の適否……202
　　──の自由意思………………376
　　──の自由意思に基づく同意……112
　　──の人格権…………………123
　　──の人格的利益の保護……147
　　──の深夜勤務………………271
　　──の損害賠償義務…………127
　　──の同意に基づく（使用者によ
　　　る）相殺…………………376
　　──のプライバシー…………198
　　──のプライバシーの保護……179
　　──の募集……………………457
　　雇用保険法上の──…………27
労働者供給事業の原則禁止………455
労働受領義務………………………141
労働条件対等決定の原則…………110
労働条件の変更……………………111
労働条件明示義務…………………356
労働審判員の職務…………………177
労働の他人決定性……………110, 121

わ 行

ワーク・ライフ・バランス……………116
ワーク・ライフ・バランス配慮の原則
　　……………………………………270
ワンマンバスの乗務員………………196

判 例 索 引

(年月日順)

※判例情報データベース「D1-Law.com判例体系」の判例IDを〔 〕で記載

昭和21年～30年

大阪地判昭和24・8・2刑事裁判資料55号511頁（中松硬質ガラス製作所事件）〔27610141〕 ·· 32

大阪高判昭和25・11・25労働関係刑事事件判決集222号256頁（奥谷木工所事件）〔27610342〕 ·· 31

東京地決昭和25・12・28労働民例集1巻6号1078頁（理化学興業事件）〔27610342〕 ··· 361

東京高判昭和26・9・21高裁刑集4巻13号1787頁（三和電線工業事件）〔27610414〕 ··· 32

最二小判昭和27・2・22民集6巻2号258頁（十勝女子商業事件）〔27003427〕 ·· 162

最二小決昭和27・7・4民集6巻7号635頁（三井造船玉野分会就業規則変更事件）〔27003398〕 ·· 361

東京高判昭和28・3・23労働民例集4巻3号26頁（松崎建設工業事件）〔27610524〕 ·· 371

最一小判昭和29・3・11刑集8巻3号240頁（職業安定法違反被告事件）〔27680528〕 ··· 29, 457

東京地決昭和30・7・19判時57号23頁（東京出版販売懲戒解雇事件）〔27610727〕 ·· 361

昭和31年～40年

最二小判昭和31・11・2民集10巻11号1413頁（関西精機事件）〔27002869〕 ··· 375

東京地決昭和32・7・20判時120号25頁（山武ハネウエル事件）〔27440324〕 ··· 482

東京地決昭和32・9・21判時132号24頁（東京コンクリート事件）〔27610942〕 ··· 482

東京高決昭和33・8・2判タ83号74頁（読売新聞社事件）〔27611027〕 ········· 141

最一小決昭和34・3・26刑集13巻3号401頁（日本衡器工業事件）〔27611088〕 ·· 31

最二小判昭和34・12・28民集13巻13号1678頁（静岡相互銀行事件）〔27002510〕 ··· 480

最三小決昭和35・4・26刑集14巻6号768頁〔27611177〕 ······················ 457

最一小判昭和36・5・25民集15巻5号1322頁（山崎証券事件）〔27002300〕 ······ 66

名古屋地判昭和36・5・31労働民例集12巻3号484頁（豊田工機退職金請求
　事件）〔27611287〕 ··· 361
大阪地判昭和36・7・19判時270号11頁（朝日新聞社の原稿係の若年停年制
　事件）〔27611297〕 ··· 361, 362
最二小判昭和37・5・18民集16巻5号1108頁（大平製紙事件）〔27002149〕 ······23
最二小判昭和38・6・21民集17巻5号754頁（十和田観光電鉄事件）
　〔27002018〕 ··· 178
長野地松本支決昭和39・3・27労働民例集15巻2号182頁（マルキチタク
　シー事件）〔27611503〕 ··· 482
最大判昭和39・5・27民集18巻4号676頁（待命処分無効確認訴訟）
　〔27001913〕 ··· 157
神戸地判昭和39・7・18労働民例集15巻4号861頁（神戸船渠事件）
　〔27611534〕 ··· 482
大阪地決昭和40・10・14労働民例集16巻5号697頁（東洋敷物事件）
　〔27440908〕 ··· 482

昭和41年～50年

大阪高判昭和41・12・21判夕208号203頁〔27611739〕 ·······························32
大阪高判昭和43・2・28判時517号85頁（藤野金属工業事件）〔27611865〕 ··· 168
最二小判昭和43・8・2民集22巻8号1603頁（西日本鉄道事件）〔27000933〕
　 ·· 194, 195
最三小判昭和43・12・24民集22巻13号3050頁（日本電信電話公社（千代田
　丸）事件）〔27000872〕 ··· 121
最大判昭和43・12・25民集22巻13号3459頁（秋北バス事件）〔27000859〕
　 ·· 363, 449
最一小判昭和44・2・27民集23巻2号511頁〔27000839〕 ······························42
横浜地判昭和44・6・11判時569号85頁（石川島播磨重工業事件）
　〔27612016〕 ··· 482
盛岡地決昭和44・8・14判時569号88頁（岩手観光バス事件）〔27612032〕 ··· 482
最一小判昭和44・12・18民集23巻12号2495頁（福島県教組事件）
　〔27000752〕 ··· 375
大阪高判昭和45・7・10判時609号86頁（大阪読売新聞社事件）〔27612119〕
　 ·· 495
奈良地判昭和45・10・23判時624号78頁（フォセコ・ジャパン事件）
　〔27441334〕 ··· 134
福岡地小倉支判昭和46・2・12判夕264号325頁（東陶機器事件）
　〔27612173〕 ··· 196

高松高判昭和46・5・25判タ264号209頁（土佐清水鰹節水産加工業協同組
　合事件）〔27612207〕 ……………………………………………………………39
東京地判昭和46・7・19判タ266号210頁（学校法人麹町学園事件）
　〔27612217〕 ……………………………………………………………………482
高松高判昭和46・11・9判タ275号291頁（労働基準法違反被告事件）
　〔27612239〕 ………………………………………………………………………32
東京高判昭和47・3・31判タ276号186頁（森尾電機事件）〔27612276〕… 472, 474
名古屋地判昭和47・4・28判時680号88頁（橋元運輸事件）〔27612289〕 ………96
東京高判昭和47・7・31判タ288号383頁〔27612310〕 …………………………457
東京地判昭和47・11・17判時706号99頁（日本軽金属事件）〔27612332〕……168
最二小判昭和48・1・19民集27巻1号27頁（シンガー・ソーイング・メシー
　ン事件）〔27000514〕 …………………………………………………………401
福岡地小倉支判昭和48・4・8判タ298号335頁（朝日タクシー事件）
　〔27404043〕 ……………………………………………………………………369
仙台地判昭和48・5・21判時716号97頁（国家公務員共済組合連合会事件）
　〔27612376〕 ……………………………………………………………………357
福岡地小倉支判昭和48・5・31判時726号101頁（西日本鉄道事件）
　〔27612380〕 ……………………………………………………………………196
最大判昭和48・12・12民集27巻11号1536頁（三菱樹脂事件）〔27000458〕
　……………………………………153, 160, 462-465, 468-470, 483, 484, 498
横浜地判昭和49・6・19判タ311号109頁（日立製作所事件）〔27612465〕
　……………………………………………………………157, 160, 464, 472, 475
大阪地判昭和49・11・1判時760号100頁（電電公社近畿電通局（藤村）事
　件）〔27612492〕 ………………………………………………………………472
広島地呉支判昭和49・11・11判タ322号272頁（五洋建設事件）〔27404274〕
　……………………………………………………………………………………472
最三小判昭和50・2・25民集29巻2号143頁（自衛隊車両整備工場事件）
　〔27000387〕 ……………………………………………………19, 45, 118, 292, 293
横浜地川崎支判昭和50・3・3労働民例集26巻2号107頁（帝国通信工業事
　件）〔27612526〕 ………………………………………………………………196
秋田地判昭和50・4・10判タ321号162頁（秋田相互銀行事件）〔27612549〕…207
徳島地判昭和50・7・23労働民例集26巻4号580頁（徳島船井電機事件）
　〔27411647〕 ………………………………………………………………………43
東京高判昭和50・12・22判時815号87頁（慶応義塾事件）〔27404485〕… 463, 470

昭和51年～60年

最一小判昭和51・5・6民集30巻4号409頁（油研工業事件）〔27000324〕………34

最一小判昭和51・5・6民集30巻4号437頁（中部日本放送・CBC管弦楽団
　事件）〔27000323〕 ………………………………………………… 14, 18
最一小判昭和51・7・8民集30巻7号689頁（茨石事件）〔27000317〕 …… 118, 127
東京地決昭和51・7・23判タ338号126頁（日本テレビ放送網事件）
　〔27612644〕 ……………………………………………………………… 358
最三小判昭和51・12・24労経速報937号6頁（慶大医学部附属厚生女子学院
　事件）〔28271350〕 ……………………………………………………… 470
東京高判昭和52・3・31判タ355号337頁（東箱根開発事件）〔27612696〕 …… 166
大阪地決昭和52・6・27判タ349号150頁（小太郎漢方製薬事件）
　〔27612711〕 ……………………………………………………………… 487
最二小判昭和52・8・9労経速報958号25頁（三晃社事件）〔28030508〕 ……… 164
最三小判昭和52・12・13民集31巻7号974頁（目黒電報電話局事件）
　〔27000264〕 ………………………………………………………… 122, 364
最三小判昭和52・12・20民集31巻7号1101頁（神戸税関事件）〔27000261〕 … 119
静岡地判昭和52・12・23労働判例295号60頁（河合楽器製作所事件）
　〔27404817〕 ……………………………………………………………… 168
大阪地決昭和53・3・1労働判例298号73頁（大阪白急タクシー事件）
　〔27813971〕 ……………………………………………………………… 386
大阪地判昭和53・8・9判タ366号157頁（全日本検数協会大阪支部事件）
　〔27612808〕 ………………………………………………………… 373, 374
大阪高判昭和53・8・31判タ375号130頁（前田製菓事件）〔27411833〕 …25, 76, 77
神戸地決昭和54・7・12労働判例325号20頁（ブック・ローン事件）
　〔27612888〕 ……………………………………………………………… 358
最二小判昭和54・7・20民集33巻5号582頁（大日本印刷事件）〔27000194〕
　…………………………………………………………………… 473, 475
東京地判昭和54・10・29判タ404号107頁（八洲測量事件）〔27612914〕 …… 474
大阪地判昭和55・2・22労働判例337号66頁（岡谷鋼機事件）〔27612951〕 ……44
横浜地判昭和55・3・28判時971号120頁（三菱重工業事件）〔27612967〕 …… 437
横浜地判昭和55・3・28労働判例342号46頁（昭光化学工業事件）
　〔27612968〕 ……………………………………………………………… 447
最二小判昭和55・5・30民集34巻3号464頁（電電公社電気通信局（中川）
　事件）〔27000174〕 ……………………………………………………… 473
名古屋地決昭和55・8・6判時983号122頁（三愛作業事件）〔27612995〕 …… 487
名古屋高決昭和55・12・4労働民例集31巻6号1172頁（三愛作業事件）
　〔27613016〕 ……………………………………………………………… 492
大阪地判昭和55・12・19判時1001号121頁（北港タクシー事件）
　〔27613020〕 ………………………………………………………… 370, 371, 386

大阪地判昭和56・2・16判タ450号137頁（大阪白急タクシー事件）
　〔27442135〕 ··· 447
最二小判昭和56・5・11判タ446号92頁（前田製菓事件）〔27412022〕 ······ 25, 75
最三小判昭和57・4・13民集36巻4号659頁（大成観光事件）〔27000090〕 ······ 122
最一小判昭和57・5・27民集36巻5号777頁（東京都建設局事件）
　〔27000086〕 ··· 473
最大判昭和57・7・7民集36巻7号1235頁（堀木訴訟）〔27000077〕 ············ 157
東京高判昭和57・10・7労働判例406号69頁（日本鋼管鶴見造船所事件）
　〔28223626〕 ··· 40
東京地決昭和57・11・19労働民例集33巻6号1028頁（小川建設事件）
　〔27613147〕 ··· 95
名古屋地判昭和57・12・20判時1077号105頁〔27405874〕 ························ 46
大阪地決昭和58・2・10労働判例403号38頁（大阪相互タクシー事件）
　〔27613157〕 ··· 153
東京地判昭和58・2・24判時1079号106頁（ソニー・ソニーマグネプロダク
　ツ事件）〔27613161〕 ·· 374
福岡地決昭和58・2・24労働判例404号25頁（大成会福岡記念病院事件）
　〔27613162〕 ··· 357
東京高判昭和58・4・26労経速報1154号22頁（社会保険新報社事件）
　〔27613175〕 ··· 178
最二小判昭和58・7・15判タ515号117頁（御国ハイヤー事件）〔27613194〕
　·· 393, 406
大津地判昭和58・7・18労働判例417号70頁（森下製薬事件）〔27613195〕 ··· 178
大阪地判昭和58・9・27労働判例418号36頁（総合健康リサーチセンター事
　件）··· 75
最二小判昭和58・11・25判タ515号108頁（タケダシステム事件）
　〔27613221〕 ··· 211, 438
東京高判昭和58・12・19判タ521号241頁（八洲測量事件）〔27613228〕
　··· 458, 459, 479
東京高判昭和59・2・29判時1113号59頁（所沢公共職安所長事件）
　〔27613247〕 ··· 29
名古屋地判昭和59・3・23判タ538号180頁（ブラザー工業事件）
　〔27490772〕 ··· 494
大阪高判昭和59・3・30判時1122号164頁（布施自動車教習所事件）
　〔27490543〕 ··· 44
福島地いわき支判昭和59・3・31判時1120号133頁（三洋海運事件）
　〔27613264〕 ··· 487
最三小判昭和59・4・10民集38巻6号557頁（川義事件）〔27000021〕 ············ 45

東京地判昭和59・6・3労働判例433号15頁〔28160098〕……………………77
大阪地判昭和59・9・19労働判例441号33頁〔27413015〕……………………77
東京地判昭和60・1・30判タ565号137頁（大森精工事件）〔27613325〕……… 495
最三小判昭和60・7・16民集39巻5号1023頁（エヌ・ビー・シー工業事件）
　　〔27100014〕………………………………………………………………… 211
名古屋地判昭和60・9・11判タ611号38頁（太平洋運輸事件）〔27613367〕
　　………………………………………………………………………… 360, 361
東京地判昭和60・11・20労働判例464号17頁（雅叙園観光事件）
　　〔27613376〕………………………………………………………………… 495
大阪地決昭和60・12・27労働判例468号12頁（アヅミ事件）〔28230006〕…… 358

昭和61年～63年

最一小判昭和61・3・13労働判例470号6頁（電電公社帯広局事件）
　　〔27803721〕…………………………………………………… 120, 364, 365
東京地判昭和61・3・27労働判例472号42頁（常盤基礎事件）〔27803726〕
　　……………………………………………………………………… 360, 361
浦和地判昭和61・5・30判時1238号150頁（サロン・ド・リリー事件）
　　〔27613414〕………………………………………………………… 170, 171
最二小判昭和61・7・14判タ606号30頁（東亜ペイント事件）〔27613417〕
　　………………………………………………………………………… 119, 358
東京高判昭和61・10・14金融商事767号21頁（かなざわ総本舗事件）
　　〔27802040〕………………………………………………………………… 461
最一小判昭和62・2・26判タ642号159頁（阪神観光事件）〔27613474〕………35
東京高判昭和62・2・26判タ630号259頁（タケダシステム事件）
　　〔27613475〕………………………………………………………… 211, 438
東京地判昭和62・3・27労働判例495号16頁（安部一級土木施工監理事務所
　　事件）〔27613490〕………………………………………………… 459, 478
福井地判昭和62・3・27判タ641号115頁（金井学園福井工大事件）
　　〔27802084〕………………………………………………………………… 357
最一小判昭和62・4・2判タ644号94頁（あけぼのタクシー事件）
　　〔27800225〕………………………………………………………………… 376
名古屋地判昭和62・7・27判タ655号126頁（大隈鉄工所事件）〔27800500〕… 128
東京高判昭和62・12・24労働判例512号66頁（日産自動車村山工場事件）
　　〔27805138〕………………………………………………………………… 357
最二小判昭和63・2・5労働判例512号12頁（東京電力事件）〔27803803〕…… 162
最三小判昭和63・2・16民集42巻2号60頁（大曲市農業協同組合事件）
　　〔27100073〕………………………………………… 392, 393, 405, 406, 415

東京地判昭和63・2・24判タ676号97頁（国鉄蒲田電車区事件）〔27806329〕
　　　　‥‥‥‥‥‥‥‥‥‥‥‥‥‥‥‥‥‥‥‥‥‥‥‥‥‥‥‥‥‥‥‥‥ 373
大阪高判昭和63・3・28判タ676号85頁（ネッスル事件）〔27802473〕 ‥‥‥‥ 379
東京地決昭和63・12・5労働民例集39巻6号658頁（サッスーン（ユナイ
　　テッドキングダム）リミテッド事件）〔27807408〕‥‥‥‥‥‥‥‥‥‥ 494
東京地判昭和63・12・22判タ698号234頁（三菱電機鎌倉製作所事件）
　　〔27804399〕‥‥‥‥‥‥‥‥‥‥‥‥‥‥‥‥‥‥‥‥‥‥‥‥‥‥‥‥ 40

平成元年～10年

千葉地判平成元・6・30判時1326号150頁〔27805229〕‥‥‥‥‥‥‥‥‥‥‥ 77
東京地判平成元・7・10労働判例543号40頁（工学院大学事件）〔27807168〕
　　‥‥‥‥‥‥‥‥‥‥‥‥‥‥‥‥‥‥‥‥‥‥‥‥‥‥‥‥‥‥‥‥‥‥ 449
盛岡地判平成元・8・16労働判例549号39頁（ヒノヤタクシー事件）
　　〔27808437〕‥‥‥‥‥‥‥‥‥‥‥‥‥‥‥‥‥‥‥‥‥‥‥‥‥‥‥‥ 494
最一小判平成元・9・7判タ757号122頁（香港上海銀行事件）〔27808441〕
　　‥‥‥‥‥‥‥‥‥‥‥‥‥‥‥‥‥‥‥‥‥‥‥‥‥‥‥‥‥ 369-371, 389
最一小判平成元・12・7労働判例554号6頁（香港上海銀行事件）
　　〔27808460〕‥‥‥‥‥‥‥‥‥‥‥‥‥‥‥‥‥‥‥‥‥‥‥‥‥‥‥‥ 357
最一小判平成元・12・14民集43巻12号1895頁（日本シェーリング事件）
　　〔27805324〕‥‥‥‥‥‥‥‥‥‥‥‥‥‥‥‥ 211, 279, 369, 371, 387, 388
大阪高判平成2・3・8判タ737号141頁（千代田工業事件）〔27807274〕
　　‥‥‥‥‥‥‥‥‥‥‥‥‥‥‥‥‥‥‥‥‥‥‥‥‥‥‥‥‥ 459, 460, 478
静岡地判平成2・3・23判タ731号150頁（ネッスル事件）〔27806741〕‥‥‥ 121
最三小判平成2・6・5民集44巻4号668頁（神戸弘陵学園事件）〔27806502〕
　　‥‥‥‥‥‥‥‥‥‥‥‥‥‥‥‥‥‥‥‥‥‥‥‥‥‥‥‥‥‥‥ 494, 497
東京地判平成2・7・4判タ731号61頁（社会保険診療報酬支払基金事件）
　　〔27806864〕‥‥‥‥‥‥‥‥‥‥‥‥‥‥‥‥‥‥‥‥‥‥‥‥‥‥‥‥ 212
名古屋高判平成2・8・31判タ745号150頁（中部日本広告社事件）
　　〔27807703〕‥‥‥‥‥‥‥‥‥‥‥‥‥‥‥‥‥‥‥‥‥‥‥‥‥‥‥‥ 135
仙台地判平成2・10・15労働民例集41巻5号846頁（日魯造船事件）
　　〔27808994〕‥‥‥‥‥‥‥‥‥‥‥‥‥‥‥‥‥‥‥‥‥‥‥ 404, 410, 416
東京地判平成2・10・29判タ758号189頁（日本書籍出版協会事件）
　　〔27808953〕‥‥‥‥‥‥‥‥‥‥‥‥‥‥‥‥‥‥‥‥‥‥‥‥‥‥‥‥ 434
大阪高判平成2・11・15判タ753号118頁（進学ゼミナール予備校事件）
　　〔27808525〕‥‥‥‥‥‥‥‥‥‥‥‥‥‥‥‥‥‥‥‥‥‥‥‥‥‥‥‥ 65
最二小判平成2・11・26民集44巻8号1085頁（日新製鋼事件）〔27807551〕‥‥ 376
東京地判平成3・2・25判タ766号247頁（ラクソン事件）〔27809406〕‥‥ 118, 129
最一小判平成3・4・11判タ759号95頁（三菱重工事件）〔27811185〕‥‥‥45, 46, 71

大阪高判平成3・5・9判タ774号269頁（リッチドール事件）〔27814683〕…… 457
大阪地決平成3・6・17労働判例592号23頁（阪神交通管理事件）
　〔27813089〕……………………………………………………………… 435
東京地判平成3・8・7判タ769号169頁（東京中央郵便局事件）〔27809768〕… 373
最一小判平成3・11・28民集45巻8号1270頁（日立製作所事件）〔27810301〕
　………………………………………………………… 121, 125, 355, 364, 365
大阪高判平成3・12・25判タ786号195頁（京都広告事件）〔27811596〕……… 390
福岡地判平成4・4・16判時1426号49頁（福岡セクハラ事件）〔25000004〕
　………………………………………………………………………… 253, 331
最二小判平成4・7・13判タ797号42頁（第一小型ハイヤー事件）
　〔27811661〕………………………………………………………… 394, 397, 404
横浜地川崎支判平成4・7・31労働判例622号25頁（第二国道病院事件）
　〔27819813〕………………………………………………………… 171, 172, 178
東京地判平成4・8・27判タ795号61頁（日ソ図書男女賃金差別事件）
　〔25000021〕………………………………………………………………… 207, 209
青森地判平成5・3・30判タ819号119頁（みちのく銀行事件）〔27815673〕… 451
最二小判平成5・6・11判タ825号125頁（国鉄鹿児島自動車営業所事件）
　〔27816407〕……………………………………………………………… 121
大阪高判平成5・6・25労働判例679号32頁（商大八戸ノ里ドライビングス
　クール事件）〔28172928〕………………………………………… 372, 373
東京高判平成5・11・12判時1484号135頁（松蔭学園事件）〔27818367〕…… 317
最二小判平成6・1・31労働判例648号12頁（朝日火災海上保険事件）
　〔27970525〕……………………………………………………………… 377
東京地判平成6・3・31判タ853号184頁（空港環境整備協会事件）
　〔27825485〕……………………………………………………………… 416
最二小判平成6・4・22民集48巻3号944頁（東京エグゼクティブ・サーチ事
　件）〔27818523〕………………………………………………………… 456
大阪地判平成6・4・28判時1542号115頁（象印マホービン事件）
　〔27828238〕……………………………………………………………… 144
名古屋地判平成6・6・3判タ879号198頁（中部ロワイヤル事件）
　〔27827558〕………………………………………………………………… 56
大阪地決平成6・8・5労働判例668号48頁（新関西通信システムズ事件）
　〔28019347〕………………………………………………………………… 45
大阪地決平成6・9・22労働判例674号96頁（大阪進学スクール事件）
　〔28020691〕……………………………………………………………… 497
東京高判平成6・11・24労働判例714号16頁（横浜南労基署長（旭紙業）事
　件控訴審）〔27827651〕…………………………………………………… 2
最三小判平成6・12・20民集48巻8号1496頁（倉田学園事件）〔27826271〕… 364

最一小判平成7・2・9判タ874号123頁（興栄社事件）〔27827059〕……… 25, 75
最三小判平成7・2・28民集49巻2号559頁（朝日放送事件）〔27826691〕
………………………………………………………………33, 35-37, 39, 88
東京地判平成7・3・7判タ877号194頁（三協事件）〔27827333〕……… 419
最一小判平成7・3・9労働判例679号30頁（商大八戸ノ里ドライビングス
　クール事件）〔28021595〕 ……………………………………… 372, 373
東京高判平成7・3・16労働判例684号92頁（片山組事件）〔27828223〕…… 247
大阪簡判平成7・3・16労働判例677号51頁（医療法人北錦会事件）
　〔28020872〕…………………………………………………………… 166
横浜地判平成7・3・24判時1539号111頁（横浜セクハラ事件）〔27828035〕… 342
札幌地室蘭支判平成7・3・27判タ891号120頁（伊達信金事件）〔27828474〕
　………………………………………………………………………… 434
東京地判平成7・3・29労働判例685号106頁（山翔事件） ……………… 390
東京地判平成7・3・30判タ876号122頁（HIV感染者解雇事件）〔27827261〕
　…………………………………………………………………… 198, 199
東京地判平成7・5・17労働判例677号17頁（安田生命保険事件）
　〔28020697〕…………………………………………………………… 369
大阪地決平成7・6・19労働判例682号72頁（太平洋証券事件）〔28011579〕
　……………………………………………………………………… 66, 83
大阪地堺支判平成7・7・12労働判例682号64頁（大阪府精神薄弱者コロ
　ニー事業団事件）〔28011578〕 ……………………………………… 450
名古屋高判平成7・7・19労働判例700号95頁（名古屋学院事件）
　〔28010238〕…………………………………………………………… 419
最三小判平成7・9・5労働判例680号28頁（関西電力事件）〔27827852〕
　…………………………………………………………………148, 327, 328
東京地決平成7・10・16判タ894号73頁（東京リーガルマインド事件）
　〔27828921〕……………………………………………………… 134, 135
東京地判平成7・12・4労働判例685号17頁（バンクオブアメリカイリノイ
　事件）〔28011582〕 ………………………………………… 147, 323, 324
最二小判平成8・2・23労働判例690号12頁（JR東日本（本荘保線区）事
　件）〔28010347〕 …………………………………………………121, 123
松山地今治支判平成8・3・14労働判例697号71頁（実正寺事件）
　〔28011058〕……………………………………………………………… 12
長野地上田支判平成8・3・15判タ905号276頁（丸子警報器事件）
　〔28010222〕…………………………………………………………… 161
浦和地判平成8・3・22判タ914号162頁（藤島建設事件）〔28010993〕……… 52
最三小判平成8・3・26民集50巻4号1008頁（朝日火災海上保険事件）
　〔28010249〕……………………………………… 370, 371, 386, 387, 389, 396

東京地判平成8・7・8判時1594号148頁（退職金請求事件）〔28020756〕·········27
東京地判平成8・7・26労働判例699号22頁（中央林間病院事件）
　　〔28011254〕···68
福岡高判平成8・7・30労働判例757号21頁（九州朝日放送事件）
　　〔28020378〕··358
大阪地決平成8・9・9労働判例703号29頁（住道美容事件）〔28011506〕······449
大阪高判平成8・9・18判タ935号119頁（学校法人聖パウロ学園事件）
　　〔28020890〕··498
名古屋高金沢支判平成8・10・30判タ950号193頁（金沢セクシュアル・ハ
　ラスメント事件）〔28020343〕···340
東京地判平成8・11・27判時1588号3頁（芝信用金庫事件）〔28020042〕
　　··212, 215
最一小判平成8・11・28判タ927号85頁（横浜南労基署長（旭紙業）事件）
　　〔28020411〕··2, 4, 6, 7, 48, 83
高松高判平成8・11・29労働判例708号40頁（実正寺事件）〔28020407〕······12
東京地決平成9・1・24判時1592号137頁（デイエフアイ西友事件）
　　〔28020643〕··427
最三小判平成9・1・28民集51巻1号78頁（改進社事件）〔28020337〕·······158
最二小判平成9・2・28民集51巻2号705頁（第四銀行事件）〔28020596〕
　　··· 364, 382-384, 392, 397, 399, 452
旭川地判平成9・3・18労働判例717号42頁（旭川セクハラ事件）
　　〔28021276〕··342
大阪地判平成9・3・24労働判例715号42頁（新日本通信事件）〔28021058〕···358
東京地判平成9・3・25労働判例718号44頁（有限会社野本商店事件）
　　〔28022363〕···377, 390
最一小判平成9・3・27判タ944号100頁（朝日火災海上保険（石堂）事件）
　　〔28020805〕··370, 386, 387, 415, 419, 445
東京地判平成9・5・26判時1611号147頁（長谷工コーポレーション事件）
　　〔28021273〕···169, 172, 175
大阪地判平成9・5・28労経速報1641号22頁（ティーエム事件）〔28021866〕
　　··390
東京地判平成9・6・23労働判例719号25頁（JR東日本事件）〔28021562〕···440
東京地判平成9・8・1判タ957号196頁（ほるぷ事件）〔28021882〕··············437
東京地決平成9・10・31判タ964号150頁（インフォミックス事件）
　　〔28030016〕··475
大阪地決平成9・11・4労働判例738号55頁（ヤマゲンパッケージ事件）
　　〔28030704〕··450
東京高判平成9・11・17労働判例729号44頁（トーコロ事件）〔28030367〕···355

東京高判平成9・11・20判時1673号89頁（横浜セクハラ事件）〔28030237〕… 342
神戸地姫路支判平成9・12・3労働判例730号40頁（本譲事件）〔28030497〕… 377
福岡地小倉支決平成9・12・25労働判例732号53頁（東谷山家事件）
　　〔28030726〕……………………………………………………………… 123
大阪高判平成10・2・18労働判例744号63頁（安田病院事件）〔28033128〕……61
東京地判平成10・3・17判タ986号221頁（富士重工業事件）〔28030837〕
　　……………………………………………………………………… 172, 174
横浜地川崎支判平成10・3・20労働判例770号135頁（神奈川県立外語短大
　　事件）〔28050125〕…………………………………………………… 342
最一小判平成10・4・9労働判例736号15頁（片山組事件）〔28030784〕… 247, 248
大阪地判平成10・4・13判タ987号207頁（幸福銀行事件）〔28033127〕……… 419
大阪地決平成10・4・27労経速報1676号8頁（ソニーマーケティング事件）
　　〔28033288〕…………………………………………………………… 459
大阪高判平成10・5・29判時1686号117頁（日本コンベンションサービス事
　　件）〔28033317〕……………………………………………………… 133
大阪高判平成10・7・22労働判例748号98頁（駸々堂事件）〔28040179〕…… 390
大阪地判平成10・9・7労働判例748号86頁（関西定温運輸事件）
　　〔28041166〕…………………………………………………………… 450
最三小判平成10・9・8労働判例745号7頁（安田病院事件）〔28033311〕………61
最一小判平成10・9・10労働判例757号20頁（九州朝日放送事件）
　　〔28041010〕…………………………………………………………… 358
東京地判平成10・9・25判時1664号145頁（新日本証券事件）〔28033348〕… 172
東京地判平成10・10・26労働判例756号82頁（A協同組合事件）
　　〔28040976〕……………………………………………………… 335, 338
大阪地判平成10・10・30労働判例750号29頁（丸一商店事件）〔28040346〕
　　………………………………………………………………… 459, 460, 478
大阪地判平成10・10・30労働判例754号37頁（産業工学研究所事件）
　　〔28040822〕………………………………………………………………75
仙台高秋田支判平成10・12・10判時1681号112頁（秋田県立農業短大事件）
　　〔28040972〕…………………………………………………………… 342
大阪地判平成10・12・22知的財産権関係民事・行政裁判例集30巻4号1000
　　頁（岩城硝子ほか事件）〔28050257〕………………………………… 134
東京地判平成10・12・25労経速報1701号3頁（ゴールドマン・サックス・
　　ジャパン・リミテッド事件）〔28041355〕…………………………… 482

平成11年～20年

東京地判平成11・1・19労働判例764号87頁（エイバック事件）……………… 390

東京地判平成11・2・16労働判例761号101頁（植物園ほか事件）
〔28041540〕 ··· 71
東京地判平成11・3・12労経速報1712号9頁（ダイヤモンドコミュニティ事
件）〔28042678〕 ··· 488
福岡地判平成11・3・24労働判例757号31頁（古賀タクシー事件）
〔28041013〕 ··· 357
最一小判平成11・3・25裁判集民192号499頁〔28040618〕 ······················· 151
大阪地判平成11・4・28労働判例765号29頁（茨木高槻交通事件）
〔28042434〕 ··· 447
東京地判平成11・5・28判時1727号108頁（協立物産事件）〔28060098〕 ····· 133
横浜地判平成11・5・31判タ1037号227頁（スズキ自販神奈川事件）
〔28052056〕 ··· 480
東京高判平成11・6・8労働判例770号129頁（神奈川県立外語短大事件）
〔28050124〕 ··· 342
最二小判平成11・7・16労働判例767号14頁（金沢セクシュアル・ハラスメ
ント事件）〔28042625〕 ·· 340, 342
最二小判平成11・7・16労働判例767号16頁（金沢セクシュアル・ハラスメ
ント事件）〔28042626〕 ·· 340
札幌地判平成11・8・30判タ1037号159頁（鈴蘭交通事件）〔28051336〕 ····· 369
大阪地判平成11・9・3労働判例775号56頁（京都ヤマト運輸事件）
〔28050789〕 ·· 498, 500
東京地判平成11・10・27判時1706号146頁（バンク・オブ・インディア事
件）〔28051381〕 ··· 332
福岡高判平成11・11・2労働判例790号76頁（古賀タクシー事件）
〔28051787〕 ··· 357
名古屋地判平成11・12・27労働判例780号45頁（日本貨物鉄道（定年時差
別）事件）〔28051521〕 ·· 451
東京地判平成12・1・21労経速報1751号7頁（東京ゼネラル事件）
〔28060225〕 ··· 417
東京地判平成12・1・31判タ1057号161頁（アーク証券（本訴）事件）
〔28051953〕 ··· 390
東京地判平成12・2・8労働判例787号58頁（シーエーアイ事件）
〔28052136〕 ··· 427
最二小判平成12・3・24民集54巻3号1155頁（電通事件）〔28050603〕 ······ 243
東京地判平成12・4・14労働判例789号79頁）（サンホーム事件） ········· 335, 338
東京高判平成12・4・19労働判例787号35頁（日新火災海上保険事件）
〔28052133〕 ·· 459, 460, 479
東京地判平成12・4・27判タ1079号221頁（JR東日本事件）〔28051571〕 ······ 436

大阪地判平成12・5・8労働判例787号18頁（マルマン事件）〔28052132〕…… 245
千葉地判平成12・6・12労働判例785号10頁（T工業（HIV解雇）事件）
　　　〔28051950〕……………………………………………………………… 199
大阪高判平成12・6・30労働判例792号103頁（日本コンベンションサービ
　　　ス（割増賃金請求）事件）〔28060171〕…………………………… 360, 361
横浜地判平成12・7・17判タ1091号240頁（日本鋼管事件）〔28060170〕…… 445
東京高判平成12・7・26労働判例789号6頁（中根製作所事件）〔28052368〕
　　　…………………………………………………………… 387, 390, 445, 447
大阪地判平成12・7・31判タ1080号126頁（住友電気工業事件）〔28060168〕
　　　……………………………………………………………………………… 214
大阪地判平成12・8・18労働判例793号25頁（新光美術事件）〔28060227〕… 492
最一小判平成12・9・7民集54巻7号2075頁（みちのく銀行事件）
　　　〔28051938〕………………………………………………… 383, 384, 398
最三小判平成12・9・12労働判例788号23頁（羽後銀行事件）〔28051937〕… 433
最二小判平成12・9・22労働判例788号17頁（函館信用金庫事件）
　　　〔28052026〕………………………………………………………………… 433
津地判平成12・9・28労働判例800号61頁（松阪鉄工所事件）〔28060940〕… 162
東京地判平成12・11・14労働判例802号52頁（NTT東日本事件）
　　　〔28060510〕…………………………………………………………… 122, 147
最三小決平成12・11・28労働判例797号12頁（中根製作所事件）
　　　〔28060621〕……………………………………………………………… 387
東京地判平成12・12・18労働判例807号32頁（東京貨物社（退職金）事件）
　　　〔28061886〕……………………………………………………………… 135
東京地判平成12・12・18労働判例807号52頁（アスカ事件）〔28061887〕
　　　…………………………………………………………………………… 408, 419
東京高判平成12・12・22判時1766号82頁（芝信用金庫事件）〔28060491〕
　　　…………………………………………………………………………… 212, 215
東京地判平成13・1・25判時1749号165頁（新宿労基署長（映画撮影技師）
　　　事件）〔28061281〕…………………………………………………………… 8
盛岡地判平成13・2・2労働判例803号26頁（滝沢学館事件）〔28061383〕…… 498
東京地判平成13・2・27労働判例804号33頁（山一證券破産管財人事件）
　　　〔28061506〕……………………………………………………………… 377
東京地判平成13・2・27労働判例809号74頁（テーダブルジェー事件）
　　　〔28061415〕……………………………………………………………… 491
大阪高判平成13・3・6労働判例818号73頁（わいわいランド（解雇）事件）
　　　〔28070465〕…………………………………………………………… 460, 461
京都地判平成13・3・30労働判例804号19頁（NTT西日本事件）〔28061505〕… 360

福岡地久留米支判平成13・4・27判タ1123号151頁（久留米信愛女学院事件）〔28062103〕 ……………………………………………………… 498
岡山地判平成13・5・16労働判例821号54頁（チボリ・ジャパン（楽団員）事件）〔28070831〕 ……………………………………………… 24, 66
最二小判平成13・6・22労働判例808号11頁（トーコロ事件）〔28062083〕 … 355
東京地判平成13・7・2労経速報1784号3頁（三井倉庫事件）〔28070110〕 …… 485
東京地判平成13・7・17労働判例816号63頁（月島サマリア病院事件）
　〔28070313〕 …………………………………………………… 414, 419
東京地判平成13・7・25労働判例813号15頁（黒川建設事件）〔28062537〕
　……………………………………………………………………… 44, 76
東京地決平成13・7・25労働判例818号46頁（日本大学（定年）事件）
　〔28070463〕 ……………………………………………………………… 373
福岡地小倉支判平成13・8・9判時1759号141頁（九州自動車学校事件）
　〔28062404〕 ……………………………………………………………… 437
大阪地決平成13・8・16労経速報1784号14頁（イング事件）〔28070111〕 …… 460
仙台高判平成13・8・29労働判例810号11頁（岩手第一事件）〔28062182〕 … 436
札幌高判平成13・11・21労働判例823号31頁（渡島信用金庫事件）
　〔28071045〕 ……………………………………………………………… 245
東京地判平成13・12・3労働判例826号76頁（F社Z事業部事件）
　〔28070664〕 ………………………………………………… 123, 180, 186, 203
福岡高那覇支判平成13・12・6労働判例825号72頁（M運輸事件）
　〔28071511〕 ……………………………………………………………… 128
東京地判平成13・12・25労経速報1789号22頁（ブレーンベース事件）
　〔28070438〕 ……………………………………………………………… 488
東京地判平成14・2・12労経速報1796号19頁（双美交通事件）〔28070920〕
　……………………………………………………………………… 26, 76
札幌地判平成14・2・15労働判例837号66頁（ドラール事件）〔28071469〕
　…………………………………………………………………… 413, 418
東京地判平成14・2・20判タ1089号78頁（野村證券事件）〔28070909〕 ……… 214
東京地判平成14・2・26労働判例825号50頁（日経クイック情報事件）
　〔28071509〕 ………………………………………………… 123, 124, 181
東京高判平成14・2・27労働判例824号17頁（青山会事件）〔28071269〕 ……… 41
最一小判平成14・2・28民集56巻2号361頁（大星ビル管理事件）
　〔28070468〕 ……………………………………………………………… 436
大阪地判平成14・3・29平成13年(ワ)3805号公刊物未登載（中央情報システム事件）〔28250896〕 …………………………………………………… 245
東京地判平成14・4・16労働判例827号40頁（野村證券事件）〔28071923〕
　…………………………………………………………… 169, 172, 175

東京地判平成14・5・29労働判例832号36頁（日本ロール製造事件）
〔28072541〕 …………………………………………………………… 408
大阪高判平成14・6・19労働判例839号47頁（カントラ事件）〔28080471〕
 ……………………………………………………………………… 246, 248
東京地判平成14・6・19判時1803号122頁（ジェイアールバス関東事件）
〔28080412〕 ……………………………………………………………40
東京地決平成14・6・20労働判例830号13頁（S社（性同一性障害者解雇）
事件）〔28072316〕 ………………………………………… 257, 258
広島高判平成14・6・25労働判例835号43頁（JR西日本事件）〔28072874〕 … 436
東京高判平成14・7・11判時1799号166頁（新宿労基署長（映画撮影技師）
事件）〔28072539〕 ……………………………………… 4, 8, 49, 50, 83
神戸地判平成14・7・16平成13年(ワ)740号等裁判所HP〔28075657〕 ………37
東京地判平成14・8・9労働判例836号94頁（オープンタイドジャパン事件）
〔28080016〕 …………………………………………………………… 490
神戸地判平成14・8・23労働判例836号65頁（全日本検数協会（賃金減額）
事件）〔28080015〕 …………………………………………………… 413
東京地判平成14・8・30労働判例838号32頁（ダイオーズサービシーズ事
件）〔28080244〕 ……………………………………………………… 132
東京地判平成14・9・2平成13年(ワ)25246号裁判所HP（A運送事件）
〔28072723〕 …………………………………………………………… 480
東京地判平成14・9・19判タ1109号94頁（日亜化学工業事件）〔28072782〕 … 144
東京高判平成14・9・24労働判例844号87頁（日本経済新聞社事件）
〔28081138〕 …………………………………………………………… 137
大阪地判平成14・11・1労働判例840号32頁（和幸会事件）〔28080572〕
 ……………………………………………………………………… 171, 179
仙台地決平成14・11・14労働判例842号56頁（日本ガイダント仙台営業所
事件）〔28080788〕 ………………………………………………… 244, 245
名古屋地判平成14・11・29労働判例846号75頁（サン・ファイン（サンファイン
テキスタイル）事件）〔28080745〕 ……………………………………44
大阪高判平成15・1・30労働判例845号5頁（大阪空港事業（関西航業）事
件）〔28081223〕 ………………………………………………………43
東京高判平成15・2・6判時1812号146頁（県南交通事件）〔28081111〕 ……… 384
最二小判平成15・2・21金融法務1681号31頁〔28081806〕 ……………………77
高松高判平成15・3・14労働判例849号90頁（徳島健康生活協同組合事件）
〔28081880〕 …………………………………………………………… 172
東京地判平成15・3・31労働判例849号75頁（日本ポラロイド事件）
〔28081878〕 …………………………………………………………… 166

最二小判平成15・4・18判タ1127号93頁（新日本製鐵（日鐵運輸第2）事件）〔28081211〕……………………………………………… 119
東京地判平成15・4・21労働判例850号38頁（一橋出版事件）〔28082053〕… 451
最三小判平成15・4・22民集57巻4号477頁（オリンパス光学工業事件）〔28081213〕……………………………………………………………… 144
東京高判平成15・4・24労働判例851号48頁（キョーイクソフト事件）〔28082192〕……………………………………………………………… 422
東京地判平成15・4・25労働判例853号22頁（エープライ事件）〔28082451〕……………………………………………………… 131, 133
大阪地判平成15・4・25労働判例850号27頁（愛徳姉妹会事件）〔28082052〕……………………………………………………………… 498
大阪地判平成15・5・14労働判例859号69頁（倉敷紡績（思想差別）事件）〔28082020〕……………………………………………………… 162
大阪地判平成15・5・23労働判例854号38頁（カントラ（和解条項）事件）〔28082584〕……………………………………………………… 244
東京地判平成15・5・28判タ1136号114頁（東京都（警察学校・警察病院HIV検査）事件）〔28082310〕………………………… 200, 465, 471
東京地判平成15・6・6判タ1179号267頁（東京セクハラ（食品会社）事件）〔28082447〕……………………………………………………… 332
東京地判平成15・6・9労働判例859号32頁（加部建材・三井道路事件）〔28090234〕………………………………………………………………24
大阪地堺支判平成15・6・18労働判例855号22頁（大阪いずみ市民生協事件）〔28082648〕…………………………………………………… 136
東京地判平成15・6・20労働判例854号5頁（B金融公庫事件）〔28082582〕………………………………………………… 200, 465, 471, 476
大阪高判平成15・6・26労働判例858号69頁（大阪証券取引所（仲立証券）事件）〔28090100〕………………………………………………… 37, 44
東京地判平成15・7・7労働判例860号64頁（東京セクハラ（出版社D）事件）〔28090350〕………………………………………… 331, 480
東京高判平成15・8・27判時1859号154頁（NHK西東京営業センター（受信料集金等受託者）事件）〔28091415〕………………… 23, 60
東京地八王子支判平成15・9・19労働判例859号87頁（リンクシードシステム事件）…………………………………………………… 182, 190
東京高判平成15・9・24労働判例864号34頁（東京サレジオ学園事件）〔28090836〕…………………………………………………………… 357
東京地判平成15・9・29労経速報1850号25頁（アイ・ライフ事件）〔28083016〕………………………………………………………………75

神戸地尼崎支判平成15・10・7労働判例860号89頁（熊本セクハラ教会事件）〔28223707〕 …………………………………………………………… 340
最二小判平成15・10・10判タ1138号71頁（フジ興産事件）〔28082706〕
　……………………………………………………………………… 360-362
大阪地判平成15・10・23労働判例868号63頁（エス・エヌ・ケイ厚生年金基金事件）〔28091414〕 …………………………………………………… 76
大阪地判平成15・10・29労働判例866号58頁（大阪中央労基署長（おかざき）事件）〔28091053〕 ……………………………………………… 10, 78, 79
東京地判平成15・10・31労働判例862号24頁（日欧産業協力センター事件）〔28090559〕 ……………………………………………………… 498
東京地判平成15・11・5判時1846号116頁（兼松事件）〔28090179〕 ………… 214
大阪地判平成15・11・7労経速報1854号20頁（シンコー事件）〔28090340〕 …… 76
東京地判平成15・11・11労経速報1860号21頁（博誠会事件）〔28090753〕 … 491
東京地判平成15・11・28労経速報1860号25頁（レキオス航空事件）
　〔28090754〕 ……………………………………………………………… 490
最一小判平成15・12・4判タ1143号233頁（東朋学園事件）〔28090091〕
　……………………………………………………………………… 270, 279
最一小判平成15・12・22民集57巻11号2335頁（JR北海道・日本貨物鉄道事件）〔28090325〕 ………………………………………………… 38, 153, 464
東京地判平成15・12・24労働判例881号88頁（明治生命保険（留学費用返還請求第2）事件） ……………………………………………………… 169
東京地判平成16・1・13労働判例872号69頁（日本体育会事件）〔28091306〕
　………………………………………………………………………… 286
最一小判平成16・1・15判時1898号47頁（富山県医師国民健保組合事件）
　〔28230046〕 …………………………………………………… 399, 406
東京高判平成16・1・22労経速報1876号24頁（新日本製鐵事件）
　〔28092336〕 ……………………………………………………………… 476
東京地判平成16・1・26労働判例872号46頁（明治生命保険（留学費用返還請求）事件）〔28091697〕 ……………………………………………… 169
東京地中間判平成16・1・30判時1852号36頁（日亜化学工業事件）
　〔28090618〕 ……………………………………………………………… 144
和歌山地判平成16・2・9労働判例874号64頁（和歌の海運送事件）
　〔28092355〕 ………………………………………………………………… 51
東京地判平成16・3・9労働判例875号33頁（更生会社新潟鐵工所事件）
　〔28091454〕 …………………………………………………… 404, 410, 416
大阪地判平成16・3・11労経速報1870号24頁（ケイズ事件）〔28091836〕 …… 483
広島高判平成16・4・15労働判例879号82頁（鞆鉄道事件）〔28092896〕
　……………………………………………………………………… 387, 445

名古屋地判平成16・4・27労働判例873号18頁（名古屋セクハラ（K設計・
　本訴）事件）〔28092268〕 ………………………………………………… 334
東京地判平成16・5・19労働判例879号61頁（竹中工務店（賃金差別等）事
　件）〔28092894〕 ………………………………………………………… 161
大阪地判平成16・6・9労働判例878号20頁（パソナ（ヨドバシカメラ）事
　件）〔28092765〕 ……………………………………………………… 473, 475
東京地判平成16・6・23判タ1163号226頁（オプトエレクトロニクス事件）
　〔28092633〕 ……………………………………………………………… 475
東京地判平成16・7・15労働判例880号100頁（池袋職安所長（アンカー工
　業）事件）〔28100089〕 …………………………………………………… 28
東京地決平成16・8・26労働判例881号56頁（モルガン・スタンレー・ジャ
　パン・リミテッド事件）〔28100159〕 …………………………………… 186
東京高判平成16・8・30判時1879号62頁（大学招へい講師事件）
　〔28100351〕 ……………………………………………………………… 342
大阪地判平成16・9・3労働判例884号56頁（日本郵政公社事件）
　〔28100440〕 ……………………………………………………………… 337
東京高決平成16・9・8労働判例879号90頁（日本プロフェッショナル野球
　組織事件）〔28102382〕 …………………………………………………… 18
東京地判平成16・9・13労働判例882号50頁（労働政策研究・研修機構事
　件）〔28092841〕 …………………………………………………… 182, 186
仙台高判平成16・9・29労働判例881号15頁（NHK盛岡放送局（受信料集
　金等受託者）事件）〔28100155〕 ………………………………………… 23, 60
大阪地判平成16・9・29労働判例884号38頁（JR東海大阪第一車両所事件）
　〔28100439〕 ……………………………………………………………… 196
広島高岡山支判平成16・10・28労働判例884号13頁（内山工業事件）
　〔28100315〕 ………………………………………………………… 207, 212
津地判平成16・10・28労働判例883号5頁（第三銀行（複線型コース別制
　度）事件）〔28100347〕 …………………………………………… 409, 451
福岡地久留米支判平成16・12・17判タ1223号192頁（K工業技術専門学校
　（私用メール）事件）〔28100877〕 ……………………………… 186, 187
東京地判平成16・12・27労働判例887号22頁（名糖健康保険組合（男女差
　別）事件）〔28100839〕 ……………………………………… 208, 209, 212
東京高平成17・1・11判時1879号141頁（日亜化学工業事件）〔28100279〕 … 144
大阪地判平成17・1・19労働判例892号92頁（大タク（支度金返還特約）事
　件）〔28224132〕 ………………………………………………………… 165
最大判平成17・1・26民集59巻1号128頁（東京都管理職受験資格事件）
　〔28100274〕 ………………………………………………………… 153, 160

判例索引 527

東京高判平成17・1・26労働判例890号18頁（日欧産業協力センター事件）
〔28100993〕 ………………………………………………………………… 274
東京地判平成17・1・28労働判例890号5頁（宣伝会議事件）〔28100992〕 …… 475
神戸地判平成17・2・23平成15年㈹1865号公刊物未登載（サンドビック事
件）〔28320955〕 ………………………………………………………… 435
東京地八王子支判平成17・3・16労働判例893号65頁（ジャムコ立川工場事
件）〔28101490〕 …………………………………………………… 130, 197
東京高判平成17・3・23労働判例893号42頁（労働政策研究・研修機構事
件）〔28101489〕 ………………………………………………………… 186
大阪地判平成17・3・28判タ1189号98頁（住友金属工業事件）〔28100796〕
………………………………………………………………… 208, 209, 212
東京地判平成17・3・29労働判例897号81頁（ジャパンタイムズ事件）
〔28101808〕 ………………………………………………………………… 159
東京高判平成17・3・30労働判例897号72頁（芝浦工業大学（定年引下げ）
事件）〔28101807〕 ………………………………………………… 384, 450
東京地判平成17・3・30労経速報1902号13頁（西日本旅客鉄道事件）
〔28101042〕 ………………………………………………………………… 36
東京地判平成17・3・31判タ1194号127頁（アテスト・ニコン事件）
〔28101600〕 ………………………………………………………………… 71
東京高判平成17・4・20労働判例914号82頁（A保険会社上司（損害賠償）
事件）〔28111490〕 ………………………………………………… 148, 309
神戸地姫路支判平成17・5・9判タ1216号146頁（ネスレジャパンホール
ディング事件）〔28101690〕 …………………………………………… 287
札幌地判平成17・5・26判タ1221号271頁（全国建設工事業国民健康保険組
合北海道東支部（懲戒処分無効確認等請求）事件）〔28101553〕 ………… 187
最二小判平成17・6・3民集59巻5号938頁（関西医科大学研修医（未払賃
金）事件）〔28101172〕 ………………………………………… 2, 4, 10, 11, 56
大阪高判平成17・6・7労働判例908号72頁（日本郵政公社事件）
〔28110789〕 ………………………………………………………………… 337
名古屋高判平成17・6・23労働判例951号74頁（名古屋国際芸術文化交流財
団事件）〔28101678〕 ……………………………………………… 413, 418
東京高判平成17・7・13労働判例899号19頁（東京日新学園事件）
〔28101933〕 ………………………………………………………………… 38
札幌地判平成17・7・14労働判例899号94頁（アジアンリフレクソロジー学
院事件）〔28101552〕 …………………………………………………… 172
大阪地判平成17・7・21労経速報1915号27頁（ケービーアール事件）
〔28102110〕 ………………………………………………………………… 26, 76
大阪地判平成17・9・9労働判例906号60頁（ユタカ精工事件）〔28110439〕 … 461

福岡高判平成17・9・14判タ1223号188頁（K工業技術専門学校（私用メール）事件）〔28110179〕·················· 187
東京地判平成17・9・27労働判例909号56頁（アイメックス事件）
　〔28110759〕·················· 118, 131, 132
東京高判平成17・9・29労働判例903号17頁（箱根登山鉄道事件）
　〔28110177〕·················· 446
神戸地判平成17・10・12労働判例906号5頁（ウィシュ・神戸すくすく保育園事件）〔28110476〕·················· 464
東京地判平成17・10・19判タ1200号196頁（モルガン・スタンレー・ジャパン（超過勤務手当）事件）〔28102276〕·················· 376
最二小決平成17・10・28平成16年(オ)1170号公刊物未登載（鞆鉄道事件）
　〔28171436〕·················· 387, 445
東京高判平成17・11・30労働判例919号83頁（モルガン・スタンレー・ジャパン・リミテッド控訴事件）〔28111979〕·················· 186
東京地判平成18・1・25判タ1234号125頁（日音退職金請求事件）
　〔28110834〕·················· 363
大阪高判平成18・2・10労働判例924号124頁（黒川乳業事件）〔28130133〕··· 384
大阪地判平成18・3・15労働判例915号94頁（大阪府労委（朝日放送（大阪東通）事件）〔28111624〕·················· 36
東京高判平成18・3・20労働判例916号53頁（独立行政法人L事件）
　〔28111721〕·················· 342
東京地判平成18・3・24労働判例917号79頁（協和出版販売事件）
　〔28111832〕·················· 451
福岡地小倉支判平成18・3・29判時1981号35頁（足場設置業者（身元保証）事件）〔28132411〕·················· 479
大阪高判平成18・4・14労働判例915号60頁（ネスレ日本事件）〔28111202〕
　·················· 119, 287
大阪地判平成18・4・17判時1980号85頁（おかざき事件）〔28132024〕·················· 79
東京高判平成18・4・19労働判例917号40頁（高宮学園（東朋学園）事件）
　〔28111483〕·················· 280
東京地判平成18・4・25労働判例924号112頁（日本曹達事件）〔28130132〕
　·················· 231, 495
東京高判平成18・5・17判タ1241号119頁（高橋塗装工業所事件）
　〔28131322〕·················· 52
東京地決平成18・5・17判タ1216号139頁（丸林運輸事件）〔28111485〕·················· 363
東京地判平成18・5・29判タ1227号249頁（日本郵政公社事件）〔28112468〕
　·················· 434

大阪地堺支判平成18・5・31判タ1252号223頁（第一交通産業ほか（佐野第一交通）事件）〔28132437〕……………………………………………44
東京高判平成18・6・22労働判例920号5頁（ノイズ研究所事件）〔28111389〕……………………………………………………… 424
東京地判平成18・8・30労働判例925号80頁（アンダーソンテクノロジー事件）〔28130520〕……………………………………………… 26, 81
大阪地判平成18・8・31労働判例925号66頁（ブレックス・ブレッディ事件）〔28130519〕………………………………………………55
名古屋地判平成18・9・29判タ1247号285頁（ファーストリテイリング（ユニクロ店舗）事件）〔28112500〕…………………………… 306
最二小判平成18・10・6判タ1228号128頁（ネスレ日本（懲戒解雇）事件）〔28112114〕……………………………………………… 119, 364
大阪地判平成18・10・12労働判例928号24頁（アサヒ急配（運送委託契約解除）事件）〔28130493〕……………………………………7, 58
福岡高判平成18・11・9判タ1255号255頁（足場設置業者（身元保証）事件）〔28130058〕……………………………………………… 479
大阪高判平成18・11・28判タ1267号224頁（松下電器産業グループ事件）〔28131101〕………………………………………………… 420
東京高判平成18・12・7労経速報1961号3頁（スズキ事件）〔28130806〕…… 162
大阪高判平成19・1・18判時1980号74頁（おかざき事件）〔28131146〕…… 26, 79
大阪高判平成19・1・19労働判例937号135頁（クリスタル観光バス（賃金減額）事件）〔28131765〕…………………… 360, 362, 413, 422
大阪高判平成19・1・23判時1980号74頁（おかざき事件）〔28272096〕………79
横浜地判平成19・1・23労働判例938号54頁（日本オートマチックマシン事件）〔28131887〕……………………………………… 208, 214
東京地判平成19・1・26判タ1264号327頁（早稲田大学（年金減額）事件）〔28131943〕………………………………………………… 420
宇都宮地判平成19・2・1判タ1250号173頁（東武スポーツ（宮の森カントリー倶楽部・労働条件変更）事件）〔28131184〕……………… 390
東京地判平成19・2・14労働判例938号39頁（住友重機械工業事件）〔28131109〕……………………………………………………… 404
最三小判平成19・2・27民集61巻1号291頁（東京都教委（日野市立南平小学校・君が代ピアノ伴奏職務命令拒否戒告処分）事件）〔28130624〕
…………………………………………………………………………… 153, 162
広島地判平成19・3・13労働判例943号52頁（広島セクハラ（生命保険会社）事件）〔28132253〕……………………………………… 338
東京地判平成19・3・19労働判例951号40頁（朝日新聞社事件）〔28131631〕…23

札幌高判平成19・3・23労働判例939号12頁（社会福祉法人八雲会事件）
〔28131240〕 ………………………………………………………………… 362
東京地判平成19・3・26労働判例937号54頁（日本航空インターナショナル
事件）〔28131110〕 …………………………………… 267, 268, 271, 272, 286
東京地判平成19・3・26労働判例943号41頁（中山書店事件）〔28131769〕 … 427
大阪地判平成19・4・19労働判例948号50頁（中谷倉庫事件）〔28140372〕
……………………………………………………………………… 404, 410, 411
東京地判平成19・4・24労働判例942号39頁（ヤマダ電機事件）〔28131941〕
………………………………………………………………………… 135, 164
大阪地判平成19・4・25労働判例963号68頁（アサヒ急配・大阪府労働委員
会事件）〔28141960〕 ……………………………………………………… 18
東京高判平成19・4・26労働判例940号33頁（オリエンタルモーター（賃金
減額）事件）〔28132022〕 ………………………………………………… 247
東京高判平成19・5・16判タ1253号173頁（新国立劇場運営財団事件）
〔28132340〕 ……………………………………………………… 24, 65, 83
福岡高那覇支判平成19・5・17労働判例945号24頁（O技研（労災損害賠
償）事件）〔28132453〕 ……………………………………………… 46, 71
東京地判平成19・5・25労働判例949号55頁（日刊工業新聞社事件）
〔28131912〕 ………………………………………………………… 411, 416
東京地判平成19・6・22労経速報1984号3頁（トラストシステム事件）
〔28132306〕 ……………………………………………………………… 188
最一小判平成19・6・28判タ1250号73頁（藤沢労基署長（大工負傷）事件）
〔28131552〕 ………………………………………………… 2, 4, 6, 7, 48, 49, 83
東京高判平成19・6・28判タ1285号103頁（昭和シェル石油（賃金差別）事
件）〔28132417〕 ………………………………………………… 208, 212
さいたま地川越支判平成19・6・28労働判例944号5頁（協同商事事件）
〔28132338〕 ……………………………………………………………… 459
大阪地判平成19・6・29労働判例962号70頁（アデコ事件）〔28132244〕 …… 499
東京地判平成19・9・18労働判例947号23頁（北沢産業事件）〔28140202〕 … 189
大阪高判平成19・9・27労働判例954号50頁（大阪初芝学園（幼稚園教諭・
賃金合意）事件）〔28140933〕 ………………………………………… 161
東京地判平成19・10・5労働判例950号19頁（中央建設国民健康保険組合事
件）〔28140532〕 ………………………………………………………… 446
東京地判平成19・10・15判タ1271号136頁（静岡労基署長（日研化学）事
件）〔28132418〕 ………………………………………………………… 309
大阪高判平成19・10・26労働判例975号50頁（第一交通産業ほか（佐野第
一交通）事件）〔28150819〕 ………………………………………… 43, 44

東京高判平成19・10・30判時1992号137頁（中部カラー事件）〔28140602〕 ………………………………………………………………… 361, 363
東京高判平成19・10・30労働判例963号54頁（協和出版販売事件）〔28141959〕 ……………………………………………… 364, 365, 451
名古屋高判平成19・10・31判タ1294号80頁（名古屋南労基署長（中部電力）事件）〔28140010〕 ……………………………… 327
東京高判平成19・11・7労働判例955号32頁（国・磐田労基署長（レースライダー）事件）〔28141045〕 ……………………………… 8, 49
大阪地判平成19・11・12労働判例958号54頁（国・奈良労基署長（日本ヘルス工業）事件）〔28140181〕 ……………………………… 309
最二小判平成19・11・16判タ1258号97頁（三菱自動車工業（執行役員退職金）事件）〔28132427〕 ……………………………… 26, 77
東京高判平成19・11・29労働判例951号31頁（朝日新聞社（国際編集部記者）事件）〔28140380〕 ……………………………………58
東京地判平成19・11・29労働判例957号41頁（インフォーマテック事件）〔28141367〕 ……………………………………………… 360
東京地判平成19・11・30労働判例960号63頁（阪急交通社（男女差別）事件）〔28141821〕 ……………………………………… 208
最二小決平成19・12・2労働判例952号98頁（高宮学園（東朋学園）事件）… 280
最三小判平成19・12・18判タ1261号150頁（福岡雙葉学園事件）〔28140182〕 ……………………………………………… 414
最一小判平成20・1・24労働判例953号5頁（神奈川都市交通事件）〔28140864〕 ……………………………………………… 248
東京地判平成20・1・25労働判例961号56頁（日本構造技術事件）〔28141834〕 ……………………………………………… 390, 391
東京地判平成20・1・28労働判例964号59頁（国・中労委（朝日放送）事件）〔28140604〕 ………………………………………………36
名古屋高判平成20・1・29労働判例967号62頁（ファーストリテイリング（ユニクロ店舗）事件）〔28142293〕 ……………………… 306
東京高判平成20・1・31判タ1280号163頁（兼松（男女差別）事件）〔28141003〕 ……………………………… 208, 209, 212, 214, 216
東京地判平成20・2・13判タ1271号148頁（テクノアシスト相模（大和製罐）事件）〔28141044〕 ………………………………………72
東京高判平成20・2・13労働判例956号85頁（日刊工業新聞社事件）〔28140640〕 ……………………………………………… 385, 416
東京地判平成20・2・28労働判例962号24頁（国・千葉労基署長（県民共済生協普及員）事件）〔28141911〕 ……………………… 5, 8, 50

東京地判平成20・3・24労働判例963号47頁（全日本空輸事件）〔28141958〕
.... 377
東京高判平成20・3・25労働判例959号61頁（東武スポーツ（宮の森カントリー倶楽部・労働条件変更）事件）〔28141351〕 391, 413, 418
東京高判平成20・3・27判時2000号133頁（ノース・ウエスト航空（FA配転）事件）〔28141168〕 357
鳥取地判平成20・3・31平成19年(ワ)128号公刊物未登載（鳥取三洋電機事件）〔28170890〕 299
東京高判平成20・4・9労働判例959号6頁（日本システム開発研究所事件）〔28141696〕 427
最二小決平成20・4・18労働判例956号98頁（ネスレ日本（配転本訴）事件）〔28263921〕 287
東京高判平成20・4・23労働判例960号25頁（中央建設国民健康保険組合事件）〔28141820〕 387, 389, 446
大阪高判平成20・4・25判タ1268号94頁（松下プラズマディスプレイ事件）〔28141487〕 176
千葉地判平成20・5・21労働判例967号19頁（学校法人実務学園・日建千葉学園事件）〔28142292〕 360, 427
広島地判平成20・5・21労働判例978号66頁（広島県・広島県労働委員会ほか（県教育委員会・組合年休）事件）〔28151415〕 373
東京高判平成20・5・29判タ1273号109頁（都立板橋高校（威力業務妨害被告）事件）〔28145401〕 153
東京地判平成20・6・4労働判例973号67頁（コンドル馬込交通事件）〔28142153〕 169
東京高判平成20・6・26労働判例978号93頁（インフォーマテック事件）〔28151418〕 360, 361
東京高判平成20・7・9労働判例964号5頁（NTTグループ企業事件）〔28142027〕 421
京都地判平成20・7・9労働判例973号52頁（京都市女性協会事件）〔28141732〕 161
大阪高判平成20・7・30労働判例980号81頁（H工務店（大工負傷）事件）〔28151736〕 52
東京高判平成20・9・10判時2023号27頁（風月堂事件）〔28142208〕 306, 329, 331, 334, 341, 342
大阪地判平成20・9・11労働判例973号41頁（天むす・すえひろ事件）〔28150468〕 309
東京地判平成20・10・21労経速報2029号11頁（損保ジャパン調査サービス事件）〔28150370〕 300

判例索引　533

さいたま地川越支判平成20・10・23労働判例972号5頁（初雁交通事件）
〔28142276〕 ……………………………………………………………… 409
東京地判平成20・11・18判タ1299号216頁（トータルサービス事件）
〔28150464〕 ……………………………………………………………… 164
広島高判平成20・11・28労働判例994号69頁（鞆鉄道（第2）事件）
〔28160456〕 ……………………………………………………………… 446
東京地判平成20・12・5判タ1303号158頁（学校法人上智学院事件）
〔28153072〕 ………………………………………………………………96
東京地判平成20・12・8判タ1319号120頁（JFEスチールほか事件）
〔28150948〕 ………………………………………………………………46

平成21年～31年

大阪高判平成21・1・15労働判例977号5頁（NTT西日本（大阪・名古屋配
転）事件）〔28151331〕 ………………………………………………… 358
大阪地判平成21・1・15労働判例985号72頁（南海大阪ゴルフクラブほか事
件）〔28151496〕 …………………………………………………………37
東京地判平成21・1・16労働判例988号91頁）（ヴィナリウス事件） ………… 309
東京地判平成21・1・28労働判例1057号128頁（エクソンモービル事件）
〔28210094〕 ……………………………………………………………… 373
東京地判平成21・1・30労働判例980号18頁（ニュース証券事件）
〔28151026〕 ……………………………………………………………… 491
東京高判平成21・2・12判時2044号77頁（世田谷区議事件）〔28152299〕 …… 344
津地判平成21・2・19労働判例982号66頁（日本土建事件）〔28152311〕 …… 320
大阪地判平成21・2・26労経速報2034号14頁（T&Dリース事件）
〔28151027〕 ……………………………………………………………… 202
津地四日市支判平成21・3・18労働判例983号27頁（三和サービス（外国人
研修生）事件）〔28152681〕 ………………………………………………11
大阪地判平成21・3・19労働判例989号80頁（協愛事件）〔28153932〕 ……… 382
東京高判平成21・3・25労働判例985号58頁（りそな企業年金基金事件）
〔28151441〕 ……………………………………………………………… 420
松山地判平成21・3・25労働判例983号5頁（奥道後温泉観光バス（配車差
別等）事件）〔28152680〕 ……………………………………………… 198
札幌高判平成21・3・26労働判例982号44頁（東日本電信電話事件）
〔28151440〕 ……………………………………………………………… 358
宇都宮地栃木支決平成21・5・12判タ1298号91頁（いすゞ自動車（期間労
働者・仮処分）事件）〔28151739〕 …………………………………… 161
大阪地決平成21・5・15労働判例989号70頁（ケントク（仮処分）事件）
〔28153931〕 ……………………………………………………………… 248

東京地判平成21・5・18労働判例991号120頁（郵政事業事件）〔28160124〕… 434
福岡高判平成21・5・19労働判例989号39頁（河合塾（非常勤講師・出講契
　約）事件〔28153927〕………………………………………………… 24, 64
東京地判平成21・5・20判タ1316号165頁（国・渋谷労基署長（小田急レス
　トランシステム）事件）〔28152509〕………………………………… 301, 309
大阪高判平成21・5・28労働判例987号5頁（JR西日本（森ノ宮電車区・日
　勤教育等）事件）〔28153450〕………………………………………………… 324
福岡地小倉支判平成21・6・11労働判例989号20頁（ワイケーサービス（九
　州定温輸送）事件）〔28153926〕………………………………………………43
東京地判平成21・6・12労働判例991号64頁（骨髄移植推進財団事件）
　〔28152618〕……………………………………………………………… 136, 140
大阪地判平成21・6・19労経速報2057号27頁（北九州空調事件）
　〔28160110〕………………………………………………………………………43
仙台高判平成21・6・25労働判例992号70頁（アルプス電気事件）
　〔28160185〕……………………………………………………………………440
東京地判平成21・6・29判タ1314号167頁（昭和シェル石油事件）
　〔28153143〕……………………………………………………… 208, 209, 212
最一小決平成21・7・2平成20年(受)1363号公刊物未登載（東武スポーツ（宮
　の森カントリー倶楽部・労働条件変更）事件）〔28283943〕………… 413, 418
最一小決平成21・7・2平成20年(オ)1123号等公刊物未登載（東武スポーツ
　（宮の森カントリー倶楽部・労働条件変更）事件）〔28283941〕……… 418
大阪高判平成21・7・16労働判例1001号77頁（京都市女性協会事件）
　〔28161614〕……………………………………………………………………161
東京高判平成21・7・28労働判例990号50頁（アテスト・ニコン事件）
　〔28153356〕…………………………………………………………………45, 71
横浜地判平成21・7・30判時2075号149頁（国・相模原労働基準監督署長
　（電気工・石綿曝露）事件）〔28160184〕………………………………………8
東京高判平成21・9・15労働判例991号153頁（ニュース証券事件）
　〔28160125〕……………………………………………………………………491
東京地判平成21・9・28労働判例1011号27頁（藍澤證券事件）〔28160579〕… 500
東京地判平成21・10・15労働判例999号54頁（医療法人財団健和会事件）
　〔28161197〕……………………………………………… 300, 302, 312, 491
最三小判平成21・10・20労働判例987号98頁（兼松（男女差別）事件）
　………………………………………………………………… 208, 212, 214, 216
鳥取地米子支判平成21・10・21労働判例996号28頁（富国生命保険事件）
　〔28153778〕……………………………………………………………………309
東京地判平成21・10・28労働判例997号55頁（キャンシステム事件）
　〔28160911〕……………………………………………………………… 135, 417

東京高判平成21・10・29判時2071号129頁（早稲田大学（年金減額）事件）
　〔28160638〕 ……………………………………………………………… 420
大阪高判平成21・12・16労働判例997号14頁（日本通運（日通淀川運輸）
　事件）〔28160388〕 ……………………………………………………… 378
最二小判平成21・12・18民集63巻10号2754頁（パナソニックプラズマディ
　スプレイ（パスコ）事件）〔28154005〕 ……………………………… 176
大阪高判平成21・12・22判時2084号153頁（住友ゴム工業事件）
　〔28160458〕 ………………………………………………………………・41
東京地判平成21・12・24判タ1353号111頁（B社（法律専門職）事件）
　〔28162585〕 ……………………………………………………………24, 67
東京高判平成22・1・20判タ1346号170頁（建物明渡請求控訴事件）
　〔28162014〕 ……………………………………………………………… 190
東京高判平成22・1・21労働判例1001号5頁（東京都ほか（警視庁海技職
　員）事件）〔28161609〕 ………………………………………………… 306
大阪地判平成22・2・3労働判例1014号47頁（大阪京阪タクシー事件）
　〔28170126〕 ……………………………………………………………… 413
東京地判平成22・2・8労経速報2067号21頁（エルメスジャポン事件）
　〔28161094〕 ……………………………………………………………… 324
東京地判平成22・2・16労働判例1007号54頁（S工業事件）〔28162584〕
　………………………………………………………………………… 340, 344
東京地判平成22・2・26労働判例1006号91頁（宝城建設ほか事件） ………… 306
東京地判平成22・3・9労働判例1010号65頁（第三相互事件）〔28163307〕 …8, 54
最一小決平成22・3・11労働判例997号98頁（JR西日本事件） ……………… 324
大阪高判平成22・3・18労働判例1015号83頁（協愛事件）〔28170189〕
　…………………………………………………………………… 382, 412, 418
仙台高判平成22・3・19労働判例1009号61頁（東奥学園事件）〔28163188〕 … 498
最一小判平成22・3・25民集64巻2号562頁（サクセスほか（三佳テック）
　事件）〔28160678〕 ……………………………………………………… 135
名古屋高判平成22・3・25労働判例1003号5頁（三和サービス（外国人研修
　生）事件）〔28161830〕 …………………………………………………・11
大阪高判平成22・3・30労働判例1006号20頁（豊中市・とよなか男女共同
　参画推進財団事件）〔28162440〕 ……………………………………… 317
東京地判平成22・4・14労働判例1012号92頁（医療法人社団大成会事件）……68
名古屋高判平成22・4・16判タ1329号121頁（豊橋労基署長（マツヤデン
　キ）事件）〔28161839〕 …………………………………………… 241, 242
大阪高判平成22・4・22労働判例1008号15頁（東亜交通事件）〔28162999〕
　………………………………………………………………………… 166, 459

判例索引　535

最三小判平成22・4・27労働判例1009号5頁（河合塾（非常勤講師・出講契約）事件）〔28161919〕………………………………………………… 24, 65
東京高判平成22・4・27労働判例1005号21頁（三田エンジニアリング事件）〔28162180〕…………………………………………………………… 135
東京地判平成22・4・28判タ1332号71頁（ソクハイ事件）〔28162016〕……… 7, 59
大阪地判平成22・5・21労働判例1015号48頁（大阪府板金工業組合事件）〔28163218〕……………………………………………………………… 225, 227
東京高判平成22・5・27労働判例1011号20頁（藍澤證券事件）〔28162017〕……………………………………………………………………… 236, 460
京都地判平成22・5・27判タ1331号107頁（国・園部労基署長（障害等級男女差）事件）〔28161654〕………………………………………………… 154
大阪地判平成22・6・23労働判例1019号75頁（国・京都下労働基準監督署長事件）〔28163330〕……………………………………………………… 301
東京地判平成22・6・25労働判例1016号46頁（芝電化事件）〔28170255〕…… 361
東京地判平成22・7・27労働判例1016号35頁（日本ファンド（パワハラ）事件）〔28161957〕………………………………………………………… 306
神戸地判平成22・9・17労働判例1015号34頁（国・西脇労働基準監督署長（加西市シルバー人材センター）事件）〔28170187〕………………… 12
長崎地判平成22・10・26労働判例1022号46頁（国・諫早労基署長（ダイハツ長崎販売）事件）〔28172215〕………………………………………… 320
大阪高判平成22・10・27労働判例1020号87頁（郵便事業（身だしなみ基準）事件）〔28171562〕…………………………………………… 124, 147
東京地判平成22・10・28労働判例1017号14頁（JAL労組ほか（プライバシー侵害）事件）〔28163213〕………………………………………… 200, 204
東京地判平成22・11・10労働判例1019号13頁（メッセ事件）〔28171047〕………………………………………………………………………… 362, 363
東京地判平成22・12・1労経速報2104号3頁（S特許事務所事件）〔28172453〕…………………………………………………………………… 24
東京高判平成22・12・15労働判例1019号5頁（ジョブアクセスほか事件）〔28171051〕……………………………………………………………… 23, 60
大阪高判平成22・12・17労働判例1024号37頁（学校法人兵庫医科大学事件）〔28173437〕………………………………………………………… 123, 324
東京地判平成22・12・27判タ1360号137頁（富士通エフサス事件）〔28170513〕…………………………………………………………………… 332
東京地判平成23・1・18労働判例1023号91頁（東芝ファイナンス事件）〔28171787〕…………………………………………………………………… 334
東京高判平成23・1・20労経速報2099号3頁（郵政事業事件）〔28171071〕… 434

判例索引

東京地判平成23・1・20労経速報2104号15頁（さいたま労働基準監督署長事件）〔28172454〕 ··· 5, 8
東京地決平成23・1・21労働判例1023号22頁（セイビ事件）〔28173081〕 ········80
東京地判平成23・1・26労経速報2103号17頁（首都高トールサービス西東京事件）〔28172029〕 ··· 406, 409
横浜地判平成23・1・26労働判例1023号5頁（国（護衛艦たちかぜ（海上自衛隊員暴行・恐喝））事件）〔28172028〕 ··· 306
大津地判平成23・1・27労働判例1035号150頁（ヤマト運輸事件）〔28180077〕 ··· 363
東京地判平成23・1・28労働判例1029号59頁（学校法人田中千代学園事件）〔28171786〕 ··· 137
福岡高判平成23・3・10労働判例1020号82頁（コーセーアールイー（第2）事件）〔28171561〕 ··· 461, 476
東京地判平成23・3・17労働判例1034号87頁（クボタ事件）〔28173140〕 ··· 39, 40
東京地判平成23・3・30労働判例1027号5頁（公認会計士A事務所事件）〔28173911〕 ···24
最三小判平成23・4・12民集65巻3号943頁（新国立劇場運営財団事件）〔28171226〕 ···15, 17, 85
最三小判平成23・4・12判タ1350号165頁（INAXメンテナンス事件）〔28171228〕 ···15, 17, 85
札幌地判平成23・4・25労働判例1032号52頁（萬世閣（顧問契約解除）事件）〔28174667〕 ···80
東京高判平成23・5・12判例地方自治359号43頁（期末勤勉手当等請求控訴事件）〔28182135〕 ···12
東京地判平成23・5・12判時2139号108頁（中労委（高見澤電機）事件）〔28180733〕 ···37
東京地判平成23・5・19労働判例1034号62頁（船橋労基署長（マルカキカイ）事件）〔28174079〕 ··· 2, 10, 78
最二小判平成23・5・30民集65巻4号1780頁（東京都・都教委事件）〔28172544〕 ··· 162
東京地判平成23・5・30労働判例1033号5頁（エコスタッフ（エムズワーカース）事件）〔28174953〕 ···44
静岡地浜松支判平成23・7・11判時2123号70頁（航空自衛隊事件）〔28174570〕 ··· 309
大阪高判平成23・7・15労働判例1035号124頁（泉州学園事件）〔28180076〕 ··· 118
東京地判平成23・7・15労働判例1035号105頁（全日本手をつなぐ育成会事件）〔28180035〕 ··· 177, 178, 439

東京高判平成23・8・31判時2127号124頁（オリンパス事件）〔28173938〕
.... 140, 324
京都地判平成23・9・5労働判例1044号89頁（仲田コーティング事件）
〔28223736〕... 117
大阪地判平成23・9・16判時2132号125頁（サノヤス・ヒシノ明昌事件）
〔28174706〕...72
大阪地判平成23・9・21労働判例1039号52頁（連帯ユニオン関西地区生コ
ン支部（トクヤマエムテックほか）事件）〔28180542〕..............37
福岡高判平成23・9・27判タ1369号192頁（大分県商工会連合会事件）
〔28180235〕.. 412, 418
東京地判平成23・11・11労働判例1061号94頁（朝日自動車（未払賃金）事
件）... 446, 447
東京地判平成23・11・18労働判例1044号55頁（テイケイ事件）〔28181172〕
.... 190, 194
東京地判平成23・12・6判タ1375号113頁（デーバー加工サービス事件）
〔28181170〕...11, 159
札幌地判平成23・12・14労働判例1046号85頁（北海道宅地建物取引業協会
事件）〔28223762〕.. 160, 309
最一小判平成24・1・16判タ1370号80頁（東京都教委（高校教員ら懲戒処
分）事件）〔28180113〕.. 153
神戸地判平成24・1・18労働判例1048号140頁（国（神戸刑務所・管理栄養
士）事件）〔28181643〕...35
大阪高判平成24・2・10労働判例1045号5頁（日本基礎技術事件）
〔28181248〕.. 488
福島地白河支判平成24・2・14労働判例1049号37頁（東栄衣料破産管財人
ほか事件）〔28181779〕..11
最三小判平成24・2・21民集66巻3号955頁（ビクターサービスエンジニア
リング事件）〔28180418〕.................................15-18, 85
東京高判平成24・2・28労働判例1051号86頁（伊藤工業（外国人研修生）
事件）〔28181961〕..11
大阪高判平成24・2・28労働判例1048号63頁（P大学（セクハラ）事件）
〔28181640〕.. 342-344
東京地判平成24・3・9労働判例1050号68頁（ザ・ウィンザー・ホテルズイ
ンターナショナル（自然退職）事件）〔28181866〕............ 300, 309
大阪地判平成24・3・9労働判例1052号70頁（日本機電事件）〔28182085〕
.... 361, 418
東京地判平成24・3・13労経速報2144号23頁（関東工業事件）〔28181617〕
.... 132, 135

東京高判平成24・3・14労働判例1057号114頁（エクソンモービル事件）
〔28210093〕 ··· 161
東京地判平成24・3・21労働判例1051号71頁（フェデラルエクスプレス
コーポレーション事件）〔28181960〕 ························· 407, 437
静岡地判平成24・3・23労働判例1052号42頁（中部電力ほか（浜岡原発）
事件）〔28180744〕 ···72
京都地判平成24・3・29労働判例1053号38頁（立命館（未払一時金）事件）
〔28182312〕 ···························· 373, 374, 407, 415
大阪地判平成24・3・30判タ1379号167頁（F事件）〔28182403〕 ········· 300
大阪高判平成24・4・6労働判例1055号28頁（日能研関西ほか事件）
〔28182468〕 ··· 320
神戸地尼崎支決平成24・4・9判タ1380号110頁（阪神バス（勤務配慮）事
件）〔28182388〕 ·· 234, 237
大阪地判平成24・4・13労働判例1053号24頁（医療法人健進会事件）
〔28182311〕 ··· 320
岡山地判平成24・4・19労働判例1051号28頁（U銀行（パワハラ）事件）
〔28181957〕 ·· 241, 304
東京地判平成24・5・16労経速報2149号3頁（ニチアス事件）〔28182017〕 ······41
東京地判平成24・5・24判タ1393号138頁（日本相撲協会（故意による無気
力相撲）・解雇事件）〔28212332〕 ·······································69
千葉地松戸支判平成24・5・24労経速報2150号3頁（エバークリーン事件）
〔28182114〕 ·· 357, 459
東京地判平成24・5・25労働判例1056号41頁（ジャストリース事件）
〔28182577〕 ···80
大阪高判平成24・5・29判時2160号24頁（日本通運・ニチアス事件）
〔28182296〕 ···46
東京地判平成24・5・31労働判例1056号19頁（東起業事件）〔28182575〕
·· 198, 204
東京地判平成24・6・13労経速報2153号3頁（ワカホ事件）〔28182394〕 ······ 343
最一小決平成24・6・28労働判例1048号177頁（オリンパス事件）
〔28322985〕 ··· 324
東京地判平成24・6・28平成23年(ワ)22232号公刊物未登載（ラピュタ事件）
〔28321443〕 ··· 450
京都地判平成24・7・13労働判例1058号21頁（マンナ運輸事件）
〔28210201〕 ···95
大阪高判平成24・7・27労働判例1062号63頁（エーディーディー事件）
〔28210903〕 ·· 127, 129

名古屋地判平成24・8・21労経速報2159号27頁（名古屋商工会議所事件）
〔28210088〕 …………………………………………………………………68
東京地判平成24・8・23労働判例1061号28頁（ライトスタッフ事件）
〔28210015〕 ……………………………………………………… 485, 492
東京高判平成24・8・29労働判例1060号22頁（M社（セクハラ）事件）
〔28181844〕 ……………………………………………………… 342, 343
東京高判平成24・9・14労働判例1070号160頁（公認会計士A事務所事件）
〔28212499〕 …………………………………………………………………67
大阪地判平成24・9・28労働判例1063号5頁（末棟工務店事件）〔28211157〕 …57
東京地立川支判平成24・10・3労働判例1071号63頁（学校法人明泉学園事
件）〔28212632〕 ………………………………………………… 324, 325
札幌高判平成24・10・19労働判例1064号37頁（ザ・ウィンザー・ホテルズ
インターナショナル事件）〔28211394〕 ……………………………… 117
大津地判平成24・10・30平成23年(ワ)506号公刊物未登載（アークレイファ
クトリー事件）〔28220887〕 ………………………………………… 324
広島高判平成24・11・1公刊物未登載（U銀行（パワハラ）事件） …… 304, 309
東京地判平成24・11・14労経速報2166号27頁（ダイクレ電業事件）
〔28210975〕 ……………………………………………………………… 306
東京地判平成24・11・15判時2176号101頁（ソクハイ事件）〔28182501〕 ………18
大阪地判平成24・11・29労働判例1068号59頁（C社事件）〔28212060〕 …… 309
大阪地判平成24・11・29平成23年(ワ)11808号公刊物未登載（新和産業事件）
〔28213587〕 ……………………………………………………………… 324
大阪高判平成24・12・13労働判例1072号55頁（アイフル（旧ライフ）事
件）〔28212780〕 ………………………………………… 421, 424, 435
東京地判平成24・12・13判タ1391号176頁（情宣活動禁止等請求事件）
〔28213069〕 ………………………………………………………… 36, 37
東京地判平成24・12・14労働判例1067号5頁（ミレジム事件）〔28211775〕 ……75
東京地判平成24・12・14労経速報2168号20頁（サンランドリー事件）
〔28211374〕 …………………………………………………………………76
長野地判平成24・12・21労働判例1071号26頁（アールエフ事件）
〔28212631〕 ……………………………………………… 317, 318, 324
東京高判平成24・12・26労経速報2171号3頁（三晃印刷事件）〔28211582〕
………………………………………………………………………… 404, 424
東京地判平成25・1・22労経速報2179号7頁（東和エンジニアリング事件）
〔28212516〕 ……………………………………………………… 190, 194
東京高判平成25・1・23判時2218号123頁（ビクターサービスエンジニアリ
ング事件）〔28212495〕 ………………………………………………… 18

判例索引　*541*

東京地判平成25・1・31労経速報2180号3頁（リーディング証券事件）
〔28212569〕 ·· 496, 499
東京地判平成25・2・6労働判例1073号65頁（ニュートンプレスほか事件）
〔28213042〕 ···37
名古屋地判平成25・2・7労働判例1070号38頁（ナルコ事件）〔28212492〕 ··· 159
東京地立川支判平成25・2・13判時2191号135頁（福生ふれあいの友事件）
〔28212879〕 ···62
大阪地判平成25・2・15労働判例1072号38頁（大阪経済法律学園（定年年
齢引下げ）事件）〔28212779〕 ·· 450
大分地判平成25・2・20労経速報2181号3頁（K化粧品販売事件）
〔28210795〕 ·· 324
東京地判平成25・2・26労経速報2185号14頁（X銀行事件）〔28213203〕
·· 404, 423
東京高判平成25・2・27労働判例1072号5頁（ザ・ウィンザー・ホテルズイ
ンターナショナル（自然退職）事件）〔28212777〕 ············· 301, 309, 327
福岡高判平成25・2・28判タ1395号123頁（国・大阪西公共職業安定所長事
件）〔28220363〕 ·· 28, 51
東京地判平成25・3・8労働判例1075号77頁（J社ほか1社事件）
〔28213332〕 ·· 53, 83
東京地判平成25・3・25判タ1399号94頁（日本相撲協会（故意による無気
力相撲）・解雇事件）〔28222356〕 ··69
東京地判平成25・3・26労経速報2179号14頁（ボッシュ事件）〔28212517〕
·· 137, 190
東京地判平成25・3・26平成24年(ワ)13606号公刊物未登載（杏林製薬事件）
〔29027292〕 ·· 409
大阪地判平成25・4・18平成24年(ワ)9353号公刊物未登載（破産債権査定異
議事件） ···44
大阪高判平成25・4・25労働判例1076号19頁（新和産業事件）〔28213586〕 ··· 324
東京地判平成25・5・9労働判例ジャーナル17号21頁（明治大学（団体交
渉）事件）〔28224920〕 ···36
神戸地判平成25・5・14労働判例1076号5頁（川崎重工業事件）〔28213581〕
·· 35, 39, 40
大阪地判平成25・6・6労働判例1082号81頁（コスモアークコーポレーショ
ン事件）〔28220723〕 ··· 306
横浜地判平成25・6・20労働判例1098号56頁（シオン学園（三共自動車学
校・賃金体系等変更）事件）〔28224448〕 ··· 405
仙台地判平成25・6・25労働判例1079号49頁（岡山県貨物運送事件）
〔28212813〕 ·· 320, 321

東京高判平成25・6・27労働判例1077号81頁(学校法人明泉学園事件)
〔28213862〕 324, 325
東京地判平成25・6・27判タ1416号219頁(A社事件)〔28233663〕 201
広島高判平成25・7・18労経速報2188号3頁(中国電力事件)〔28212603〕
.... 213, 214, 216
東京地判平成25・7・23労働判例1080号5頁(ファニメディック事件)
〔28213376〕 490, 492
東京高判平成25・8・29労働判例1136号15頁(山梨県民信用組合事件)
〔28240634〕 112
東京地判平成25・9・12判タ1418号207頁(日本相撲協会(野球賭博関
与)・解雇事件)〔28213438〕 69
福岡地判平成25・9・19労働判例1086号87頁(パートナーズ事件)
〔28221899〕 490
東京地判平成25・9・26判時2212号97頁(ソクハイ事件)〔28220925〕 59
大阪高判平成25・10・9労働判例1083号24頁(アークレイファクトリー事
件)〔28220886〕 309
東京地判平成25・10・11労経速報2195号17頁(パソナ事件)〔28220407〕 ... 178
東京地判平成25・10・24判タ1419号275頁(東陽ガス事件)〔28221201〕 83
大阪地判平成25・11・25判時2216号122頁(地公災基金大阪支部長(市立
中学校教諭)事件)〔28214229〕 155
東京地判平成25・12・5労働判例1091号14頁(阪急交通社事件)
〔28221490〕 35
大分地判平成25・12・10判時2234号119頁(ニヤクコーポレーション事件)
〔28220947〕 161
名古屋地判平成26・1・15判時2216号109頁(メイコウアドヴァンス事件)
〔28221943〕 306, 309, 317
熊本地判平成26・1・24労働判例1092号62頁(熊本信用金庫事件)
〔28223324〕 412
東京高判平成26・2・26労働判例1098号46頁(シオン学園(三共自動車学
校・賃金体系等変更)事件)〔28224444〕 405
東京地判平成26・3・7労経速報2207号17頁(甲社事件)〔28222485〕 202
大阪地判平成26・4・11労旬1818号59頁(大裕事件)〔28223154〕 151
東京高判平成26・4・23判時2231号34頁(国(護衛艦たちかぜ(海上自衛
隊員暴行・恐喝))事件)〔28222148〕 306
東京高判平成26・5・21労働判例1123号83頁(ソクハイ(契約更新拒絶)
事件)〔28240107〕 83
鳥取地米子支判平成26・5・26判時2281号55頁(公立八鹿病院組合ほか事
件)〔28222505〕 307

仙台高判平成26・6・27判時2234号53頁（岡山県貨物運送事件）
　〔28223808〕·· 253, 310
大阪高判平成26・7・11労働判例1102号41頁（法人光優会事件）
　〔28230332〕·· 310
東京地判平成26・8・13労経速報2237号24頁（N社事件）〔28231560〕········· 300
横浜地判平成26・8・27労働判例1114号143頁（ヒューマンコンサルティン
　グほか事件）〔28232744〕···44
最一小判平成26・10・23民集68巻8号1270頁（広島中央保健生協（C生協
　病院）事件）〔28224234〕·· 225, 228, 280
東京地判平成26・11・4判時2249号54頁（サン・チャレンジほか事件）
　〔28230507〕··· 307, 310, 320, 327, 328
福井地判平成26・11・28労働判例1110号34頁（暁産業ほか事件）
　〔28224849〕·· 310
東京地判平成27・1・16労経速報2237号11頁（リバース東京事件）
　〔28231559〕···83
東京地判平成27・1・23労働判例1117号50頁（日本ボクシングコミッショ
　ン事件）〔28233189〕··· 136, 140
大阪地判平成27・1・27平成25年㈦30028号公刊物未登載（エムズコーポ
　レーション事件）〔28321903〕··· 417
東京高判平成27・1・28労経速報2284号7頁（サントリーホールディングス
　事件）〔28243339〕·· 310, 312
東京地判平成27・1・28労経速報2241号19頁（有限会社X設計事件）
　〔28232106〕·· 490
東京地判平成27・2・24労経速報2246号12頁（ジョンソン・エンド・ジョ
　ンソン事件）〔28232659〕··· 284
最一小判平成27・2・26労働判例1109号5頁（海遊館セクハラ事件）
　〔28230774〕··· 334, 336
東京地判平成27・3・11判時2274号73頁（X法律事務所事件）〔28240033〕··· 334
東京地判平成27・3・13労経速報2251号3頁（出水商事事件）〔28233166〕
　·· 282, 283
広島高松江支判平成27・3・18判時2281号43頁（公立八鹿病院組合ほか事
　件）〔28231433〕·· 310
東京地判平成27・3・27労経速報2246号3頁（レガシィ事件）〔28232658〕··· 132
大阪地判平成27・3・31労働判例ジャーナル41号62頁（東芝メディカルシ
　ステムズ事件）··· 129
東京地立川支判平成27・4・16労経速報2268号11頁（T大学事件）
　〔28241109〕··· 417, 453

札幌地判平成27・4・17労旬1846号64頁（医療法人社団恵和会ほか事件）
　　〔28231736〕……………………………………………………………… 343
大阪地判平成27・4・24平成25年㈹3690号裁判所HP（大和証券ほか事件）
　　〔28232972〕……………………………………………… 114, 317, 318, 320
大坂高判平成27・6・19労働判例1125号27頁（地公災基金大阪支部長（市
　　立中学校教諭）事件）〔28234273〕 ……………………………………… 156
京都地判平成27・7・31労働判例1128号52頁（類設計室（取締役塾職員・
　　残業代）事件）〔28241011〕 ……………………………………………… 10
大阪高判平成27・9・11判時2297号113頁（日本放送協会事件）〔28240594〕
　　…………………………………………………………………… 23, 60, 83
東京地判平成27・10・2労働判例1138号57頁（社会福祉法人全国重症心身
　　障害児（者）を守る会事件）〔28234219〕 ……………………………… 283
東京地判平成27・10・9労経速報2270号17頁（キングスオート事件）
　　〔29014225〕……………………………………………………………… 489
広島高判平成27・10・22労働判例1131号5頁（国・広島中央労基署長（中
　　国新聞システム開発）事件）〔28241507〕 ……………………………… 324
東京高判平成27・10・28労経速報2268号3頁（T大学事件）〔28241108〕
　　…………………………………………………………………… 417, 453
大阪地判平成27・11・5判時2333号114頁（永尾運送事件）〔28252384〕
　　…………………………………………………………………… 447, 454
福岡地判平成27・11・11判時2312号114頁（住吉神社ほか事件）
　　〔28234244〕 ……………………………………………………… 12, 21
さいたま地判平成27・11・18労働判例1138号30頁（さいたま市（環境局職
　　員）事件）〔28234242〕 …………………………………………… 310, 313
横浜地相模原支判平成27・11・27平成25年㈹462号公刊物未登載（鍼灸整
　　骨院院長事件）〔28280051〕 ……………………………………… 163, 320
大阪地判平成27・12・10労働判例ジャーナル49号40頁（ネットドリーム事
　　件）…………………………………………………………………… 135
大阪高判平成28・1・15平成27年㈱2527号公刊物未登載（類設計室（取締
　　役塾職員・残業代）事件）〔28251651〕 ………………………………… 10
東京地判平成28・1・15労経速報2276号12頁（第一紙業事件）〔29016453〕… 134
最二小判平成28・2・19民集70巻2号123頁（山梨県民信用組合事件）
　　〔28240633〕…………………………… 111, 113, 114, 381, 388, 401, 403, 430
東京地判平成28・2・22労働判例1141号56頁（国立研究開発法人国立精
　　神・神経医療研究センターほか事件）〔29016999〕 …………………… 428
東京高判平成28・2・25平成27年（行コ）352号中労委HP（スクラム・ユ
　　ニオン・ひろしま事件）〔28262148〕 …………………………… 36, 39, 41
東京地判平成28・3・22労働判例1145号130頁（ネギシ事件）〔28242644〕… 227

東京地判平成28・3・25判タ1431号202頁（甲観光事件）〔29017920〕 ………… 8
京都地判平成28・3・29労働判例1146号65頁（O公立大学法人（O大学・准教授）事件）〔28250323〕 ………………………………………… 238
東京地判平成28・3・31判タ1438号164頁（マネジメント契約存続確認請求事件）〔29018128〕 ……………………………………………………12
福岡地小倉支判平成28・4・19判時2311号130頁（ツクイほか事件）〔28241497〕 ……………………………………………………… 330, 346
名古屋高金沢支判平成28・4・27労経速報2319号19頁（東和工業事件）〔28241614〕 …………………………………………… 208, 209, 214
大阪地判平成28・4・28平成25年(ワ)11973号公判物未登載（南大阪センコー運輸整備株式会社事件）……………………………………… 431
東京高判平成28・5・19平成28年(ネ)399号公刊物未登載（学校法人関東学院事件）〔28241751〕 ……………………………………………… 203
東京地判平成28・5・19労経速報2285号21頁（セコム事件）〔28243443〕 …… 197
神戸地判平成28・5・26労働判例1142号22頁（須磨学園ほか事件）〔28241884〕 ……………………………………………………… 123, 320
東京地判平成28・5・31労経速報2288号3頁（ファイザー事件）〔29018465〕 ………………………………………………………………… 442
最三小決平成28・6・28平成28年(オ)241号等公刊物未登載（T大学事件）〔28260493〕 ……………………………………………………… 417
東京地判平成28・7・7労働判例1148号69頁（元アイドルほか（グループB）事件）〔29019427〕 ……………………………………………12
大阪地判平成28・7・14労働判例1157号85頁（リンクスタッフ事件）〔28252168〕 ……………………………………………………… 134
名古屋高判平成28・7・20労働判例1157号63頁（イビケン事件）〔28252165〕 ……………………………………………………… 140, 342
大阪高判平成28・7・29判タ1435号114頁（NHK堺営業センター（地域スタッフ）事件）〔28250385〕 …………………………… 23, 60, 61
東京高判平成28・8・24平成28年(ネ)880号公刊物未登載（大王製紙事件）〔28243122〕 ……………………………………………………… 137
東京地判平成28・9・21労経速報2305号13頁（まぐまぐ事件）〔29020289〕 … 488
大阪高判平成28・10・24判時2341号68頁（大阪府・大阪府教員委員会事件）〔28244400〕 ……………………………………………………… 154
大阪地判平成28・10・25判時2340号106頁（学校法人早稲田大阪学園事件）〔28250174〕 ………………………………………………… 405, 414, 415
大阪高判平成28・10・26判時2333号110頁（永尾運送事件）〔28252383〕 ……………………………………………………………… 447, 454

東京高判平成28・11・16労経速報2298号22頁（ファイザー事件）
　〔28244499〕……………………………………………………………… 442
大阪地判平成28・11・21労働判例1157号50頁（国・川越労基署長（C工務
　店）事件）〔28252162〕 ……………………………………………… 2, 8
東京高判平成28・11・24労働判例1153号5頁（山梨県民信用組合事件）
　〔28251430〕……………………………………………………………… 388
東京高判平成28・11・24労働判例1158号140頁（ネギシ事件）〔28250184〕… 227
最一小判平成28・12・1労働判例1156号5頁（福原学園事件）〔28244364〕 … 499
東京高判平成28・12・7判時2369号61頁（学校法人Y事件）〔28263133〕…… 138
東京地判平成28・12・20労働判例1156号28頁（コンビニエースほか事件）
　〔29020530〕……………………………………………………………… 307
東京地判平成28・12・21平成25年(ワ)17419号公刊物未登載（損害賠償請求
　事件）〔28250501〕 …………………………………………… 332, 334
東京地判平成28・12・28労働判例1161号66頁（ドリームエクスチェンジ事
　件）〔29020612〕………………………………………………………… 124
東京高判平成29・1・12平成28年（行コ）252号中労委HP（不当労働行為
　再審査申立棄却命令取消請求控訴事件）〔28250393〕…………… 36, 39
広島地判平成29・1・25平成26年（行ウ）10号公刊物未登載（国・岩国労
　基署長事件）〔28251136〕 …………………………………… 260, 261
東京地立川支判平成29・1・31労働判例1156号11頁（TRUST事件）
　〔28250548〕……………………………………………………………… 226
最三小決平成29・2・7平成28年（行ツ）194号等中労委HP（スクラム・
　ユニオン・ひろしま事件）〔28262149〕 ………………………36, 39, 41
東京地立川支判平成29・2・9労働判例1167号20頁（リオン事件）
　〔28260173〕……………………………………………………………… 423
大阪地判平成29・2・16平成27年(ワ)4072号公刊物未登載）（ケイエムティ
　コーポレーション事件）………………………………………………… 402
長崎地判平成29・2・21労働判例1165号65頁（NPO法人B会ほか事件）
　〔28250817〕……………………………………………………………… 203
最三小判平成29・3・21労働判例1162号5頁（地公災基金大阪府支部長（市
　立中学校教諭）事件）〔28250933〕 …………………………………… 156
東京地判平成29・3・28労働判例1180号73頁（ジブラルタ生命労働組合
　（旧エジソン労働組合）事件）〔28260637〕 ………………………… 407
東京地判平成29・3・28平成29年(ワ)5490号公刊物未登載〔29046679〕……… 402
岡山地判平成29・3・29労働判例1164号54頁（岡山県立大学事件）
　〔28251273〕……………………………………………………………… 136
京都地判平成29・3・30判時2355号90頁（デイサービスA社事件）
　〔28254254〕………………………………………………114, 459, 460, 478

金沢地判平成29・3・30労働判例1165号21頁(国立大学法人金沢大学元教授ほか事件)〔28251276〕 …………………………………………… 318
札幌地判平成29・3・30判時2363号91頁(学校法人札幌大学(給与支給内規変更)事件)〔28251862〕 ………………………………………… 412, 448
大阪地判平成29・4・10労働判例1165号5頁(紀北川上農業協同組合事件)〔28254516〕 ……………………………………………………… 405, 415
東京高判平成29・4・12労働判例1162号9頁(航空自衛隊自衛官(セクハラ)事件)〔28253657〕 …………………………………………………… 332
東京地判平成29・4・13判時2383号70頁(NHK堺営業センター(地域スタッフ)事件)〔28253395〕 …………………………………………………18
大阪高判平成29・4・20労経速報2328号3頁(学校法人早稲田大阪学園事件)〔28260013〕 …………………………………… 405, 414, 415
東京地判平成29・4・21労働判例1172号70頁(学校法人東京純心女子学園事件)〔28252659〕 ……………………………………………… 461
東京高判平成29・4・26労働判例1170号53頁(ホンダ開発事件)〔28253793〕 ……………………………………………………………… 310
東京地判平成29・5・8労働判例1187号70頁(東京商工会議所(給与規程変更)事件)〔29047339〕 …………………………………………… 425
東京地判平成29・5・19労働判例1184号37頁(東京港運送事件)〔29047238〕 ……………………………………………………………… 460
東京地判平成29・5・31労働判例1166号42頁(Chubb損害保険事件)〔28254799〕 …………………………………………………………… 114
最一小決平成29・6・15平成29年(オ)343号等公刊物未登載(永尾運送事件)〔28253187〕 …………………………………………………… 447
東京地判平成29・7・3判タ1462号176頁(シュプリンガー・ジャパン事件)〔28254891〕 …………………………………………… 227, 283
東京地判平成29・7・6判時2351号99頁(法政大学事件)〔28260114〕 ……… 420
最二小判平成29・7・7労働判例1168号49頁(医療法人康心会事件)〔28252090〕 ……………………………………………………… 376, 429
広島地判平成29・8・2労働判例1169号27頁(国・広島拘置所長(法務事務官)事件)〔28252859〕 …………………………………………… 307
神戸地判平成29・8・9労経速報2328号23頁(国立大学法人兵庫教育大学事件)〔28252917〕 ………………………… 300, 318, 319, 324, 325
福岡高宮崎支判平成29・8・23判時2402号81頁(国・宮崎労基署長(宮交ショップアンドレストラン)事件)〔28254632〕 ………………… 351
東京地判平成29・8・25判タ1461号216頁(グレースウィット事件)〔28260911〕 ……………………………………………………………… 163

広島高判平成29・9・6労働判例1202号163頁（医療法人杏祐会元看護師ほか事件）〔28253504〕 …………………………………………………… 171
最二小決平成29・9・8平成29年（行ヒ）179号中労委HP（不当労働行為再審査申立棄却命令取消請求控訴事件）〔28262131〕 ………………… 36, 39
東京地判平成29・9・14判時2366号39頁（学校法人Y事件）〔29031583〕 …… 187
札幌高判平成29・10・4労働判例1174号5頁（学校法人札幌大学（給与支給内規変更）事件）〔28253871〕 …………………………………… 412, 448
広島高判平成29・10・11平成29年（行コ）2号公刊物未登載（国・岩国労基署長事件）〔28253811〕 ……………………………………………… 261
東京高判平成29・10・18判時2371号109頁（フクダ電子長野販売事件）〔28254564〕 …………………………………………………………… 310, 313
東京高判平成29・10・26労働判例1172号26頁（さいたま市（環境局職員）事件）〔28254563〕 ………………………………………………………… 253
名古屋高判平成29・11・30判時2374号78頁（加野青果事件）〔28254642〕 ……………………………………………………………………… 151, 310
名古屋地判平成29・12・5判時2371号121頁（東建コーポレーション事件）〔28254961〕 …………………………………………………………… 320, 321
東京地判平成29・12・22判時2380号100頁（医療法人社団充友会事件）〔29047621〕 ……………………………………………………………………… 226
東京地判平成30・1・12判タ1462号160頁（W学園事件）〔29048856〕 … 332, 334
東京高判平成30・1・16平成29年(ネ)1911号公刊物未登載（ジブラルタ生命労働組合（旧エジソン労働組合）事件）〔28260639〕 …………………… 407
東京高判平成30・1・25判時2383号58頁（国・中央労働委員会（NHK全日本放送受信料労働組合南大阪（旧堺）支部）事件）〔28261410〕 ……………18
東京高判平成30・1・25平成29年(ネ)1158号公刊物未登載（リオン事件）〔28261143〕 ……………………………………………………………… 423
大分地中津支判平成30・2・13平成26年(ワ)55号等裁判所HP（宇佐神宮事件）〔28261078〕 ……………………………………………………………… 307
最一小判平成30・2・15裁判集民258号43頁（イビデン事件）〔28260713〕 ……………………………………………………………………… 140, 149
東京地判平成30・2・22労経速報2349号24頁（トライグループ事件）〔29048134〕 ……………………………………………………………… 425, 426
東京地判平成30・2・26労働判例1177号29頁（一般財団法人あんしん財団事件）〔28262573〕 ……………………………………………………… 246
大阪高判平成30・2・27労経速報2349号9頁（紀北川上農業協同組合事件）〔28263665〕 ……………………………………………………………… 405, 415
東京地判平成30・3・9労経速報2359号26頁（Apocalypse事件）〔29049390〕 …………………………………………………… 459, 460, 479

東京地判平成30・3・22労働判例1194号25頁（阪急トラベルサポート（就業規則変更ほか）事件／阪急トラベルサポート（派遣添乗員・就業規則変更）事件）〔28264532〕 453
東京地立川支判平成30・3・28労経速報2363号9頁（甲社事件）〔28270126〕 203
広島高岡山支判平成30・3・29労働判例1185号27頁（学校法人原田学園事件）〔28261644〕 123
東京地判平成30・3・29平成29年(ワ)14767号公刊物未登載（ディグロス事件）〔29049628〕 460
東京高判平成30・4・18判時2385号3頁（東京都・教育委員会事件）〔28263060〕 154
名古屋地岡崎支判平成30・4・27判時2407号97頁〔28272961〕 425
東京地判平成30・5・30労経速報2360号21頁（ビーダッシュ事件）〔28265189〕 431
最二小判平成30・6・1民集72巻2号88頁（ハマキョウレックス事件）〔28262465〕 115
最二小判平成30・6・1民集72巻2号202頁（長澤運輸事件）〔28262467〕 115
東京地判平成30・6・11平成28年(ワ)43726号公刊物未登載（住商インテリアインターナショナル事件）〔29050427〕 191
東京高判平成30・6・19平成29年(ネ)3721号公刊物未登載（法政大学事件）〔28263198〕 420
東京地判平成30・6・28労働判例ジャーナル82号54頁（学校法人明治学院事件）〔29050590〕 198
東京地判平成30・7・5判時2426号90頁（フーズシステム事件）〔28270008〕 226, 283
徳島地判平成30・7・9判時2416号92頁（ゆうちょ銀行（パワハラ自殺）事件）〔28263442〕 310, 313
最一小判平成30・7・19裁判集民259号77頁（日本ケミカル事件）〔28263272〕 429, 430
東京地判平成30・7・27労働判例1213号72頁（一心屋事件）〔28270202〕 245
東京地判平成30・7・30労経速報2364号6頁（共立メンテナンス事件）〔28270200〕 307
東京地判平成30・9・11労働判例1195号28頁（ジャパンビジネスラボ事件）〔28265223〕 226
福岡地判平成30・9・14判タ1461号195頁（大島産業事件）〔28264741〕 307
東京地立川支判平成30・9・25労働判例1207号45頁（企業組合ワーカーズ・コレクティブ轍・東村山事件）〔28274144〕 7

東京地判平成30・10・18労経速報2375号14頁（有限責任監査法人トーマツ事件）〔28272042〕 …………………………………………………………… 442

東京高判平成30・11・15労働判例1194号13頁（阪急トラベルサポート（就業規則変更ほか）事件／阪急トラベルサポート（派遣添乗員・就業規則変更）事件）〔28265491〕 ……………………………………………………… 452

福岡地判平成30・11・16平成27年㈠1588号等公刊物未登載（大島産業事件）〔28270349〕 …………………………………………………………… 127

東京地判平成30・11・21労働判例1204号83頁（セブン－イレブン・ジャパン事件）〔28272040〕 ………………………………………………… 8, 55, 83

長崎地判平成30・12・7労働判例1195号5頁（プラネットシーアールほか事件）〔28271503〕 …………………………………………………………… 310

名古屋高判平成30・12・17労働判例ジャーナル86号46頁（コメット歯科事件）…………………………………………………………………………… 292

大阪地判平成30・12・20労働判例ジャーナル86号44頁（港製器工業事件）〔28322855〕 …………………………………………………………… 148, 190

佐賀地判平成30・12・25平成28年㈠331号公刊物未登載（佐賀県農業協同組合事件）〔28282005〕 ……………………………………………………… 349

大阪地判平成31・1・9労働判例1200号16頁（大阪府・府知事（障害者対象採用職員）事件）〔28271856〕 ……………………………………………… 238

東京地判平成31・1・11労働判例1204号62頁（社会福祉法人どろんこ会事件）〔28272613〕 ……………………………………………………………… 489

東京地判平成31・1・31平成30年㈠4996号公刊物未登載（ラオックス事件）〔29052334〕 ………………………………………………………………… 192

東京地判平成31・2・25労働判例1212号69頁（ゴールドマン・サックス・ジャパン・ホールディングス事件）〔29054163〕 ……………… 486, 487, 489

大阪地判平成31・2・26労働判例1205号81頁（ダイヤモンドほか事件）〔28272047〕 ……………………………………………………………………… 320

東京地判平成31・2・27平成26年㈠28109号公刊物未登載（国家公務員昇格等差別事件）〔29054031〕 ……………………………………………… 213

東京地判平成31・2・27平成28年㈠18926号公刊物未登載（一橋大学事件）〔29053932〕 ……………………………………………………… 261, 262

東京地判平成31・3・8労経速報2389号23頁（シロノクリニック事件）〔28274008〕 ……………………………………………………………………… 461

東京高判平成31・3・14平成29年（行コ）209号公刊物未登載（東京都教育委員会事件）〔28272301〕 ………………………………………………… 154

福岡高判平成31・3・26判時2435号109頁（大島産業事件）〔28271919〕………………………………………………………………………………… 112, 307

福岡地判平成31・4・16労経速報2412号17頁（Y歯科医院事件）
〔28272130〕 ……………………………………………………………… 320
広島高判平成31・4・18労働判例1204号5頁（梅光学園事件）〔28273595〕
　………………………………………………………… 141, 142, 422, 498
大阪地判平成31・4・24労働判例1202号39頁（学校法人近畿大学（講師・
　昇給等）事件）〔28273231〕 ……………………………………………… 284
大阪地判平成31・4・24労働判例1221号67頁（学校法人Y大学（勤続手当
　等）事件）〔28282173〕 ……………………………… 403, 405, 408, 448
最一小判平成31・4・25労働判例1208号5頁（平尾事件）〔28271745〕 … 370, 371

令和元年～6年

東京地判令和元・6・14平成29年(ワ)35586号公刊物未登載（未払賃金等請求
　事件）〔29057252〕 ………………………………………………………… 460
札幌地判令和元・6・19判時2447号64頁（食品会社A社（障害者雇用枠採
　用社員）事件）〔28274495〕 …………………………………………… 241, 242
福岡高判令和元・6・19労旬1954号55頁（佐賀県農業協同組合事件）
　〔28280789〕 ………………………………………………………………… 350
広島高松江支判令和元・9・4平成30年(ネ)43号等公刊物未登載（公益社団法
　人島根県水産振興協会事件）…………………………………… 318, 319, 328
東京地判令和元・9・4判時2461号62頁（エアースタジオ事件）〔28280940〕 …12
大阪高判令和元・9・6労働判例1214号29頁（大阪市高速電気軌道事件）
　〔28273881〕 ………………………………………………………………… 124
福岡地判令和元・9・10判時2460号108頁（社会福祉法人千草会事件）
　〔28274155〕 …………………………………………………… 310, 314, 321
札幌地判令和元・9・17労働判例1214号18頁（社会福祉法人北海道社会事
　業協会事件）〔28273994〕 ……………………………………………… 199, 204
東京地判令和元・9・18労経速報2405号3頁（ヤマダコーポレーション事
　件）〔29056897〕 …………………………………………………………… 489
東京高判令和元・10・2労働判例1219号21頁（東芝総合人材開発事件）
　〔28282168〕 ………………………………………………………………… 122
札幌地判令和元・10・3労働判例1254号43頁（ネオユニットほか事件）
　〔28274598〕 ………………………………………………………………… 249
東京高判令和元・11・6平成31年(ネ)1044号公刊物未登載〔28321440〕 ……… 432
東京地判令和元・11・7労経速報2412号3頁（辻・本郷税理士法人事件）
　〔28281819〕 ………………………………………………………………… 310
東京地判令和元・11・13労働判例1224号72頁（アメックス（降格等）事
　件）〔28282165〕 …………………………………………………………… 284

東京高判令和元・11・28労働判例1215号5頁（ジャパンビジネスラボ事件）
〔28280009〕 ………………………………………………… 226, 228, 285
東京地判令和元・12・5平成29年(ワ)21058号公刊物未登載（本多通信工業事
件）〔29058240〕 ………………………………………………… 192
東京地判令和元・12・12判時2528号3頁（国・人事院（経産省職員・性同
一性障害）事件）〔28280731〕 ………………………………… 252, 254
大阪地判令和元・12・25平成29年(ワ)2263号公刊物未登載（大阪産業技術研
究所事件）〔28321981〕 ………………………………………… 442
徳島地判令和2・1・20平成29年(ワ)397号公刊物未登載（日本郵便（セクハ
ラ）事件）〔28280479〕 ………………………………………… 335, 338
大阪高判令和2・1・24労働判例1228号87頁（P興産元従業員事件）
〔28283699〕 …………………………………………………………… 165
東京地判令和2・1・24労働判例ジャーナル100号44頁（MASATOMO事
件）〔29058836〕 ………………………………………………… 112
東京地判令和2・2・4労働判例1233号92頁（O・S・I事件）〔28282944〕 …… 112
名古屋地判令和2・2・17平成27年(ワ)4988号裁判所HP（名古屋市交通局長
事件）〔28280966〕 ……………………………………………… 310
宇都宮地判令和2・2・19労働判例1225号57頁（木の花ホームほか1社事
件）〔28282939〕 ………………………………………………… 112, 311
鳥取地判令和2・2・21平成29年(ワ)137号公刊物未登載（国立大学法人鳥取
大学事件）〔28283091〕 ………………………………………… 311
東京地判令和2・2・27労働判例1238号74頁（野村不動産アーバンネット事
件）〔28283814〕 ………………………………………………… 426
最二小判令和2・2・28民集74巻2号106頁（福山通運事件）〔28280800〕 …… 128
高知地判令和2・2・28判時2509号70頁（池一菜果園事件）〔28280851〕 …… 311
東京地判令和2・3・4判時2516号120頁（社会福祉法人緑友会事件）
〔28282938〕 …………………………………………………… 227, 230
高松高判令和2・3・11賃金と社会保障1759=1760号101頁（高知県事件）
〔28281522〕 …………………………………………………………… 232
神戸地判令和2・3・13労働判例1223号27頁〔28281457〕 ………………………91
高知地判令和2・3・13平成30年(ワ)60号公刊物未登載（高幡消防組合事件）
〔28281523〕 ……………………………………………………… 307, 311
東京地判令和2・3・23労働判例1239号63頁（ドリームスタイラー事件）
〔28283283〕 …………………………………………………………… 225
東京地判令和2・3・25労働判例1239号50頁（ワイアクシス事件）
〔29059964〕 ………………………………………………………………21
東京地判令和2・3・25労働判例1247号76頁（東菱薬品工業事件）
〔29059965〕 …………………………………………………………… 311

東京地判令和2・3・27労経速報2425号31頁（メディカル・ケア・サービス事件）〔28283519〕 …………………………………………………… 499
最一小判令和2・3・30民集74巻3号549頁（国際自動車（差戻審）事件／国際自動車（第二次上告審）事件／国際自動車（第一-）事件）〔28281147〕
……………………………………………………………………………………… 429
東京地判令和2・4・3労経速報2426号3頁（三菱UFJモルガン・スタンレー証券事件）〔28283667〕 ……………………………………………… 192, 274
宇都宮地判令和2・5・14平成28年(ワ)187号公刊物未登載（スタッフブレーン・テクノブレーン事件）〔 〕 …………………………… 307, 311, 321
宇都宮地判令和2・5・20平成29年(ワ)304号公刊物未登載（栃木県交通安全協会事件）〔28281766〕 ………………………………………… 324, 326
大阪高判令和2・5・27令和元年(ネ)1471号公刊物未登載（学校法人Y大学（勤続手当等）事件）〔28321986〕 ……………………… 403, 405, 408, 448
大阪地判令和2・5・29労働判例1232号17頁（国・津山労働基準監督署長（住友ゴム）事件）〔28290328〕 ……………………………………… 8, 83
東京高判令和2・6・10労働判例1227号72頁（国・中央労働委員会（国際基督教大学））〔28283475〕 …………………………………………………… 36
東京地判令和2・6・11労働判例1233号26頁（ハンプティ商会ほか1社事件（AQソリューションズ事件））〔28290113〕 …………………………… 90
大阪高判令和2・6・19労働判例1230号56頁（京都市事件）〔28282145〕 …… 136
東京地判令和2・6・19平成31年(ワ)9006号公刊物未登載（パーソルテンプスタッフ事件）〔29060315〕 ……………………………………………… 410
東京地判令和2・6・24労働判例1270号58頁（栗田運輸事件）〔29060409〕 … 430
東京地立川支判令和2・7・1労働判例1230号5頁（福生病院企業団（旧福生病院組合）事件）〔28282761〕 ……………………………… 301, 311, 315
大阪地堺支判令和2・7・2労働判例1227号38頁（フジ住宅ほか事件）〔28282298〕 ……………………………………………………………… 311, 328
東京地判令和2・7・16労働判例1248号82頁（学校法人目白学園事件）〔29060598〕 ……………………………………………………………………… 193
大阪地決令和2・7・20判時2471号105頁（淀川交通事件）〔28283373〕 … 258, 259
東京地判令和2・8・28平成30年(ワ)33866号公刊物未登載（ハナマルキ事件）〔28282632〕 …………………………………………………………… 292
東京高判令和2・9・3労働判例1236号35頁（エアースタジオ事件）〔28283942〕 ………………………………………………………………… 12, 83
大阪地判令和2・9・3労働判例1240号70頁（ブレイントレジャー事件）〔28291866〕 ……………………………………………………………………… 57
大阪地判令和2・9・4労働判例1251号89頁（サンフィールド事件）〔28293583〕 ………………………………………………………………………… 8

最一小決令和2・9・10令和2年(受)653号公判物未登載〔28321442〕 …………… 432
東京地判令和2・9・17労働判例1262号73頁（ルーチェ事件）〔28290630〕
　　…………………………………………………………… 149, 307, 311
東京地判令和2・9・25平成29年(ワ)19664号公判物未登載（メディアス
　ウィッチ事件）〔29061100〕 ……………………………………… 307
東京地判令和2・9・28判時2493号103頁（明治機械事件）〔29061047〕… 495, 496
大阪高判令和2・10・1令和2年（行コ）14号公判物未登載（奈良市事件）
　　……………………………………………………………………… 343, 344
大阪地判令和2・10・19判時2511号98頁（キャバクラ運営A社従業員事件）
　〔28290477〕 ………………………………………………………… 163
大阪地判令和2・10・29労働判例1245号41頁（東神金商事件）〔28292736〕… 403
福岡高判令和2・11・10労働判例ジャーナル108号24頁（国・海保大事件）
　〔28322867〕 ………………………………………………………… 321, 322
福岡高判令和2・11・11労働判例1241号70頁（レジェンド事件）
　〔28292051〕 ………………………………………………………… 134
大阪高判令和2・11・13判時2520号71頁（マツヤデンキ事件）〔28290896〕… 307
東京地判令和2・11・24労働判例1259号69頁（ロジクエスト事件）
　〔29061760〕 ………………………………………………………… 7, 21
高松高判令和2・11・25令和元年(ネ)181号公判物未登載（国立大学法人徳島
　大学事件）〔28284231〕 …………………………………………… 311
東京地判令和2・11・25労経速報2443号3頁（シルバーハート事件）
　〔29061974〕 ………………………………………………………… 121, 123
大阪地判令和2・11・25判時2487号97頁（ハマキョウレックス（無期契約
　社員）事件）〔28284173〕 ………………………………………… 365
福岡高判令和2・12・9判時2515号42頁（国・法務大臣（防衛大学校）事
　件）〔28290163〕 …………………………………………………… 307
宇都宮地決令和2・12・10労働判例1240号23頁（国際医療福祉大学事件）
　〔28291863〕 ………………………………………………………… 114
東京地判令和2・12・22平成30年(ワ)30723号公判物未登載（東京身体療法研
　究所事件）〔29063092〕 …………………………………………… 311
高松高判令和2・12・24判時2509号63頁（池一菜果園事件）〔28290187〕…… 311
大阪地判令和3・1・29労働判例1299号64頁（近畿車輛事件）〔28320443〕
　　……………………………………………………………………… 321, 322
山口地下関支判令和3・2・2労働判例1249号5頁（梅光学院事件）
　〔28293232〕 ………………………………………………………… 407, 422
東京地判令和3・2・10労働判例1246号82頁（みずほ証券事件）〔28292039〕
　　……………………………………………………………………… 169, 175
長崎地判令和3・2・26判時2513号63頁（ダイレックス事件）〔28291201〕… 171

判例索引　*555*

静岡地判令和3・3・5平成29年㈦602号公刊物未登載（国・法務大臣事件）
　　〔28322967〕 ……………………………………………………………… 307
大阪地判令和3・3・29労働判例1273号32頁（阪神高速トール大阪事件）
　　〔28302923〕 …………………………………………………………… 335, 337
東京高判令和3・3・30令和2年㈱2746号公刊物未登載（パーソルテンプス
　　タッフ事件）〔28321434〕 ……………………………………………… 410
横浜地川崎支判令和3・4・27労働判例1280号57頁（弁護士法人甲野法律事
　　務所事件）〔28291747〕 ……………………………………………… 307, 311
札幌高判令和3・4・28労働判例1254号28頁（ネオユニットほか事件）
　　〔28292521〕 ……………………………………………………………… 249
東京高判令和3・5・13令和2年㈱1867号等公刊物未登載（海外需要開拓支
　　援機構ほか1社事件） ……………………………………………… 338, 341
最一小判令和3・5・17民集75巻5号1359頁（国・エーアンドエーマテリア
　　ル等事件）〔28291611〕 …………………………………………………… 53
東京高判令和3・5・27判時2528号16頁（経済産業省職員（性同一性障害）
　　事件）〔28292845〕 …………………………………………………… 252, 255
福岡高判令和3・5・27労経速報2460号9頁（社会福祉法人佐賀春光園事件）
　　〔28293478〕 ……………………………………………………………… 464
東京高判令和3・6・16労働判例1260号5頁（東武バス日光ほか事件）
　　〔28301166〕 …………………………………………………………… 324, 326
札幌地判令和3・6・23労働判例1256号22頁（人材派遣業A社事件）
　　〔28300461〕 ……………………………………… 118, 148, 150, 311, 329
東京地判令和3・6・30労働判例1272号77頁（しまむら事件）〔29065165〕
　　……………………………………………………………… 302, 311, 315
東京高判令和3・7・7労働判例1270号54頁（栗田運輸事件）〔28302615〕 …… 430
大阪高判令和3・7・9労経速報2461号18頁（ハマキョウレックス事件）
　　〔28293534〕 ……………………………………………………………… 116
東京高判令和3・7・28令和2年㈱4345号公刊物未登載（國士舘ほか事件）
　　〔28292924〕 ……………………………………………………………… 140
大阪高判令和3・7・30労働判例1253号84頁（日東電工事件）〔28293479〕 … 239
東京地判令和3・8・5労働判例1271号76頁（上野学園事件）〔29066087〕
　　…………………………………………………………………… 407, 452
長崎地判令和3・8・25労働判例1251号5頁（長崎県事件）〔28292873〕 …… 311
東京地判令和3・9・7労働判例1263号29頁（Hプロジェクト事件）
　　〔28300457〕 …………………………………………………………… 12, 53
山口地判令和3・9・8判時2550号47頁（山口県事件）〔28293339〕 ………… 311
東京高判令和3・9・16令和3年㈱1585号公刊物未登載（神社本庁事件）
　　〔28293443〕 ……………………………………………………………… 136

東京地判令和3・9・21令和2年(ワ)6110号公刊物未登載（ロシア旅行社事件）
〔29066754〕 …………………………………………………………… 292
東京地判令和3・9・24令和2年(ワ)4138号等公刊物未登載（産業と経済・や
まびこ投資顧問事件）〔29066566〕 ………………………………… 194
神戸地判令和3・9・30令和元年(ワ)836号公刊物未登載（神戸市・代表者交
通事業管理者事件）〔28322854〕 ……………………… 303, 307, 308
東京地判令和3・10・14労働判例1264号42頁（グローバルマーケティング
ほか事件）〔29067114〕 ……………………………………………… 114
福岡地判令和3・10・22判時2534号81頁（損害賠償等請求事件）
〔28293463〕 …………………………………………………………… 148
大阪地判令和3・10・28労働判例1257号17頁（大器キャリアキャスティン
グほか1社事件）〔28300697〕 ……………………………………… 105
大阪高判令和3・11・4労働判例1253号60頁（東リ事件）〔28293693〕 ……91
東京地判令和3・11・9労働判例1291号18頁（インテリム事件）〔29067810〕
…………………………………………………………………………… 428
東京地判令和3・11・12労経速報2478号18頁（日本オラクル事件）
〔29067832〕 …………………………………………………… 486, 489
東京地判令和3・11・15令和元年(ワ)29744号公刊物未登載（DMM.com事
件）〔29067811〕 ……………………………………………… 328, 329
大阪高判令和3・11・18労働判例1281号58頁（フジ住宅事件）〔28293675〕
……………………………………… 118, 149, 150, 153, 160, 311, 329
大阪地判令和3・11・24労働判例ジャーナル121号36頁（阪本商会事件）
〔28320386〕 …………………………………………………………… 127
横浜地川崎支判令和3・11・30労経速報2477号18頁（NHKサービスセン
ター事件）〔28301360〕 ……………………………………………… 350
東京地判令和3・12・2労経速報2487号3頁（独立行政法人製品評価技術基
盤機構事件）〔29068209〕 …………………………………………… 172
福岡高宮崎支判令和3・12・8労働判例1284号78頁（学校法人宮崎学園事
件）〔28300025〕 ……………………………………………………… 411
大阪地判令和3・12・13労働判例1265号47頁（国・大阪中央労基署長（大
器キャリアキャスティング・東洋石油販売）事件）〔28301759〕 ………… 105
東京地判令和3・12・21労働判例1266号74頁（アンドモワ事件）
〔29068364〕 …………………………………………………………… 118
東京地判令和3・12・23平成30年(ワ)30764号公刊物未登載〔29068365〕 … 428
東京地判令和3・12・24令和2年(ワ)6717号公刊物未登載（山九事件）
〔29068367〕 …………………………………………………… 321, 323
大阪地判令和3・12・27令和2年（行ウ）3号公刊物未登載（東大阪市事件）
…………………………………………………………………… 324, 326

熊本地判令和4・1・19判時2540号48頁（国・陸上自衛隊事件）〔28300683〕
………………………………………………………………………………311
東京高判令和4・1・27労働判例1281号25頁（昭和ホールディングス事件／
　国・中央労働委員会（昭和ホールディングスほか）事件〔28302378〕 ……37
東京地判令和4・2・8労働判例1265号5頁（学究社事件）〔28301757〕 … 111, 428
東京高判令和4・2・16令和3年(ネ)4178号公刊物未登載（Hプロジェクト事
　件）〔28320822〕 ……………………………………………………… 12, 53
東京地判令和4・2・16労働判例1276号45頁（国・人事院事件）〔28301769〕… 318
大阪地判令和4・2・18令和元年(ワ)10305号公刊物未登載）（ライフマティッ
　クス事件） ………………………………………………………………… 311
札幌地判令和4・2・25労働判例1266号6頁（ベルコほか（代理店従業員・
　労働契約等）事件）〔28301955〕 ……………………………………………92
東京地判令和4・3・2令和2年(ワ)12921号公刊物未登載（インターメディア
　事件）〔29069899〕 ………………………………………………… 307, 429
東京高判令和4・3・9労働判例1275号92頁（巴機械サービス事件）
　〔28310228〕 ……………………………………………………… 215, 217
横浜地決令和4・3・15労経速報2480号18頁（X事件）〔28301570〕 ………… 132
那覇地判令和4・3・23令和2年(ワ)732号等公刊物未登載）（沖縄医療生活協
　同組合労働組合ほか事件）〔28322968〕 ……………………………… 200, 311
東京地判令和4・3・28労経速報2498号3頁（国立大学法人東京芸術大学事
　件）〔28300814〕 ………………………………………………………………62
大阪地判令和4・3・28労働判例ジャーナル127号28頁（シークス事件） …… 129
広島高判令和4・3・29令和3年(ネ)306号等公刊物未登載（広島精研工業事
　件）〔28310007〕 ………………………………………………………… 119
千葉地判令和4・3・29労経速報2502号3頁（オリエンタルランド事件）
　〔28302354〕 ……………………………………………………… 151, 311
東京地判令和4・3・30労経速報2490号3頁（セルトリオン・ヘルスケア・
　ジャパン事件）〔29069913〕 …………………………………………… 403
東京地判令和4・4・7労働判例1275号72頁（茶屋四郎次郎記念学園事件）
　〔28302485〕 ……………………………………………………… 142, 149
横浜地判令和4・4・14判時2543=2544号104頁（パチンコ店経営社A社事
　件）〔28301919〕 ………………………………………………… 138, 139
東京地判令和4・4・19労経速報2494号3頁（A社事件）〔29070480〕 ……… 132
さいたま地判令和4・4・19労経速報2494号24頁（柏書房事件）〔28302915〕
………………………………………………………………………………499
東京地判令和4・4・20労働判例1295号73頁（大成建設事件）〔29070708〕
……………………………………………………………………… 170, 175
大阪地判令和4・4・22令和2年(ワ)9927号公刊物未登載）（大阪市事件） ……… 312

東京地判令4・5・13労働判例1278号20頁（REI事件）〔29071112〕 ……… 134
東京地判令4・5・17労経速報2500号29頁（シティグループ証券事件）
　〔29071113〕 ……………………………………………………………… 489
東京地判令4・5・25労働判例1269号15頁（アムールほか事件）
　〔28302388〕 ………………………………………………………83, 293, 340
大阪地判令4・5・26令和元年㈲30023号公刊物未登載（三井物産イン
　シュアランス事件） ……………………………………………………… 285
東京地判令4・6・6判タ1509号109頁（国・中央労働委員会（セブン―イ
　レブン・ジャパン事件））〔28302377〕 …………………………………… 18
最三小判令4・6・14判時2551号5頁（氷見市消防署事件）〔28301498〕 …… 308
神戸地判令4・6・22労経速報2493号3頁（兵庫県警察事件）〔28301978〕 … 311
東京高判令4・6・23令和2年㈱2310号公刊物未登載（三菱UFJモルガ
　ン・スタンレー証券事件）〔28302319〕 ………………………………… 285
東京高判令4・6・29労働判例1291号5頁（インテリム事件）〔28310816〕
　………………………………………………………………………… 111, 429
東京高判令4・8・19判時2552号92頁（有限会社Y事件）〔28312373〕
　………………………………………………………………………… 312, 316
高松高判令4・8・30令和2年㈱127号公刊物未登載（国・高松刑務所事
　件）〔28302699〕 ………………………………………………… 311, 331, 338
岐阜地判令4・8・30労働判例1297号138頁（Man to Man Animo事件）
　〔28302627〕 ……………………………………………………………… 235
最三小判令4・9・13判タ1504号13頁（長門市・長門市消防長事件）
　〔28302213〕 ……………………………………………………………308, 311
山口地下関支判令4・10・11令和3年㈲145号公刊物未登載〔28310145〕 … 407
大阪高判令4・10・14労働判例1283号44頁（大器キャリアキャスティン
　グほか1社事件）〔28311473〕 …………………………………………101, 105
東京地判令4・11・2令和3年㈲20865号等公刊物未登載（データサービス
　事件）〔29073591〕 ……………………………………………… 332, 338, 339
大阪地決令4・11・10労働判例1283号27頁（東大阪医療センター事件）
　〔28311472〕 ……………………………………………………………141, 142
東京高判令4・11・16労働判例1288号81頁（セルトリオン・ヘルスケ
　ア・ジャパン事件）〔28311224〕 ………………………………………… 403
東京地判令4・11・16労働判例1287号52頁（アイ・ディ・エイチ事件）
　〔28310823〕 ……………………………………………………………… 123
長崎地判令4・11・16労経速報2509号3頁（不動技研工業事件）
　〔28310214〕 ……………………………………………………………… 133
東京高判令4・11・22令和3年㈱5582号公刊物未登載（一般財団法人
　NHKサービスセンター事件） ………………………………………… 350

東京地判令和4・11・22令和2年(ワ)4299号公判物未登載（一般財団法人あんしん財団事件）〔28302790〕 ………………………………… 236, 239
大阪高判令和4・11・24労働判例1308号16頁（社会福祉法人滋賀県社会福祉協議会事件）〔28321290〕 ………………………………………… 111
大阪地判令和4・11・28令和2年（行ウ）168号公判物未登載（大阪市・市教委事件）〔28310501〕 ……………………………………………… 154
東京地判令和4・12・2令和2年(ワ)22704公判物未登載（足立通信工業事件）〔29073688〕 …………………………………………………………… 201
東京高判令和4・12・21判タ1518号104頁（Hプロジェクト事件）〔28311044〕 ……………………………………………………………… 321
東京高判令和4・12・21労働判例1283号5頁（国・中央労働委員会（セブン—イレブン・ジャパン事件））〔28311469〕 ……………………18
福岡高判令和4・12・21令和4年(ネ)671号等公判物未登載（日本郵便事件）〔28310421〕 ………………………………………………………… 308
大阪高判令和4・12・22令和4年(ネ)710号等公判物未登載（ライフマティックス事件）……………………………………… 332, 333, 335, 338, 339
東京地判令和4・12・23令和2年(ワ)7137号等公判物未登載（医療法人社団たいな事件）〔29073694〕 …………………………………………… 311
名古屋地判令和4・12・23労経速報2511号15頁（東海交通機械事件）〔28310435〕 …………………………………………… 151, 308, 311
東京地判令和4・12・26労経速報2513号3頁（伊藤忠商事ほか事件）〔29073695〕 ………………………………………………………… 132
大阪地判令和4・12・26令和3年(ワ)5791号公判物未登載（ユニオンリサーチ事件）……………………………………………………………… 311
名古屋地岡崎支判令和5・1・16令和2年(ワ)935号等公判物未登載（医療法人愛整会事件）〔28310303〕 ……………………………………… 332
横浜地判令和5・1・17労働判例1288号62頁（学校法人横浜山手中華学園事件）〔28312464〕 ……………………………………… 226, 230, 275
長崎地判令和5・1・24令和2年(ワ)213号公判物未登載（長崎県事件）〔28310844〕 …………………………………………… 332, 333, 341
東京地判令和5・1・25労経速報2524号3頁（早稲田大学事件）〔28313018〕 … 240
東京地判令和5・1・30労経速報2524号28頁（ちふれホールディングス事件）〔28313020〕 …………………………………………………… 311
東京地判令和5・2・8労経速報2515号3頁（明治安田生命保険事件）〔28312374〕 …………………………………………………………… 498
名古屋地判令和5・2・10令和3年(ワ)217号公判物未登載（住友不動産事件）〔28310740〕 ……………………………………………… 308, 312

旭川地判令和5・2・17労経速報2518号40頁(国立大学法人A大学事件)
　〔28311216〕 ··· 303, 312, 316
さいたま地判令和5・3・1労経速報2513号25頁(東急トランセ事件)
　〔28311842〕 ·· 174
最二小判令和5・3・10判タ1510号150頁(熊本総合運輸事件)〔28310649〕 ··· 429
東京地判令和5・3・15労働判例1303号53頁(医療法人社団A事件)
　〔28312467〕 ·· 277, 347
大阪地判令和5・3・16令和3年(行ウ)137号等公刊物未登載(茨木市・茨
　木市消防長事件) ·· 308
札幌地判令和5・3・22令和4年(ワ)693号公刊物未登載(医療法人社団慈昂会
　事件)〔28322857〕 ·· 312, 335
札幌地判令和5・3・28令和3年(ワ)1311号公刊物未登載〔28321982〕 ············ 403
東京地判令和5・3・29労経速報2536号28頁(染谷梱包事件)〔28320442〕
　 ·· 112, 432
大阪地判令和5・4・21判タ1514号176頁(ファーストシンク事件)
　〔28312182〕 ·· 164
名古屋高判令和5・4・25労経速報2523号3頁(国・津労基署長(中部電力)
　事件)〔28311892〕 ·· 312
東京高判令和5・4・27労働判例1292号40頁(アメリカン・エキスプレス・
　インターナショナル・インコーポレイテッド事件)〔28311891〕
　 ·· 226, 278, 284, 347
東京地判令和5・5・24労働判例ジャーナル143号2頁(スカイコート事件)
　〔29078975〕 ·· 118, 132
山口地判令和5・5・24労働判例1293号5頁(社会福祉法人B事件)
　〔28312796〕 ·· 406
東京地判令和5・5・25労働判例1296号5頁(国・中央労働委員会(ファミ
　リーマート)事件)〔28313763〕 ··· 18
東京地判令和5・6・16労働判例ジャーナル143号48頁(創育事件)
　〔29079998〕 ·· 134
東京高判令和5・6・28令和4年(ネ)3777号裁判所HP(オリエンタルランド
　事件)〔28320933〕 ·· 151
最三小判令和5・7・11民集77巻5号1171頁(経済産業省職員(性同一性障
　害)事件)〔28311980〕 ·· 252, 255
最二小決令和5・7・12令和5年(行ヒ)115号中労委HP(セブン-イレブ
　ン・ジャパン事件)〔28313363〕 ··· 18
名古屋地判令和5・9・28労経速報2535号13頁(Z社事件)〔28320347〕
　 ·· 118, 129, 133

東京高判令5・10・25労働判例1303号39頁（医療法人社団Bテラスほか
　事件）〔28320600〕 ……………………………………………………… 203, 205
東京地判令5・11・15労働判例ジャーナル148号38頁（日経BPアド・
　パートナーズ事件）……………………………………………………………… 121
東京高判令5・11・30労働判例1312号5頁（日本産業パートナーズ事件）
　〔28321393〕 ………………………………………………………………… 134
札幌高判令5・12・26令和5年㈱216号公刊物未登載（ロイヤル通商事件）
　………………………………………………………………………………… 135
大阪地判令6・1・31労働判例ジャーナル147号20頁（原田産業事件）…… 208
水戸地判令6・3・14労働判例ジャーナル148号16頁（日本原子力研究開
　発機構事件）〔28321670〕 …………………………………………………… 162
最二小判令6・4・26労働判例1308号5頁（社会福祉法人滋賀県社会福祉
　協議会事件）〔28321288〕 …………………………………………… 111, 357
東京地判令6・5・13労旬2062号44頁（AGCグリーンテック事件）
　〔28322728〕 ………………………………………………………………… 219

命 令 索 引
（年月日順）

東京地労委昭和41・7・26命令集34=35集365頁（日産自動車）……………38
東京地労委平成10・8・4命令集111集168頁（東陽社）………………………38
中労委平成30・1・10中労委HP（伊藤鋼業事件） …………………………… 244
北海道労委平成31・4・26労働判例1202号181頁（ベルコ（代理店従業員不
　採用）事件）…………………………………………………………………… 88, 89
東京都労委令和4・10・4中労委HP（Uber Japanほか事件）…19, 37, 84, 86, 88

法令索引
(五十音順)

※関係法令及び法令索引では、当時の法令名等を表示した。

あ 行

育児休業、介護休業等育児又は家族介護を行う労働者の福祉に関する法律
　——5条……………………263, 273, 276
　——6条……………………………263, 273
　——9条の5…………………………263
　——10条…………226, 229, 275-278,
　　　　　　　　　282-284, 289, 348
　——11条……………………………263, 274
　——12条……………………………………274
　——16条……………………………………275
　——16条の2………………………………276
　——16条の4…………………………275, 276
　——16条の7………………………………275
　——16条の8………………246, 267, 268
　——16条の10………………………………275
　——17条………………………267, 272, 286
　——18条…………………………………267, 272
　——18条の2……………………………272, 275
　——19条………………………246, 267, 272
　——20条………………………246, 267, 272
　——20条の2……………………246, 272, 275
　——21条…………………………………263, 275
　——22条……………………………………………263
　——23条……………………………246, 268-271
　——23条の2……………………………275, 283
　——24条……………………………………268, 271
　——25条……………………289, 295, 296, 348
　——25条の2………………………………297, 298
　——26条……………………………………119, 286
　——28条……………………………………………296

　——36条……………………………………………119
　——36条の3………………………………………119
　——36条の4………………………………………119

育児休業、介護休業等育児又は家族介護を行う労働者の福祉に関する法律施行規則34条…………………………………269

一般社団法人及び一般財団法人に関する法律78条………………………347

か 行

会社法
　——329条……………………………………73
　——330条……………………………………8, 73
　——331条……………………………………9
　——332条……………………………………73
　——335条……………………………………9
　——339条……………………………………73, 81
　——348条……………………………………73
　——349条……………………………………73
　——355条……………………………………73
　——356条……………………………………73
　——361条……………………………73, 76, 77
　——362条……………………………………73, 78
　——363条……………………………………73
　——402条……………………………………8, 76
　——404条……………………………………9
　——423条……………………………………73
　——429条……………………………………73

確定給付企業年金法施行規則5条……421
刑法
　——176条……………………………………343
　——177条……………………………………343

法令索引　*563*

公益通報者保護法
　——2条……………………2, 137, 292
　——3条……………………138, 139
　——4条………………………139
　——5条……………………138, 139
　——6条………………………139
　——7条………………………139
　——8条………………………139
　——11条………………………139
　——12条………………………140
　——15条………………………140
　——16条………………………140
公職選挙法38条……………………177
高年齢者等の雇用の安定等に関する法律
　——8条………………………449
　——42条……………………… 12
個人情報の保護に関する法律2条……466
国家公務員法
　——71条………………………253
　——86条………………………251
国家賠償法1条……………… 53, 308, 332
雇用の分野における男女の均等な機会及び待遇の確保等に関する法律
　——1条………………………215, 218
　——5条………………………455, 462, 469
　——6条………………122, 215, 218, 220
　——7条………214, 218-220, 462, 464
　——8条………………………212, 463
　——9条…… 224-226, 228-230, 266, 276, 278, 280, 283, 284, 289, 348
　——11条………289, 294-296, 330, 341
　——11条の2…………………297, 298
　——11条の3…………………295, 296
　——11条の4…………………297, 298
　——12条………………………267
　——13条………………………267
　——17条………………………267
　——20条………………………338
雇用の分野における男女の均等な機会及び待遇の確保等に関する法律施行規則
　——1条………………………220
　——2条………………………218-220
　——2条の3……………………346
雇用保険法4条……………… 27, 29, 51

さ　行

最低賃金法
　——2条……………………… 2, 30
　——4条……………………… 53
裁判員の参加する刑事裁判に関する法律100条 ………………………177
自衛隊法
　——70条………………………177
　——71条………………………177
障害者基本法19条……………………238
障害者の雇用の促進等に関する法律
　——4条………………………234, 237
　——5条………………………234, 236, 237
　——34条……………………231, 235, 462, 463
　——36条の2…………………231, 235
　——36条の3…………………231, 235, 240, 249
障害を理由とする差別の解消の推進に関する法律
　——8条………………………235, 231
　——12条………………………235
　——26条………………………235
職業安定法
　——4条……………… 29, 176, 456, 457
　——5条の3……………………455, 458
　——5条の5……………………466
　——30条………………………455, 456
　——33条………………………455, 456
　——36条………………………455, 457
　——39条………………………455
　——44条………………………176, 455

──45条··················455
──63条··················29
──64条··················29
職業能力開発促進法4条··········167, 232
性的指向及びジェンダーアイデンティティの多様性に関する国民の理解の増進に関する法律
　　──3条··················251
　　──6条··················251
　　──10条··················251

た 行

短時間労働者及び有期雇用労働者の雇用管理の改善等に関する法律
　　──8条·········109, 115, 161, 464
　　──10条··················114
短時間労働者の雇用管理の改善等に関する法律
　　──3条··················114
　　──9条··················114
地方公務員災害補償法
　　──32条·············155, 156
　　──附則7条の2········155, 156
地方公務員法
　　──4条··················326
　　──28条··················238
　　──32条··················326
賃金の支払の確保等に関する法律2条···2
特定受託事業者に係る取引の適正化等に関する法律
　　──14条··············292, 293
　　──15条··················293
　　──17条··················293
　　──18条··················293
　　──19条··················293
　　──20条··················293
　　──22条··················293
特許法35条··················143-146

な 行

日本国憲法
　　──13条········94, 152, 153, 160
　　──14条···153-157, 160, 206, 207, 234, 237
　　──19条··········152, 153, 160, 468
　　──21条············153, 160, 468
　　──22条···94, 130, 132, 133, 152, 153, 455, 461, 468
　　──27条··············152, 468
　　──28条········152, 153, 367, 386, 468
　　──29条·········153, 455, 462, 468

は 行

不正競争防止法
　　──2条··················131
　　──3条··················135

ま 行

身元保証ニ関スル法律
　　──1条··················477
　　──2条··················477
　　──3条··················477
　　──4条··················477
　　──5条··············477, 479
民事執行法152条··················175
民事訴訟法
　　──248条··················216
　　──271条··················177
民事調停法1条··················305
民法
　　──1条·······117, 118, 127, 234, 237
　　──90条···116, 134, 153, 220, 234, 237, 364, 369
　　──92条··················372
　　──415条········118, 127, 132, 142
　　──521条··················468

――536条 ………… 141, 150, 244, 268, 273, 278
――623条 ………… 21, 27, 29, 457
――709条 …… 115, 118, 122, 126, 127, 147, 150
――715条 …… 118, 127, 148, 330, 331, 339
――720条 ………………………303

ら　行

労働安全衛生法
　――2条 ……………………………2
　――57条 …………………………52
　――66条 ………………………100
　――66条の8 ……………………100
　――66条の8の2 ………………100
　――66条の8の4 ………………100
労働安全衛生規則
　――52条の2 ……………………100
　――52条の3 ……………………100
　――52条の7の2 ………………100
　――52条の7の4 ………………100
労働基準法
　――1条 …………………………164
　――2条 ……………………110, 164
　――3条 ………… 122, 153, 157-162, 463, 469, 470
　――4条…122, 157, 161, 206-209, 214
　――5条 ……………………163, 166
　――6条 …………… 175, 176, 455-457
　――7条 ……………………176, 178
　――9条 ………… 1-3, 11, 13, 14, 20, 21, 49, 53-55, 73, 164
　――10条 ……………………30, 31
　――11条 ………………………392
　――13条 ………… 207, 209, 353, 375
　――14条 …………… 163, 168, 171, 179
　――15条 ……… 356, 458-460, 476, 477

　――16条…… 163-167, 169-172, 174, 175, 179
　――17条 …………………163, 166
　――19条 ………… 240, 275, 282, 283
　――24条 ……………………354, 375
　――32条 …………………………124
　――32条の2 ………………354, 436
　――32条の3 ……………………354
　――32条の4 ……………………354
　――32条の5 ……………………354
　――33条 …………………………266
　――34条 …………………………354
　――35条 …………………124, 436
　――36条…100, 117, 124, 125, 266, 354
　――37条 …………………124, 376
　――38条 …………………………97
　――38条の3 ……………………354
　――38条の4 ……………………353
　――41条 …………………………354
　――41条の2 ……………………353
　――65条 ………… 225, 266, 276, 346
　――66条 …………………………266
　――67条 …………………………266
　――68条 …………………………210
　――84条 ……………………………2
　――87条 …………………………30
　――89条 ………… 359, 360, 432, 477
　――90条 ……………………359, 360
　――91条 ……………………188, 246
　――92条 …………………………385
　――104条 ………………………139
　――106条 …………………359, 362, 363
　――116条 …………………………20
　――117条 ………………………163
　――120条 ………………………359
　――121条 ……………………30-32
　――別表1 …………………………30
労働基準法施行規則

——5条……………………356, 458, 477
——6条の2………………………354, 355
——52条の2………………………………362
労働組合法
　——2条…………………………………386
　——3条………………………………… 13
　——6条…………………………………368
　——7条………… 18, 33-38, 88, 122,
　　　　　　　　　　462, 464, 469
　——14条……………………………367, 444
　——16条………… 367-369, 372, 375,
　　　　　　　　　　378, 385, 444, 447
　——17条……………………………368, 370
　——18条……………………………368, 370
労働契約法
　——1条…………………………………110
　——2条……………13, 19, 20, 21, 41, 55
　——3条………… 109-111, 113-120,
　　　　　　　　122, 125-127, 129, 147, 157,
　　　　　　　　161, 225, 243, 270, 286, 287
　——4条………113, 356, 362, 390, 477
　——5条………………19, 70, 99, 242
　——6条………………………21, 356, 468
　——7条…19, 111, 116, 356-367, 389,
　　　　　　　　　　444, 452, 453
　——8条………111, 356, 362, 389, 400
　——9条……………………362, 380, 453
　——10条…… 178, 245, 356, 358-360,
　　　　　　　　362-367, 373, 374, 380,
　　　　　　　　382, 389, 392, 411, 415,
　　　　　　　　437, 444, 452, 453
　——11条………………………………360
　——12条………… 358, 365, 366, 372,
　　　　　　　　　375, 377, 378, 380
　——14条……………………………119, 139
　——15条…………………119, 139, 187, 372
　——16条……… 19, 22, 119, 139, 141,
　　　　　　　　　　187, 238, 275, 499
　——17条………………………………499
　——18条……………………115, 356, 365, 469
　——19条………19, 22, 39, 62, 225, 469
　——20条………………………………161
　——21条……………………………… 20
労働施策の総合的な推進並びに労働者の
　雇用の安定及び職業生活の充実等に関
　する法律
　——1条……………………………253, 288
　——4条………………………253, 288, 298
　——9条………………………455, 462, 463, 469
　——30条の2 ………………295, 296, 299
　——30条の3 ……………………297, 298
労働施策の総合的な推進並びに労働者の
　雇用の安定及び職業生活の充実等に関
　する法律施行規則1条の3 …………463
労働者災害補償保険法12条の8 …………2
労働者災害補償保険法施行規則別表1
　…………………………………………154
労働者派遣事業の適正な運営の確保及び
　派遣労働者の保護等に関する法律
　——24条の2 …………………………… 91
　——40条………………………………… 35
　——40条の2 ……………………………469
　——40条の6 …………………………89-93
　——44条………………………………… 30
　——47条の2 …………………………225

サービス・インフォメーション
──────── 通話無料 ────
①商品に関するご照会・お申込みのご依頼
　　　　TEL 0120(203)694／FAX 0120(302)640
②ご住所・ご名義等各種変更のご連絡
　　　　TEL 0120(203)696／FAX 0120(202)974
③請求・お支払いに関するご照会・ご要望
　　　　TEL 0120(203)695／FAX 0120(202)973

●フリーダイヤル(TEL)の受付時間は、土・日・祝日を除く
　9：00～17：30です。
●FAXは24時間受け付けておりますので、あわせてご利用ください。

論点体系　判例労働法＜第2版＞　1

2015年 2 月25日　初版発行
2024年11月20日　第 2 版発行

編　集　　荒　木　尚　志
　　　　　安　西　　　愈
　　　　　野　川　　　忍

発行者　　田　中　英　弥

発行所　　第一法規株式会社
　　　　　〒107-8560　東京都港区南青山 2-11-17
　　　　　ホームページ　https：//www.daiichihoki.co.jp/

装　丁　　篠　隆　二

論点労働法2版1　ISBN978-4-474-09142-9　C3332　(1)

論点体系シリーズ

法令解釈の論点とそれに対する判例上の判断が
即時に把握できる実務書の決定版!
研究者と実務家の第一人者が編集代表をつとめる大好評シリーズ

- **論点体系 判例民法** 第3版・第4版 **全11巻**
  - 編集 能見 善久（東京大学名誉教授）
  - 加藤 新太郎（弁護士・中央大学法科大学院フェロー）
  - ※A5判 上製（分売可）

- **論点体系 会社法** 第2版 **全6巻**
  - 編著 江頭 憲治郎（東京大学名誉教授）
  - 中村 直人（弁護士）
  - ※A5判 上製（分売可）

- **論点体系 判例憲法** **全3巻**
  - 編著 戸松 秀典（学習院大学名誉教授）
  - 今井 功（元最高裁判所判事・弁護士）
  - ※A5判 上製（分売可）

- **論点体系 金融商品取引法** 第2版 **全3巻**
  - 編著 黒沼 悦郎（早稲田大学法学学術院教授）
  - 太田 洋（弁護士）
  - ※A5判 上製（分売可）

- **論点体系 独占禁止法** 第2版 **全1巻**
  - 編著 白石 忠志（東京大学教授）
  - 多田 敏明（弁護士）
  - ※A5判 上製（分売可）

- **論点体系 保険法** 第2版 **全2巻**
  - 編著 山下 友信（東京大学名誉教授）
  - 永沢 徹（弁護士）
  - ※A5判 上製（分売可）

- **論点体系 判例労働法** 第2版 **全5巻**
  - 編集 荒木 尚志（東京大学教授）
  - 安西 愈（弁護士）
  - 野川 忍（明治大学教授）
  - ※A5判 上製（分売可）

- **論点体系 判例行政法** **全3巻**
  - 編著 小早川 光郎（東京大学名誉教授・成蹊大学名誉教授）
  - 青柳 馨（元東京高等裁判所判事・弁護士）
  - ※A5判 上製（分売可）

商品の詳細はコチラ → 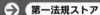 CLICK!

 第一法規

東京都港区南青山2-11-17 〒107-8560
https://www.daiichihoki.co.jp

ご注文はWEBからも承ります。
Tel. 0120-203-694
Fax. 0120-302-640